中國古典名著

鏡花緣

李汝珍 撰
尤信雄 校注
繆天華 校閱

三民書局 印行

國家圖書館出版品預行編目資料

鏡花緣／李汝珍撰，尤信雄校注，繆天華校閱.--重印初版.--臺北市：三民，民88

面；　公分.--(中國古典名著)

ISBN 957-14-0788-7（精裝）

ISBN 957-14-0789-5（平裝）

857.44　　81001550

ⓒ 鏡　花　緣

撰　者　李汝珍

校注者　尤信雄

校閱者　繆天華

發行人　劉振强

著作財產權人　三民書局股份有限公司

發行所　三民書局股份有限公司
地　址／臺北市復興北路三八六號
電　話／二五〇〇六六〇〇
郵　撥／〇〇〇九九九八——五號

印刷所　三民書局股份有限公司

門市部　復北店／臺北市復興北路三八六號
重南店／臺北市重慶南路一段六十一號

初　版　中華民國六十八年十一月

初版三刷　中華民國八十一年五月

重印初版　中華民國八十八年一月

編　號　S 85183

基本定價　叁元捌角

行政院新聞局登記證局版臺業字第〇二〇〇號

ISBN 957-14-0789-5（平裝）

讀《鏡花緣》二首

尤信雄

(一)

鏡花水月自成春，世界琉璃脫俗塵。
才子稗官翻舊樣，豈關詩力解窮人。

(二)

佳人織錦發幽思，山海職方事最奇。
空相結緣成「少子」，拈花微笑幾人知。

鏡花緣　總目

引言

尤信雄

一、緒論

一部動人而成功的小說，最重要的，不僅要具有嚴肅的主題，和作者的理想，而且必須能反映創作的時代，與社會人生。至其別出心裁，隱微巧妙的表現作者的心境，或以生動親切的文筆，引人入勝；凡此自是文之餘事。然而就《鏡花緣》來說，如上所述諸端，李汝珍可以說都做到了。

明清小說，大致上說來，都是文人失意發憤之作。不過《鏡花緣》在表現上與眾不盡相同，作者李汝珍不但借小說以抒其苦悶抑鬱，用幽默活潑的文筆來諷刺譏評現實的社會人生，而且更進一步的提出個人的主張和理想，以警世以淑世；而不僅僅在於膚淺的譏諷和諧謔，也不斤斤於論學說藝以炫能。儘管清初康雍乾嘉間的失意文人，在文字獄的淫威下，在小說的創作中，不敢觸及敏感的現實和政治，因而只好以女人和神怪為創作的題材，以求寄託，並討好讀者。就這一點而言，《鏡花緣》雖然不能擺脫當時的風氣，但李汝珍卻能活用這兩種題材而脫其窠臼。他一方面承受了《山海經》和《神異經》的內容，然而卻把它人情化了；另一方面他也沿襲了明末以來文人常寫的才子佳人和冶遊的故事，但卻淨化了渾然的脂粉氣，也使閨閣理想化了。凡此，使得這一部敘述「海外奇談」，和描繪一百才女故事的《鏡花緣》，不再僅僅是《山海經》神話的翻版而已，而且能超脫於所謂的「淫詞穢說」之外，由此也可看出作者苦心孤詣之所在了。

二、《鏡花緣》的主旨和精神

本書的真正宗旨是深藏隱微的，這似乎異於一般的作品。最難能可貴的是，作者經由對女人和神怪這兩種題材的安排，獨運匠心，隱微而巧妙的表現出本書的主題和作者的理想。很遺憾的是作者經由這種匠心和辛苦的經營而隱微表露的真正主旨，卻為一般人所忽視了。從胡適之先生（〈鏡花緣引論〉）以來，大多數的學者，都認為《鏡花緣》是一部討論婦女問題的小說。其實這只是從表面來看的第一層面的題旨而已。（我們必須認清的一點是李汝珍藉百花仙子所寫的女人，本來就承受了傳統「香草美人」之諷喻象徵，這一點歷來學者似乎少有言及者。）李辰冬先生（〈鏡花緣的價值〉）則頗具卓識，以為《鏡花緣》的宗旨是在「表現民族氣節」，此說庶幾近之，可惜有點籠統而語焉未詳。其實本書的真正主旨所在——第二層主旨，乃借武則天和諸才女故事中之「恢復唐室」，以暗諷滿清之入僭中原，高壓統治，亦當有仁人志士，起而推翻之。但這在當時是說不得的，何能明言，因為文人懍於文字之禍，故只好借古諷今，以武則天之故事作為幌子，以隱匿其真意。這絕非是個人的臆測或穿鑿附會，我們可從本書第四十八回（胡李二先生皆誤為第四十九回）泣紅亭白玉碑末泣紅亭主人總論窺其消息所在：

泣紅亭主人曰：「以史幽探、哀萃芳冠首者，蓋主人自言窮探野史，嘗有所見，惜湮沒無聞，而哀群芳之不傳，因筆誌之。或紀其沉魚落雁之妍，或言其錦心繡口之麗，故以紀沉魚、言錦心為之次焉。繼以謝文錦者，意謂後之觀者，以斯為記事則可；若目為錦繡之文，則吾既未能文，而又何有於錦？矧壽殀不齊，辛酸滿腹，往事紛紜，述之惟恐不逮，詎暇工於文哉？則惟謝之而師仿蘭言，案其蹟敷陳表白而傳述之，故謝文錦後，承之以師蘭言、陳淑媛、白麗娟也。結以花再芳、畢全貞者，蓋以群芳淪落，幾至澌滅無聞，今賴斯而得不朽，非若花之重芳乎？所列百人，莫非瓊林琪樹，合璧駢珠，故以全貞畢焉。」

所謂「窮探野史，嘗有所見」，正是此消息關鍵之所在。可是胡適之先生卻誤解原意，以為李汝珍所看出的是「幾千年來忽略的婦女問題」，這實在沒有會得作者的本意。蓋作者此語正是針對當時文士避禍諱談史事之弊加以微諷，喚醒大家不要忘記歷史的提示和教訓。而李汝珍之「所見」，就是歷史上仁人志士，推翻偽朝和暴政的貞烈史蹟。於是他選擇了武則天臨朝僭號，諸義士「恢復唐室」的一段歷史，藉著諸才女的故事，暗中提醒被壓迫的文人，效法徐敬業等人的義舉，起而推翻滿清暴政；但卻懼清廷之猜忌，故藉「紀其沉魚落雁之妍，或言其錦心繡口之麗」，這些專以描寫諸才女之事當為幌子，以障人眼目。李汝珍又深怕讀者不能會得他的微旨，把它當為「錦繡之文」看待，只去欣賞那些錦心繡口的佳麗，留意他所故意表現的才學、詩文。故特別強調：「後之觀者，以斯為記事則可」；目為錦繡之文，自然就不可了。尤其「記事」二字隱寓微意，發人深思。然而他為什麼要寫這樣一部「記事」之作來微諷「後之觀者」呢？正是因為「壽殀不齊，辛酸滿腹」之故，而這些由於異族高壓統治所引起個人的家國民族的憂憤牢騷，又不能明言發洩，故只好「師仿蘭言」而敷陳表白了。「師仿蘭言」，就其詞義而言是：師法古人朋友「同心之言」，意謂所敘述者皆大家膚受心感之事；就文字諧音來說是「是方難言」，謂此事正難於明言者。故緊接著說「謝文錦後，承之以師蘭言、陳淑媛、白麗娟也」。「陳淑媛」「白麗娟」就其詞義來說是：所陳述表白的皆才德賢淑、資質娟好的女子（象徵賢德君子）；就諧音而言，「陳淑媛」諧音「陳宿怨」，「白麗娟」諧音「白裡觀（見）」，意謂「所敘述者皆在清人高壓統治下長久累積之苦悶怨恨，惟難於明言，故表白當於文之隱微深處見其真意」。至此，作者之微意深旨已漸表露。最後「結以花再芳、畢全貞者」，一則感慨群芳淪落，幾至澌滅無聞，一則希望群花重芳，而能保全其貞烈。然則所謂群芳實意指賢才君子，蓋亦本乎〈國風〉與〈離騷〉香草美人之象徵諷喻（李辰冬先生謂「群芳就是群才」，見解極正確）。可見作者懷著無限的企待和心願，希冀凡我賢士，當同仇敵愾之，再發揚其賢德芳烈，推翻滿清暴政，切勿為其走狗，甘心被奴役，而保全其節烈。

從上述這段借題發揮的總論看來，作者是如何的苦心經營，他運用隱括斂藏，或諧音暗喻的各種修辭方式，隱微宛曲的來表露本書所揭櫫的微旨深意；然作者猶恐如此還不夠隱微，故最後以幾個篆字圖章，強調「茫茫大荒，事涉荒唐」，來移人耳目。（這和以「鏡花水月」為名書之由，有相同的用意）。所以這段總論可說是作者所設計的一個機關，能解此機關，則全書微旨一目瞭然，不能破此機關，則只能當寫婦女問題，或表現才學的小說看了。由此可見作者匠心之所在，讀者如能三復這篇總論之言，必可參透此中之釋機。然而更高妙的是第一百回最後的一段文字：

> 以文為戲，年復一年，編出這《鏡花緣》一百回，而僅得其事之半。其友方抱幽憂之疾，讀之而解頤，而噴飯，宿疾頓愈。……他人看了又看，也必定拈花微笑。是亦緣也。……若要曉得這鏡中全影，且待後緣。

這段文字深寓兩種微意：其一，作者認為《鏡花緣》一書只得「其事」之半，這個「事」字正與前面總論所謂「以斯為記事則可」之「記事」二字相呼應；而這「記事」的「事」也正是「恢復唐室」的歷史及其啟示。但這僅是整個「事」的一半而已，至於另一半則有待於有識的仁人義士，推翻滿清暴政，恢復漢民族的歷史正統，始克完成之。故謂「若要曉得這鏡中全影，且待後緣」。可見「後緣」這兩字大有講究，前人皆未會得其真意，因為這並不是普通的機緣，它暗示著作者最大的期望和心願，而「其事」之半是否能實現，端看有無這個機緣；假如「恢復唐室」之盛舉能在清朝的歷史上重現，則《鏡花緣》之後半就「有緣」可見了。其二，作者認為他著書的微旨深意，必能為讀者所體會，並引起其共鳴。這其中又有兩種類型：一種是他的朋友，他的朋友雖然「方抱憂幽之疾」（受當世政治社會所壓制而形成的抑鬱苦悶），讀了他這部帶有微旨深意的小說，不但可以解頤噴飯，而且幽憂之宿疾也可立刻痊癒。可見這種同心的「蘭言」，必能深獲摯友之我心，而引起強烈的共鳴。另一種是一般的「他人」，這一種人不一定有志同道合的關係和默契，因此必須「看了又看」，才能參透禪機，會得作者的微旨深意，慢慢的引起內心的共鳴。所以他認為這些普通的讀者，如能反覆詳慎的閱讀本書，必定會「拈花微笑」，也可以算是有「緣」的了。

由上所述，可以看出《鏡花緣》這部小說，最主要的是表露那些失意的文人和被迫害的知識分子的心聲，從徐駱諸人「恢復唐室」的歷史象徵，作苦悶的發洩，並對清廷作一「精神上的抗暴」。而並非僅僅在反對一無道的武則天而已，我們可以說：凡是那些不合王道的帝王和暴政都是他所反對的，如第二十回寫長人國，借長人的故事諷刺殘暴的帝王：

多九公道：……當日我在海外，曾見一個長人，身長千餘里，腰闊百餘里，好飲天酒，每日一飲五百斗。當時看了，甚覺詫異。後來因見古書，才知名叫「無路」。

像這樣霸佔天下（縱橫千百里），剝削民脂民膏的，自然是那些專制政治的巨人了，他稱這種暴政的巨人為「無路」——實即「無道」（昏君也）。又說這個長人「頭頂天，腳踏地」，並且「那張大嘴還愛說大話，倒是身口相應」，又說「只顧大了，那知上面有天」。這是多麼顯然的在諷刺那些專橫狂妄的帝王。又如第十五回寫犬封國：

你看他雖是狗頭狗腦，誰知他於吃喝二字，卻甚講究。每日傷害無數生靈，想著方兒，變著樣兒，只在飲食用功，除吃喝之外，一無所能；因此海外把他又叫「酒囊」，「飯袋」。

所謂犬封國，亦稱「犬戎」，為西方之夷狄，此借以諷刺東方之夷——滿洲人，既恨其傷害無數生靈，又譏其昏庸無能。凡此可見作者是反專制奴役，反抗清廷暴政，而不能籠統說是談「民族的氣節」問題。而這種反專制奴役、反暴政的宗旨，自然成為本書精神之所在了。

三、《鏡花緣》的內容

《鏡花緣》一百回的內容，是由神怪和女人兩種題材構成和表現的。大致而言，前五十回是藉著唐敖、林之洋遊歷海外諸國，徧述海外之奇風異俗，奇人異事，和神怪的蟲魚鳥獸草木。表面上它承受了《山海經》和《神異經》的神怪內含，但敘述神怪奇異之事，本身並非目的：固然作者是想藉此引起讀者的好奇心和閱讀興趣，但最重要的是藉著這些充滿著古人對世界幻想的奇書，來諷刺譏評中國不合理的、不好的社會生活和人情，同時給這古老的民族痛下針砭；進而表達了自己在政治、社會、文化、學術各方面的見解和理想。其中諷刺的如：第十二回藉君子國二長者的談話，罵盡華夏上國的頹風敗俗。第十四回無腸國，譏刺腹虛無物者的自大和可笑，以及為富之刻薄不仁。第二十二回藉白民國，諷刺假儒學，和酸腐的八股文。第三十三回藉女兒國，譏評女子纏足的惡習，等等不勝枚舉。寫理想的如：第十一回藉君子國寫好讓不爭的理想社會風氣。第二十四回藉淑士國寫理想的政治社會。第三十二回藉女兒國用「易地而處」的方式，寫理想的女性社會等。在這一部份裡，作者使神怪的題材人情化了，而呈現它的趣味性和社會性，也使得它具有《儒林外史》《官場現形記》等諷刺小說的譏彈嘲諷特色。

後五十回，一方面借武則天開科考才女，倡言「女權運動」，並藉著這些才女來表現個人的才學和博識。別一方面則敘述徐敬業、駱賓王諸人的兒子，和劍南節度使文芸聯合起義，終於推翻武氏的政權，恢復了唐室的正統；並以此暗喻表現個人對專制暴政的厭惡，而微諷仁人志士效法先賢，推翻滿清政權。其談「女權」自是有創見，亦頗具體：如提倡男女平等（五十一回），開女科（四十二回），破纏足（三十三回），放宮女，釋奴婢（四十回），和造福婦女的諸德政（四十回）等。倡言「女權」固然深具膽識和創見，不過也有它產生的背景；一則作者看不慣一般士子的爭名逐利，而又酸腐可惡，不知性靈為何物，反不如才女之靈秀可愛。一則清代的小說都有黜男性的趨勢，如《紅樓夢》稱男人為「鬚眉濁物」，稱士子為「書蠹國賊」。因此崇女性，也可以說是黜男性的反響。至於推翻「偽周」政權，「恢復唐室」正是本書主旨之象徵，已詳論於前，不再贅述。

在本書的整個內含裡，作者除了時時借題發揮議論和諷喻之外，也處處借機會表現個人的才學和博識。這也是本書內容上的特色之一。由於作者博學多識，在失意之餘，頗喜表現才學：如第十七回之奢談聲韻，第五十二回之論《春秋》，論三《禮》，第五十三回之論史，第八十二回之論雙聲疊韻，百條雙聲疊韻之酒令，第八十八回論以題為韻之〈天女散花賦〉，第八十九回論無一重字之千言百韻詩等等，皆頗自得，而有賣弄炫能之嫌。至其談雜藝百戲，如談花卉，論茶道，說鼻烟，談本草醫藥秘方，說棋藝，論彈琴八法，論射箭及劍術，談物理算學，談酒令，投壺，燈謎，說大書，論占卜壬課，說雙陸、馬弔、花湖等等，幾乎網羅了古代的各種遊藝雜技。雖然作者是在表現其博識，但由於有些已逐漸失傳，因此倒可使讀者增加不少的認識。

四、《鏡花緣》的特色和價值

在清代的章回小說中，《鏡花緣》雖不像《紅樓夢》《儒林外史》那樣的膾炙人口；但它所以能流傳後世，在小說史上佔一席之地，亦自有其價值及特色存在。我們可以從作者的思想、境遇、創作的動機和理想、寫作表現的技巧等諸端，去探求本書的價值和特色。茲論述於次：

第一，《鏡花緣》是作者失意發憤之作：小說之創作必有其動機和背景，作者李汝珍是一個有個性的文人，不喜八股時文，又忼爽遇物，在科第官場上頗為失意，而老於諸生。由於懷才不遇，又目睹清廷之高壓統治和迫害文人，於是窮愁之餘，發憤著書，隱微以託深旨，諷喻以寄悲慨；而成為有理想、有寄託的理想小說的一種類型。雖然明清的小說大都也是文人失意發憤之作，但從這一點看來，它與一般失意之作，亦有其殊異之處。

第二，本書是以小說見才學之作：作者既失意於宦途，而滿懷理想與才學無以伸展和濟世，而又不甘隱沒以終，故轉而刻意表現其才學，藉小說以寄筆端。誠如作者所說的：「世人只知紗帽底下好題詩；那裡曉得草野中每每埋沒許多鴻儒！」（第十八回）作者認為自己就是一位不甘心被埋沒的草野鴻儒，所以利用小說來作為庋藏本身博學的工具，以發抒其才學博識；至其好談音韻考據，則本是乾嘉學風自然的反映。固然以小說見才學的非始於《鏡花緣》，清初康熙年間夏敬渠的《野叟曝言》已開其端，又屠伸之《蟫史》，陳球之《燕山外史》，亦以小說見辭章，但其中仍以《鏡花緣》為著。

雖然這種「論學說藝，數典談經，連篇累牘而不能自已」（某氏《中國小說史略》）的作品，很容易造成沉悶乾枯的缺點，但因作者天分高，手法也高妙，故能逸趣橫生，而不至流於帳簿式或百科全書式的刻板形式。

第三，具有倫理教化和社會改革的意義：小說雖為俗文學，但因其流傳之廣大深遠，故對群治及社會之風氣有極大之影響。作者既欲以小說警世，假才學以淑世，故所述無不深寓教忠教孝之意義，亦思有以轉移社會之風氣。嘗自謂「雖以遊戲為事，卻暗寓勸善之意，不外風人之旨。上面載著諸子百家、人物花鳥、書畫琴棋、醫卜星相、音韻算法，無一不備；還有各樣燈謎，諸般酒令，以及雙陸、馬弔、射鵠、蹴毬、鬥草、投壺，各種百戲之類，件件都可解得睡魔」。（第二十三回）凡此莫不欲藉小說之趣味性及其社會性來推行社會倫理教化，和提倡正當娛樂。至其主張男女平等，破除世俗迷信，倡導生活樸素節約，反對鋪張虛偽之頹俗等等，亦皆具有社會改革之深意。這些都可以改變小說是「街談巷語、道聽塗說者之所造」的傳統觀念，以及稗官野史，不屑道、無足觀的看法。故作者亦自詡所作為《少子》（與其本家李耳之《老子》相對），以為小說談義理學問，亦足以淑世，功同諸子。金聖嘆嘗讚美《水滸傳》之作者施耐庵為「格物君子」，從這一點看來，「格物君子」四個字，李汝珍亦可當之無愧了。

第四，在寫作的技巧上善以「空想」（某種特殊的想像）來表現「實感」：《鏡花緣》原屬「理想小說」之類型，它的特色之一就是善以「空想」表現實感——「理想」。但這種「空想」並非是一種幻想，也不是絕對的超現實；其實這些「空想」都是受「現實」的刺激而產生的，也因「實感」的反射而出現的。然則為何不作正面的抒發和直接的批評呢？這也就是作者表現技巧高妙之所在。因為正面的抒發和直接的批評，一則在高壓專制政治下，某些敏感的政治和思想問題的討論是不容許的（如清初常見的文字獄之禍）；一則如此的文藝表現方式，太直接、太生硬，缺乏「藝術的美感距離」，自然無法造成修辭上含蓄婉曲，回環轉折之妙。反之，如能善用這種「美感距離」（就本題來說「空想」就是從「實感」到「理想」的「距離」），必能達到上述的高妙境界和效果。我們可以說《鏡花緣》這本小說，從主要題旨的點化，到全書結構的設計，莫不處處運用這種技巧來表現和強調的。前者以武氏的「偽周」及諸才女義士「恢復唐室」的故事，藉「空想」的距離而寄託其推翻清廷，恢復正統王道政治的「理想」。後者係對中國當代社會、政治、教化上所感受到某種不合理的現象和重大缺失，經由「空想」——海外諸國的故事，加以微諷和議評，以寄託他合理和有效的改革主張和「理想」。

第五，行文幽默風趣，善諷喻嘲弄：這一點是本書在形式修辭上的另一大特色。很明顯的，這是作者想藉生動的形式，活潑諧俗的修辭，來調劑嚴肅的主題和內容，以及易流於枯燥單調的陳述（如表現才學博識）。為此，作者以最活潑諧俗的語言，自然穿插點綴的方式，引人入勝，來敘述說理，來諷喻嘲弄。絕不作教條式刻板的說教，也不作自我陶醉的生硬灌輸；不但行文是那樣的婉曲生動，逸趣橫生，而且使讀者在不知不覺中自然的接受他的批評諷喻和理想主張，這也是作者苦心經營之所在。而表現了它的趣味性、通俗性，和某種特殊的古典韻味。可見本書不但宜於雅人，而且宜於俗人，真可說是雅俗共賞了。

《鏡花緣》考證

尤信雄

《鏡花緣》是明清章回小說中，問題比較少的一部作品。儘管在李汝珍僑寓的江蘇海州，曾傳說《鏡花緣》為許喬林、許桂林兄弟所作，近人吳魯星嘗著〈鏡花緣考證〉一篇，亦認為許氏兄弟為《鏡花緣》的作者。但據《鏡花緣》各種刻本的序文，自許喬林以下諸家所序或題詞，皆認為是李松石（松石為李汝珍之字）所作。後來胡適之、孫佳訊諸家的考證，亦皆深以為然，而為後來的學者所接受。故李汝珍為《鏡花緣》之作者，已無可置疑，是絕對可以確認的。

李汝珍，字松石，河北大興人。其確切生卒年不可考，據現存各種資料推算，約生於清乾隆二十八年（一七六三年）或以後，約死於道光十年（一八三〇年）或以前，大概活了六十幾歲。他小時聰明穎異，但痛恨八股時文，不屑於章句帖括之學，以致於在科舉功名上非常不得意，只是一個窮秀才，而老於諸生。乾隆四十七年（一七八二年），他隨哥哥李汝璜到江蘇海州，於是有機會從音樂家及聲韻學家淩廷堪受業，在論文之暇，兼及聲韻學，李汝珍亦自承「受益極多」。從乾隆四十七年到嘉慶五年（一八〇〇年），他都停留在海州一帶。嘉慶六年（一八〇一年）到河南當縣丞，時黃河缺口，使他有機會體驗了實際的治河工作，這對他在《鏡花緣》裡寫女兒國治河一段是相當重要的。嘉慶十年（一八〇五年）以前他又回到江蘇海州，除了回到海州這幾年外，大概都和哥哥客居淮南、淮北一帶。到了嘉慶十九年（一八一四年），他又回到海州。此後他的生活行蹤無可考，據許喬林所編的《朐海詩存》凡例，說他「久作寓公」，這大概是因為他娶海州許桂林的姊姊為妻，故僑寓海州，而老死異鄉。

李汝珍是一個豪邁熱誠的人，亦頗善飲，於學無所不窺，是一個博學多識之士。余集的〈音鑑序〉說他的學問「旁及雜流，如壬遁星卜、象緯、篆隸之類，靡不日涉博其趣。而於音韵之學，尤能窮源索隱，心領神悟」。石文煃的序也說他「忼爽遇物，肝膽照人。平生工篆隸，獵圖史，旁及星卜弈戲諸事，靡不觸手成趣。花間月下，對酒徵歌，興至則一飲百觥，揮霍如志」。許喬林在《鏡花緣》的序裡，則說他「枕經葄史，子秀集華；兼貫九流，旁涉百戲；聰明絕世，異境天開」。從這些敘述裡，可以看出他的個性和人品學識。他在學問上，雖然很博，而且注重實用，但卻特別精研聲韵學。而他這些學問，後來都容納在他的《鏡花緣》裡面了。他出版的著作除《鏡花緣》之外，有《李氏音鑑》、《字母五聲圖》、《受子譜》等書。另外他曾寫一部《廣方言》，可惜沒有完成，至於詩文則多散失。《受子譜》是圍棋譜，搜集兩百餘局。《李氏音鑑》和《字母五聲圖》是他在聲韵學上的重要著作，頗具學術價值。他雖是北方人，但久居南方，故對音韵的南北分合同異，頗有心得，而且講究實用，敢於變古。這些音韵學的主要內容，也被安排在《鏡花緣》裡歧舌國談字母的那一回（第三十一回），作者津津樂道，頗為欣慰自得；這也是作者以小說皮藏學問的原因之一了。

至於《鏡花緣》的著作時期，及其成書年代，頗缺乏直接資料以考證。胡適之在〈鏡花緣引論〉中，認為《鏡花緣》是作者晚年失意之作；並據道光九年（一八二九年）坊刻本麥大鵬序，推定《鏡花緣》之著作時期為「約一八一〇年（嘉慶十五年）至一八二五年（道光五年）」，又說「約一八二五年（道光五年）《鏡花緣》成書」。胡適之此說，與《鏡花緣》實際著作和成書的年代頗有出入，孫佳訊在〈鏡花緣補考〉一文中，已辨明其誤。孫氏據棲雲野客七喜〈洗炭橋〉文中「……頃見松石道人作《鏡花緣演義》，初稿已成將付剞劂」之語，及東海滕氏家藏道光二十一年芥子園藏版《鏡花緣》第一回眉頭上有署名菊如之批語，謂書中之伏筆，月南等諸君各於本條圈點標出。按棲雲野客七喜乃海州許桂林的別號，月南為許桂林之字。可見許桂林已見《鏡花緣》之初稿，並曾為它圈點過。惟許桂林死於道光元年（一八二一年），則《鏡花緣》之成書必在道光元年以前。因七喜〈洗炭橋〉不知作於何時，許喬林的〈鏡花緣序〉，亦無年月可考，故其實際之成書年代亦無法確定，但至遲在道光元年以前即已成書則可認定。

至其著書的時期，在《鏡花緣》第一百回的結尾，作者自云：「消磨了十數多年層層心血，算不得大千世界小小文章。」許喬林的序也說：「《鏡花緣》一書乃北平李子松石以十數年之力成之」，則「十數年」之著作期間當無疑問。如自道光元年以前上推十年，為嘉慶十六年（一八一一年），上推二十年，則為嘉慶六年（一八〇一年）。則「十數年」之起點當在嘉慶六年至十六年之間。惟《鏡花緣》第三十五回已談到治河的經驗，則著書當在李汝珍到河南任縣丞（嘉慶六年，一八〇一年）治河以後，亦顯然可見。故比較合理的推算，開始著書的年代當在嘉慶十年（一八〇五年）以後。因此我們可以說：《鏡花緣》是李汝珍在嘉慶十年（一八〇五年）以後，至嘉慶二十五年（一八二〇年）前，十餘年間所完成的作品。

最後談到《鏡花緣》之版本。《鏡花緣》最早出版的刻本，因許喬林的序沒有年月可考，故無法確定其時間，不過大概在道光初年左右，當不會有很大的出入。又據許喬林的序：「惜向無鐫本，傳鈔既久，魯魚滋甚」之語，可知在許序刻本之前，已有手鈔本流傳。至道光八年（一八二八年），已有芥子園新雕本。次年有麥大鵬者，託謝葉梅摹繪一百八人之像付刻，是為麥刻許像本。後來光緒十四年（一八八八年），有李刻繪圖王韜序本。至於今日流傳下來的《鏡花緣》版本，大致上說來，沒有多大的分歧出入。本局所編印的《鏡花緣》，是以許序原刊刻本為底本，並參校以其他各種善本，加以標點分段，並擇其較難懂的辭語加以註釋，以利讀者參閱。

許序

《班志》稱：小說家流出於稗官。如淳註謂：王者欲知閭巷風俗，立稗官，使稱說之：此古義也。乃坊肆所行雜書，妄題為第幾才子，其所描寫不過渾敦窮奇面目；即或闡揚盛節，點綴閒情，又類土飯塵羹，味同嚼蠟。余嘗目為不才子，似非過論。昔王臨川答曾南豐書，謂小說無所不讀，然後能知大體。而《續文獻通考》經籍一門，亦采及《琵琶》《荊釵》，豈非以其言孝言忠，宜風宜雅，正人心，厚風俗，合於古者稗官之義哉？

《鏡花緣》一書，迺北平李子松石以十數年之力成之，觀者咸謂有益風化。惜向無鐫本，傳鈔既久，魯魚滋甚。近有同志，輯而付之梨棗。是書無一字拾人牙慧，無一處落前人窠臼。枕經葄史，子秀集華；兼貫九流，旁涉百戲；聰明絕世，異境天開。即飲程鄉千里之酒，而手此一編，定能驅遣睡魔；雖包孝肅笑比河清，讀之必當噴飯。綜其體要，語近滑稽，而主意勸善；且津逮淵富，足裨見聞。昔人稱其正不入腐，奇不入幻；另具一副手眼，另出一種筆墨；為虞初九百中獨開生面，雅俗共賞之作。知言哉！輒述此語，以質之天下真才子，喜讀是書者。

海州喬林許石華撰

題詞

孫吉昌

一

造物之奇巧，斯人盡得之。天付數寸管，揮洒無不宜。意蕊紛滿紙，心花開四時。
洋洋千萬言，首尾貫以絲。稗官與小說，紛出若岐路。汗牛且充棟，指瑕難掩疵。
此編二十卷，一覽無參差。不拾人唾餘，亹亹抽秘思。獨開真面目，逼肖古鬚眉。
兼令願見者，如針之引磁。有如古訓誥，詰屈而崎詭。有如古謠諺，奇怠而樸媸。
有如《山海經》，舉目逢魑魅。有如《職方志》，跬步識險巇。有如《朝貢圖》，丹陛集四夷。
有如《搜神記》，古冢拜野狸。有如南山豹，隱霧而留皮。有如東海鰲，躍浪而揚鰭。
恬退如《老子》，幽怨如《楚詞》。奇託如蒙叟，風雅如邱遲。忽如初春月，瘦影生羅幃。
忽如盛夏雨，新涼落酒巵。忽如秋曉花，瀼瀼濃露滋。忽如冬暮雪，莽莽長風吹。
疾如出瓶鵲，一瞥可不追。快如下坡馬，千里不可羈。靜如古寺僧，禪突忘淅炊。
怨如孤舟婦，愁眠懈櫛梳。艷如曲江頭，忽見楊家姨。爭妍而逞媚，采入風人詩。
猛如鐵幢浦，壯氣逼子胥。萬鏃迴怒潮，笑熬弄潮兒。其猛也如虎，其銳者如犀。
其苦也如荼，其甘也如飴。肥如九月蟹，鮮如四月鰣。眩如登絕巘，悄如入古祠。

牽情如蓴菜，媚古如蛤蜊。甜脆如玉筍，芳潔如楚籬。其筆用全力，如縛五色獅。
其文回古錦，如蟠千歲螭。其偶作細語，喁喁兒女私。其故作大言，巍巍廊廟儀。
其尊崇之概，鳳闕而龍墀。蛾蛾列九鼎，纍纍罇小鼒。其瀟灑之致，茅屋而竹籬。
泥塗比軒冕，嘯傲輕皇羲。其變幻不測，如佛在須彌。彈指現樓閣，世界皆琉璃。
其奇偉悲壯，如將在邊陲。平沙列萬帳，號令驚偏裨。其技之小者，書畫而琴棋。
瑣事及星卜，賤役至巫醫。其學之大者，天地隨指揮。象緯俯可數，斗杓仰可持。
可使人忘倦，可使人忘飢。可使人起舞，可使人解頤。雅俗共嘆賞，遐邇無誹訾。

咄咄北平子，文采何陸離！學有此異質，乃不擁皋比。歌詠頌昇平，清聲誇鳳池。
乃不學班生，投此懷中錐。虎頭飛食肉，斬將還搴旂。乃不作高隱，丰采傲霜姿。
悠然對南山，微醉拈吟髭。乃不為大賈，坐擁百萬資。蜀船與楚舶，檢點淮南資。
乃不求神仙，商山採紫芝。服藥常壽考，免作被繡犧。而乃不得意，形骸將就衰。
畊無負郭田，老大乃驅飢。可憐十數載，筆硯空相隨。頻年甘兀兀，終日惟孳孳。
心血用幾竭，此身忘困疲。聊以耗壯心，休言作老痴。窮愁始著書，其志良足悲。
有心弄狡獪，無意成嘆噫。不失勸懲旨，絕無淫冶辭。古今小說家，應無過於斯。
謂之集大成，此語不我欺。

傳鈔紙已貴，今既付劂剞。不脛且萬里，堪作稗官師。從此堪自慰，已為世所推。
試問把卷客，知否香沁脾？但恐宮人戟，得之徒刈葵。皎月入明鏡，好花多繁枝。
鏡花本空相，悟徹心無疑。有因必有緣，緣偶因乃奇。拈毫寄深意，其意欲何為？
憑空結樓閣，蜃沫黏蛟漦。只可撞以筳，不能測以蠡。經營更慘淡，推敲復喔咿。
豈僅三易稿，此情當告誰？

我昔讀未半，掩卷雙淚垂。今得見全豹，寒夜不停披。悲喜頃刻集，情久為之移。
一書彙百種，方矩而圓規。百讀百不厭，笑口常怡怡。紅梅初破萼，小折共碧瓷。
紙窗一痕月，春色來相窺。誰言作者心，只有明鏡知？

二

木之奇者莫如松，根柯夭矯如游龍。有時倒挂一千尺，斜陽掩映青芙蓉。
我入黃山曾目覩，雨餘翠滴天都峰。長風獵獵振萬壑，濤聲怒捲蒼煙濃。
山之怪者莫如石，薜荔為衣千載碧。山頭高擠日輪紅，洞口斜橫水簾白。
自憐瘦到秋有魂，誰信清留月之魄？屹然砥柱立中流，萬丈洪濤巨靈擘。
松因石怪松根奇，根盤石罅多虬枝。扶蘇影動怒虬舞，糾結埠絡欹石危。
松或化石有鱗皺，石或化松無枝垂。搖風蔭月經幾載，忽憶上古無人時。
石得松奇石逾怪，昂然不屑米顛拜。箕踞突兀現佛形，幾點松如瓔珞挂。

憶昔秋深登泰山，松石繞徑不知隘。松石相依信有緣，難償今古詩人債。
須知石怪松奇各有真，無非造物之靈秀，天地之精神。靈秀精神鍾一身，遂為千古不朽之傳人。
其人清芥比水石，節操同松筠，胸懷瀟灑常如春。

老子之後誰繼起？其書直可稱「少子」。落筆飀飀風入松，石奏流泉無此美。
鏡花水月結因緣，宛委嫏嬛搜秘史。讀徧人間記載書，詼諧風雅無與比。

心血煎熬二十年，螢窗雪案費心研。難投蟻蛭時人眼，已壓雞林賈客肩。
一時名譽盛都下，「脫帽露頂王公前」。寡和調高同〈白雪〉，無儔才大比青蓮。

壯心恥擊漸離筑，燕臺不見黃金築，畫餅虛名最誤人，淨雲富貴同蕉鹿。
願作藤蘿松石間，纏綿牽引生幽谷。更得枕流漱石臥烟霞，清香飽吃松花粥。
三生石上萬松巔，一笛騎牛過天竺。

是書初成，手香行者曾題百韻詩記其事，附刊卷首，一時傳為美觀，故同人咸有題詞盛舉。茲以是編出自松石道人之手，復作〈松石歌〉一首，與前作洵稱雙璧。爰附二十八字，以誌欽慕：
「鏡花水月是前身，松石清風不染塵。笑我漆園蝴蝶夢，廿年辛苦作詩人。」情田浦承恩識。

回目

蘇氏蕙若蘭織錦迴文璇璣圖

私淑女弟子史幽探謹繹

琴清流楚激絃商秦曲發聲悲摧藏音和詠思惟空堂心憂增慕懷慘傷仁

芳廊東步階西遊王姿淑窕窈伯邵南周風興自后妃荒經離所懷嘆嗟智

蘭休桃林陰翳桑懷歸思廣河女衛鄭楚樊厲節中闈淫遐曠路傷中情懷

凋翔飛燕巢雙鳩土迤逶路遐志詠歌長歎不能奮飛妄清幃房君無家德

茂流泉情水激揚眷頎其人碩興齊商雙發歌我袞衣想華飾容朗鏡明聖

熙長君思悲好仇舊蕤葳粲翠榮曜流華觀冶容為誰感英曜珠光紛葩虞

陽愁歎發容摧傷鄉悲情我感傷情徵宮羽同聲相追所多思感誰為榮唐

春方殊離仁君榮身苦惟艱生患多殷憂纏情將如何欽蒼穹誓終篤志貞

牆禽心濱均深身加懷憂是嬰藻文繁虎龍寧自感思岑形熒城榮明庭妙

面伯改漢物日我兼思何漫漫榮曜華彫旂孜孜傷情幽未猶傾苟難闈顯

殊在者之品潤乎愁苦艱是丁麗壯觀飾容側君在時巖在炎在不受亂華

意誠惑步育浸集悴我生何冤充顏曜繡衣夢想勞形峻慎盛戒義消作重

感故暱飄施愆殃少章時桑詩端無終始詩仁顏貞寒嵯深興后姬源人榮

故遺親飄生思愆精徽盛翳風比平始璇情賢喪物歲峨慮漸孽班禍讒章

新舊聞離天罪辜神恨昭感興作蘇心璣明別改知識深微至嬖女因奸臣

霜廢遠微地積何遐微業孟鹿麗氏詩圖顯行華終凋淵察大趙婕所佞賢

冰故離隔德怨因幽元傾宣鳴辭理興義怨士容始松重遠伐氏好恃凶惟

齊君殊喬貴其備曠悼思傷懷日往感年衰念是舊愆涯禍用飛辭姿害聖

潔子我木平根嘗遠嘆永感悲思憂遠勞情誰為獨居經在昭燕輦極我配

志惟同誰均難苦離戚戚情哀慕歲殊嘆時賤女懷嘆網防青實漢驕忠英

清新衾陰勻尋辛鳳知我者誰世異浮奇傾鄙賤何如羅萌青生成盈貞皇

純貞志一專所當麟沙流頹逝異浮沉華英翳曜潛陽林西昭景薄榆桑倫

望微精感通明神龍馳若然倏逝惟時年殊白日西移光滋愚讒漫頑凶匹

誰雲浮寄身輕飛昭虧不盈無倏必盛有衰無日不陂流蒙謙退休孝慈離

思輝光飭粲殊文德離忠體一違心意志殊憤激何施電疑危遠家和雍飄

想群離散妾孤遺懷儀容仰俯榮華麗飾身將與誰為逝容節敦貞淑思浮

懷悲哀聲殊乖分聖貲何情憂感惟哀志節上通神祇推持所貞記自恭江

所春傷應翔雁歸皇辭成者作體下遺葑菲深者無差生從是敬孝為基湘

親剛柔有女為賤人房幽處己憫微身長路悲曠感生民梁山殊塞隔河津

蘇氏蕙若蘭織錦迴文璇璣圖

私淑女弟子哀萃芳謹繹

琴	清	流	楚	激	絃	商	秦	曲	發	聲	悲	摧	藏	音	和	詠	思	惟	空	堂	心	憂	增	慕	懷	慘	傷	仁
芳	廊						王							南							荒						嗟	智
蘭		桃					懷							鄭							淫					中		懷
凋			燕				土							歌							妄				君			德
茂				水			眷							商							想			容				聖
熙					好		舊							流							感		曜					虞
陽						傷	鄉							徵							所	多						唐
春	方	殊	離	仁	君	榮	身	苦	惟	艱	生	患	多	殷	憂	纏	情	將	如	何	欽	蒼	穹	誓	終	篤	志	貞
牆							加	懷						繁						思	岑							妙
面							兼		何					華					傷		幽							顯
殊							愁			是				觀				君			巖							華
意							悴				冤			曜			夢				峻							重
感							少					端		終		詩					嵯							榮
故							精						平	始	璇						峨							章
新	舊	聞	離	天	罪	辜	神	恨	昭	感	興	作	蘇	心	璣	明	別	改	知	識	深	微	至	變	女	因	奸	臣
霜							遐						氏	詩	圖						淵							賢
冰							幽					辭		興		怨					重							惟
齊							曠				懷			感			念				涯							聖
潔							遠			感				遠				為			經							配
志							離		戚					殊					懷		網							英
清							鳳	知						浮						如	羅							皇
純	貞	志	一	專	所	當	麟	沙	流	頹	逝	異	浮	沉	華	英	翳	曜	潛	陽	林	西	昭	景	薄	榆	桑	倫
望						神	龍							時							光	滋						匹
誰					輕		昭							盛							流		謙					離
思				粲			德							意							電			遠				飄
想			散				懷							麗							逝				貞			浮
懷		哀					聖							哀							推					自		江
所	春						皇							遺							生						基	湘
親	剛	柔	有	女	為	賤	人	房	幽	處	己	憫	微	身	長	路	悲	曠	感	生	民	梁	山	殊	塞	隔	河	津

第一回　女魁星北斗垂景象　老王母西池賜芳筵

昔曹大家《女誡》云：「女有四行：一曰婦德，二曰婦言，三曰婦容，四曰婦功。」此四者，女人之大節而不可無者也。今開卷為何以班昭《女誡》作引？蓋此書所載雖閨閣瑣事，兒女閒情，然如大家所謂四行者，歷歷有人，不惟金玉其質，亦且冰雪為心，非素日恪遵《女誡》，敬守良箴，何能至此？豈可因事涉杳渺，人有妍媸，一併使之泯滅？故於燈前月夕，長夏餘冬，濡毫戲墨，彙為一編。其賢者彰之，不肖者鄙之；女有為女，婦有為婦；常有為常，變有為變。所敘雖近瑣細，而曲終之奏，要歸於正；淫詞穢語，概所不錄。其中奇奇幻幻，悉由群芳被謫，以發其端。試觀首卷，便知梗概。

且說天下名山，除王母所住崑崙之外，海島中有三座名山：一名蓬萊，二名方丈，三名瀛洲。都是道路窵遠，其高異常。當日《史記》曾言這三座山都是神仙聚集之處，後來《拾遺記》同《博物志》極言其中珍寶之盛，景致之佳。最可愛的：四時有不謝之花，八節有長青之草，他如仙果、瑞木、嘉穀、祥禾之類，更難枚舉。

內中單講蓬萊山有個薄命巖；巖上有個紅顏洞；洞內有位仙姑，總司天下名花，乃群芳之主，名百花仙子，在此修行多年。這日正值三月初三日王母聖誕，正要前去祝壽，有素日相契的百草仙子來約同赴蟠桃聖會。百花仙子即命女童捧了「百花釀」，又約了百果、百穀二位仙子、四位仙姑，各駕雲頭，向西方崑崙而來。

行至中途，四面祥雲繚繞，紫霧繽紛，原來都是各洞神仙也去赴會。忽見北斗宮中現出萬丈紅光，耀人眼目。內有一位星君，跳舞而出，裝束打扮，雖似魁星，而花容月貌，卻是一位美女。左手執筆，右手執斗；四面紅光圍護，駕著彩雲，也向崑崙去了。

百穀仙子道：「這位星君如此模樣，想來必是魁星夫人。原來魁星竟有渾家，卻也罕見！」百花仙子道：「魁星既為神道，豈無匹偶？且神道變幻不測，亦難詳其底細。或者此時下界，別有垂兆，故此星以變相出現，亦未可知。」百果仙子笑道：「據小仙看來，今日是西王母聖誕，所以魁星特命娘子祝壽；將來到了東王公聖誕，才是魁星親自拜壽哩。但這夫人四面紅光護體，紫霧盤旋，不知是何垂兆？」百花仙子道：「小仙向聞魁星專司下界人文。近來每見斗宮紅光四射，華彩騰霄，今以變相出現，又復紫氣毫光，徹於天地。如此景象，下界人文，定卜其盛。奈我輩道行淺薄，不知其兆應在何時何處。」百草仙子道：「小仙聞海外小蓬萊有一玉碑，上具人文，近日常發光芒，與魁星遙遙相映，大約兆應玉碑之內。」百花仙子道：「玉碑所載是何人文？我們可能一見？」百草仙子道：「此碑內寓仙機，現有仙吏把守，須俟數百年後，得遇有緣，方得出現。此時機緣尚早，我們何能驟見？」百花仙子道：「不知小仙與這玉碑可能有緣？可惜我們雖成正果，究係女身，將來即使得覩玉碑人文之盛，其中所載，設或俱是儒生，無一閨秀，我輩豈不減色？」百草仙子道：「現在魁星既現女像，其為坤兆無疑。況聞玉碑所放文光，每交午後，或逢雙日，尤其煥彩，較平時迥不相同。以陰陽而論，午後屬陰，雙亦屬陰；文光主才，純陰主女。據這景氣，豈但一二閨秀，只怕盡是巾幗奇才哩！」百花仙子道：「仙姑所見固是。小仙看來，即使所載竟是巾幗，設或无緣❶，不能一見，豈非鏡花水月，終虛所望麼?」百草仙子道：「這派景象，我們今日既得預覩，豈是无緣?大約日後總有一位姊姊恭逢其盛，此時渺渺茫茫，談也無用。我們且去赴會，何必只管猜這啞謎?」

只見魁星後面又來了四位仙長，形容相貌，與眾不同。第一位，綠面獠牙，綠髮蓋頂，頭戴束髮金箍，身披葱綠道袍。第二位，紅面獠牙，紅髮蓋頂，頭戴束髮金箍，身披朱紅道袍。第三位，黑面獠牙，黑髮蓋頂，頭戴束髮金箍，身披元色道袍。第四位，黃面獠牙，黃髮蓋頂，頭戴束髮金箍，身披杏黃道袍。各人都捧奇珍異寶，也向崑崙進發。

百花仙子道：「這四位仙長，向日雖在蟠桃會中見過，不知卻住那座名山，是何洞主?」百果仙子道：「那位嘴上無鬚，脖兒長長，臉兒黑黑，行動迂緩，倒像一個假道學，仔細看去宛似龜形，莫非烏龜大仙麼?」百草仙子道：「仙姑休得取笑，這四位仙長，乃麟鳳龜龍四靈之主。那穿綠袍的，總司天下毛族，乃百獸之主，名百獸大仙。那穿紅袍的，總司天下禽族，乃百鳥之主，名百鳥大仙。那穿黑袍的，總司天下介族，乃百介之主，名百介大仙。那穿黃袍的，總司天下鱗族，乃百鱗之主，名百鱗大仙。今日各攜寶物，大約也因祝壽而來。」

說話間，四靈大仙過去。只見福祿壽財喜五位星君，同著木公、老君、彭祖、張仙、月老、劉海蟾蜍、和合二仙，也遠遠而來。後面還有紅孩兒、金童兒、青女兒、玉女兒，都腳駕風火輪，並各洞許多仙翁、仙姑，前前後後，到了崑崙。四位仙姑，也都跟著，齊上瑤池行禮，各獻祝壽之物。侍從

❶ 无緣：即無緣，「无」是「無」的古字。

一一收了，留眾仙筵宴。王母坐在中間，旁有元女、織女、痲姑、嫦娥及眾女仙，左右相陪；其餘各仙，俱列瑤臺兩旁，遙遙侍坐。王母各賜仙桃一枚，眾仙拜謝，按次歸坐。說不盡天庖盛饌，玉府仙醪！又聞仙樂和鳴，雲停風靜。

不多時，歌舞已罷，嫦娥向眾仙道：「今日金母聖誕，難得天氣清和，各洞仙長，諸位星君，莫不齊來祝壽，今年之會，可謂極盛！適才眾仙女歌舞，雖然妙絕，但每逢桃筵，都曾見過。小仙偶然想起，素聞鸞鳳能歌，百獸能舞；既有如此妙事，何不趁此良辰，請百鳥、百獸二位大仙，分付手下眾仙童來此歌舞一番？諸位大仙以為何如？」眾仙剛要答言，那百鳥、百獸二仙，都躬身道：「蒙仙姑分付，小仙自當應命。但歌難悅耳，舞難娛目；兼恐眾童兒鹵莽性成，倘或失儀，王母見罪，小仙如何禁當得起？」玉母笑道：「偶爾遊戲，這有何妨？」

百鳥仙同百獸仙聽了，隨即分付侍從傳命。登時只見許多仙童，圍著丹鳳、青鸞兩個童兒，腳踏祥雲，到了瑤池，拜過王母，見了百鳥大仙，領了法旨，將身一轉，變出丹鳳、青鸞兩個本相。一個是彩毫炫耀，一個是翠翼鮮明。那些隨來的童兒，也都變出各色禽鳥。隨後麒麟童兒帶著許多仙童，也如飛而至。一個個參拜王母，見了百獸大仙，領了法旨，都變出本相。無非虎豹犀象、獐貓麋鹿之類。那邊是眾鳥圍著鸞鳳，歌喉宛轉；這邊是麒麟帶著眾獸，舞態盤旋。在瓊階玉砌之間，各獻所長。連那瑤草琪花，也分外披拂有致。

王母此時不覺大悅，隨命侍從把「百花釀」各賜眾仙一杯。嫦娥舉杯向百花仙子道：「仙姑既將仙釀祝壽，此時鸞鳳和鳴，百獸率舞，仙姑何不趁此也發個號令，使百花一齊開放，同來稱祝？既可助他歌舞聲容，又可添些酒興，豈不更覺有趣？」眾仙聽了，齊聲說妙！都催百花仙子即刻施行，以成千秋未有一場勝會。

百花仙子連忙說道：「小仙所司各花，開放各有一定時序，非比歌舞，隨時皆可發令。月姊今出此言，這是苦我所難了，況上帝於花號令極嚴，稽查最密。凡下月應開之花，於上月先呈圖冊，其應否增減鬚瓣，改換顏色之處，俱候欽裁。上命披香玉女，細心詳察，務使巧奪人工，別開生面。所以同一梅花，有綠萼硃砂之異；同一蓮花，有重臺並蒂之奇。牡丹芍藥，佳號極繁；秋菊春蘭，芳名更夥。一枝一朵，悉遵定數而開；或後或先，俱待臨期而放。又命催花使者，往來保護，以期含苞吐萼之時，如式呈妍。果無舛錯，註明金籙雲籤，來歲即移雕欄之內，繡闥之前，令得淨土栽培，清泉灌溉，邀詩人之題品，供上客之流連，花日增榮，以為獎勵。設有違誤，糾察靈官奏請分別示罰。其最重的，徙植津亭驛館，不特任人攀折，兼使沾泥和土，見蹂於馬足車輪；其次重的，蜂爭蝶鬧，旋見凋殘，雨打霜摧，登時零落；其最輕的，亦謫置深山窮谷，青眼稀逢，紅顏誰顧，聽其萎謝，一任沉埋。有此種種考察，是以小仙奉令惟謹，不敢參差，亦不敢延緩。今要開百花於片刻，聚四季於一時，月姊此言，真是戲論了！」

嫦娥聽這一片話，甚覺有理，再難勉強；當不起風姨與月姊素日親密，與花氏向來不和，便說出一段話來。未知後事如何，且看下回分解。

第二回　發正言花仙順時令　定罰約月姊助風狂

話說風姨聞百花仙子之言，在旁便說道：「據仙姑說得其難，其慎，斷不可逆天而行。但梅乃一歲之魁，臨春而放，莫不皆然，何獨嶺上有十月先開之異？仙姑所謂號令極嚴，不敢參差者安在？世間道術之士，以花為戲，布種發苗，開花頃刻，仙姑所謂稽查最密，臨期而放者又安在？他如園叟花傭，將牡丹碧桃之類，澆肥炙炭，歲朝時候，亦復芬芳逞艷，名曰唐花❶，此又何人發號播令？總之，事權在手，任我施為。今月姊既有所懇，無須推託。待老身再助幾陣和風，成此勝會。況在金母筵前，即玉帝聞知，亦未便加罪。設有過失，老身情願與你分任，何如？」

百花仙子見風姨伶牙俐齒，以話相難，不覺吃驚，含笑道：「姨姨請聽小仙告白。那嶺上梅開，乃地有南北暖寒之異。小春偶放，得氣稍先，好事者即見於吟咏，豈為定論？至花開頃刻，乃道人幻術，過眼即空。若『唐花』不過矯揉造作，更何足道？此事非可任我施為。即如姨姨職司風紀，四季不同，豈能於陽和之候，肆肅殺之威；解慍之時，發刁蕭之令？再如月輪晦明圓缺，晷刻難差？月姊能使皓魄常圓，夜夜對此青天碧海麼？今既承尊命，小仙即命桃花仙子、杏花仙子，各執上等本花來此歌舞一番，何如？」

❶ 唐花：因烘焙而早開的花，亦稱堂花。

嫦娥聽了，不覺冷笑道：「桃杏二花，此時遍地皆是，何勞費心？小仙所以相懇者，並非希冀娛目，意在趁此嘉辰，博金母盡日之歡，庶不虛此勝會。不意仙姑意存愛惜，恐勞手下諸位仙子，我又何必勉強？但仙姑不過舉口之勞，偏執意作難，一味花言巧語，這樣拿腔作勢，未免太過分了？」

百花仙子見話不是頭❷，不覺發話道：「群花齊放，固雖甚易，第小仙向來承乏其事，係奉上帝之命；若無帝旨，即使下界人王有令，也不敢應命，何況其餘？且小仙素本膽小，兼少作為；既不能求不死之靈丹，又不能造廣寒之勝境；種種懦弱，概不如人。道行如此之淺，豈敢妄為此事？只好得罪，有方尊命❸了。」

嫦娥見他話中明明譏刺竊藥一事，不覺又羞又氣；因冷笑道：「你不肯開花也罷了，為何語中卻帶譏諷？」織女勸道：「二位向以楸枰❹朝夕過從，何等情厚？今忽如此，豈不有傷和氣？況事涉游戲，何必紛爭？」元女道：「二位角口，王母雖然寬宏，不肯出言責備；但以瑤池清淨之地，視同兒戲，任意喧譁，未免有失敬上之道。倘值日諸神奏聞上帝，他年桃會，恐不能再屈二位大駕了。」

嫦娥道：「適才百花仙姑說，惟有上帝勅旨，才能群花齊放；縱讓下界帝王有令，也不能應命。此去千百年後，倘下界有位高興帝王，使出回天手段，出此一令，那時竟是百花齊開，卻如何受罰？今趁王母並諸位仙長作個證見，倒要預先說明。」麻姑戲說道：「據小仙愚見，將來如有此事，即罰

❷ 不是頭：形勢情況不好。

❸ 方命：抗命；違命。

❹ 楸枰：棋局。

百花仙子在廣寒殿打掃落花三年。月姊以為何如?」百花仙子道:「那人王乃四海九州之主,代天宣化,豈肯顛倒陰陽,強人所難?要便是嫦娥仙子臨凡,做了女皇帝,出這無道之令,別個再不肯的。那時我果糊塗,竟任百花齊放,情願墮落紅塵,受孽海無邊之苦,永無翻悔!」

話言未畢,那邊女魁星早已執筆過來,把百花仙子頂上點了一筆,駕著紅光,離了瑤池,竟奔小蓬萊保護玉碑去了。這裡嫦娥聞百花仙子之言,正要發揮。織女勸道:「方才魁星夫人因不肯開花,已將百花仙姑責了一管,憤然而去;月姊也可略消氣惱。二位如再喧譁,不獨躭誤嬌音妙舞,恐金母要下逐客之令了。」

王母暗暗點頭道:「善哉!善哉!這妮子道行淺薄,只顧為著游戲小事,角口生嫌;豈料後來許多因果,莫不從此而萌?適才彩毫點額,已露元機。無奈這妮子猶在夢中,毫無知覺。這也是群花定數,莫可如何!」登時歌停舞罷,王母都賞賜果品瓊漿,叩領而去。

眾仙宴畢,也就拜謝四散。百花仙子與百草、百果、百穀四位仙姑,共坐雲軿,一同回洞。百穀仙子在路說道:「今日是慶壽良辰,爭奈這嫦娥恃強倚寵,賣弄新鮮題目,平白惹這場閒氣!我至今還覺不平!幸虧百花姊姊有情有理,說得他滿面羞慚,無言可答。」百草仙子道:「那歌舞是件有趣的事,怎麼要那不倫不類的百獸亂鬧起來!瑤池乃幽靜之所,今被獸蹄鳥跡遭蹋❺不堪,明日那些執事仙官,著人打掃,還不知怎樣埋怨嫦娥哩!」

百果仙子道:「幸而龜不能歌,蛟不能舞;若能歌舞,嫦娥少不得又請百介、百鱗二仙發號施令。

❺ 遭蹋:亦作「遭遢」、「糟蹋」、「蹧蹋」。暴殄不愛惜的意思,亦有陵侮或嘲毀之意。

那時弄得滿瑤池盡是蝦兵蟹將，臭氣熏人，那才是個笑話哩！當時我在座上，見百草妹妹嬉笑不止，不知為甚？想是看得樂了？」百草仙子道：「我看那些鳥兒，如鳳管鸞笙，鶯啼燕語，雖不成腔調，還不討厭；至於百獸，到底算些什麼東西！那笨牛、癩象，搖來擺去，已覺不雅；又弄個毛猴子，夾在裡頭東奔西跳，偏是他忙！最令人噴飯的，那小耗子又要舞又怕貓，躲躲藏藏，賊頭賊腦，任他裝出斯文樣子，終失不了偷油的身分！還有那小兔子站在旁邊，正自躲懶，忽然看見鳳凰手下那隻癩鷹，惟恐鷹來捉他，登時使出無窮身段，扭扭攝攝，向著癩鷹笑容可掬，百般跳舞；我因小兔子他也會哄騙，所以不覺好笑。看了他們這種樣子，無怪百花姊姊寧與我輩草木並腐，不屑與鳥獸同群了！」

百花仙子聽他三位問答，卻也化怒成懽。談笑間，已至蓬萊，各自歸洞。每逢閒暇，無非敲枰相聚。日復一日，年復一年，也不知人間歲月幾何。

一日，百花仙子因時值殘冬，群芳暫息，既少稽查之役，又無號令之煩，消閒靜攝，頤養天和。一時忽然靜中思動，因命牡丹、蘭花眾仙子看守洞府，去訪百草仙子，不意適值外出。又訪百果、百穀二仙，亦皆不遇。忽見陰雲四合，飄下幾點雪花；正要回洞，偶然想起麻姑久未會面，於是來到麻姑洞府。彼此見面，各道久闊。

麻姑道：「今日這般寒冷，滿天雪片飄揚，仙姑忽來下顧，真是意想不到。如果消閒，趁此六出紛霏之際，我們雖不必學人間暖閣圍爐那些俗態，何妨清吟聯句，遣此長宵？現在家釀初熟，先請共飲數杯，好助詩興。」百花仙子道：「佳釀延齡，乃不易得的，一定遵命拜領。至於聯句，乃冷淡生涯，有何趣味？不如以黑白雙丸，賭個勝負，倒還有些意思。莫要偷棋摸著，施出狡獪伎倆，我就不敢請教了。」未知後事如何，再看下回分解。

第三回　徐英公傳檄起義兵　駱主簿修書寄良友

話說麻姑聞百花仙子之言，不覺笑道：「你既要騙我酒吃，又鬥我圍棋❶，偏有這些尖嘴薄舌的話說。我看你只怕未必延齡，反要促壽哩。若講著棋，我雖喜同你著，卻又嫌你。」百花仙子道：「這卻為何？」麻姑道：「我喜你者，因你棋不甚高，臭得有趣；同你對著，可以無須用心，即可取勝。所謂殺屎棋❷以作樂，頗可借此消遣。無如你棋品平常，每每下到半盤，看勢頭不好，不是一擄，就想推故要走。古人云：『未角智，先練品。』誰知你是未角智，先練擄，又練走，所以我又嫌你。我們今日預先講定，或三盤五盤，必須見個勝負，不准半途而廢，如果有事請辦過再來，免得臨時鬧詭❸。」

百花仙子笑道：「小仙今拜南極仙翁為師，若論高手，大約除了敝老師就要輪到小仙，豈可與從前一例看待？就下十盤我也不懼。且命貴仙女煖酒安枰，我兩人好一飲一著，分個高下。」麻姑道：「仙姑休得誇強，到了終局，你才知利害；那才後悔不該同我對局哩！」百花仙子道：「仙姑今日如

❶ 鬥我圍棋：逗引我下圍棋。
❷ 屎棋：亦稱「臭棋」，嘲笑下棋低能。
❸ 鬧詭：猶「鬧魔」，撒賴的意思。

果得勝，小仙聞得下界高手甚多，我去凡間訪求明師，就便將弈秋請來，看你可怕！」麻姑道：「那弈秋老先生連孟夫子都佩服的，我如何不怕？但仙姑下凡訪師，這句話未免動了紅塵之念，將來只怕下界有人聘你去做棋中高手哩。」

一面說笑，隨命仙女擺設酒肴，安排棋局。登時各逞心思，對著起來。百花仙子只顧在此著棋，那知下界帝王忽有御旨命他百花齊放。

原來這位帝王並非鬚眉男子，係由太后而登大寶，乃唐中宗之母，姓武，名曌，自號則天，按天星心月狐臨凡。當日太祖、太宗本是隋朝臣子，後來篡了煬帝江山，雖是天命，但殺戮過重，且涉於淫私，傷殘手足；所以煬帝並各路烟塵，趁他這個虧處，都在陰曹控告唐家父子種種暴戾荼毒之苦。冥官具奏，幸虧眾神條陳：與其令楊氏出世報仇，又結來生不了之案，莫若令一天魔下界，擾亂唐室，任其自興自滅，以彰報施。適有心月狐思凡獲譴，即請敕令投胎為唐家天子，錯亂陰陽，銷此罪案。

心月狐得了此信，歡喜非常，日盼下凡吉期。這日來到廣寒與太陰告辭。嫦娥觸動前事，因悄悄說道：「星君此去下界為帝，享受富貴，玉食萬方，皆不足道。倘能於一日之中，使四季名花莫不齊放，普天之下盡是萬紫千紅，那才稱得錦繡乾坤，花團世界；不獨名傳千古，也顯得星君通天手段。」心月狐笑道：「這有何難！我既為帝，莫講百花教他齊放，他不敢不遵，就是那從不開花的鐵樹也要開朵花兒給我看看哩。此時說來無憑，日後便見明白。」說罷作別。後來下凡，托生為則天皇帝，即唐中宗之母。

當時中宗在位，一切謹守彝訓，天下雖然太平，無如做人仁慈，不合武太后之意，未及一載，廢為廬陵王，貶在房州。武后自立為帝，改國號周，年號光宅。自中宗嗣聖元年甲申即位，賴唐家一點庇蔭，天下倒也無事。無奈武后一味尊崇武氏弟兄，荼毒唐家子孫。那時惱了一位豪傑，是英國公徐勣之孫徐敬業，在外聚集英雄，同駱賓王做了一道檄文，布告天下，以討武后。武后即發強兵三十萬，命李孝逸率領眾將征剿。徐敬業手下雖有兵十萬，究竟寡不敵眾。兼之不聽魏思溫之言，誤從薛仲璋之計，以致大敗虧輸。後來被周兵追到至急之際，手下只剩千餘人。

彼時徐敬業、駱賓王各有一子，跟在軍前，都不滿十歲。徐敬業見事機萬無挽回，即同駱賓王商議，選了四名精壯偏將，保護兩位公子，暗暗奔逃。並將所討武氏檄文，割下袍襟，咬破手指，每人各書一張，交付兩位公子，叮嚀屬付，教他日後務保主上復位，以承父志。所以徐敬業之子取名徐承志，駱賓王之子取名駱承志。

當時駱賓王又割一幅袍襟，匆匆寫了一封血書，遞給兒子道：「此信日後送到隴右節度使史伯伯處。此人名叫史逸，向日同我結拜至交，為人忠心赤膽，素諳天文；刻下雖有勤王之意，因兵微將寡，未敢妄動，將來首先起兵剿滅武氏，必是此人。我兒前去，得能替我出得半臂之勞，我亦含笑九泉。切須勉力為之！」

徐敬業也寫兩封血書，遞給兒子道：「此信吾兒一送淮南節度使文伯伯處，一送河東節度使章伯伯處。文伯伯名隱，章伯伯名更，為人都是血心仗義，本欲起兵剿除內亂，迎主還朝，因兵馬甚少，尚未舉事。吾兒只要逃得性命，或在淮南，或在河東，投了此信，得能安身，將來自有出頭之日。」丁寧未畢，後面追兵甚近。父子四人，只得洒淚而別。後來徐敬業被偏將王那相刺死，即持敬業首級投降，餘黨俱被擒捕。其兄徐敬功帶領家眷，逃在外洋。駱賓王竟無下落。其父駱龍帶領孫女亦逃海外。餘如唐之奇、杜求仁、魏思溫、薛仲璋諸人，悉皆奔逃。

武后剿滅徐敬業，惟恐城池不固，日與武氏弟兄計議；大興土木，於長城外，另起東西南北四座高關，把個長安團團圍在居中，真是水泄不通。這四座關就命武氏弟兄把守：武四思鎮守北關，北方屬水，兼之關下河道西通酉陽之水，取名酉水關。武五思鎮守西關，西方屬金，主肅殺之象，兼因地近巴蜀，取名巴刀關。武六思鎮守東關，東方屬木，又因關內河道向產紫貝木，名木貝關。他因木字犯了武氏祖諱，卻把木字少寫一筆，名叫才貝關。武七思鎮守南關，南方屬火，因造此關之後，關內屢遭回祿，恐火太旺，取名无火關。弟兄四個都得異人傳授，頗有妖術。關前各設迷魂陣一座，極其利害，因此四方聞風而懼。

當時雖有幾家忠良欲為勤王之計，因有此關阻隔，未敢冒昧興師，暫且臣服於周，相時而動。武后恃有高關，又仗武氏弟兄驍勇，自謂穩如泰山，十分得意。

一日，正值殘冬，同太平公主在暖閣飲酒，推窗賞雪，並與宮娥上官婉兒唱和吟詩。武后因雪越下越大，不覺喜道：「古人云：『雪兆豐年。』朕才登極，就得如此佳兆，明歲自然五穀豐登，天下太平了。」公主同上官婉兒率領眾宮娥都山呼❹叩賀。未知後事如何，且看下回分解。

❹ 山呼：漢武帝登嵩高山，聽到呼叫萬歲的聲音有三次，以後臣民祝頌天子，呼叫萬歲為山呼。

第四回　吟雪詩暖閣賭酒　揮醉筆上苑催花

話說武后賞雪心歡，趁著酒興，又同上官婉兒賭酒吟詩。上官婉兒每做〈雪兆豐年〉詩一首，武后即飲一杯。起初是一首詩一杯酒，後來從兩首詩一杯酒慢慢加到十首詩一杯酒。上官婉兒剛把詩機做的略略活了，詩興還未一分，武后酒已十分。

正飲得高興，只覺陣陣清香撲鼻。武后朝外一望，原來庭前有幾株蠟梅開了，不覺讚道：「這樣寒天，蠟梅忽然大放，豈非知朕飲酒，特來助興，如此殷勤，自應懋賞。」分付掛紅賞金牌。宮娥答應，登時俱掛紅綾金牌。

武后醉眼朦朧，又分付宮人道：「此地蠟梅既來伺候，想來園中各花素知朕有愛花之癖，自然也都大放。即刻備輦，朕同公主往群芳圃、上林苑賞花去。」眾宮娥只得答應，傳旨備輦。

公主道：「蠟梅本係冬花，此時得了雪氣滋潤，所以大放。至別的花卉，開放各有其時，此刻離春令雖近，天氣甚寒，焉能都開呢？」武后道：「各花都是一樣草木。蠟梅既不畏寒，與朕陶情，別的花卉，自然也都討朕歡喜。古人云：『聖天子百靈相助。』我以婦人而登大寶，自古能有幾人？將來真可上得無雙譜的。此時朕又豈止百靈相助？這些花卉小事，安有不遂朕心所欲？即便朕要挽回造化，命他百花齊放，他又焉能違拗？你們且隨朕去。只怕園內名花早已伺候開了。」

公主再三諫阻。武后那裡肯聽，隨即乘輦，命公主、上官婉兒同去賞花。到了群芳圃，下得輦來，四處一望，各樣花木，除蠟梅、水仙、天竺、迎春之外，盡是一派❶枯枝；莫講賞花，要求賞個青葉也是難的。看了一遍，不覺面紅過耳，真是眾口之下，羞愧難當，幾乎把酒都羞醒了。

正要到上林苑去，只見有個小太監走來奏道：「奴婢才到上苑看過，那邊也同這邊一樣。據奴婢看來，大約眾位花仙還不曉得萬歲要來賞花，所以未來伺候。方才奴婢已向各花宣過聖意，倘萬歲親自再下一道御旨，明日自然都來開花了。」

武后聽罷，心中忽然動了一動，倒像觸起從前一件事來；再四尋思，卻又無從捉摸。不覺把頭點了兩點道：「也罷，今日已晚，權且施恩，限他明日開罷。」分付預備金箋筆硯，提起筆來，想了一想，在那箋紙上醉筆草草寫了四句道：「明朝遊上苑，火速報春知。花須連夜發，莫待曉風催。」寫罷，分付太監拏去用了御寶，即發上林苑張挂，並令御膳房明早預備賞花酒宴。公主同上官婉兒聽了，都不覺暗笑。武后酒醉難支，即帶眾人乘輦回宮。太監遵旨，把金箋用了御寶張挂上林苑內。

那上林苑蠟梅仙子同水仙仙子見了這道御旨，忙到洞中送信。誰知這日百花仙子正同麻姑著棋，因天晚落雪，尚未回洞。當時牡丹仙子得了此信，不知洞主下落，即同蘭花仙子冒雪分頭到百草、百果各位仙姑洞中尋訪，毫無蹤跡；天已夜晚，雪仍不止，只得回洞。

牡丹仙子道：「此旨限期又迫，偏偏洞主又無下落，這卻怎好？」桃花仙子道：「據小仙愚見，為今之計，惟有各司本花，前去承旨。況我們這座蓬萊，周圍七萬里，上面仙姑洞府不計其數，焉能

❶ 一派：一片；同樣的東西或動作集合在一起叫一派。

個個徧訪？設或逾限，違了聖旨，豈同兒戲？此時即尋著洞主稟知此事，除承旨之外，安能另有別見？且洞主向來謹慎，從不越分妄為，豈有違旨之理？」

楊花仙子在旁聽了，不覺暗暗點頭。牡丹仙子道：「話雖如此，洞主究係眾人領袖，豈可不候號令，擅自前去？不知蘭、桂二位仙姑可另有高見？」蘭花仙子道：「小仙同桂花仙姑所司之花，原有四季之名，四時莫不可放，此刻就去承旨，也無不合；但細細忖度，自應找尋洞主稟知為是。況罰不責眾，如果立意都不承旨，諒那世主亦難遽將群芳盡廢。且眾姊妹雖以花卉為名，並非獨供玩賞；其中隸於藥品濟世的，亦復不少；若都廢了，何以療疾？以此看來，更可放心。況時值隆冬，概令群花齊放，未免時序顛倒。雖皇皇聖諭，究竟於理不順。即使違誤，諒難加罪。所謂『言不順則事不成』。若名正言順，事在必行，我們一經聞命，自應即去承旨，又何須稟知洞主？現在行止，在於兩可，所以不能不候洞主之命。小仙拙見如此。」

桂花、梅花、菊花、蓮花四位仙子聽了，莫不點頭；都道：「仙姑所見極是。」只見楊花、蘆花、藤花、蓼花、萱花、葵花、蘋花、菱花八位仙子，彼此交頭接耳，商議多時，一齊說道：「諸位仙姑去不去，小仙也不敢勉強。但我等雖忝列群芳，質極微賤，道行本淺，位分又卑，既乏香艷之姿，兼無濟世之用，何能當此違旨重譴？一經被謫，區區微末，豈能保全？再四斟酌，不能不籌且顧眼前之計。此時業經交丑，那旨內說，莫待曉風催。轉瞬就要發曉，我們惟有各司本花，先去承旨。日後即使洞主責備，亦當垂鑒下情。且吾輩倘竟違旨，俱獲重罪，洞主身為領袖，又安能置身事外？今既循分承旨，彼此均無過失，洞主犒賞無暇，豈有責備之理？」因向桃花仙子道：「適才仙姑曾言：『惟恐逾限獲罪。』何不趁此結伴同行？」不由分說，即拉了桃花仙子，竟一同而去。

九位仙子剛去，只見上林苑土地並值日功曹也來相催。登時眾仙子莫不紛紛前往。

那時天已漸曉，雪已住了。牡丹仙子向蘭花仙子嘆道：「眾心不齊，又將奈何？小仙惟有再去尋訪。至於行止只好悉聽諸位。」說著去了。

蘭花仙子等之許久，總無音信。功曹、土地，絡繹來催。轉眼間，紅日已升。眾花仙十去八九，洞中只剩桂花、梅花、菊花、蓮花、海棠、芍藥、水仙、蠟梅、玉蘭、杜鵑、蘭花共十一位仙子。大家商議多時，並無良策，只得勉強一同去了。

牡丹仙子又在四處訪問，直到辰時，仍無影響❷；回到洞中，只剩兩個女童看守洞門。呆了半晌，無計可施；惟恐違旨，只得也向上林苑而來。

武后自從上林苑回宮，睡到黎明，宿酒已消；猛然想起昨日寫詔之事，連忙起來，心內著實懊悔酒後舉動過於孟浪，倘群花竟不開放，將來傳揚出去，這場羞愧，如何遮掩。正在尋思，早有上林苑、群芳圃司花太監來報各處群花大放。武后這一喜非同小可，登時把公主宣來，用過早膳，齊到上林苑。只見滿園青翠縈目，紅紫迎人，真是錦繡乾坤，花花世界。天時甚覺和暖，池沼都已解凍，陡然變成初春光景。正是：「池魚戲藻仍含凍，谷鳥啼花乍報春。」

武后細細看去，只見眾花惟牡丹尚未開放，即查群芳圃，亦是如此。不覺大怒道：「朕自進宮以來，所有上林苑、群芳圃各花，每於早晚，俱令宮人加意澆灌，百般培養，自號督花天王。因素喜牡

❷ 影響：蹤影；消息。

丹，尤加愛護。冬日則圍布幔以避嚴霜，夏日則遮涼篷以避烈日；三十餘年，習以為常；朕待此花，可謂深仁厚澤；不意今日群芳大放，彼獨無花；負恩昧良，莫此為甚！」分付太監即將各處牡丹連根掘起，多加柴炭，立時燒燬。

公主勸道：「此時眾花既放，牡丹為花中之王，豈敢不遵御旨？但恐其花過大，開放不易。尚望主上再寬半日限期，倘仍無花，再治其罪。彼草木有知，諒亦無怨。」武后道：「你既替他懇求，姑且施恩，再限兩個時辰；若再無花，就怨不得朕了。」因問太監道：「此處牡丹若干株？」太監奏道：「上林苑共約二千餘株，與群芳圃數目相彷。」武后道：「此時已交辰初，就以辰時為限。爾等即燒炭火千盆，先把千株枝梗炙枯，不可傷根。炙後如放葉開花，即將炭火撤去。俟到巳時無花，再將所餘千餘株也用炭火炙枯。一交午時，如再不開，立將各處牡丹一總掘起，用刀斧搥為齏粉。那時朕再降旨，令天下盡絕其種。所有群芳圃牡丹亦照此處一例辦理。」太監答應，登時炭火齊備。未知牡丹果開與否，且聽下回分解。

第五回　俏宮娥戲嘲桃皮樹　武太后怒貶牡丹花

話說太監把炭火預備，上林苑牡丹二千株轉眼間已用炭火炙了一半；群芳圃也是如此。上官婉兒向公主輕輕笑道：「此時只覺四處焦香撲鼻，倒也別有風味。向來公主最喜賞花，可曾聞過這樣異香麼？」公主也輕輕笑道：「據我看來，今日不獨賞花，還炮製藥料哩。」上官婉兒道：「請教公主，是何藥料？」公主笑道：「好好牡丹，不去澆灌，卻用火炙，豈非六味丸用的炙丹皮麼？」上官婉兒笑道：「少刻再把所餘二千株也都炙枯，將來倒可開個丹皮藥材店哩。向來俗傳有擊鼓催花之說，今主上催花與眾不同，純用火攻，可謂霸王風月了。」

公主道：「聞得向來你將各花有『十二師』、『十二友』、『十二婢』之稱，不知何意？此時主上正在指撥宮人炮製牡丹，趁此無事，何不將師友婢的寓意談談呢？」上官婉兒道：「這是奴婢偶爾遊戲，倘說的不是，公主莫要發笑。所謂師者，即如牡丹、蘭花、梅花、菊花、桂花、蓮花、芍藥、海棠、水仙、蠟梅、杜鵑、玉蘭之類，或古香自異，或國色無雙，此十二種品列上等；當其開時，雖亦玩賞，然對此態濃意遠，骨重香嚴，每覺肅然起敬，不啻事之如師；因而叫作十二師。他如珠蘭、茉莉、瑞香、紫薇、山茶、碧桃、玫瑰、丁香、桃花、杏花、石榴、月季之類，或風流自賞，或清芬宜人，此十二種品列中等；當其開時，憑欄拈韻，相顧把盃，不獨藹然可親，真可把袂共話，亞似投契良朋：

因此呼之為友。至如鳳仙、薔薇、梨花、李花、木香、芙蓉、藍菊、梔子、繡毬、罌粟、秋海棠、夜來香之類，或嫣紅膩翠，或送媚含情，此十二種品列下等；然其開時，不但心存愛憎，並且意涉褻狎，消閒娛目，宛如解事小鬟一般：故呼之為婢。惟此三十六種，可師，可友，可婢。其餘品類雖多，或產一隅之區，見者甚少，或乏香艷之致，別無可觀，故奴婢悉皆不取。」

公主道：「你把三十六花借師、友、婢之意分為上中下三等，固因各花品類與之區別；據我看來，其中似有愛憎之偏。即如芙蓉應列於友，反列於婢；月季應列於婢，反列於友；豈不教芙蓉抱屈麼？」上官婉兒道：「芙蓉生成媚態嬌姿，外雖好看，奈朝開暮落，其性無常，如此之類，豈可與友。至月季之色雖稍遜芙蓉，但四時常開，其性最長，如何不是好友？」

正在談論，已交巳初。只見宮人紛紛來報，此處同群芳圃牡丹俱已放葉含苞，頃刻就要開花了。武后道：「原來他也曉得朕的炮製利害。既如此，權且賜恩，把火撤去。」宮人遵旨撤去火盆。霎時，各處牡丹大放，連那炭火炙枯的也都照常開花。如今世上所傳的枯枝牡丹，淮南、卞倉最多；無論何時，將其枝梗摘下，放入火內，如乾柴一般，登時就可燒著。這個異種，大約就是武則天留的甘棠遺愛。

當時武后見牡丹已放，怒氣雖消，心中究竟不快，因下一道御旨道：「昨朕賞雪，偶爾高興，欲赴上苑賞花，曾降勅旨，令百花於來晨黎明齊放，以供玩賞。牡丹乃花中之王，理應遵旨先放；今開在群花之後，明係玩誤。本應盡絕其種，姑念素列藥品，尚屬有用之材，著貶去洛陽。所有大內牡丹四千株，俟朕宴過群臣，即命兵部派人解赴洛陽，著該處節度使章更每歲委員採貢丹皮若干石，以備藥料之用。」此旨下過，後來紛紛解往，日漸滋生，所以天下牡丹，至今惟有洛陽最盛。

武后又命司花太監將上林苑、群芳圃所開各花，細細查點，共計若干種，開單呈覽。其中如有外域及各處所貢者，亦皆一一載明。太監領旨，登時查明，共九十九種；把名目開列清單呈上。武后見各花開的如許之多，頗有喜色，把單子遞給公主觀看；因向上官婉兒笑道：「你向有才女之名，最是博古通今，可曾見過靈芝、鐵樹均在殘冬開花？那洛如、青囊、瑞聖、曼陀羅，各花來歷，可都曉得麼？」上官婉兒奏道：「臣婢向聞靈芝產自名山，乃神仙所服。因其每歲三花，又名三秀；雖前古聖明之世，亦屬罕有。今不獨芬芳大放，並有五色之異。至鐵樹開花，尤屬罕見。相傳每逢丁卯年，或可一放；今係甲申，更非其時。不意竟於寒冬與靈芝一齊吐艷，實為國家嘉祥。洛如花據古人傳說，其種既不易得，其花尤為少見，惟國有文人，始能放花。青囊花案《史鑑》本出契丹，其詳雖不可考；然以青囊二字言之，據《晉書》，當日郭公曾得青囊之秘，象屬文明，今同洛如一並開放，必主人文輔佐聖明之兆。他如瑞聖花一經開放，必經九月之久，象主國祚永長。曼陀羅花當日世尊說法上天雨之，象主四方寧謐。以上各花，皆為希世之寶，今俱遵旨立時齊放，真是主上洪福齊天所致，可謂亘古未有盛事，亦是千秋一段佳話。」

公主道：「今觀洛如、青囊所放之花，不獨鮮艷冠於群芳，而且枝多連理，花皆並蒂。以陰陽奇偶論，連理並蒂為雙，屬陰；陰為女象。適才上官婉兒所奏洛如、青囊主文，以臣女所見，連理並蒂主女。據這景象，將來必主聖上廣得閨才之兆。蓋聖上既奉天運承了大統，天下閨中，自應廣育英才，以為輔弼；亦如古之八元、八愷，風雲際會，所以草木有知，也都預為呈兆。臣等叨蒙聖上洪福，恭逢其盛，不勝欣歡頌禱。」於是率領眾宮人山呼叩賀。

武后聽罷，不覺大悅道：「此雖上天垂象，但朕何德何能，豈敢妄冀巾幗中有八元、八愷之盛？倘得一二良才，共理朝綱，得備顧問，心願也就足了。」於是分付宮人即與眾花挂紅，並降勅旨，封洛如花為文運女史，青囊花為文化女史。又命太監製金牌二面，一鐫文運女史，一鐫文化女史，登時製就，挂於洛如、青囊之上。誰知各花一經挂紅，開的更覺鮮艷。那洛如、青囊挂了金牌尤其茂盛，不獨並蒂，且從花心又出一花。

武后越看越愛，不覺喜笑顏開道：「此時洛如、青囊二花，經朕封為女史，莫不蒂中結蒂，花中套花，真是雙雙吐艷，兩兩爭妍。若以奇偶論，其為坤象無疑。公主所言閨才之兆，實非無因。但向來兩花並放，謂之並蒂；至花心又出一花，卻是罕見，歷來亦無其名。若據形似，宛然子伏母懷，似宜呼為懷中抱子。現在各花將及百種，至並蒂以及懷中抱子，只得洛如、青囊二種；今特降旨，眾花中如再開有並蒂或懷中抱子者，即賜金牌一面，並賞御酒三杯。」說罷，將旨寫了，隨即張挂。卻也作怪：不多時，各花中竟有十餘種開出並蒂，至懷中抱子雖有數種，內中惟石榴最盛。武后即命宮人各賞金牌，並奠御酒。

公主道：「臣女向在上苑遊玩，石榴甚少，今歲忽有數百株之多；不獨五色備具，並有花心另挺枝葉，復又生出懷中抱子，奇奇幻幻，奪盡造物之巧。如此異種，不知從何而來？」武后道：「此時石榴乃朕特命隴右節度使史逸從西域採辦來的。據說此花顏色種類既多不同，並有夏秋常開者。此時不但開出異色，且多懷中抱子；世俗本有榴開見子之說，今又開出懷中抱子，多子之象，無過於此，宜封為多子麗人。朕見此花，偶然想起姪兒武八思年已四旬，尚無子息，昨朕派往東海郡鎮防海口，何不從此送去，以為姪兒得子之兆？」

於是分付太監，俟宴過群臣，即將石榴二百株傳諭兵部解交武八王爺查收。此花後來送至東海郡附近流傳，莫不保護；所以洣陽地方至今仍有異種，並有一株而開五色者。每花一盆，非數十金不可得，真可甲於天下。

武后正在分付，只見宮人奏道：「現在查點各處牡丹，除解洛陽四千株，仍餘四百株，應栽何處，請旨定奪。」武后道：「所有大內牡丹，俟宴賞後，毋許留存一株。這樣喪心負恩，豈可仍留於此？所餘四百株，朕聞淮南節度使文隱昨在劍南剿滅倭寇，頗為出力，現在積勞成疾，聞彼處牡丹甚少，可將此花賞給文隱，令其玩花養病，以示朕軫念勞臣之意。」宮人領旨。武后又到群芳圃看了一遍，分付擺宴與公主賞花飲酒。未知後事如何，且看下回分解。

第六回　眾宰承宣遊上苑　百花獲譴降紅塵

話說武后分付擺宴與公主賞花飲酒；次日下詔，命群臣齊赴上苑賞花。大排筵宴，並將九十九種花名，寫牙籤九十九根，放於筒內，每掣一籤，俱照上面花名做詩一首。武后因前日賞雪，上官婉兒做了許多詩，毫不費力，知他學問非凡，意欲賣弄他的才情，所以也令上官婉兒與群臣一同做詩。先交卷者，賜大緞二疋；交卷過遲者，罰酒三巨觥。所有題目，或五言七言，或用何韻，皆臨時掣籤，以免眾人之疑。誰知一連做了幾首，總是上官婉兒第一交卷。這日共做了五十首詩，上官婉兒就得了五十分賞賜。次日又同群臣做了四十九首詩，上官婉兒只得了四十八分半的賞賜；因交卷之時，內有一位臣子，不前不後，恰恰同他一齊交卷，因此分了一半賞賜。總而言之，一連兩日，並無一人在上官婉兒之先交卷，不但才情敏捷，而且語句清新，真是胸羅錦繡，口吐珠璣。諸臣看了，莫不吐舌；都道：「天生奇才！自古無二！」

武后連日賞花，雖然歡喜，就只恨上苑地勢太闊，眾花開的過多，每每一眼望去，那派美景，竟不能全在目前，心裡只覺美中不足。於是下一道旨意，飭令工部於上苑適中之地立時起一高臺，以便四面眺望，就取各花開放將及百種之意，名「百花臺」。自從宴過群臣，日與公主在百花臺賞花。

百花仙子那日同麻姑著棋，因落雪無事，足足著到天明及至五盤著完，已有辰時光景。只見女童來報：「外面眾花齊放，甚覺可愛。請二位仙姑出去賞花。」二人出洞朝外一望，果然群花齊放；四處青紅滿目，艷麗非常，迥然別有天地。百花仙子看了，甚覺駭異，連忙推算，只嚇的驚疑不止道：「昨日我們著棋時，仙姑無意中曾有終局後悔之話。彼時小仙聽了，就覺生疑。不意今日果然生出一事。剛才我見眾花開的甚奇，細細推算，誰知下界帝皇昨日偶爾高興，命我群花齊放。小仙只顧在此著棋，不知其詳，未去奏明上帝，以致數百年前與嫦娥所定那個罰約，竟自輸了。這卻怎好？」

麻姑不覺嘆道：「這總怪我們道行淺薄，只能曉得已往，不能深知未來。當日所定罰約，那知數百年後卻有此事。昔日嫦娥因仙姑當眾仙之面，語帶譏刺，每每同我談起，還有瞋怪❶之意；今既如此，他豈肯干休？仙姑要求無事，為今之計，惟有先將失於覺察未及請旨的話，具表自行檢舉，一面即向嫦娥請罪，或可挽回。若不如此，不但嫦娥不肯干休，兼恐稽查各神參奏，必須早做準備，以免後患。」百花仙子道：「具表自請處分，乃應分當行之事；若向嫦娥請罪，小仙實無此厚顏。況嫦娥自從與我角口，至今見面不交一言，我又何必懇他？」麻姑道：「仙姑既不陪罪，將來可肯替他打掃落花？」百花仙子道：「小仙修行多年，並非他的侍從，安能去作灑掃之事？當年我原有言在先：如爽前約，教我墮落紅塵。今既犯了此誓，神明鑒察，豈能逃過此厄？這是小仙命該如此，所以不因不由就有群花齊放一事，更有何言？只好靜聽天命。至於自行檢舉，也可不必了。」說罷，不覺滿面愁容，道聲失陪，即至本洞。兩個女童把連日奉詔之事稟過。

只見嫦娥那邊命女童來請仙姑去掃落花。百花仙子只羞得滿面緋紅，因說道：「你回去告知你家

❶ 瞋怪：瞋怒怪罪。

仙姑：我當日有言在先，如爽前約，情願墮落紅塵；今我既已失信，將來自然要受一番輪迴之苦。只要你家仙姑留神，看我在那紅塵中，自有根基，可能不失本性；日後緣滿，還是另須苦修，方能返本；還是才棄紅塵，就能還原。到了那時，才知我的道行並非淺薄之輩哩。」女童答應去了。

到了下晚❷，只見百草、百果、百穀三位仙子，滿面愁容，來至洞中，匆匆行禮，按次歸坐。百草仙子道：「適聞有位尊神上了彈章，把仙姑參了一本。小仙同他二位偵聽真實，特來探望。不知仙姑可曾得信？」百花仙子歎道：「小仙自知身獲重罪，追悔莫及，惟有閉門思過，敬聽天命。今承下顧，足感盛情。被參之事，小仙並無所聞。尚求明示。」百果仙子道：「仙姑被參，就因群花齊放一事。所上彈章，大略言下界帝王雖有御詔，但非為國計民生起見，且係酒後遊戲；該仙子何以迫不及待，並不奏聞請旨，任聽部下逞艷於非時之候，獻媚於世主之前，致令時序顛倒，駭人聽聞？況身為一洞之主，任情閒曠，不能約束所屬，既已失察獲愆，有乖職守，仍不自請處分；而屬下目無洞主，亦不恪遵約束，均有不合。請旨一併謫入紅塵，受其磨折，以為不能約束，不遵約束者戒。聞仙姑謫在嶺南，年未及笄，遍歷海外，走蠻烟瘴雨之鄉，受駭浪驚濤之險，以應前誓，以贖前愆，即日就要下凡。我等敬治薄酒一杯奉餞，特來面請。」

百花仙子道：「請教三位仙姑，水仙、蠟梅幾位仙子可在被謫之列？」百穀仙子道：「聞得他們所司之花，雖係當令，原無不合，但不能力阻眾人，亦屬非是，因此也都謫入紅塵，連仙姑共計百人。限約雖遲早不等，大約不出三年，都要陸續下凡。」百花仙子道：「小仙身獲重譴，今被參謫，固罪

❷下晚：近黃昏時。

所應得；第拖累多人，於心何安？此後一別，不惟天南地北，後會無期，而風流雲散，綠暗紅稀，回首仙山，能毋慘目！」說罷，嘆息不止。

百草仙子道：「仙姑不消煩惱。小仙探得將來被謫之人，或在十道，或在外域，雖散居四處，日後自能團聚一方。俟仙姑歷過各國塵緣期滿，那時王母自然命我等前來相迎，仍至瑤池，以了這段公案；此是仙機，我等竊聽而來，萬萬不可洩漏。」百花仙子道：「請教仙姑是那十道？是何外域？」百草仙子道：「如今唐朝地理，因山川形勢，分天下為十道。凡縣分隸於郡，即歸於道。道即後世之省。如關內、河南、河東、河北、山南、隴右、淮南、江南、劍南、嶺南之類。至於外域，海外甚多，不能歷舉。若以眾仙姑降生而論，如君子、黑齒、淑士、歧舌、智佳、女兒各國，大約亦有幾人謫在其內。」

說話間，元女、織女、麻姑也來探望。談起此事，嘆息之間，大家都埋怨百花仙子並不自請處分，又不與嫦娥陪罪，以致降落紅塵，將來棋會少了一人，好不掃興。麻姑道：「當日仙姑同嫦娥角口❸時，小仙曾見王母不住點頭，似有嗟嘆之意，彼時甚覺不解。及至今日，才曉得王母當日嗟嘆，已料定有此一事。若論過去未來，我們雖亦略知一二，至數百年後之事，我們道行淺薄，何能深知？」元女道：「此事固有定數；當日倘能謹言，不必紛爭，今日再能容忍，略盡人事，想來也不至此。此時無可如何，只好歸之於命了。」百花仙子道：「據仙姑所言，此事固由不能慎言而起，難道小仙此厄竟非天命造定麼？」元女道：「仙姑豈不聞『小不忍則亂大謀』？又諺云：『盡人事以聽天命。』今

❸ 角口：爭吵。

仙姑既不能忍，又人事未盡，以致如此，何能言得天命？早間若聽麻姑之言，具表自行檢舉，並與嫦娥陪罪，此時或仍被謫，所謂人事已盡，方能委之於命。即如下界俗語言『天下無場外舉子』，蓋未進場，如何言中？就如人事未盡，如何言得天命？世上無論何事，若人力未盡，從無坐在家中就能平空落下，隨心所欲。事來強求，固屬不可；至應分當行之事，坐失其機，及至事後委之於命，常人之情，往往如此。不意仙姑也有此等習氣，無怪要到凡間走一遭❹了。」織女道：「成事不說，既往不咎。我們原是各治水酒餞行的，還說我們餞行正文罷。」

於是眾仙姑都當面定了日期，接二連三，各備酒宴替百花仙子餞行。那牡丹仙子同眾仙子在上林苑伺候武后宴畢，陸續回洞，都在洞主面前請罪。百花仙子不但並不責備，一概歸罪於己。眾仙子見洞主如此寬洪，心中更覺不安。那楊花、蘆花、藤花、蓼花、萱花、葵花、蘋花、菱花八位仙子，更是追悔無及。過了幾日，這九十九位仙子也有素日許多相好仙子，接接連連，分著餞行。

一日，紅孩兒金童兒同青女兒玉女兒，在入夢巖遊幻洞備了酒果，替百花仙子並諸位仙子餞行，請百草、百果、百穀、元女、織女、麻姑，並四靈大仙，相陪飲酒。百花仙子因百草仙子說他將來下凡要遍歷海外各國，恐有風波及妖魔盜賊之害，甚為憂懼。紅孩兒道：「仙姑只管放心；今日大家既來祖餞，都是休戚相關之人，將來設有危急，豈有袖手之理？此後倘在下界有難，如須某人即可解脫，不妨直呼其名，令其速降，我們一時心血來潮，自然即去相救。」金童兒道：「何謂心血來潮？小仙自來從未潮過，也不知心血是什麼味。畢竟怎樣潮法？求大仙把這情節說明，日後好等他來潮。」紅

❹一遭：一回；一趟。

孩兒道：「我見下界說部書上往往有此一說，其實我也不知怎樣潮法。大仙要問來歷，你只問那做書的就明白了。」玉女兒道：「下界說部原有幾種好的，但如心血來潮，舊套滿篇的也就不少。你若追他來歷，連他也是套來的，何能知道怎樣潮法？剛才紅孩大仙說，百花仙姑如在下界有難，教他呼我眾人之名前去相救，這話只怕錯了。百花仙姑既已託生，豈能記得前生之事？若能呼我眾人之名，與仙家何異？既是仙家，豈不自知趨避，何須呼人解脫？此話令人不解。」紅孩兒道：「呸！呸！這話我說錯了！將來百花諸位仙姑如在下界有難，今日我等在坐諸人，如係某位大仙或某位仙姑應分當去拯救的，本人即去相救；如須某人相幫，立即知會同往。彼此務須時時在意。事關百位仙姑，非同小可。倘有遺誤，怠緩不前，教他也墮紅塵。」

只因紅孩兒這句話，又生出許多事來。當時青女兒玉女兒都與百花仙子把盞。酒過數巡，百獸、百鳥、百介、百鱗四仙，向百花仙子道：「仙姑此去，小仙等無以奉餞，特贈靈芝一枝。此芝產於天皇盛世，至今二百餘萬年；因得先天正氣，受日月精華，故仙凡服食，莫不壽與天齊。些須微意，望仙姑哂存。」百花仙子剛要道謝，只見百草、百果、百穀、元女、織女、麻姑六位仙子，也接著說道：「我等偶於海島深山覓得回生仙草一枝，特來面呈，以為臨別之贈。此草生於開闢之初，歷年既深，故功有九轉之妙，洵為希世奇珍。無論仙凡，一經服食，不惟起死回生，並能同天共老。區區微敬，略表離衷，亦望仙姑笑納。」

百花仙子忙向眾仙道謝拜領，即託百草仙子代為收存，以備他年返本還原之用。青女兒道：「這兩種仙品，都是不死金丹。百草仙姑雖代收存，切莫偷吃才好。誠恐日後百花仙姑在下界須用，一時呼名，命你送去，那時你雖心血來潮，若兩手空空，無物可送，不獨仙姑心血枉自來潮，並恐百花仙姑在下界守候著急，他的心血也要來潮哩。」說罷，合座不覺大笑。

眾仙祖餞未罷，早有幾位仙姑限期已到，一個個各按年月，都朝下界投胎去了，那百花仙子降生嶺南唐秀才之家，乃河源縣地方。未知後事如何，且聽下回分解。

第七回　小才女月下論文科　老書生夢中聞善果

話說這位唐秀才，名敖，表字以亭。祖籍嶺南循州海豐郡河源縣；妻子久已去世，繼娶林氏。兄弟名唐敏，也是本郡秀士，弟婦史氏。至親四口。上無父母。喜得祖上留下良田數頃，儘可度日。唐敏自進學後，無志功名，專以課讀為業。唐敖素日雖功名心勝，無如秉性好遊，每每一年倒有半年出遊在外，因此學業分心，以致屢次赴試，仍是一領青衫。

恰喜這年林氏生下一女，將產時，異香滿室；既非冰麝，又非旃檀，似花香而非花香，三日之中，時刻變換，竟有百種香氣，鄰舍莫不傳以為奇，因此都將此地喚作「百香衢」。未生之先，林氏夢登五彩峭壁，醒來即生此女，所以取名小山。隔了兩年，又生一子，就從姐姐小山之意，取名小峯。

小山生成美貌端莊，天姿聰俊。到了四五歲，就喜讀書，凡有書籍，一經過目，即能不忘；且喜家中書籍最富，又得父親、叔叔指點，不上幾年，文義早已精通。兼之膽量極大，識見過人，不但喜文，並且好武，時常舞槍耍棒，父母也禁他不住。

這年唐敖又去赴試。一日，正值皓月當空，小山同唐敏坐在簷下玩月談文。小山問道：「爹爹屢赴科場，叔叔也是秀才，為何不去應試？」唐敏道：「我素日功名心淡且學業未精，去也無用；與其奔馳辛苦，莫若在家課讀，倒覺自在，況命中不能發達，也強求不來的。」小山道：「請問叔叔：當今既開科考文，自然男有男科，女有女科了。不知我們女科幾年一考？求叔叔說明，姪女也好用功，早作準備。」唐敏不覺笑道：「姪女今日怎麼忽然講起女科？我只曉得醫學書有個女科。若講考試，有甚女科，我卻不知。如今雖有太后為帝，朝中並無女臣，莫非姪女也想發科發甲去做官？真是你爹爹一樣心腸。可謂父女天性了。」小山道：「姪女並非要去做官；因想當今既是女皇帝，自然該有女秀才、女丞相，以做女君輔弼，庶男女不致混雜，所以請問一聲；那知竟是未有之事。若這樣說來，女皇帝倒用男丞相，這也奇了。既如此，我又何必讀書，跟著母親、嬸嬸習學針黹，豈不是好？」過了兩日，把書果真放過去學針黹。學了幾時，只覺毫無意味，不如吟詩作賦有趣。於是仍舊讀書。

小山本來穎悟，再加時刻用功，腹中甚覺淵博；每與叔叔唱和，唐敏竟敵他不住，因此外面頗有才女之名。誰知唐敖前去赴試，雖然連捷中了探花❶；不意有位言官，上了一本，言唐敖於宏道年間曾在長安同徐敬業、駱賓王、魏思溫、薛仲璋等，結拜異姓兄弟，後來徐、駱諸人謀為不軌，唐敖雖不在內，但昔日既與叛逆結盟，究非安分之輩；今名登黃榜，將來出仕，恐不免結黨營私，請旨謫為庶人，以為結交匪類者戒。本章上去，武后密訪唐敖並無劣蹟，因此施恩，仍舊降為秀才。

唐敖這番氣惱，非同小可，終日思思想想，遂有棄絕紅塵之意。唐敏得了連捷喜音，恐哥哥需用，早已差人送了許多銀兩。唐敖有了路費，更覺放心，即把僕從遣回，自己帶著行囊，且到各處遊玩，暫解愁煩。一路上逢山起旱，遇水登舟，遊來遊去，業已半載，轉瞬臘盡春初。

這日不知不覺到了嶺南，前面已是妻舅林之洋門首，相隔自己家內不過二三十里；路途雖近，但

---

❶ 探花：科舉時代殿試第三名稱探花。

意懶心灰，羞見兄弟妻子之面，意欲另尋勝境暢遊，又不知走那一路才好。一時無聊，因命船戶把船攏岸；上得岸來，走未數步，遠遠有一古廟，進前觀看，上寫夢神觀三個大字。不覺嘆道：「我唐敖年已半百，歷來所做之事，如今想起，真如夢境一般。從前好夢歹夢，俱已做過，今看破紅塵，意欲求仙訪道，未卜此後何如。何不去求神明指示？」於是走進神殿，暗暗禱告；拜了神像，就在神座旁席地而坐。

恍惚間，有個垂髫童子走來道：「我家主人奉請處士，有話面談。」唐敖跟著來至後殿，有一老者迎出。隨即上前行禮，分賓主坐下道：「請問老丈尊姓？不知見召有何臺命？」老者道：「老夫姓孟，向在如是觀居住。適因處士有求仙訪道之意，所以奉屈一談。請問處士：向來有何根基？如今所恃何術？畢竟如何修為，去求仙道？」唐敖道：「我雖無甚根基，至求仙一事，無非遠離紅塵，斷絕七情六慾，一意靜修，自然可入仙道了。」老者笑道：「此事談何容易！處士所說清心寡慾，不過略延壽算，身無疾病而已。若講這仙道，那葛仙翁說的最好。他道：『要求仙者，當以忠孝和順仁信為本。若德行不修，務求元道，終歸無益。要成地仙，當立三百善；要成天仙，當立一千三百善。』今處士既未立功，又未立言，而又無善可立，一無根基，忽要求仙，豈非緣木求魚，枉自費力麼？」

唐敖道：「賤性庸愚，今奉指教，嗣後自當眾善奉行，以求正果。但小子初意，原想努力上進，恢復唐室，以解生靈塗炭，立功於朝。無如甫得登第，忽有意外之災。境遇如此，莫可若何。老丈何以教我？」那老者道：「處士有志未遂，甚為可惜。然塞翁失馬，安知非福？此後如棄浮幻，另結良緣，四海之大，豈無際遇？現聞百花獲愆，俱降紅塵，將來雖可團聚一方，內有名花十二，不幸飄零外洋。倘處士憫其凋零，不辭勞瘁，遍歷海外，或在名山，或在異域，將各花力加培植，俾歸福地，與群芳同得返本還原，不致淪落海外，冥冥之中，豈無功德？再能眾善奉行始終不懈，一經步入小蓬萊，自能名登寶籙，位列仙班。此中造化，處士本有宿緣，即此前進，自有不期然而然者。今承下問，故述梗概，亟須勉力行之。」唐敖聽罷，正要朝下追問，那個老者忽然不見，連忙把眼揉了一揉，四處觀看，誰知自己仍坐神座之旁。仔細一想，原來卻是一夢。將身立起，再看神像，就是夢中所見老者，因又叩拜一番。

來到船上，隨即開船。細想夢中光景，暗暗忖道：「此番若到海外，其中必有奇緣，第❷百花不知因何獲愆？畢竟降落何處？為何卻又飄流外洋？此事虛虛實實，令人難解。好在我生性好遊，今功名無望，業已看破紅塵，正思海外暢遊，以求善果，恰好又得此夢，可謂天從人願。適才夢神所說名花十二，不知卻喚何名？可惜未曾問得詳細。將來到了海外，惟有處處留神，但遇好花，即加培植。倘逢仙緣，亦未可知。此時且去尋訪妻舅。他常出外飄洋，倘能結伴同行，那才更好了。」於是把船攏到妻舅林之洋門首。只見裡面挑發貨物，匆匆忙忙，倒像遠出樣子。

原來林之洋乃河北德州平原郡人氏，寄居嶺南，素日作些海船生意。父母久已去世；妻子呂氏，跟前一女名喚婉如，年方十三，生得品貌秀麗，聰慧異常，向日常在海船跟著父母飄洋。如今林之洋又去販貨，把家務託丈母江氏照應，正要起身，忽見唐敖到他家來，彼此道了久闊，讓至內室，同呂氏見禮。婉如也來拜見。

---

❷ 第：但；只是。

唐敖還禮道：「姪女向未讀書，今兩年未見為何滿面書卷秀氣？大約近來也學小山不做針黹，一味讀書了。」林之洋道：「他心心念念原想讀書。俺也知道讀書是件好事，平時俺也替他買了許多書，奈俺近年多病窮忙，那有工夫教他！」唐敖道：「舅兄可知近來女子讀書，如果精通，比男子登科發甲還妙哩？」林之洋道：「為甚有這好處？」唐敖道：「這個好處你道從何而起？卻是宮娥上官婉兒起的根苗。此話已有十餘年了。舅兄既不知道，待小弟慢慢講來。」未知後話如何，再俟下回分解。

第八回　棄囂塵結伴遊寰海　覓勝跡窮蹤越遠山

話說唐敖向林之洋道：「舅兄，你道為何女子讀書甚妙？只因太后有個宮娥，名喚上官婉兒，那年百花齊放，曾與群臣作詩，滿朝臣子都作他不過，因此文名大振，太后十分寵愛，將他封為昭儀；因要鼓勵人才，並將昭儀父母也封官職。後來又命各處大臣細心查訪，如有能文才女准其密奏，以備召見，量才加恩。外面因有這個風聲，所以數年來無論大家小戶，凡有幼女，莫不讀書。目今召見曠典雖未舉行，若認真用功，有了文名，何愁沒有奇遇？姪女如此清品，任其躭擱，豈不可惜？」呂氏道：「將來全仗姑夫指教。如識得幾字，那才好了。但他雖未讀書，卻喜寫字；每日拿著字帖臨寫，時刻不離。教他送給小山姊姊批改，他又不肯，究竟不知寫的何如？」

唐敖道：「姪女所臨何帖？何不取來一看？」林婉如道：「姪女立意原想讀書，無奈父親最怕教書煩心，只買一本字帖教我學字。姪女既不認得，又不知從何下筆，只好依樣葫蘆，細細臨寫。平時遇見小山姊姊，怕他恥笑，從未談及，今寫了三年，字體雖與帖上相彷，不知寫的可是。求姑夫批改。」說罷取來。唐敖接過一看，原來是本漢隸；再將婉如所臨細細觀看，只見筆筆藏鋒，字字秀挺，不但與帖無異，內有幾字，竟高出原帖之上。看罷，不覺嘆道：「如此天資，若非宿慧，安能如此！此等人若令讀書，何患不是奇才？」

林之洋道：「俺因他要讀書，原想送給甥女作伴，求妹夫教他；偏這幾年妹夫在家日子少，只好等你做了官，再把他送去。誰知去年妹夫剛中探花，忽又鬧出結盟事來，俺聞前朝並無探花這個名號，是太后新近取的。據俺看來，太后特將妹夫中個探花，必因當年百花齊放一事派你去探甚消花息哩。」唐敖道：「小弟記得那年百花齊放，太后曾將牡丹花貶去洛陽，其餘各花至今仍在上苑；所有名目，現有上官昭儀之詩可憑，何須查探？舅兄此言未免過於附會。但我們相別許久，今日見面，正要談談，不意府上如此匆忙。看這光景，莫非舅兄就要遠出麼？」林之洋道：「俺因連年多病，不曾出門，近來喜得身子強壯，販些零星貨物到外洋碰碰財運，強如在家坐吃山空，這是俺的舊營生，少不得又要吃些辛苦。」

唐敖聽罷，正中下懷；因趁勢說道：「小弟因內地山水連年遊玩殆遍，近來毫無消遣，而且自從都中回來，鬱悶多病，正想到大洋看看海島山水之勝，解解愁煩。舅兄恰有此行，真是天緣湊巧，萬望攜帶攜帶。小弟帶有路費數百金，途中斷不有累。至於飯食、舟資，悉聽分付，無不遵命。」林之洋道：「妹夫同俺骨肉至親，怎說起船錢、飯食來？」

因向妻子道：「大娘，你聽妹夫這是甚話？」呂氏道：「俺們海船甚大，豈在姑爺一人？就是飯食，又值幾何？但海外非內河可比，俺們常走，不以為意，若膽小的，初上海船，受了風浪，就有許多驚恐。你們讀書人，茶水是不離口的，盥漱沐浴也日日不可缺的；上了海船，不獨沐浴一切先要從簡，就是每日茶水也只能略潤喉嚨，若想盡量，卻是難的。姑爺平素自在慣了，何能受這辛苦？」林之洋道：「到了海面，總以風為主，往返三年兩載，更難預定，妹夫還要忖度。若一時高興，誤了功名正事，豈非俺們躭擱你麼？」唐敖道：「小弟素日常聽令妹說海水極鹹，不能入口，所用甜水❶，俱是預裝船內，因此都要撙節。恰好小弟平素最不喜茶，沐浴一切更是可有可無。至洋面風浪甚險，小弟向在長江大湖也常行走，這又何足為奇？若講往返難以刻期，恐誤正事，小弟只有赴考是正事，今已功名絕望，但願遲遲回來，才趁心願，怎麼倒說你們躭擱呢？」

林之洋道：「你既這般立意，俺也不敢相攔。妹夫出門時，可將這話告知俺家妹子？」唐敖道：「此話我已說過，舅兄如不放心，小弟再寄一封家信，將我們起身日子也教令妹知道，豈不更好？」

林之洋見妹夫執意要去，情不可卻，只得應允。唐敖一面修書央人寄去，一面開發船錢把行李發來，取了一封銀子，以作舟資飯食之費。林之洋執意不收，只好給了婉兒為紙筆之用。

林之洋道：「妹夫給他這多銀子，若買紙筆，寫一世還寫不清哩！俺想妹夫既到海外，為甚不買些貨物碰碰機會？」唐敖道：「小弟才拏了銀子，正要去置貨，卻被舅兄道著，可謂意見相同。」於是帶了水手，走到市上，買了許多花盆並幾擔生鐵回來。

林之洋道：「妹夫帶些花盆，卻是冷貨，難以出脫。這生鐵俺見海外到處都有，帶這許多，有甚用處？」唐敖道：「花盆雖係冷貨，安知海外無惜花之人？倘乏主顧，那海島中奇花異草，諒也不少，就以此盆栽植數種，沿途玩賞，亦可陶情。至於生鐵，如遇買主固好，設難出脫，舟中得此亦壓許多風浪，縱放數年，亦無朽壞。小弟熟思許久，惟此最妙，因而買來。好在所費無多，舅兄不必在意。」林之洋聽了，明知此物難以退回，只得點頭道：「妹夫這話也是。」

❶ 甜水：淡水。

不多時，收拾完畢，大家另坐小船，到了海口。眾水手把貨發完，都上三板❷渡上海船，趁著順風，揚帆而去。

此時正是正月中旬，天氣甚好。行了幾日，到了大洋。唐敖四圍眺望，眼界為之一寬。真是觀於海者難為水，心中甚喜。走了多日，繞出門戶山，不知不覺順風飄來，也不知走了若干路程。

唐敖一心記挂夢中所說名花，每逢崇山峻嶺，必要泊船，上去望望。林之洋因唐敖是讀書君子，素本敬重，又知他秉性好遊，但可停泊，必令妹夫上去。就是茶飯一切，呂氏也甚照應。唐敖得他夫妻如此相待，十分暢意；途中雖因遊玩不無躭擱，喜得常遇順風；兼之飄洋之人以船為家，多走幾時也不在意。倒是林之洋惟恐過於躭擱，有誤妹夫考試。誰知唐敖立誓不談功名，因此只好由他盡興遊了。遊玩之暇，因婉如生的聰慧，教他念念詩賦。恰喜他與詩賦有緣，一讀便會，毫不費事。沿途借著課讀，倒解許多煩悶。

這日正行之際，迎面又有一座大嶺。唐敖道：「請教舅兄，此山較別處甚覺雄壯，不知何名？」林之洋道：「這嶺名叫東口山，是東荒第一大嶺。聞得上面景致甚好，俺路過幾次，從未上去。今日妹夫如高興，少刻停船，俺也奉陪走走。」

唐敖聽見東口二字，甚覺耳熟；偶然想起道：「此山既名東口，那君子國、大人國，自然都在鄰近了？」林之洋道：「這山東連君子，北連大人，果然鄰近。妹夫怎麼得知？」唐敖道：「小弟聞得海外東口山有君子國，其人衣冠帶劍，好讓不爭；又聞大人國在其北，只能乘雲而不能走。不知此話

❷ 三板：即舢板，指小船。

可確?」林之洋道:「當日俺到大人國,曾見他們國人都有雲霧把腳托住,走路並不費力。那君子國無論甚人,都是一派文氣。這兩國過去就是黑齒國,渾身上下,無處不黑。其餘如勞民、聶耳、無腸、犬封、元股、毛民、毗騫、無䏿、深目等國,莫不奇形怪狀,都在前面,將來到彼,妹夫去看看就曉得了。」

說話間,船已泊在山腳下,郎舅兩個,離船上了山坡。林之洋提著鳥鎗火繩❸,唐敖身佩寶劍,曲曲彎彎,越過前面山頭,四處一看,果是無窮美景,一望無際。唐敖忖道:「如此崇山,豈無名花在內?不知機緣如何?」

只見遠遠山峰上走出一個怪獸,其形如豬,身長六尺,高四尺,渾身青色,兩隻大耳,口中伸出四個長牙,猶如象牙一般,拖在外面。唐敖道:「這獸如此長牙,卻也罕見。舅兄可知其名麼?」林之洋道:「這個俺不知道。俺們船上有位舵工,剛才未邀他同來。他久慣飄洋,海外山水,全能透徹;那些異草奇花,野鳥怪獸,無有不知。將來如再遊玩,俺把他邀來。」唐敖道:「船上既有如此能人,將來遊玩,倒是不可缺的。此人姓甚?可識字麼?」林之洋道:「這人姓多,排行第九;因他年老,俺們都稱多九公。他就以此為名。那些水手,因他無一不知,都同他取笑,替他起個反面綽號,叫做多不識。幼年也曾入學。因不得中,棄了書本,作些海船生意。後來消折本錢,替人管船拿舵為生,儒巾久已不戴。為人老誠,滿腹才學。今年八旬向外,精神甚好,走路如飛。平素與俺性情相投,又是內親,特地邀來相幫照應。」

❸ 火繩:用以引發炮火的艾繩。

恰好多九公從山下走來，林之洋連忙招手相邀。唐敖迎上拱手道：「前與九公會面，尚未深談。剛才舅兄說起，才知都是至親，又是學中先輩。小弟向日疏忽失敬，尚求恕罪。」多九公連道豈敢。林之洋道：「九公想因船上拘束，也來舒暢舒暢。俺們正在盼望，來的恰好。」因指道：「請問九公那個怪獸，滿嘴長牙，喚作甚名？」多九公道：「此獸名叫當康，其鳴自叫，每逢盛世，始露其形。今忽出現，必主天下太平。」話未說完，此獸果然口呼當康，鳴了幾聲，跳舞而去。

唐敖正在眺望，只覺從空落一小石塊，把頭打了一下，不由吃驚道：「此石從何而來？」林之洋道：「妹夫，你看那邊一群黑鳥，都在山坡啄取石塊。方才落石打你的，就是這鳥。」唐敖進前細看，只見其形似鴉，身黑如墨，嘴白如玉，兩隻紅足，頭上斑斑點點，有許多花文；都在那里啄石，來往飛騰。林之洋道：「九公可知這鳥搬取石塊有甚用處？」多九公道：「當日炎帝有個少女，偶遊東海，落水而死，其魂不散，變為此鳥，因懷生前落水之恨，每日銜石吐入海中，意卻把海填平，以消此恨；那知此鳥年深日久，竟有匹偶，日漸滋生，如今竟成一類了。」唐敖聽了，不覺嘆息不止。未知此後如何，且看下回分解。

第九回　服肉芝延年益壽　食朱草入聖超凡

話說唐敖聞多九公之言，不覺問道：「小弟向來以為銜石填海，失之過痴，必是後人附會；今日目覩，才知當日妄議，可謂少所見多所怪了。據小弟看來，此鳥秉性雖痴，但如此難為之事，並不畏難，其志可嘉，每見世人明明放著易為之事，他卻畏難偷安，一味蹉跎，及至老大，一無所能，追悔無及。如果都像精衛這樣立志，何患無成？請問九公，小弟聞得此鳥生在發鳩山，為何此處也有呢？」多九公笑道：「此鳥雖有銜石填海之異，無非是個禽鳥，近海之地，何處不可生？何必定在發鳩一山？況老夫只聞鸜鵒不踰濟，至精衛不踰發鳩，這卻未曾聽過。」

林之洋道：「九公，你看前面一帶樹林，那些樹木，又高又大，不知甚樹？俺們前去看看；如有鮮果，摘取幾個，豈不是好？」登時都至崇林。迎面有株大樹，長有五丈，大有五圍，上面並無枝節，惟有無數稻鬚，如禾穗一般，每穗一個，約長丈餘。唐敖道：「古有木禾之說，今看此樹形狀，莫非木禾麼？」多九公點頭道：「可惜此樹稻還未熟；若帶幾粒大米回去，這是罕見之物。」唐敖道：「往年所結之稻，大約都被野獸吃去，竟無一顆在地。」林之洋道：「這些野獸就算嘴饞好吃，也不能吃得顆粒無存。俺們且在草內搜尋，務要找出，長長見識。」

說罷，各處尋覓。不多時，拿著一顆大米道：「俺找著了。」二人進前觀看，只見那米有三寸寬，五寸長。唐敖道：「這米煮成飯，豈不有一尺長麼？」多九公道：「此米何足為奇！老夫向在海外，曾吃一個大米，足足飽了一年。」林之洋道：「這等說，那米定有兩丈長了？當日怎樣煮他？這話俺不信。」多九公道：「那米寬五寸，長一尺，煮出飯來，雖無兩丈，吃過後滿口清香，精神陡長，一年總不思食。此話不但林兄不信，就是當時老夫自己也覺疑惑。後來因聞當年宣帝時背陰國來獻方物，內有『清腸稻』，每食一粒，終年不飢，才知當日所食大約就是清腸稻了。」林之洋道：「怪不得今人射鵠，每所發的箭離那鵠子還有一二尺遠，他卻大為可惜，只說差得一米。俺聽了著實疑惑，以為世上那有這樣大米？今聽九公這話，才知他說差得一米，卻是煮熟的清腸稻。」

唐敖笑道：「煮熟二字，未免過刻。舅兄此話，被好射歪箭的聽見，只怕把嘴還要打歪哩！」忽見遠遠有一小人，騎著一匹小馬，約長七八寸，在那裡走路。多九公一眼瞥見，早已如飛奔去。林之洋只顧找米，未曾理會。唐敖一見，那敢怠慢，慌忙追趕。那個小人也朝前奔走。多九公腿腳雖便，究竟筋力不及；兼之山路崎嶇，剛離小人不遠，不防路上有一石塊，一腳絆倒；及至起來，腿上轉筋，寸步難移。唐敖得空，飛忙越過，趕有半里之遙，這才趕上，隨即捉住，吃入腹內。

多九公手扶林之洋，氣喘噓噓走來，望著唐敖嘆道：「一飲一啄❶，莫非前定，何況此等大事？這是唐兄仙緣湊巧，所以毫不費事，竟被得著了。」林之洋道：「俺聞九公說有個小人小馬被妹夫趕來。俺們遠遠見你放在嘴邊，難道連人帶馬都吃了？俺甚不明，倒要請問有甚仙緣？」唐敖道：「這個小人小馬，名叫肉芝。當日小弟原不曉得，今年從都中回來，無志功名，時常看看古人養氣服食等

❶ 一飲一啄：本喻安分守己；今謂凡事有定數，不能強求。

法，內有一條：言行山中如見小人乘著車馬，長五七寸的，名叫肉芝，有人吃了，延年益壽，並可了道成仙。此話雖不知真假，諒不致有害，因此把他捉住，有偏二兄吃了。」

林之洋笑道：「果真這樣，妹夫竟是活神仙了。你今吃了肉芝，自然不飢，只顧遊玩，俺倒餓了。剛才那個小人小馬，妹夫吃時，可還剩了腿兒，給俺解解饞麼？」多九公道：「林兄如餓，恰好此地有個充飢之物。」隨向碧草叢中摘了幾枝青草，道：「林兄把他吃了，不但不飢，並且頭目還覺清爽。」

林之洋接過，只見這草宛如韭菜，內有嫩莖，開著幾朵青花，即放口內，不覺點頭道：「這草一股清香，倒也好吃。請問九公，他叫甚麼名號？以後俺若遊山餓時，好把他來充飢。」唐敖道：「小弟聞得海外鵲山有青草花如韭，名祝餘，可以療飢。大約就是此物了。」多九公連連點頭。於是又朝前走。林之洋道：「好奇怪！果真飽了！這草有此好處，俺要多找兩擔，放在船上，如遇缺糧，把他充飢，比當時妹夫所傳辟穀方子，豈不省事？」多九公道：「此草海外甚少，何能找得許多，況一經離土，其葉即枯，若要充飢，必須嫩莖，枯即無用了。」

只見唐敖忽然路旁折了一枝青草，其葉如松，青翠異常；葉上生著一子，大如芥子，把子取下，手執青草道：「舅兄才吃祝餘，小弟只好以此奉陪了。」說罷，吃入腹內，又把那個芥子放在掌中，吹氣一口，登時從那子中生出一枝青草來，也如松葉，約長一尺；再吹一口，又長一尺；一連吹氣三口，共有三尺之長，放在口邊，隨又吃了。

林之洋笑道：「妹夫要這樣狠嚼，只怕這裡青草都被你吃盡哩！這芥子忽變青草，這是甚故？」多九公道：「這是躡空草，又名掌中芥。取子放在掌中，一吹長一尺，再吹又長一尺，至三尺止。人若吃了，能立空中，所以叫作躡空草。」林之洋道：「有這好處，俺也吃他幾枝，久後回家，儻房上有賊，俺躡空捉他，豈不省事？」

於是各處尋了多時，並無蹤影。多九公道：「林兄不必找了。此草不吹不生。這空山中有誰吹氣栽他？剛才唐兄所吃的，大約此子因鳥雀啄食，受了呼吸之氣，因此落地而生，並非常見之物，你卻從何找尋？老夫在海外多年，今日也是初次才見。若非唐兄吹他，老夫還不知就是躡空草哩。」

林之洋道：「吃了這草，就能站在空中，俺想這話到底古怪，要求妹夫試試。果能平空站住，俺才信哩。」唐敖道：「此草才吃未久，如何就有效驗？也罷，小弟權且試試。」隨即將身一縱，就如飛舞一般，攛將上去，離地約有五六丈，果然兩腳登空，猶如腳踏實地，將身立住，動也不動。

林之洋拍手笑道：「妹夫如今竟是平步青雲了。果真吃了這草就能攛空，倒也好玩。妹夫何不再走幾步？若走的靈便，將來行路，你就空中行走，兩腳並不沾土，豈不省些鞋襪？」唐敖聽了，果真就要空中行走；誰知方才舉足，隨即墜下。林之洋道：「恰好那邊有顆棗樹，上面有幾個大棗。妹夫既會攛高，為甚不去摘他幾個，解解口渴，也是好的？」都至樹下仔細一看，並非棗樹。

多九公道：「此果名叫刀味核，其味全無定準，隨刀而變，所以叫作刀味核。有人吃了，可成地仙。我們今日如得此核，即不能成仙，也可延年益壽。無如此核生在樹杪，其高十數丈。唐兄縱會攛高，相去懸遠，何能到手？」林之洋道：「妹夫只管攛去，設或㲉著，也不可定。」唐敖道：「小弟攛空離地不過五六丈，此樹高不可攀，何能摘他？這是癩蝦蟆想吃天鵝肉了。」

林之洋聽了，那肯甘心；因低了頭忖了一忖，不覺喜道：「俺才想個主意，妹夫攛在空中，略停片時，隨又朝上一攛，就如登梯一般，慢慢攛去，不怕這核不能到手。」唐敖聽了，仍是不肯，無奈林之洋再三催逼。唐敖只得將身一縱，攛在空中，停了片刻，靜氣寧神，將身立定，復又用力朝上一攛，只覺身如蟬翼，悠悠揚揚，飄飄蕩蕩，登時間不知不覺，倒像斷線風箏一般，落了下來。

林之洋頓足道：「妹夫怎麼不朝上攛，倒朝下墜？這是甚意？」唐敖道：「小弟剛才明明朝上攛去，誰知並不由我作主，何嘗是我有意落下？」多九公笑道：「你在空中要朝上攛，兩腳勢必用力，又非腳踏實地，焉有不墜？若依林兄所說，慢慢一層一層攛去，儻攛千百遍，豈不攛上天麼？安有此理？」唐敖道：「此時忽覺一陣清香，莫非此核還有香味麼？」多九公道：「這股香氣，細細聞去，倒像別處隨風刮來。我們何不順著香味，各處看看？」於是三人分路找尋。

唐敖穿過樹林，走過峭壁，各處探望。只見路旁石縫內生出一枝紅花，約長二尺，赤若塗朱甚覺可愛。端詳多時，猛然想起：服食方內言朱草狀如小桑，莖似珊瑚，汁流如血；以金玉投之，立刻如泥，投金名叫金漿，投玉名叫玉漿。人若服了，皆能入聖超凡，且喜多、林二人俱未同來，今我得遇仙草，可謂有緣。奈身邊並無金器，這卻怎好？因想了一想，頭巾上有個小小玉牌，何不試試？想罷，取下玉牌，把朱草從根折斷，齊放掌中，連揉帶搓，果然玉已成泥，其色甚紅，隨即放入口內，只覺芳馨透腦。方才吃完，陡然精神百倍。不覺喜道：「朱草才吃未久，就覺神清氣爽，可見仙家之物，果非小可！此後如能斷穀，其餘別的工夫更好做了。今日吃了許多仙品，不知膂力可能加增？」只見路旁有一殘碑，倒在地下，約有六七百觔，隨即走進，彎下腰去，毫不費力，輕輕用手捧起，借著躡空草之術，乘勢將身一縱，攛在空中，略停片刻，慢慢落下，走了兩步，將碑放下道：「此時服了朱草，只覺耳聰目明，誰知回想幼年所讀經書，不但絲毫不忘，就是平時所作詩文，也都在目前。不意朱草竟有如許妙處！」

只見多九公攙著林之洋走來道：「唐兄忽然滿口通紅，是何緣故？」唐敖道：「不瞞九公說，小弟才得一枝朱草，卻又有偏二位吃了。」林之洋道：「妹夫吃他有甚好處？」多九公道：「此草乃天地精華凝結而生，人若服了，有根基的，即可得道成仙。老夫向在海外，雖然留心，無如從未一見。今日又被唐兄遇著，真是仙緣湊巧，將來優游世外，名列仙班，已可概見。那知這陣香氣，卻成就了唐兄一段仙緣。」林之洋道：「妹夫不久就要成仙，為甚忽然愁眉苦臉？難道捨不得家鄉，怕做神仙麼？」唐敖道：「小弟吃了朱草，此時只覺腹痛，不知何故？」

話言未了，只聽腹中響了一陣，登時濁氣下降，微微有聲。林之洋用手掩鼻道：「好了！這草把妹夫濁氣趕出身上，想必暢快。不知腹中可覺空疎？舊日所作詩文可還依舊在腹麼？」唐敖低身想了一想，口中只說奇怪，因向多九公道：「小弟起初吃了朱草，細想幼年所作詩文，明明全部記得，不意此刻腹痛之後，再想舊作，十分中不過記得一分，其餘九分再也想不出，不解何意？」多九公道：「卻也奇怪。」

林之洋道：「這事有甚奇怪？據我看來，妹夫想不出的那九分就是剛才那股濁氣；朱草嫌他有些氣味，把他趕出，他已露出本相，鑽入俺的鼻內，你卻那裡尋他？其餘一分，並無氣味，朱草容他在內，如今好好在你腹中，自然一想就有了。俺只記挂妹夫中探花那本卷子，不知朱草可肯留點情兒。妹夫平日所作窗稿，將來如要發刻，據俺主意，不須託人去選，就把今日想不出的那九分全部刪去，只刻想得出的那一分，包你必是好的。若不論好歹，一概發刻，在你自己刻的是詩，那知朱草卻大為不然。可惜這草甚少；若帶些回去給人吃了，豈不省些刻工？朱草有這好處，九公為甚不吃兩枝？難道你無窗稿要刻麼？」多九公笑道：「老夫雖有窗稿要刻，但恐趕出濁氣，只怕連一分還想不出哩。林兄為何不吃兩枝，趕趕濁氣？」林之洋道：「俺又不刻酒經，又不刻食譜，吃他作甚？」唐敖道：「此話怎講？」林之洋道：「俺這肚腹不過是酒囊飯袋，若要刻書，無非酒經食譜，何能比得二位？怪不得妹夫最好遊山玩水。今日俺見這些奇禽怪獸，異草仙花，果然解悶。」多九公道：「林兄剛說果然，湊巧竟有果然來了。」

只見山坡上有個異獸，形象如猿，渾身白毛，上有許多黑文，其體不過四尺，後面一條長尾，由身子盤至頂上，還長二尺有餘；毛長而細，頰下許多黑髯，守著一個死獸在那裡慟哭。林之洋道：「看這模樣，竟像一個絡腮鬍子。不知為甚這樣啼哭？難道他就叫作果然麼？」多九公道：「此獸就是果然，又名𤜱獸。其性最義，最愛其類。獵戶取皮作褥，貨賣獲利。往往捉住一個打死，放在山坡，如有路過之𤜱，一經看見，即守住啼哭，任人捉獲，並不逃竄。此時在那裡守著死𤜱慟哭，想來又是獵戶下的鵰子❷；少刻獵戶看見，毫不費力，就捉住了。」忽見山上起一陣大風，刮的樹木刷刷亂響。三人見風來的古怪，慌忙躲入樹林深處。風頭過去，有隻斑毛大蟲從空攛了下來。未知後事如何，且看下回分解。

❷ 鵰子：即鵰鳥，一種不孝之鳥。

第十回　誅大蟲佳人施藥箭　搏奇鳥壯士奮空拳

話說三人躲入樹林，風頭過去，有隻斑毛大蟲，從高峰擴至果然面前；果然一見，嚇的發抖，還是守著死撚不肯遠離。那大蟲擴下，如山崩地裂一般吼了一聲，張開血盆大口，把死撚咬住。只見山坡旁隱隱約約，倒像擴出一箭，直向大蟲面上射去。大蟲著箭，口中落下死撚，大吼一聲，將身縱起，離地數丈，隨即落下，四腳朝天，眼中插著一箭，竟自不動。

多九公喝彩道：「真好神箭！果然見血封喉！」唐敖道：「此話怎講？」多九公道：「此箭乃獵戶放的藥箭，係用毒草所製。凡猛獸著了此箭，任他凶猛，登時血脈凝結，氣嗓緊閉，所以叫他見血封喉。但虎皮甚厚，箭最難入。這人把箭從虎目射入，因此藥性行的更快，若非本領高強，何能有此神箭？不意此處竟有如此能人。少刻出來，倒要會他一會。」

忽見山旁又走出一隻小虎，行至山坡，把虎皮揭去，卻是一個美貌少女。身穿白布箭衣，頭上束著白布漁婆巾，臂上跨著一張雕弓。走至大蟲跟前，腰中取出利刃，把大蟲胸膛剖開，取出血淋淋斗大一顆心，提在手中，取了利刃，捲了虎皮，走下山來。

林之洋道：「原來是個女獵戶。這樣小年紀，竟有這般膽量，俺且嚇他一嚇。」說罷，舉起火繩，迎著女子放了一聲空鎗。那女子叫道：「我非歹人，諸位暫停貴手，婢子有話告稟。」登時下來萬福道：「請教三位長者上姓？從何至此？」唐敖道：「他二人一位姓多，一位姓林。老夫姓唐，都從中原來。」女子道：「嶺南有位姓唐的，號叫以亭，可是長者一家？」唐敖道：「以亭就是賤字。不知何以得知？」

女子聽了，慌忙下拜道：「原來唐伯伯在此。姪女不知，望求恕罪。」唐敖還禮道：「請問小姐尊姓？為何如此稱呼？府上還有何人？適才取了虎心，有何用處？」女子道：「姪女中原人氏，姓駱，名紅蕖。父親曾任長安主簿，後降臨海丞，因同敬業伯伯獲罪，不知去向。官差緝捕家屬，母親無處存身，同祖父帶了姪女，逃至海外在此古廟中敷衍度日。此山向無人烟，尚可藏身。不意去年大蟲趕逐野獸，將住房壓倒，母親肢體折傷，疼痛而死。姪女立誓殺盡此山之虎，替母報讎。適用藥箭射死大蟲，取了虎心，正要回去祭母，不想得遇伯伯。姪女常聞祖父說伯伯與父親向來結拜，所以才敢如此相稱。」唐敖嘆道：「原來你是賓王兄弟之女。幸逃海外，未遭毒手。不知老伯現在何處？身體可安？望姪女帶去一見。」駱紅蕖道：「祖父現在前面廟內。伯伯既要前去，姪女在前引路。」

說罷，四人走不多時，來至廟前，上寫蓮花庵三字。四面牆壁俱已朽壞，並無僧道，惟剩神殿一座，廂房兩間；光景雖然頹敗，喜得怪石縱橫，碧樹叢雜，把這古廟圍在其中，倒也清雅。進了廟門，駱紅蕖提著虎心，先去通知。三人隨後進了大殿，只見有個鬚髮皆白的老翁迎出。唐敖認得是駱龍，連忙搶進行禮。多、林二人也見了禮。一同讓坐獻茶。

駱龍問了多、林二人名姓，略談兩句。因向唐敖嘆道：「吾兒賓王不聽賢姪之言，輕舉妄動，以致合家離散。孫兒跟在軍前，未卜存亡。老夫自從得了凶信，即帶家口奔逃，偏偏媳婦身懷六甲，好容易逃至海外，生下紅蕖孫女，就在此處敷衍度日。屈指算來，已一十四載。不意去歲大蟲壓倒房屋，媳婦受傷而亡。孫女慟恨，因此棄了書本，終日搬弓弄箭，操練武藝，要替母親報讎；自製白布箭衣一件，誓要殺盡此山猛虎，方肯除去孝衣。果然有志竟成，上月被他打死一個，今日又去打虎，誰知恰好遇見賢姪。邂逅相逢，真是萬里他鄉遇故知，一可謂三生有幸！惟是老夫年已八旬，時常多病。現在此處，除孫女外，還有乳母老蒼頭二人。老夫為痴兒賓王所累，萬不能復回故土，自投羅網。況已老邁，時光有限。紅蕖孫女，正在少年，困守在此，終非長策。老夫意欲拜懇賢姪，俯念當日結義之情，將紅蕖作為己女，帶回故鄉，俟他年長，代為擇配，完其終身。老夫了此心願，雖死九泉，亦必銜感。」說著，落下淚來。

唐敖道：「老伯說那裡話來！小姪與賓王兄弟，情同骨肉，姪女紅蕖，就如自己女兒一般。今蒙慈命帶回家鄉，自應好好代他擇配，何須用託？若論子姪之分，原當奉請老伯同回故鄉，侍奉餘年，稍盡孝心，庶不負當日結拜之情。奈近日武后純以殺戮為事，唐家子孫，誅戮殆盡，何況其餘？且老伯昔日出仕多年，非比他們婦女可以隱藏。儻走露風聲，不獨小姪受累，兼恐老伯受驚；因此不敢冒昧勸駕。小姪初意，原想努力上進，約會幾家忠良，共為勤王之計，以復唐業。無如功名未遂，鬢已如霜，既不能顯親揚名，又不能興邦定業，碌碌人世，殊愧老大無成；所以浪遊海外。今雖看破紅塵，歸期未卜，家中尚有兄弟妻子，此女帶回故鄉，斷不有負慈命。老伯只管放心。」

駱龍道：「蒙賢姪慷慨不棄，真令人感激涕零！但你們貿易不能躭擱，有誤程途；老夫寓此古廟，也不能屈留。」因向紅蕖道：「孫女就此拜認義父，帶著乳母，跟隨前去，以了我的心願。」駱紅蕖聽了，不由大放悲聲，一面哭著，走到唐敖面前，四雙八拜，認了義父，又與多、林二人行禮。因向唐敖泣道：「姪女蒙義父天高地厚之情，自應隨歸故土；奈女子有兩樁心事：一者祖父年高，無人侍奉，何忍遠離；二者此山尚有兩虎，大讎未報，豈能捨之而去？義父如念苦情，即將嶺南住址留下。他年儻遇皇恩大赦，那時再同祖父投奔嶺南，庶免兩下牽挂。此時若教拋撇祖父，一人獨去，即使女兒心如鐵石，亦不能忍心害理至此。」

駱龍聽了，復又再三解勸；無奈紅蕖意在言外，總要侍奉祖父百年後方肯遠離，任憑苦勸，執意不從。多九公道：「小姐既如此立志，看來一時也難挽回。據老夫愚見，與其此時同到海外，莫若日後回來，唐兄再將小姐帶回家鄉。豈不更便？」唐敖道：「日後小弟設或不歸，卻將如何？」林之洋道：「妹夫，這是甚話？今日我們一同去，將來自然一同來，怎麼叫作設或不歸？俺倒不懂。」唐敖道：「這是小弟偶爾失言，舅兄為何如此認真？」回問駱龍道：「寄女❶有此孝心，將來自有好處。老伯倒不可強他所難。況他立志甚堅，勸也無益。」說罷，取過紙筆，開了地名。駱紅蕖道：「義父此去，可由巫咸國路過。當日薛仲璋伯伯被難，家眷也逃海外。數年前在此路過，女兒曾與薛蘅香姊姊拜為異姓姊妹，並在神前立誓，無論何人，儻有機緣得歸故土，總要攜帶同行。去歲有絲貨客人帶來一信，才知現在寄居巫咸。女兒有書一封，如係便路，求義父寄去。」多九公道：「巫咸乃必由之路；將來林兄亦要在彼賣貨，帶去甚便。」當時駱紅蕖去寫書信。唐敖即託林之洋上船取了兩封銀子給駱龍，以為貼補薪水之用。

❶寄女：義女；乾女兒。

不多時，駱紅蕖書信寫完。唐敖把信接過，不覺歎道：「原來仲璋哥哥家眷也在海外。當日敬業兄弟若聽思溫哥哥之言，不從仲璋哥哥之計，唐業久已恢復。此時天下何至屬周？彼此又何至離散？這是氣數如此，莫可如何！」說罷叩辭，大家互相囑付一番，酒淚而別。駱紅蕖送至廟外，自去祭母，侍奉祖父。

唐敖三人因天色已晚，回歸舊路。多九公道：「如此幼女，既能不避艱險，替母報讎，又肯盡孝，侍奉祖父餘年，惟知大義，其餘全置度外，可見世間忠孝節義之事，原不在年之大小。此女如此立志，大約本山大蟲從此要除根了。」林之洋道：「剛才俺見大蟲吃那果然，因想起聞得人說，虎豹吃人，總是那人前生造定，該喪虎豹之口，若不造定，就是當面遇見，他也不吃。請問九公，這話可是？」多九公搖頭道：「虎豹豈敢吃人！至前生造定，更不足憑。當日老夫曾見有位老翁，說的最好。他說虎豹從來不敢吃人，並且極其怕人，素日總以禽獸為糧；往往吃人者，必是此人近於禽獸，當其遇見之時，虎豹並不知他是人，只當也是禽獸，所以吃他。人與禽獸之別，全在頂上靈光。禽獸頂上無光，如果然之類，縱有微光，亦甚稀罕。人之天良不滅，頂上必有靈光，虎豹看見，即遠遠迴避；儻天良喪盡，罪大惡極，消盡靈光，虎豹看見，與禽獸無異，他就吃了。至於靈光或多或少，總在為人善惡分別；有善無惡，自然靈光數丈，不獨虎豹看見逃竄，一切鬼怪莫不遠避。即如那個果然，一心要救死撫回生，只管守住啼哭，看他那般行為，雖是獸面，心裡卻懷義氣，所謂獸面人心，頂上豈無靈光？縱讓大蟲覿面，也不傷他。大蟲見了獸面人心的既不敢傷，若見了人面獸心的如何不啖？世人只知恨那虎豹傷人，那知有一緣故。」唐敖點頭道：「九公此言，真可令人回心向善，警戒不小。」

林之洋道：「俺有一個親戚，做人甚好，時常吃齋念佛；一日，同朋友上山進香，竟被老虎吃了。難道這樣行善，頭上反無靈光麼？」多九公道：「此等人豈無靈光？但恐此人素日外面雖然吃齋念佛，或者一時把持不定，一念之差，害人性命；或忤逆父母，忘了根本；或淫人妻女，壞人名節，其惡過重；就是平日有些小小靈光，陡然大惡包身，就如杯水車薪一般，那裡抵得住？所以登時把靈光消盡，虎才吃了。不知此人除了吃齋念佛，別的行為如何？」林之洋道：「這人諸般都好，就只忤逆父母。聞得還有甚麼桑間月下❷之事。除了這兩樣，總是吃齋行善，並無惡處。」多九公道：「萬惡淫為首，百善孝為先。此人既忤逆父母，又有桑間月下損人名節之事，乃罪之魁，惡之首，就讓吃齋念佛，又有何益？」

林之洋道：「據九公這話，世人如作了孽，就是極力修為，也不中用了？」多九公道：「林兄，這是甚話？善惡也有大小。以善抵惡，就如將功贖罪。其中輕重，大有區別，豈能一概而論？即如這人忤逆父母，淫人妻女，乃罪大惡極，不能寬宥的；你卻將他吃齋念佛那些小善，就要抵他兩樁大惡，豈非拏了杯水要救車薪之火麼？況吃齋念佛不過外面向善，究竟不知其心如何。若外面造作行善虛名，心裡卻懷著凶惡，如此險詐，其罪尤重。總之，為人心地最是要緊。若謂吃齋念佛都是善人，恐未盡然。」

說話間，離船不遠。只見路旁林內飛出一隻大鳥，其形如人，滿口豬牙，渾身長毛，四肢五官，與人無異；惟肋下舒著兩個肉翅，頂上兩個人頭，一頭像男，一頭像女，額上有文，細細看去，卻是

❷ 桑間月下：指與異性幽會、私通。

不孝二字。多九公道：「我們剛說不孝，就有不孝鳥出來。」林之洋聽見不孝二字，忙舉火繩，放了一鎗。此鳥著傷墜地，仍要展翅飛騰。林之洋趕去，一連幾拳，早已打倒。三人近前細看，不但額有不孝二字，並且口有不慈二字，臂有不道二字，右脅有愛夫二字，左脅有憐婦二字。唐敖嘆道：「當日小弟雖聞古人有此傳說，以為未必實有其事；今親目所覩，果真不錯。可見天地之大，何所不有？據小弟看來，這是世間那些不孝之人行為近於禽獸，死後不能復投人身，戾氣凝結，因而變為此鳥。」

多九公點頭道：「唐兄高見，真是格物至論。當日老夫曾見此鳥，雖是兩個人頭，卻都是男像，並無愛夫二字。因天下並無不孝婦女，所以都是男像。他這人頭時常變幻，還有兩個女頭之時。聞得此鳥最通靈性，善能修真悟道；起初身上雖有文字，每每修到後來竟會一字全無；及至文字脫落，再加靜修，不上幾年，脫了皮毛，登時成仙去了。」唐敖道：「此非放下屠刀，立時成佛麼？可見上天原許眾生回心向善的。」

只見船上眾水手因在山泉取水，也來觀看，問知詳細都鼓譟道：「他既不孝，我們就要得罪了！這樣一身好翎毛，就是帶些回去，做個掃帚，也是好的。」說罷上前，這個一把，那個一把，只見拔的翎毛滿地飛舞。唐敖道：「他額上雖有不孝二字，都是戾氣所鍾，與他何干？」眾人道：「我們此時只算替他除戾氣；把戾氣除淨，將來少不得要做好人。況他身上翎毛著實富厚，可見他生前吝嗇，是一毛不拔的。如今我們將這一字換個無字，他是一毛不拔，我們是無毛不拔，把他拔的一乾二淨，看他如何！」翎毛拔完，正要回船，忽見林內噴出許多膠水，腥臭異常。眾人連忙跑開。林內飛出一隻怪鳥，其形如鼠，身長五尺，一隻紅腳，兩個大翅，飛到不孝鳥跟前，隨即抱住，騰空而起。林之洋忙拏鎗裝藥，對準此鳥，正要放時，誰知火繩沾水已熄，轉眼間，那鳥去遠。

眾水手道：「我們常在海外，像這樣怪鳥，倒也少見。向來九公最是知古識今，大約今日也要難住了。」多九公道：「此鳥海外犬封國最多，名叫飛涎鳥，口中有涎如膠。如遇飢時，以涎灑在樹上，別的鳥兒飛過，沾了此涎，就被黏住。今日大約還未得食，所以口內垂涎。此時得了不孝鳥，必是將他飽餐。可見這股戾氣是犯萬物所忌的。不但人要拔他的毛，禽獸還要吃他的肉哩！」

說罷，一齊回船。唐敖把信收了。林之洋取出大米給婉如、呂氏看了，無不稱奇。登時揚帆。不多幾日，到了君子國，將船泊岸。林之洋上去賣貨。唐敖因素聞君子國好讓不爭，想來必是禮樂之邦，所以約了多九公上岸，要去瞻仰，走了數里，離城不遠，只見城門上寫著「惟善為寶」四個大字。未知以後如何，且看下回分解。

第十一回　觀雅化閒遊君子邦　慕仁風誤入良臣府

話說唐、多二人把匾看了，隨即進城；只見人烟輳集，作買作賣，接連不斷，衣冠言談，都與中原一樣。唐敖見言語可通，因向一位老翁問其何以好讓不爭之故，誰知老翁聽了，一毫不懂；又問國以君子為名是何緣故，老翁也回不知；一連問了幾個，都是如此。多九公道：「據老夫看來，他這國名以及好讓不爭四字，大約都是鄰邦替他取的，所以他們都回不知。剛才我們一路看來，那些耕者讓畔，行者讓路光景，已是不爭之意；而且士庶人等，無論富貴貧賤，舉止言談，莫不恭而有禮，也不愧君子二字。」唐敖道：「話雖如此，仍須慢慢觀玩，方能得其詳細。」

說話間，來到鬧市；只見有一隸卒，在那裡買物，手中拏著貨物道：「老兄！如此高貨，卻討恁般賤價，教小弟買去，如何能安？務求將價加增，方好遵教。若再過謙，那是有意不肯賞光交易了。」唐敖聽了，因暗暗說道：「九公！凡賣物只有賣者討價，買者還價；今賣者雖討過價，那買者並不還價，卻要添價，此等言談，倒也罕聞。據此看來，那好讓不爭四字，竟有幾分意思了。」只聽賣貨人答道：「既承照顧，敢不仰體？但適才妄討大價，已覺厚顏；不意老兄反說貨高價賤，豈不更教小弟慚愧？況敝貨並非言無二價，其中頗有虛頭。俗云：『漫天要價，就地還錢。』❶今老兄不但不減，

❶ 漫天要價二句：賣者開價開得高，而買者還價還得低。

反要加增，如此克己，只好請到別家交易，小弟實難遵命。」

唐敖道：「『漫天要價，就地還錢』，原是買物之人向來俗談。至『並非言無二價，其中頗有虛頭』，亦是買者之話。不意今皆出於賣者之口，倒也有趣。」只聽隸卒又說道：「老兄以高貨討賤價，反說小弟克己，豈不失了忠恕之道？凡事總要彼此無欺，方為公允。試問那個腹中無算盤？小弟又安能受人之愚哩？」談之許久，賣貨人執意不增。隸卒賭氣照數付價，拿了一半貨物，剛要舉步；賣貨人那裡肯依，只說價多貨少，攔住不放。路旁走過兩個老翁，作好作歹，從公評定，令隸卒照價拿了八折貨物，這才交易而去。

唐、多二人不覺暗暗點頭。走未數步，市中有個小軍，也在那裡買物。小軍道：「剛才請教貴價若干，老兄執意吝教，命我酌量付給；及至遵命付價，老兄又怪過多。其實小弟所付業已刻減，若說過多，不獨太偏，竟是違心之論了。」賣貨人道：「小弟不敢言價，聽兄自付者，因敝貨既欠新鮮，而且平常，不如別家之美。若論價值，只照老兄所付減半，已屬過分，何敢謬領大價？」唐敖道：「貨色平常，原是買者之話；付價刻減，本係賣者之話；那知此處卻句句相反，另是一種風氣。」只聽小軍又道：「老兄說那裡話來？小弟於買賣雖係外行，至貨之好醜，安有不知？以醜為好，亦愚不至此。第以高貨只取半價，不但欺人過甚，亦失公平交易之道了。」賣貨人道：「老兄如真心照顧，只照前價減半，最為公平；若說價少，小弟也不敢辨，惟有請向別處再把價錢談談，才知我家並非相欺哩。」

小軍說之至再，見他執意不賣，只得照前減半付價；將貨略略選擇，拏了就走。賣貨人忙攔住道：「老兄為何只將下等貨物選去？難道留下好的給小弟自用麼？我看老兄如此討巧，就是走遍天下，也難交易成功的。」小軍發急道：「小弟因老兄定要減價，只得委曲從命，略將次等貨物拏去，於心庶可稍安；不意老兄又要責備。且小弟所買之物，必須次等，方能合用；至於上等，雖承美意，其實倒不適用了。」賣貨人道：「老兄既要低貨方能合用，這也不妨；但低貨自有低價，何能付大價而買醜貨呢？」小軍聽了，也不答言，拏了貨物，只管要走。那過路人看見都說小軍欺人不公。小軍難違眾論，只得將上等貨物下等貨物各攙一半而去。

二人看罷，又朝前進，只見那邊又有一個農人買物。原來物已買妥，將銀付過，攜了貨物要去。那賣貨的接過銀子仔細一看，用戥子❷秤了一秤，連忙上前道：「老兄慢走。銀子平水❸都錯了。此地向來買賣都是大市中等銀色，今老兄既將上等銀子付我，自應將色扣去。剛才小弟秤了一秤，不但銀水未扣，而且戥頭過高。此等平色❹小事，老兄有餘之家，原不在此；但小弟受之無因，請照例扣去。」農人道：「些須銀色小事，何必錙銖較量？既有多餘，容小弟他日奉買寶貨，再來扣除，也是一樣。」說罷，又要走。賣貨人攔住道：「這如何使得？去歲有位老兄照顧小弟，也將多餘銀子存在我處，曾言後來買物再算；誰知至今不見；各處尋他，無從歸還。豈非欠了來生債麼？今老兄又要如此，倘一去不來，到了來生，小弟變驢變馬歸還；先前那位老兄，業已儘彀一忙，那裡還有工夫再還老兄？豈非下一世又要變驢變馬歸給老兄？據小弟愚見：與其日後買物再算，何不就在今日？況多餘

❷ 戥子：用來稱量貴重物品的小秤。又稱等子。戥，音ㄉㄥˇ。
❸ 平水：指銀子的標準成色。
❹ 平色：平指銀量的輕重，色指銀質的成色。舊時用生銀買賣兌換，須兼計二者，以決定價值的高低。

若干，日子久了，倒恐難記。」

彼此推讓許久，農人只得將貨拏了兩樣作抵此銀而去。賣貨人仍口口聲聲只說銀多貨少，過於偏枯；奈農人業已去遠，無可如何。忽見有個乞丐走過，賣貨人自言自語道：「這個花子只怕就是討人便宜的後身，所以今生有這報應。」一面說著，即將多餘平色用戥秤出，盡付乞丐而去。唐敖道：「如此看來，這幾個交易光景，豈非好讓不爭一幅行樂圖麼？我們還打聽甚麼？且到前面再去暢遊。如此美地，領略領略風景，廣廣識見，也是好的。」

只見路旁走過兩個老者，都是鶴髮童顏，滿面春風，舉止大雅。唐敖看罷，知非下等之人，忙侍立一旁。四人登時拱手見禮，問了名姓。原來這兩個老者都姓吳，乃同胞兄弟；一名吳之和，一名吳之祥。

唐敖道：「不意二位老丈都是泰伯之後，失敬，失敬！」吳之和道：「請教二位貴鄉何處？來此有何貴幹？」多九公將鄉貫❺來意說了。吳之祥躬身道：「原來貴邦天朝。小子向聞天朝乃聖人之國，二位大賢，榮列膠庠❻，為天朝清貴，今得幸遇，尤其難得。弟不知駕到，有失迎迓，尚求海涵。」唐、多二人連道豈敢。吳之和道：「二位大賢由天朝至此，小子誼屬地主，意欲略展杯茗之敬，少敘片時，不知可肯枉駕？如蒙賞光，寒舍就在咫尺，敢勞玉趾一行。」

二人聽了，甚覺欣然；於是隨著吳氏弟兄一路行來。不多時，到了門前。只見兩扇柴扉，周圍籬

❺ 鄉貫：猶「籍貫」。

❻ 膠庠：膠與庠都是周代學校的通稱，後泛指學舍。

牆，上面盤著許多青藤薜荔；門前一道池塘，塘內俱是菱蓮。進了柴扉，讓至一間敞廳，四人重復行禮讓坐；廳中懸著國王賜的小額，寫著渭川別墅。再向廳外一看，四面都是翠竹，把這敞廳團團圍住，甚覺清雅。小童獻茶。唐敖問起吳氏昆仲事業，原來都是閒散進士。多九公忖道：「他兩個既非公卿大宦，為何國王卻替他題額？看來此人也就不凡了。」

唐敖道：「小弟才同敝友瞻仰貴處風景，果然名不虛傳，真不愧君子二字。」吳之和躬身道：「敝鄉僻處海隅，略有知識，莫非天朝文章教化所致，得能不致隕越，已屬草野之幸，何敢遽當君子二字？至於天朝乃聖人之邦，自古聖聖相傳，禮樂教化，久為八荒景仰，無須小子再為稱頌。但貴處向有數事，愚弟兄草野固陋，似多未解。今日難得二位大賢到此，意欲請示，不知可肯賜教？」唐敖道：「老丈所問，還是國家之事？還是我們世俗之事？」吳之和道：「如今天朝聖人在位，政治純美，中外久被其澤，所謂巍巍蕩蕩，惟天為大，惟天朝則之；國家之事，小子僻處海濱，毫無知識，不惟不敢言，亦無可言。今日所問，卻是世俗之事。」唐敖道：「既如此，請道其詳。倘有所知，無不盡言。」吳之和聽罷，隨即說出一番話來。未知所說何話，再聽下回分解。

第十二回　雙宰輔暢談俗弊　兩書生敬服良箴

話說吳之和道：「小子向聞貴處世俗，於殯葬一事，作子孫的並不計及死者以入土為安，往往因選風水，置父母之柩多年不能入土，甚至耽延兩代三代之久。相習成風，以至庵觀寺院，停柩如山；曠野荒郊，浮厝無數。並且當日有力時，因選風水蹉跎，及至後來無力，雖要求其將就殯葬，亦不可得；久而久之，竟無入土之期。此等情形，死者稍有所知，安能瞑目？況善風水之人，豈無父母？若有好地，何不留為自用？如果一得美地，即能發達，那通曉地理的發達曾有幾人？今以父母未曾入土之骸骨稽遲歲月，求我將毫無影響之富貴，為人子者，於心不安，亦且不忍。此皆不明人傑地靈之義，所以如此。

即如伏羲、文王、孔子之陵，皆生蓍草，卜筮極靈。他處雖有，質既不佳，卜亦無效。人傑地靈，即此可見。今人選擇陰地，無非欲令子孫興旺，怕其衰敗。試以興衰而論：如陳氏之昌，則有鳳鳴之卜；季氏之興，則有同復之筮。此由氣數使然，非陰地所致。況卜筮既有先兆，可見陰地好醜，又有何用？總之，天下事非大善不能轉禍為福，非大惡亦不能轉福為禍。《易經》餘慶餘殃之言，即是明證。今以陰地，意欲挽回造化，別有希冀，豈非緣木求魚？與其選擇徒多浪費，何不遵著《易經》『積善之家，必有餘慶』之意，替父母多做好事，廣積陰功，日後安享餘慶之福？較之陰地渺渺茫茫，豈不勝如萬萬？據小子愚見：殯葬一事，無力之家，自應急辦，不可蹉跎；至有力之家，亦惟擇高阜之處，得免水患，即是美地；父母瞑目無恨，人子捫心亦安。此海外愚談，不知可合尊意？」

唐多二人正要回答，只見吳之祥道：「小子聞得貴處世俗：凡生子女，每有三朝❶，滿月、百日、週歲之稱；富貴家至期非張筵即演戲，必豬羊雞鴨類大為宰殺。吾聞上天有好生之德；今上天既賜子女與人，而人不知仰體好生之意，反因子女宰殺許多生靈，是上天賜一生靈，反傷無數生靈，天又何必再以子女與人？凡父母一經得有子女，或西廟燒香，或東庵許願，莫不望其無災無病，福壽綿長。今以他的毫無要緊之事，殺無數生靈，花許多浪費，是先替他造孽，懺悔猶恐不及，何能望其福壽？往往貧寒家子女多享長年，富貴家子女每多殀折，揆其所以，雖未必盡由於此，亦不可不以為戒。為人父母的，倘以子女開筵花費之資，盡為周濟貧寒及買物放生之用，自必不求福而福自至，不求壽而壽自長。

並聞貴處世俗有將子女送入空門的，謂之捨身。蓋因俗傳做了佛家弟子，蒙神佛護佑，其有疾者從此自能脫體，壽短者亦可漸轉長年。此是僧尼誘人上門之語，而愚夫愚婦無知，莫不奉為神明，相沿既久，故僧尼日見其盛。此教固無害於人，第為數過多，不獨陰陽有失配合之正，亦生出無窮淫奔之事。據小子愚見：凡鄉愚誤將子女送入空門的，本地父老即將『壽殀有命』以及『無後為大』之義向其父母愷切勸諭，久之捨身無人，其教自能漸息。此教既息，不惟陰陽得配合之正，並且鄉愚亦可保全無窮貞婦。總之，天下少一僧或少一道，則世間即多一貞婦。此中固賢愚不等，一生未近女色者

❶ 三朝：舊俗小孩生下第三天給予沐浴，稱為三朝，也稱為「洗三」。

自不乏人，然如好色之輩，一生一世，又豈止姦淫一婦女而已？鄙見是否，尚求指教。」

吳之和道：「吾聞貴處向有爭訟之說。小子讀古人書，雖於訟字之義略知梗概，但敝地從無此事，不知究竟從何而起。細訪貴鄉興訟之由，始知其端不一。或因口角不睦不能容忍，或因財產較量以致相爭，偶因一時尚氣，鳴之於官。訟端既起，彼此控告無休。其初莫不苦思惡想，掉弄筆頭，不獨妄造虛言，並以毫無影響之事，硬行牽入，惟期聳聽，不管喪盡天良。自訟之後，即使百般浪費，並不愛惜錢財，終日屈膝公堂，亦不顧及顏面。幸而官事了結，花卻無窮浪費，焦頭爛額，已屬不堪；設或命途坎坷，從中別生枝節，拖延日久，雖要將就了事，欲罷不能，家道由此而衰，事業因此而廢。此皆不能容忍，以致身不由己；即使醒悟，亦復何及？尤可怪的：又有一等唆訟之人，哄騙愚民，勾引興訟，捕風捉影，設計鋪謀，或誣控良善，或妄扳無辜，引人上路，卻於暗中分肥；設有敗露，他即遠走高飛。小民無知，往往為其所愚，莫不被害。此固唆訟之人造孽無窮，亦由本人貪心自取。據小子看來：爭訟一事，任你百般強橫，萬種機巧，久而久之，究竟不利於己。所以《易經》說：『訟則終凶。』世人若明此義，共臻美俗，又何爭訟之有？

再聞貴處世俗，每每屠宰耕牛。小子以為必是祭祀之用，及細為探聽，卻是市井小人，為獲利起見，因而饕餮口饞之輩，競相購買，以為口食。全不想人非五穀不生，五穀非耕牛不長；牛為世人養命之源，不思所以酬報，反去把他飽餐，豈非恩將讐報？雖說此牛並非因我而殺，我一人所食無幾。要知小民屠宰，希圖獲利，那良善君子倘盡絕口不食，購買無人，聽其腐爛，他又安肯再為屠宰？可見宰牛的固然有罪，而吃牛肉之人其罪更無可逃。若以罪之大小而論，那宰牛的原算罪魁，但此輩無非市井庸愚，只知惟利自趨，豈知善惡果報之道？況世間之牛又焉知不是若輩後身？據小子愚見：《春秋》責備賢者，其罪似應全歸買肉之人。倘仁人君子終身以此為戒，勝如吃齋百倍，冥冥中豈無善報？

又聞貴處宴客往往珍羞羅列，窮極奢華。桌椅既設，賓主就位之初，除果品冷菜十餘種外，酒過一二巡，則上小盤小碗，其名南喚小吃，北呼熱炒，少者或四或八，多者十餘種至二十餘種不等。其間或上點心一二道。小吃上完，方及正餚。菜既奇豐，碗亦奇大，或八九種至十餘種不等。主人雖如此盛設，其實小吃未完而客已飽，此後所上的，不過虛設，如同供獻而已。更可怪者：其餚不辨味之好醜，客以價貴的為尊。因燕窩價貴，一餚可抵十餚之費，故宴會必以此物為首。既不惡其形似粉條，亦不厭其味同嚼蠟。及至食畢，客人只算吃了一碗粉條子，又算喝了半碗雞湯；而主人只覺客人滿嘴吃的都是元絲錁❷，豈不可笑？至主人待客，偶以盛饌一二品略為多費，亦所不免；然惟美味則可，若主人花錢而客人嚼蠟，這等浪費，未免令人不解。敝地此物甚多，其價極賤，貧者以此代糧，不知可以為菜。向來市中交易，每穀一升，可換燕窩一擔。庶民因其淡而無味，不及米穀之香，吃者甚少；惟貧家每多屯積，以備荒年。不意貴處尊為眾餚之首。可見口之於味，竟有不同嗜者。孟子云：『魚，我所欲；熊掌，亦我所欲。』魚則取其味鮮，熊掌取其肥美。今貴處以燕窩為美，不知何所取義？若取其味淡，何如嚼蠟？如取其滋補，宴會非滋補之時。況葷腥滿腹，些須燕窩，焉能補人？如謂希圖好看，可以誇富，何不即以元寶放在菜中？其實燕窩縱貴又安能以此誇富？這總怪世人眼界過淺，把他過於尊重，以致相沿竟為眾餚之首，而並有主人親上此菜者。此在貴處固為敬客之道，若在敝地觀

❷錁：音ㄍㄨㄛˇ，金銀鑄成的小錠。

之，竟是捧了一碗粉條子上來，豈不肉麻可笑？幸而貴處倭瓜甚賤；倘竟貴於諸菜，自必以他為首。到了宴會，主人恭恭敬敬捧一碗倭瓜上來，能不令人噴飯？若不論菜之好醜，亦不辨其有味無味，競取價貴的為尊，久而久之，一經宴會，無可賣弄，勢必煎炒真珠，烹調美玉，或煮黃金，或煨白銀，以為首菜了。當日天朝上大夫曾作〈五簋論〉一篇，戒世俗宴會不可過奢。菜以五樣為度，故曰五簋。其中所言，不豐不儉，酌乎其中，可謂千古定論，後世最宜效法，敝處至今敬謹遵守。無如流傳不廣；倘惜福君子將〈五簋論〉刊刻流傳，並於鄉黨中不時勸誡，宴會不致奢華，居家飲食自亦節儉，一歸純樸。何患家室不能充足？此話雖近迂拙，不合時宜，後之君子，豈無採取？」

吳之祥道：「吾聞貴地有三姑六婆，一經招引入門，婦女無知，往往為其所害。或哄騙銀錢，或拐帶衣物，及至婦女察知其惡，惟恐聲張家長得知，莫不忍氣吞聲，為之容隱；此皆事之小者。最可怕的：來往既熟，彼此親密，若輩必於此中設法，生出姦情一事，以為兩處起發銀錢地步。慫恿之初，或以美酒迷亂其性，或以淫詞搖蕩其心；一俟言語可入，非誇某人豪富無比，即讚某人美貌無雙，諸如哄騙上廟，引誘朝山，其法種種不一。總之，若輩一經用了手腳，隨你三貞九烈，玉潔冰清，亦不能跳出圈外。甚至以男作女，暗中姦騙，百般淫穢，更不堪言。良家婦女因此失身的不知凡幾，幸而其事不破，敗壞門風，吃虧已屬不小；設或敗露，名節盡喪，醜聲外揚，而家長如同聾瞶，仍在夢中。此固由於婦女無知所致，但家長不能預為防範，預為開導，以致綠頭巾❸戴在頂上，亦由自取，歸咎何人？小子聞《禮經》有云：『內言不出於閫，外言不入於閫。』古人於婦女之言，尚且如此謹慎；

❸ 綠頭巾：俗稱婦人有淫行的，稱其夫為戴綠頭巾。

況三姑六婆，裡外搬弄是非，何能不生事端？至於出頭露面，上廟朝山，其中曖昧不明，更不可聞。儻明哲君子洞察其奸，於家中婦女不時正言規勸；以三姑六婆視為寇讎，諸事預為防範，毋許入門，他又何所施其伎倆？

再聞貴處向有後母之稱，此等人待前妻兒女莫不視為禍根，百般荼毒，或以苦役致使勞頓，或以疾病故令纏綿，或任聽飢寒，或時常打罵，種種磨折，苦不堪言。其父縱能愛護，安有後眼？此種情形，實為兒女第一黑暗地獄。貧寒之家，其苦尤甚。至富貴家，雖其乳母親族照管，不能過於磨折，一經生有兒女，希冀獨吞家財，莫不鋪謀設計；枕邊讒言，或誣其女不聽教訓，或誣其兒忤逆晚娘，或誣好吃懶做，或誣胡作非為，甚至誣男近於偷盜，誣女事涉奸淫，種種陷害。此等弱女幼兒，從何分辯？一經拷打，無非哀號。因此磨折而死，或憂忿而亡。歷來命喪後母者，豈能勝計？無如其父始而保護嬰兒，亦知防範；繼而讒言入耳，即身不由己；久之染了後母習氣，不但不能保護，並且自己漸漸亦施毒手。是後母之外，又添後父。內外夾攻，百般凌辱，以致『枉死城』中，不知添了若干小鬼。此皆耳軟心活，只重夫婦之情，罔顧父子之恩。請看大舜捐階焚廩，閔子冬月蘆衣，中生遭譖，伯奇負冤❹，千古之下，一經談起，莫不心傷。處此境者，視此前車之鑒，仍不加意留神，豈不可悲？」

---

❹ 大舜捐階焚廩四句：皆為古代孝子遭後母謀陷的故事。舜後母及後母弟藉故請其修葺倉廩，暗地卻撤梯放火欲燒死他。閔子即閔子騫，孔子弟子，事父至孝，後母使其冬天著輕薄蘆衣而不怨。中生為春秋時晉獻公的太子，受獻公寵姬驪姬讒害而死。伯奇相傳為周宣王時重臣尹吉甫之長子，遭後母譖害而被放於野，作琴曲〈履霜操〉以述懷。

吳之和道：「吾聞尊處向有婦女纏足之說。始纏之時，其女百般痛苦，撫足哀號，甚至皮腐肉敗，鮮血淋漓。當此之際，夜不成寐，食不下咽，種種疾病，由此而生。小子以為此女或有不肖，其母不忍置之於死，故以此法治之；誰知係為美觀而設，若不如此，即為不美。試問鼻大者削之使小，額高者削之使平，人必謂為殘廢之人，何以兩足殘缺，步履艱難，卻又為美？即如西子、王嬙，皆絕世佳人，彼時又何嘗將其兩足削去一半？況細推其由，與造淫具何異？此聖人之所必誅，賢者之所不取。惟世之君子，盡絕其習，此風自可漸息。

又聞貴處世俗於風鑑卜筮外，有算命合婚之說。至境界不順，希冀運轉時來，偶一推算，此亦人情之常，即使推算不準，亦屬無傷。婚姻一事，關係男女終身，理宜慎重，豈可草草？既要聯姻，如果品行純正，年貌相當，門第相對，即屬絕好良姻，何必再去推算？左氏云：『卜以決疑，不疑何卜？』若謂必須推算，方可聯姻，當日河上公陶宏景未立命格之先，又將如何？命書豈可做得定準？那推算之人，又安能保其一無錯誤？尤可笑的：俗傳女命北以屬羊為劣，南以屬虎為凶。其說不知何意，至今相沿，殊不可解。人值未年而生，何至比之於羊？寅年而生，又何至竟變為虎？且世間懼內之人，未必皆係屬虎之婦。況鼠好偷竊，蛇最陰毒，那屬鼠屬蛇的豈皆偷竊陰毒之輩？牛為負重之獸，自然莫苦於此，豈丑年所生，都是苦命？此皆愚民無知，造此謬論。往往讀書人亦染此風，殊為可笑。總之，婚姻一事，若不論門第相對，不管年貌相當，惟以合婚為準，勢必將就勉強從事，雖有極美良姻，亦必當面錯過，以致日後兒女抱恨終身，追悔無及。為人父母的，倘能洞察合婚之謬，惟以品行年貌門第為重。至於富貴壽考，亦惟聽之天命。即日後別有不虞，此心亦可對住兒女，兒女似亦無怨了。」

吳之祥道：「小子向聞貴地世俗最尚奢華；即如嫁娶葬殯、飲食衣服，以及居家用度，莫不失之過侈。此在富貴家不知惜福，妄自浪費，已屬造孽；何況無力下民，只圖目前適意，不顧日後飢寒？倘惜福君子於鄉黨中不時開導，毋得奢華，各留餘地，所謂『常將有日思無日，莫待無時想有時。』如此剴切勸諭，奢侈之風，自可漸息，一歸儉樸，何患家無蓋藏❺？即偶遇飢歲，亦可無虞。況世道儉樸，愚民稍可餬口，即不致流為奸匪。奸匪既少，盜風不禁自息；盜風既息，天下自更太平。可見儉樸二字所關也非細事。」

正說的高興，有一老僕，慌慌張張進來道：「稟二位相爺：適才官吏來報，國主因各處國王約赴軒轅祝壽，有軍國大事面與二位相爺相商，少刻就到。」多九公聽了，暗暗忖道：「我們家鄉每每有人會客，因客坐久不走，又不好催他動身，只好暗向僕人丟個眼色；僕人會意，登時就來回話，不是某大老即刻來拜，就是某大老立等說話，如此一說，客人自然動身。誰知此處也有這個風氣，並且還以相爺嚇人。即或就是相爺，又待如何？未免可笑。」因同唐敖打躬告別。吳氏弟兄忙還禮道：「蒙二位大賢光降，不意國主就臨敝宅，不能屈留大駕，殊覺抱歉。倘大賢尚有躭擱，愚弟兄俟送過國主，再至寶舟奉拜。」

唐、多二人匆匆告別，離了吳氏相府。只見外面灑道清塵，那些庶民都遠遠迴避。二人看了，這才明白果是實情；於是回歸舊路。多九公道：「老夫看那吳氏弟兄舉止大雅，器宇軒昂，以為若非高人，必是隱士；及至見了國王那塊匾額，老夫就覺疑惑：這二人不過是個進士，何能就得國王替他題

❺ 蓋藏：古時府庫倉廩儲藏之物稱為蓋藏。

額？那知卻是兩位宰輔。如此謙恭和藹，可謂脫盡仕途習氣。若令器小易盈，妄自尊大，那些驕傲俗吏看見，真要愧死！」唐敖道：「聽他那番議論，卻也不愧君子二字。」

不多時，回到船上，林之洋業已回來。大家談起貨物之事，原來此地連年商販甚多，各色貨物，無不充足，一切價錢，均不得利。正要開船，吳氏弟兄差家人拏著名帖，送了許多點心果品，並賞眾水手倭瓜十擔，燕窩十擔。名帖寫著「同學教弟吳之和吳之祥頓首拜」。唐敖同多九公商量把禮收了，因吳氏弟兄位尊，回帖上寫的是「天朝後學教弟多某唐某頓首拜」。來人剛去，吳之和隨即來拜。讓至船上，見禮讓坐。唐、多二人，再三道謝。吳之和道：「家弟因國主現在敝宅，不能過來奉候。小弟適將二位光降之話，奏明國主，聞係天朝大賢到此，特命前來奉拜。小弟理應恭候解纜，因要伺候國主，只得暫且失陪。倘寶舟尚緩開行，容日再來領教。」即匆匆去了。

眾水手把倭瓜、燕窩搬到後梢，到晚吃飯，煮了許多倭瓜、燕窩湯，都歡喜道：「我們向日只聽人說燕窩貴重，卻未吃過；今日倭瓜叨了燕窩的光，口味自然另有不同。連日辛辛苦苦，開開胃口，也是好的。」彼此用箸，都把燕窩夾一整瓢，放在嘴裡嚼了一嚼，不覺皺眉道：「好奇怪！為何這樣好東西到了我們嘴裡把味都走了？」內中有幾個咂嘴道：「這明明是粉條子，怎麼把他混充燕窩？我們被他騙了！」及至把飯吃完，倭瓜早已乾乾淨淨，還剩許多燕窩。林之洋聞知，暗暗歡喜。即託多九公照粉條子價錢給了幾貫錢，向眾人買了，收在艙裡。道：「怪不得連日喜鵲只管朝俺叫！原來卻有這般財氣！」這日收口❻，正要停泊，忽聽有人喊叫救命。未知後事如何，且看下回分解。

❻ 收口：船靠岸停泊。

第十三回　美人入海遭羅網　儒士登山失路途

話說林之洋船隻方才收口，忽聽有人喊叫救命。唐敖連忙出艙，原來旁岸攏著一隻極大漁船，因命水手將船攏靠漁船之旁。多九公、林之洋也都過來。只見漁船上站著一個少年女子，渾身水濕，生得齒白唇紅，極其美貌；頭上束著青紬包頭，身上披著一件皮衣，內穿一件銀紅小襖，腰中繫著絲縧，下面套著一條皮褲，胸前斜插一口寶劍，絲縧上挂著一個小小口袋，項上扣著一條草繩，拴在船桅上。旁邊立著一個漁翁漁婆。

三人看了，不解何意。唐敖道：「請教漁翁，這個女子是你何人？為何把他扣在船上？你是何方人氏？此處是何地名？」漁翁道：「此係君子國境內。小子乃青邱國人，專以打魚為業。素知此處庶民都是正人君子，所為不肯攻其不備，暗下毒手取魚，歷來產魚甚多，所以小子常來此打魚。此番局運不好，來了數日，竟未網著大魚。今日正在煩惱，恰好網著這個女子。將來回去，多賣幾貫錢，也不枉辛苦一場。誰知這女子只管求我放他。不瞞三位客人說：我從數百里到此，吃了若干辛苦，花了許多盤費，若將落在網的仍舊放去，小子只好喝風了。」

唐敖向女子道：「你是何方人氏？為何這樣打扮？還是失足落水？還是有意輕生？快把實情講來，以便設法救你。」女子聽了，滿眼垂淚道：「婢子即本地君子國人氏，家住水仙村。現年十四歲，幼讀詩書。父親廉禮，曾任上大夫之職。三年前鄰邦被兵，遣使求救，國主因念鄰國之誼，發兵救應，命我父參謀軍機。不意至彼失算，誤入重地，兵馬折損，以致發遣遠戍，死於異鄉，家產因此耗散，僕婢亦皆流亡。母親良氏素有陰虛之症，服藥即吐，惟以海參煮食，始能稍安。此物本國無人貨賣，向來買自鄰邦。自從父親獲罪，母病又發，點金無術，惟有焦愁。後聞此物產自大海，如熟水性，入海可取。婢子因思人生同一血肉之軀，他人既能熟諳水性，將身入海，我亦人身，何以不能？因置大缸一口，內中貯水，日日伏在其中，習其水性。久而久之，竟能在水一日之久。得了此技，隨即入海取參，母病始能脫體。今因母病又來取參，不意忽遭羅網。婢子一身如同蒿草，上有寡母，無人侍奉，惟求大德❶拯救。倘得重見母面，來生當變犬馬以報大恩。」說著，不覺放聲慟哭。

唐敖聽罷，甚覺詫異道：「女子且慢傷悲。剛才你說幼讀詩書，自然該會寫字了？」女子聽了，連連點頭。唐敖因命水手把紙筆取來，送至女子面前道：「小姐請把名姓寫來賜我一看。」女子提筆在手，略想一想，匆匆寫了幾字。水手拏來，唐敖接過，原來是首七言絕句：「不是波臣暫水居，竟向涸鮒困行車。願開一面仁人網，可念兒魚是孝魚。」詩後寫著君子國水仙村虎口難女廉錦楓和淚拜題。

唐敖看罷，忖道：「方才我因此女話語過於離奇，所以教他寫幾個字，試他可真讀書；誰知他不假思索，舉筆成文。可見取參奉母，並非虛言。真可算得才德兼全！」因向漁翁道：「據這詩句看來，此女實是千金小姐。我給你十貫酒資，你也發個善心，把這小姐放了，積些陰功。」林之洋道：「你

---

❶ 大德：佛教稱善心的人士為大德。

果放了，以後包你網不虛發，生意興隆。」漁翁搖頭道：「我得這股財氣，後半世全要指他過日，豈是十貫錢就能放的?奉勸客人，何必管這閒事?」

多九公不悅道：「我們好意出錢給你，為何倒說不必管閒事?難道好好千金小姐，落在網裡，就由你主張麼?」林之洋道：「俺對你說：魚落網裡，由你做主；如今他是人，不是魚，你莫眼瞎認差了!你教俺們莫管閒事，你也莫想分文!你不放這女子，俺偏要你放!俺就跟著你，看你把他怎樣!」說罷，將身一縱，跳過船去。那個漁婆大哭大喊道：「青天白日，你們這些強盜敢來打劫!我將老命拚了罷!」登時就要跳過船來。眾水手連忙攔住。

唐敖道：「漁翁!你究竟須得幾貫錢方肯放這小姐?」漁翁道：「多也不要，只須百金也就夠了。」唐敖進艙，即取一百銀子付給漁翁。漁翁把銀收過，這才解去草繩。廉錦楓同林之洋走過大船，除去皮衣皮褲，就在船頭向唐敖拜謝，問了三人名姓。漁船隨即開去。

唐敖道：「請問小姐，貴府離此多遠?」廉錦楓道：「婢子住在前面水仙村。此去不過數里。村內向來水仙花最盛，所以以此為名。」唐敖道：「離此既近，我們就送小姐回去。」廉錦楓道：「婢子剛才所取之參，都是漁翁拏去。我家雖然臨海，彼處水淺，無處可取。婢子意欲就此下去，再取幾條，帶回奉母。不知恩人可肯稍等片時?」唐敖道：「小姐只管請便。就候片時何妨?」錦楓聽罷，把皮衣皮褲穿好。隨即將身一縱，攛入水中。

林之洋道：「妹夫不該放這女子下去。這樣小年紀，入這大海，據俺看來，不是淹死，就被魚吞，枉送性命。」多九公道：「他時常下海，熟諳水性，如魚入水，焉能淹死?況有寶劍在身，諒那隨常魚鼈也不足懼。林兄放心。少刻得參，自然上來。」三人閒談，等了多時，竟無蹤影。林之洋道：「妹夫，你看俺的話靈不靈？這女子總不上來，諒被大魚吞了。俺們不能下去探信，這便怎處？」多九公道：「老夫聞得我們船上有個水手，下得海去，可以換得五口水。何不教他下去，看是怎樣？」只見有個水手，答應一聲，攛下海去。不多時，回報道：「那女子同一大蚌相爭，業已殺了大蚌，頃刻就要上來。」

說話間，廉錦楓身帶血跡，攛上船來，除去皮衣皮褲，手捧明珠一顆，向唐敖下拜道：「婢子蒙恩人救命，無以報德。適在海中取參，見一大蚌，特取其珠，以為『黃雀銜環』❷之報。望恩人笑納。」唐敖還禮道：「小姐得此至寶，何不敬獻國王？或可沾沐殊恩，稍助萱堂甘旨。何必拘拘以圖報為念，況老夫非望報之人。請將寶珠收回，獻之國王，自有好處。」廉錦楓道：「國主向有嚴諭：臣民如將珠寶獻進，除將本物燒毀，並問典刑。國門大書，惟善為寶，就是此意。此珠婢子拏去無用，求恩人收了，愚心庶可稍安。」唐敖見他出於至誠，只得把珠收下，隨命水手揚帆望水仙村進發。

大家進艙。錦楓拜了呂氏，並與婉如見禮。彼此一見如故，十分親愛。登時到了水仙村，將船停泊。錦楓別了婉如、呂氏，取了參袋皮衣。唐敖因念廉錦楓寒苦，隨身帶了銀子，攜了多、林二人，一同渡到岸上。錦楓在前引路。不多時到了廉家門首。

錦楓敲門，裡面走出一個老嫗，把門開了，接過皮衣道：「小姐為何回來怎晚？夫人比前略覺好些。可曾取得參來？」廉錦楓不及答話，把唐敖三人讓至書房，隨即進內攙扶良氏夫人出來拜謝唐敖

❷ 黃雀銜環：報恩的意思。漢末楊寶曾放走一隻黃雀，後黃雀口銜四枚白環來回報他，事見《續齊諧記》。

救命之恩，並與多、林二人見禮。談起世業，原來廉錦楓曾祖向居嶺南，因避南北朝之亂，逃至海外，就在君子國成家立業。唐敖曾祖乃廉家女壻。細細敘起，唐敖同夫人是平輩表親。

良氏不覺喜道：「難得恩人卻是中表至親。寒家在此雖住了三代，究係寄居，親友甚少。兼之丈夫去世，並無弟兄，又無產業。跟前一子，尚在年幼。賤妾母家，久已凋零，一切更無倚靠。現在嶺南尚有嫡親支派，賤妾久有回鄉之願，奈迢迢數萬里，寡婦孤兒，帶著弱女，何能前往？今幸得遇恩人，又屬親誼，將來回府，倘蒙垂念孤寡，攜帶母子得歸故鄉，不致做了海外餓殍，生生世世，永感不忘。」唐敖道：「表嫂既有回鄉之意，他日小弟如回家鄉，自然奉請同往。但我們各處賣貨，歸期遲早未定，貴體有恙，斷不可時常牽挂。表姪現年幾歲？何不請出一見？」

良氏即將公子廉亮喚出與唐敖三人行禮。唐敖道：「表姪生得眉目清秀，器宇軒昂，日後定成大器。今年貴庚多少？所讀何書？」廉亮答道：「小姪今年十三歲，因家寒無力延師，跟隨姐姐念書。九經業已讀完，現讀老莊子書之類。」良氏道：「賤妾這所住宅雖已倒敗，尚有空房三間。去歲有一秀士來此開館，小兒跟隨肄業，以房資作為修金，彼此都便。無如此人今歲另就他館，以致小兒又復蹉跎。」唐敖道：「表兄去世，既未留下產業，表嫂何以度日？表姪如在外面讀書，每歲修金約須若干？」良氏道：「小兒外面附館，每年不過一二十金；至於家中用度，虧得連年米糧甚賤，母女每日作些針黹貨賣，衣食尚可敷衍。」唐敖聽罷，從懷中取出兩封銀子，遞給廉亮。向夫人道：「此銀留為表姪讀書並貼補薪水之用。表姪乃極美之材，讀書一事，萬萬不可躭擱。如果努力用功，將來到了故鄉，自必科名聯捷，家道復興。表嫂有此佳兒，日後福分不小。」

　良氏拜謝，垂淚道：「恩人大德，今生諒難圖報。賤妾之恙，雖得女兒取參略延殘喘，奈病入膏肓，不啻風中之燭。將來無論或存或亡，恩人如回故土，所有兒女一切終身大事，尚望留意代為主張。」唐敖道：「既蒙表嫂見委，又屬至親，小弟自當在意，只管放心。」當時辭別回船。唐敖談起廉錦楓如此至孝，頗有要將此女聘為兒媳之意。

　走了幾日，到了大人國。林之洋因此處與君子國地界比連，風俗言談，以及土產，都與君子國相仿。君子國連年商販既多，此地相去甚近，看來也難得價，所以不去賣貨。因唐敖要去遊玩，即約多九公一齊登岸。

　唐敖道：「當日小弟聞大人國只能乘雲而不能走，每每想起，恨不能立刻見之；今果至其地，真是天從人願！」多九公道：「到雖到了，離此二十餘里，才有人烟。我們必須趲行❸。恐回來過晚，路上不便。且前面有一危嶺，岔路甚多，他們國中就以此嶺為城。嶺外俱是稻田，嶺南才有居民。」

　走了多時，離嶺不遠，田野中已有人烟。其人較別處略長二三尺不等，行動時下面有雲托足，隨其轉動，離地約有半尺，一經立住，雲即不動。三人上了山坡，曲曲折折，繞過兩個峰頭，前面俱是岔路，走來走去，只在山內盤旋，不能穿過嶺去。未知後事如何，且看下回分解。

❸ 趲行：趕路。

第十四回　談壽殀道經聶耳　論窮通路出無腸

話說三人走了多時，不能穿過嶺去。多九公道：「看這光景，大約走錯了。恰好那邊有個茅庵，何不找個僧人問問路徑？」登時齊至庵前。正欲敲門，前面來了一個老叟，手中提著一把酒壺，一個豬首，走至庵前，推開庵門，意欲進去。唐敖拱手道：「請教老丈：此庵何名？裡面可有僧人？」

老叟聽罷，道聲得罪，連忙進內把豬首酒壺放下，即走出拱手道：「此庵供著觀音大士，小子便是僧人。」林之洋不覺詫異道：「你這老兒既是和尚，為甚並不削髮？你既打酒買肉，自然養著尼姑了。」老叟道：「裡面雖有一個尼姑，卻是小僧之妻。此庵並無別人，只得小僧夫婦自幼在此看守香火。至僧人之稱，國中向無此說。因聞天朝自漢以後住廟之人俱要削髮，男謂之僧，女謂之尼，所以此地也遵天朝之例：凡入廟看守香火的，雖不吃齋削髮，稱謂卻是一樣。即如小子稱為僧，小子之妻即稱為尼。不知三位從何到此？」

多九公告知來意。老叟躬身道：「原來三位卻是天朝大賢。小僧不知，多多有罪。何不請進獻茶？」唐敖道：「我們還要趕過嶺去，不敢在此耽延。」

林之洋道：「你們和尚尼姑生出兒女叫作甚麼？難道也同俺們一樣麼？」老叟笑道：「小僧夫婦不過在此看守香火，既不違條犯法，又不作盜為娼，一切行為，莫不與人一樣，何以生出兒女稱謂就不同呢？大賢若問僧人所生兒女喚作甚麼，只問貴處那些看守文廟的所生兒女喚作甚麼，我們兒女也就喚作甚麼。」

唐敖道：「適見貴邦之人都有雲霧護足，可是自幼生的。」老叟道：「此雲本由足生，非人力所能勉強。其色以五彩為貴，黃色次之，其餘無所區別，惟黑色最卑。」多九公道：「此地離船往返甚遠，我們即懇大師指路，趁早走罷。」老叟於是指引路徑。

三人曲曲彎彎穿過嶺去，到了市中，人烟輳集，一切光景，與君子國相仿，惟各人所登之雲，五顏六色，其形不一。只見有個乞丐腳登彩雲走過。唐敖道：「請教九公：雲之顏色，既以五彩為貴，黑色為卑，為何這個乞丐卻登彩雲？」林之洋道：「嶺上那個禿驢❶，又吃葷，又喝酒，又有老婆，明明是個酒肉和尚，他的腳下也是彩雲，難道這個花子同那和尚有甚好處麼？」

多九公道：「當日老夫到此，也曾打聽。原來雲之顏色雖有高下，至於或登彩雲，或登黑雲，其色全由心生，總在行為善惡，不在富貴貧賤。如果胸襟光明正大，足下自現彩雲；倘或滿腔奸私暗昧，足下自生黑雲。雲由足生，色隨心變，絲毫不能勉強。所以富貴之人，往往竟登黑雲，貧賤之人，反登彩雲。話雖如此，究竟此間民風淳厚，腳登黑雲的竟是百無一二。蓋因國人皆以黑雲為恥，遇見惡事，都是藏身退後；遇見善事，莫不踴躍爭先，毫無小人習氣，因而鄰邦都以大人國呼之。遠方人不得其詳，以為大人國即是長大之義；那知是這緣故。」

唐敖道：「小弟正在疑惑：每每聞得人說海外大人國身長數丈，為何卻只如此？原來卻是訛傳。」

❶ 禿驢：罵和尚曰禿驢。

多九公道：「那身長數丈的是長人國，並非大人國。將來唐兄至彼，才知大人、長人迥然不同了。」

忽見街上民人都向兩旁一閃，讓出一條大路。原來有位官員走過，頭戴烏紗，身穿員領，上罩紅傘，前呼後擁，卻也威嚴，就只腳下圍著紅綾，雲之顏色，看不明白。唐敖道：「此地官員大約因有雲霧護足，行走甚便，所以不用車馬。但腳下用綾遮蓋，不知何故？」多九公道：「此等人因腳下忽生一股惡雲，其色似黑非黑，類如灰色，人都叫做晦氣色。凡生此雲的，必是暗中做了虧心之事；人雖被他瞞了，這雲卻不留情，在他腳下生出這股晦氣，教他人前現醜。他雖用綾遮蓋，以掩眾人耳目，那知卻是掩耳盜鈴。好在他們這雲，色隨心變，只要痛改前非，一心向善，雲的顏色也就隨心變換。若惡雲久生足下，不但國王訪其劣蹟，重治其罪，就是國人因他過而不改，甘於下流，也就不敢同他親近。」

林之洋道：「原來老天做事也不公。」唐敖道：「為何不公？」林之洋道：「老天只將這雲生在大人國，別處都不生，難道不是不公？若天下人都有這塊招牌，教那些瞞心昧己、不明道德的人兩隻腳下都生這黑雲，個個人前現醜，人人看著驚心，豈不痛快？」多九公道：「世間那些不明道德的，腳下雖未現出黑雲，他頭上卻是黑氣衝天，比腳下黑雲還更利害！」林之洋道：「他頭上黑氣為甚俺看不見？」多九公道：「你雖看不見，老天卻看的明白，分的清楚。善的給他善路走，惡的給他惡路走，自有一定道理。」林之洋道：「若果這樣，俺也不怪他老人家不公了。」大家又到各處走走，惟恐天晚，隨即回船。

走了幾時，到了勞民國，收口上岸。只見人來人往，面如黑墨，身子都是搖擺而行。三人看了，以為行路匆忙，身子自然亂動；再看那些並不行路的，無論坐立，身子也是搖搖擺擺，無片刻之停。唐敖道：「這個勞字果然用的切當。無怪古人說他躁擾不定。看這形狀，真是舉動浮躁，坐立不安。」林之洋道：「俺看他們倒像都患羊角風。身子這樣亂動，不知晚上怎樣睡覺？幸虧俺生中原，倘生這國，也教俺這樣，不過兩天，身子就搖散了。」

唐敖道：「他們終日忙忙碌碌，舉止不寧，如此操勞，不知壽相如何？」多九公道：「老夫向聞海外傳說勞民同智佳國有兩句口號，叫作『勞民永壽』，『智佳短年』。原來此處雖然忙碌，不過勞動筋骨，並不操心。兼之本地不產五穀，都以果木為食，煎炒烹調之物，從不入口，因此莫不長壽。但老夫向有頭目眩暈之症，今見這些搖擺樣子，只覺頭暈眼花，只好失陪，先走一步。你們二位各處走走，隨後來罷。」

唐敖道：「此處街市既小，又無可觀。九公既怕頭暈，莫若一同回去。」登時齊歸大路。只見那些國人提著許多雙頭鳥兒貨賣。那鳥立在籠中，百般鳴噪，極其好聽。林之洋道：「若把這鳥買去，到了歧舌國，有人見了，倘或要買，包管賺他幾罈酒吃。」於是買了兩個，又買許多雀食，回到船上。

走了數日，到了聶耳國。其人形體面貌與人無異，惟耳垂至腰，行路時兩手捧耳而行。唐敖道：「小弟聞得相書言，兩耳垂肩，必主大壽。他這聶耳國一定都是長壽了。」多九公道：「老夫當日見他這個長耳，也曾打聽。誰知此國自古以來，從無壽享古稀之人。」

唐敖道：「這是何意？」多九公道：「據老夫看來，這是過猶不及。大約兩耳過長，反覺沒用。當日漢武帝問東方朔道：『朕聞相書言人中長至一寸，必主百歲之壽；今朕人中約長寸餘，似可壽享百年之外，將來可能如此？』東方朔道：『當日彭祖壽享八百。若這樣說來，他的人中自然比臉還長了。』恐無此事。」

林之洋道：「若以人中比壽，只怕彭祖到了末年，臉上只長人中，把鼻子眼睛擠的都沒地方了。」多九公道：「其實聶耳國耳還不甚長。當日老夫曾經在海外見一附庸小國，其人兩耳下垂至足，就像兩片蛤蜊殼，恰恰將人夾在其中，倒了睡時，可以一耳作褥，一耳作被，還有兩耳極大的生下兒女都可睡在其內。若說大耳主壽，這個竟可長生不老了？」大家說笑。

那日到了無腸國。唐敖意欲上去。多九公道：「此地並無可觀；且今日風順，船行甚快，莫若趕到元股、深目等國，再去望望罷。」唐敖道：「如此遵命。但小弟向聞無腸之人，食物皆一直通過，此事可確？」

多九公道：「老夫當日也因此說，費了許多工夫，方知其詳。原來他們未曾吃物，先找大解之處。若吃過再去大解，就如飲酒太過一般，登時下面就要還席。問其所以，才知吃下物去，腹中並不停留，一面吃了，隨即一直通過。所以他們但凡吃物，不肯大大方方，總是賊頭賊腦，躲躲藏藏，背人而食。」

唐敖道：「既不停留，自然不能充飢，吃他何用？」多九公道：「此話老夫也曾問過，誰知他們所吃之物，雖不停留，只要腹中略略一過，就如我們吃飯一般，也就飽了。你看他腹中雖是空的，在他自己光景卻是充足的。這是苦於不自知，卻也無足為怪；就只可笑那不曾吃物的，明明曉得腹中一無所有，他偏裝作充足樣子，此等人未免臉厚了。他們國中向來也無極貧之家，也無大富之家。雖有幾個富家，都從飲食打算來的。那宗打算，人所不能行的，因此富家也不甚多。」

唐敖道：「若說飲食打算，無非儉省二字；為何人不能行？」多九公道：「如果儉省歸於正道，該用則用，該省則省，那倒好了；此地人食量最大，又易飢餓，每日飲食費用過重。那想發財人家，你道他們如何打算？說來倒也好笑。他因所吃之物到了腹中隨即通過，名雖是糞，但入腹內並不停留，尚未腐臭，所以仍將此糞好好收存，以備僕婢下頓之用。日日如此，再將各事極力刻薄，如何不富？」

林之洋道：「他可自吃？」多九公道：「這樣好東西，又不花錢，他安肯不吃？」唐敖道：「如此腌臢❷，他能忍耐受享，也不必管他。第以穢物仍令僕婢吃，未免太過。」多九公道：「他以腐臭之物，如教僕婢盡量飽餐，倒也罷了；不但忍飢不能吃飽，並且三次四次之糞還令吃而再吃，必至鬧到出而哇之，飯糞莫辨，這才另起爐竈。」林之洋道：「他家主人把下面大解的還要收存，若見上面哇出的更要愛惜，留為自用了。」

正在閒談，忽覺一股酒肉之香。唐敖道：「這股香味令人聞之好不垂涎？茫茫大海，從何而來？」多九公道：「此地乃犬封境內，所以有這酒肉之香。犬封按古書又名『狗頭民』，生就人身狗頭。過了此處，就是元股，乃產魚之地了。」唐敖道：「犬封二字，小弟素日雖知，為何卻有如此美味，直達境外？這是何故？」未知後事如何，且看下回分解。

❷ 腌臢：不潔。

第十五回　喜相逢師生談故舊　巧遇合賓主結新親

話說唐敖道：「為何此地卻有如此美味，直達境外？莫非這些狗頭民都善烹調麼？」多九公道：「你看他雖是狗頭狗腦，誰知他於吃喝二字，卻甚講究。每日傷害無數生靈，想著方兒，變著樣兒，只在飲食用功，除吃喝之外，一無所能；因此海外把他又叫酒囊飯袋。」唐敖道：「我們何不上去看看？」多九公吐舌道：「聞得他們都是有眼無珠，不識好人，設或上去被他狂吠亂咬起來，那還了得！」

唐敖道：「小弟聞犬封之旁，有個鬼國，其人可有形像？」多九公道：「《易》有伐鬼方之說，若無形像，豈能空伐？」林之洋道：「他既有形，為甚把他叫鬼？」多九公道：「只因他終夜不眠，以夜作晝，陰陽顛倒，行為似鬼，故有鬼國之稱。」

這日路過元股國。那些國人頭戴斗笠，身披坎肩，下穿一條魚皮褲，並無鞋襪；上身皮色與常人一樣，惟腿腳以下黑如鍋底，都在海邊取魚。唐敖道：「原來元股卻這樣荒涼。」正與多九公商量可以不去。因眾水手都要買魚，將船泊岸。林之洋道：「這裡魚蝦又多又賤，他們買魚，俺們為甚不去望望？」唐敖道：「如此甚好。」

三人於是上去，沿著海邊看國人取魚。只見有一漁人，網起一個怪魚，一個魚頭，十個魚身。眾人都不認識。唐敖道：「請教九公，這魚莫非就是泚水所產茈魚麼？聞說此魚味如蘼蕪，宛如蘭花之香，不知可確?」多九公還未答言。林之洋聽了，即到茈魚跟前彎下腰去聞了一聞，不覺眉頭一皺，口中嘔了一聲，吐出許多水道：「妹夫這個玩的利害。俺只當果真香如蘭花，上前狠狠一聞，誰知比朱草趕的濁氣還臭！」多九公笑道：「林兄怎麼忽然哇出來了?你且慢哇，且去踢他一腳，不知其鳴可像犬吠。」言還未畢，那魚忽然嗚了幾聲，果如犬吠一般。唐敖猛然想起道：「九公，此魚想是何羅魚了?」林之洋道：「這魚既不是茈魚，妹夫為甚不早說，卻教俺聞他臭氣?」多九公道：「何羅魚同茈魚形狀都是一首十身；其所分的：一是香如蘼蕪，一是音如犬吠，這怪他嗚的遲了，並非唐兄有意騙你。」

只見那邊又網起幾個大魚，才撂岸上，轉眼間，一齊騰空而去。唐敖道：「小弟向聞飛魚善能療痔，可是此類?」多九公連連點頭。林之洋道：「這魚若不飛去，俺們帶幾條替人醫痔瘡也是好的。」多九公道：「當日黃帝時，仙人甯封吃了飛魚，死了二百年復又重生，豈但醫痔，還能成仙哩！」林之洋道：「吃了這魚，成了神仙，雖是快活，就只當中死的二百年，糊裡糊塗，令人難熬。」

忽見海面遠遠冒出一個魚背，金光閃閃，上面許多鱗甲，其背豎在那裡，就如一座山峰。唐敖道：「海中竟有如此大魚，無怪古人言：『大魚行海，一日逢魚頭，七日才逢魚尾。』」

只見有個白髮漁翁走來拱手道：「唐兄請了。可認得老夫麼?」唐敖看時，其人頭戴竹篾斗笠，身披魚皮坎肩，兩腿黑如鍋底，赤著一雙黑腳，並無鞋襪，也是本處打扮；再把面貌仔細一看，只嚇的驚疑不止。原來卻是原任御史業師尹元。看了這宗光景，忍不住一陣心酸，連忙深深打躬道：「老師何日到此?為何如此打扮?莫非門生做夢麼?」尹元歎道：「此話提起甚長。今日難得海外幸遇。

此間說話不便，寒舍離此不遠，賢契如不棄嫌，就請過去略略一敘。」唐敖道：「門生多年未見老師，無日不思；今日得瞻慈顏，不勝欣慰，自應登堂叩謁。」

當時尹元同多林二人見禮，問了名姓，一齊來至尹元住處。只見兩扇柴門，裡面兩間茅屋，十分矮小，屋上茅草俱已朽敗，景象甚覺清寒。四人進了茅屋，重復行禮；因無桌椅，就在下面席地而坐。尹元道：「老夫自從嗣聖元年因主上被廢，武后臨朝，心中鬱悶，曾三上封章，勸其謹守婦道，迎主還朝，武后俱留中不發；嗣因讒奸當道，朝政日非，老夫勤王無計，恥食周祿，隨即挂冠而歸。在家數載，足不出戶，此賢契所深知的。不意前歲忽有新進讒臣，在武后面前提起當年英公敬業之事；言起事之由，俱係老夫代為主謀。老夫聞知，惟恐被害，逃至外洋。無奈囊橐蕭瑟，衣食甚難，飄流到此；因見漁人謀食尚易，原想打魚為生，無如土人向來不准外人來分其業。幸虧小女結得好網，賣給漁人，可以稍獲其利。後來鄰舍憐我異鄉寒苦，命老夫暗將腿足用漆塗黑，假冒土人，鄰舍認為親誼，眾人這才准我取魚；因此尚可餬口。近來朝中光景如何？主上有無復位佳音？賢契今來外洋，有何貴幹？」

唐敖歎道：「原來老師被人讒害，以致流落異鄉。若非今日相遇，門生何由得知？近年以來，唐家宗室，被武后屠戮殆盡。主上雖無復位佳音，幸而遠在房州，尚未波及。門生今春僥倖登第，因當年同徐駱諸人結盟一事，被人參奏妄交匪類，依舊降為諸生。門生有志未遂，殊慚碌碌紅塵，兼得異夢，擬結來世良緣，是以浪遊海外。不意老師境界竟至如此！令人回想當年光景，能無傷感！近日師母可安？世弟世妹多年未見，諒已長成，求老師領去一見。」

尹元歎道：「拙妻久已去世。兒名尹玉，現年十二；女名紅萸，現年十三。賢契既要相見，好在多林二兄都是令親，並非外人。」因大聲叫道：「紅萸女兒同尹玉都過來見見世兄。」只聽外面答應。姊弟二人，登時進來。大家連忙立起。尹元引著二人，都見了禮。唐敖看那尹玉生得文質彬彬，極其清秀。尹紅萸眼含秋水，脣似塗朱，體度端莊，十分艷麗。身上衣服雖然襤褸，舉止甚是大雅。二人見禮退出。大家仍舊歸坐。

唐敖道：「門生當年見世妹世弟時，俱在年幼；如今都生得端莊福相，將來老師後福不小。」尹元道：「老夫年已花甲，如今已做海外漁人，還講甚麼後福！喜得他們還肯用心讀書，因而稍覺自慰。」

唐敖道：「連年讒臣參奏當日與徐駱同謀之人，武后每每察訪；因事隔多年，並無實在劣跡，亦多置之不問。老師之事，大約久已消滅。據門生愚見：老師年高，此間舉目無親，在此久居，終非良策，莫若急歸故鄉。不獨世弟趁此青年可以應試，就是兩位婚姻之事，故鄉親友也易於湊合。」尹元道：「老夫因年紀日漸衰邁，未嘗不慮及此；奈現在衣食尚費張羅，何能計及數萬里路費？況被害一事，據賢契之言，雖可消滅，究竟吉凶未卜，豈可冒昧鑽入羅網？」

唐敖道：「老師慎重固是，第久住在此，日與這些漁人為伍，所謂語言無味，面目可憎；兼之世妹世弟俱在年輕，以老師之家教，固不在乎擇鄰，但海外之大，何處不可棲身？即如君子大人等國，都是民風淳厚，禮義傳家，何必定居於此？」尹元歎道：「老夫豈願處此惡劣之地，左思右想，舍此無可為生，莫可如何。今幸遇賢契，快慰非常。倘蒙垂念衰殘，替我籌一善地，脫此火坑，得免饑寒，老夫又豈甘為漁人？無如賢契亦在客中，此時說來恐亦無用，惟望在意。他日歸來，路過此地，尚望上來一看。倘老夫別有不測，賢契俯念師生之情，提攜孤兒弱女，同歸故鄉，不致飄流海外，就是賢契莫大之德了。」

唐敖聽罷，思忖多時，忽然想起廉家西席一事。因說道：「此時雖然有一安身之處，但係西賓，老師可肯俯就？」尹元道：「離此多遠？是何地名？」唐敖把救廉錦楓之事告知；因又說道：「現在其母極要兒女讀書，因無力延師，是以蹉跎。其家現有空房三間，去歲本有西賓在彼設帳，以房租作為修金，今歲西賓另就他席，廉家尚未延師。莫若門生寫一信去，老師就在他家處館，再招幾個蒙童，又有世妹作些針黹，大約足可餬口。惟恐別有缺乏，門生再備百金，老師帶去，以備不虞。日後門生如果回來，自然要到水仙村，彼時再議同回故鄉，也是一舉兩便。」

尹元聽了，不覺大悅道：「倘得如此，老夫以漁人忽升西賓之尊，不獨免了風霜勞苦，兼且兒女亦可專心讀書，將來回鄉亦便；又得賢契慨贈，得免饑寒，如此成全，求之師生中實為罕有！第恨老夫業已衰邁，只好來世再為圖報了。」唐敖道：「老師言重，門生如何禁當得起？剛才門生偶然想起廉錦楓入海行孝一事，自古少有，兼之品貌端莊，舉筆成文，可謂才德貌三全。門生本欲聘為兒媳，適因他們姊弟同世妹世弟比較，不獨年貌相當，而且門第相對，真是絕好兩對良姻。門生意欲作伐，成此好事，就是老師在彼，彼此都有照應，門生也好放心。老師意下如何？」尹元道：「如此孝女佳兒，得能一為兒婦，一為東床❶，仍有何言？奈老夫現在境界如此，彼處焉肯俯就？只怕有負賢契這番美意。」唐敖道：「老師如攜門生信去，此事斷無不諧。只就事成後，世妹世弟做了晚親，門生未

❶ 東床：指女壻。

免叨長，這卻於理不順。」尹元道：「這有何妨？但只何以賢契信去，此事就能必成？」

唐敖就把良氏囑託兒女婚姻之事告訴一遍。尹元不覺喜道：「當日既有此話，賢契如有信去，此事必有八九。第如此孝女，賢契不替令郎納采❷，今反舍己從人，教老夫心中如何能安？」唐敖道：「門生犬子定婚尚可從緩，且此女之外，還有一個孝女，亦可與犬子聯姻。將來尚望老師留意。」於是就把東口山遇見駱紅蕖打虎認為義女之事說了一遍。尹元道：「東口山既在君子國境內，將來到了廉家，略為小停，老夫必當至彼，以成這段良姻。況駱年伯當日與我同朝，最為相契，此事一說必成。賢契只管放心。」唐敖道：「倘蒙老師作伐，門生感激不淺。此時諸事既已酌定，門生就此回船，把書信寫來，以便老師作速起身。恐廉家一時請了西賓，未免又有許多不便。」

尹元連連點頭。唐敖即同多林二人告辭回船；把信寫好，帶了兩封銀子，又取幾件衣服上來，送交尹元。師生灑淚而別。尹元置了鞋襪，洗去腿上黑漆，換了衣服，帶著兒女，由水路到了水仙村，投了書信。良氏見了尹家姊弟，十分歡喜。尹元見了廉亮，也甚喜愛。於是互相納聘，結為良姻，一同居住，俟回故鄉再議合巹❸。

過了幾日，尹元到了東口山，見了駱龍，把駱紅蕖姻事替唐小峯說定。回到水仙村，就在廉家課讀兒子女壻，並又招了幾個蒙童，兼有女兒紅萸作些針黹，一家三口，頗可度日。

尹元因念駱賓王兩代同僚之誼，見駱龍年老多病，時常前去探望。未幾，駱龍去世。駱紅蕖自唐

---

❷ 納采：古婚禮的第一道程序，以決定婚事。

❸ 合巹：古禮新婚夫婦共牢而食，合巹而飲，後世遂以合巹稱結婚之禮。

敖去後，又殺二虎，大讎已報，即將唐敖留存銀兩，置了棺槨，把駱龍葬在廟旁。良氏聞駱紅蕖是唐敖兒媳，既係至親，兼感唐敖周濟之德，即懇尹元把駱紅蕖並乳母蒼頭接來，一同居住。隔了兩年，因唐敖杳無音信，恐其另由別路回家，大家只得商酌同回家鄉，投奔唐敖去了。

唐敖那日別了尹元，來到海邊，離船不遠，忽聽許多嬰兒啼哭；順著聲音望去，原來有個漁人網起許多怪魚，恰好多林二人也在那裡觀看。唐敖進前，只見那魚鳴如兒啼，腹下四隻長足，上身宛似婦人，下身仍是魚形。多九公道：「此是海外人魚。唐兄來到海外，大約初次才見，何不買兩個帶回船去？」唐敖道：「小弟因此魚鳴聲甚慘，不覺可憐，何忍帶回船去？莫若把他買了放生倒是好事？」因向漁人儘數買了，放入海內。這些人魚攛在水中，登時又都浮起，朝著岸上，將頭點了幾點，倒像叩謝一般；於是攸然而逝。

三人上船，付了魚錢，眾水手也都買魚登舟。行了兩日，過了毛民國。林之洋道：「好端端的人，為甚生這一身長毛？」多九公道：「向日老夫也因此事上去打聽。原來他們當日也同常人一樣。後來因他生性鄙吝，一毛不拔，死後冥官投其所好，所以給他一身長毛。那知久而久之，別處凡有鄙吝一毛不拔的，也託生此地；因此日見其多。」又走幾時，這日到了一個地方，多九公把羅盤望一望道：「原來前面即是毗騫國。」唐敖聽了，不覺滿心歡喜。未知後事如何，再看下回分解。

第十六回　紫衣女殷勤問字　白髮翁傲慢談文

話說唐敖聞多九公之言，不覺喜道：「小弟向聞海外有個毗騫國，其人皆壽享長年，並聞其國有前盤古所存舊案，我們何不上去瞻仰瞻仰？」多、林二人點頭稱善。於是收口登岸，步入城中。只見其人生得面長三尺，頸長三尺，身長三尺，頗覺異樣。林之洋道：「他這頸項生得這長，若到中原，要教俺們家鄉裁縫作領子，還沒三尺長的好領樣兒哩。」登時訪到前盤古存案處，見了掌管官吏，說明來意。那官吏聞是天朝上邦來的，怎敢怠慢，當即請進獻茶，取鑰匙開了鐵櫥。

唐敖伸手取了一本，面上籤子寫著第一弖。林之洋道：「原來盤古舊案都是論弖的。」那官吏聽了，不覺笑了一笑。唐敖忙遮飾道：「原來舅兄今日未戴眼鏡，未將此字看明。這是『卷』字，並非『弖』字。」用手展開，只見上面圈圈點點，盡是古篆，並無一字可識。多九公也翻了幾本，皆是如此。三人只得道了攪擾，掃興而回。林之洋道：「他書上盡是圈子，大約前盤古所做的事，總不能跳出這個圈子，所以篇篇都是這樣，只叫作惟有圈中人，才知圈中意，俺們怎能猜這啞謎？」登時上船，又走兩日。

這日唐敖正同婉如談論詩賦，忽聽船頭放了一鎗，只當遇見盜賊，嚇的驚疑不止，連忙攜了林之洋出艙。原來那些人魚自從放入海內，無論船隻，或住或走，他總緊緊相隨，眾水手看見，因用鳥鎗打傷一個。唐敖道：「前因此魚聲形類人，其鳴甚慘所以買來放生；今反傷他，前日那件好事，豈非白做麼？」林之洋道：「他跟船後，礙你甚事，這樣恨他？」唐敖道：「或者此魚稍通靈性，因念救命之恩，心中感激戀戀不捨，也未可知。你們何苦傷他性命？」眾水手正要放第二鎗，因聞唐敖之言，甚覺近理，方才住手。

二人來至船後，與多九公閒談，唐敖道：「前在東口，舅兄曾言過了君子大人二國就是黑齒，為何此時還不見到？」多九公道：「林兄只記得黑齒離君子國甚近，誰知那是旱路，並非水路。前面過了無腎，再過深目，才是黑齒交界哩。」唐敖道：「這個無腎，大約就是無繼國。小弟聞彼國之人，從不生育，並無子嗣，可有其事？」多九公道：「老夫也聞此話。又因他們並無男女之分，甚覺不解。當日到彼，也曾上去看過，果然無男無女，光景都差不多。」

唐敖道：「既無男女，何能生育？既不生育，這些國人一經死後，豈不人漸少了？自古至今，其人仍舊不絕，這是何故？」多九公道：「彼國雖不生育，那知死後其屍不朽，過了一百二十年，仍舊活轉。古人所謂百年化還為人，就是指此而言。所以彼國之人，活了又死，死了又活，從不見少。他們雖知死後還能重生，素於名利心腸倒是雪淡。他因人生在世終有一死，縱使爭名奪利，富貴極頂，及至無常一到，如同一夢，全化烏有。雖說死後還能復生，但經百餘年之久，時遷世變，物改人非，今昔情形，又迥不同。一經活轉，另是一番世界，少不得又要在那名利場中努力一番。及至略略有點意思，不知不覺，卻又年已古稀，冥官又來相邀。細細想去，仍是一場春夢。因此他們國中凡有人死了叫作睡覺，那活在世上的叫作做夢。他把生死看的透徹，名利之心也就淡了。至於強求妄為，更是未有之事。」

林之洋道：「若是這樣，俺們竟是痴人。他們死後還能活轉，倒把名利看破，俺們死後並無一毫指望，為甚倒去極力巴結？若教無膂國看見，豈不被他恥笑麼？」唐敖道：「舅兄既怕恥笑，何不將那名利之心略為冷淡呢？」林之洋道：「俺也曉得，為人在世，就如做夢。那名利二字，原是假的。平時聽人談論，也就冷淡。無奈到了爭名奪利關頭，心裡就覺有些發迷，倒像自己永世不死，一味朝前奔命。將來到了昏迷時，怎能有人當頭一棒，指破迷團，或者那位提俺一聲，也就把俺驚醒。」多九公道：「尊駕如到昏迷時，老夫雖可提你一聲，恐老兄聽了，不但並不醒悟，反要責備老夫是個痴人哩。」

唐敖道：「九公此話卻也不錯。世上名利場中，原是一座迷魂陣；此人正在陣中吐氣揚眉，洋洋得意，那個還能把他拗得過？看來不到睡覺，他也不休。一經把眼閉了，這才曉得從前各事都是枉用心機，不過做了一場春夢。人若識透此義，那爭名奪利之心，固然一時不能打斷，倘諸事略為看破，退後一步，忍耐三分，也就免了許多煩惱，少了無限風波。如此行去，不獨算得處世良方，亦是一生快活不盡的秘訣。就使無膂國看見，也可對得住了。小弟向聞無膂國歷來以土為食？不知何故？」多九公道：「彼處不產五穀，雖有果木，亦都不食，惟喜以土代糧。大約性之所近，向來吃慣，也不為怪。」林之洋道：「幸虧無腸國那些富家不知土可當飯；他若曉得，只怕連地皮都要刮盡哩。」

無膂過去，到了深目國。其人面上無目，高高舉著一手，手上生出一隻大眼；如朝上看，手掌朝天，如朝下看，手掌朝地，任憑左右前後，極其靈便。林之洋道：「幸虧眼生手上；若嘴生手上，吃東西時，隨你會搶也搶他不過。不知深目國眼睛可有近視？若將眼鏡戴在手上，倒也好看。請問九公，他們把眼生在手上，是甚緣故？」多九公道：「老夫看來，大約他因近來人心不測，非上古可比，正面看人，竟難捉摸，所以把眼生手上，取其四路八方都可察看，易於防範。就如眼觀六路，耳聽八方，無非小心謹慎之意。」唐敖道：「古人書上雖有眼生手掌之說，卻未言其所以然之故。今聽九公這番妙論，真可補得古書之不足了。」

這日到了黑齒國。其人不但通身如墨，連牙齒也是黑的，再加著一點朱唇，兩道紅眉，一身紅衣，其黑更覺無比。唐敖因他黑的過甚，面貌想必醜陋，奈相離過遠，看不明白，因約多九公要去走走。

林之洋見他們要去遊玩，自己攜了許多脂粉，先貨賣去了。唐多二人隨後也就登岸。唐敖道：「他們形狀如此，不知其國風俗是何光景？」多九公道：「此地水路離君子國雖遠，旱路卻是緊鄰。大約其國風俗還不過於草野；老夫屢過此地，因他生的面目可憎，想來語言也就無味，因此從未上來。今蒙唐兄攜帶，卻是初次瞻仰。大約我們不過借此上來舒舒筋骨，要想有甚可觀可談之處，只怕未必。唐兄但看其人，其餘就可想見知。」

唐敖連連點頭，不知不覺進了城。作買作賣，倒也熱鬧。語言也還易懂。市中也有婦女行走，男女卻不混雜；因市中有條大街，行路時，男人俱由右邊行走，婦人都向左邊行走，雖係一條街，其中大有分別。唐敖起初不知，誤向左邊走去，只聽右邊有人招呼道：「二位貴客，請向這邊走來。」二人連忙走過，細細打聽，才知那邊是婦人所行之路。唐敖笑道：「我倒看不出。他們生的雖黑，於男女禮節，倒分的明白。九公你看他們來來往往，男女並不交言，都是目不邪視，俯首而行。不意此地竟能如此。可見君子國風氣感化也不為不遠了。」多九公道：「前在君子國，那吳氏弟兄曾言他們國中世俗人文，莫非天朝文章教化所致。今黑齒國又是君子國教化所感，以木本水源而論，究竟我們天朝要算萬邦根本了。」

談論間，迎面到了十字路口，旁有一條小巷。二人信步進了小巷，走了幾步，只見有一家門首貼著一張紅紙，寫著女學塾三個大字。唐敖因立住道：「九公！你看此地既有女學塾，自然男子也知讀書了。不知他們女子所讀何書？」只見門內走出一個龍鍾老者，把唐多二人看了一看，見衣服面貌不同，知是異鄉來的，因拱手道：「二位貴客，想是鄰邦至此。若不嫌草野，何不請進獻茶？」唐敖正要問問風俗，聽了此話，忙拱手道：「初次識荊❶，就來打攪，未免造次。」於是攜了多九公，一同進去。三人重復行禮。裡面有兩個女學生，都有十四五歲；一個穿著紅衫，一個穿著紫衫；面貌雖黑，但彎彎兩道蛾眉，盈盈一雙秀目，再襯著萬縷青絲，櫻桃小口，底下露出三寸金蓮，倒也不俗；都上來拜了一拜，仍舊歸座。唐多二人還禮，老者讓坐，女學生獻茶，彼此請問姓氏。誰知這個老者兩耳甚聾，大家費了無限氣力，方把名姓來歷略略說明。

原來老者姓盧，乃本地有名老秀才；為人忠厚，教讀有方。他聞唐多二人都是身在黌門，兼係天朝人，不覺躬身道：「小子素聞天朝為萬國之首，乃聖人之邦，人品學問，莫不出類超群。鄙人雖久懷欽仰，無如晤教無由。今日幸遇，足慰生平景慕。第草野無知，又且重聽，今以草舍冒昧屈駕，未免簡褻，尚求海涵。」唐敖連道豈敢！因大聲問道：「小弟向聞貴處乃文盛之邦，老丈想已高發多年，

❶ 識荊：謂初見其人。

如今退歸林下了？」老者道：「敝處向遵天朝之例，也以詩賦取士。小子幼而失學，兼之質性魯鈍，雖屢次觀光，奈學問淺薄，至今年已八旬，仍是一領青衫。數年來無志功名，學業已廢，年老衰殘，肩不能擔，手不能提，無以餬口，惟有課讀幾個女學生，以舌耕為業。至敝鄉考試，歷來雖無女科，向有舊例，每到十餘年，國母即有觀風盛典。凡有能文處女，俱准赴試，以文之優劣定以等第，或賜才女匾額，或賜冠帶榮身，或封其父母，或榮及翁姑，乃吾鄉勝事。因此凡生女之家，到了四五歲，無論貧富，莫不送塾攻書，以備赴試。」因指紫衣女子道：「這是小女。那穿紅衫的姓黎是敝門生。現在國母已定明春觀風。前者小女同敝門生赴學政考試，幸而都取三等之末。明歲得與觀風盛典，尚有幾希之望，所以有時都在此趕緊用功。不瞞二位大賢說：這叫做『臨時抱佛腳』，也是我們讀書人通病，何況他們孤陋寡聞的幼女哩！」因向兩女子道：「今日難得二位大賢到此，你們平日所讀書內如有甚麼不明之處，何不請教，廣廣見識，豈不是好？」

多九公道：「不知二位才女可有見教？老夫於學問一道，雖未十分精通，至於眼前文義，粗枝大葉，也還略知一二。」紫衣女子聽了，因欠身道：「婢子向聞天朝為人文淵藪，人才之廣，自古皆然。大賢世居大邦，見多識廣，而且榮列膠庠，自然才貫二酉❷，學富五車了。婢子僻處海隅，賦性既鈍，兼少聞見，於先聖先賢經書之旨，每每未能窺尋其端，蘊疑既久，問字無由；今欲上質高賢，又恐語涉淺陋，未免以莛叩鐘，自覺唐突，何敢冒昧請教？」多九公忖道：「據這女子言談，倒也不俗；看來書是讀過幾年的。可惜是個幼年女流，不知可有一二可談之處？如稍通文墨，卻同外國黑女談談，

---

❷ 二酉：比喻藏書多。

倒也是段佳話，必須用話引他一引。只要略略懂得文墨，就可慢慢談了。」因說道：「才女請坐，休得過謙。老夫雖忝列膠庠，素日餬口四方，未能博覽，惟幼年所讀經書，尚能略知一二，其餘荒疏日久，已同隔世。才女有何下問，請道其詳。倘有所知，無不盡言。」唐敖道：「我們都是拋了書本，荒疎多年，誠恐下問，見識不到，尚望指教。」多九公聽見指教二字，鼻中不覺哼了一聲，口雖不言，心中忖道：「他們不過海外幼女，腹中學問可想而知，唐兄何必如此過謙？未免把他看的過高了。」

只見紫衣女子又立起道：「婢子聞得讀書莫難於識字，識字莫難於辨音。若音不辨，則義不明。即如經書所載敦字，其音不一，某書應讀某音。敝處未得高明指教，往往讀錯，以致後學無所適從。大賢旁搜博覽，定必深知其詳。」多九公道：「才女請坐。按這敦字在灰韻應當讀堆，《毛詩》所謂敦彼獨宿。元韻音惇，《易經》敦臨吉。又元韻音豚，《漢書》敦煌，郡名。寒韻音團，《毛詩》敦彼行葦。蕭韻音雕，《毛詩》敦弓既堅。軫韻音準，《周禮．內宰》出其度量敦制。阮韻音遯，《左傳》謂之敦渾。隊韻音對，《儀禮》黍稷四敦。願韻音頓，《爾雅》太歲在子曰困敦。號韻音導，《周禮》所謂每敦一凡。除此十音之外，不獨經傳未有他音，就是別的書上也就少了。幸而才女請教老夫，若問別人，只怕連一半還記不得哩。」

紫衣女子道：「婢子向聞這個敦字倒像還有吞音儔音之類。今大賢言十音之外，並無別音，大約各處方音不同，所以有多寡之異了。」多九公聽見還有幾音，因剛才話已說滿，不好細問，只得說道：「這些文字小事，每每一字讀音甚多，老夫那裡還去記他？況記幾個冷字，也算不得學問。這都是小孩子的工課。若過於講究，未免反覺其醜。可惜你們都是好好質地，未經明人指教，把工夫都錯用了。」

紫衣女子聽罷，又說出一段話來。未知所說何話，再聽下回分解。

第十七回　因字聲粗談切韻　聞雁唳細問來賓

話說紫衣女子道：「婢子聞得要讀書必先識字，要識字必先知音。若不先將其音辨明，一概似是而非，其義何能分別？可見字音一道，凡讀書人不可忽略的。大賢學問淵博，故視為無關緊要。我們後學，卻是不可少的。婢子以此細事上瀆高賢，真是貽笑大方。即以聲音而論，婢子素又聞得要知音，必先明反切❶；要明反切，必先辨字母；若不辨字母，無以知切；不知切無以知音；不知音無以識字。以此而論，切音之道，又是讀書人不可少的。但昔人有言，每每學士大夫論及反切，便瞪目無語，莫不視為絕學。若據此說，大約其義失傳已久，所以自古以來，讀書雖多，並無初學善本。婢子素於此道潛研細討，略知一二，第義甚精微，未能窮其秘奧。大賢天資穎悟，自能得其三昧❷，應如何習學，可以精通之處，尚求指教。」

多九公道：「老夫幼年也曾留心於此，無如未得真傳，不能十分精通。才女才說學士大夫論及反切尚且瞪目無語，何況我們不過略知皮毛，豈敢亂談，貽笑大方！」紫衣女子聽了，望著紅衣女子輕

❶ 反切：古代用文字注音的拼音法，即以二字之音切成一字之音，上字取其聲母，下字取其韻母即得，如：「東，德紅切」。

❷ 三昧：要訣。

輕笑道：「若以本題而論，豈非『吳郡大老，倚閭滿盈』❸麼？」紅衣女子點頭笑了一笑。唐敖聽了，甚覺不解。

多九公道：「適因才女談論切音，老夫偶然想起《毛詩》句子總是叶著音韻。如『爰居爰處』，為何次句卻用『爰喪其馬』，末句又是『于林之下』？處與馬下二字，豈非聲音不同，另有假借麼？」紫衣女子道：「古人讀『馬』為『姥』，讀『下』為『虎』，與『處』字聲音本歸一律，如何不同？即如『吉日庚午』，『既差我馬』，豈非以『馬』為『姥』？『率西水滸』，『至於岐下』，豈非以『下』為『虎』？韻書始於晉朝；秦漢以前，並無韻書。諸如『下』字讀『虎』，『馬』字讀『姥』，古人口音原是如此，並非另有假借。即如『風』字，《毛詩》讀作『分』字，『服』字讀作『迫』字，共十餘處，總是如此。若說假借，不應處處都是假借，倒把本音置之不問，斷無此理。即如《漢書》、《晉書》所載童謠，每多叶韻之句。既稱為童謠，自然都是街上小兒隨口唱的歌兒。若說小兒唱歌也會假借，必無此事。其音本出天然，可想而知。但每每讀去，其音總與《毛詩》相同，卻與近時不同；即偶有一二與近時相同，也只得《晉書》。因晉去古已遠，非漢可比。故晉朝聲音與今相近。音隨世轉，即此可見。」

多九公道：「據才女所講各音古今不同，老夫心中終覺疑惑，必須才女把古人找來，老夫同他談談，聽他到底是個什麼聲音，才能放心。若不如此，這番高論，只好將來遇見古人，才女再同他談罷。」紫衣女子道：「大賢所說『爰居爰處，爰喪其馬，於以求之，于林之下』，這四句音雖辨明，不知其

❸ 吳郡大老二句：用反切拼音罵人，即「問道於盲」四字的切語。比喻向外行或無知之人請教。

義怎講？」多九公道：「《毛傳》、《鄭箋》、《孔疏》之意，大約言軍士自言我等從軍，或有死的病的，有亡其馬的，於何居呢？於何處呢？於何喪其馬呢？若我家人日後求我，到何處求呢？當在山林之下。是這個意思。才女有何高見？」

紫衣女子道：「先儒雖如此解，據婢子愚見，上文言『從孫子仲平陳與宋，不我以歸，憂心有忡』；軍士因不得歸，所以心中憂鬱。至於爰居爰處四句，細釋經文，倒像承著上文不歸之意，復又述他憂鬱不寧，精神恍惚之狀，意謂偶於居處之地，忽然喪失其馬，以為其馬必定不見了，於是各處找求，誰知仍在樹林之下。這總是軍士憂鬱不寧，精神恍惚，所以那馬明明近在咫尺，卻誤為喪失不見，就如心不在焉，視而不見之意。如此解說，似與經義略覺相近。尚求指教。」多九公道：「凡言詩總要不以文害辭，不以辭害志，方能體貼詩人之意。即以此詩而論，前人註解，何等親切！今才女忽發此論，據老夫看來，不獨妄作聰明，竟是愚而好自用了。」

紫衣女子道：「大賢責備，婢子也不敢辯。適又想起《論語》有一段書，因前人註解，甚覺疑惑，意欲以管見請示；惟恐大賢又要責備，所以不敢亂言；只好以待將來，另質高明了。」唐敖道：「適才敝友失言，休要介意。才女如有下問，何不明示？《論語》又是常見之書，或者大家可以參酌。」紫衣女子道：「婢子要請教的，並無深微奧妙，乃『顏路請子之車，以為之椁』這句書不知怎講？」多九公笑道：「古今各家註解，言顏淵死，顏路因家貧不能置椁，要求孔子把車賣了，以便買椁，都是這樣說。才女有何見教？」紫衣女子道：「先儒雖如此解，大賢可另有高見？」多九公道：「據老夫之意，也不過如此，怎敢妄作聰明，亂發議論？」紫衣女子道：「可惜婢子雖另有管見，恨未考據的確，原想質之高明，以釋此疑，不意大賢也是如此，這就不必談了。」

唐敖道：「才女雖未考據精詳，何不略將大概說說呢？」紫衣女子道：「婢子向於此書前後大旨細細參詳，顏路請車為槨，其中似有別的意思。若說因貧不能買槨，自應求夫子資助，為何指名定要求賣孔子之車？難道他就料定孔子家中，除車之外，就無他物可賣麼？即如今人求人資助，自有求助之話；豈有指名要他賣物資助之理？此世俗庸愚所不肯言，何況聖門賢者？及至夫子答他之話，言當日鯉死也是有棺無槨，我不肯徒行，以為之槨。若照上文註解，又是賣車買槨之意；何以當日鯉死之時，孔子注意要賣的在此一車，今日回死之際，顏路覬覦要賣的又在此一車？況槨非希世之寶，即使昂貴，亦不過價倍於棺。顏路既能置棺，豈難置槨？且下章又有門人厚葬之說，何不即以厚葬之資買槨？必定硬派孔子賣車，這是何意？若按『以為之槨』這個『為』字而論，倒像以車之木要製為槨之意，其中並無買賣字義。若將為字為買，似有未協。但當年死者必要大夫之車為槨，不知是何取義？婢子歷考諸書，不得其說；既無其說，是為無稽之談，只好存疑，以待能者。第千古疑團，不能質之高賢，一日頓釋，亦是一件恨事。」

多九公道：「若非賣車買槨，前人何必如此註解？才女所發議論，過於勉強，而且毫無考據，全是謬執一偏之見。據老夫看來，才女自己批評那句無稽之談，卻有自知之明。至於學問，似乎還欠工夫。日後倘能虛心用功，或者還有幾分進益。若只管鬧這偏鋒，只怕越趨越下，豈能長進？況此等小聰明，也未有甚見長之處，實在學問，全不在此。即如那個敦字，就使再記幾音，也不見得就算通家，少記幾音，也不見得不通。若認幾個冷字，不論腹中好歹，就要假作高明，混充文人，只怕敝處丫環小廝比你們還高哩！」

正在談論，忽聽天邊雁聲嘹亮。唐敖道：「此時才交初夏，鴻雁從何而來！可見各處時令自有不同。」只見紅衣女子道：「婢子因這雁聲，偶然想起《禮記》『鴻雁來賓』，鄭康成註解及《呂覽》《淮南》諸註，各有意見。請教大賢，應從何說為是！」多九公見問，雖略略曉得，因記不清楚，未便回答。唐敖道：「老夫記得鄭康成註《禮記》謂『季秋鴻雁來賓者，言其客至未去，有似賓客，故曰來賓。』而許慎註《淮南子》謂先至為主，後至為賓。迨高誘註《呂氏春秋》謂鴻雁來為一句，賓爵入大水為蛤為一句；蓋以仲秋來的是其父母，其子羽翼稚弱，不能隨從，故於九月方來。所謂賓爵者，就是老雀，棲人堂宇，有似賓客，故謂之賓爵。鄙意賓爵二字，見之古今註，雖亦可連，但按月令，仲秋已有鴻雁來之句，若將賓字截入下句，季秋又是鴻雁來，未免重複。如謂仲秋來的是其父母，季秋來的是其子孫，此又誰得而知，況〈夏小正〉於雀入於海為蛤之句上無賓字，以此更見高氏之誤。據老夫愚見，似以鄭註為當。才女以為何如？」

兩個女子一齊點頭道：「大賢高論極是。可見讀書人見解自有不同，敢不佩服！」多九公暗忖道：「這女子明知鄭註為是，他卻故意要問，看你怎樣回答。據這光景，他們那裡是來請教，明是考我們的。若非唐兄，幾乎出醜。他既如此可惡，我也搜尋幾條難他一難。」因說道：「老夫因才女講《論語》，偶然想起『未若貧而樂，富而好禮』之句。以近來人情而論，莫不樂富惡貧，而聖人言貧而樂，難道貧者有甚麼好處麼？」紅衣女子方要回答，紫衣女子即接著道：「按《論語》自遭秦火，到了漢時，或孔壁所得，或口授相傳，遂有三本：一名《古論》，二名《齊論》，三名《魯論》。今世所傳，就是《魯論》。向有今本古本之別。以皇侃古本《論語義疏》而論，其『貧而樂』一句，樂字下有一『道』字；蓋『未若貧而樂道』。與下句『富而好禮』相對。即如『古者言之不出』，古本『出』字上有一『妄』字。又如『雖有粟吾得而食諸？』古本『得』字上有『豈』字。似此之類，不能枚舉。《史記・世家》亦多類此。此由秦火後闕遺之誤。請看古本，自知其詳。」

多九公見他伶牙俐齒，一是要拏話駁他，竟無從下手。因見案上擺著一本書，取來一看，是本《論語》，隨手翻了兩篇，忽然翻到顏淵季路侍一章，只見衣輕裘之衣寫著衣，讀平聲。看罷，暗暗喜道：「如今被我捉住錯處了。」因向唐敖道：「唐兄，老夫記得『願車馬衣輕裘』之『衣』，倒像應讀作去聲，今此處讀作平聲，不知何意？」紫衣女子道：「『子華使於齊，乘肥馬，衣輕裘』之『衣』，自應讀作去聲，蓋言子華所騎的是肥馬，所穿的是輕裘。至此處衣字按本文，明明分著車馬衣裘四樣，如何讀作去聲？若將衣字講作穿的意思，不但與願字文氣不連，而且有裘無衣，語氣文義，都覺不足。若讀去聲，難道子路裘可與友共，衣就不可與友共麼！這總因『裘』字上有一『輕』字，所以如此，若無『輕』字，自然讀作『願車馬衣裘與朋友共』了。或者『裘』字上既有『輕』字，『馬』字上再有『肥』字，後人讀時，自必以車與肥馬為二，衣與輕裘為二，斷不讀作去聲，況衣字所包甚廣，輕裘二字可包藏其內，故輕裘二字倒可不用，衣字卻不可少。今不用衣字，只用輕裘，那個衣字何能包藏輕裘之內？若讀去聲，豈非缺了一樣麼？」

多九公不覺皺眉道：「我看才女也過於混鬧了。你說那個衣字所包甚廣，無非紗的棉的總在其內。但子路於這輕裘貴重之服，尚且與朋友共，何況別的衣服？言外自有衣字神情在內。今才女必要吹毛求疵，妄加批評，莫怪老夫直言。這宗行為，不但近於狂妄，而且隨嘴亂說，竟是不知人事了！」因又忖道：「這兩個女子既要赴試，自必時常用功。大約隨常經書也難他不住。我聞外國向無《易經》，何不以此難他一難？或者將他難倒，也未可知。」未知後事如何，且看下回分解。

第十八回　闢清談幼女講羲經　發至論書生尊孟子

話說多九公思忖多時，得了主意，因向兩女子道：「老夫聞《周易》一書，外邦見者甚少。貴處人文極盛，兼之二位才女博覽廣讀，於此書自能得其精奧；第自秦漢以來，註解各家，較之說《禮》尤為歧途疊出。才女識見過人，此中善本，當以某家為最，想高明自有卓見，定其優劣了？」紫衣女子道：「自漢晉以來，至於隋季，講《易》各家，據婢子所知的，除子夏《周易傳》二卷，尚有九十三家。若論優劣，以上各家，莫非先儒註疏。婢子見聞既寡，何敢以井蛙之見，妄發議論？尚求指示。」

多九公忖道：「《周易》一書，素日耳之所聞，目之所見，至多不過五六十種。適聽此女所說，竟有九十餘種。但他並無一字評論，大約腹中並無此書，不過略略記得幾種，他就大言不慚，以為嚇人地步。我且考他一考，教他出出醜。就是唐兄看著，也覺歡喜。」因說道：「老夫向日所見，解《易》各家，約有百餘種，不意此地竟有九十三種，也算難得了。至某人註疏若干卷，某人章句若干卷，才女也還記得麼？」紫衣女子笑道：「各書精微，雖未十分精熟，至註家名姓卷帙，還略略記得。」

多九公吃驚道：「才女何不道其一二？其卷帙、名姓，可與中原一樣？」紫衣女子就把當時天下所傳的《周易》九十三種，某人若干卷，由漢至隋，說了一遍道：「大賢才言《周易》有一百餘種，不知就是才說這幾種，還是另有百餘種，請大賢略述一二，以廣聞見。」多九公見紫衣女子所說書名倒像素日讀熟一般，口中滔滔不絕；細細聽去，內中竟有大半所言卷帙、姓名，絲毫不錯，其餘或知其名未見其書，或知其書不記其名，還有連姓名卷帙一概不知的。登時驚的目瞪口呆，惟恐他們盤問，就要出醜；正在發慌，適聽紫衣女子問他書名，連忙答道：「老夫向日見的，無非都是才女所說之類。奈年邁善忘，此時都已模模糊糊，記不清了。」紫衣女子道：「書中大旨，或大賢記不明白，婢子也不敢請教，苦人所難；但卷帙姓名，乃書坊中三尺之童所能道的，大賢何必吝教？」多九公道：「實是記不清楚，並非有意推辭。」紫衣女子道：「大賢若不說出幾個書名，那原諒的不過說是吝教，那不原諒的就要疑心大賢竟是妄造狂言欺騙人了。」

多九公聽罷，只急的汗如雨下，無言可答。紫衣女子道：「剛才大賢曾言百餘種之多，此刻只求大賢除婢子所言九十三種，再說七個，共湊一百之數。此事極其容易，難道還吝教麼？」多九公只急的抓耳搔腮，不知怎樣才好。紫衣女子道：「如此易事，誰知還是吝教。方才婢子費了唇舌，說了許多書名，原是拋磚引玉，以為借此長長見識，不意竟是如此。但除我們所說之外，大賢若不加增，未免太覺空疎了。」紅衣女子道：「倘大賢七個湊不出，就說五個；五個不能，就是兩個也是好的。」紫衣女子接著道：「如兩個不能，就是一個；一個不能，就是半個，也可解嘲了。」紅衣女子笑道：「請教姊姊，何為半個？難道是半卷書麼？」紫衣女子道：「妹子惟恐大賢善忘，或記卷帙忘其姓名，或記姓名忘其卷帙，皆可謂之半個，並非半卷。我們不可閒談，請大賢或說一個，或半個罷。」

多九公被兩個女子冷言冷語，只管催逼，急的滿面青紅，恨無地縫可鑽；莫講所有之書俱被紫衣女子說過，即或尚未說過，此時心內一急，也就想不出了。那個老者坐在下面，看了幾篇書，見他們你一言，我一語，不知說些甚麼。後來看見多九公面上紅一陣，白一陣，頭上只管出汗，只當怕熱。因取一把扇子道：「天朝時令，交了初夏，大約涼爽，不用涼扇。今到敝處，未免受熱，所以只管出汗。請大賢搧搧，略為涼爽，慢慢再談。莫要受熱，生出別的病來。你們都是異鄉人，身子務要保重。你看，這汗還是不止，這卻怎好？」因用汗巾替多九公揩著：「有年紀的人，身體是個虛的，那裡受的慣熱。唉！可憐，可憐！」多九公接過扇子道：「此處天氣果然較別處甚熱。」

老者又獻兩杯茶道：「小子這茶雖不甚佳，但有燈心在內，既能解熱，又可清心。大賢吃了，就是受熱，也無妨了。今雖幸會，奈小子福薄重聽，不能暢聆大教，真是恨事。大賢既肯屈尊，同他們細談，日後還可造就麼？」多九公連連點頭道：「令愛來歲一定高發的。」

只見紫衣女子又接著說道：「大賢既執意不肯賜教，我們也不必苦苦相求。況記幾個書名，若不曉得其中旨趣，不過是個賣書傭，何足為奇？但不知大賢所說百餘種，其中講解，當以某家為最？」多九公道：「當日仲尼既作〈十翼〉，《易》道大明。自商瞿受《易》於孔子，嗣後傳授不絕。前漢有京房費直各家，後漢有馬融鄭玄諸人。據老夫愚見：兩漢解《易》各家，多溺於象占之學；到了魏時，王弼註釋《周易》，撇了象占舊解，獨出心裁，暢言義理，於是天下後世，凡言《易》者，莫不宗之，諸書皆廢。以此看來，由漢至隋，當以王弼為最。」

紫衣女子聽了，不覺笑道：「大賢這篇議論，似與各家註解及王弼之書尚未瞭然，不過摭拾前人牙慧，以為評論，豈是教誨後輩之道？漢儒所論象占，固不足盡《周易》之義，王弼掃棄舊聞，自標新解，惟重義理。孔子說《易》有聖人之道四焉，豈止義理二字？晉時韓康伯見王弼之書盛行，因缺

〈繫辭〉之註，於是本王弼之義，註〈繫辭〉二卷，因而後人遂有王韓之稱。其書既欠精詳，而又妄改古字。如以嚮為鄉，以驅為毆之類，不能枚舉。所以昔人云：若使當年傳漢《易》，王韓俗字久無存。當日范寧說王弼的罪甚於桀紂，豈是無因而發？今大賢說他註的為最，甚至此書一出，群書皆廢，何至如此？可謂痴人說夢！總之，學問從實地上用功，議論自然確有根據。若浮光掠影，中無成見，自然隨波逐流，無所適從。大賢恰受此病，並且強不知以為知，一味大言欺人，未免把人看的過於不知文了！」

多九公聽了，滿臉是汗，走又走不得，坐又坐不得，只管發𤸰❶，無言可答。正想脫身，那個老者又獻兩杯茶道：「斗室屈尊，致令大賢受熱，殊抱不安。但汗為人之津液，也須忍耐少出才好。大約大賢素日喜吃麻黃，所以如此。今出這場痛汗，雖痢瘧之症，可以放心。以後如麻黃發汗之物，究以少吃為是。」二人欠身接過茶杯。多九公自言自語道：「他說我吃麻黃，那知我在這裡吃黃連哩！」

只見紫衣女子又接著說道：「方才進門就說經書之義盡知，我們聽了，甚覺欽慕，以為今日遇見讀書人，可以長長見識，所以任憑批評，無不謹謹受命。誰知談來談去，卻又不然。若以秀才兩字可論，可謂有名無實。適才自稱忝列膠庠，談了半日，惟這忝字還用的切題。」紅衣女子道：「據我看來，大約此中亦有賢愚不等。或者這位先生同我們一樣，也是常在三等四等的，亦未可知。」紫衣女子道：「大家幸會，談文原是一件雅事，即使學問淵博，亦應處處虛心，庶不失謙謙君子之道。誰知腹中雖離淵博尚遠，那目空一切，旁若無人光景，卻處處擺在臉上。可謂螳臂當車，自不量力！」兩

❶ 發𤸰：即發楞，心神不定，兩眼呆視。

個女子，你一言，我一語，把多九公說的臉上青一陣，黃一陣，身如針刺，無計可施。唐敖在旁，甚覺無趣。

正在為難之際，只聽外面喊道：「請問女子學生可買脂粉麼？」一面說，手中提著包袱進來。唐敖一看，不是別人，卻是林之洋。多九公趁勢立起道：「林兄為何此時才來！惟恐船上眾人候久，我們回去罷。」即同唐敖拜辭老者。老者仍要挽留獻茶。林之洋因走的口渴，正想歇息，無奈二人執意要走。老者送出門外，自去課讀。

三人匆匆出了小巷，來至大街。林之洋見他二人舉動倉皇，面色如土，不覺詫異道：「俺看你們這等驚慌，必定古怪。畢竟為著甚事？」二人略略喘息，將神定了一定，把汗揩了，慢慢走著。多九公把前後各話，略略先訴一遍。唐敖道：「小弟從未見過世上竟有這等淵博才女！而且伶牙俐齒，能言善辯！」多九公道：「淵博倒也罷了，可恨他絲毫不肯放鬆，竟將老夫罵的要死。這個虧吃的不小！老夫活了八十多歲，今日這個悶氣卻是頭一次！此時想起，惟有怨恨自己！」林之洋道：「九公，你恨甚麼？」多九公道：「恨老夫從前少讀十年書；又恨自己既知學問未深，不該冒昧同人談文。」

唐敖道：「若非舅兄前去相救，竟有走不出門之苦。不知舅兄何以不約而同，也到那家？」林之洋道：「方才你們要來遊玩，俺也打算上來賣貨；奈這地方從未做過交易，不知那樣得利。後來俺因他們臉上比炭還黑，俺就帶了脂粉上來。那知這些女人因搽脂粉反覺醜陋，都不肯買，倒是要買書的甚多。俺因女人不買脂粉，倒要買書，不知甚意；細細打聽，才知這裡向來分別貴賤，就在幾本書上。」

唐敖道：「這是何故？」林之洋道：「他們風俗，無論貧富，都以才學高的為貴，不讀書的為賤。

就是女人，也是這樣，到了年紀略大，有了才名，方有人求親；若無才學，就是在大戶人家，也無人同他配婚。因此他們國中，不論男女，自幼都要讀書。聞得明年國母又有甚麼試女大典，這些女子得了這個信息，都想中個才女，更要買書。俺聽這話，原知貨物不能出脫，正要回船，因從女學館經過，又想進去碰碰財氣，那知湊巧遇見你們二位。俺進去話未說得一句，茶未喝得一口，就被你們拉出，原來二位卻被兩個黑女難住。」

唐敖道：「小弟約九公上來，原想看他國人生的怎樣醜陋，誰知只顧談文，他們面上好醜，我們還未看明，今倒被他們先把我們腹中醜處看去了！」多九公道：「起初如果只作門外漢，隨他談甚麼，也不至出醜。無奈我們過於大意，一進門去就充文人，以致露出馬腳，補救無及。偏偏他的先生又是聾子，不然，拿這老秀才出出氣，也可解嘲。」唐敖道：「據小弟看來，幸而老者是個聾子。他若不聾，只怕我們更要吃虧。你只看他小小學生尚且如此，何況先生？固然有青出於藍而勝於藍的，究竟是他受業之師。況紫衣女子又是女兒，學問豈能懸殊？若以尋常老秀才看待，又是以貌取人了。世人只知紗帽底下好題詩；那裡曉得草野中每每埋沒許多鴻儒！大約這位老翁就是榜樣。」

多九公道：「方才那女子也以輕裘之衣讀作平聲，其言似覺近理。若果如此，那當日解作去聲的，其書豈不該廢麼？」唐敖道：「九公此話未免罪過。小弟聞得這位解作去聲的乃彼時大儒，祖居新安。其書闡發孔孟大旨，殫盡心力，折衷舊解，言近旨遠，文簡義明；一經誦習，聖賢之道，莫不燦然在目。漢晉以來，註解各家，莫此為善，實有功於聖門，有益於後學的，豈可妄加評論？即偶有一二註解錯誤，亦不能以蚊睫一毛❷掩其日月之光。即如孟子誅一夫及視君如寇讎之說，後人雖多評論，但以其書體要而論，昔人有云：『總群聖之道者，莫大乎六經；紹六經之教者，莫尚乎孟子。』當日孔子既沒，儒分為八。其他縱橫捭闔，波譎雲詭，惟孟子挺命世之才，距楊墨放淫辭，明王政之易行，以救時弊；闡性善之本量，以斷群疑；致孔子之教獨尊千古。是有功聖門，莫如孟子，學者豈可訾議？況孟子聞誅一夫之言，亦因當時之君，惟知戰鬥，不務修德，故以此語警戒。至寇讎之言，亦是勸勉宣王待臣，宜加恩禮。都為要救時弊起見。時當戰國，邪說橫行，不知仁義為何物，若單講道字，徒費唇舌，必須喻之利害，方能動聽，故不覺言之過當。讀者不以文害辭，不以害志，自得其義。總而言之，尊崇孔子之教，實出孟子之力；闡發孔孟之學，卻是新安之功。小弟愚見如此，九公以為何如？」

多九公聽了，不覺連連點頭。未知後事如何，且看下回分解。

❷ 蚊睫一毛：比喻極細微之物。

第十九回　受女辱潛逃黑齒邦　觀民風聯步小人國

話說多九公聞唐敖之言，不覺點頭道：「唐兄此言至公至當，可為千載定論。老夫適才所說，乃就事論事，未將全體看明，不無執著一偏。即如左思〈三都賦序〉，他說揚雄〈甘泉賦〉玉樹青葱，非本土所出，以為誤用；誰知那個玉樹，卻是漢武帝以眾寶做成，並非地土所產。諸如此類，若不看他全賦，止就此序而論，必定說他如此小事，尚且考究未精，何況其餘？那知他的好處甚多，全不在此。所以當時爭著傳寫，洛陽為之紙貴。以此看來，若只就事論事，未免將他好處都埋沒了。」

說話間，又到人烟湊集處。唐敖道：「剛才小弟因這國人過黑，未將他的面目十分留神；此時一路看來，只覺個個美貌無比。而且無論男婦，都是滿臉書卷秀氣。那種風流儒雅光景，倒像都從這個黑氣中透出來的。細細看去，不但面上這股黑氣萬不可少，並且回思那些脂粉之流，反覺其醜。小弟看來看去，只覺自慚形穢。如今我們雜在眾人中，被這書卷秀氣四面一襯，只覺面目可憎，俗氣逼人。與其教他們看著恥笑，莫若趁早走罷！」

三人於是躲躲閃閃，聯步而行。一面走著，看那國人都是端方大雅；再看自己，只覺無窮醜態。相形之下，走也不好，不走也不好；緊走也不好，慢走也不好；不緊不慢也不好，不知怎樣才好。只好疊著精神，穩著步兒，探著腰兒，挺著胸兒，直著頸兒，一步一趨，望前而行。好容易走出城外，喜得人烟稀少，這才把腰伸了一伸，頸項搖了兩搖，噓了一口氣，略為鬆動鬆動。

林之洋道：「剛被妹夫說破，細看他們，果都大大方方；見那樣子，不怕你不好好行走。俺素日散誕慣了，今被二位拘住，少不得也裝斯文，混充儒雅。誰知只顧拏架子，腰也酸了，腿也直了，頸也痛了，腳也麻了，頭也暈了，眼也花了，舌也燥了，口也乾了，受也受不得了，支也支不住了。再要拏架子，俺就癱了。快逃命罷！此時走的只覺發熱。原來九公卻帶著扇子，借俺搧搧，俺今日也出汗了。」

多九公聽了，方才想起老者那一把扇子還在手中，隨即站住，打開一齊觀看。只見一面寫著曹大家七篇女誡，一面寫著蘇若蘭璇璣全圖❶，都是蠅頭小楷，絕精細字；兩面俱落名款，一面寫著墨溪夫子大人命書，下寫女弟子紅紅謹錄，一面寫著女亭亭謹錄，下面還有兩方圖章：紅紅之下是黎氏紅薇，亭亭之下是盧氏紫萱。唐敖道：「據這圖章，大約紅紅、亭亭是他乳名，紅薇、紫萱方是學名。」

多九公道：「兩個黑女既如此善書而又能文，館中自然該是詩書滿架；為何卻自寥寥？不意腹中雖然淵博，案上倒是空疎，竟與別處不同。他們如果詩書滿架，我們見了，自然另有準備，豈肯冒昧，自討苦吃？」林之洋接過扇子搧著道：「這樣說，日後回家，俺要買多幾擔書擺在桌上作陳設了。」唐敖道：「奉勸舅兄，斷斷不要豎這文人招牌。請看我們今日光景，就是榜樣。小弟足足夠了。今日過了黑齒，將來所到各國，不知那幾處文風最盛，倒要請教，好作準備，免得又去太歲頭上動土。」

林之洋道：「俺們向日來往，只知賣貨，那裡管他文風武風。據俺看來，將來路過的如靖人、歧

❶ 璇璣圖：晉竇滔妻蘇蕙織錦而成的迴文詩圖。

踵、長人、穿胸、厭火各國，大約同俺一樣，都是文墨不通；就只可怕的，前面有個白民國，倒像有些道理。還有兩面、軒轅各國出來人物，也就不凡。這幾處才學好醜，想來九公必知。妹夫問他就知道了。」唐敖道：「請教九公！」說了一句，再回頭一看，不覺詫異道：「怎麼九公不見？又到何處去了？」林之洋道：「俺們只顧說話，那知他又跑開。莫非九公恨那黑女，又去同他講理麼？俺們且等一等，少不得就要回來。」

二人閒談，候了多時，只見多九公從城內走來道：「唐兄你道他們案上並無多書，卻是為何？其中有個緣故。」唐敖笑道：「原來九公為這小事又去打聽。如此高年，還是這等興致，可見遇事留心，自然無所不知。我們慢慢走著，請九公把這緣故談談。」多九公舉步道：「老夫才去問問風俗，原來此地讀書人雖多，書籍甚少。歷年中原雖有人販賣，無如剛到君子、大人境內，就被二國買去。此地之書，大約都從彼二國以重價買的。至於古書，往往出了重價，亦不可得。惟訪親友家，如有此書，方能借來抄寫。要求一書，真是種種費事。並且無論男婦，都是絕頂聰明，日讀萬言的，不計其數。因此那書更不夠他讀了。本地向無盜賊，從不偷竊。就是遺金在地，也無拾取之人。也們見了無義之財，叫作臨財毋苟得。就只有個毛病：若見了書籍，登時就把毋苟得三字撇在九霄雲外，不是借去不還，就是設法偷騙，那做賊的心腸也由不得自己了。所以此地把竊物之人叫作偷兒。把偷書之人卻叫作竊兒，借物不還的叫作拐兒，借書不還的叫作騙兒。因有這些名號，那藏書之家，見了這些竊兒、騙兒，莫不害怕，都將書籍深藏內室，非至親好友，不能借觀。家家如此。我們只知以他案上之書定他腹中學問，無怪要受累了。」

說話間，不覺來到船上。林之洋道：「俺們快逃罷！」分付水手起錨揚帆。唐敖因那扇子寫得甚好，來到後面，向多九公討了。多九公道：「今日唐兄同那老者見面，曾說識荊二字，是何出處？」唐敖道：「再過幾十年，九公就看見了。小弟才想紫衣女子所說『吳郡大老，倚閭滿盈』那句話，再也不解。九公久慣江湖，自然曉得這句鄉談了。」多九公道：「老夫細細參詳，也解不出。我們何不問問林兄？」唐敖隨把林之洋找來。林之洋也回說不知。

唐敖道：「若說這句隱著罵話，以字義推求，又無深奧之處。據小弟愚見，其中必定含著機關。大家必須細細猜詳，就如猜謎光景，務必把他猜出。若不猜出，被他罵了還不知哩！」林之洋道：「這話當時為甚起的？二位先把來路❷說說。看來這事惟有俺林之洋還能猜，你們猜不出的。」唐敖道：「何以見得？」林之洋道：「二位老兄才被他們考的膽戰心驚，如今怕還怕不來，那裡還敢亂猜！若猜的不是，被黑女聽見，豈不又要吃苦出汗麼？」

多九公道：「林兄且慢取笑，我把來路說說。當時談論切音，那紫衣女子因我們不知反切，向紅衣女子輕輕笑道：『若以本題而論，豈非吳郡大老，倚閭滿盈麼？』那紅衣女子聽了，也笑一笑。這就是當時說話光景。」林之洋道：「這話既是談論反切起的，據俺看來，他這本題兩字自然就是甚麼反切；你們只管向這反切書上找去，包你找得出。」

多九公猛然醒悟道：「唐兄！我們被這女子罵了。按反切而論：『吳郡』是個『問』字，『大老』是個『道』字，『倚閭』是個『於』字，『滿盈』是個『盲』字。他因請教反切，我們都回不知，所以

❷ 來路：來歷。

他說豈非『問道於盲』麼？」林之洋道：「你們都是雙目炯炯，為甚比作瞽目？大約彼時因他年輕，不將他們放在眼裡，未免旁若無人，因此把你比作瞽目；卻也湊巧。」

多九公道：「為何湊巧？」林之洋道：「那旁若無人者，就如兩旁明明有人，他卻如未看見；既未看見，豈非瞽目麼？此話將來可作旁若無人的批語。海外女子這等啕氣，將來到了女兒國，他們成群打夥，聚在一處，更不知怎樣利害。好在俺從來不會談文，他要同俺談文，俺有絕好主意，只得南方話一句，一概給他『弗得知』；任他說得天花亂墜，俺總是『弗得知』，他又其奈俺何？」

多九公笑道：「倘女兒國執意要你談文，你不同他談文，把你留在國中，看你怎樣？」林之洋道：「把俺留下，俺也給他一概『弗得知』。你們今日被那黑女難住，走也走不出，若非俺來相救，怎出他們？這樣大情，二位怎樣報俺？」唐敖道：「九公才說恐女兒國將舅兄留下，日後倘有此事，我們就去救你出來，也算以德報德了。」多九公道：「據老夫看來，這不是以德報德，倒是以怨報德。」唐敖道：「此話怎講？」多九公道：「林兄如被女兒國留下他在那裡，何等有趣；你卻把他救出，豈非以怨報德麼？」林之洋道：「九公既說那裡有趣，將來到了女兒國，俺去通知國王，就請九公住他國中。」多九公笑道：「老夫倒想住在那裡，卻教那個替你管舵呢？」

唐敖道：「豈但管舵，小弟還要求教韻學哩。請問九公：小弟素於反切雖是門外漢，但『大老』二字，按音韻呼去，為何不是『島』字？」多九公道：「古來韻書『道』字本與『島』字同音；近來讀『道』為『到』，以上聲讀作去聲。即如『是非』之『是』，古人讀作『使』字，『動』字讀作『董』字。此類甚多，不能枚舉。大約古聲重，讀『島』，今聲輕，讀『到』。這是音隨世轉，輕重不同，所以如此。」

林之洋道：「那個『盲』字俺們向來讀與『忙』字同音，今九公讀作『萌』字，也是輕重不同麼？」多九公道：「『盲』字本歸八庚，其音同『萌』，若讀忙字，是林兄自己讀錯了。」林之洋道：「若說讀錯，是俺先生教的，與俺何干？」多九公道：「你們先生如此疏忽，就該打他手心。」林之洋道：「先生犯了這樣小錯，就要打手心，那終日曠功誤人子弟的，豈不都要打殺麼？」唐敖道：「今日受了此女恥笑，將來務要學會韻學，才能歇心。好在九公已得此中三昧，何不略將大概指教？小弟賦性雖愚，如果專心，大約還可領略。」多九公道：「老夫素於此道不過略知皮毛，若要講他所以然之故，不知從何講起。總因當日未得真傳，心中似是而非，狐疑莫定，所以如此。唐兄如果要學，老夫向聞歧舌國音韻最精，將來到彼，老夫奉陪上去，不過略為談談，就可會了。」

唐敖道：「『歧舌』二字，是何寓意？何以彼處曉得音韻？」多九公道：「彼國人自幼生來嘴巧舌能，不獨精通音律，並且能學鳥語；所以林兄前在聶耳，買了雙頭鳥兒，要到彼處去賣。他們各種聲音可隨口而出，因此鄰國俱以歧舌呼之。日後唐兄聽他口音，就明白了。」

走了幾日，到了靖人國。唐敖道：「請教九公：小弟聞得靖人，古人謂之竫人，身長八九寸，大約就是小人國。不知國內是何風景？」多九公道：「此地風俗澆薄，人最寡情，所說之話，處處與人相反。即如此物，明是甜的，他偏說苦的；明是鹹的，他偏說淡的；教你無從捉摸。此是小人國歷來風氣如此，也不足怪。」

二人於是登岸。到了城郭，城門甚矮，彎腰而進。裡面街市極窄，竟難並行。走到城內，才見國人都是身長不滿一尺，那些兒童，只得四寸之長。行路時，恐為大鳥所害，無論老少，都是三五成群，手執器械防身；滿口說的都是相反的話，詭詐異常。唐敖道：「世間竟有如此小人，倒也少見。」遊了片時，遇見林之洋賣貨回來，一同回船。走了幾日，大家正在閒談，路過一個桑林，一望無際，內有許多婦人，都生得嬌艷異常。未知後事如何，且看下回分解。

第二十回　丹桂巖山雞舞鏡　碧梧嶺孔雀開屏

話說那些婦人俱以絲綿纏身，棲在林內，也有吃桑葉的，也有口中吐絲的。唐敖道：「請教九公，這些婦人是何種類？」多九公道：「此處近於北海，名叫嘔絲之野。古人言這婦人都是蠶類。此地既無城郭，這些婦人都以桑林為居，以桑為食，又能吐絲，倒像鮫人泣珠光景。據老夫愚見，就仿鮫人之意，把他叫作蠶人。鮫人泣珠，蠶人吐絲，其義倒也相合。」林之洋道：「這些女人都生的嬌嬌滴滴，俺們帶幾個回去作妾，又會吐絲，又能生子，豈不好麼？」多九公道：「你把他作妾，倘他性子發作，吐出絲來，把你身子纏住，你擺脫不開，還把性命送了哩！你去問問，那些男子，那個不是死在他們手裡？」

這日到了跂踵國，有幾個國人在海邊取魚。一個個身長八尺，身寬也是八尺，竟是一個方人；赤髮蓬頭，兩隻大腳，有一尺厚，二尺長。行動時以腳指行走，腳跟並不著地，一步三搖，斯斯文文，竟有寧可濕衣不可亂步光景。唐敖因這方人過於拘束，無甚可觀，不曾上去。

這日到了一個大邦，遠遠望見一座城池，就如峻嶺一般，好不巍峨。原來卻是長人國。林之洋自去賣貨。唐敖同多九公上去，見了幾個長人，嚇的飛忙走回，道：「九公！嚇殺小弟了！當日我見古人書中言長人身長一二十丈，以為必無之事，那知今日見的竟有七八丈高，半空中晃晃蕩蕩，他的腳面比我們肚腹還高，令人望著好不害怕！幸虧早早逃走，他若看見，將我們用手提起，放在面前望望，我們身子已在數丈之外了！」

多九公道：「今日所見長人並不算長；若以極長的比較，他也只好算個腳面。老夫向在外洋同幾位老翁閒談，各說生平所見長人。內中有位老翁道：『當日我在海外，曾見一個長人，身長千餘里，腰闊百餘里，好飲天酒，每日一飲五百斗。當時看了，甚覺詫異。後來因見古書，才知名叫無路。』又一老翁道：『老朽向在丁零之北，見一長人，臥在地下，其高如山，頓腳成谷，橫身塞川，其長萬餘里。』又一老翁道：『我曾見一極長之人，若將無路比較，那無路只好算他腳面。莫講別的，單講他身上這件長衫，當日做時，不但天下的布都被他買絕，連天下的裁縫也都雇完，做了數年才能做成。那時布的行情也長了，裁縫工價也貴了，人人發財；所以布店同裁縫鋪至今還在那裡禱告，但願長人再做一件長衫，他們又好齊行了。彼時有一個裁縫在那長衫底襟上偷了一塊布，後來就將這布開了一個大布店，因此棄了本行，另做布行交易。你道這個長人身長若干？原來這人連頭帶腳不長不短，恰恰十九萬三千五百里！』眾老翁都問道：『為何算的這樣詳細？』老翁道：『古人言由天至地有如此之高，此人恰恰頭頂天，腳踏地，所以才知就是這個里數。他不獨身子長的甚高，並且那張大嘴還愛說大話，倒是身口相應。』眾老翁道：『聞得天上罡風最硬，每每飛鳥過高，都被吹的化為天絲。這位長人，頭既頂天，他的臉上豈不吹壞麼？』老翁道：『這人極其臉厚，所以不怕風吹。』眾老翁道：『怎曉他的臉厚？』老翁道：『他臉如果不厚，為何滿嘴只管說大話，總不怕人恥笑呢？』旁邊有位老翁道：『老兄以為這人頭頂天、腳踏地就算極長了，那知老漢見過一個長人，較之剛才所說還長五百里。』眾老翁道：『這人比天還高，不知怎能抬起頭來？』老翁道：『他只顧大了，那知上面有天；因此只好低頭混了一世。』又一老翁道：『你們所說這些長人，何足為奇！當年我見一人睡在地下就有十九萬三千五百里之高，脊背在地，肚腹頂天。這才大哩！』眾老翁道：『此人肚腹業已頂天，畢竟怎樣立起？倒要請教。』老翁道：『他睡在那裡，兩眼望著天，真是目空一切，旁若無人。如此之大，莫講不能立起，並且翻身還不能哩！』」

說著閒話，回到船上。林之洋賣了兩樣貨物，並替唐敖賣了許多花盆，甚覺得利。郎舅兩個，不免又是一番痛飲。林之洋笑道：「俺看天下事只要湊巧。素日俺同妹夫飲酒存的空罈，還有向年舊罈，俺因棄了可惜，隨地撂在艙中，那知今日倒將這個出脫。前在小人國也是無意賣了許多蠶繭。這兩樣都是並不值錢的，不想他們視如至寶，倒會獲利；俺帶的正經貨物，倒不得價。人說買賣生意，全要機會，若不湊巧，隨你會賣也不中用！」唐敖道：「他們買這蠶繭、酒罈，有何用處？」林之洋未曾回答，先發笑道：「若要說起，真是笑話！」正要講這緣故，因國人又來買貨，足足忙了一日，到晚方才開船。

這日到了白民國交界，迎面有一危峰，一派清光，甚覺可愛。唐敖忖道：「如此峻嶺，豈無名花？」於是請問多九公是何名山，多九公道：「此嶺總名麟鳳山，自東至西，約長千餘里，乃西海第一大嶺。內中果木極盛，鳥獸極繁。但嶺東要求一禽，也不可得；嶺西要求一獸，也不可得。」

唐敖道：「這卻為何？」多九公道：「此山茂林深處，向有一麟一鳳，麟在東山，鳳在西山；所以東面五百里有獸無禽，西面五百里有禽無獸，倒像各守疆界光景。因而東山名叫麒麟山，上面桂花甚多，又名丹桂巖；西山名叫鳳凰山，上面梧桐甚多，又名碧梧嶺。此事不知始於何時，相安已久。誰知東山旁有條小嶺名叫狻猊嶺；西山旁有條小嶺名叫鸕鶿嶺。狻猊嶺上有一惡獸，其名就叫狻猊，常帶許多怪獸來至東山騷擾；鸕鶿嶺上有個惡鳥，其名就叫鸕鶿，常帶許多怪鳥來至西山騷擾。」唐敖道：「東山有麒麟為獸長，西山有鳳凰為禽長，難道狻猊也不畏麟，鸕鶿也不怕鳳麼？」多九公道：「當日老夫也甚疑惑，後來因見古書才知鸕鶿乃西方神鳥，狻猊亦可算得毛群之長，無怪要來抗橫❶了。大約略為騷擾，麟凰也不同他計較；若干犯過甚，也就不免爭鬥。數年前老夫從此路過，曾見鳳凰與鸕鶿爭鬥，都是各發手下之鳥，或一個兩個，彼此剝啄撕打，倒也爽目。後來又遇麒麟同狻猊爭鬥，也是各發手下之獸，那撕打迸跳形狀，真可山搖地動，看之令人心驚。畢竟邪不勝正，鬧來鬧去，往往鸕鶿狻猊大敗而歸。」

正在談論，半空中倒像人喊馬嘶，鬧鬧吵吵，連忙出艙仰觀。只見無數大鳥，密密層層，飛向山中去了。唐敖道：「看這光景，莫非鸕鶿又來騷擾？我們何不前去望望？」多九公道：「如此甚好。」於是通知林之洋把船攏在山腳下。三人帶了器械，棄舟登岸，上了山坡。

唐敖道：「今日之遊，別的景致還在其次，第一鳳凰不可不看。他既做了一山之主，自然另是一種氣概。」多九公道：「唐兄要看鳳凰，我們越過前面峰頭，只揀梧桐多處遊去。倘緣分湊巧，不過略走幾步，就可遇見。」大家穿過峻嶺，尋找桐林，不知不覺，走了數里。林之洋道：「俺們今日見的都是小鳥，並無一隻大鳥，不知何故？難道果真都去伺候鳳凰麼？」唐敖道：「今日所見各鳥，毛

---

❶ 抗橫：即「抗衡」；相敵不相下的意思。

色或紫或碧，五彩燦爛，兼之各種嬌啼，不啻笙簧，已足悅耳娛目。如此美景，也算難得了。」忽聽一陣鳥鳴之聲，宛轉嘹亮，甚覺爽耳。三人一聞此音，陡然神清氣爽。唐敖道：「《詩》言『鶴鳴於九皐，聲聞於天』；今聞此聲，真可上徹霄漢！」三人順著聲音望去，只當必是鶴鷺之類；看了半晌，並無蹤影，只覺其音漸漸相近，較之鶴鳴尤其洪亮。

多九公道：「這又奇了。安有如此大聲，不見形象之理？」唐敖道：「九公你看，那邊有棵大樹，樹旁圍著許多飛蠅，上下盤旋，這個聲音好像樹中發出的。」說話間，離樹不遠，其聲更覺震耳。三人朝著樹上望了一望，何嘗有個禽鳥！林之洋忽然把頭抱住，亂逃起來，口內只說：「震死俺了！」

二人都吃一嚇，問其所以。林之洋道：「俺正看大樹，只覺有個蒼蠅，飛在耳邊。俺用手將他按住，誰知他在耳邊大喊一聲，就如雷鳴一般，把俺震的頭暈眼花，俺趁勢把他捉在手內。」話未說完，那蠅大喊大叫，鳴的更覺震耳。林之洋把手亂搖道：「俺將你搖的發昏，看你可叫？」那蠅被搖，旋即住聲。

唐多二人隨向那群飛蠅側耳細聽，那個大聲果然竟是不啻若自其口出。多九公笑道：「若非此鳥飛入林兄耳內，我們何能想到如此大聲，卻出這群小鳥之口？老夫目力不佳，不能辨其顏色。林兄把那小鳥取出，看看可是紅嘴綠毛。如果狀如鸚鵡，老夫就知其名了。」林之洋道：「這個小鳥從未見過，俺要帶回船去給眾人見識見識。設或取出飛了，豈不可惜？」於是捲了一個紙桶，把紙桶對著手縫，輕輕將小鳥放了進去。

唐敖起初見這小鳥，以為無非蒼蠅蜜蜂之類；今聽多九公之話，輕輕過去一看，果然都是紅嘴綠毛，狀如鸚鵡；忙走回道：「他的形狀小弟才去細看，果真不錯。請教何名？」多九公道：「此鳥名叫細鳥。元封五年，勒畢國曾用玉籠以數百進貢，形如大蠅，狀似鸚鵡，聲聞數里。國人常以此鳥候日，又名候日蟲。那知如此小鳥，其聲竟如洪鐘，倒也罕見！」

林之洋道：「妹夫要看鳳凰，走來走去，遍山並無一隻；如今細鳥飛散，靜悄悄連聲也不聞。這裡只有樹木，沒甚好玩，俺們另向別處去罷。」多九公道：「此刻忽然鴉雀無聞，卻也可怪。」

只見有個牧童，身穿白衣，手拏器械，從路旁走來。唐敖上前拱手道：「請問小哥，此處是何地名？」牧童道：「此地叫做碧梧嶺。嶺旁就是丹桂巖。乃白民國所屬。過了此嶺，野獸最多，往往出來傷人。三位客人須要仔細。」說罷去了。多九公道：「此處既名碧梧嶺，大約梧桐必多，或者鳳凰在這嶺上也未可知。我們且把對面山峰越過，看是如何。」

不多時，越過高峰，只見西邊山頭無數梧桐，桐林內立著一隻鳳凰；毛分五彩，赤若丹霞，身高六尺，尾長丈餘，蛇頸雞喙，一身花文。兩旁密密層層，列著無數奇禽，或身高一丈，或身高八尺，青、黃、赤、白、黑各種顏色，不能枚舉。對面東邊山頭桂樹林中也有一個大鳥，渾身碧綠，長頸鼠足，身高六尺，其形如雁。兩旁圍著許多怪鳥，也有三首六足的，也有四翼雙尾的，奇形怪狀，不一而足。

多九公道：「東邊這隻綠鳥就是鸕鷀，大約今日又來騷擾，所以鳳凰帶著眾鳥把去路攔住，看來又要爭鬥了。」忽聽鸕鷀連鳴兩聲，身旁飛出一鳥，其形如鳳，尾長丈餘，毛分五彩。攛至丹桂巖，抖擻翎毛，舒翅展尾，上下飛舞，如同一片錦繡；恰好旁邊有塊雲母石，就如一面大鏡，照的那個影兒五彩相映，分外鮮明。林之洋道：「這鳥倒像鳳凰，就只身材短小，莫非母鳳凰麼？」多九公道：「此鳥名山雞，最愛其毛，每每照水顧影，眼花墜水而死。古人因他有鳳之色，無鳳之德，呼作啞鳳。大約鸕鷀以為此鳥具如許彩色，可以壓倒鳳凰手下眾鳥，因此命他出來當場賣弄。」

忽見西林飛出一隻孔雀，走至碧梧嶺，展開七尺長尾，舒張兩翅，朝著丹桂巖盼睞❷起舞；不獨金翠縈目，兼且那個長尾排著許多圓紋，陡然或紅或黃，變出無窮顏色，宛如錦屏一般。山雞起初也還勉強飛舞，後來因見孔雀這條長尾變出五顏六色，華彩奪目，金碧輝煌，未免自慚形穢，鳴了兩聲，朝著雲母石一頭撞去，竟自身亡。唐敖道：「這隻山雞因毛色比不上孔雀，所以羞忿輕生。以禽鳥之微，尚有如此血性，何以世人明知己不如人，反靦顏無愧？殊不可解。」林之洋道：「世人都像山雞這般烈性，那裡死得許多！據俺看來，只好把臉一老，也就混過去了。」

孔雀得勝退回本林。東林又飛出一鳥，一身蒼毛，尖嘴黃足，跳至山坡，口中唧唧咋咋，鳴出各種聲音。此鳥鳴未數聲，西林也飛出一隻五彩鳥，尖嘴短尾，走至山岡，展翅搖翎，口中鳴的嬌嬌滴滴，悠揚宛轉，甚覺可耳。

唐敖道：「小弟聞得鳴鳥毛分五彩，有百樂歌舞之風，大約就是此類了。那蒼鳥不知何名？」多九公道：「此即反舌，一名百舌。〈月令〉仲夏反舌無聲，就是此鳥。」林之洋道：「如今正是仲夏，這個反舌與眾不同，他不按月令，只管亂叫了。」忽聽東林無數鳥鳴，從中攛出一隻怪鳥，其形如鵝，

❷ 盼睞：顧盼；觀看。

身高二丈，翼廣丈餘，九條長尾，十頸環簇，只得九頭；擻至山岡，鼓翼作勢，霎時九頭齊鳴。多九公道：「原來九頭鳥出來了。」未知後事如何，且看下回分解。

第二十一回　逢惡獸唐生被難　施神鎗魏女解圍

話說多九公指著九頭鳥道：「此鳥古人謂之鶬鴰，一身逆毛，甚是凶惡，不知鳳凰手下那個出來招架。」登時西林飛出一隻小鳥，白頸紅嘴，一身青翠。走至山岡，望著九頭鳥鳴了幾聲，宛如狗吠。九頭鳥一聞此聲，早已抱頭鼠竄，騰空而去。此鳥退入西林。林之洋道：「這鳥為甚不是禽鳴，倒做狗叫？俺看他油嘴滑舌，南腔北調，到底算個甚麼？可笑這九頭鳥枉自又高又大，聽得一聲狗叫，他就跑了。原來小鳥這等利害！」多九公道：「此禽名叫鵁鳥，又名天狗。這九頭鳥本有十首，不知何時被犬咬去一個，其項至今流血。血滴人家，最為不祥。如聞其聲，須令狗叫，他即逃走。因其畏犬，所以古人有捩狗耳禳之之法。」

只見鸕鶿林內攛出一隻駝鳥，身高八尺，狀似橐駝，其色蒼黑，翅廣丈餘，兩隻駝蹄，奔至山岡，吼叫連聲。西林也飛出一鳥，赤眼紅嘴，一身白毛，尾長丈二，身高四尺，尾上有勺，其大如斗，走至山岡，與駝鳥鬥在一處。

林之洋道：「這尾上有勺的，倒也異樣。俺們捉幾個送給無腸國，他必歡喜。」唐敖道：「何以見得？」林之洋道：「他們得了這鳥，既可當菜大嚼，再把尾子取下作為盛飯盛糞的勺子，豈不好麼？」唐敖道：「怪不得古人言：駝鳥之卵其大如甕。原來其形竟有如許之大。這尾上有勺的，他比駝鳥，一個身高八尺，一個身高四尺，大小懸殊，何能爭鬥？豈非是討苦麼？」多九公道：「此鳥名喚鸎勺；他既敢與駝鳥相鬥，自然也就非凡。」鸎勺鬥未數合，豎起長尾，一連幾勺，打的駝鳥前竄後跳，聲如牛吼。

東林又跳出一隻禿鶖，身高八尺，長頸身青，頭禿無毛，擸至山岡。林之洋道：「忽然鬧出和尚來了。」西邊林內也飛出一鳥，渾身碧綠，一條豬尾，長有丈六，身高四尺，一隻長足，跳躍而出，擸至山岡，掄起豬尾，如皮鞭一般，對著禿鶖一連幾尾，把個禿鶖打的鮮血淋漓，吼叫連聲。林之洋道：「這個和尚今日老大吃虧！怪不得大人國的和尚不肯削髮。他怕禿頭吃苦。」多九公道：「原來跂踵出來爭鬥；他這豬尾，隨你勇鳥也敵他不過，看來鸛鸛又要大敗了。」

那邊百舌鳥早已飛回。東林禿鶖被打不過，騰空而去。駝鳥兩翅受傷，逃回本林。只聽鸛鸛叫幾聲，帶著無數怪鳥，奔至山岡。西林也有許多大鳥飛出。登時鬥成一團。那鸎勺掄起大勺，跂踵舞起豬尾，一起一落，打的落花流水。

正在難解難分，忽聽東邊山上，猶如千軍萬馬之聲，塵土飛空，山搖地動，密密層層，不知一群甚麼，狂奔而來。登時眾鳥飛騰，鳳凰、鸛鸛，也都逃竄。三人聽了，忙躲桐林深處，細細偷看。原來是群野獸，從東奔來。為首其狀如虎，一身青毛，鈎爪鋸牙，弭耳昂鼻，目光如電，聲吼如雷；一條長尾，尾上茸毛，其大如斗；走至鳳凰所棲林內，吼了兩聲，帶著許多怪獸，渾身血跡，擸了進去。隨後一群怪獸趕來，也是血跡淋漓；走至鸛鸛所棲林內，也都擸入。為首一獸，渾身青黃，其體似麕，其尾似牛，其足似馬，頭生一角。唐敖道：「請教九公！這個獨角獸自然是麒麟，西邊那個青獸可是狻猊？」多九公道：「西林正是狻猊，大約又來騷擾，所以麒麟帶著眾獸趕來。」

只見狻猊喘息片時，將身立起，口中叫了兩聲，旁邊攛出一隻野豬，搧著兩耳。一步三搖，倒像奉令一般，走到跟前，將頭伸出，送到狻猊口邊。狻猊嗅了一嗅，吼了一聲，把嘴一張，咬下豬頭，隨將野豬吃入腹中。林之洋道：「這個野豬，據俺看來，生的甚覺慳吝，那肯真心請客。他的意思，不過虛讓一讓，那知狻猊並不推辭，竟自啖了。原來狻猊腹饑，大約吃飽就要爭鬥了。」

正自指手畫腳談論狻猊，不意手中那個細鳥，忽又鳴聲震耳，連忙用手亂搖，那肯住聲。狻猊聽了，把頭揚起，順著聲音望了一望；只聽大吼一聲，帶著許多怪獸，一齊奔來。三人嚇的四處奔逃。多九公喊道：「林兄還不放鎗救命，等待何時！」林之洋跑的氣喘噓噓，棄了細鳥，迎著眾獸放了一鎗；雖然打倒兩個，無奈眾獸密密層層，毫不畏懼，仍舊奔來。多九公道：「我的林兄！難道放不得第二鎗麼？」林之洋戰戰兢兢又放一鎗。好像火上澆油，眾獸更都如飛而至。

林之洋不覺放聲哭道：「只顧要看撕鬥，那知狻猊腹饑，要吃俺肉！無膂國以土當飯，他是以人當飯！俺聞秀才最酸，狻猊如怕酸物，倒是九公同妹夫還可躲這災難，就只苦殺俺了！頃刻就到跟前，只要把口一張，就吞到腹中，這猊狻肚腸不知可像無腸國？但願吞了隨即通過，俺還有命；若不通過，存在裡面，就要悶殺了！」唐敖正朝前奔，只覺身後鳴聲震耳，回頭一看，狻猊相離不遠竟向身後撲來。不由手慌腳亂，無計可施；說聲不好，一時著急，將身一縱，就如飛舞一般，攛在空中。眾獸都向多林二人撲去。二人惟有叫苦，左右亂跑。

忽聽山岡上呱刺刺如雷鳴一般，響了一聲，一道黑烟，比箭還急，直奔狻猊；狻猊將身縱起，方才躲過。轉眼間，又是一聲響亮，狻猊躲避不及，登時打落山上。眾獸撇了多林二人，都來圍護狻猊。只聽呱刺刺、呱刺刺，響亮連聲，黑烟亂冒，塵土飛空，滿山響聲不絕，四面烟霧迷漫。那個響聲，如雨點一般，滾將出來，把些怪獸打的屍橫遍地，四處奔逃，霎時無蹤。麒麟帶著眾獸，也都逃竄。

唐敖落下，林之洋跑來道：「妹夫當日吃了躡空草，攛的高高的，有處躲避，竟把俺們撇了。幸虧俺有鎗神救命，若不遇著鎗神，只怕俺同九公久已變成狻猊的濁氣了。」唐敖道：「當日小弟在東口山手捧石碑，還能攛空，今日若將二位馱在肩上，大約也可攛高，無奈你們相離過遠，狻猊緊跟身後，那裡還敢遲延！舅兄只顧要將細鳥帶回船去，剛才被他這陣亂叫，以致眾獸聞風而至，幾乎性命不保。」多九公也走來道：「這陣連珠鎗好不利害！若非打倒狻猊，眾獸豈能散去？此時烟霧漸散，我們前去找那放鎗之人，以便拜謝。」

只見山岡走下一個獵戶，身穿青布箭衣，肩上擔著鳥鎗；生得眉清目秀，齒白唇紅，年紀不過十四五歲，雖是獵戶打扮，舉止甚覺秀雅。三人忙上前下拜道：「多謝壯士救命之恩。請教尊姓？貴鄉何處？」獵戶還禮道：「小子姓魏，天朝人氏，因避難寄居於此。請教三位老丈尊姓？從何到此？」多林二人把名姓說了。唐敖忖道：「當初魏思溫、薛仲璋二位哥哥都以連珠鎗出名；自從敬業兄弟兵敗，聞得俱逃海外，此人莫非思溫哥哥之子？待我問他一聲。」因說道：「當日中原有位姓魏的，官名思溫，慣用連珠鎗，天下馳名，壯士可是一家？」獵戶道：「這是先父，老丈何以得知？」唐敖道：「誰知壯士卻是思溫哥哥之子！不意竟於此處相會！」於是將名姓說明，又把當日結盟及被參各話細說一遍。

獵戶忙下拜道：「原來卻是唐叔叔到此。姪女不知，萬望恕罪。」唐敖還禮道：「賢姪請起。為何自稱姪女？這是何故？」獵戶道：「姪女名喚紫櫻，哥哥名魏武。因敬業叔叔遇難，父親無處存身，帶領家眷，逃至此地。本山向有狻猊，常與麒麟爭鬥，傷損田苗，甚至出來傷人；附近居民，屢受其害。向來雖有獵戶，奈此獸極其狡猾，目力甚遠，一聞鎗聲，即擡高逃避，非連珠鎗不能捉獲；因此聘請父親在此驅除野獸。歷來打死狻猊不計其數。前歲父親去世，雖將哥哥照舊延請，奈身弱多病，不能辛苦。若將此業棄了，無以為生。幸姪女幼年學得此鎗，只得男裝，權承此業，以養寡母。連日因眾獸爭鬥，惟恐傷人，正要擒拏狻猊，不想得遇叔叔。剛才狻猊緊在叔叔身後，我看著只管著急，不敢動手。虧得叔叔朝上一擡，這才得空，放了一鎗。若再稍遲一步，只怕叔叔性命難保。但是將身一縱，就能擡高，若非神靈護佑，何能如此？真是吉人天相！當日父親臨危有遺書一封，命我兄妹日後投奔嶺南託叔叔照應。此書現在家中，就請叔叔過去一看，以便獻茶。」唐敖道：「多年未見萬氏嫂嫂之面，今在海外，自應前去拜見；不意思溫哥哥今已去世，竟不能一見，好不令人心酸！」

當時三人同魏紫櫻越過山頭，向魏家而來。唐敖忖道：「我自到海外，凡遇名山異域，莫不上去流覽。原想遵著夢神之話，尋訪名花。誰知至今一無所見，倒與這些女子有緣，每每歧路相逢，卻也奇怪。」不多時，到了魏家，只見四處安設強弓弩箭。齊進客廳；魏紫櫻進內通知萬氏夫人；同魏武出來，彼此見禮。唐敖看那魏武，雖然滿面病容，生的倒也清秀。魏紫櫻把父親遺書呈出。唐敖拆開，上面寫的無非叮囑俯念結義之情，諸事照應的話；看罷，歎息一番，將書收過。萬氏道：「賤妾自從丈夫去世，原想攜了遺書，帶著兒女，投奔叔叔；因本地鄉鄰懼怕野獸，再三挽留，兼之家鄉近來不知可還緝捕餘黨，惟恐被害，不敢前去。今幸叔叔到此，我家現在六親無靠，故鄉舉目無親，除叔友外，別無可託之人。將來尚懇俯念丈夫結義之情，務望攜帶。儻能仍回故土，就是我丈夫在九泉之下，也感大德了。」

唐敖道：「緝捕之事，相隔十餘年，久已淡了。日後小弟海外回來，自然奉請嫂嫂並姪兒、姪女同回故鄉。況今日姪女如此大德，豈敢相忘？嫂嫂只管放心。」於是又問到日用薪水。原來此處民人因魏家父子驅除野獸，感念其德，供應極厚，每年除衣食外，頗有盈餘。唐敖聽了，這才放心，隨將身邊帶著散碎銀子，送給魏紫櫻為脂粉之用；又囑魏武帶至魏思溫靈前，拈香下拜，慟哭一場，辭別回船。

次日，到了白民國。林之洋發了許多綢緞海菜去賣，唐敖來邀九公上去遊玩。多九公道：「此處人烟甚廣，地方富厚，語言也與我們相同，無如老夫與他無緣。每到此地，不是有事，就是抱病，今日叨光❶同去走走，卻也難得。」一齊登岸，走了數里，只見各處俱是白壤，遠遠有幾座小嶺，都是一色礬石。田中種著蕎麥，遍地開著白花。雖有幾個農人在那裡耕田，因離的過遠，面貌看不明白，惟見一色白衣。不多時，進了王城，步過銀橋，四處房舍店面接連不斷，俱是粉壁高牆，人來人往，作買作賣，熱鬧非凡。那些國人，無老無少，個個面如白玉，唇似塗朱，再映著兩道彎眉，一雙俊目，莫不美貌異常；而且俱是白衣白帽，一概綾羅打扮，極其素淨。腕上都戴著金鐲，手中拿著香珠，帽後拖著三尺長的大紅穗子，身上掛著印花雙飛燕的汗巾，還有許多翡翠瑪瑙玩器；所穿衣服，大約都

❶ 叨光：沾光。叨，音ㄊㄠ。

用異香薰過，遠遠就覺芳馨撲鼻。

唐敖此時如入山陰道上，目不暇給，一面看著，一面讚不絕口道：「如此美貌，再配這些穿戴，真是風流蓋世！海外各國人物，大約以此為最了。」再看兩邊店面，接接連連，都是酒肆、飯館、香店、銀局。綢緞綾羅，堆積如山，衣冠鞋襪，擺列無數；其餘牛羊豬犬，雞鴨魚蝦，諸般海菜，各種點心，不一而足。真是吃的、喝的、穿的、戴的，無一不精，無一不備。滿街滿巷，那股酒肉之香，竟可上徹霄漢。

只見林之洋同一水手從綢緞店出來。多九公迎著問道：「林兄貨物可曾得利？」林之洋滿面歡容道：「俺今日託二位福氣，賣了許多貨物，利息也好，少刻回去，多買酒肉奉請。如今還有幾樣腰巾、荷包、零星貨物，要到前面巷內找個大戶人家賣去。俺們何不一同走走？」唐敖道：「如此甚好。」

林之洋隨命水手把所賣銀錢先送上船，順便買些酒肉帶去，自己提了包裹，同唐多二人進了前面巷子。林之洋道：「好了，前面那個高大門樓，想是大戶人家。」走到門前，適值裡面走出一個絕美後生。林之洋說知來意。那後生道：「既有寶貨，何不請進。我家先生正要買哩。」三人剛要舉步，只見門旁貼著一張白紙，上寫學塾兩個大字。唐敖一見，不覺吃了一嚇道：「九公！原來此處卻是學館。」多九公看了，也嚇一跳，又不好退回，只得走進。那後生見他們進來，先到裡面通信去了。唐敖向多九公道：「此處國人生的清俊，其天姿聰慧，博覽群書，可想而知。我們進去，須比黑齒國加倍留神才好。」林之洋道：「何必留神？據俺愚見，總是給他弗得知。」

三人進內，來至廳堂，裡面坐著一位先生，戴著玳瑁邊的眼鏡，約有四旬光景，還有四五個學生，都在二句上下，一個個品貌絕美，衣帽鮮明。那先生也是一個美丈夫。裡面詩書滿架，筆墨如林。廳堂當中懸一玉匾，上寫「學海文林」四個泥金大字。兩旁掛一副粉箋對聯，寫的是：「研六經以訓世，括萬妙而為師。」

唐敖同多九公見了這樣規模，不但腳下輕輕舉步，並且連鼻子氣也不敢出。唐敖輕輕說道：「這才是大邦人物，一切氣概，與眾不同，相形之下，我們又覺有些俗氣了。」走進廳堂，也不敢冒昧行禮，只好侍立一旁。先生坐在上面，手裡拿著香珠，把三人看了一看，望著唐敖招手道：「來，來，來。那個書生走進來。」唐敖聽見先生把他叫作書生，不知怎樣被他看出形狀，這一驚吃的不小。未知以後如何，且看下回分解。

第二十二回　遇白民儒士聽奇文　觀藥獸武夫發妙論

話說唐敖忽聽先生把他叫做書生，嚇的連忙進前打躬道：「晚生不是書生，是商賈。」先生道：「我且問你，你是何方人氏？」唐敖躬身道：「晚生生長天朝，今因販貨到此。」先生笑道：「你頭戴儒巾，生長天朝，為何還推不是書生；莫非怕我考你麼？」唐敖聽了，這才曉得他因儒巾看出，只得說道：「晚生幼年雖習儒業，因貿易多年，所有讀的幾句書久已忘了。」先生道：「話雖如此，大約詩賦必會作的？」

唐敖聽說做詩，更覺發慌道：「晚生自幼從未做詩，連詩也未讀過。」先生道：「難道你生在天朝，連詩也不會作？斷無此事。何必瞞我？快些實說。」唐敖發急道：「晚生實實不知，怎敢欺瞞？」先生道：「你這儒巾明明是個讀書幌子，如何不會作詩？你既不懂文墨，為何假充我們儒家樣子，卻把自己本來面目失了？難道你要借此撞騙麼？還是裝出斯文樣子要謀館呢？我看你想館把心都想昏了！這也罷，我且出題考你一考，看你作的何如。如作的好，我就薦你一個美館。」說罷，把詩韻取出。

唐敖見他取出詩韻，更急的要死，慌忙說道：「晚生倘稍通文墨，今得幸遇當代鴻儒，尚欲勉強塗鴉，以求指教，豈肯自暴自棄，不知抬舉，至於如此？況且又有美館之薦，晚生敢不勉力？實因不諳文字，所以有負尊意，尚求垂問同來之人，就知晚生並非有意推辭了。」先生因向多林二人道：「這個儒生果真不知文墨麼？」林之洋道：「他自幼讀書，曾中探花，怎麼不知！」唐敖暗暗頓足道：「舅兄要阬殺我了！」只聽林之洋又接著說道：「俺對先生實說罷：他知是知的，自從得了功名，就把書籍撇在九霄雲外。幼年讀的《左傳》、右傳、《公羊》、母羊，還有平日做的打油詩、放屁詩，零零碎碎，一總都就了飯吃了。如今腹中只剩幾段《大唐》〈律例注單〉，還有許多買辦帳。你要考他《律例》、算盤，倒是熟的。俺求你老人家把這美館賞俺晚生罷。」

先生道：「這個儒生既已廢業，想是實情。你同那個老兒可會作詩？」多九公躬身道：「我們二人向來貿易，從未讀書，何能做詩？」先生道：「原來你們三個都是俗人。」因指林之洋道：「你既同他們一樣，為何還要求人薦館？可惜你枉自生得白淨。腹中也少墨水，就是出來貿易，也該略認幾字。我看你們雖可造就，無奈都是行路之人，不能在此躭擱；若肯略住兩年，我倒可以指點指點。不是我誇口說，我的學問，只要你們在我跟前稍為領略，就夠你們終身受用；日後回到家鄉，時時習學，有了文名，不獨近處朋友都來相訪，只怕還有朋友自遠方來哩。」林之洋道：「據俺晚生看來，豈但自遠方來，而且心裡還樂乎哩。」

先生聽了，不覺吃驚。立起身來，把玳瑁眼鏡取下，身上取出一塊雙飛燕的汗巾，將眼揩了一揩，望著林之洋上下看一看，道：「你既曉得樂乎故典，明明懂得文墨，為何故意騙我？」林之洋道：「這是俺晚生無意碰在典上；至於他的出處，俺實不知。」先生道：「你明是通家，還要推辭。」林之洋道：「俺如騙你，情願發誓，教俺來生變個老秀才，從十歲進學，不離書本，一直活到九十歲，這才壽終。」先生道：「如此長壽，你敢願意？」林之洋道：「你只曉得長壽，那知從十歲進學活到九十歲，這八十年歲考的苦處，也就是活地獄了。」

先生仍舊坐下道：「你們既不懂得文理，又不會作詩，無甚可談，立在這裡，只覺俗不可耐，莫若請出，且到廳外，等我把學生功課完了，再來看貨。況且我們談文，你們也不懂。若久站在此，惟恐你們這股俗氣四處傳染。我雖上智不移，但館中諸生俱在年幼，一經染了，就要費我許多陶鎔，方能脫俗哩。」三人只得諾諾連聲，慢慢退出，立在廳外。

唐敖心裡還是撲撲亂跳，惟恐先生仍要談文，意欲攜了多九公先走一步。忽聽先生在內教學生念書。細細聽時，只得兩句，共八個字，上句三字，下句五字。學生跟著讀道：「切吾切，以反人之切。」唐敖忖道：「難道他們講究反切麼？」林之洋道：「你們聽聽，只怕又是問道於盲來了。」多九公聽了，不覺毛骨竦然，連連搖手。那先生教了數遍，命學生退去，又教一個學生念書，也是兩句：上句三字，下句四字。只聽師徒高聲讀道：「永之興，柳興之興。」也教數遍退去。三人聽了，一毫不懂；於是閃在門旁，暗暗偷看。只見又有一個學生，捧書上去，先生把書用硃筆點了，也教了兩遍，每句四字。只聽學生念道：「羊者，良也；交者，孝也；予者，身也。」唐敖輕輕說道：「九公！今日千好萬好，幸未同他談文。剛才細聽他們所讀之書，不但從未見過，並且語句都是古奧。內中若無深義，為何偌大後生，每人只讀數句？無如我們資性魯鈍，不能領略。古人云：不經一事，不長一智。我們若非黑齒前車之鑒，今日稍不留神，又要吃虧了。」

忽見有個學生出來招手道：「先生要看貨哩。」林之洋連忙答應，提著包裹進去。二人等候多時。

原來先生業已把貨買了，在那裡議論平色。唐敖趁空暗暗踱進書館，把眾人之書，細看一遍；又把文稿翻了兩篇，連忙退出。多九公道：「他們所讀之書，唐兄都看見了，為何面上脹的這樣通紅？」唐敖剛要開言，恰好林之洋把貨賣完，也退出來。三人一齊出門，走出巷子。唐敖道：「今日這個虧吃的不小。我只當他學問淵博，所以一切恭敬，凡有問對，自稱晚生，那知卻是這樣不通！真是聞所未聞！見所未見！」

多九公道：「他們讀的切吾切，以反人之切，卻是何書？」唐敖道：「小弟才去偷看，誰知他把幼字及字讀錯，是《孟子》『幼吾幼，以及人之幼』。你道奇也不奇？」多九公不覺笑道：「若據此言，那『永之興，柳興之興』，莫非就是『求之與？抑與之與』麼？」唐敖道：「如何不是！」多九公道：「那『羊者，良也；交者，孝也；予者，身也』是何書呢？」唐敖道：「這幾句他只認了半邊，卻是《孟子》『庠者，養也；校者，教也；序者，射也』。並且書案上還有幾本文稿，小弟略略翻了兩篇，惟恐先生看見，也不敢看完，忙退出來。」

多九公道：「他那文稿寫著甚麼？唐兄可記得麼？」唐敖道：「內有一本破題❶，所載甚多。小弟記得有個題目：是『聞其聲，不忍食其肉』二句。他破的是：『聞其聲焉，所以不忍食其肉也。』」林之洋道：「這個學生作這破題，俺不喜他別的，俺只喜他好記性。」多九公道：「何以見得？」林之洋道：「先生出的題目，他竟一字不忘，整個寫出來，難道記性還不好麼？」唐敖道：「還有一個題目是：『百畝之田，勿奪其時，八口之家，可以無飢矣。』他破的是：『一頃之壤，能致力焉，則

❶ 破題：八股文的第一股，即下筆點破題旨，只能用兩句。

四雙人丁，庶幾有飯吃矣。』」林之洋道：「他以四雙人丁破那八口之家，俺只喜他『四雙』二字把個『八』字扣的緊緊，萬不能移到七口九口去。」唐敖道：「還有一個題目是：『子華使於齊』至『原思為之宰』。他的破題，此時記不明白。我只記得到了渡下，他有兩句是：『休言豪富貴公子，且表為官受祿人。』」諸如此類，小弟也記不了許多。但此等不通之人，我在他跟前卑躬侍立，口口聲聲自稱『晚生』，豈不愧死？」林之洋道：「『晚生』二字，也無甚麼卑微。若他是早晨生的，你是晚上生的，或他先生幾年，你後生幾年，都可算得晚生，這怕甚麼？剛才那個先生念的『切吾切，以反人之切』，當時俺聽了，倒替你們躭憂，惟恐他要講究反切，又要吃苦。如今平安回來，就是好的。管他甚麼『早生』『晚生』！據俺看來，今日任憑吃虧，並未勞神，又未出汗。若比黑齒，也算體面了。」

忽見有個異獸，宛似牛形，頭上戴著帽子，身上穿著衣服，有一個小童牽著走了過去。唐敖道：「請教九公：小弟聞當日神農時白民曾進藥獸，不知此獸可是？」多九公道：「此正藥獸，最能治病。人若有疾，對獸細告病源，此獸即至野外銜一草歸。病人搗汁飲之，或煎湯服之，莫不見效。設或病重，一服不能除根，次日再告病源，此獸又至野外，或仍銜前草，或添一二樣，照前煎服，往往治好，此地至今相傳。並聞此獸比當日更廣，漸漸滋生，連別處也有了。」林之洋道：「原來他會行醫。怪不得穿著衣帽。請問九公：這獸不知可曉脈理？可讀醫書？」多九公道：「他不會切脈，也未讀過醫書，大約略略曉得幾樣藥味。」林之洋指著藥獸道：「俺把你這厚臉的畜牲！醫書也未讀過，又不曉得脈理，竟敢出來看病！豈非以人命當耍麼？」多九公道：「你罵他，設或被他聽見，準給你藥吃。」林之洋道：「俺又不病，為甚要吃藥？」多九公道：「你雖無病，吃了他的藥，自然要生出病來。」

說笑間，回到船上，大家痛飲一番。

走了幾時，這日風帆順利，舟行甚速。唐敖同林之洋立在舵樓看多九公指撥眾人推舵，忽見前面似烟非烟，似霧非霧，有萬道青氣，直衝霄漢，烟霧中隱隱現出一座城池。

林之洋道：「這城倒也不小。不知是甚地名？」多九公把羅盤更向，望一望道：「據老夫看來，前面已到淑士國了。」唐敖道：「小弟只覺這青氣中含著一股異味。九公可知其詳麼？」多九公道：「老夫雖路過此地，因未近觀，不知是何氣味。」林之洋道：「青屬甚味？難道書上也未載著麼？」唐敖道：「按五行五味而論：東方屬木，其色青，其味酸，不知彼處可是如此？」林之洋望著，迎面嗅了一嗅，把頭點了兩點，道：「妹夫！這話只怕有些意思。」

說話間，相離甚近，惟見梅樹叢雜，都有十數丈高。那座城池隱隱約約，被億萬梅樹圍在居中。不多時，船已收口。林之洋素知此地不通商販，並無交易；因恐唐敖在船煩悶，所以照會眾水手在此攏岸，將船停泊。三人約會同去。多九公道：「林兄何不帶些貨物？儻或碰著交易，也未可知。」林之洋道：「淑士國從來買賣甚少，俺帶甚物去呢？」多九公道：「若據『淑士』兩字而論，此地似乎該有讀書人。要帶貨物，惟有筆墨之類最好，並且攜帶也便。」林之洋點頭，隨即攜了一個包裹。三人跳上三板。眾水手用棹攏到岸邊，一齊上岸，穿入梅林，只覺一股酸氣，直鑽頭腦。三人只得掩鼻而行。

多九公道：「老夫聞得海外傳說淑士國四時有不斷之虀，八節有長青之梅。虀菜多寡雖不得而知，據這梅樹看來，果真不錯。」過了梅樹，到處皆是菜園。那些農人，都是儒者打扮。走了多時，離關不遠，只見城門石壁上鐫著一副金字對聯，字有斗大；遠遠望去，只覺金光燦爛。上面寫的是：「欲高門第須為善；要好兒孫必讀書。」多九公道：「據對聯看來，上句含著淑字意思，下句含著士字意思。這兩句卻是淑士國絕好招牌。怪不得就在城上施展起來。」唐敖道：「此地國王據古人傳說乃顓頊之後。看這景象，甚覺儒雅，與白民國迥然不同。」來到關前，只見許多兵役上來。未知以後如何，且觀下回分解。

第二十三回　說酸話酒保咬文　講迂談腐儒嚼字

話說三人來至關前，許多兵役上來問明來歷，個個身上搜檢一遍，才放進去。林之洋道：「關上這些囚徒竟把俺們當作賊人細細盤查，可惜俺未得著躡空草；若吃了躡空草，俺就擸進城去，看他怎樣！」三人來到大街，看那國人都是頭戴儒巾，身穿青衫，也有穿著藍衫的。那些作買賣的，也是儒家打扮，斯斯文文，並無商旅習氣；所賣之物，除家常日用外，大約賣青梅虀菜的居多，其餘不過紙墨筆硯，眼鏡牙杖，書坊酒肆而已。

唐敖道：「此地庶民，無論貧富，都是儒者打扮，卻也異樣。好在此地語言易懂，我們何不去問問風俗？」走過鬧市，只聽那些居民人家，接二連三，莫不書聲朗朗，門首都豎著金字匾額；也有寫著「賢良方正」的，也有寫著「孝悌力田」的，也有「聰明正直」的，也有「德行耆儒」的，也有「通經孝廉」的，也有「好善不倦」的。其餘兩字匾額，如「體仁」「好義」「循禮」「篤信」之類不一而足，上面都有姓名年月。只見旁邊一家門首貼著一張紅紙，上寫「經書文館」四字，門上有副對聯，寫的是：「優游道德之場；休息篇章之囿。」正面懸著五爪盤龍金字匾額，是「教育人才」四個大字。裡面書聲震耳。

林之洋指著包裹道：「俺要進去發個利市，二位可肯一同走走？」唐敖道：「舅兄饒了我罷！我還留著幾個晚生慢慢用哩！前在白民國，賤賣幾個，至今還覺委屈。今到此地，看這光景，固非賤賣；但非其人，也覺委屈。」林之洋道：「當日妹夫如在紅紅、亭亭跟前稱了晚生，心中可委屈？」唐敖道：「小弟若在兩位才女跟前稱了晚生，不但毫不委屈，並且心悅誠服。俗語說的『學問無大小，能者為尊。』他的學問既高，一切尚要求教，如何不是晚生？豈在年紀？若老大無知如白民之類，他在我跟前稱晚生，我還不要哩！二位才女如此通品❶，舅兄卻直稱其名，未免唐突。」林之洋道：「當日你們受了黑女許多恥笑，還有『問道於盲』的話，彼時他們雖係羞辱九公，與妹夫無涉，但不把你放在眼裡，隨嘴亂說，也甚狂妄。今日提起，你不恨他也罷了，為甚反要敬他？」唐敖道：「凡事無論大小，如能處處虛心，不論走到何處，斷無受辱之虞。我們前在黑齒，若一切謙遜，他又從何恥笑？今不自己追悔，若再怨人，那更不是了。」

多九公道：「那幾日老夫奉陪唐兄遊玩，每每遊到山水清秀或幽僻處，唐兄就有棄絕凡塵要去求仙之意。此雖一時有感而發，若據剛才這番言談，莫非先賢忠恕之道。倘諸事如此，就是成佛作祖的根基。唐兄學問度量，老夫萬萬不及，將來諸事，竟要叨教了。」林之洋道：「兩個黑女才學高，妹夫肯稱晚生；那君子國吳家兄弟跟前，妹夫也肯稱晚生麼？」唐敖道：「那吳氏弟兄學問雖不深知，據他所言，莫不盡情盡理，純是聖賢仁義之道；此等人莫講晚生，就是在他跟前負笈擔囊，拜他為師，也長許多見識。」林之洋道：「俺們只顧亂講，莫被這些走路人聽見。你們就在左近❷走走，俺去去

❶ 通品：猶言通人，即博覽古今之人。
❷ 左近：附近。

就來。」說罷，向學館去了。

二人仍舊閒步，只見有兩家門首豎著兩塊黑字匾額，一寫「改過自新」，一寫「回心向善」，上面也有姓名年月。唐敖道：「九公！你道此匾何如？」多九公道：「據這字面，此人必是做甚不法之事，所以替他豎這招牌。仔細看來，金字匾額不計其數，至於黑匾，卻只此兩塊。可見此地向善的多，違法的少，也不愧淑士二字。」

二人信步又到鬧市，觀玩許久，只見林之洋提著空包裹，笑嘻嘻趕來。唐敖道：「原來舅兄把貨物都賣了。」林之洋道：「貨雖賣了，就只賠了許多本錢。」多九公道：「這卻為何？」林之洋道：「俺進了書館，裡面是些小童，看了貨物，都要爭買。誰知這些窮酸❸，一錢如命❹，總要貪圖便宜，不肯十分出價。及至俺不賣要走，他又戀戀不捨，不放俺出來，扳談❺多時，許多貨物共湊起來，不過增價一文。俺因那些窮酸又不添價，又不放走，他那戀戀不捨神情，令人看著可憐；俺本心慈面軟，又想起君子國交易光景，俺要學他樣子，只好吃些虧賣了。」多九公道：「林兄賣貨既不得利，為何滿面笑容？這笑必定有因。」

林之洋道：「俺生平從不談文，今日才談一句，就被眾人稱讚，一路想來，著實快活，不覺好笑。剛才那些生童同俺講價，因俺不戴儒巾，問俺向來可曾讀書。俺想妹夫常說，凡事總要謙恭，但俺腹

---

❸ 窮酸：譏笑貧寒文士之詞。
❹ 一錢如命：比喻窮酸吝嗇。
❺ 扳談：同「攀談」，拉攏談話的意思。

中本無一物，若再謙恭，他們更看不起了。因此俺就說道：俺是天朝人，幼年時節，經史子集，諸子百家，那樣不曾讀過！就是俺們本朝唐詩，也不知讀過多少！俺只顧說大話。他們因俺讀過詩，就要教俺做詩，考俺的學問。俺聽這話，倒嚇一身冷汗。俺想俺林之洋又不是秀才，生平又未做甚歹事，為甚要受考的魔難❻？就是做甚歹事，也罪不至此。俺思忖多時，只得推辭，俺要趲路，不能耽擱。再三支吾❼，偏偏這些刻薄鬼執意不肯，務要聽聽口氣，才肯放走。俺被他們逼勒不過，忽然想起素日聽得人說：搜索枯腸❽，就可做詩。俺因極力搜索，奈腹中只有盛飯的枯腸，並無盛詩的枯腸；所以搜他不出。後來俺見有兩個小學生在那裡對對子。先生出的是『雲中雁』，一個對『水上鷗』，一個對『水底魚』。俺趁勢說道：『今日偏偏詩思不在家，不知甚時才來。好在詩思雖不在家，對思卻在家。你們要聽口氣，俺對這個「雲中雁」罷。』他們都道：『如此甚好。不知對個甚麼？』俺道：『鳥鎗打。』他們聽了，都發殘不懂，求俺下個註解。俺道：『難為你們還是生童，連這意思也不懂！你們只知雲中雁拿那水上鷗、水底魚來對。請教這些字面與那雲中雁有甚瓜葛？俺對的這個鳥鎗打，卻從雲中雁生出的。』他們又問：『這三字為何從雲中雁生發的？倒要請教。』俺道：『一抬頭，看見雲中雁，隨即就用鳥鎗打，如何不從雲中雁生出的！』他們聽了，這才明白。都道：『果然用意甚奇。無怪他說諸子百家都讀過。據這意思，只怕還從《莊子》「見彈而求鴞炙」套出來的。』俺聽這話，

---

❻ 魔難：猶「磨難」。
❼ 支吾：言語牽強，應付搪塞。
❽ 枯腸：思慮枯絕。

猛然想起九公常同妹夫談論《莊子》《老子》，約略必是一部大書。俺就說道：『不想俺的用意在這書上竟被你們猜出。可見你們學問也是不凡的。幸虧俺用《莊子》，若用《老子》、「少子」，只怕也瞞不過了。』誰知他們聽了，又都問道：『向來只有《老子》，並未聽見有甚「少子」，不知這部少子何時出的？內中載著甚麼？』俺被他們這樣一問，倒問住了。俺只當既有《老子》，一定該有『少子』；平時因聽你們談講《前漢書》、《後漢書》，又是甚麼『文子』、『武子』，所以俺談《老子》隨口帶出一部『少子』，以為多說一書，更覺好聽；那知剛把對子敷衍交卷，卻又鬧出岔頭❾。後來他們再三追問，定要把這『少子』說明，才肯放走。俺想了一想，登時得一脫身主意，因向他們道：『這部「少子」乃聖朝太平之世出的。是俺天朝讀書人做的。這人就是老子後裔。老子做的是《道德經》，講的都是元虛奧妙。他這「少子」雖以游戲為事，卻暗寓勸善之意，不外風人之旨。上面載著諸子百家、人物花鳥、書畫琴棋、醫卜星相、音韻算法，無一不備；還有各樣燈謎、諸般酒令，以及雙陸、馬弔、射鵠、蹴毬、鬥草、投壺，各種百戲之類，件件都可解得睡魔，也可令人噴飯。這書俺們帶著許多，如不嫌污目，俺就回去取來。』他們聽了個個歡喜，都要觀看，將物價付俺，催俺上船取書，俺才逃了回來。」

唐敖笑道：「舅兄這個『烏鎗打』幸而遇見這些生童；若教別人聽見，只怕嘴要打腫哩！」林之洋道：「俺嘴雖未腫，談了許多文，嘴裡著實發渴。剛才俺同生童討茶吃，他們那裡雖然有茶，並無茶葉，內中只有樹葉兩片。倒了多時，只得淺淺半杯。俺喝了一口，至今還覺發渴。這卻怎好？」多

❾ 岔頭：岔路。

九公道：「老夫口裡也覺發乾；恰喜面前有個酒樓，我們何不前去沽飲三杯，就便問問風俗？」林之洋一聞此言，口中不覺垂涎道：「九公真是好人，說出話來莫不對人心路。」

三人進了酒樓，就在樓下檢個桌兒坐了。旁邊走過一個酒保，也是儒巾素服，面上戴著眼鏡，手中拿著摺扇，斯斯文文，走來向著三人打躬陪笑道：「三位先生光顧者，莫非飲酒乎？抑用菜乎？敢請明以教我。」林之洋道：「你是酒保，你臉上戴著眼鏡，已覺不配，你還滿嘴通文❿，這是甚意？剛才俺同那些生童講話，倒不見他有甚通文，誰知酒保倒通起文來，真是『整瓶不搖半瓶搖』⓫！你可曉得俺最猴急，耐不慣同你通文？有酒有菜，只管快快拿來。」酒保陪笑道：「請教先生，酒要一壺乎，兩壺乎？菜要一碟乎，兩碟乎？」林之洋把手朝桌上一拍道：「甚麼乎不乎的！你只管取來就是了！你再之乎者也的，俺先給你一拳！」嚇的酒保連忙說道：「小子不敢！小子改過！」隨即走去取了一壺酒，兩碟下酒之物，一碟青梅，一碟虀菜，三個酒杯，每人面前恭恭敬敬斟了一杯，退了下去。林之洋素日以酒為命，見了酒，心花都開，望著二人說聲請了，舉起杯來，一飲而盡。那酒方才下咽，不覺緊皺雙眉，口水直流，捧著下巴喊道：「酒保，錯了，把醋拿來了！」

只見旁邊座兒有個駝背老者，身穿儒服，面戴眼鏡，手中拿著剔牙杖，坐在那裡，斯斯文文，自斟自飲；一面搖著身子，一面口中吟哦，所吟無非之乎者也之類。正吟的高興，忽聽林之洋說酒保錯拿醋來，慌忙住了吟哦，連連搖手道：「吾兄既已飲矣，豈可言乎？你若言者，累及我也。我甚怕哉，

❿ 通文：博通文學。
⓫ 整瓶不搖半瓶搖：比喻有學問的很謙虛，沒學問的反而喜歡表現。

故爾愬焉。兄耶，兄耶，切莫語之！」唐多二人聽見這幾個虛字，不覺渾身發麻，暗暗笑個不了。林之洋道：「又是一位通文的！俺埋怨酒保拿醋算酒，與你何干？為甚累你？倒要請教。」老者聽罷，隨將右手食指、中指放在鼻孔上擦了兩擦，道：「先生聽者。今以酒醋論之，酒價賤之，醋價貴之。因何賤之？為甚貴之？其所分之，在其味之。酒味淡之，故爾賤之；醋味厚之，所以貴之。人皆買之，誰不知之？他今錯之，必無心之。先生得之，樂何如之！第既飲之，不該言之。不獨言之，而謂誤之。他若聞之，豈無語之？苟如語之，價必增之。先生增之，乃自討之；你自增之，誰來管之？但你飲之，即我飲之。飲既類之，增應同之。向你討之，必我討之。你既增之，我安免之？苟亦增之，豈非累之？既要累之，你替與之。你不與之，他安肯之？既不肯之，必尋我之。我縱辯之，他豈聽之？他不聽之，勢必鬧之。儻鬧急之，我惟跑之。跑之，跑之，看你怎麼了之！」唐多二人聽了，惟有發笑。

林之洋道：「你這幾個之字，盡是一派酸文，句句犯俺名字，把俺名字也弄酸了。隨你講去，俺也不懂。但俺口中這股酸氣，如何是好？」桌上望了一望，只有兩碟青梅蘿菜。看罷，口內更覺發酸。因大聲叫道：「酒保！快把下酒多拿兩樣來。」酒保答應，又取四個碟子放在桌上：一碟鹽豆，一碟青豆，一碟豆芽，一碟豆瓣。林之洋道：「這幾樣俺吃不慣，再添幾樣來。」酒保答應，又添四樣：一碟豆腐乾，一碟豆腐皮，一碟醬豆腐，一碟糟豆腐。林之洋道：「俺們並不吃素，為甚只管拿這素菜？還有甚麼，快去取來。」酒保陪笑道：「此數餚也，以先生視之，固不堪入目矣；然以敝地論之，雖王公之尊，其所享者，亦不過如斯數樣耳。先生鄙之，無乃過乎？止此而已，豈有他哉？」

多九公道：「下酒菜業已夠了，可有甚麼好酒？」酒保道：「是酒也，非一類也，而有三等之分焉：上等者，其味醲；次等者，其味淡；下等者，又其淡也。先生問之，得無喜其淡者乎？」唐敖道：「我們量窄，吃不慣醲的。你把淡的換一壺來。」酒保登時把酒換了。三人嘗了一嘗，雖覺微酸，還可吃得。林之洋道：「怪不得有人評論酒味，都說酸為上，苦次之。原來這話出在淑士國的。」只見外面走進一個老者，儒巾淡服，舉止大雅，也在樓下檢個座兒坐了。未知以後如何，且看下回分解。

第二十四回　唐探花酒樓聞善政　徐公子茶肆敘衷情

話說那個老者坐下道：「酒保，取半壺淡酒，一碟鹽豆來。」唐敖見他器宇不俗，向前拱手道：「老丈請了。請教上姓？」老者還禮道：「小子姓儒。還未請教尊姓？」當時多林二人也過來，彼此見禮，各通名姓，把來意說了。老者道：「原來三位都是天朝老先生，失敬、失敬！」唐敖道：「老丈既來飲酒，與其獨酌，何不屈尊過去，奉敬一杯，一同談談呢？」老者道：「雖承雅愛，但初次見面，如何就要叨擾！」多九公道：「也罷，我們移罇就教罷。」隨命酒保把酒菜取了過來。三人讓老者上坐。老者因是地主，再三不肯，分賓主坐了，彼此敬了兩杯，吃些下酒之物。

唐敖道：「請教老丈：貴處為何無論士農工商都是儒者打扮，並且官長也是如此？難道貴賤不分麼？」老者道：「敝處向例，自王公以至庶民，衣冠服制，雖皆一樣，但有布帛顏色之不同。其色以黃為尊，紅紫次之，藍又次之，青色為卑。至於農工商賈，亦穿儒服；因本國向有定例：凡庶民素未考試的，謂之游民。此等人身充賤役，不列四民之中，即有一二或以農工為業，人皆恥笑，以為游民，不執常業，莫不遠而避之；因此本處人自幼莫不讀書。雖不能身穿藍衫，名列膠庠，只要博得一領青衫，戴個儒巾，得列名教之中，不在游民之內，從此讀書上進固妙，如或不能，或農或工，亦可各安事業了。」

唐敖道：「據老丈之言，貴處庶民，莫不從考試出來；第舉國之大，何能個個能文呢？」老者道：「考試之例，各有不同：或以通經，或以明史，或以詞賦，或以詩文，或以策論，或以書啟，或以樂律，或以音韻，或以刑法，或以曆算，或以書畫，或以醫卜。只要精通其一，皆可取得一頂頭巾，一領青衫。若要上進，卻非能文不可。至於藍衫，亦非能文不可得。所以敝處國主當日創業之始，曾於國門寫一對聯，下句是要好兒孫必讀書，就是勉人上進之意。」

多九公道：「請教老丈：貴處各家門首所立金字匾額，想是其人賢聲素著，國王賜匾表彰，使人效法之意。內有一二黑匾，如『改過自新』之類，是何寓意？」老者道：「這是其人雖在名教中，偶然失於檢點，作了違法之事，並無大罪，事後國主命豎此匾，以為改過自新之意。此等人如再犯法，就要加等治罪。倘痛改前非，眾善奉行，或鄉鄰代具公呈，或官長訪知其事，都可奏明，將匾除去。此後或另有善行，賢聲著於鄉黨，仍可啟奏，另豎金字匾額。至豎過金字匾額之人，如有違法，不但將匾除去，亦是加等治罪，即《春秋》責備賢者之義。這總是國主勉人向善，諄諄勸戒之意。幸而讀書者甚多。書能變化氣質，遵著聖賢之教，那為非作歹的究竟少了。」

四人閒談，不知不覺，連飲數壺。老者也問問天朝光景，嘖嘖讚美。又說許多閒話，老者酒已夠了，意欲先走一步。唐敖見天色不早，算還酒帳，一同起身。老者立起，從身上取下一塊汗巾，鋪在桌上，把碟內所剩鹽豆之類，盡數包了，揣在懷中道：「老先生錢已給過，這些殘餚，與其白教酒保收去，莫若小弟順便帶回；明日倘來沽飲，就可再叨餘惠了。」一面說著，又拿起一把酒壺，揭開壺蓋，望了一望，裡面還有兩杯酒，因遞給酒保道：「此酒寄在你處，明日飲時，倘少一杯，要罰十杯哩。」又把醬豆腐、糟豆腐，倒在一個碟內，也遞給酒保道：「你也替我好好收了。」

四人一同出來，走了兩步，見旁邊殘桌上放著一根剔牙杖，老者取過，聞了一聞，用手揩了一揩，放入袖中。出了酒樓，到了市中，只見許多人圍著一個美女在那裡觀看。那女子不過十三四歲，生得面如傅粉，極其俊秀，惟滿眼淚痕，哭聲甚慘。老者嘆道：「如此幼女，教他天天拋頭露面，今已數日，竟無一人肯發慈心，卻也可憐。」唐敖道：「這女為何如此？」老者道：「此女向充宮娥，父母久已去世。自從公主下嫁，就在駙馬府伺候。前日不知為甚忤了駙馬，發媒變賣，身價不拘多寡。奈敝處一錢如命，無人肯買。兼之駙馬現掌兵權，殺人如同兒戲，庶民無不畏懼，誰敢太歲頭上動土？此女因露面羞愧，每尋自盡，俱被官媒❶救護。此時生死不能自主，所以啼哭。二位老先生如發善心，只消十貫錢就可買去，救其一命，也是一件好事。」

林之洋道：「妹夫破費十貫錢買了，帶回嶺南，服侍甥女，豈不是好？」唐敖道：「此女既充宮娥，其家必非下等之人。我們設法救他則可，豈敢買去以奴婢相待？不知其家還有何人？如有親屬，小弟情願出錢，令其親屬領回，倒是一件美舉。」老者道：「前日駙馬有令，不准親屬領回，如有不遵，就要治罪；因此親屬都不敢來。」唐敖聽了，不覺搔首道：「既無親屬來領，又無人救，這卻怎好？為今之計，只好權且買去，暫救其命，再作道理。」於是託林之洋上船，取了十貫錢，交給老者，向官媒寫契買了；老者交代別去。

三人領了女子，回歸舊路。唐敖問其姓氏。女子道：「婢子複姓司徒，乳名蕙兒，又名嫵兒。現

---

❶ 官媒：舊時官衙中的女役。承辦婦女發堂擇配或輕罪女犯的看管等事。

年十四歲。自幼選為宮娥，伺候王妃。前年公主下嫁，蒙王妃派入駙馬府。父親在日，曾任領兵副將；因同駙馬出兵，死在外邦。」唐敖道：「原來是千金小姐。令尊在日，小姐可曾受聘？」司徒嫵兒道：「婢子獲罪，蒙恩主收買，乃係奴婢；今恩主以小姐相稱，婢子如何禁當得起？」林之洋道：「剛才俺妹夫說：斷不肯以奴婢相待，據俺主意，小姐從今拜俺妹夫為義父，彼此也好相稱。」說話間，來到岸邊，水手放過三板，一齊渡上大船。林之洋命司徒嫵兒拜了義父，進了內艙，與呂氏、婉如見禮，復又出來，拜了多林二人。唐敖又問可曾受聘之事。嫵兒滴淚道：「女兒若非丈夫負心，今日何至如此？」唐敖道：「你丈夫現做何事業？為何負你？」嫵兒道：「他祖籍中原，前年來此投軍，駙馬愛他驍勇，留在府中，做為親隨；但駙馬為人剛暴，下人稍有不好，立即處斬，就是國王也懼他三分，又性最多疑，惟恐此人是外邦奸細，時刻隄防。去歲把女兒許給為妻，意欲以安其心。誰知他來此投軍，果非本意。女兒既有所見，兼因駙馬暴戾異常，將來必有大禍，惟恐玉石俱焚；因此不避羞恥，曾於黑夜俟駙馬安寢，暗至他的門首，勸他急速回鄉，另尋門路。不意他把這話告知駙馬，公主立將女兒責處；此是今春的事。前日女兒因駙馬就要出外閱兵，恐他跟去，徒然勞苦，於事無益，又去勸他及早改圖，並偷給令旗一枝，以便私自出關，不意他將此話又去稟知，因此駙馬大怒，將女兒毒打，並發官媒變賣。」

唐敖道：「你丈夫既來投軍，為何不是本意？況跟去閱兵，或者勞苦一場，爭得一官半職，也未可知；怎麼你說與他無益？這話我卻不懂。你丈夫姓甚名誰？現年若干？你們既已聘定，為何尚不完婚？」嫵兒道：「他姓徐，名承志，現年二旬以外。駙馬雖將女兒許配，終懷猜疑，惟恐仍有異心，故將婚期暫緩。女兒因他由中原數萬里至此，若非避難，定有別因，意欲探其消息，奈內外相隔，不得其詳。去歲冬間，他跟駙馬進朝議事，女兒探知回來尚早，正好看其行藏❷。即至外廂暗將房門撬開，搜出檄文一道，血書一封，這才曉得他是英國公忠良之後，避難到此；因此今年兩次捨死勸他及早改圖。女兒原想救出丈夫，冀其勉承父志，立功於朝，以復祖業，庶忠良不致無後，英公亦瞑目九泉。倘得如願，女兒一身如同蒿草。即使駙馬聞知，亦必含笑就死，復有何恨？那知他無情無義，反將女兒陷害。若說他出於無心，今春女兒被責，打至九死一生，合府無人不曉，他豈不知；今又和盤托出，竟是安心要害女兒，卻將自己切己之事全置度外，豈非別有肺腸麼？」說罷，放聲大哭。

唐敖聽罷，又驚又喜道：「此人既是徐姓，又是英國公之後，兼有檄文血書，必是敬業兄弟之子無疑。數年來，我在四處探信，那知盟姪卻在此處。吾女如此賢德，不避禍患，勸他別圖，他不聽良言，已屬非是，反將此話告訴駙馬，此等行為，真令人不解。你休要悲慟，其中必有別情。待我前去會他一面，便見分曉。」

婗兒止悲道：「義父呼他為姪，是何親眷？」唐敖就把當日結拜各話細細告知。隨即約了多林二人，尋至駙馬府，費了許多工夫，用了無限使費❸，才將徐承志找出。徐承志把唐敖上下打量，細細望了一望，道：「此非說話之處。」即攜三人走進一個茶館，檢了一間僻室。見左右無人，這才向唐敖下拜，道：「伯伯何日到此？今在異鄉相逢，真令姪兒夢想不到。」唐敖忙還禮道：「賢姪如何認

❷ 行藏：行跡，底細，來歷。

❸ 使費：用來打點、賄賂的費用。

得老夫？」徐承志道：「當日伯伯長安赴試，常同父親相聚，那時姪兒不及十歲，曾在家中見過，此時雖隔十餘年之久，伯伯面貌如舊，所以一望而知。」因向多林二人見禮道：「二位尊姓？」唐敖道：「這都是老夫內親。」因將二人姓名說了。茶博士送上茶來。

徐承志道：「伯伯因何來到海外？近來武后可緝捕姪兒？」唐敖即將前後被參並緝捕淡了各話告訴一遍。因又問道：「賢姪為何逃奔到此？」徐承志道：「姪兒自從父親被難，原想持著遺書，投奔文伯伯處；奈各處緝捕甚嚴，只得撇了駱家兄弟，獨自逃到海外。飄流數載，苦不堪言，甚至僮僕之役，亦曾做過。前歲投軍到此，雖比僮僕略好，仍是度日如年。但姪兒在此，伯伯何以得知？」唐敖道：「賢姪今已二旬以外，不知可曾娶有妻室？」徐承志一聞此言，不覺滴下淚來。未知後事如何，且看下回分解。

第二十五回　越危垣潛出淑士關　登曲岸閒遊兩面國

話說徐承志因唐敖問他婚姻之事，不覺垂淚道：「伯伯若問妻室，姪兒今生只好鰥居一世了。」唐敖道：「此話怎講？」徐承志走到門外望了一望，仍舊歸位道：「此處這個駙馬，性最多疑；自從姪兒進府，見我膂力過人，雖極喜愛，恐是外國奸細，時刻隄防，甚至住房夜間亦有兵役看守。虧得眾同事暗暗通知，處處謹慎，始保無虞。後來駙馬意欲作他膀臂，收為心腹，故將宮娥司徒娬兒許配為婚，以安姪兒之心。眾同事都道駙馬如此優待，一切更要留神，將來設或婚配，宮娥面前，凡有言談，亦須仔細，誠恐人心難測，一經疎忽，性命不保。誰知今春夜間，娬兒忽來外廂，再三勸我及早遠走，此非久戀之鄉，莫要躭擱自己之事，說罷去了。姪兒足足籌畫一夜，次日告知眾同事。眾人都說，明係駙馬教他探你口氣，若不稟明，必有大禍；姪兒因將此話稟知。後來聞得娬兒被責，因內外相隔，不知真假。不意數日前，此女又來勸我急急改圖。姪兒忖度一夜，次日又同眾人商議，仍須稟知為是。不料稟過後，駙馬竟將娬兒著實毒打，發媒變賣，這才曉得此女竟是一片血心待我。兼且春天為我被責，今不記前讎，不避禍患，又來苦口相勸，所謂生我者父母，知我者娬兒；如此賢德，姪兒既不知感，反去恩將讎報，尚有何顏活在人世？姪兒在此投軍，原因一時窮乏，走頭無路，暫圖餬口；那知誤入羅網！近來屢要逃歸，面投血書，設計勤王，以承父志。無如此處關口盤查甚嚴，向例在官人役毋許私自出關；如有不遵，梟首示眾。姪兒在府將及三年，關上人役無不熟識；因此更難私逃。連年如入籠中，行動不能自主。前者賢德妻子雖盜令旗一枝，彼時適值昏憒，亦呈駙馬，後悔無及。此時妻子不知賣在何處？」不覺哽咽起來。

唐敖道：「此事姪媳雖是一片血心，奈賢姪處此境界，不能不疑，無怪有此一番舉動；幸喜姪媳無恙。」因將斌兒各話說知。徐承志這才止淚拜謝救拔妻子之恩。唐敖道：「關上如此嚴緊，賢姪不能出去，這卻怎好？」徐承志道：「姪兒連年費盡心機，實無良策。此時難得伯伯到此，務望垂救，倘出此關，不啻恩同再造。將來如有出頭之日，莫非伯伯所賜了。」多九公道：「老夫每見靈柩出關，從不搜檢。此處雖嚴，諒無開棺之理。為今之計，何不假充靈柩，混出關去？豈不是好？」徐承志道：「此計雖善，倘關役生疑稟知，定要開棺，那時從何措手？此事非同兒戲，仍須另想善策。況駙馬稽查最嚴，稍有不妥，必致敗露。」

唐敖道：「關上見了令旗，既肯放出，莫若賢姪仍將令旗盜出，倒覺省事。」徐承志道：「伯伯，談何容易！他這令旗素藏內室，非緊急大事，不肯輕發。前者姪媳不知怎樣費力，才能盜出。此時既無內應，姪兒又難入內，令旗從何到手？」林之洋道：「據俺主意，到了夜晚，妹夫把公子馱在背上，將身一縱，跳出關外，人不知，鬼不覺，又簡便，又爽快，這才好哩。」多九公道：「唐兄只能擡高，豈能負重？若背上馱人，只怕連他自己也難上高了。」林之洋道：「前在麟鳳山，俺聞妹夫說身上負重也能擡高，難道九公忘了麼？」唐敖道：「負重固然無礙，惟恐城牆過高，也難上去。」多九公道：「只要肩能馱人，其餘都好商量。若慮牆高，好在內外牆根是大樹，如果過高，唐兄先擡樹上，隨後再攛牆上，分兩次攛去，豈不大妙？」

唐敖道：「此事必須夜晚，方能舉行。莫若賢姪領我們到彼，先將道路看在眼內，以便晚上易於下手。」徐承志道：「不知伯伯何以學得此技？」唐敖把躡空草之話告知。當時算還茶錢，出了茶館。徐承志由僻徑把三人暗暗領到城角下。唐敖看那城牆不過四五丈高，四顧寂然，夜間正好行事。林之洋道：「如今這裡無人，牆又不高，妹夫就同公子操練操練，省得晚上費手。」唐敖道：「舅兄之言甚善。」於是馱了徐承志，將身一縱，並不費力，輕輕攛在城上；四處一望，惟見梅樹叢雜，城外並無一人。因說道：「賢姪寓處可有緊要之物？如無要物，我們就此出城，豈不更覺省事？」徐承志道：「小姪自從前歲被人撬開房門，惟恐血書遺失，因此緊藏在身，時刻不離。此時房中別無要物，就求伯伯速速走罷。」唐敖隨向多林二人招手。二人會意，即向城外走來；唐敖將身一縱，攛下城去，徐承志隨即跳下。

走了多時，恰好多林二人也都趕到，一齊登舟揚帆。徐承志再三叩謝。唐敖進內把徐承志前後各話說了，婉兒才知丈夫卻是如此用意，於是轉悲為喜。唐敖即將賣契燒毀，來到外艙，與徐承志商量回鄉之事。多九公道：「此時公子只好暫往前進。俟有熟船，再回故鄉，彼此才能放心。」徐承志點頭。

走了幾日，到了兩面國。唐敖要去走走。徐承志恐駙馬差人追趕，設或遇見，又費唇舌。因此不去。多九公道：「此國離海甚遠，向來路過，老夫從未至彼。唐兄今既高興，倒要奉陪一走。但老夫自從東口山趕那肉芝，跌了一交，被石塊墊了腳脛，雖已痊癒，無如上了年紀，氣血衰敗，每每勞碌，就覺疼痛，近來只顧奉陪暢遊，連日竟覺步履不便。此刻上去，倘道路過遠，竟不能奉陪哩。」唐敖道：「我們且去走走。九公如走得動，同去固妙；倘走不動，半路回來，未為不可。」

於是約了林之洋，別了徐承志，一齊登岸。走了數里，遠遠望去，並無一些影響。多九公道：「再走一二十里，原可支持，惟恐回來費力，又要疼痛。老夫只好失陪了。」林之洋道：「俺聞九公帶有跌打妙藥，逢人施送，此時自己有病，為甚倒不多服？」多九公道：「只怪彼時少吃兩服藥，留下病根，今已日久，服藥恐亦無用。」林之洋道：「俺今日匆忙上來，未曾換衣，身穿這件布衫，又舊又破。剛才三人同行，還不理會，如今九公回去，俺同妹夫一路行走，他是儒巾綢衫，俺是舊帽破衣，倒像一窮一富。若教勢利人看見，還肯睬俺麼？」多九公笑道：「他不睬你，你就對他說：俺也有件綢衫，今日匆忙，未曾穿來。他必另眼相看了。」林之洋道：「他果另眼相看，俺更要擺架子說大話了。」多九公道：「你說甚麼？」林之洋道：「俺說俺不獨有件綢衫，俺家中還開過當鋪，還有親戚做過大官。這樣一說，只怕他們還有酒飯款待哩。」說著，同唐敖去了。

多九公回船，腿腳甚痛，只得服藥歇息；不知不覺，睡了一覺；及至睡醒，疼痛已止，足疾竟自平復，心中著實暢快。正在前艙同徐承志閒談，只見唐林二人回來。因問道：「這兩面國是何風景？為何唐兄忽穿林兄衣帽？林兄又穿唐兄衣帽？這是何意？」

唐敖道：「我們別了九公，又走十餘里，才有人烟。原要看看兩面是何形狀，誰知他們個個頭戴浩然巾❶，都把腦後遮住，只露一張正面，卻把那面藏了；因此並未看見兩面。小弟上去問問風俗，

❶ 浩然巾：唐代詩人孟浩然所戴的頭巾，形狀像今之風帽。

彼此一經交談，他們那種和顏悅色，滿面謙恭光景，令人不覺可愛可親，與別處迥不相同。」林之洋道：「他同妹夫說笑，俺也隨口問他兩句，他掉轉頭來，把俺上下一望，陡然變了樣子，臉上冷冷的，笑容也收了，謙恭也免了；停了半晌，他才答俺半句。」多九公道：「說話只有一句、兩句，甚麼叫做半句？」林之洋道：「他的說話雖是一句，因他無情無緒，半吞半吐，及至到俺耳中，卻只半句。俺因他們個個把俺冷淡，後來走開，俺同妹夫商量，俺們彼此換了衣服，看他可還冷淡。登時俺就穿起綢衫，妹夫穿了布衫，又去找他閒話。那知他們忽又同俺謙恭，卻把妹夫冷淡起來。」

多九公嘆道：「原來所謂兩面，卻是如此！」唐敖道：「豈但如此，後來舅兄又同一人說話，小弟暗暗走到此人身後悄悄把他浩然巾揭起，不意裡面藏著一張惡臉，鼠眼鷹鼻，滿面橫肉。他見了小弟，把掃帚眉一皺，血盆口一張，伸出一條長舌，噴出一股毒氣，霎時陰風慘慘，黑霧漫漫。小弟一見，不覺大叫一聲，嚇殺我了！再向對面一望！誰知舅兄卻在地下。」多九公道：「唐兄嚇的喊叫也罷了，林兄忽然跪下，這卻為何？」林之洋道：「俺同這人正在說笑，妹夫猛然揭起浩然巾，識破他的行藏，登時他就露出本相。把好好一張臉變成青面獠牙，伸出一條長舌，猶如一把鋼刀，忽隱忽現。俺怕他暗處殺人，心中一嚇，不因不由腿就軟了，望著他磕了幾個頭，這才逃回。九公，你道這事可怪？」

多九公道：「諸如此類，也是世間難免之事，何足為怪！老夫差長幾歲，卻經歷不少。揆其所以，大約二位語不擇人，失於檢點，以致如此。幸而知覺尚早，未遭其害。此後擇人而語，諸凡留神，可免此患了。」當時唐林二人換了衣服，四人閒談，因落雨不能開船。到晚，雨雖住了，風仍不止。正要安歇，忽聽鄰船有婦女哭聲，十分慘切。未知以後如何，且看下回分解。

第二十六回　遇強梁義女懷德　遭大厄靈魚報恩

話說唐敖聽鄰船婦女哭的甚覺慘切，即命水手打聽，原來也是家鄉貨船，因在大洋遭風，船隻打壞，所以啼哭。唐敖道：「既是本國船隻，同我們卻是鄉親，所謂『兔死狐悲』；今既被難，好在我們帶有匠人，明日不妨略為躭擱，替他修理，也是一件好事。」林之洋道：「妹夫這話，甚合俺意。」隨命水手過去，告知此意。那邊甚是感激，止了哭聲；因已晚了，命水手前來道謝。大家安歇。

天將發曉，忽聽外面喊聲不絕。唐敖同多林二人忙到船頭，只見岸上站著無數強盜，密密層層，約有百人，都執器械，頭戴浩然巾，面上塗著黑烟，個個腰粗膀闊，口口聲聲，只叫快拿買路錢來！三人因見人眾，嚇得魂飛魄散。林之洋只得跪在船頭道：「告稟大王，俺是小本經紀，船上並無多貨，那有銀錢孝敬？只求大王饒命。」那為首強盜大怒道：「同你好說也不中用！且把你性命結果了再講！」手舉利刃，朝船上奔來。忽見鄰船飛出一彈，把他打的仰面跌翻。只聽得刷、刷、刷，弓弦響處，那彈子如雨點一般打將出去；真是彈無虛發，每發一彈，岸上即倒一人。

唐敖看那鄰船有個美女，頭上束著藍紬包頭，身穿葱綠箭衣，下穿一條紫褲，立在船頭，左手舉著彈弓；右手拿著彈子，對準強人，只檢身長體壯的，一個一個打將出去，一連打倒十餘條大漢。剩了許多軟弱殘卒，發一聲喊，一齊動手，把那跌倒的三個抬著一個，兩個拖著一個，四散奔逃。唐敖同多林二人走過鄰船，拜謝女子拯救之恩，並問姓氏。女子還禮道：「婢子姓章，祖籍中原。請問三位長者上姓？貴鄉何處？」唐敖道：「他二人一姓多，一姓林。老夫姓唐，名敖，也都是中原人。」女子道：「如此說，莫非是嶺南唐伯伯麼？」唐敖道：「老夫向住嶺南。小姐為何這樣相稱？」女子道：「當日姪女父親曾在長安同伯伯並駱、魏諸位伯伯結拜，難道伯伯就忘了？」唐敖道：「彼時結拜雖有數人，並無章姓，只怕小姐認差了。」女子道：「姪女原是徐姓，名喚麗蓉。父名敬功。因敬業叔叔被難，我父無處存身，即帶家眷，改徐為章，逃至外洋販貨為生。三年前父母相繼去世，姪女帶著乳母，原想同回故鄉，因不知本國近來光景，不敢冒昧回去，仍舊販貨度日。不意前日在洋遭風，船隻傷損。昨蒙伯伯命人道及盛意，正在感激，適逢賊人行劫。姪女因感昨日之情，拔刀相助。不想得遇伯伯。」只見徐承志也跳過船來，原來徐承志聽見外面喧嚷，久已起來，正想動手，因見鄰船有個女子，連發數彈，打倒多人，看其光景，似可得勝，不便出來分功，俟賊人退去，這才露面，走到鄰船。唐敖將他兄妹之事，備細告知。二人抱頭慟哭。

忽見岸上塵土飛空，遠遠有支人馬奔來。多九公道：「不好了。此必賊寇約會多人前來報讎。這便怎好？」徐承志道：「我的兵器前在淑士國匆匆未曾帶來，船上可有器械？」徐麗蓉道：「船上向有父親所用長槍，不知可合哥哥之用？眾水手都拿他不動，現在前艙。請哥哥自去一看。」徐承志急忙進艙把槍取出，恰恰合手，著實歡喜。只見岸上人馬已近，個個身穿青衫，頭戴儒巾，知是駙馬差來兵馬，連忙提槍上岸。為首一員大將，手執令旗出馬道：「吾乃淑士國領兵上將司空魁，今奉駙馬將令，特請徐將軍回國，立時重用。如有不遵，即取首級回話。」徐承志道：「我在淑士三年之久，並未見用，何以才出國門，就要重用？雖承駙馬美意，但我原是暫時避難，並非有志功名。即使國王讓位，我亦不願。請將軍回去，就將此話上覆駙馬。此時承志匆匆回鄉，他日如來海外，再到駙馬跟前謝罪。」司空魁大聲說道：「徐承志既不遵令，大小三軍速速擒拿！」令旗朝前一擺，眾軍發喊齊上。徐承志舞動長槍，略施英勇，把眾兵殺的四散奔逃。司空魁腿上早著了一槍，幾乎墜馬，眾軍簇擁而去。

徐承志等他去遠，剛要回船，前面塵頭滾滾，喊聲漸近，又來許多草寇。個個頭戴浩然巾，手執器械，蜂擁而至。為首大盜，頭上雙插雉尾，手舉一張雕弓，大聲喊道：「何處來的幼女，擅敢傷我嘍囉？」手舉彈弓，對準徐承志道：「你這漢子同那女子想是一路，且吃我一彈！」只聽弓弦一響，彈子如飛而至。徐承志忙用槍撥落塵埃，挺身上前。大盜掣出利刃，鬥在一處。眾嘍囉刀槍並舉，喊聲不絕。那大盜刀法甚精。徐承志只能殺個平手，正想設法取勝，忽見他棄刀跌翻，倒把徐承志吃了一嚇。原來徐麗蓉恐有疏虞，放了一彈，正中大盜面上，隨又連放數彈打倒多人。眾嘍囉將主將搶回，紛紛四竄。

徐承志這才回船。麗蓉也到唐敖船上，與司徒斌兒姑嫂見面，並與呂氏及婉如見禮。林之洋命人過去修理船隻。徐承志歸心似箭，即同妹子商議，帶著斌兒同回故鄉。唐敖意欲承志就在船上婚配，一路起坐也便。承志因感妻子賢德，不肯草草，定要日後勤王，得了功名，方肯合巹。唐敖見他立意甚堅，不好勉強。

過了兩日，船隻修好。林之洋感念徐承志兄妹相救之德，因他夫婦俱是匆促逃出，並未帶有行囊，囑付呂氏做了衣帽被褥，並備路費送去，承志因船上貨財甚多，只將衣帽被褥收下，路費璧回。當時換了衣帽，同娬兒、麗蓉別了眾人，改為余姓，投奔文隱去了。

多九公收拾開船。走了幾日，過了穿胸國。林之洋道：「俺聞人心生在正中，今穿胸國胸都穿通，他心生在甚麼地方？」多九公道：「老夫聞他們胸前當日原是好好的，後來因他們行為不正，每每遇事把眉頭一皺，心就歪在一邊，或偏在一邊。今日也歪，明日也偏，漸漸心離本位，胸無主宰。因此前心生一大疔，名叫歪心疔，後心生一大疽，名叫偏心疽；日漸潰爛，久而久之，前後相通，醫藥無效。虧得有一祝由科，用符呪將『中山狼』、『波斯狗』的心肺取來補那患處。過了幾時，病雖醫好，誰知這狼的心、狗的肺，也是歪在一邊，偏在一邊的。任他醫治，胸前竟難復舊，所以至今仍是一個大洞。」林之洋道：「原來狼心狗肺都是又歪又偏的！」

行了幾日，到了厭火國，唐敖約多林二人登岸，走不多時，見了一群人生得面如黑墨，形似獼猴，都向唐敖唧唧呱呱，不知說些甚麼。唐敖望著，惟有發𤺋。一面說話，又都伸出手來，看其光景，倒像索討物件一般。多九公道：「我們乃過路人，不過上來瞻仰貴邦風景，那有許多銀錢帶在船上？況貴邦被旱失收，將來國王自有賑濟。我們何能周濟許多？」

那些人聽了，仍是七言八語，不肯散去。多九公又道：「我們本錢甚小，貨物無多，安能以貨濟人？」林之洋在旁發躁道：「九公，俺們千山萬水出來，原圖賺錢的，並不是出來捨錢的。任他怎樣，要想分文，俺是不能！」眾人見不中用，也就走散。還有數人伸手站著。林之洋道：「九公！俺們走罷。那有工夫同這窮鬼瞎纏！」話未說完，只聽眾人發一聲喊，個個口內噴出烈火，霎時烟霧迷漫，一派火光，直向對面撲來。林之洋鬍鬚早已燒的一乾二淨，三人嚇的忙向船上奔逃。幸虧這些人行路遲緩。剛到船上，眾人也都趕到，一齊迎著船頭，口中火光亂冒，烈焰飛騰。眾水手被火燒的焦頭爛額；正在驚慌，猛見海中攛出許多婦人，都是赤身露體，浮在水面，露著半身，個個口內噴水，就如瀑布一般，滔滔不斷，一派寒光，直向眾人噴去。真是水能克火，霎時火光漸熄。林之洋趁便放了兩鎗，眾人方才退去。再看那噴水婦人，原來就是當日在元股國放的人魚。那群人魚見火已熄了，也就入水而散。

林之洋忙命水手收拾開船。多九公道：「春間只說唐兄放生積德，那知隔了數月，倒賴此魚救了一船性命。古人云：『與人方便，自己方便。』這話果真不錯。」唐敖道：「可恨水手還用鳥鎗打傷一個。」林之洋道：「這魚當日跟在船後走了幾日，後來俺們走遠，他已不見，怎麼今日忽又跑來？俺見世人每每受人恩惠，到了事後，就把恩情撇在腦後，誰知這魚倒不忘恩。這等看來，世上那些忘恩的，連魚鼈也不如了！請問九公：難道這魚他就曉得俺們今日被難，趕來相救麼？」多九公道：「此魚如果未卜先知，前在元股國也不被人網著了。總而言之，凡鱗介鳥獸為四靈所屬，種類雖別，靈性則一，如馬有垂繮之義，犬有濕草之仁。若謂無知無識，何能如此？即如黃雀形體不滿三寸，尚知銜環之報，何況偌大人魚？」

林之洋道：「厭火離元股甚遠，難道這魚還是春天放的那魚麼？」多九公道：「新舊固不可知，老夫曾見一人，最好食犬，後來其命竟喪眾犬之口。以此而論，此人因好食犬，所以為犬所傷。當日我們放魚，今日自然為魚所救。此魚總是一類，何必考其新舊？以銜環食犬二事看來，可見愛生惡死，不獨是人之恒情，亦是物之恒情。人放他生，他既知感，人傷他生，豈不知恨？所以世人每因口腹無故殺生，不獨違了上天好生之德，亦犯物之所忌。」

唐敖道：「他們滿嘴唧唧呱呱，小弟一字也不懂，好不令人氣悶！」多九公道：「他這口音還不過於離奇。將來到了歧舌，那才難懂哩。」唐敖道：「小弟正因音韻學問盼望歧舌，為何總不見到？」多九公道：「前面過了結胸、長臂、翼民、豕喙、伯慮、巫咸等國，就是歧舌疆界了。」

林之洋道：「今日把俺一嘴鬍鬚燒去，此時嘴邊還痛，這便怎處？」多九公道：「可惜老夫有個妙方，連年在外，竟未配得。」唐敖道：「是何藥品？何不告訴我們？也好傳人濟世。」多九公道：「此物到處皆有，名叫秋葵。其葉宛如雞爪，又名雞爪葵。此花盛開時，用麻油半瓶，每日將鮮花用筯夾入，俟花裝滿，封口收貯，遇有湯火燒傷搽上，立時敗毒止痛。傷重者連搽數次，無不神效。凡遇此患，如急切無藥，或用麻油調大黃末搽上也好。此時既無葵油，只好以此調治了。」

唐敖道：「天下奇方原多，總是日久失傳，或因方內並無貴重之藥，人皆忽略，埋沒的也就不少。那知並不值錢之藥，倒能治病。即如小弟幼時忽從面上生一肉核，非瘡非疣，不痛不癢；初起小如綠豆，漸漸大如黃豆，雖不疼痛，究竟可厭。後來遇人傳一妙方，用烏梅肉去核燒存性研末，清水調敷，搽了數日，果然全消。又有一種肉核，俗名猴子，生在面上，雖不痛癢，亦甚可嫌。若用銅錢套住，以祁艾灸三次，落後永不復發。可見用藥不在價之貴賤。若以價值而定好醜，真是誤盡蒼生！」

多九公道：「林兄已四旬以外，今日忽把鬍鬚燒去，露出這副白臉，只得二旬光景，無怪海船朋友把他叫做『雪見羞』。」唐敖道：「舅兄綽號雖叫『雪見羞』，但面上無雪；誰知厭火國人口中卻會放火！」多九公道：「這怪老夫記性不好，只顧遊玩，就把生火出其口這話忘了。林兄現在嘴痛，莫把大黃又要忘了。」隨即取出遞給。林之洋把麻油敷在面上，過了兩天，果然痊癒。

這日大家正在舵樓眺望，只覺燥熱異常，頃刻就如三伏❶一般，人人出汗，個個喘息不止。唐敖道：「此時業已交秋，為何忽然燥熱？」多九公道：「此處近於壽麻疆界，所以覺熱。古人云：『壽麻之國，正立無影，疾呼無響，爰有大暑，不可以往。』虧得另有岔路可以越過，再走半日就不熱了。」

唐敖道：「如此暖地，他們國人如何居住？」多九公道：「據海外傳說，彼處晝天最熱，每到日出，人伏水中，日暮熱退，才敢出來。又有人說：其人自幼如此，倒不覺熱，最怕離了本國，就是夏天也要凍死。據老夫看來，伏水之說，恐未盡然；至離本國就要凍死，此話倒還近理。即如花木有喜暖的，一經移植寒地，往往致死，就是此意。」

唐敖道：「小弟聞得仙人與虛合體，日中無影。又老人之子，先天不足，亦或日中無影。壽麻之人無影，不知何故？」多九公道：「大約他們受形之始，所稟陽氣不足，以致代代如此。即如這樣暖地，他能居住，其陽氣不足可想而知，自然立日無影了。」

忽聽船上人聲喧嘩。原來有個水手受了暑熱，忽然暈倒，眾人發慌，特來討藥。多九公忙從箱中取了一撮藥末道：「你將此藥拿去，再取大蒜數瓣，也照此藥輕重，不多不少，一齊搗爛，用井水一碗和勻，澄清去渣，灌入腹中，自然見效。」眾人接了，恰好水艙帶有井水，登時配好，灌了下去。

❶ 三伏：夏至後第三庚日起，三十日內謂之伏天，前十日為初伏，中十日為中伏，末十日為末伏，總稱為三伏，是夏季中最熱的一段時間。

不多時，蘇醒過來，平復如舊。林之洋道：「九公！這是甚藥？恁般靈驗！」多九公道：「你道是何妙藥？」未知說出何等妙藥，再看下回分解。

第二十七回　觀奇形路過翼民郡　談異相道出豕喙鄉

話說多九公道：「林兄你道是何妙藥？原來這是街心土。凡夏天受暑昏迷，用大蒜數瓣，同街心土各等分搗爛，用井水一碗和勻澄清，去渣服之，立時即蘇。此方老夫曾救多人。雖一文不值，卻是濟世仙丹。」

這日過了結胸國。林之洋道：「他們國人為甚胸前高起一塊？」多九公道：「只因他們生性過懶，且又好吃，所謂好吃懶做。每日吃了就睡，睡了又吃，飲食不能消化，漸漸變成積痞，所以胸前高起一塊。久而久之，竟成痼疾，以致代代如此。」林之洋道：「這病九公可能治麼？」多九公道：「他若請我醫治，也不須服藥，只消把他懶筋抽了，再把懶蟲去了，包他是個好人。」

唐敖道：「此時忽又燥熱異常，是何緣故？」多九公道：「我們只顧閒談，那知今日風帆甚順，此處已近炎火山。古人所謂炎火之山，投物輒燃，就是指此而言。」林之洋道：「《西遊記》有個火焰山，這裡又有炎火山，原來海外竟有兩座火山。」多九公笑道：「林兄此言未免把天下看的過小了。若論火山，只就老夫所見而言：海外耆薄國之東有火山國，山中雖落大雨，其火仍舊；火中常有白鼠走至山邊覓食，獵人捕獲，以毛做布，就是如今火澣布。又自燃洲有樹生於火山，其皮亦可織為火浣布。西域且彌山晝望山孔如烟，夜望如燈。崦嵫之北，其山有石，若以兩石相打，登時只覺水潤，潤後旋即出火。又炎洲有火林山，火洲有火焰山，海中有沃焦山，遇火即燃。這都是老夫向日到過的。其餘各書所載火山，不能枚舉。從前曾否走過，事隔多年，也記不清了。」

唐敖道：「據小弟看來，天下既有五湖四海許多水，自然該有沃焦、炎洲許多火。也是天地生物，不偏不倚，水火既濟之意。但小弟被這暑熱薰蒸，頭上只覺昏暈，求九公把街心土見賜一服。」多九公道：「唐兄不過偶爾受些暑氣，只消嗅些平安散就好了。」即取出一個小瓶，唐敖接過，揭開瓶蓋，將藥末倒在手中，嗅了許多，打了幾個噴嚏，登時神清氣爽。道：「如此妙藥，九公何不將藥方賜我？日後傳人，也是一件好事。」多九公道：「此方用西牛黃肆分，冰片陸分，麝香陸分，蟾酥壹錢，火硝參錢，滑石肆錢，煅石膏貳兩，大赤金箔拾張，共碾細末，越細越好，磁瓶收貯，不可透氣。專治夏月受暑頭目昏暈，或不省人事，或患痧腹痛，吹入鼻中，立時起死回生。如騾馬受熱暈倒，也將此藥吹入即蘇。故又名『人馬平安散』。古方用硃砂配合，老夫恐他污衣，改為白色。」把方寫了，唐敖接過，再三致謝。

炎火山過去，路過長臂國。有幾個人在海邊取魚。唐敖道：「他這兩臂伸出來竟有兩丈，比他身子還長，倒也異樣。」多九公嘆道：「凡事總不可強求。即如這注錢財，應有我分，自然該去伸手；若非應得之物，混去伸手，久而久之，徒然把臂弄的多長，倒像廢人一般，於事何濟？」

又走幾日，到了翼民國，將船泊岸。三人上去，走了數里，並未看見一人。林之洋惟恐過遠，意欲回船。唐敖因聞此國人頭長有翼，能飛不能遠，並非胎生，乃是卵生，決意要去看看，林之洋拗不過，只得跟著前進。又走數里，才有人烟。只見其人身長五尺，頭長也是五尺，一張烏嘴，兩個紅眼，一頭白髮，背生雙翼，渾身碧綠，倒像披著樹葉一般，也有走的，也有飛的。那飛的不過離地二丈，來來往往，倒也好看。

林之洋道：「他們個個身長五尺，頭長也是五尺。他這頭為甚生得這長？」多九公道：「老夫聞說此處最喜奉承，北邊俗語叫作愛戴高帽子，今日也戴，明日也戴，滿頭盡是高帽子，所以漸漸把頭弄長了。這是戴高帽子戴出來的。」唐敖道：「怪不得古人說是卵生，果然像個四足鳥兒。」林之洋道：「若是卵生，這些女人自然都會生蛋了。俺們為甚不買些人蛋？日後到了家鄉，賣與戲班，豈不發財麼？」多九公道：「班中要他何用？」林之洋道：「俺看這些女人，也有年紀老的，也有年紀小的；若會生蛋，那年紀老的生的自然是老蛋，年紀小的生的自然是小蛋，俺們有了老蛋小蛋，到了家鄉，那些戲班為甚不要？只怕小蛋還更值錢哩。」

多九公道：「林兄把旦字認作白字了。他們小旦並非雞蛋之蛋；你如不信，把他肚腹剖開，裡面並無蛋黃，只有一肚曲子。還有拿的好身段，穿的好衫子。並且還有絕妙的小嫩嗓子。」林之洋道：「九公說他並無蛋黃，據俺看來，只怕還有元絲錁哩。再要搜尋，大約金鐲子也是有的。就是那扛旗兒二等小旦萬不濟，也有幾塊洋錢，也有一個包金鐲子。就只令俺不懂的，剛才說的明明是個旦字，為甚是白字？若是白字？下面多了一畫，上面少了一撇，這是怎講？」唐敖道：「舅兄何必只管談論小旦？你看這些飛的，飄飄揚揚，比走甚快。我們到此，離船已遠，才見幾位老翁，竟有雇人駝著飛的。據小弟愚見，我們回船，何不也雇人駝去，豈不爽快？」林之洋正因走的腿酸，聽見此話，即雇三個駝夫，一齊伏在肩上，登時展翅飛起。轉眼間，到了船上。駝夫收翅落下。三人下來，開發腳錢，起錨揚帆。

這日到豕喙國，遊了片時回船。唐敖道：「此國人為何生一張豬嘴？而且語音不同，倒像五方雜處一般，是何緣故？」多九公道：「當日我曾打聽，不得其詳；後在海外遇一奇人，細細談起，方才明白。原來本地向無此國，只因三代以後，人心不古，撒謊的人過多，死後阿鼻地獄容留不下；若令其好好托生，恐將來此風更甚，因此冥官上了條陳，將歷來所有謊精，擇其罪孽輕的俱發到此處托生。因他生前最好扯謊，所以給他一張豬嘴，罰他一世以糟糠為食。世上無論何處，謊精死後，俱托生於此；因此各人語音不同。其嘴似豬，故鄰國都以豕喙呼之。」

走了兩日，路過伯慮國。唐敖又要上去遊玩。多九公因配藥不能同去。林之洋同唐敖去了。二人去後，多九公配了許多痢瘧及金瘡各藥，以備沿途濟人之用。方才配完，唐、林二人也就回來。

唐敖道：「怪不得九公不肯上去，原來此地另是一種風氣。方才小弟見他們那種磕睡光景，好沒興趣。並且行路時也是閉目緩步。如此疲倦，何不在家睡睡？必定強要出來，這是何意？」多九公道：「海外有兩句口號，說這伯慮國的風俗，難道林兄也不知麼？」林之洋道：「海外都說『杞人憂天』，『伯慮愁眠』，俺卻不懂。」多九公道：「當日杞人怕天落下把他壓死，所以日夜憂天，此人所共知的。這伯慮國雖不憂天，一生最怕睡覺。他恐睡去不醒，送了性命，因此日夜愁眠。此地向無衾枕，雖有床帳，係為歇息而設，從無睡覺之說，終年昏昏迷迷，勉強支持。往往有人熬到數年，精神疲憊，支撐不住，一覺睡去，百般呼喚，竟不能醒。其家聚哭，以為命不可保。及至睡醒，業已數月。親友聞他醒時，都來慶賀，以為死裡逃生，舉家莫不欣喜。此地惟恐睡覺，偏偏作怪，每每於人睡去竟會一睡不醒，因睡而死的，不計其數；因此更把睡覺一事，視為畏途。」

唐敖道：「此處既有睡去不醒之人，無怪更要愁眠。但睡去不醒，未免過奇，不知何故？」多九公道：「他們如果也像常人夜眠晝起，照常過日子，何至睡去不醒？因他終年不眠，熬的頭暈眼花，四肢無力，兼之日夜焦愁，胸中鬱悶；一經睡去，精神渙散，就如燈盡油乾，要想氣聚神全，如何能夠？自然魄散魂銷，命歸泉路了。」唐敖道：「此地壽數如何？」多九公道：「他們自從略知人事，就是滿腹憂愁，從無一日開心，也不知喜笑歡樂為何物。你只看他終日愁面苦臉，年未弱冠，鬚髮已白，不過混一天是一天，那裡還講壽數。」唐敖道：「可見過於憂愁，也非養生之道。今聽九公之言，小弟從此把心事全都撇去，樂得寬心多活幾年。」

又走幾時，到了巫咸國，把船收口。林之洋發了許多紬緞去賣。唐敖因肚腹不調，不能上去。多九公向來遊玩，原是奉陪的；今見唐敖不去，樂得船上養靜。

唐敖悶坐無聊，來到後面舵樓四面望一望道：「請教九公，那邊青枝綠葉，大小不等，是何樹木？」多九公答道：「大樹是桑，居民以此為柴；小樹名叫木棉。此地不產絲貨，向無紬緞，歷來都取棉絮織而為衣，所以林兄特帶紬緞來此貨賣。」唐敖道：「小弟向日因古人傳說，巫咸之人，採桑往來，以為必是產絲之地，那知卻是有桑無蠶。可惜如此好桑，竟為無用之物！舅兄此去貨物可能得利？」多九公道：「當初有人來此販貨，如財運亨通，竟可大獲其利。因木棉失收，國人無以為衣，絲貨一到，就如得了至寶一般，莫不爭著購買。近來此樹茂盛，來此販貨的不能十分得利。但木棉究竟製造費力，兼之此地不善織紡，如有絲販到此，那富貴之家，或多或少，也都出價置買。就只利息不能預定，只要客販稀少，也就獲利了。」

唐敖道：「偏偏小弟今日患痢，不能前去一看。」多九公道：「貴恙既是痢疾，何不早說？老夫有藥在此。」即取一包藥末道：「藥引都在上面，按引調服，不過五六服就可痊癒。」唐敖隨即照引服了。

當時林之洋也就回來，談起貨物，原來此地數年前外邦來了兩個幼女，帶了許多蠶子，在此養蠶織紡，連年日漸滋生。本處人也有學會織機，都以絲綿為衣。俺們絲貨雖不獲利，還不虧本。喜得前在白民國賣了一半，存的不多。再躭延兩日，就好出脫了。安歇一宿，次日仍去賣貨。

唐敖又把藥末用了一服，竟自痊癒，著實歡喜，來至後面，再三拜謝道：「九公此藥不啻仙丹。是何妙品？如此神效！」多九公道：「當日老夫高祖母常患此病，我曾祖百般醫治，總不見好；後來虧得割股煎藥，才能脫體。過了幾年，我高祖母年已六旬，又患此恙；因素日曉得我曾祖為人最孝，恐有割股等事，到了煎藥時，總要親自過目，方肯下咽。後來日重一日，我曾祖無計可施。因敝處有座大山，名叫小方丈，恐有仙人在內，於是赤足披髮，一步一拜，來到山上，叩求神仙垂救，情願減壽代母，如是三日三夜，水米不曾沾唇。到第四日，有個漁翁傳了此方。一連進了五服，這才痊癒，又活四十年。到了一百歲，無疾而終。所以此方流傳至今。」

唐敖道：「九公！令曾祖既割股於前，又叩禱於後，如此孝心，自然該有神仙傳此妙方。既這等神效，九公何不刊刻流傳，使天下人皆免此患，共登壽域，豈不是件好事？」多九公道：「我家人丁向來指此為生，若刊刻流傳，人得此方，誰還來買？老夫原知傳方是件好事，但一經通行，家中缺了養贍，豈非自討苦吃麼？」

唐敖搖頭道：「那有此事！世間行善的自有天地神明鑒察。若把藥方刊刻，做了若大善事，反要吃苦，斷無此理。若果如此，誰肯行善？當日于公治獄，大興駟馬之門；竇氏濟人，高折五枝之桂；救蟻中狀元之選，埋蛇享宰相之榮。諸如此類，莫非因作好事而獲善報。所謂『欲廣福田，須憑心地』。九公素稱達者，何以此等善事倒不修為？即如令曾祖以孝心感格❶而得仙方之報，今九公傳了此方，又安知不別有富貴之報？況令郎身入黌門，目前雖以舌耕❷為業，若九公刻了此方，焉知令郎不聯捷直上？那時食了皇家俸祿，又何須幾個藥資為家口之計呢？」多九公點頭道：「唐兄賜教極是。日後老夫回去，定將此方刊刻流傳，並將祖上所有秘方也都發刻，以為濟世之道。就以今日為始，我將各種秘方，先寫幾張，以便沿途施送，使海外人也得此方，豈不更好？」

唐敖道：「人有善念，天必從之。九公既發這個善心，日後自有好處。請教此方究竟是何妙藥？」多九公道：「此方用蒼朮米泔浸，陳土炒焦，三兩；杏仁去皮尖，去油，二兩；羌活，炒，二兩；川烏去皮，麪包煨透，一兩五錢；生大黃，炒，一兩；熟大黃，炒，一兩；生甘草，炒，一兩五錢：共為細末。每服四分。小兒減半。孕婦忌服。赤痢用燈心三十寸煎濃湯調服。白痢，生薑三片，煎濃湯調服。赤白痢，燈心三十寸，生薑三片，煎濃湯調服。水瀉，米湯調服。病重的不過五六服即癒。但燈心、生薑，必須照方濃煎，才有藥力。」把方寫了，唐敖接過看一看道：「小弟每見醫家治痢用大

❶ 感格：感動。
❷ 舌耕：教書。

黃數錢之多，仍不中用；何以此方只消數釐，就能立見奇效？可見用藥全要佐使配合得宜，自然與眾不同。」說話間，忽然想起駱紅蕖所託的事來。未知所託何事，再看下回分解。

第二十八回　老書生仗義舞龍泉　小美女銜恩脫虎穴

話說唐敖忽然想起前在東口山聞得薛仲璋逃在此地，今痢疾已癒，意欲前去相訪；因將駱紅蕖託寄薛蘅香之信，帶在身邊，約了多九公一同上岸。走了多時，見前面一帶樹林，極其青翠。多九公道：「此樹就是前日所說木棉了。」

唐敖聽了，正在仰觀，忽見樹上藏著一個大漢。恰好林之洋回來，唐敖暗暗告知，都把器械取出，以作準備。只見遠遠有個老媽，同一幼女走過。那大漢見了，從樹上跳下，手執利刃，把去路攔住。三人一見，各執器械迎了上去。只聽那大漢喊道：「你這女子小小年紀，下此毒手，害得我們好苦！今日冤家狹路相逢，我且除了此害，替眾報讎！」手舉利刃，邁步上前，迎著女子，剛要用刀砍去。唐敖早已提防，說聲不好，將身一縱，攛至跟前，手執寶劍，把刀朝上一架。大漢震的幾乎跌翻。那幼女早已嚇的跌倒。原來唐敖自從服了仙草，兩臂添了千斤之力。此時只想救那幼女，誰知用力過猛，大漢那把刀早已飛上天去。

唐敖道：「壯士住手，不可行兇。此女有何冒犯？」大漢把唐敖上下打量道：「我看先生這樣打扮，想是中原來的。你們都是明禮之人，只問這個惡女向日所作所為，就知在下並非冒昧行兇了。」登時多林二人也都趕到。那個老媽把女子攙起，戰戰兢兢，嬌啼不止。

唐敖道：「請問女子尊姓？家住何處？為何冒犯壯士？」女子垂淚道：「婢子姓姚，名芷馨，現年十四歲，本籍天朝。寄居在此，業已數載。向隨父母養蠶為業。父母去世，跟著舅母度日。今同乳母前來掃墓，不幸忽遇強梁。尚求恩人始終垂救！倘脫虎口，沒世不忘。」大漢道：「你這惡女只顧養那毒蟲，那知數萬人家都被你害的無以為生！』林之洋道：「你這大漢畢竟為甚殺他？從實說來！你莫半吞半吐，俺不明白！」大漢道：「我是巫咸國經紀，向來本處所產木棉，都出我手交易。自從此女同織機女子到了此地，養出無數屙絲的毒蟲，又織出許多絲片在此貨賣，我們生意雖覺冷淡，也還不妨；那知近來他們竟將這個惡術四處傳人，以致本地婦女，也都學會養蠶織機，個個都以絲片為衣，不用木棉。此地凡種木棉之家，就如別處田產一般，莫不指此為生。此女只顧把那毒蟲流傳國內，以致向種木棉之家，大半廢了祖業，無以為生。所以在下特來傷他，以除大害。今遇列位，雖是他絕處逢生，那要害此女的豈止億萬，日後何能逃脫？如要保全，惟有即離本國，另投生路。儻執迷不醒，我自另有別法！」將手一拱，尋了利刃，忿忿而去。

唐敖道：「貴府還有何人？令尊在日作何事業？」女子道：「父名姚禹，曾任河北都督；因同九王爺勤王未遂，家鄉不能存身，帶著家口，逃至此地，旋即去世。我母亦相繼而亡，向同舅母宣氏同住。喜得薛蘅香表姊善於織紡，婢子素跟母親，亦善養蠶，身邊帶有蠶子，因見此處桑樹極盛，故以養蠶織紡為生。不期在此日久，鄰舍婦女也都跟著學會，因此四處轟傳，以致忤了眾人。今日若非恩人相救，幾遭毒手。」說著拜了下去。

唐敖還禮道：「請問小姐，那薛蘅香姪女現住何處？他父母可都康健？」姚芷馨道：「蘅香表姊之父乃婢子母舅，久已去世。如今只有舅母宣氏帶著表弟薛選並表姊蘅香與婢子同居。恩人呼蘅香姊姊為姪女，是何親故？」唐敖道：「我姓唐，名敖，祖籍嶺南，向日同蘅香之父結拜至交；今日正來相訪，那知卻已去世，小姐既與蘅香姪女同居，就請引我一見。」姚芷馨道：「原來如此。」於是同乳母引路進城。

到了薛家，只見許多人圍在門首喊成一片，口口聲聲只要織機女子出來送命。姚芷馨嚇的不敢上前。唐敖同多林二人擁到門首，只見樹林中那個大漢也在其內。唐敖因見人眾，即大聲說道：「諸位且停喧鬧，聽我一言奉告。這薛家不過在此暫居，今我三人特來接他們同回中原。眾位暫且各散，自有計較。」那大漢聽了，曉得唐敖手段利害，只得帶著眾人，紛紛四散。乳母把門叫開。姚芷馨引著三人進去，見了宣氏夫人。薛蘅香嚇的戰戰兢兢，帶著兄弟薛選出來見禮。姚芷馨把唐敖樹林相救，並勸散眾人之話，告訴宣氏一遍。宣氏泣拜，備述歷年避難各話，並求唐敖設法籌一安身之地。

多九公道：「前在東口山，駱小姐曾有託寄薛小姐之信，唐兄何不取出？據老夫愚見，夫人莫若投奔彼處，彼此也好照應。」唐敖將信取出。薛蘅香接過看了道：「原來紅蕖姊姊候叔叔海外回來，如遇恩赦，即隨太公同回家鄉；因此來約姪女做伴，以候機緣。他既有信來，此處又難久居，自應投奔東口為是。」林之洋道：「昨日俺見海口有隻熟船，不日就回天朝，夫人搭了這船，倒也甚便。」宣氏道：「此行雖善，但缺路費，這卻怎好？」唐敖道：「這個不消嫂嫂過慮，小弟自有預備。」因託林之洋先去看船。薛蘅香即同姚芷馨收拾行李。

唐敖見蘅香品貌甚佳，忽然想起魏家兄妹，意欲替他們作伐❶，即將此意並麟鳳山相會的話說了。

宣氏甚喜，欲懇唐敖賜一書信，以便順路到彼，上去望望。唐敖應允。不多時，林之洋把船看定，眾水手搬發行李。唐敖命薛選引到薛仲璋墳墓，慟哭一場，把靈柩搬到船上，一齊登舟。宣氏與呂氏互相拜見。耽擱一日。

次日，唐敖寫了麟鳳、東口書信，並送許多路費。宣氏再三拜謝。姚芷馨、薛蘅香感激唐敖救命之德，戀戀不捨，灑淚而別。行了多時，到了麟鳳山，訪到魏家投了書信，兩家結為秦晉之好❷。萬氏夫人因薛選家傳絕好連珠鎗，留下宣氏同居，就命薛選在山驅除野獸。後來駱紅蕖在水仙村起身，寄信與薛蘅香，眾人方才同回故鄉。

那日唐敖送過宣氏，也就開船。不多幾日，到了歧舌國。林之洋素知國人最喜音樂，因命水手攜了許多笙笛，並將勞民國所買雙頭鳥兒也帶去貨賣。唐多二人也就上去。只見那些人滿嘴唧唧呱呱，不知說些甚麼。

唐敖道：「此處講話，口中無數聲音，九公可懂得麼？」多九公道：「海外各國語音惟歧舌最難懂，所以古人說：歧舌一名反舌，語不可知，惟其自曉。當日老夫意欲習學，竟無指點之人。後來偶因販貨路過此處，住了半月，每日上來聽他說話，就便求他指點。學來學去，竟被我學會。誰知學會歧舌之話，再學別處口音，一學就會，毫不費力。可見凡事最忌畏難。把難的先去做了，其餘自然容易。就是林兄也虧老夫指點，他才會的。」唐敖道：「九公既言語可通，何不前去探聽音韻來路呢？」

❶ 作伐：替人作媒。

❷ 秦晉之好：比喻兩姓聯姻。

多九公聽了，想了一想，不覺點頭道：「唐兄真好記性！此話當日老夫曾在黑齒國言過，若非此時說起，老夫也就忽略過了。今既到此，自然要去探聽一番。海外有兩句口號道得好：『若臨歧舌不知韻，如入寶山空手回。』可見韻學竟是此地出產。待老夫前去問問。」

正要舉步，迎面走過一個老者，舉止倒也文靜。多九公因拱手學著本地聲音，說了幾句。那人也拱手答了幾句。談了多時，那人忽然搖頭吐舌，似有為難之狀。唐敖趁他吐舌時，細細一看；原來舌尖分做兩個，就如剪刀一般，說話時舌尖雙動，所以聲音不一。二人談之許久，多九公忽向老者連連打躬。那老者又說了幾句，把袖子一摔，揚長而去。多九公殘了一殘，回過頭來，望著唐敖，仍學歧舌口音，唧唧呱呱，說個不了。唐敖不覺發笑道：「九公何苦徒費唇舌？你這鄉談❸，暫且留著，等小弟日後學會再說罷。」多九公聽了，不覺呸了一口道：「老夫真好昏憒！這總是那老兒把我氣昏了。方才老夫同他說了幾句閒話，趁勢談起音韻，求他指教，他聽了只管搖頭說：『音韻一道，乃本國不傳之秘。國王向有嚴示：如有希冀錢財，妄傳鄰邦的，不論臣民，俱要治罪。所以不敢亂談。』老夫因又懇道：『老丈不過暗暗指教，有誰知道？我們如蒙不棄，賜之教誨，感激尚且不暇，豈有走露風聲之理？千萬放心！』他道：『若要人不知，除非己莫為。此事關係甚重，斷不敢遵命。』後來我又打躬，再三相懇。他道：『當日鄰邦有人送我一個大龜，說大龜腹中藏著至寶，如將音韻教會，那人情願將寶取出，以做酬勞。當日我連大龜尚且不要，不肯傳他，何況今日你不過作兩個揖，就想指教？難道你身上的揖比龜肚裡的寶還值錢？未免把身分看的過高了。』老夫因他以龜比我，未免氣惱，只

---

❸ 鄉談：方言土語。

顧出神。那知倒同唐兄說起此地話來。」

唐敖不覺發愁道：「他珠寶尚且不肯，不意習學音韻竟如此之難。這卻怎好？惟有拜求九公設法，想個門路，也不枉小弟盼望一場。」多九公忖了一忖道：「今日已晚，我們且回。唐兄既不懂他言語，明日也不必上來。且等老夫破這一天工夫，四處探聽一番。儻遇年幼的，只要話中露其大概，略得皮毛，就可慢慢追尋了。」回到船上，林之洋貨物雖已賣完，因那雙頭鳥兒有個官長要去孝敬世子❹，雖出若干價錢，林之洋仍不肯賣，意欲大人拿價，借此多得幾倍利息，因此尚有躭擱。

次日，多林二人分路上岸。唐敖在船守了一日。到了下午，多九公回來，不住搖頭道：「唐兄這個音韻，據老夫看來，只好來生託生此地再學罷。今日老夫上去，或在通衢僻巷，或在酒肆茶坊，費盡唇舌，四處探問，要想他們露出一字，比登天還難。我想問問少年人或者有些指望，誰知那些少年聽見問他音韻，掩耳就走，比年老人更難說話。」

唐敖道：「他們如此害怕，九公可打聽國王向來定的是何罪名？」多九公道：「老夫也曾打聽，原來國王因近日本處文風，不及鄰國，其能與鄰邦並駕齊驅者，全仗音韻之學。就如周饒國能為機巧，以飛車為不傳之秘，都是一意。他恐鄰國再把音韻學去，更難出人頭地，因此禁止國人，毋許私相傳授。但韻學究屬文藝之道，儻國人希圖錢財，私授於人，又不好重治其罪，只好定一個小小風流罪過。唐兄請猜一猜。」

唐敖道：「小弟何能猜出？請九公說說罷。」多九公道：「他定的是如將音韻傳與鄰邦，無論臣

❹ 世子：帝王或諸侯的嫡長子。

民，其無妻室者，終身不准娶妻；其有妻室者，立時使之離異；此後如再違犯，立即閹割。有此定例，所以那些少年一聞請教韻學，卻有妻室的，既怕離異，其未婚娶的，正在望妻如渴，聽了此話，未免都犯所忌，無不掩耳飛跑。」唐敖道：「既如此，九公何不請教鰥居之人呢？」多九公道：「那鰥居的雖無妻室，不怕離異，安知他將來不要續絃，不要置妾呢？況那鰥居的面上又無鰥居字樣，老夫何能遇見年老的就去問他，有老婆無老婆？」唐敖聽了，不覺好笑起來。未知後事如何，且聽下回分解。

第二十九回　服妙藥幼子回春　傳奇方老翁濟世

話說唐敖聽了多九公之言，又是好笑，又是氣悶道：「看這光景，難道竟無一毫門路麼？」多九公道：「今日我已筋疲力盡，如唐兄心猶不死，只好自去探問。老夫實無良策了。」只見林之洋提著雀籠，笑嘻嘻回來。

唐敖道：「舅兄今日為何這樣歡喜？」林之洋道：「本地有位官長，連日向俺買這雙頭鳥兒，出的價錢，俺細細核算，比俺當日買價已有幾十倍利息。俺今日原想要賣，因他小廝暗對俺說：『我家主人買這鳥兒，要送世子的。你如不賣，他必添價。我今通個消息與你。俟交易後，分我幾分彩頭就是了。』俺得這個信息，那裡肯賣，果然復又添價。方才那小廝因天晚叫俺回來，明日再去。他家主人還要添價。俺素日聞得有人談論，奴僕好的叫作義僕。這個小廝，這般用情，待俺果真是個義僕。俺一路想來，因此歡喜。」多九公道：「他是那官長的小廝，林兄認作己僕，不獨賴忝知己，過於臉厚；就使你身後跟了許多豪奴，帶著無數俊僕，這個架子也薰不動誰！也嚇不倒人！令人反覺肉麻！」林之洋道：「俺怎敢認他作僕，混擺架子。俺只恨這萬世為奴的，他們總是見錢眼開，從不記得主人衣食恩養，一見了錢，就把主人恩情撇在九霄雲外。如今把俺林之洋待得倒像主人一般，他既這樣，俺也只好把他認作小廝了。」

大家用飯安歇；次日起個黑早，提著雀燈去了。唐敖因韻學無望，心中煩悶，睡到巳時方起，正同多九公閒話。林之洋提著雀籠，愁眉不展，嘆氣而歸。唐敖道：「舅兄為何這樣？莫非那小廝有甚欺騙麼？」林之洋道：「俺早間上去，那個官長果又添價。俺本意要賣，那小廝說他主人就要上朝，此時匆忙，莫若等他回來，還可慢慢增價。俺因這鳥他總是要買的，樂得多靠半日，再增幾分利息。誰知這官長下朝，忽命小廝回俺不要了。俺暗暗打聽，原來那個世子最喜騎射，今日出去打獵，那馬失足從高處滾下，把世子跌傷，人事不知，現在只有呼吸之氣。國王業已預備棺木。這位官長因得此信，那肯買這鳥兒，只說別處買了。後來隨俺減價，他總不要。俺想這鳥惟在歧舌還有人出價，若到別處，有誰來買？只好飯後去碰碰機會。看來要想昨日一半利息，也不能了。」用過飯，又提著雀籠嘆氣而去。

唐敖把婉如做的詩賦改了幾首，悶坐無聊，同多九公上去閒步。來到鬧市，只見許多人圍著一道黃榜，在那裡高聲朗誦。二人近前看時，原來因世子墜馬跌傷，命在旦夕，如有名醫高士療治得生，本國之人，賜銀五百，鄰邦之人，贈銀一千。多九公看了，走到黃榜跟前，輕輕把榜揭了。看守兵役，見多九公不是本處打扮，有幾個飛忙去請通使，一面預備車馬，將多九公送至迎賓館。唐敖茫然不解，只好跟在後面。登時通使已到，三人見禮歸座。

多九公道：「請教老兄尊姓？」通使道：「小生姓枝，名鐘。二位尊姓？貴邦何處？來此有何貴幹？」多九公道：「老夫姓多，乃中原人氏，幼年忝列黌門❶。」因指唐敖道：「今同這位唐敝友貿

❶ 黌門：學舍。黌，音ㄏㄨㄥˊ。

易，路過貴處，特地上來瞻仰。因見國王張掛榜文，係為世子玉體跌傷之事；老夫於岐黃雖不深知，向來祖上傳有濟世良方，凡跌打損傷，立時起死回生，但藥有外敷內服之不同，必須面看傷之輕重，方能斟酌用藥。」通使隨即告知國王。

多九公託唐敖把藥取來，通使請二人來到王府。進了內室，只見世子睡在床上，兩腿俱傷，頭破血出，因跌的過重，昏迷不醒。多九公託通使取了半碗童便，對了半碗黃酒，把世子牙關撬開，慢慢灌入；又從懷中取出藥瓶，將藥末倒出，敷在頭上破損處，隨即取出一把紙扇，一面敷藥，一面用力狠搧。眾宮人看見，都鼓譟❷喊叫起來。通使道：「大賢暫停貴手。世子跌到如此光景，命在垂危，避風還恐避不來，如何反用扇搧？豈非雪上加霜麼？」多九公道：「老夫所敷之藥，名叫鐵扇散，必須用扇搧之，方能立時結疤，可免破傷後患。此方乃異人所傳，老夫用之已久。敷藥時雖用鐵扇搧他，也無妨礙，所以叫作鐵扇散；尊駕只管放心，老夫豈敢以人命為兒戲？」一面說話，仍是手不停扇，不多時，那些傷處果然俱已結疤。世子漸漸蘇醒，口中呻吟不絕。

通使道：「大賢妙藥真是起死仙丹。此時頭面破傷，雖醫治無礙，但兩腿俱已骨斷筋折，有何妙藥，尚求速為療治。」多九公道：「貴處可有鮮蟹？」通使道：「此地向無此物，不知有何用處？」多九公道：「凡跌打筋骨損傷，無論輕重，先取童便半碗，以醇黃酒半碗煎熱衝服，雖昏迷欲絕，亦能復蘇。每日進二三服，傷輕的不過數日即愈。每見跌打損傷而至喪命者，皆因傷筋動骨，痛入肺腑，瘀血凝結。醫治稍遲，往往無救。童便黃酒，行瘀止痛，兼且固本，故有起死回生之妙。世人不知，

❷ 鼓譟：亦作「鼓噪」，喧嘩爭鬧的意思。

良為可惜。但須早服，遲即難治。儻骨斷筋折，損傷過重，服過童便黃酒，即取生蟹搗爛，以好燒酒衝服，其渣敷在患處；日日服之，亦能接筋續骨。其童便黃酒，每日仍不可缺。如無生蟹，或取乾蟹燒灰酒服亦可。此跌打損傷第一奇方。今貴處既無此物，幸老夫帶有七釐散，也是一樣。」即將藥瓶取出，把藥秤了七釐，用燒酒衝調，給世子服了；又取許多七釐散，也用燒酒和勻，敷在兩腿損傷處。世子服藥，略覺寧靜，漸漸睡去，少時睡醒，又將黃酒童便服了一碗。多九公見世子已有轉機，因向通使道：「世子之病，業已無礙，請國王只管放心，大約不過數日，就可痊愈。如世子酒量能彀多飲，可將黃酒童便，時時衝服。老夫暫且告辭，他日再來用藥。」通使道：「方才國王分付，意欲大賢在賓館暫住幾時，以便就近用藥。現在酒飯俱已預備，就請二位過去。」大家起身，來至迎賓館，用過酒飯，就在賓館宿了。唐敖回船送信。

次日，多九公又替世子敷了許多藥，又吃了一服七釐散；好在世子酒量極大，就以黃酒童便當茶，時時衝服，每日仍舊吃藥敷藥。不多幾日，漸漸平復，惟行路不便。多九公原要留下藥料，令他再服幾日，就可好了，因要借此訪訪韻學消息，所以略為躭擱。過了兩日，世子雖已全好，韻學仍是杳然。唐敖日日跟著，也因韻學一事，那知各處探聽，依然無用，心內十分懊惱。

這日國王排宴，命諸臣替多九公餞行；飯罷，捧出謝儀一千兩，外銀百兩，求賜原方，以為潤筆之費。多九公向通使道：「老夫前者雖揭黃榜，因舟中帶有藥料，可治世子之病，原圖濟世，並非希圖錢財。至於良方，頃刻可寫，不過舉筆之勞，何須厚贈？所有原銀，即懇代為奉還。老夫別無他求，惟求國王見賜韻書一部，或將韻學略為指示，心願已足，斷不敢領厚賜。」通使轉奏。誰知國王情願再添厚贈，不肯傳授韻學。多九公又託通使轉求。通使道：「韻學乃敝邦不傳之秘，國主若在歡喜時，尚恐不肯輕易傳人，何況此時二位王妃都有重恙，國主心緒不寧，小子何敢再去轉求？」

多九公道：「王妃所患何病？」通使道：「據說一位身懷六甲，現在已有五六個月，不意昨日失於檢點，偶持重物，以致胎動不安。此時微覺見紅，並覺腹痛。那位王妃，因患乳癰，今已兩日，雖未破頭，極其紅腫，也是痛苦呻吟不絕。因此國主甚為焦心。」多九公道：「胎動最忌下血不止，今不過微覺見紅，尚有五分可治。至乳癰最怕躭擱日久，雖未破頭，若裡面已潰，服藥也難消散。此時好在才起兩日，裡面尚未成膿，也有五分可治。老夫雖有秘方，不知國王可肯傳授韻學？儻不吝教，老夫自當效勞。」通使即對國王說了。國王一心要治王妃之病，只得勉強應允。通使回了多九公，多九公甚喜，因向唐敖道：「前日林兄因他夫人胎動不安，曾向老夫要了一個安胎方子，就煩唐兄把這藥方取來；儻能醫好，我們也好得他韻學。」

唐敖點頭，將藥方取來。多九公遞給通使，只見上面寫著：保產無憂散：全當歸壹錢伍分、川厚樸（薑汁炒）柒分、生黃蓍捌分、川貝母（研）壹錢、兔絲子壹錢伍分、川羌活壹錢伍分、炙甘草伍分、川芎壹錢伍分、枳殼（麩炒）陸分、祁艾柒分、荊芥捌分。白芍（酒炒，春夏秋用，冬不用）壹錢伍分、生薑三片。專治胎動不安，服之立見寧靜。如勞力見紅，尚未十分傷動者，即服數劑，亦可保胎。

通使道：「此是安胎之方，不知乳癰可有妙藥？」多九公道：「治乳癰用葱白一斤搗爛取汁，以好黃酒分二次衝服。外用麥芽壹兩煎湯頻洗，加蝦醬少許同煎尤妙，雖鹹無妨；蓋鹹能軟堅，蝦能通乳，乳通其腫自消，仍用舊梳時常輕輕梳之，自必痊愈。這二方雖極奇效，奈已躭擱兩日；此時須急煎服，或可療治。」通使連連點頭，將方拏去。過了幾日，王妃病皆脫體。

國王雖然歡喜，因想起音韻一事，甚覺後悔，意欲多送銀兩，不傳韻學。通使往返說了數遍，多九公那裡肯依，情願分文不要。國王無法，只得與諸臣計議。足足議了三日，這才寫了幾個字母，密密封固，命通使交給多九公，再三叮囑，千萬不可輕易傳人，俟到貴邦，再為拆看，字雖無多，精華俱在其內，慢慢揣摹，自能得其三昧。多九公把字母交唐敖收了，隨即提筆寫方：鐵扇散：象皮（切薄片，用鐵篩微火焙黃色，以乾為度）肆錢、龍骨（用上白者）肆錢、古石灰（須數百年者方佳）肆兩、枯白礬（將生礬入鍋熬透，以體輕方妙）肆兩、寸柏香（即松香之黑色者）肆兩、松香肆兩，與寸柏香一同鎔化，傾水中，取出晾乾，共研極細末，收磁罐中。遇刀石破傷，或食嗓❸割斷，或腹破腸出，用藥即敷傷口，以扇搧之，立時收口結疤。忌臥熱處，如傷處發腫，煎黃連水以翎毛蘸塗之即消。

七釐散：麝香伍分、冰片伍分、硃砂伍錢、紅花陸錢、乳香陸錢、沒藥陸錢、兒茶壹兩、血竭肆兩，共為細末，磁瓶收貯，黃蠟封口。隨時皆可修製，五月五日午時更妙，總以虔心潔淨為主。專治金石跌打損傷骨斷筋折。血流不止者，乾敷傷處，血即止。不破皮者，用燒酒調敷，並用藥七釐，燒酒衝服。亦治食嗓割斷，無不神效。燒酒須用大麵作者。多九公把藥方寫了，付給通使。通使再三稱謝。未知後事如何，且看下回分解。

---

❸ 食嗓：食道的俗稱。

第三十回　覓蠅頭林郎貨禽鳥　因恙體枝女作螟蛉

話說多九公將藥方寫了。通使接過道：「國主因敝邦水土惡劣，向來人民多患癰疽，意欲奉懇大賢賜一妙方，可肯賜教？」多九公道：「金銀藤乃瘡毒要藥，不知貴處可有？」通使道：「敝地此物甚多，因過於寒涼，人皆不用。」多九公道：「這是醫家不能深究藥性，豈可盡信？昔人言忍冬久服長年益壽。若果寒涼，豈能如此？況古本《本草》言忍冬味甘性溫，近世《本草》雖有微寒之說，不過因其清熱敗毒，豈是泄火大涼之物？」登時又寫了兩個藥方：

忍冬湯：金銀藤連枝帶葉伍兩（如無鮮的，或用乾金銀藤肆兩伍錢，乾金銀花伍錢代之）。生甘草壹兩。將金銀藤以木槌敲碎，用水兩大碗，同甘草放砂鍋內，煎至一大碗，加入無灰黃酒一大碗，再煎數沸，共成一大碗，去渣分作三服，一日一夜吃盡。專治癰疽、發背一切無名腫毒。不論發在頭項腰腳等處，並皆治之；未潰即散，已潰敗毒收口，病重者不過數劑即愈，忌銅鐵器。

大歸湯：全當歸（要整的壹個，酒洗）捌錢貳分、金銀花陸錢、淨連翹伍錢、生黃蓍叁錢、蒲公英叁錢、生甘草壹錢捌分。病在上部，加川芎壹錢，中部加桔梗壹錢，下部加牛膝壹錢。水對無灰黃酒各壹碗，煎至壹碗，去渣，溫服。專治癰疽發背一切無名腫毒。初起者即消，已潰者收功，輕者五劑，重者十劑即愈。

多九公道：「此二方專治一切腫毒，初起者速服即消，已潰者亦能敗毒收口。大約古人癰疽各方，無出其右了。」說罷拜辭，同唐敖乘了轎馬回船。國王又命大臣前來相送。通使帶領人夫，把銀子送來。多九公仍要推辭。通使再三不肯。林之洋道：「國王既實意送來，想來九公也實意要收的。與其學那俗態，半推半就，躭擱工夫，據俺主意，不如從實收了，倒也爽快。」多九公只得道謝收下。

通使向三人鞠躬道：「小子有個小女，乳名蘭音，現年十四歲，自從幼年患了肚腹膨脹之病，服藥無數，至今總未脫體，連日病勢甚重。小子欲求大賢一看，恐勞大駕，特命小女乘輿而來，現在外面。求大賢細細診視，可有幾希之望。倘能救其一命，真是恩同再造。」多九公道：「既如此何不請進？」通使分付僕人。不多時，有個老媽，攙著蘭音進艙，向眾人拜了，一齊歸坐。多九公看那女子生得蛾眉杏目，十分清秀，惟面帶青黃，腹脹如鼓。看了多時，摸不著是何病症，只管呆呆發殘。

唐敖道：「敝友素日不諳女科，小弟雖不知醫，恰好祖上傳有秘方，專治小兒肚腹膨脹。令愛此病還是近日染的？還是自幼染的？若是近日染的，恐有天癸❶不調等症。小弟素於此道不精，不敢冒昧用藥。如係自幼染的，尚可代為醫治。」通使道：「小女此病係五六歲染的，今已七八年了。」唐敖道：「既是五六歲染的，此係幼年停食不化，日久變為蟲積，以致膨脹。醫家不知，往往誤用尅食消導之藥，徒傷脾胃，與病無益。令愛歷年所服何藥？可曾服過殺蟲之劑？」通使搖頭道：「小女向來所服總是神麴、山查、枳實、大黃之類，並未吃過甚麼殺蟲之藥。」唐敖道：「今日幸遇小弟，也是令愛病要脫體。我家祖傳秘方，只用雷丸、使君子二味，不過五六劑，蟲下即愈。」說罷，提筆開

---

❶ 天癸：女子的月經稱天癸。

方。呂氏將女子請進內艙獻茶。此女自幼跟著父親學會三十六國番語，與婉如一見如故，言談間十分相投。

唐敖將藥方遞給通使道：「小弟這個藥方用雷丸伍錢，同蒼朮貳錢煎熟，將蒼朮去了，只用雷丸去皮炒乾，使君子去殼用肉伍錢炒乾，共研細末，分作六服，俟小兒吃飯時用雞蛋一二個打破去殼，同藥末一服放入碗內攪勻，照常加油鹽葱蒜等物煎炒，給小兒吃了。那蟲只知雞蛋之香，那知卻有藥料在內。每日貳服，不過數日，蟲隨大解下來，自然痊愈。總而言之，凡小兒面黃肌瘦，肚腹膨脹，大約總因停食日久不化，變為蟲積；雷丸、使君子，最能殺蟲，故能立見其效。」通使收了藥方，十分歡喜，再三拜謝，即同蘭音辭別而去。

多九公道：「老夫只顧治病，忙了幾日，不知林兄雙頭鳥兒究竟如何？」林之洋道：「俺正要拜謝，虧得九公把世子醫好，俺的鳥兒才能出脫。雖有幾分利息，就只可恨那個義僕不肯真心待俺，務要扣俺半價，方肯付銀。扳談多時，講他不過，只得回來，銀子還存他處。就請二位同俺一走，相幫說說。倘得少扣幾分，俺自做東相請。」

三人一齊上岸。到了大宦人家，林之洋把那小廝喚出，同他討價。小廝拏出一封銀子，仍是半價。唐敖道：「我們賣貨，諸事勞動，自應重謝；但何至要分一半？未免太過了。」小廝回答幾句，唐敖不懂。忽聽多九公放開喉音，唧唧呱呱，大聲喊叫。小廝嚇的只管打躬，隨即進內，又取出一封銀子。多九公打開，取出兩錠，付給小廝；其餘交給林之洋，齊歸舊路。唐敖道：「方才小廝所說之話，一字不懂。不知小弟同他所說之話，他可曉得？後來九公同他喊叫甚麼，他竟如此害怕？」多九公道：

「我們天朝乃萬邦之首，所有言談，無人不知。那小廝因唐兄說：何至要分一半？他道：本處向例如此，一毫不能相讓。老夫因他一毫不讓之話，未免氣惱，於是大聲喊叫，說他私透消息，教我們增價，夥騙主人。他聽這話，恐主人聽見，急急將銀子取出。好在我們並不圖他下次生意，那個還販雙頭鳥兒再來貨賣？樂得且多幾兩銀子，大家多醉幾日也是好的。」

來到船上，正要開船，誰知通使忽又帶著女兒，也不命人通報，匆匆忙忙滿眼滴淚，走進艙來。唐敖見這樣光景，只道藥用錯了，嚇的驚疑不止。通使滿眼垂淚，向唐敖下拜道：「求大賢救我父女兩命！」唐敖嚇的忙還禮道：「二位請起。為何行此大禮？」通使同蘭音起來歸座道：「小女因這孽病糾纏年久，晝夜不安，屢尋自盡，俱虧乳母相救。小子正在束手無策，忽蒙大賢賜給秘方，我父女以為從此病可脫體，不意雷丸、使君子此處歷來不產，雖出千金，亦不可得。問之醫家，也都不知，小子因此驚慌，特帶小女趕來。幸喜大賢尚未開船。想是他絕處逢生，惟求大賢或將此藥見賜兩服，或另賜妙方。倘得身安，定以千金奉謝，決不食言。」

唐敖道：「小弟如有此藥，早已奉送。不過數十文之事，何須千金之贈？奈身邊並未帶來。至另開藥方之說，小弟素不知醫，從何開起？況令愛之症，細推病源，實係蟲積，非雷丸、使君子不能見功；即另有良方，也難見效。當日有人患一怪症，每逢說話，腹中也照樣說話。彼時雖有醫家識得此症名喚應聲蟲；及至用藥，仍無效驗。後來遇一名醫，付給《本草》一部，令病人將上面藥名按次讀去。病人每讀一藥，腹中也讀一藥。及至讀到雷丸，腹中忽然無聲，再讀別藥仍舊有聲，於是即用雷丸與病人連進數服，蟲下而愈。可見殺蟲無過於此。不意貴處竟無此藥，這是令愛災難未退，小弟安能另有別法？」

通使聽了，默默無言，只管發怔。蘭音聽見唐敖別無良方，不覺放聲慟哭，十分慘切。眾人聽著，莫不點頭嘆息。通使在旁，滿面愁容，只管搔首。婉如把蘭音請入內艙，再三勸解，這才止悲。停了多時，通使不便久坐，因命乳母告知蘭音，一同回去。蘭音聽見要去，復又大放悲聲，跪在唐敖面前，只求救命。唐敖命乳母攙起再三安慰，勸他回去好好將養，將來自然痊愈。蘭音那肯動身，啼哭不止。哭了多時，因久病身弱，忽然暈倒，人事不知。虧得乳母極力解救，這才蘇醒。通使見女兒這般光景，明知凶多吉少，只急的連連頓足，淚落不止。左思右想，躊躇多時，因向僕人耳邊說了幾句，即到唐敖面前跪下道：「大賢在上，小子聞古人云：『救人一命，勝造七級浮屠❷。』今我父女兩命皆懸大賢之手，只要大賢肯發慈心，我父女就可超生了。」

唐敖忙攙起道：「尊駕此言，小弟不解，尚求明示。倘可為力，豈肯袖手？」通使立起道：「小子今年業已六旬，跟前只此一女。自患病以來，費盡心力，百般醫治，從無微效。其母久已憂慮而亡。前有異人，曾言此女必須投奔外邦。如遇唐氏大仙，或可冀其長年。今遇大賢，雖傳秘方，奈無此藥。失此良緣，豈有病痊之日？所以他十分傷悲。小子因思小女既已命定投奔外邦，方能長年。難得大賢恰又姓唐，兼之作人慷慨，一見如故，不揣冒昧，意欲懇求大賢不棄微賤，將小女作為義女帶至天朝。倘得病痊，俟其年長，即求大德代為婚配，完其終身。小子生生世世，永感不忘。如大賢不肯帶去，此地既少良醫，又無妙藥，多則一年，少則半載，無非命歸泉路。小子素以此女視為掌珠，數年來因

---

❷ 浮屠：亦作「浮圖」、「佛陀」，古稱佛教徒為浮屠，亦稱佛塔為浮屠。

其抱病，代為操勞，鬚髮已白，寢食俱廢。若再覩其去世，何能為情？大約此女一死，小子也不能活了。」說罷，不覺大哭。蘭音在旁，更是號咷❸不止。合船人無不憐憫。林之洋道：「妹夫素日最喜做好事，如今這樣現成好事，你若不應承，俺替你應承了。」未知後事如何，且看下回分解。

❸ 號咷：同「嚎啕」，大哭聲。

第三十一回　談字母妙語指迷團　看花燈戲言猜啞謎

話說林之洋向通使道：「老兄果真捨得令愛教俺妹夫帶去，俺們就替你帶去，把病治好，順便帶來還你。」蘭音向通使垂淚道：「父親說那裡話來？母親既已去世，父親跟前別無兒女，女兒何能拋撇遠去？今雖抱病，不能侍奉，但父女能得團聚，心是安的；豈可一旦分為兩處？」通使道：「話雖如此，吾兒之病，若不投奔他邦，以身就藥，何能脫體？現在病勢已到九分，若再躭擱，一經不起，教為父的何以為情？少不得也是一死。此時父女遠別，雖是下策，吾女倘能病好，便中寄我一信，為父自然心安。以此看來，遠別一層，不但不是下策，竟可保全我們兩命。況天朝為萬邦之首，各國至彼朝覲的甚多，安知日後不可搭了鄰邦船隻來看我哩？你今遠去，雖不能在家侍奉，從此我能多活幾年，也就是你仰體盡孝之處。現在承繼有人，宗祧一事，亦已無虞。你在船上，又有大賢令甥女作伴，我更放心。為父主意已定，吾兒依我，方為孝女。不必狐疑，就拜大賢為父。此去天朝，倘能病痊，將來自有好處。」即攜蘭音向唐敖叩拜，認為義父，並拜多林及呂氏諸人。通使與唐敖行禮，再三諄託。

唐敖還禮道：「尊駕以兒女大事見委，小弟敢不盡心？誠恐效勞不周，有負所託，甚為惶恐。此去惟有將令愛之恙上緊療治。第我等日後回鄉能否繞路再到貴處，不能預定。至令愛姻事，亦惟盡心酌辦，以報知己，幸無挂懷。」只見通使僕人取了銀子送來。通使道：「這是白銀一千。內有五百，乃小弟微敬。其餘五百，為小女藥餌及婚嫁之費。至於衣服首飾，小子均已備辦，不須大賢費心。」

眾僕人抬了八隻皮箱上來。

唐敖道：「令愛衣飾各物既已預備，自應令其帶去。所賜之銀，斷不敢領。至婚嫁之費，亦何須如此之多？仍請尊駕帶回，小弟才能應命。」通使道：「小子跟前別無兒女，留此無用。況家有薄田，足可度日。望大賢帶去，小子才能心安。」多九公道：「通使大人多贈銀兩，無非愛女之意。唐兄莫若權且收下，將來俟小姐婚嫁，儘其所有，多辦妝奩送去，豈不更妙？」唐敖連連點頭，即命來人將銀裝入箱內，抬進後艙，父女灑淚而別。蘭音從此呼呂氏為舅母，呼婉如為表姊，帶著乳母，就與婉如一同居住。

眾人收拾開船。多九公要到後面看舵。唐敖道：「九公，那位高徒向來看舵甚好，何必自去？難道不看字母麼？」多九公笑道：「我倒忘了。」唐敖取出字母，只見上面寫著：

羌〇〇〇〇〇〇〇〇〇〇〇
秧梯〇〇〇〇〇〇〇〇〇〇
秧〇〇〇〇〇〇〇〇〇〇〇
茫〇〇〇〇〇〇〇〇〇〇〇
昌〇〇〇〇〇〇〇〇〇〇〇

商○○○○○○○○○○○○○○○○○○○○
槍○○○○○○○○○○○○○○○○○○○○
良○○○○○○○○○○○○○○○○○○○○
囊○○○○○○○○○○○○○○○○○○○○
杭○○○○○○○○○○○○○○○○○○○○
批秧○○○○○○○○○○○○○○○○○○○○
方○○○○○○○○○○○○○○○○○○○○
低秧○○○○○○○○○○○○○○○○○○○○
姜○○○○○○○○○○○○○○○○○○○○
妙秧○○○○○○○○○○○○○○○○○○○○
桑○○○○○○○○○○○○○○○○○○○○
郎○○○○○○○○○○○○○○○○○○○○
康○○○○○○○○○○○○○○○○○○○○
倉○○○○○○○○○○○○○○○○○○○○
昂○○○○○○○○○○○○○○○○○○○○
娘○○○○○○○○○○○○○○○○○○○○
滂○○○○○○○○○○○○○○○○○○○○

香○○○○○○○○○○○○○○○○○○○○
當○○○○○○○○○○○○○○○○○○○○
將○○○○○○○○○○○○○○○○○○○○
湯○○○○○○○○○○○○○○○○○○○○
瓤○○○○○○○○○○○○○○○○○○○○
兵秧○○○○○○○○○○○○○○○○○○○○
帮○○○○○○○○○○○○○○○○○○○○
岡○○○○○○○○○○○○○○○○○○○○
臧○○○○○○○○○○○○○○○○○○○○
張真中珠招齋知遮詀氈專張鷗張婀張鴉珠逶珠均張鶯珠帆珠窩珠窪珠歪珠汪
廂○○○○○○○○○○○○○○○○○○○○

三人翻來覆去，看了多時，絲毫不懂。林之洋道：「他這許多圈兒，含著甚麼機關？大約他怕俺們學會，故意弄這迷團騙俺們的。」唐敖道：「他為一國之主，豈有騙人之理？據小弟看來，他這張真中珠十一字，內中必藏奧妙。他若有心騙人，何不寫許多難字？為何單寫這十一字？其中必有道理。」多九公道：「我們何不問問枝小姐，他生長本國，必是知音的。」林之洋把婉如、蘭音喚出，細細詢問。誰知蘭音因自幼多病，雖讀過幾年書，並未學過音韻。三人聽了，不覺興致索然，只得暫且擱起。

過了幾時，到了智佳國。林之洋上去賣貨。唐敖同多九公上岸尋找雷丸、使君子。此處也無此藥，後來訪到鄰國販貨人家，費了若干唇舌，送了許多藥資，才買了一料，隨即泡製。一連三日，蘭音共吃了六服，打下許多蟲來，登時腹消病愈，飲食陡長，與好人一樣。唐敖歡喜非常，因同多林二人商議道：「通使跟前別無兒女。此女病既脫體，又常思親，好在此地離歧舌不遠，莫若送他回去，使他骨肉團圓，豈不是件好事？」二人都以為然。蘭音聞知甚喜。林之洋道：「這裡賣貨還有躭擱；據俺主意，索性把他送去，俺們再到智佳賣貨也好。」唐敖道：「如此更妙。」隨即開船。

走了幾日。這日剛到歧舌交界，蘭音忽然霍亂嘔吐不止；到後來竟至人事不知，滿口譫語❶，十分沉重。林之洋道：「這個甥女，據俺看來，只怕是個離鄉病。」唐敖道：「何謂離鄉病？」林之洋道：「一經患病，離了本鄉，登時就安，叫離鄉病。這個怪症，雖是俺新謅❷的，但他父親曾說此女必須投奔外邦，方能有命，果然到了智佳病就好了。如今送他回來，才到他國交界，就患這個怪症。看這光景，他生成是個離鄉命，俺們何苦送他回去，枉送性命？據俺主意，快離此地罷。」即命水手掉轉船頭，仍向智佳而來。剛出歧舌交界，蘭音之病，果然全愈。蘭音聞知這個詳細，只好把思親之心，暫且收了。

唐敖在船無事，又同多林二人觀看字母，揣摹多時。唐敖道：「古人云：書讀千遍，其義自見。我們既不懂得，何不將這十一字讀的爛熟？今日也讀，明日也讀，少不得嚼些滋味出來。」多九公道：

---

❶ 譫語：病中妄語。

❷ 謅：弄言，今謂妄言曰胡謅。

「唐兄所言甚是。況字句無多，我們又閒在這裡，借此也可消遣。且讀兩日，看是如何。但這十一字，必須分句，方能順口。據老夫愚見，首句派他四字，次句也是四字，末句三字，未知可好？」林之洋道：「句子越短越對俺心路，那怕兩字一句，俺更歡喜。就請九公教俺幾遍，俺好照著讀去。」多九公道：「首句是張真中珠，次句招齋知遮，三句詁氈專，這樣明明白白，還要教麼？你真變成小學生了。」三人讀到夜晚，各去安歇。

林之洋惟恐他們學會，自己不會，被人恥笑，把這十一字高聲朗誦，如念呪一般，足足讀了一夜。次日，三人又聚一處，講來講去，仍是不懂。多九公道：「枝小姐既不曉得音韻，我想婉如姪女他最心靈，或者教他幾遍，他能領略，也未可知。」林之洋將婉如喚出，蘭音也隨出來。唐敖把這緣故說了。婉如也把張真中珠讀了兩遍，拏著那張字母同蘭音看了多時。蘭音猛然說道：「寄父請看上面第六行商字。若照張真中珠一意讀去，豈非商申椿書麼？」唐多二人聽了，茫然不解。林之洋點頭道：「這句商申椿書，俺細聽去，狠有意味。甥女為甚道恁四字？莫非曾見韻書麼？」蘭音道：「甥女何嘗見過韻書？想是連日聽舅舅時常讀他，把耳聽滑了，不因不由說出這四字。其實甥女也不知此句從何而來。」

多九公道：「請教小姐，若照張真中珠，那個香字怎樣讀？」蘭音正要回答。林之洋道：「據俺看來是香欣胸虛。」蘭音道：「舅舅說的是。」唐敖道：「九公不必談了。俗語說的：熟能生巧。舅兄昨日讀了一夜，不但他已嚼出此中意味，並且連寄女也都聽會，所以隨問隨答，毫不費事。我們別無良法，惟有再去狠讀，自然也就會了。」多九公連連點頭。

二人復又讀了多時，唐敖不覺點頭道：「此時我也有點意思了。」林之洋道：「妹夫果真領會，俺考你一考，若照張真中珠，岡字怎讀？」唐敖道：「自然是岡根公孤了。」林之洋道：「秧字呢？」婉如接著道：「秧因雍淤。」

多九公聽了，只管望著發獃；想了多時，忽然冷笑道：「老夫曉得了。你們在歧舌國不知怎樣騙了一部韻書，夜間暗暗讀熟，此時卻來作弄老夫。這如何使得？快些取出給我看看。」林之洋道：「俺們何曾見過甚麼韻書？如欺九公，教俺日後遇見黑女，也像你們那樣受罪。」多九公道：「既無韻書，為何你們說的，老夫都不懂呢？」唐敖道：「其實並無韻書，焉敢欺瞞？此時縱讓分辯，九公也不肯信。若叫小弟講他所以然之故，卻又講不出。九公惟有將這張真中珠再讀半日，把舌尖練熟，得了此中意味，那時才知我們並非作弄哩。」

多九公沒法，只得高聲朗誦，又讀起來。讀了多時，忽聽婉如問道：「請問姑夫，若照張真中珠，不知方字怎樣讀？」唐敖道：「若論方字，……」話未說完，多九公接著道：「自然是方分風夫了。」唐敖拍手笑道：「如今九公可明白了。這方分風夫四字，難道九公也從甚麼韻書看出麼？」多九公不覺點頭道：「原來讀熟卻有這些好處。」大家彼此又問幾句，都是對答如流。

林之洋道：「俺們只讀得張真中珠……十一字，怎麼忽然生出許多文法？這是甚麼緣故？」唐敖道：「據小弟看來，即如五聲通同桶痛禿之類，只要略明大義，其餘即可類推。今日大家糊裡糊塗把字母學會，已算奇了；寄女同姪女並不習學，竟能聽會，可謂奇而又奇。而且習學之人，還未學會，旁聽之人，倒先聽會。若不虧寄女道破迷團，只怕我們還要亂猜哩。但張真中珠……十一字之下還有許多小字，不知是何機關？」

蘭音道：「據女兒看來，下面那些小字，大約都是反切。即如張鷗二字，口中急急呼出，耳中細細聽去，是個周字。又如珠汪二字，急急呼出，是個莊字。下面各字，以周莊二音而論，無非也是同母之字。想來自有用處。」唐敖道：「讀熟上段，既學會字母，何必又加下段？豈非蛇足麼？」多九公道：「老夫聞得近日有空谷傳聲之說，大約下段就是為此而設。若不如此，內中缺了許多聲音，何能傳響呢？」唐敖道：「我因寄女說珠汪是莊字，忽然想起上面珠窪二字。若以珠汪一例推去，豈非撾字麼？」蘭音點頭道：「寄父說的是。」林之洋道：「這樣說來，珠翁二字，是個中字。原來俺也曉得反切了。妹夫，俺怕空谷傳聲內中有個故典，不知可是？」說罷，用手拍了十二拍，略停了停，又拍一拍；少停，又拍四拍。唐多二人聽了，茫然不解。

婉如道：「爹爹拍的大約是個放字。」林之洋聽了，喜的眉開眼笑，不住點頭道：「將來再到黑齒，倘遇國母再考才女，俺將女兒送去，怕不奪個頭名狀元回來。」唐敖道：「請教姪女何以見得是個放字？」婉如道：「先拍十二拍，按這單字順數是第十二行，又拍一拍，是第十二行第一字。」唐敖道：「既是十二行第一字，自然該是方字，為何卻是放字？」婉如道：「雖是方字，內中含著方房倣放佛，陰陽上去入五聲，所以第三次又拍四拍，才歸到去聲放字。」林之洋道：「你們慢講。俺這故典，還未拍完哩。」於是又拍十一拍，次拍七拍，後拍四拍。

唐敖道：「若照姪女所說，一例推去，是個屁字。」多九公道：「請教林兄是何故典？」林之洋道：「這是當日吃了朱草濁氣下降的故典。」多九公道：「兩位姪女在此，不該說這玩話。而且音韻一道，亦莫非學問。今林兄以屁夾雜在學問裡，豈不近於褻瀆麼？」林之洋道：「若說屁與學問夾雜，就算褻瀆，只怕還不止俺一人呢。」唐敖道：「怪不得古人講韻學說是天籟，果然不錯。今日小弟學會反切，也不枉歧舌辛苦一場。」林之洋道：「日後到了黑齒，再與黑女談論，他也不敢再說問道於盲了。」唐敖道：「前在巫咸，九公曾言要將祖傳秘方刊刻濟世。小弟彼時就說人有善念，天必從之。果然到了歧舌，就有世子王后這些病症，不但我們叨光學會字母，九公還發一注大財。可見人若存了善念，不因不由就有許多好事湊來。」

這日到了智佳國，正是中秋佳節，眾水手都要飲酒過節，把船早早停泊。唐敖因此處風景言語與君子國相仿，約了多林二人要看此地過節是何光景。又因向聞此地素精籌算，要去訪訪來歷。

不多時，進了城，只聽爆竹聲喧，市中擺列許多花燈，作買作賣，人聲喧嘩，極其熱鬧。林之洋道：「看這花燈，倒像俺們元宵節了。」多九公道：「卻也奇怪。」於是找人訪問。原來此處風俗，因正月甚冷，過年無趣，不如八月天高氣爽，不冷不熱，正好過年；因此把八月初一日改為元旦，中秋改為上元。此時正是元宵佳節，所以熱鬧。

三人觀看花燈，就便訪問素精籌算之人。訪來訪去，雖有幾人，不過略知大概，都不甚精。只有一個姓米的精於此技。及至訪到米家，誰知此人已於上年中秋帶著女兒米蘭芬往中原投奔親戚去了。又到四處訪問。訪了多時，忽見一家門首貼著一個紙條，上寫春社候教。唐敖不覺歡喜道：「不意此地竟有燈謎。我們何不進去一看？或者機緣湊巧，遇見善曉籌算之人，也未可知。」多九公道：「如此甚好。」

三人一齊舉步。剛進大門，那二門上貼著「學館」兩個大字。唐多二人不覺又吃了一嚇，意欲退轉，奈捨不得燈謎。林之洋道：「你們只管大膽進去。他們如要談文，俺的鳥鎗打，當日在淑士國也曾有人佩服的。怕他怎的！」二人只得跟著。到了廳堂，壁上貼著各色紙條，上面寫著無數燈謎，兩旁圍著多人在那裡觀看，個個儒巾素服，斯文一脈，並且都是白髮老翁，並無少年在內。這才略略放心。

主人讓坐。三人進前細看，只見內有一條，寫著「萬國咸寧」，打《孟子》六字，贈萬壽香一束。多九公道：「請教主人，萬國咸寧，可是天下之民舉安？」有位老者應道：「老丈猜得不錯。」於是把紙條同贈物送來。多九公道：「偶爾遊戲，如何就要叨賜？」老者道：「承老丈高興賜教，些須微物，不過略助雅興。敝處歷來猜謎都是如此。秀才人情，休要見笑。」多九公連道豈敢，把香收了。

唐敖道：「請教九公，前在途中所見眼生手掌之上，是何國名？」多九公道：「那是深目國。」唐敖聽了，因高聲問道：「請教主人，『分明眼底人千里』，打個國名，可是深目？」老者道：「老丈猜的正是。」也把贈物送來。旁邊看的人齊聲讚道：「以千里刻劃深字，真是絕好心思！做的也好，猜的也好。」林之洋道：「請問九公，俺聽有人把女兒叫作千金，想來千金就是女兒了？」多九公連連點頭。林之洋道：「如果這樣，他那壁上貼著一條千金之子，打個國名，敢是女兒國了？俺去問他一聲。」誰知林之洋說話聲音甚大，那老者久已聽見，連忙答道：「小哥猜的正是。」唐敖道：「這個兒字做的倒也有趣。」

林之洋道：「那『永賜難老』打個國名。……」老者笑道：「此間所貼紙條，只有『永錫難老』，並無『永賜難老』。」林之洋忙改口道：「俺說錯了。那永錫難老，可是不死國。上面畫的那隻螃蟹，可是無腸國。」老者道：「不錯。也把贈物送來。」林之洋道：「可惜俺滿腹詩書，還有許多『老子』、『少子』，奈俺記性不好，想他不出。」旁邊有位老翁道：「請教小哥，這部『少子』是何書名？」唐敖聽了，不覺暗暗著急。林之洋道：「你問『少子』麼？就是張真中珠。」老翁道：「請教小哥，何許『張真中珠』？」林之洋道：「俺對你說，這個『張真中珠』就是那個『方分風夫』。」老翁道：「請問『方分風夫』又是怎講？」林之洋道：「『方分風夫』便是『岡根公孤』。」老翁笑道：「尊兄忽然打起鄉談，這比燈謎還覺難猜。與其同兄閒談，到不如猜謎了。」未知以後如何，且看下回分解。

第三十二回　訪籌算暢遊智佳國　觀艷妝閒步女兒鄉

話說老者正同林之洋講話，忽聽那邊有人問道：「請教主人：『比肩民』打《孟子》五字，可是『不能以自行』？」主人道：「是的。」唐敖道：「九公你看，那兩句〈滕王閣序〉打個藥名，只怕小弟猜著了。」因問道：「請教主人：『關山難越，誰悲失路之人？』可是生地？」主人道：「正是。」林之洋道：「俺又猜著幾個國名。請問老兄：『腿兒相壓』可是交脛國？『臉兒相偎』可是兩面國？『孩提之童』可是小人國？『高郵人』可是元股國？」主人應道：「是的。」於是把贈物都送來。

唐敖暗暗問道：「請教舅兄，高郵人怎麼卻是元股國？」林之洋道：「高郵人綽號叫作黑尻❶。妹夫細細摹擬黑尻形狀，就知俺猜的不錯了。」多九公詫異道：「怎麼高郵人的黑尻，他們外國也都曉得？卻也奇怪。」林之洋道：「有了若干贈物，俺更高興要打了。請問主人：『遊方僧』打《孟子》四字，可是『到處化緣』？」眾人聽了，鬨堂大笑。唐敖羞的滿面通紅道：「這是敝友故意取笑。請問主人：可是『所過者化』？」主人道：「正是。」隨將贈物送過。

多九公暗暗埋怨道：「林兄書既不熟，何妨問問我們？為何這樣性急？」言還未了，林之洋又說道：「請問主人：『守歲』二字打《孟子》一句，可是『要等新年』？」眾人復又大笑。多九公忙說

❶ 尻：臀部。尻，音ㄎㄠ。

道：「敝友慣會鬥趣，諸位休得見笑。請教主人：可是『以待來年』？」主人應道：「正是。」多九公向唐敖遞個眼色，一齊起身道：「多承主人厚賜，我們還要趲路，暫且失陪，只好以待來年，倘到貴邦，再來請教了。」主人送出門外。

三人來到鬧市。多九公道：「老夫見他無數燈謎，正想多打幾條，顯顯我們本領，林兄務必兩次三番催我們出來，這是何苦？」林之洋道：「九公，這是甚話？俺好好在那裡猜謎，何曾催你出來？俺正怪你打斷俺的高興，九公倒賴起俺來。」唐敖道：「那部《孟子》乃人所共知的，舅兄既不記得，何妨問問我們？你只顧隨口亂謅，他們聽了，都忍不住笑。小弟同九公在旁，如何站得住？豈非舅兄催我們走麼？」林之洋道：「俺只圖多打幾個裝些體面，那知反被恥笑？他們也不知俺名姓，由他笑去。今日中秋佳節，幸虧早早回來。若只顧猜謎，還誤俺們飲酒賞月哩。」

唐敖道：「前在勞民國，九公曾說『勞民永壽，智佳短年』；既是短年，為何都是老翁呢？」多九公道：「唐兄只見他們鬚髮皆白，那知那些老翁才只三、四十歲。他們鬍鬚總是未出土先就白了。」唐敖道：「這卻為何？」多九公道：「此處最好天文、卜筮、勾股算法，諸樣奇巧，百般技藝，無一不精。並且彼此爭強賭勝，用盡心機，苦思惡想，愈出愈奇，必要出人頭地；所以鄰國俱以智佳呼之。他們只顧終日搆思，久而久之，心血耗盡，不到三十歲，鬢已如霜；到了四十歲，就如我們古稀之外；因此從無長壽之人。話雖如此，若同伯慮比較，此處又算高壽了。」林之洋道：「他們見俺生的少壯，把俺稱作小哥，那知俺還是他老兄哩。」唐敖道：「我們雖少猜幾個啞謎，恰好天色尚早，還可盡興暢遊。」

三人又到各處觀看花燈，訪問籌算，好在此地是金吾不禁❷，花燈徹夜不絕；足足遊了一夜，及至回船，飲了幾杯，天已發曉。林之洋道：「如今月還未賞，倒要賞日了。」水手收拾開船。枝蘭音因病已好，即寫一封家信，煩九公轉託便船寄去。在船無事，惟有讀書消遣，或同婉如作些詩賦，請唐敖指點。

行了幾日，到了女兒國，船隻泊岸。多九公來約唐敖上去遊玩。唐敖因聞得太宗命唐三藏西天取經，路過女兒國，幾乎被國王留住，不得出來，所以不敢登岸。多九公笑道：「唐兄慮的固是，但這女兒國非那女兒國可比。若是唐三藏所過女兒國，不獨唐兄不應上去，就是林兄明知貨物得利，也不敢冒昧上去。此地女兒國卻別有不同。歷來本有男子，也是男女配合，與我們一樣；其所異於人的，男人反穿衣裙，作為婦人，以治內事；女子反穿靴帽，作為男人，以治外事。男女雖亦配偶，內外之分，卻與別處不同。」

唐敖道：「男為婦人，以治內事，面上可用脂粉？兩足可須纏裹？」林之洋道：「聞得他們最喜纏足，無論大家小戶，都以小腳為貴；若講脂粉，更是不能缺的。幸虧俺生中原，若生這裡，也教俺裹腳，那才坑殺人哩！」

因從懷中取出一張貨單道：「妹夫！你看，上面貨物就是這裡賣的。」唐敖接過，只見上面所開脂粉、梳篦等類，盡是婦女所用之物。看罷，將單遞還道：「當日我們嶺南起身，查點貨物，小弟見

❷金吾不禁：舊俗在每年農曆正月十五日元宵夜及其前後各一日，命令金吾衛取消夜禁，京城街衢准許人民終宵歡樂。金吾，漢置官名，掌京城戒備、禁人夜行等。

這物件帶的過多，甚覺不解，今日才知，卻是為此。單內既將貨物開明，為何不將價錢寫上？」林之洋道：「海外賣貨，怎肯預先開價？須看他缺了那樣，俺就那樣貴。臨時見景生情，卻是俺們飄洋討巧❸處。」唐敖道：「此處雖有女兒國之名，並非純是婦人，為何要買這些物件？」多九公道：「此地向來風俗，自國王以至庶民，諸事儉樸，就只有個毛病，最喜打扮婦人。無論貧富，一經講到婦人穿戴，莫不興致勃勃，那怕手頭拮据，也要設法購求。林兄素知此處風氣，特帶這些貨物來賣。這個貨單，拏到大戶人家，不過三兩日，就可批完，臨期兌銀發貨。雖不如長人國、小人國大獲其利，看來也不止兩三倍利息。」

唐敖道：「小弟當日見古人書上有女治外事，男治內事一說，以為必無其事；那知今日竟得親到其地。這樣異鄉，定要上去領略領略風景。舅兄今日滿面紅光，必有非常喜事。大約貨物定是十分得彩，我們又要暢飲喜酒了。」林之洋道：「今日有兩隻喜鵲，只管朝俺亂噪，又有一對喜蛛，巧巧落俺腳上；只怕又像燕窩那樣財氣，也不可知。」拏了貨單，滿面笑容去了。

唐敖同多九公登岸進城，細看那些人，無老無少，並無鬍鬚；雖是男裝，卻是女音；兼之身段瘦小，嬝嬝婷婷。唐敖道：「九公！你看他們原是好好婦人，卻要裝作男人，可謂矯揉造作了。」多九公笑道：「唐兄！你是這等說，只怕他們看見我們，也說我們放著好好婦人不做，卻矯揉造作，充作男人哩。」唐敖點頭道：「九公！此話不錯。俗語說的習慣成自然，我們看他雖覺異樣，無如他們自古如此。他們看見我們，自然也以我們為非。此地男子如此，不知婦人又是怎樣？」多九公暗向旁邊

❸ 討巧：不費力而佔便宜。

指道：「唐兄你看那個中年老嫗，拏著針線做鞋，豈非婦人麼？」

唐敖看時，那邊有個小戶人家，門內坐著一個中年婦人。一頭青絲黑髮，油搽的雪亮，真可滑倒蒼蠅；頭上梳一盤龍鬏兒，鬢旁許多珠翠，真是耀花人眼睛。耳墜八寶金環，身穿玫瑰紫的長衫，下穿葱綠裙兒，裙下露著小小金蓮，穿一雙大紅繡鞋，剛剛只得三寸。伸著一雙玉手，十指尖尖，在那裡繡花；一雙盈盈秀目，兩道高高蛾眉，面上許多脂粉。再朝嘴上一看，原來一部鬍鬚，是個絡腮鬍子！看罷，忍不住撲嗤笑了一聲。

那婦人停了針線，望著唐敖喊道：「你這婦人敢是笑我麼？」這個聲音，老聲老氣，倒像破鑼一般！把唐敖嚇的拉著多九公朝前飛跑。那婦人還在那裡大聲說道：「你面上有鬚，明明是個婦人；你卻穿衣戴帽，混充男人，你也不管男女混雜！你明雖偷看婦女，你其實要偷看男人。你這臊貨❹，你去照照鏡子，你把本來面目都忘了！你這蹄子❺，也不怕羞！你今日幸虧遇見老娘，你若遇見別人，把你當作男人偷看婦女，只怕打個半死哩！」

唐敖聽了，見離婦人已遠，因向九公道：「原來此處語音卻還易懂。聽他所言，果然竟把我們當作婦人。他才罵我蹄子，大約自有男子以來，未有如此奇罵。這可算得千古第一罵。我那舅兄上去，但願他們把他當作男人才好。」多九公道：「此話怎講？」唐敖道：「舅兄本來生的面如傅粉；前在厭火國，又將鬍鬚燒去，更顯得少壯；他們要把他當作婦人，豈不躭心麼？」多九公道：「此地國人

❹ 臊貨：猶「騷婊子」，罵淫蕩女人的話。臊，音ㄙㄠ。
❺ 蹄子：舊日罵人的話，多對女人用之，如小蹄子等。

向待鄰邦最是和睦，何況我們又從天朝來的，更要格外尊敬。唐兄只管放心。」

唐敖道：「你看路旁挂著一道榜文，圍著許多人在那裡高聲朗誦，我們何不前去看看？」走近聽時，原來是為河道壅塞之事。唐敖意欲擠進觀看。多九公道：「此處河道，與我們何干？唐兄看他怎麼？莫非要替他挑河，想酬勞麼？」唐敖道：「九公休得取笑。小弟素於河道絲毫不諳；適因此榜，偶然想起桂海地方每每寫字都寫本處俗字，即如𡘙字就是我們所讀穩字，歪字就是終字，諸如此類，取義也還有些意思，所以小弟要去看看，不知此處文字怎樣。看在眼內，雖算不得學問，廣廣見識，也是好的。」遂分開眾人進去，看畢出來道：「上面文理倒也通順，書法也好，就只有個𨱽字不知怎講。」多九公道：「老夫記得桂海等處都以此字讀作矮字，想來必是高矮之義。」唐敖道：「他那榜上講的果是隄岸高𨱽之話，大約必是矮字無疑了。今日又識一字。卻是女兒國長的學問，也不虛此一行了。」

又朝前走，街上也有婦人在內，舉止光景，同別處一樣，裙下都露小小金蓮，行動時腰肢顫顫巍巍❻。一時走到人烟叢雜處，也是躲躲閃閃，遮遮掩掩，那種嬌羞樣子，令人看著也覺生憐。也有懷抱著小兒，也有領著小兒同行的；內中許多中年婦人，也有鬍鬚多的，也有鬍鬚少的，還有沒鬚的；及至細看，那中年無鬚的，原為要充少婦，惟恐有鬚顯老，所以拔的一毛不存。唐敖道：「九公，你看這些拔鬚婦人，面上鬚孔猶存，倒也好看，但這人中下爬，被他拔的一乾二淨，可謂寸草不留，未免失了本來面目。必須另起一個新奇名字才好。」多九公道：「老夫記得《論語》有句虎豹之鞹，他

❻ 顫顫巍巍：搖曳顫動貌。

這人中下爬，都拔的光光，莫若就叫人鞟罷。」唐敖笑道：「鞟是皮去毛者也。這人鞟二字，倒也確切。」

多九公道：「老夫才見幾個有鬚婦人，那部鬍鬚，都似銀針一般。他卻用墨染黑，面上微微還有墨痕。這人中下爬，被他塗的失了本來面目，唐兄何不也起一個新奇名字呢？」唐敖道：「小弟記得衛夫人講究書法，曾有墨豬之說。他們既是用墨塗的，莫若就叫墨豬罷。」多九公笑道：「唐兄，這個名字不獨別致，並且狠得墨字豬字之神。」

二人說笑，又到各處遊了多時，回到船上，林之洋尚未回來。用過晚飯，等到二鼓，仍無消息。呂氏甚覺著慌。唐敖同多九公提著燈籠，上岸找尋；走到城邊，城門已閉，只得回船。次日，又去尋訪，仍無蹤影。至第三日，又帶幾個水手分頭尋找，也是枉然；一連找了數日，竟似石沉大海。呂氏同婉如只哭的死去活來。唐多二人，仍是日日找尋，各處探信。

誰知那日林之洋帶著貨單，走進城去，到了幾個行店，恰好此地正在缺貨；及至批貨，因價錢過少，又將貨單拏到大戶人家。那大戶批了貨物，因指引道：「我們這裡有個國舅府，他家人眾，須用貨物必多。你到那裡賣去，必定得利。」隨即問明路徑，來到國舅府，果然高大門第，景象非凡。未知後事如何，且看下回分解。

第三十三回　粉面郎纏足受困　長鬚女玩股垂情

話說林之洋來到國舅府，把貨單求管門的呈進，裡面傳出話道：「連年國主採選嬪妃，正須此貨；今將貨單替你轉呈，即隨來差同去，以便聽候批貨。」不多時，走出一個內使，拿了貨單，一同穿過幾層金門，走了許多玉路，處處有人把守，好不威嚴！來到內殿門首，內使立住道：「大嫂在此等候，我把貨單呈進，看是如何再來回你。」走了進去，不多時，出來道：「大嫂單內貨物並未開價，這卻怎好？」林之洋道：「各物價錢，俺都記得。如要那幾樣，等候批完，俺再一總開價。」內使聽了進去，又走出道：「請問大嫂，胭脂每擔若干銀？香粉每擔若干銀？頭油每擔若干銀？頭繩每擔若干銀？」林之洋把價說了。內使進去，又出來道：「請問大嫂，翠花每盒若干銀？絨花每盒若干銀？香珠每盒若干銀？梳篦每盒若干銀？」林之洋又把價說了。

內使進去，又走出道：「大嫂單內各物，我們國主大約多寡不等，都要買些。就只價錢問來問去，恐有訛錯。必須面講，才好交易。國主因大嫂是天朝婦人，天朝是我們上邦，所以命你進內。大嫂須要小心。」林之洋道：「這個不消分付。」跟著內使走進內殿，見了國王，深深打了一躬，站在一旁。看那國王，雖有三旬以外，生的面白唇紅，極其美貌，旁邊圍著許多宮娥。國王十指尖尖，拏著貨單，又把各樣價錢輕啟朱唇問了一遍，一面問話，一面只管細細上下打量。林之洋忖道：「這個國王為甚只管將俺細看？莫非不曾見過中原人麼？」不多時，宮娥來請用膳。國王分付內使將貨單存下，先去回覆國舅；又命宮娥款待天朝婦人酒飯，轉身回宮。

歇了片時，有幾個宮娥把林之洋帶至一座樓上，擺了許多餚饌。剛把酒飯吃完，只聽下面鬧鬧吵吵，有許多宮娥跑上樓來，都口呼娘娘，磕頭叩喜。隨後又有許多宮娥捧著鳳冠霞帔、玉帶蟒衫並裙褲簪環首飾之類，不由分說，七手八腳，把林之洋內外衣服脫的乾乾淨淨。這些宮娥都是力大無窮，就如鷹拏燕雀一般，那裡由他作主；才把衣履脫淨，早有宮娥預備香湯，替他洗浴，換了襖褲，穿了衫裙。把那一雙大金蓮暫且穿了綾襪，頭上梳了鬏兒，搽了許多頭油，戴上鳳釵，搽了一臉香粉；又把嘴唇染的通紅，手上戴了戒指，腕上戴了金鐲，把床帳安了，請林之洋上坐。此時林之洋倒像做夢一般，又像酒醉光景，只是發殘；細問宮娥，才知國王將他封為王妃，等選了吉日，就要進宮。

正在著慌，又有幾個中年宮娥走來，都是身高體壯，滿嘴鬍鬚。內中一個白鬚宮娥，手拏針線，走到床前跪下道：「稟娘娘，奉命穿耳。」早有四個宮娥上來，緊緊扶住。那白鬚宮娥上前先把右耳用指將那穿針之處碾了幾碾，登時一針穿過。林之洋大叫一聲痛殺俺了，望後一仰；幸虧宮娥扶住。又把左耳用手碾了幾碾，也是一針直過，林之洋只痛的喊叫連聲。兩耳穿過，用些鉛粉塗上。揉了幾揉，戴了一副八寶金環。白鬚宮娥把事辦畢退去。接著有個黑鬚宮人，手拏一疋白綾，也向床前跪下道：「稟娘娘，奉命纏足。」又上來兩個宮娥，都跪在地下，扶住金蓮，把綾襪脫去。那黑鬚宮娥取了一個矮凳，坐在下面，將白綾從中撕開，先把林之洋右足放在自己膝蓋上，用些白礬灑在腳縫內，將五個腳指緊緊靠在一處，又將腳面用力曲作彎弓一般，即用白綾纏裹；才纏了兩層，就有宮娥拏著針線上來密密縫口，一面狠纏，一面密縫。林之洋身旁既有四個宮娥緊緊靠定，又被兩個宮娥把足扶住，絲毫不能轉動；及至纏完，只覺腳上如炭火燒的一般，陣陣疼痛，不覺一陣心酸，放聲大哭道：「坑死俺了！」兩足纏過，眾宮娥草草做了一雙軟底大紅鞋替他來穿上。

林之洋哭了多時，左思右想，無計可施，只得央及眾人道：「奉求諸位老兄替俺在國王面前方便一聲：俺本婦之夫，怎作王妃？俺的兩隻大腳，就如遊學秀才，多年未曾歲考，業已放蕩慣了，何能把他拘束？只求早早放俺出去，就是俺的妻子也要感激的。」眾宮娥道：「剛才國王業已分付，將足纏好，就請娘娘進宮。此時誰敢亂言？」不多時，宮娥掌燈送上晚餐，真是肉山酒海，足足擺了一桌。林之洋那裡吃得下，都給眾人吃了。

一時忽要小解，因向宮娥道：「此時俺要撒尿，煩老兄領俺下樓走走。」宮娥答應，早把淨桶掇來。林之洋看了，無可奈何；意欲掙扎起來，無如兩足纏的緊緊，那裡走得動，只得扶著宮娥下床，坐上淨桶；小解後，把手淨了。宮娥掇了一盆熱水道：「請娘娘用水。」林之洋道：「俺才洗手，為甚又要用水。」宮娥道：「不是淨手，是下面用水。」林之洋道：「怎叫下面用水？俺倒不知。」宮娥道：「娘娘才從何處小解，此時就從何處用水。既怕動手，待奴婢替洗罷。」登時上來兩個胖大宮娥，一個替他解褪裡衣，一個用大紅綾帕蘸水，在他下身揩磨。林之洋喊道：「這個玩的不好。諸位莫亂動手。俺是男人。弄的俺下面發癢。不好，不好！越揩越癢！」那個宮娥聽了，自言自語道：「你說越揩越癢，俺還越癢越揩哩！」把水用過，坐在床上，只覺兩足痛不可當，支撐不住，只得倒在床上和衣而臥。

那中年宮娥上前稟道：「娘娘既覺身倦，就請盥漱安寢罷。」眾宮娥也有執著燈臺的，也有執著漱盂的，也有捧著面盆的，也有捧著梳妝的，也有托著油盒的，也有托著粉盒的，也有提著手巾的，也有提著綾帕的，亂亂紛紛，圍在床前。只得依著眾人略略應酬。淨面後，有個宮娥又來搽粉。林之洋執意不肯。白鬚宮娥道：「這臨睡搽粉規矩最有好處；因粉能白潤皮膚，內多冰麝。王妃面上雖白，還欠香氣，所以這粉也是不可少的。久久搽上，不但面如白玉，還從白色中透出一股肉香。真是越白越香，越香越白，令人越聞越愛，越愛越聞，最是討人歡喜的。久後才知其中好處哩。」宮娥說之至再，那裡肯聽。眾人道：「娘娘既如此任性，我們明日只好據實啟奏，請保母過來再作道理。」登時四面安歇。

到了夜間，林之洋被兩足不時疼醒，即將白綾左撕右解，費盡無窮之力，才扯了下來，把十個腳指個個舒開；這一暢快，非同小可，就如秀才免了歲考一般，好不鬆動；心中一爽，竟自沉沉睡去。次日起來，盥漱已罷，那黑鬚宮娥正要上前纏足，只見兩足已脫精光，連忙啟奏國王，教保母過來，重責二十，且命在彼嚴行約束。保母領命，帶了四個手下，捧著竹板，來到樓上跪下道：「王妃不遵約束，奉令打肉。」林之洋看了，原來是個長鬚婦人，手捧一塊竹板約有三寸寬，八尺長，不覺吃了一嚇道：「怎麼叫作打肉？」只見保母手下四個微鬚婦人，一個個膀闊腰粗，走上前來，不由分說，輕輕拖翻，褪下裡衣，保母手舉竹板，一起一落，竟向屁股大腿一路打去。林之洋喊叫連聲，痛不可忍。剛打五板，業已肉綻皮開，血濺茵褥。保母將手停住，向纏足宮娥道：「王妃下體甚嫩，才打五板，已是血流漂杵；若打到二十，恐他貴體受傷，一時難愈，有誤吉期。拜煩姊姊先去替我轉奏，看國王鈞諭如何，再作道理。」纏足宮人答應去了。

保母手執竹板，自言自語道：「同是一樣皮膚，他這下體為何生的這樣又白又嫩？好不令人可愛！據我看來，這副尊臀，真可算得貌比潘安，顏如宋玉了！」因又說道：「貌比潘安，顏如宋玉，是說人的容貌之美，怎麼我將下身比他？未免不倫。」只見纏足宮人走來道：「奉國王鈞諭，問王妃此後可遵約束。如痛改前非，即免責放起。」林之洋怕打，只得說道：「都改過了。」眾人於是歇手。宮娥拿了綾帕，把下體血蹟揩了。國王命人賜了一包棒瘡藥，又帶了一盞定痛人參湯。隨即敷藥，吃了人參湯，倒在床上歇息片時，果然立時止痛，纏足宮娥把足從新纏好，教他下床來往走動。宮娥攙著走了幾步，棒瘡雖好，兩足甚痛，只想坐下歇息，無奈纏足宮娥惟恐誤了限期，毫不放鬆，剛要坐下，就要啟奏；只得勉強支持，走來走去，真如掙命一般。到了夜間，不時疼醒，每每整夜不能合眼。無論日夜，俱有宮娥輪流坐守，從無片刻離人，竟是絲毫不能放鬆。林之洋到這個地位，只覺得湖海豪情，變作柔腸寸斷了。未知以後如何，且看下回分解。

第三十四回　觀麗人女主定吉期　訪良友老翁得凶信

話說林之洋兩隻金蓮，被眾宮人今日也纏，明日也纏，並用藥水薰洗，未及半月，已將腳面彎曲，折作凹段，十指俱已腐爛，日日鮮血淋漓。一日正在疼痛，那些宮娥又攙他行走，不覺氣惱夾攻，暗暗忖道：「俺林之洋捺了火氣，百般忍耐，原想妹夫、九公，前來救俺；今他二人音信不通，俺與其零碎受苦，不如一死，倒也乾淨！」手扶宮人，又走了幾步，只覺痛的寸步難移，奔到床前，坐在上面，任憑眾人解勸，口口聲聲只教保母去奏國王，情願立刻處死，若要纏足，至死不能。一面說著，摔脫花鞋，將白綾用手亂扯。眾宮娥齊來阻擋，亂亂紛紛，攪成一團。

保母見光景不好，即去啟奏，登時奉命來至樓上道：「國王有旨，王妃不遵約束，不肯纏足，即將其足倒挂梁上，不可違誤。」林之洋此時已將生死付之度外，即向眾宮娥道：「你們快些動手，越教俺早死俺越感激！只求越快越好！」於是隨著眾人擺佈。誰知剛把兩足用繩纏緊，已是痛上加痛；及至將足弔起，身子懸空，只覺眼中金星亂冒，滿頭昏暈，登時疼的冷汗直流，兩腿酸麻，只得咬牙忍痛，閉口合眼，只等早早氣斷身亡，就可免了零碎吃苦。挨了片時，不但不死，並且越弔越覺明白，兩足就如刀割針刺一般，十分痛苦，咬定牙關，左忍右忍，那裡忍得住，不因不由，殺豬一般喊叫起來，只求國王饒命。保母隨即啟奏，放了下來，從此只得耐心忍痛，隨著眾人，不敢違拗。

眾宮娥知他畏懼，到了纏足時，只圖早見功效，好討國王歡喜，更是不顧死活，用力狠纏。屢次要尋自盡，無奈眾人日夜提防，真是求生不能，求死不得。不知不覺，那足上腐爛的血肉都已變成膿水，業已流盡，只剩幾根枯骨，兩足甚覺瘦小。頭上烏雲，用各種頭油，業已搽的光鑒；身上每日用香湯薰洗，也都打磨乾淨；那兩道濃眉，也修的彎彎如新月一般；再加朱唇點上廣脂，映著一張粉面，滿頭珠翠，卻也窈窕。國王不時命人來看。這日保母啟奏足已纏好。國王親自上樓看了一遍，見他面似桃花，腰如弱柳，眼含秋水，眉似遠山，越看越喜，不覺忖道：「如此佳人，當日把他誤作男裝。若非孤家看出，豈非埋沒人才。」因從身邊取出一挂真珠手串，替他親自戴上。眾宮人扶著萬福叩頭。國王拉起，攜手並肩坐下；又將金蓮細細觀玩，頭上身上，各處聞了一遍，撫摩半晌，不知怎樣才好。林之洋見國王過來看他，已是滿面羞慚；後來同國王並肩坐下，只見國王剛把兩足細細觀玩，又將兩手細細賞鑒，聞了頭上，又聞身上，又聞臉上，弄的滿面通紅，坐立不安，羞愧要死。國王回宮，越想越喜；當時選定吉期，明日進宮，並命理刑衙門釋放罪囚。

林之洋一心只想唐多二人前來相救，那知盼來盼去，眼見得明日就要進宮，仍是毫無影響；一時想起妻子，心如刀割，那眼淚也不知流過多少；並且兩隻金蓮，已被纏的骨軟筋酥，倒像酒醉一般，毫無氣力，每逢行動，總要宮娥攙扶。想起當年光景，再看看目前形狀，真似兩世人，萬種淒涼，肝腸寸斷。這日晚上，足足哭了一夜。

到了次日吉期，眾宮娥都絕早起來替他開臉，梳裹，搽脂抹粉，更比往日加倍殷勤。那雙金蓮，雖覺微長，但纏的彎彎，下面襯了高底，穿著一雙大紅鳳頭鞋，卻也不大不小。身上穿了蟒衫，頭上戴了鳳冠，渾身玉珮叮噹，滿面香氣撲人；雖非國色天香，卻是婸婸婷婷。用過早膳，各王妃俱來賀喜。來來往往，絡繹不絕。到了下午，眾宮娥忙忙亂亂，替他穿戴齊整，伺候進宮。不多時，有幾個宮人手執珠燈，走來跪下道：「吉時已到，請娘娘先升正殿，伺候國王散朝，以便行禮進宮。就請升輿。」林之洋聽了，倒像頭頂上打了一個霹靂，只覺耳中嚶的一聲，早把魂靈嚇的飛出去了。眾宮娥不由分說，一齊攙扶下樓，上了鳳輿。無數宮人簇擁，來到正殿，國王業已散朝，裡面燈燭輝煌。眾宮人攙扶林之洋顫顫巍巍，如鮮花一枝，走到國王面前，只得彎著腰兒，拉著袖兒，深深萬福叩拜。各王妃也上前叩賀。正要進宮，忽聽外面鬧鬧吵吵，喊聲不絕，國王嚇的驚疑不止，原來這個喊聲卻是唐敖用的機關。

唐敖那日同多九公尋訪林之洋下落，訪來訪去，絕無消息。這日兩人分頭去訪。唐敖尋了半日，回船用飯，因呂氏母子啼哭，正在解勸：只見多九公滿頭是汗，跑進船艙道：「今日費盡力氣，才把林兄下落打聽出來。」呂氏慌忙問道：「俺丈夫現在何處？究竟存亡若何？」多九公道：「老夫問來問去，恰好遇見國舅府中內使，才知林兄因國王看貨歡喜，留在宮內，封為貴妃。因他腳大，奉旨把足纏好，方擇吉日成親。今腳已裹好，國王擇定明日進宮。」

話未說完，呂氏早已哭的暈倒。婉如一面哭著，把呂氏喚醒。呂氏向唐多二人叩頭，哭哭啼啼，只求姑爺、九公，救俺丈夫之命。唐敖命蘭音、婉如把呂氏攙起。多九公道：「老夫剛才懇那內使求國舅替我們轉奏，情願將船上貨物盡數孝敬，贖林兄出來。雖承內使轉求，無奈國舅因吉期已定，萬難挽回，不肯轉奏。老夫無計可施，只得回來。唐兄可有甚麼妙計？」唐敖嚇的思忖多時道：「此時吉期已到，恐難挽回。為今之計，惟有且寫幾張哀憐呈詞，到各衙門遞去。倘遇忠正大臣，敢向國王直言諫諍，救得舅兄出來，也未可知。除此實無別法。」呂氏道：「姑爺這個主意想的不差。他們偌大之國，官兒無數，豈無忠臣？這個呈詞遞去，必能救得丈夫出來。就請姑爺多寫幾張，早早遞去。」

唐敖當時作了哀憐稿兒，託多九公酌定。二人分著寫了幾張，惟恐躭擱，連飯也不敢吃，隨即進城；但遇衙門，就把呈詞遞進。誰知裡面看過，仍舊發出道：「這不干我們衙門之事，你到別處遞去。」一連幾十處，總是如此。二人餓著跑到日暮，只得回船。呂氏問知詳細，只哭的死去活來。娘兒兩個，足足哭了一夜。唐敖聽著，心如劍刺，東方漸亮，急的瞪目痴坐，無計可施。多九公走來道：「我們與其在船悶坐，何不上去探聽？倘或改了吉期，就好另想別法了。」唐敖道：「吉期就在今日，何能更改？即使改了，又有何法？」多九公道：「倘能另改吉期，我們船上貨物銀錢，也還不少。即到鄰邦把船上儘其所有都餽送那國王，懇其代為轉求。設或他看鄰邦分上，情不可卻，放林兄出來，也未可知。」呂氏在內聽了，早又帶淚出來道：「此計甚好，就求速速上去打聽。」唐敖只得答應，同多九公進城。只聽四處紛紛傳說，今日國王收王妃進宮，釋放罪囚，各官都叩賀去了。

二人聽了，更覺心冷如冰。多九公嘆道：「你聽這話，還探聽甚麼？只好回去勸勸他們。如今木已成舟，也是林兄命定如此了。」唐敖道：「這兩日我在船上想起舅兄之事，至親相關，心中已如針刺。此刻回去，他們聽見一無指望，更要慟上加慟，教人聽著，何能安身？我們只好在此走走，暫且躲避躲避。」多九公只得點頭，又向前行。不知不覺，天已正午。多九公道：「此時腹中甚餓，路旁有個茶坊，我們何不進去吃些點心充充飢也好。」說罷，進去揀副座兒坐了，倒了兩碗茶，要了兩樣點心。只見有個起課❶的走來。唐敖一時無聊，因在課桶內抽了一籤，遞了過去。未知後事如何，且聽下回分解。

❶ 起課：俗指占卜問事。課，占卜；卜兆。

第三十五回　現紅鸞林貴妃應課　揭黃榜唐義士治河

話說唐敖把籤遞給起課的看了，隨即起了一課道：「此課紅鸞發現，該有婚姻之喜。可惜遇了空亡，未免虛而不實。將來仍是各棲一枝，不能鸞鳳和鳴。不知尊嫂所問何事？」唐敖道：「我問這段婚姻可能不成？此人現在難中，可逃得出麼？」起課的道：「剛才我已說過，婚姻虛而不實，斷難成就。此人災難已滿，指日即有救星。就是要脫火坑，還須躭擱十日。」唐敖付了課資，起課的去了。多九公道：「林兄災難既滿，為何還須十日方離火坑？」唐敖道：「此話離離奇奇，令人不解。」

吃過點心，付了茶資，信步走出，遠遠有許多人簇擁著走來。二人迎上觀看，原來是些人夫擔著幾十擔禮物過去。多九公道：「後面那個押禮的，就是國舅內使，不知到何處送禮去？」唐敖道：「上面俱用錦袱蓋著，自然是送國王的了。」多九公忙去打聽，回來滿面愁容道：「唐兄，你道國舅這禮送給那個的？原來卻是送給林兄的。」唐敖道：「此話怎講？」多九公道：「那送禮人說國舅因今日王妃進宮送這禮物，預備王妃賞賜宮人，豈非送給林兄麼？」唐敖聽了，只急的抓耳搔腮；再望望太陽，業已西墜，各處官員，都乘轎馬叩賀回來，那些罪囚，一個個也都嬉笑而歸。不多時，國舅送禮人夫也都挑著空擔回去。

二人見天色已晚，無可奈何，只得垂頭喪氣回歸舊路。唐敖道：「剛才那起課的說，指日就有救星；若過了今日，也還救得出麼？」多九公搖頭道：「今日如果進宮，生米煮成熟飯，豈有挽回之理？」唐敖道：「我剛才也是這樣想。若據起課所言，似乎今日又有救星。究竟不知怎樣挽回？再四思想，測度不出。大約那起課的不過信口胡談，偏遇我們只想挽回，也不管事已八九，還要胡思亂想，可謂痴人說夢了！但舅兄如此好人，將來竟作異鄉之鬼，這樣結局，能不令人傷感！」多九公聽了，也是嘆息不止。

信步行來，又到張挂榜文處。唐敖道：「我們初到此地，舅兄上去賣貨，小弟同九公上來，曾見此榜，那知在此躭擱多日，遭此飛災。這些時不知舅兄怎樣受罪，如何盼望！」一面說著，不覺滴下淚來。猛然心內一急，低頭想了一想，走上前去，把榜揭了下來。多九公摸不著唐敖是何主見，當著眾人，攔又攔不得，問又問不得，惟有望著發怔。那些看守人役，上前問道：「你是何處婦人，擅揭此榜？那榜上的話，你可看明？」此時眾百姓聞得有人揭榜，登時四方轟動。老老少少，無數百姓，都圍著觀看。

唐敖看見人眾，因朗聲發話道：「我姓唐，乃天朝人氏，從外洋至此。治河一道，我們中原無人不曉。今路過貴邦，因見國王這榜，備言連年水患，人民被害，如鄰邦君王治得河道，小民得免水患，情願納貢臣服。若鄰邦臣民有能治得河道，財寶祿位，悉聽擇取，說的甚覺誠懇，因此不辭勞瘁，特來治河，與你們除患。」話未說完，早有許多百姓，挨挨擠擠，都跪在地下，口口聲聲，只求天朝貴人大發慈心，早賜救援。唐敖道：「你們諸位請起。我雖能治河，但財寶祿位，我們天朝那樣不有？這些我都不要，只要你們依我一事，我就即日興工。」眾百姓都起來道：「不知貴人所說何事？」唐敖道：「小可有個妻舅，前因賣貨進宮，現被國王立為王妃，聞得吉期定於今日。你們如要治河，大家即到朝前哭訴，放了此人，我即興工。如國王不以民命為重，不肯放他，縱使財寶如山，我亦不願，只好回鄉去了。」

說話間，那圍著看的人，密密層層，就如人山人海一般；一聞此言，只聽得發了一聲喊，不約而同，齊向朝門而去。那些人役也都去回本官。多九公得空到唐敖耳邊問道：「唐兄果然曉得治河麼?」唐敖道：「小弟並未做過外工朋友，那知治河?」多九公道：「你既不諳，為何把榜揭了?設或修治不妥，虛費他的帑項，豈不連我們也弄出未完麼?」唐敖道：「小弟此番揭榜，雖覺孟浪，但因要救舅兄，不得已做了一個火燒眉毛，且顧眼前之計，實是無可奈何。此時眾百姓前去，大約國王難違眾情，必是暫緩吉期。明日小弟看過河道，只好設法酌量。倘舅兄五行❶有救，自然機緣湊巧，河道成功。如光景不佳，不能結局，即煩九公船上將貨物餽送鄰邦，求其拯救，只此便是良策。」多九公聽著，只是皺眉搖頭。

登時有看榜人役，備了轎馬，把唐敖送到迎賓館。多九公只得充作僕人，跟在後面。早有管事人預備酒飯，多九公另有下席一桌；二人正在饑餓，且飽餐一頓。飯後，多九公上船送信，暫安呂氏之心；回到賓館，仍同唐敖靜候佳音。

那些百姓聽了唐敖之言，一時聚了數萬人，齊至朝門，七言八語，喊聲震耳。國王正受嬪妃朝賀，忽聞此聲，驚疑不止。只見宮人進來奏道：「國舅有要事面奏。」國王即命眾人暫避，把國舅傳進。

❶ 五行：指命運，命中註定。舊時星相家用五行生剋推算命理，故稱。

國舅行禮畢，就把天朝婦人揭榜，能修河道，因主上把他親戚立為王妃，意欲懇求釋放，才能興工，眾百姓現在聚了數萬人，齊集朝門，籲求主上俯念數十萬生靈為重，釋放此人，以便即日興工，救拔生民，以免塗炭等話，奏了一遍。國王道：「我國向例，凡庶民人家，從無再醮❷之婦；何以孤家身為人君，反令王妃違此定例呢？」國舅道：「剛才臣已剴切曉諭，向來國中庶民既婚後尚且不准改節，何況君王乃一國之主，豈有放回王妃之理？說之至再。奈眾百姓因吉期雖是今日，但王妃尚未進宮，與業已進宮不同，所以才敢籲懇施恩。」國王聽了，無言可答；忖了多時道：「既如此，卿就出去回覆眾民，說寡人業已進宮，今日不能啟奏。到了明日，木已成舟，眾百姓也不能求我釋放，我也有詞可託了。」國舅再三懇求，無奈國王執意不肯，只得退出，回覆眾人。眾百姓聽了，惟恐到了明日，就難挽回，登時鼓譟，亂亂轟轟，喊成一片。

國王聽見外面如此，心中著實害怕；明知自己理虧，意欲釋放，又難割捨。想了多時，忽聽外面人聲漸漸鬧進宮來，不覺發恨道：「索性給他一不做二不休罷！」因命值殿尉官，率領軍兵十萬，立時征剿。尉官奉命，立刻點兵。只聽四面鎗砲聲，震的山搖地動。眾百姓那裡肯退，都說：「與其日後喪在魚鼈之口，不如今日被國王殺了，倒也乾淨。」哭哭啼啼，更覺喊聲震天。國舅見百姓勢頭已急，惟恐人多激變，分付眾兵無許動手傷人；隨又再三勸眾百姓道：「爾等只管散去。老夫自然替你們轉奏，務將揭榜人留下修治河道。明日府中候信，老夫自有道理。」眾百姓聽了，這才慢慢散去。尉官把兵收了。

❷ 再醮：婦人重嫁。

國王見眾百姓已散，隨即進宮，命林之洋並肩坐下，映著燈光，復又慢閃俊目，細細觀看。只見林之洋體態輕盈，嬌羞滿面，愁鎖蛾眉，十分美貌。看罷，心中大喜，忙把自鳴鐘望了一望，因嬌聲說道：「你同我已訂百年之好，你如此喜事，你為何面帶愁容?你今得了如此遭際，你也不枉托生女身一場。你今做了我國第一等婦人，你心中還有甚麼不足處?你日後倘能生得兒女，你享福日子正長。你與其嬌揉造作，裝作男人，你倒不如還了女裝，同我享受榮華；我們且飲兩杯。」分付擺宴，又命宮人賜了許多珠寶金銀之類。不多時，酒席齊備。眾宮娥斟了一杯喜酒，叫他奉敬國王。林之洋此時心如死灰，一時想起妻女，就如萬箭攢心，兼之一連數日，茶飯不吃，精神恍惚，四肢無力，把杯接在手中，只覺戰戰兢兢，渾身發抖，那個酒杯倒像千斤之重，那裡遞得過去。正在勉強，只覺四肢發酸，把手一鬆，瓓瑯瑯酒杯落在桌上。宮娥拾過，又斟一杯。林之洋接著，心中更覺發慌，登時又把酒灑了。眾宮娥只得替他代敬國王。國王命人也與林之洋斟了一杯，放在唇邊，只得勉強飲了。隨後又是一杯，以為成雙之意。林之洋素日酒量雖大，無如近來腹中空虛，把酒飲過，只覺天旋地轉，幸而還未醉倒。國王又飲數杯，命人把表取過，看了一看，分付撤去筵席。霎時桃腮帶笑，醉眼朦朧，笑嘻嘻道：「天不早了，我同你睡罷。」眾宮娥上前把林之洋外面衣裙寬了，又把首飾除去。國王也寬了外面衣服，伸出一雙玉手，十指尖尖，把林之洋手腕攜住，上了牙床，放下鮫綃帳，竟自睡了。

這裡國王業已成親。唐敖還在迎賓館痴心妄想，另改吉期。等來等去，吃了晚飯，仍無信息。正在盼望，恰好有幾個年老百姓，從朝中回來，把尉官點兵征剿各話說了。唐敖這才知其詳細，只嚇的驚慌失色。多九公道：「剛才唐兄說國王必是暫緩吉期，那知全出意料之外，並且大動干戈，用兵征剿。看這光景，國王只知好色，不以民命為重。過了今日，我們只好且充外工朋友，替他修理河道，弄點修金。若想林兄回來，只怕難了。」唐敖只急的抓耳搔腮。只見國舅那邊差了內使，押送鋪蓋過來；又撥許多人役伺候。內使道：「我家國舅命我多多致意貴人：今日天晚，不能過來。明日上朝見過國王，就來面商修治河道。貴人在此諸多簡慢，只好當面再來請罪。」說罷，同幾個庶民都去了。次日，守候國舅，一直等到夜深，也不見來。多九公又去打聽，原來眾百姓已將國舅府圍的水泄不通，在那裡候信。唐敖這一夜更不曾合眼。

次日清晨起來，多九公道：「唐兄你看，不知不覺又是一天了。據老夫看來，若像這樣，只怕我們吃了喜蛋才能回去哩。」唐敖道：「此話怎講？」多九公道：「林兄同國王成親，今已兩日；再過幾日，倘恭喜懷了身孕，你是國王的妻妹婿，這樣好親戚，豈不要送喜蛋麼？」唐敖急的無計可施，惟有專候國舅之信。誰知國舅自從那日安頓眾百姓，次日上朝，國王只推有病，總不見面，把個國舅急的走出走進，毫無主意；並聞府中已被眾百姓團團圍住，專等治河回音，更覺著急，又不敢回府。又恐唐敖走脫，因派許多兵役在城門把守，又差人時刻送酒送菜到迎賓館去，又挑了幾擔魚肉雞鴨之類，送到唐敖船上，無非遮人耳目，恐怕冷落之意。當日就在朝堂住了。

第二日，天將發曉，國王起來，大為不樂，將國舅宣來問道：「那揭榜婦人可在麼？」國舅奏道：「此人現在賓館，因國王沒有示下，大約今日就要回去。」國王道：「他果能治河，我念生靈為重，原可施恩，把王妃釋放，不知他治的究竟如何？莫若著他河路治好，再放王妃回去。倘修治不善，不能完功，虛費銀兩，即將王妃留在此處，日後照數拏銀來贖。國舅以意為何？」國舅聽了，滿心歡喜道：「主上如此辦理，既不虛縻帑項，又安眾民之心，倘河道成功，也除通國大患；真是一舉兩便。」

國王道：「你就照此辦去。」

國舅來至迎賓館，見了唐敖，彼此敘了寒溫。原來這位國舅姓坤，年紀不滿五旬，聲音面貌，宛似太監。二人茶罷，國舅道：「昨日眾百姓齊集朝門，備言貴人因念敝邦水患，特來救援。老夫適值朝中有事，不能趨陪，多有得罪，尚望海涵。至令親因在王府賣貨，忽染重恙，現在仍未獲痊。俟略將養，自然即送歸舟。至立王妃之說，係小民訛傳，斷斷不可輕信。但治河一事，不知貴人有何高見？」

唐敖道：「貴邦河道受病之由，小子尚未目覩，不敢謬執意見。若論大概情形，當年治河的，莫善於禹，吾國禹疏九河，這個疏字，卻是治河主腦。疏通眾水，使之各有所歸，所謂來有來源，去有去路。根源既清，中無壅滯，自然不至為患了。此小子愚昧之見，將來看過河道，尚望國舅大人指教。」國舅聽了，連連點頭。未知後事如何，且聽下回分解。

第三十六回　佳人喜做東床壻　壯士愁為舉案妻

話說國舅聞唐敖之言，不覺點頭道：「貴人所言這個『疏』字，頓開茅塞，足見高明。想來敝邦水患，從此可以永絕了。老夫還要回去覆命，暫且失陪，明日再來奉陪去看河道。」分付人役預備酒宴，小心伺候，乘輿呵殿❶而去。

多九公道：「林兄之事，若據前日用兵征剿光景，竟是毫無挽回。今日據國舅之言，又像林兄不久就要回來。莫非林兄前日竟未成親？令人不解。」唐敖道：「大約此事全虧眾百姓之力，國王恐眾人作亂，所以暫緩吉期，也未可知。」

多九公道：「這且慢慢再去打聽。第治河一事，關係非輕，倘有疏虞，不但林兄不能還鄉，就是我們也不知如何結局。老夫頗不放心。明日看過河道，唐兄究竟是何主見？」唐敖道：「這個河道，其實看也罷，不看也罷，小弟久已立定一個主意。我想河水氾濫為害，大約總是河路壅塞，未有去路，未清其源，所以如此。明日看過，我先給他處處挑挖極深，再把口面開寬，來源去路也都替他各處疏通；大約河身挑挖深寬，自然受水就多，受水既多，再有去路，似可不致氾濫了。」

多九公道：「治河既如此之易，難道他們國中就未想到麼？」唐敖道：「昨日九公上船安慰他們，

❶ 呵殿：古時尊貴的人出行，隨從之士在前呵叫引導，或殿後護衛。

我喚了兩個人役，細細訪問，此地向來銅鐵甚少，兼且禁用利器以杜謀為不軌，國中所用，大約竹刀居多，惟富家間用銀刀，亦甚希罕。所有挑河器具，一概不知。好在我們船上帶有生鐵，明日小弟把器具畫出樣兒，教他們製造。看來此事尚易成功。」多九公道：「原來此地銅鐵甚少，禁用利器，怪不得此處藥店所挂招牌，俱寫咬片咀片。我想好好藥品，自應切片，怎麼倒用牙咬，腌臢姑且不論，豈非舍易求難麼？老夫正疑此字用的不解，今聽唐兄之言，無怪要用牙咬了。我們家鄉藥店雖用刀切，招牌亦寫咬咀字樣，雖係遵著古人醫書，誰知這故典卻出在女兒國的。」

次日，國舅陪唐敖出城看河。一連兩日，看畢回來。唐敖道：「連日細看此河受病處，就是前日所說那個『疏』字缺了。以彼處形勢而論，兩邊堤岸高如山陵，而河身既高且淺，形像如盤，受水無多，以致為患。這總是水大之時，惟恐衝決漫溢，且顧目前之急，不是築堤，就是培岸，及至水小，並不預為設法挑挖疏通，到了水勢略大，又復培壅，以致年復一年，河身日見其高。若以目前形狀而論，就如以浴盆置於屋脊之上，一經漫溢，以高臨下，四處皆為受水之區，平地即成澤國。若要安穩，必須將這浴盆埋在地中。盆低地高，既不畏其衝決，再加處處深挑，以盤形變成釜形，受水既多，自然可免漫溢之患了。」國舅道：「貴人所論河道受病情形，恰中其弊，足見天朝貴人留心時務，識見高明。至浴盆屋脊之說，尤其對症，真是指破迷團。惟求貴人大發惻隱，早賜拯拔，免敝邦屋脊之禍，水由地中行，永慶安瀾，得免塗炭，不獨蒼生感戴，即敝邦國主，亦當銘感不忘。但挑挖深通，不知天朝向來用何器具？尚求指教。」

唐敖道：「敝處所用器具甚多，無如貴邦銅鐵甚少，無從措辦。工欲善其事，必先利其器。今既一無所有，縱使大禹重生，亦當束手；幸而我們船中帶有銅鐵，製造尚易。第河道一時挑挖深通，使歸故道，施工甚難。蓋堤岸日積月累，培壅過高，下面雖可深挑，而出土甚覺費事。倘能集得數十萬人夫，一面深挑，一面去其堤岸，使兩岸之土不致壅積，方能易於竣事。不知人夫一時可能齊集？」國舅道：「若講人夫，貴人只管放心。此地河道，為患已久，居民被害已深，聞貴人修治河道，雖士商人等，亦必樂於從事。況又發給工錢飯食，那些小民，何樂不為？但還有一事：昨日所看此河東首刷淤之處，貴人曾言彼處當年辦理不善，以致淤沙停積，水無去路，故不時為患。其受病之由，尚求指教。」

唐敖道：「凡河有淤沙，如欲借其水勢順溜刷淤，那個河形，必須如矢之直，其淤始能順溜而下。昨看那邊河道到了刷淤之處，河路不直，多有彎曲。其淤遇彎即停，何能順溜而下？再者，刷淤之處，其河不但要直，並且還要由寬至窄，由高至低，其淤始得走而不滯。假如西邊之淤要使之東去，其西邊口面如寬二十丈，必須由西至東，漸漸收縮，不過數丈，是寬處之淤，使由窄路而出；再能西高東低，自然勢急水溜，到了出口時，就如萬馬奔騰一般，其淤自能一去無餘。今那邊刷淤之處，不但處處彎曲，而且由窄至寬，事機先已顛倒；其意以為越寬越暢。那知水由窄處流到寬處，業已散漫無力，何能刷淤？無怪越積越厚，水無去路了。」國舅連連點頭道：「貴人高論，勝如讀《河渠書》、《溝洫志》；但開工吉期定在何時？以便啟奏國主，諭令該管各官早為預備。」

唐敖道：「此時必須先造器具。明日國舅多派工匠過來。俟器具造齊，再擇吉期開工。」國舅點頭，即命隨從速傳工匠，明早伺候，並多派人役聽候差遣。說罷別去。唐敖將器具樣兒畫了，並託多九公照應把鐵發來。次日，許多工人傳到，唐敖把樣兒取出，一一指點，登時開爐打造。眾工人雖係男裝，究竟是些婦女，心靈性巧，比不得那些蠢漢，任你說破舌尖，也是茫然。這些工人，只消略為指點，全都會意，不過兩三日都造齊備。擇了開工吉期。

是日，國舅同至河邊。唐敖命人逐段築起土壩，先把第一段之水，車❷到第二段壩內；即將第一段挑挖深通，就把第二段土壩推倒，將水放入第一段新挑深坑之內，再挑第二段。逐段都動起工來，總是儘力深挑。後來所挖之土，一時竟難上岸，仍命工人把筐垂入坑內，用轆轤攪上。每取土一筐，要費許多氣力。好在眾百姓年年被這水患鬧怕，此番動工，舉國之人，齊來用力，一面挑河，一面起堤，不上十日，早已完工，又把各處來源去路也都挑挖疏通。這裡唐敖指點監工，那眾百姓見他早起晚歸，日夜辛勤，人人感仰。早有幾個老者出來攢湊銀錢，仿照唐敖相貌，立了一個生祠；又豎一塊金字匾額，上寫「澤共水長」四個大字。此事傳入宮內，早有一位世子把這情節對林之洋說了。

原來林之洋那日同國王成親，上了牙床，忽然想起：當日在黑齒國妹夫同俺玩笑，說俺被女兒國留下，今日果然應了，這事竟有預兆。那時九公曾說：「設或女兒國將你留下，你卻怎處？」俺隨口答道：「他如留俺，俺給他一概弗得知。」這話也是無心說出，其中定有機關。今日國王既要同俺成親，莫若俺就裝作木雕泥塑，給他一概弗得知，同他且住幾時，看他怎樣。因存這個主見，心心念念，只想回家。一時想起妻子，身如針刺，淚似湧泉。又想自從到此，被國王纏足穿耳，毒打倒吊，種種受辱，九死一生，這國王恁般狠毒，明是冤家對頭，躲還躲不來，怎敢親近？如此一想，燈光之下，

---

❷ 車：用水車取水。

看那國王雖是少年美貌；只覺從那美貌之中，透出一股殺氣。雖不見他殺人，那種溫柔體態，倒像比刀還覺利害，越看越怕，惟恐日後命喪他手，更是心冷如冰，體軟如緜。一連兩夜，國王費盡心機，終成畫餅。雖覺掃興氣惱，因河道一事，究竟牽挂，不敢把他奈何。後來同國舅議定治河一事，思來想去，留此無用，只得將他送歸樓上，索性把纏足抹粉一切工課也都蠲❸了。

林之洋得了這道恩赦，雖未得歸故鄉，暫且腳下鬆動，就只不知將來可能放歸，又不知前日眾百姓為何喧鬧，細問宮娥，都是支吾。這日正在思鄉垂淚，有個年輕世子走來下拜道：「臣兒聞得天朝有位唐貴人來此治河，俟河道治好，父王即送阿母回去。臣兒特地送信，望阿母放心。」林之洋把世子攙起細問，才知揭榜一事；因垂淚道：「蒙小國王念俺被難，前來送信，俺林之洋倘骨肉團圓，惟有焚香報你大德。俺妹夫河道治完，還求送俺一信。更望在老國王跟前，替俺美言，早放俺回去，便是俺救命恩人了。」世子上前替林之洋揩淚道：「阿母不須悲傷。臣兒再去探聽，如有佳音，即來送信。」說罷去了。

林之洋自從國王送回樓上，眾宮娥知他日後仍回天朝，並非本國王妃，那個肯來照管，往往少飯無茶，十分懈怠；幸虧世子日日前來照應，茶飯始得充足，林之洋深為感激。不知不覺，將及半月，兩足雖已如舊，但穿上男鞋，竟瘦了許多。

這日世子匆匆走來道：「告稟阿母，唐貴人已將工程辦完，今日父王出去看河，十分歡喜；因唐貴人乃天朝貴客，特命合朝大臣，許多鼓樂，護送歸舟，並送謝儀萬兩。聞得明日即送阿母回船，臣

❸ 蠲：免除。音ㄐㄩㄢ。

兒探聽真實，特來送信。」林之洋歡喜道：「俺自從國王送回樓上，蒙小國王百般照應，明日回去，不知甚時相見。俺林之洋只好將來再報大情。」

世子見左右無人，忽然跪下垂淚道：「臣兒今有大難，要求阿母垂救。如念臣兒素日一點孝心，大發惻隱，臣兒就有命了。」林之洋忙攙起道：「小國王有甚大難？速告俺知。」世子道：「臣兒自從八歲蒙父王立儲，至今六載，不幸前歲嫡母去世，西宮阿母專寵，意欲其子繼立，屢次陷害臣兒，幸而命不該絕。近日父王聽信讒言，痛恨臣兒，亦有要殺臣兒之意。此時若不遠走，久後必遭毒手。況父王指日即往軒轅祝壽，內外臣僕，莫非西宮羽翼，臣兒年紀既幼，素日只知閉戶讀書，又無心腹，安能處處防備？一經疏虞，性命難保。阿母如肯垂憐，明日回船，將臣兒攜帶同去。倘脫虎穴，自當銜環結草，以報大恩。」

林之洋道：「俺們家鄉風俗與女兒國不同，若到天朝，須換女裝。小國王作男子慣了，怎能改得？就是梳頭裹腳，也不容易。」世子道：「臣兒情願更改；只要逃得性命，就是跟著阿母，粗衣淡飯，我亦情願。」林之洋道：「俺帶小國王同去，宮娥看見，這便怎麼？莫若等俺回船，小國王暗地逃去，豈不是好？」世子聽了，連連搖頭。未知後事如何，且看下回分解。

第三十七回　新貴妃返本為男　舊儲子還原作女

話說世子搖頭道：「臣兒無事不能出宮；即使出去，亦有護衛，何能一人上船？好在近日眾宮娥不來伺候。明日阿母上轎，臣兒暗藏轎內，即可出去。務望阿母攜帶。」林之洋道：「只要小國王辦的嚴密，俺自遵命。」到了次日，國王命人備轎送林之洋回船，並命眾宮娥替林之洋改了男裝，伺候上轎。世子在旁看見人眾，惟有垂淚，十分著急，忙到轎前附耳道：「此時耳目眾多，不能同去。臣兒之命，全仗阿母相救，若出十日之外，恐不能見阿母之面；臣兒住在牡丹樓，切須在意。」送了幾步，哽咽而去。

林之洋回到船上。原來國王昨日備了鼓樂，已將唐敖、多九公護送回來。此時林之洋見了唐多二人，惟有再三拜謝。呂氏、婉如、蘭音，也都相見，真是悲喜交集。林之洋道：「妹夫到海外原為遊玩，那知是俺的救命恩人。俺在那裡受罪，本要尋死；因得夢兆，必有仙人相救，俺才忍耐。今仙人還不賞光，卻虧妹夫救俺出來。」多九公道：「這是林兄吉人天相，所以湊巧，得唐兄同來。當日路過黑齒，唐兄曾有『以德報德』之話，今日果然應了，可見林兄這場災難，久有預兆。我們何能曉得？」唐敖道：「舅兄為何步履甚慢？難道國王果真要你纏足麼？」林之洋見問，不覺又是好笑，又是愧恨道：「他把俺便算婦人，做他的老婆，也罷了，偏偏還要穿耳纏足。俺這兩腳好像才出閣的新婦，又像新進館的先生，這些時好不拘束。偏那宮人要早見功效，又用猴骨熬湯，替俺薰洗。今雖放的照舊，奈被猴骨洗的倒像多吃了兩杯酒一般，只覺軟弱，至今還是無力。當日上去賣貨，曾有一個喜蛛，落在俺腳上。那知卻是這件喜事。」婉如道：「爹爹耳上還有一副金環，俺替你取下來。」林之洋道：「那穿耳宮娥也不顧死活，揪著耳朵，就是一針。今日想起，俺還覺痛。這總怪厭火國囚徒把俺鬍鬚燒去，嘴上光光的。國王只當俺年輕，才有這番災難。聞得國王昨日送妹夫回船還有謝儀一萬兩，可送來麼？」唐敖道：「久已送來；舅兄何以得知？」林之洋將世子屢次送信，諸事照應，並後來求救各話，備細說了。

唐敖道：「世子既有患難，我們自應設法救他，況待舅兄如此多情，尤當以德報德。且世子若非情急，豈肯把現成國王棄了，反去改換女裝，投奔他邦之理？我們必須把他救出，方可起身。九公以為如何？」多九公道：「以德報德，自應如此。但如何設法，必須商酌萬全，方好舉行。林兄在宮多日，路徑已熟，可有妙計？」唐敖道：「這位世子可像歧舌世子？如會騎射，就易設法了。」林之洋道：「世子雖是男裝，他是女人，未必曉得騎射。妹夫如真心救他，俺倒有計。除了妹夫，別人都不能。」唐敖道：「此等仗義之事，用著小弟，無不效勞。不知是何妙計？」林之洋道：「據俺主意，到了夜晚，妹夫將俺馱上，一同攛進王宮，將他救出，豈不是好？」唐敖道：「王宮甚大，世子住處，舅兄可知道麼？」林之洋道：「世子送俺時，他說住在牡丹樓。他們那裡牡丹甚高，到了開時，都是登樓看牡丹。俺們到彼只檢牡丹多處找他，自然見面了。」唐敖道：「今晚且同舅兄攛進王宮，看是如何，再作計較。」多九公道：「林兄因感世子之情，唐兄只知惟義是趨，都是奮不顧身，竟將王宮內院視為兒戲。請教二位：彼處既是宮院，外面豈無兵役把守？裡面豈無人夫巡邏？二位進去，倘被捉獲，不知又有甚麼良策？據老夫愚見，還須慢慢商量。如此大事，豈可造次？」唐敖道：「小弟同舅兄至彼，自然要加意小心，相機而行，豈敢造次？九公只管放心。」

到了下午，用過晚飯，唐敖身上換了一件短衣，林之洋也把衣服換了，因向日所穿舊鞋甚覺寬大，即命水手上去另買一雙合腳的穿了。結束停當，天已昏黑。呂氏恐丈夫上去又惹是非，再三苦勸。林之洋那裡肯聽，即同唐敖別了多九公，踱進城來。走了多時，來到王宮牆下，四顧無人。唐敖馱了林之洋，將身一縱，攛上牆頭，四處眺望，只聽裡面梆鈴之聲，絡繹不絕，隨即越過幾層高牆，梆鈴之聲漸覺稀少。唐敖輕輕說道：「舅兄！你看此處鴉雀無聞，甚覺清靜，大約已到內院了。」林之洋道：「迎面這些樹木，想是牡丹樓。俺們下去看看。」唐敖隨即攛入院內。林之洋輕輕跳下，方才腳踹實地，不防樹林跳出兩隻大犬，狂吠不止，將二人衣服咬住。那些更夫聞得犬吠，一齊提著燈籠，如飛而至。唐敖措手不及，連忙摔脫惡犬，將身一縱，攛上高牆。眾人趕到林之洋跟前，提燈照道：「原來是個女盜。」內中有個宮人道：「你們不可胡說。這是國主新立王妃，不知為何這樣打扮，黃夜至此，必有緣故。國主正在夜宴，我們且去奏聞，請旨定奪。」隨即啟奏，立刻帶到艷陽亭下。

國王一見，登時把憐香惜玉之心，又從冷處熱轉過來道：「孤家已命人送你回去，此時你又自來，是何意見？」林之洋見問，無言可答，惟有發獃。國王笑道：「我知你意了。你捨不得此處富貴，又來希冀孤家寵幸。你既有此美意，我又何必固卻？只要你從此將足纏小，自然施恩收入宮內。你須自己要好，莫像從前任性，將來自有好處。」分付宮人即送樓上，改換女裝，仍派從前宮娥，照舊伺候，俟足纏好，隨即奏聞，以便擇吉入宮。眾宮娥答應，將林之洋攙到樓上，香湯沐浴，換了衣履，仍舊梳頭纏足。林之洋忖道：「今日雖又被難，喜得妹夫未被捉獲。他今攏在船上，必探俺的住處，前來相救。俺且用話把宮人驚嚇驚嚇，省得兩足又要吃苦。」因說道：「俺今日情願進宮，恨不能兩足纏小，好同國王成親。不勞諸位混來動手。你們待俺有情義，俺日後進宮，也有情義。你們若是待俺利害，少不得俺有報讎日子。俺要報起來時，莫講你們幾個臭宮娥，就是各宮王妃，俺要他命，他也脫不過的。」

眾宮娥聽了，因想起當日啟奏打肉各事，惟恐記恨，一齊叩頭，只求王妃高抬貴手，莫記前讎。林之洋道：「俺只論以後，不講從前。你們莫怕，只管起來。你們教俺莫記前讎，只要依俺三件事。」眾宮娥立起道：「任憑多少，奴婢無有不遵。不知那三件？只管分付。」林之洋道：「第一件，纏足擦粉各事，俺自動手，不准你們費心。可依得？」眾人道：「依得。」林之洋道：「第二件，世子如來同俺說話，不勞你們立在跟前。可依得？」眾人道：「依得。請問第三件呢？」林之洋道：「這裡樓房許多，你們另住一間，不要同俺一房。這件可依得？」眾人聽了，都默默無言。林之洋道：「想是怕俺一人在內，夜間逃走。也罷，俺在裡間居住，你們都在外間，裡面樓窗，每到夜晚，你們上鎖，將鑰匙領出。這樣嚴緊，難道還不放心？俺要逃走，今日也不來了。」眾宮娥聽了，都一齊應道：「這件也依得。」於是忙忙亂亂，各去張羅床帳。林之洋假意用力把腳裹了，眾人方才放心。天有二更，眾宮娥把樓窗鎖好，領了鑰匙，各去睡了。

不多時，鼾聲如雷。將及三鼓，林之洋睡在床上，忽聽樓窗有人彈指聲，忙到窗前輕輕問道：「外面是妹夫麼？」唐敖道：「我自從摔脫惡犬，攛在高牆，後來見眾人把你送到樓上，我也就跟來。此時眾人已睡，你作速開門，隨我回去。」林之洋道：「樓窗上鎖不能開放，若驚醒他們，加意防備，更難脫身。據俺主意，妹夫且去，明日俺同小國王商量計策。你只看樓上挂有紅燈，即來相救。速速去罷。」唐敖答應。只聽颼的一聲去了。

次日，世子聞知，前來探望。林之洋告知詳細。世子不覺感激涕零道：「恰好明日乃臣兒誕辰，阿母可分付宮娥備宴與臣兒慶壽，將宴送至臣兒那邊，自有道理。」林之洋點頭，即命宮人預備送去。天將掌燈，世子命宮人邀樓上眾宮娥前去吃酒。眾人聞世子賞宴，個個歡喜，都要爭去。林之洋即命眾人去了。世子見宮娥全去，忙到樓上開了樓窗挂起紅燈。忽從窗上攛進一人，世子知是唐敖，連忙倒身下拜。唐敖忙攙起道：「這位莫非就是世子麼？」林之洋連連點頭。唐敖道：「事不宜遲，我們走罷。」於是把林之洋馱在背上，懷中抱了世子，將身一縱，跳在牆上，一連越過幾層高牆，才攛到宮外，放下世子。林之洋也從肩上跳下。幸有微月上升，尚不甚黑。三人一齊趲行，越過城池，來至船上，見了多九公，隨即開船。世子換了女裝，拜林之洋為父，呂氏為母；見了婉如、蘭音，十分相契。多九公問起名姓，才知世子姓陰，名若花。唐敖聽見花字，猛然想起當日夢中之事。未知後事如何，且看下回分解。

第三十八回　步玉橋茂林觀鳳舞　穿金戶寶殿聽鸞歌

話說唐敖聞世子名叫若花，不覺忖道：「夢神所說十二名花，我到海外處處留神，至今一無所見。惟所遇女子，莫不以花木為名。即如嫵兒又名蕙兒，紅紅又名紅薇，亭亭又名紫萱，其餘如廉錦楓、駱紅蕖、魏紫櫻、尹紅萸、枝蘭音、徐麗蓉、薛蘅香、姚芷馨之類，並無一人缺了花木。我正忖度莫決，今日忽然現出若花二字，莫非從此漸入佳境，倒要留意了。」

次日，林之洋同唐多二人偶然說起那日同國王成親，虧俺給他一概弗得知，任他花容月貌，俺只認作害命鋼刀。若不耐了火性，那得有命回來？唐敖道：「據這光景，林兄竟是柳下惠坐懷不亂了。」林之洋道：「俺本以酒為命。自從在他樓上，恐酒誤事，酒到跟前，如見毒藥一般，隨你甚等美酒，俺總不吃。就只進宮那日，俺要借著裝醉，吃了兩杯，除此並無一滴入口。若比古人，不知又叫甚麼？」多九公道：「當日禹疏儀狄，絕旨酒，今林兄把酒視為毒藥，如此說來，尊駕又學大禹行為了。」

林之洋道：「他們國中以金錢為貴。俺進宮第二日，國王命宮人賜俺珠寶，並命收掌金錢。宮人每月送俺金錢一擔，隨俺用度。俺看那錢就如糞土一般，並不被他打動。若比古人，不知又叫甚麼？」唐敖道：「當日王衍一生從不言錢；他的妻子故意將錢放在房中，擋住走路，意欲逼他說出一個錢字。誰知王衍看見，因堵住走路，教他妻子把阿堵物拿開，畢竟總不言錢，無非嫌他銅臭，所以絕口不談。

那知今人一經講起銀錢，心花都開，不但不嫌他臭，莫不以他為命，並且歷來以命結交他的，也就不少。你只看那錢字身旁兩個戈字，若妄想親近，自然要動干戈，鬧出人命事來。今舅兄把他視如糞土，又是王衍一流人物了。」

林之洋道：「俺在樓上被他穿耳、毒打、倒吊，這些魔難，不過一時，都能耐得，最教俺難熬的好好兩隻大腳纏的骨斷筋折，只剩枯骨包著薄皮，日夜行走，十指連心，痛的要死。這般凌辱，俺能忍受，逃得回來，只怕古人中要找這樣忍耐的也就少了。」多九公道：「當日蘇武出使匈奴，吃盡千辛萬苦，數年之久，方能逃回，也算受盡苦楚了。」林之洋道：「俺講的並非這個，要請問受人百般凌辱，能彀忍耐的，不知古人中可有一個？」唐敖道：「若講能彀忍耐的，莫若本朝去世不久的婁師德了。他告訴兄弟，教他唾面自乾；人唾他面，他能聽其自乾，可見凡事都能忍耐。以此而論，舅兄又是婁師德一流人物了。」

多九公道：「林兄把這些都能看破，只怕還要成仙哩。」唐敖笑道：「九公說的雖是，就只神仙從未見有纏足的。當日有個赤腳大仙，將來只好把林兄叫作纏足大仙了。」

三人說說笑笑，行了幾時。這日唐敖立在舵樓，遠遠望去，只見對面霞光萬道，從中隱隱現出一座城池。多九公把羅盤看一看道：「唐兄前面已到軒轅國，此是西海第一大邦，我很要暢遊幾日了。」當時到了軒轅，將船泊岸。林之洋腳已養好，自去賣貨。唐多二人上岸，遠遠望那城郭，就是峻嶺一般，巍巍蕩蕩，景象非凡。唐敖道：「城郭離此還有若干路程？」多九公道：「前面有座玉橋；過了玉橋，穿過梧林，不過三四里，就可到了。」不多時，步過玉橋，迎面無數梧桐，一望無際。桐林之內，俱是鳳凰來往飛騰。唐敖道：「怪不得古人言軒轅之邱，鸞鳥自歌，鳳鳥自舞，果然不錯。」只見那邊有對鳳凰來來往往，一上一下，盤旋飛舞，就如錦繡一般，越看越愛，不覺讚好道：「前在麟鳳山雖見鳳凰，卻未看他飛舞。那知此處卻有如此大觀。」多九公道：「唐兄既要領略此國風景，何不且到城中？此地鳳凰如別處雞鴨一般，到處皆是；若看鳳舞，終日還看不完哩。」

唐敖聽罷，即出梧林。走了多時，田野中已有人烟，都是人面蛇身，一條蛇尾，盤交頭上，衣冠言談，與天朝無異，舉止面貌，亦甚秀雅。走進城來，街市雖有十數丈之寬，那些作買作賣，來來往往，仍是捱擠不動。市中所賣鳳卵，如別處雞蛋一樣，擺列無數。忽聽吆吆喝喝，街上人都向兩旁閃開。只見一人手執一柄黃傘，寫君子國三個大字，傘下罩著一位國王，生得方面大耳，品貌端嚴，身穿紅袍，頭戴金冠，腰中佩劍，許多隨從，騎著一匹文虎過去。隨後又有一傘，寫著女兒國，傘下罩著一位國王，生得眉清目秀，面白唇紅，頭戴雉尾冠，身穿五彩袍，騎著一匹犀牛，也是許多跟隨簇擁過去。

唐敖道：「此時君子、女兒兩位國王忽然到此，不知何故？莫非都屬軒轅所轄，前來朝賀麼？」多九公道：「他們各霸一方，向來並無統屬。此番到此，大約素日契好，前來拜望，亦未可知。」唐敖搖頭道：「小弟記得我們自從今正來到外海，所過之國，第一先到君子，其次大人、淑士以至女兒，共計三十國。走了九月多，才到此地。若君子國王來此，往返豈不要走半年之久？如此遙遠，特來拜望，只怕未必。」多九公道：「我們因要賣貨，不問道路遙遠，只檢商販通處繞去，所行之地，並非直路，所以躭擱。他們直來直往，何須多日？當日我們在君子國同吳氏弟兄閒談，他家僕人，曾有國王要到軒轅之說。前在女兒國，若花姪女在宮，亦向林兄言過，國王要來軒轅，可見二位國王俱走在我們之後，卻到在我們之先。直來直往，即此可為明證。但這兩國畢竟為何到此，待老夫且去打聽。」

不多時，回來道：「此番我們來的湊巧。此地國王乃黃帝之後，向來為人聖德。凡有鄰邦，無論遠近，莫不和好。而且有求必應，最肯排難解紛。每遇兩國爭鬥，他即代為解和，海外因此省了許多刀兵，活了若干民命。今年恰值一千歲整壽，臣民俱獻梨園祝嘏，遠近各國齊來慶賀。明日就是壽誕之期，今日各國都在千秋殿預祝，大排筵宴。殿外共有數十處梨園演戲。無論軍民，只管進去瞻仰，竟是與民同樂，共躋壽域之意。我們何不同去看看？」唐敖聽罷，不勝之喜，隨即舉步道：「請教九公：此地國王何以竟有千秋之壽？」多九公道：「老夫記得古人言軒轅之人，不壽者八百歲，大約千歲還不算高壽哩。」唐敖道：「以此看來，軒轅之人，雖非大羅神仙，也可算得地仙❶了。當日軒轅黃帝騎龍上天，小臣不捨，有持龍鬚而墮的，有抱其弓而號的，那些小臣，既有隨去之意，何必這等號呼？若凡心未退，縱能跟去，又有何益？倘主意拿定，心如死灰，何處不可去？又何必持其龍鬚以為依附？未免可笑。」多九公道：「難道今日唐兄之心已如死灰麼？」唐敖道：「豈但今日！」多九公笑道：「唐兄又要發獃了。」

說笑間，迎面有座沖霄牌樓，霞光四射，金碧輝煌，上有四個金字，寫的是「禮維義範」。穿過牌樓，又是一座金門；走過金門，才望見千秋殿。那殿約有十餘丈高，極其寬大，四面都是亭臺樓閣，將千秋殿環抱居中，各處音樂不斷，接接連連，都是梨園演戲。唐敖一心要看國王，無心看戲，直向

❶ 地仙：修鍊成仙後留在人間的稱為地仙，見葛洪《抱朴子・內篇》。

千秋殿走來。殿外立著一對青鸞，身高六尺，尾長一丈，其形如鳳，渾身青翠，鳴的悠揚宛轉就如五音齊奏一般。唐敖道：「怪不得古人以鸞鳴叫作鸞歌，真比歌兒唱的還妙。九公！你看那個身形略小的，想是雌鸞了。為何雄鳴他鳴，雄不鳴他也不鳴呢？」多九公道：「那個小的雖是雌鸞，其實名和。《禮》云：『在輿則聞鸞和之音。』上古之時，鸞輿甫動，此鳥輒集車上，雄鳴於前，雌應於後，所以雄鳴雌也鳴了。」

原來殿上也是演戲。那看的人，雖如人山人海，好在國王久已出示，毋許驅逐閒人，悉聽庶民瞻仰。二人擠在人叢中，也入殿內。只見主位坐著軒轅國王，頭戴金冠，身穿黃袍，後面一條蛇尾，高高盤在金冠上；殿上許多國王，都是奇形怪狀。唐敖略略看了一遍，內中除君子、大人、智佳、女兒各國約略曉得，其餘俱是素昧平生。因暗暗問道：「請教九公，小弟聞得軒轅之人有尾交首上之說，想來就是主席國王了。其餘這些國王，除了我們到過的，內中許多奇形怪狀，小弟看來看去，只覺眼花撩亂，辨不明白。那邊有位國王，頭上披著長髮，兩腿伸在殿上，約有兩丈長。其國何名？」多九公輕輕答道：「這是長股國，又名有喬國。我們中原以雙木續足，叫作高蹺，就是倣他作的。長股之旁，有位國王，一個大頭，三個身軀的，名叫三身國。三身對面有個身有雙翼，人面鳥嘴的，名叫驩兜國。驩兜上首有位頭大如斗，身長三尺的，名叫周饒國，就是能做飛車的周饒。迎面有位腳脛相交的名叫交脛國。交脛旁邊有位面中三目，一隻長臂的，名叫奇肱國。奇肱下首坐著一位三首一身的，名叫三首國。」唐敖道：「那邊一位三身一首，這邊一位三首一身，兩位設或對看，只怕彼此都有羨慕之意哩。」

林之洋聽見此處演戲，也來殿上。恰好三人遇在一處。唐敖道：「這些國王，舅兄都熟識麼？」林之洋看了，也有認得的，也有認不得的，諸如三苗、丈夫之類，都向多九公暗暗請教一番。唐敖道：「內中有個舅夫國，九公可曾看見？」多九公道：「海外各國，老夫雖未全到，但這國名無有不知，從未見有舅夫之說。唐兄從何見來？」唐敖道：「林兄是小弟妻兄，女兒國王又是小弟妻舅之夫，以此而論，那女兒國王豈非小弟舅夫麼？」多九公笑道：「若論親眷，唐兄還是女兒國王的妻妹壻哩。據老夫愚見，林兄須要躲避躲避，惟恐令夫見你在外丟醜，把腳放大，一時氣惱；倘命保母過來，那定痛人參湯，老兄又要吃一杯了。」林之洋道：「你們二位也躲避躲避才好，俺聞黑齒國王背後狠怪你們哩。」唐敖道：「我們同他毫無干涉，為何要怪？」林之洋道：「他說自從你們到他國中談了一回文，把他國中文風弄壞，至今染了你們習氣，還是黑氣衝天哩。」唐敖道：「如今淑士國王四處訪拏獵戶，智佳國王四處訪拿和尚，聞得也因談文弄的禍根。舅兄可曉得？」林之洋道：「俺不曉得。」多九公道：「據老夫看來，只怕『烏鎗打』同那『到處化緣』舊案發作了。」林之洋道：「兩位國王如把俺捉去，俺在他跟前多稱幾個晚生，自然把俺放了。」多九公道：「你看殿上厭火國王那張大嘴，忽又冒出火光。林兄小心鬍鬚要緊，此時才留幾根，莫被燒去，教人看著眼饞，又要弄出穿耳裹腳那些花樣來。」未知後事如何，且看下回分解。

第三十九回　軒轅國諸王祝壽　蓬萊島二老遊山

話說林之洋同唐多二人嘲笑，招架不住，漸覺詞鈍；因眾國王在殿上閒談，就勢說道：「九公且莫鬥趣❶。你看那邊智佳國王同軒轅國王說話。他把軒轅國王稱作太老太公，這是甚麼稱呼？」多九公道：「智佳之人向來壽數最短，大約不過四五歲就算一世。今軒轅國王業已千歲，若論世誼，同他二十代祖宗就算相交，所以智佳國王無可相稱，只好稱作太老太公。好在今日眾國王所說之話，都學軒轅口音，十分易懂，省得唐兄問來問去，老夫又作通使了。」

只聽那邊長臂國王向長股國王道：「小弟同王兄湊合起來，卻是好好一個漁翁。」長股國王道：「王兄此話怎講？」長臂國王道：「王兄腿長兩丈，小弟臂長兩丈，若到海中取魚，王兄將我馱在肩上，你的腿長，可以不怕水漫，我的臂長，可以深處取魚，豈非絕好漁翁麼？」

長股國王道：「把你馱在肩上，雖可取魚，但你一時要撒起尿來，小弟卻朝何處躲呢？」翼民國王道：「聶耳王兄耳最長大，王兄儘可躲在其內。」結胸國王道：「聶耳王兄耳雖長大，但他近來耳軟，喜聽讒言，每每誤事。」穿胸國王道：「據小弟愚見，莫若躲在兩面王兄浩然巾內，倒還穩妥。」毛民國王道：「浩然巾內久已藏著一張壞臉。他的兩面業已難防，豈可再添一面？若果如此，我們只

❶ 鬥趣：同「逗趣」，逗笑之意。

好望影而逃了。」兩面國王道：「那邊現在有位三首王兄，他就是三面，為何王兄又不望影而逃呢？」大人國王道：「莫講三首王兄只得三面，就是再添幾面，這又何妨？他的喜怒憂樂，全擺在臉上，令人一望而知；並且形像總是一樣，從無參差，不比兩面王兄對著人是一張臉，背著人又是一張臉，變幻無常，捉摸不定，不知藏著是何吉凶，令人不由不怕，只得望影而逃了。」

淑士國王道：「小弟偶然想起天朝有部書乃是夏朝人作的，晉朝人註的，可惜把書名忘了。上面註解曾言長股人常馱長臂人入海取魚，誰知長臂王兄今日巧巧也說此話，倒像故意弄這故典，以致諸位王兄從中生出許多妙論。」元股國王道：「此書小弟從未看過，不知載著甚麼？」黑齒國王道：「小弟當日曾見此書上面奇奇怪怪，無所不有；大約諸位王兄同小弟家譜都在上面。」白民國王道：「若果如此，小弟現在正修家譜，將來倒要購求一部考考宗派。」

歧舌國王道：「若提家譜，小弟每要修理，竟無從下筆。當初不知何人硬將我國派作歧舌，又有人喚作反舌。那歧舌二字業已可厭，至於反舌，尤其荒唐了。況天朝向來有鳥名叫反舌，將人比鳥，豈非不倫麼？」無腎國王道：「小弟聞那反舌一交五月，他即無聲。此時已交十月，王兄還照常開談，其非反舌可想而知。那是前人把你委屈了！」巫咸國王道：「小弟聞得海外麟鳳山有個反舌，他是不按時令，只管亂叫；或者王兄是他支派，也未可知。」小人國王道：「王兄日後如修家譜，這條倒可採取的。」歧舌國王道：「小弟因這反舌二字不過說他比得不倫，怎麼王兄竟將小弟同禽鳥論起支派？這更是胡鬧了。」君子國王道：「天朝書上雖有反舌鳥，但世間俗稱卻是百舌。即是當時蜀主望帝名子規，今杜鵑亦名子規。命名相同的甚多，亦有何礙？」歧舌國王道：「話雖如此，但這名字究竟不雅。小弟意欲奉求諸位替我改換一字。」長人國王道：「敝處國號向以長人為名，據小弟愚見，王兄國號莫若也以長字為名，就叫長舌。我們聯起宗來，豈不是好？」歧舌國王道：「小弟即使換個長字，何能與兄就算同宗？王兄此話未免過於矯強。難道如今世上聯宗都是這樣的麼？」

智佳國王道：「近來世上聯宗有兩等：有應聯而不聯的，有不應聯而聯的。即如兩人論起支派，當初本是一家，此時敘起，原當聯宗，無如現在一貧一富，或一貴一賤，那富貴人恐其玷辱，躲避尚恐不及，豈肯與之聯宗？只好把那根本二字暫置度外。又有一等論起支派本非一家，無須聯宗，因一時同在富貴場中，彼此門第相等，要圖親熱，所以聯起宗來。誰知他不認本家，只顧外面混去聯宗，把根本弄的糊塗，久而久之，連他自己也辨不出是誰家子孫了。」長人國王道：「這是世俗常情。近來每多如此。弟雖不才，現在忝為一國之主，想來也無玷辱王兄之處。將來我們如果聯宗，我算你家支派也可，你算我家子孫也可，這有何妨？」歧舌國王搖頭道：「王兄這句話把我算了你家子孫，未免言重了。別的事情還可以矯強算得，怎麼把我算起人家子孫來？況貴邦人莫不身長，所以有長字之名。敝處人舌又不長，為何喚作長舌？」毗騫國王道：「王兄素精音律，他日小弟敬詣貴邦，王兄如將韻學賜教，小弟定贈美號，以為投桃之報❷。王兄意下如何？」歧舌國王道：「此事雖可，但恐傳了韻學，庶民聞知，只怕賤內還有離異之患哩。」

伯慮國王道：「諸位王兄都講修理家譜，歧舌王兄又要更正國名，都是極美之事。小弟雖有此志，但終年抱病，兼之俗務紛紜，精神疲憊，近來竟如廢人一般。小弟因想人生在世，無論賢愚，莫不秉

❷ 投桃之報：投桃報李，禮尚往來，互相回報。見《詩經・大雅・蕩》。

著氣血而生，為何敝處人向多短壽？如小弟現在年未三旬，業已老邁；女兒王兄比我年長，卻如此少壯。想來必有服食養生妙術，何不指教一二？」女兒國王道：「王兄本有養命金丹，今不反本求源，倒去求那服食養生之術，即使有益，何能抵得萬分之一？豈非捨實求虛麼？」厭火國王道：「王兄如將諸務略為看破，憂慮稍為減些，把心放寬些，不必只管熬夜，該睡則睡，該起則起，也就是養生之術了。」勞民國王搖著身子道：「倒是敝處人每日跑來跑去，勞勞碌碌，不知憂愁為何物。到了夜間，把頭才放枕上，卻已沉沉睡去。無論何時，總是這樣。誰知過來過去，無災無病，倒會敷衍百歲光景。」軒轅國王道：「據這言談，可見勞心勞力，竟是大相懸殊。」犬封國王道：「伯慮王兄尊軀既弱，何不弄些飲食調養？即如小弟一生無所好，就只最喜講究享點口福；今日吃了這幾樣，明日又吃那幾樣，總是轉著法兒，變著樣兒，給他一味狠吃，並且把他就算一件工課。每日苦思惡想，自然生出許多可口東西。況心機與其用在別的事上，何不用在自己身上？樂得嘴頭快活些，豈不有趣？」伯慮國王道：「此說雖善，無如小弟絲毫不諳，這卻怎好？」犬封國王道：「這有何難？王兄如高興，將來小弟即到貴邦奉陪王兄住幾時，就近指撥❸貴庖，不過一年半載，再無不妙。但必須小弟在彼日日親嘗口味，時時指點，方能日見其妙。」豕喙國王道：「小弟素於烹調雖不甚精，也還略知一二。伯慮王兄如邀犬封王兄，小弟也可奉陪，或者可以稍參末議，亦未可知。」

正在談論，誰知女兒國王忽見林之洋雜在眾人中如鶴立雞群一般，更覺白俊可愛，呆呆望著，只管發獃。眾國王見他出神，也都朝外細看。那深目國王手舉一隻大眼，對著林之洋更是目不轉睛。聶

---

❸ 指撥：指點。

耳國王只將兩耳亂搖。勞民國王更將身子亂擺。無腸國王惟有望著垂涎。跂踵國王只管蹬著腳尖兒仔細定睛。林之洋被眾人看的站立不住，只得攜了唐多二人，走出殿外。多九公道：「看這光景，不獨女兒國王難割舊愛，就是眾國王也有許多眷戀之意哩。」說的林之洋滿面通紅，唐敖惟有發笑。一連遊了幾日，林之洋貨物十去八九。

這日天朝來了一隻貨船，尹元寄有書信。唐敖拆開看了，才知駱紅蕖姻事業已說定，十分歡悅，登時開船。行了幾時，又過幾個小國，如三苗、丈夫之類。唐敖仍同多九公各處遊玩。林之洋貨物將及賣完。這日大家談起海外各國，唐敖偶然想起前在智佳猜謎，林之洋曾以「永錫難老」打個「不死國」，因問多九公，才知就在鄰近。並聞國中有座員邱山，山上有顆不死樹，食之可以長生。國中又有赤泉，其水甚紅，飲之亦可不老，所以唐敖要去走走。無如此國僻處萬山之中，須過許多海島，方能到彼，乃人跡罕到之處。多九公意欲不去。林之洋聞彼處有個赤泉，心裡也想飲些泉水，希冀長生。兼之唐敖因古人有「赤泉駐年，神木養命；稟此遐齡，悠悠無竟」之話，那怕難走，執意要去；因此打起羅盤，竟朝不死國進發。喜得正是小陽春當令，還不甚冷。

這日三人正在船後閒談，多九公忽然囑付眾水手道：「那邊有塊烏雲漸漸上來，少刻即有風暴，必須將篷落下一半，繩索結束牢固，惟恐不能收口，只好順著風頭飄了。」唐敖聽罷，朝外一望，只見日朗風清，毫無起風形象，惟見有塊烏雲，微微上升，其長不及一丈；看罷，不覺笑道：「若說這樣晴明好天，卻有風暴，小弟倒不信了。難道這塊小小烏雲就能藏許多風暴？那有此事？」林之洋道：「那明明是塊風雲，妹夫那裡曉得。」言還未了，只聽四面呼呼亂響，頃刻間，狂風大作，波浪滔天，那船順風吹去，就是烏騅快馬也趕他不上，越刮越大，真是翻江攪海，十分利害。唐敖躲在船艙中，這才佩服多九公眼力不錯。這個風暴，再也不息。沿途雖有收口處，無奈風勢甚狂，那裡由你做主。不但不能收口，並且船篷被風鼓住，隨你用力，也難落下。一連刮了三日，這才略略小些，費盡氣力，才泊到一個山腳下。

唐敖來到後梢，看眾人收拾篷索。林之洋道：「俺自幼年就在大洋來來往往，眼中見的風暴也多，從未見過無早無晚，一連三日，總不肯歇。如今弄的昏頭昏腦，也不知來到甚麼地方了。這風若朝俺們來的舊路刮去，再走兩日，只怕就可到家了。」唐敖道：「如此大風，卻也少見。此時順風飄來，又有若干路程？此處是何地名？」多九公道：「老夫記得此處叫作普渡灣，岸上有條峻嶺，十分高大，自來從未上去，至於程途，若以此風約計，每日可行三五千里。今三日之久，已有一萬餘里了。」林之洋道：「春間俺同妹夫說水路日期難以預定，就是這個緣故。」

唐敖因風頭略小，立在舵樓，四處觀望。只見船旁這座大嶺，較之東口麟鳳等山甚覺高闊。遠遠看去，清光滿目，黛色參天。望了多時，早已垂涎要去遊玩。林之洋因受了風寒，不能同去，即同多九公上岸。喜得那風被山遮住，並不甚大，隨即上了山坡。多九公道：「此處乃海外極南之地；我們若非風暴，何能至此？老夫幼年雖由此地路過，山中卻未到過。惟聞人說此地有個海島，名叫小蓬萊，不知可是？我們且到前面，如有人烟，就好訪問。」又走多時，迎面有一石牌，上鐫小蓬萊三個大字。唐敖道：「果然九公所說不錯。」繞過峭壁，穿過崇林，再四處一看，水秀山清，無窮美景。越朝前進，山景越佳，如登了仙界一般。未知後事如何，且看下回分解。

第四十回　入仙山撒手棄凡塵　走瀚海牽腸歸故土

話說二人遊玩多時，唐敖道：「我們前在東口遊玩，小弟以為天下之山，無出其右。那知此山處處都是仙境。即如這些仙鶴麋鹿之類，任人撫摩，並不驚走。若非有些仙氣，安能如此？到處松實柏子，啖之滿口清香，都是仙人所服之物。如此美地，豈無真仙？原來這個風暴卻為小弟所設。」多九公道：「此山景致雖佳，我們只顧前進。少刻天晚，山路崎嶇，如何行走？今且回去。明日如風大不能開船，仍好上來。林兄現在有病，我們更該早回才是。」

唐敖正遊的高興，雖然轉身，仍是戀戀不捨，四處觀望。多九公道：「唐兄要像這樣走，到何時才能上船？設或黃昏，如何下得山去？」唐敖道：「不瞞九公說，小弟自從登了此山，不但名利之心都盡，只覺萬事皆空。此時所以遲遲吾行者，竟有懶入紅塵之意了。」多九公笑道：「老夫素日常聽人說，讀書人每每讀到後來入了魔境，要變成書獃子。尊駕讀書雖未變成書獃子，今遊來遊去，竟要變成遊獃子。唐兄快些走罷，不要鬥趣了。」

唐敖聽罷，仍是各處觀望。忽見迎面走過一個白猿，手中拿著一枝靈芝，身長不滿二尺，兩隻紅眼，一身硃砂斑，極其好看。多九公道：「唐兄！你看白猿手中那枝靈芝，必是仙草。我們何不把他捉住，將靈芝分吃，豈不是好？」唐敖點頭，都向白猿趕來，登時趕到跟前，剛要用手去捉，那白猿連擸帶跳，卻又跑遠。一連數次，總未捉住。好在白猿所去之路，就是下山舊路。正在追趕，路旁有個石洞，白猿跑了進去。唐敖趕至跟前，恰好此洞甚淺，毫不費力，用手捉住，將靈芝奪過，給多九公吃了。多九公十分歡喜，把白猿接過，抱在懷中，急急下山；到了船上，林之洋因身子不爽，業已睡了。婉如聽見捉住白猿，向多九公討來，用繩縛住，與蘭音、若花一同頑耍。

唐敖吃了晚飯，將衣囊收拾安置。次日轉過順風，眾人收拾開船。唐敖卻早早上山去了。等候到晚，呂氏不見唐敖回來，甚不放心。林之洋病在床上，聽見此事，也甚著急，次日託多九公同眾水手分路去找。多九公因吃了靈芝，只覺腹瀉不能前去。眾水手尋訪一日，毫無消息。林之洋病體略好，也支撐上去。一連找了幾日，那有蹤影？

這日多九公肚腹已好，因向林之洋道：「我看唐兄此番來至海外，名雖遊玩，其實並不為此。大約久有修行了道之意。前者林兄有病，老夫同他上山遊了多時，他竟懶於下山。後來因我再三催逼，明知不能脫身，就借趕捉白猿同老夫回來。到了次日，並不約我，卻一人獨往。豈非看破紅塵，頓開名繮利索麼？況他久已服了肉芝，又食朱草，並非毫無根基之人。我們三人一路同遊，這些肉芝朱草，獨他一人得去，豈是等閒？而且前在東口、軒轅等處，口中業已露意，兼之林兄前在女兒國又有異夢，那歧舌通使又聞異人有唐氏大仙之稱。以此看來，此人必是成仙而去。今已數日，豈有回來之理？我勸林兄不必找了。你就再找兩月，也是枉然。」林之洋聽了，雖覺有理，但至親相關，何能歇心，仍是日日尋找。眾水手也不知催過幾十遍，要想回去，無奈林之洋夫妻務要等唐敖回來，才肯開船。

這日眾水手因等的心焦，大家約齊，來至船中，向林之洋道：「這座大嶺，既無人烟，又多猛獸，我們每夜提著器械，輪流巡更，還不放心，何況唐相公一人獨往？今已去了多日，即不遭猛獸之害，就是餓也餓死了，何能等到今日？我們再不開船，徒然躭擱，趁著順風不走，一經遇了逆風，缺了水米，只顧等他一人，大家性命只怕都要送在此處了。」眾人說之至再，林之洋只管搔首，毫無主意。呂氏在內說道：「你們眾人說的也是，但俺們同唐相公乃骨肉至親，如今不得下落，怎好就走？倘唐相公回來不見船隻，豈不送他性命？你們既要回去，俺們也不多躭時日，就以今日為始，再等半月，如無消息，任憑開船就是了。」眾人無可奈何，只得一齊等候，每日怨聲不絕。林之洋只作不知，仍是日日上山。

不知不覺，到了半月之期，眾水手收拾開船。林之洋心猶不死，務要約了多九公再到山上看看，方肯開船。多九公只得同了上山，各處跑了多時，出了幾身大汗，走的腿腳無力，這才回歸舊路。行了數里，路過小蓬萊石牌跟前，只見上面有詩一首，寫的龍蛇飛舞，墨跡淋漓，原來是首七言絕句，上寫：

> 逐浪隨波幾度秋，此身幸未付東流。今朝才到源頭處，豈有操舟復出游？

詩後寫著：

> 某年某月，因返小蓬萊舊館謝絕世人，特題二十八字。唐敖偶識。

多九公道：「林兄可看見了？老夫久已說過，唐兄必是成仙而去，林兄總不相信。他的詩句，且不必講，你只看他謝絕世人四字，其餘可想而知。我們走罷，還去痴心尋找甚麼？」回到船上，將詩句寫給呂氏諸人看了。林之洋無可奈何，只得含著一把眼淚，聽憑眾人開船。蘭音望著小蓬萊惟有慟哭。婉如、若花也淚落不止。登時揚帆往嶺南而來，一路無話。走有半年之久，於次歲六月到了嶺南，多九公等各自交代回去。

林之洋同妻女帶著蘭音、若花回家見了江氏，彼此見禮。眾水手將行李發來。再細細查點唐敖包裹，所有衣履被褥都在行囊之內，惟筆硯不知去向。林之洋夫婦覩物傷情，好不悲感。江氏問知詳細，也甚歎息，因說道：「姑娘那邊這兩年不時著人問信，並囑如有回來之期，千萬送個信去，以免懸望。」林之洋不覺頓足道：「這事教俺怎對妹子？他埋怨還是小事，倘悲慟成病，又送一條性命，這便怎處？」呂氏道：「此時莫若暫且隱瞞。俺們見了姑娘，就說姑爺已上長安，等赴試後，方能回來。如此支吾，且保眼下清靜。俟過歲時，再作商量。」林之洋道：「你身上有孕，不便前去。明日俺去見了妹子，只好權且扯謊。但妹夫包裹須要藏好，惟恐妹子回來看見，不大穩便。」呂氏道：「剛才蘭音甥女要去見他寄母，明日就便把他帶去。」林之洋道：「論理自應把他送去，倘他口角不穩，露出話來，那便怎好？也罷，俺同九公商量，且把蘭音、若花暫寄九公家內，同他甥女且去作伴。俺們慢慢再議長久之計。」

當時同多九公議定把蘭音、若花送了過去。二人摸不著頭腦，又不敢違拗，只得暫且住下。喜得多九公把兩個甥女接來作伴，一名田鳳翾，一名秦小春，幼年都跟多九公讀書，生得品貌俊秀，詩畫滿腹，而且都是一手好針黹；蘭音、若花就便跟著學習。好在四人年紀相仿，每逢閒暇，談談文墨，倒也消遣。林之洋諄託多九公一切照應，回到家中，囑付丈母女兒千萬不可露風。次日雇了小船，帶了水手，把女兒國所送銀子發到船上，向唐家而來。那唐敖妻子林氏自從得了唐敖降為秀才之信，日日盼望；後來得了家書，才知丈夫雖回嶺南，因鬱悶多病，羞歸故鄉，已同哥嫂上了海船，飄洋去了。林氏得了此信，恐丈夫受不慣海面辛苦，不時焦心，常與女兒小山埋怨哥嫂不了。就是唐敏夫婦，也是時常埋怨。不知不覺，過了一年。

這日唐小山因想念父親悶坐無聊，偶然題了一首〈思親詩〉，是七言律詩一首：

夢醒黃粱擊唾壺，不歸故里覓仙都。九皐有路招雲鶴，三匝無枝泣夜烏。
松菊荒涼秋月淡，蓬萊縹緲客星孤。此身雖恨非男子，縮地能尋計可圖。

小山寫完，只見唐敏笑嬉嬉走來，把詩看了，不覺點頭道：「滿腔思親之意，句句流露紙上，不意姪女詩學近來竟如此大進。末句思意雖佳，但茫茫大海，從何尋訪？大約不久也就同你母舅回來了。」

小山侍立一旁道：「今日叔父為何滿面笑容？莫非得了父親回來之信麼？」唐敏道：「剛才我在學中見了一道恩詔，乃盛世曠典，自古罕有，欣逢其時，所以不覺歡喜。」小山道：「是何恩詔？莫非太后把天下秀才賞了官職，叔父從此可以作官麼？」唐敏笑道：「若把天下秀才都去作官，那教書營生倒沒人作了。你道此詔為何而發？原來太后因女后為帝，自古少有。今登極以來，十有餘年，屢逢大有❶，天下太平。明年恰值七旬萬壽，因此特降恩旨十二條。至於百官紀錄，士子廣額，另有恩旨十餘條，不在此詔之內。此十二條專指婦女而言，真是自古未有曠典。」

小山道：「叔父可曾把詔抄來？」唐敏道：「我因這詔有十二條之多，兼之學中眾友都要爭看，未曾抄來。喜得逐條我都記得。你且坐了，聽我慢慢細講。第一條：太后因孝為人之根本，凡婦女素有孝行，或在家孝敬父母，或出嫁孝敬翁姑，如賢聲著於閨閫，令地方官查奏賜與旌表牌匾。第二條：太后因孝悌二字皆屬人之根本，但世人只知婦女以孝為主，而不言悌，並且自古以來，亦無旌獎，殊不知悌之一字，婦人最關緊要。其家離合，往往關係於此乃萬不可缺的。苟能姒娣和睦，妯娌同心，互相敬愛，彼此箴規，即是克盡悌道，查明亦賜旌獎。第三條：太后因『貞節』二字自古所重，凡婦女素秉冰霜，或苦志守節，或被污不屈，節烈可嘉者，俱賜旌表。第四條：太后因壽為五福之首，凡婦人年屆古稀，家世清白者，賜與壽杖牌匾。第五條：太后因大內宮娥拋離父母，長處深宮，最為淒涼。今命查明，凡入宮五年者，概行釋放，聽其父母自行擇配。嗣後採選釋放，均以五年為期。其內外軍民人等，凡侍婢年二十以外尚未婚配者，令其父母領回，為之婚配，如無父母親族，即令其主代為擇配。第六條：太后因貧寒老媼肩不能擔，手不能提，既無六親之靠，又乏薪水之資，每逢饑寒，坐以待斃，情實堪傷。今命天下郡縣設造『養媼院』，凡婦人四旬以外，衣食無出，或殘病衰頹，貧無所歸者，准其報名入院，官為養贍以終其身。第七條：太后因貧家幼女或因衣食缺乏，貧不能育，

❶ 大有：大豐年稱大有年。

或因疾病纏綿，醫藥無出，非棄之道旁，即送入尼庵，或賣為女優，種種苦況，甚為可憐。今命郡縣設『育女堂』，凡幼女自襁褓以至十數歲者，無論疾病殘廢，如貧不能育，准其送堂，派令乳母看養，有願領回撫養者，亦聽其便。其堂內所育各女，俟年至二旬，每名酌給粧資，官為婚配。第八條：太后因婦人一生衣食莫不倚於其夫，其有夫死而孀居者，既無丈夫衣食可恃，形隻影單，饑寒誰恤？今命查勘，凡嫠婦苦志守節，家道貧寒者，無論有無子女，按月酌給薪水之資，以養其身。第九條：太后因古禮女子二十而嫁，貧寒之家，往往二旬以外，尚未議婚，甚至父母因無力粧奩，貪圖微利，或售為侍妾，或賣為優娼，最為可憫。今命查勘，如女年二十，其家實係貧寒，無力粧奩，不能婚配者，酌給粧奩之資，即行婚配。第十條：太后因婦人所患各症，如經癸帶下各疾，其症尚緩，至胎前產後，以及難產各症，不獨刻不容緩，並且兩命攸關，故孫真人著《千金方》，特以婦人為首，蓋即《易》基乾坤，《詩》首〈關雎〉之義，其事豈容忽略？無如貧寒之家，一經患此，既無延醫之力，又乏買藥之資，稍為躭延，遂至不救。婦人由此而死者，不知凡幾。亟應廣沛殊恩，命天下郡縣延訪名醫，各按地界遠近，設立女科，並發御醫所進經驗各方，配合藥料，按症施捨。第十一條：太后因〈內則〉有『不涉不撅』❷之訓，蓋言婦人不因涉水則不褰裳，是婦女之體，最宜掩密，其屍骸尤不可暴露；倘貧寒之家，婦女歿後，無力置備棺木，令地方官查明，實係赤貧，給與棺木殯葬，如有暴露道途者，亦即裝殮掩埋。第十二條：太后因節孝婦女生前雖得旌表，但歿後遽使泯滅無聞，未免可惜，特沛殊恩，以光泉壤，命各郡縣設立節孝祠。凡婦女事關節孝，無論生前有無旌表，歿後地方官查明，准其

---

❷ 不涉不撅：不因涉水則不褰裳，語出《禮記・內則》。撅，音ㄍㄨㄟ，掀起衣服。

入祠，春秋二季，官為祭祀。你道這十二條恩詔可是曠古未有之事麼?·誰知此詔甫經頒發，太后因見蘇蕙織錦迴文〈璇璣圖〉甚為喜愛，時刻翻閱，竟於八百言中，得詩二百餘首，歡喜非常，即親自作了一篇序文，恰好就從這個〈璇璣圖〉上生出一段新聞，卻是你們閨中千載難逢際遇。你道奇也不奇?·」

說罷，把序文取了出來。未知後事如何，且看下回分解。

第四十一回　觀奇圖喜遇佳文　述御旨欣逢盛典

話說唐敏把序文取出道：「此序就是太后所做。你看太后原來如此愛才。」小山接過，只見上面寫著：

前秦苻堅時，秦州刺史扶風竇滔妻蘇氏，陳留令武功蘇道質第三女也。名蕙，字若蘭。智識精明，儀容秀麗；謙默自守，不求顯揚。年十六，歸於竇氏，滔甚愛之。然蘇氏性近於急，頗傷嫉妒。

滔字連波，右將軍于真之孫，朗之第二子也。風神秀偉，該通❶經史，允文允武，時論尚之。苻堅委以心膂之任，備歷顯職，皆有政聞。遷秦州刺史，以忤旨謫戍敦煌。會堅克晉，襄陽慮有危逼，藉滔才略，詔拜安南將軍，留鎮襄陽。

初滔有寵姬趙陽臺，歌舞之妙，無出其右。滔置之別所。蘇氏知之，求而獲焉，苦加箠辱，滔深以為憾。陽臺又專伺蘇氏之短，讒毀交至，滔益忿恨；蘇氏時年二十一。及滔將鎮襄陽，邀蘇氏同往。蘇氏忿之，不與偕行。滔遂攜陽臺之任，絕蘇音問。

❶ 該通：猶「該博」，博學多識。

蘇氏悔恨自傷，因織錦為迴文❷，五采相宣，瑩心耀目，縱橫八尺，題詩二百餘首，計八百餘言，縱橫反覆，皆為文章。其文點畫無闕。才情之妙，超古邁今，名璇璣圖；然讀者不能悉通。蘇氏笑曰：「徘徊宛轉，自為語言，非我家人莫之能解。」遂發蒼頭齎至襄陽。滔覽之，感其妙絕，因送陽臺之關中，而具車從盛禮迎蘇氏歸於漢南，恩好愈重。

蘇氏所著文詞五千餘言，屬隋季之亂，文字散落，而獨錦字迴文盛傳於世。朕聽政之暇，留心墳典，散帙之次，偶見斯圖，因述若蘭之多才，復美連波之悔過，遂製此記，聊以示將來也。

大周天冊金輪皇帝製。

小山看了道：「請問叔父，太后見了〈璇璣圖〉，因愛蘇蕙才情之妙，古今罕有，才做此序；但何以生出一段新聞呢？」唐敏道：「此序頒發未久，外面有個才女，名喚史幽探，卻將〈璇璣圖〉❸用五彩顏色標出，分而為六，合而為一，內中得詩不計其數，實得蘇氏當日製圖本心。此詩方才轟傳，恰好又有一個才女，名喚哀萃芳，從史氏六圖之外，復又分出一圖，又得詩數百餘首，傳入宮內，上官昭儀呈了太后，因此發了一道御旨，卻是自古未有一個曠典。我將此圖都匆匆抄來。」說罷，取出。小山接過，只見上面寫著：

❷ 迴文：詩中字句迴環往復而讀皆可通順成文。
❸ 璇璣圖：參見卷首所附彩色插圖。

四圍四角紅書讀法

自仁字起順讀，每首七言四句；逐字逐句逆讀，俱成迴文：

仁智懷德聖虞唐，貞妙顯華重榮章，臣賢惟聖配英皇，倫匹離飄浮江湘。

仁智至慘傷。貞志至虞唐。欽所至穹蒼。欽所至榮章。貞妙至山梁。臣賢至路長。臣賢至流光。

倫匹至幽房。倫匹至榆桑。

倫匹由臣賢，由貞妙，至虞唐。餘倣此。湘江由皇英，由章榮，至智仁。餘倣此。以下三段讀

俱同前：津河至柔剛。親所至蘭芳。琴清至慘傷。

中間井欄式紅書讀法

自欽字起順讀，每首七言四句：

欽岑幽巖峻嵯峨，深淵重涯經網羅，林陽潛曜翳英華，沉浮異逝頹流沙。

深淵至幽遐。林陽至兼加。沉浮至患多。麟鳳至如何。神精至嵯峨。身苦至網羅。殷憂至英華。

自沉字起，逐句逆讀迴文。餘倣此：

沉浮異逝頹流沙，林陽潛曜翳英華，深淵重涯經網羅，欽岑幽巖峻嵯峨。

自沙字起，逐字逆讀迴文：

沙流頹逝異浮沉，華英翳曜潛陽林，羅網經涯重淵深，峨嵯峻巖幽岑欽。

間一句，間二句順讀或兩邊分讀，上下分讀，俱可。自初行退一字成句：

岑幽巖峻嵯峨深，淵重涯經網羅林，陽潛曜翳英華沉，浮異逝頹流沙麟。

淵重至遐神。陽潛至加身。浮異至多殷。鳳離至何欽。精少至峨深。苦惟至羅林。憂纏至華沉。

黑書讀法

自嗟字起，反覆讀，三言十二句：

嗟嘆懷，所離經；遐曠路，傷中情；家無君，房幃清；華飾容，朗鏡明；葩紛光，珠曜英；多思感，誰為榮？

榮為至歎嗟。經離至思多。多思至離經。左右分讀：

懷嘆嗟，所離經；路曠遐，傷中情；君無家，房幃清；容飾華，朗鏡明；光紛葩，珠曜英；感思多，誰為榮？

誰為至嘆嗟。所離至思多。感思至離經。半段回環讀，三言六句：

嗟嘆懷，傷中情；家無君，朗鏡明；葩紛光，誰為榮？

榮為至嘆嗟。經離至思多。多思至離經。半段順讀：

懷嘆嗟，傷中情；君無家，朗鏡明；光紛葩，誰為榮？

誰為至嘆嗟。所離至思多。感思至離經。以下三段讀俱同前：

遊西至摧傷。凶頑至為基。神明至雁歸。左右間一句，羅文分讀：

嗟嘆懷，路曠遐；家無君，容飾華；葩紛光，感思多。

榮為至離經。經離至為榮。多思至嘆嗟。從中間一句，羅文分讀：

懷嘆嗟，路曠遐；君無家，容飾華；光紛葩，感思多。

所離至為榮。誰為至離經。感思至嘆嗟。中間借一字，四言六句：
懷所離經，傷路曠遐；君房幃清，朗容飾華；光珠曜英，誰感思多？
誰感至離經。所懷至為榮。感誰至嘆嗟。兩分各借一字互用：
懷所離經，路傷中情；君房幃清，容朗鏡明；光珠曜英，感誰為榮？
誰感至嘆嗟。所懷至思多。感誰至離經。中間借二字五言六句：
嘆懷所離經，中傷路曠遐，無君房幃清，鏡朗容飾華；紛光珠曜英，為誰感思多？
為誰至離經。離所至為榮。思感至嘆嗟。兩分各借二字，互用分讀：
嘆懷所離經，曠路傷中情；無君房幃清，飾容朗鏡明；紛光珠曜英，思感誰為榮？
誰為至嘆嗟。離所至思多。思感至離經。以下三段讀俱同前：階西至摧傷。漫頑至為基。通明至雁歸。

藍書讀法

自中行各借一字，互用分讀，四言十二句：
邵南周風，興自后妃；衛鄭楚樊，厲節中闈；詠歌長嘆，不能奮飛；齊商雙發，歌我袞衣；曜流華觀，冶容為誰？情徵宮羽，同聲相追。
情徵至后妃。周南至情悲。宮徵至淑姿。取兩邊四字成句，四言六句：
興自后妃，厲節中闈；不能奮飛，歌我袞衣；冶容為誰？同聲相追。
同聲至后妃。窈窕至情悲。感我至淑姿。兩邊分讀，四言十二句：

興自后妃，窈窕淑姿；厲節中闈，河廣思歸；不能奮飛，遐路逶迤；歌我衰衣，碩人其頎；冶容為誰？翠粲葳蕤；同聲相追，感我情悲。

同聲至淑姿。窈窕至相追。感我至后妃。兩邊各連一句，或兩邊遙間一句，俱可讀。以下三段讀俱同前：惟時至成辭。佞奸至防萌。何辜至惟新。兩邊分讀，左右俱遞退，六言六句：

周風興自后妃，衛女河廣思歸；長嘆不能奮飛，齊興碩人其頎；華觀冶容為誰？情傷感我情悲。

宮羽至淑姿。邵伯至相追。情傷至后妃。以下三段讀俱同前：年殊至成辭。讒人至防萌。愆殃至惟新。互用分讀：

周風興自后妃，楚樊厲節中闈，長歎不能奮飛，雙發歌我衰衣；華觀冶容為誰？宮羽同聲相追。

宮羽至后妃。邵伯至情悲。情傷至淑姿。虛中行左右分讀，六言十二句：

周風興自后妃，邵伯窈窕淑姿；楚樊厲節中闈，衛女河廣思歸；長歎不能奮飛，詠志遐路逶迤；雙發歌我衰衣，齊興碩人其頎；華觀冶容為誰？曜榮翠粲葳蕤；宮羽同聲相追，情傷感我情悲。

情傷至后妃。邵伯至相追。宮羽至淑姿。左右連一句亦可讀。以下三段讀俱同前：年殊至成辭。讒人至防萌。愆殃至惟新。

紫書讀法

自歲寒反覆讀，五言四句：

寒歲識凋松，貞物知終始；顏喪改華容，仁賢別行士。

士行至歲寒。松凋至賢仁。仁賢至凋松。自寒字蛇行讀：

寒歲識凋松，始終知物貞；顏喪改華容，士行別賢仁。

仁賢至歲寒。松凋至行士。士行至凋松。從外讀入：

寒歲識凋松，仁賢別行士；顏喪改華容，貞物知終始。

仁賢至華容。松凋至物貞。士行至喪顏。從內讀出：

貞物知終始，顏喪改華容；仁賢別行士，寒歲識凋松。

顏喪至行士。始終至歲寒。容華至賢仁。以下一段讀俱同前；詩風至微元。自龍字起順讀，五言四句：

龍虎繁文藻，旍彤華曜榮；容飾觀壯麗，衣繡曜顏充。

從外讀入：

藻文繁虎龍，充顏曜繡衣；麗壯觀飾容，榮曜華彤旍。

充顏至飾容，從內讀出：

榮曜華彤旍，麗壯觀飾容；充顏曜繡衣，藻文繁虎龍。

麗壯至繡衣。以下一段讀俱同前：衰年至異世。迴環讀：

龍虎繁文藻，榮曜華彤旍；容飾觀壯麗，充顏曜繡衣。

衣繡至虎龍。順讀：

藻文繁虎龍，榮曜華彤旍；麗壯觀飾容，充顏曜繡衣。

充顏至虎龍。以下一段讀俱同前：衰年至奇傾。

黄書讀法

自詩情起五言四句：

詩情明顯怨，怨義興理辭；辭麗作比端，端無終始詩。

詩始至情詩。辭麗至理辭。端比至無端。怨顯至義怨。端無至比端。怨義至顯怨。自思感起，四言四句：

思感自寧，孜孜傷情；時在君側，夢想勞形。

形勞至感思。順讀：

寧自感思，孜孜傷情；側君在時，夢想勞形。

夢想至感思。以下三段讀俱同前：愆舊至何如。嬰是至何冤。懷傷至者誰。從外讀入：

寧自感思，夢想勞形；側君在時，孜孜傷情。

夢想至在時。從內讀出：

孜孜傷情，側君在時；夢想勞形，寧自感思。

側君至勞形。從下一句間逆讀：

孜孜傷情，寧自感思；夢想勞形，側君在時。

側君至傷情。以下三段讀俱同前：念是至獨居。懷憂至漫漫。悼思至感悲。自詩情起，四言四句：

詩情明顯，怨義興理；辭麗作比，端無終始。

始終至情詩。辭麗至興理。理興至麗辭。情明至始詩。麗作至理辭。無終至比端。義興至顯怨。顯明至義怨。比作至無端。餘如，「始終無端；顯明情詩。」迴環讀，仍得四言四句八首。

自初行退一字，每首七言四句，俱逐句退成迴文：

智懷德聖虞唐貞，妙顯華重榮章臣，賢惟聖配英皇倫，匹離飄浮江湘津。

智懷至西林；至羅林；至璣心；至岑欽；至奸臣；至識深；至如林；至浮沉；至知麟；至恨神；至懷身；至繁殷；至始心；至苦身；至南音；至和音；至傷仁；至憂心；至唐貞。以下十五段讀俱同前：所懷至芳琴。河隔至剛親。清流至傷仁。妙顯至梁民。生感至望純。清志至商秦。曲發至唐貞。賢惟至長身。微憫至霜新。故感至藏音。和詠至章臣。匹離至房人。賤為至牆春。陽熙至堂心。憂增至皇倫。自上橫行退一字成句，逐句逐字逆讀俱成迴文：

傷慘懷慕增憂心，堂空惟思詠和音，藏摧悲聲發曲秦，商絃激楚流清琴。

傷慘至鄉身；至苦身；至始心；至何欽；至南音；至繁殷；至懷身；至恨神；至知麟；至浮沉；至如林；至識深；至璣心；至羅林；至奸臣；至章臣；至智仁；至唐貞；至憂心。以下十五段讀俱同前：芳蘭至所親。剛柔至河津。湘江至智仁。堂空至陽春。牆面至賤人。房幽至匹倫。皇英至憂心。藏摧至故新。霜冰至微身。長路至賢臣。章榮至和音。商絃至清純。望誰至生民。梁山至妙貞。唐虞至曲秦。自兩間行退一字成句，以下遞退一句成章，又縱橫反復讀：

荒淫至生民。王懷至皇人。志篤至方春。桑榆至貞純。方殊至志貞。貞志至桑倫。岑幽至長身。加兼至剛親。何如至故新。陽潛至所親。羅網至和音。鳳離至清琴。苦惟至章臣。沙流至湘津。

淵重至房人。遐幽至望純。多患至清純。浮異至牆春。峨嵯至曲秦。精少至陽春。憂纏至皇倫。華英至梁民。光流至剛親。龍昭至霜新。當所至芳琴。榮君至所親。鄉舊至故新。所感至清琴。蒼穹至湘津。西昭至長身。自中行退一字成句，以下遞退一句成章：

南鄭至遺身。奸因至舊新。遺哀至南音。舊聞至奸臣。繁華至房人。識知至清純。浮殊至曲秦。恨昭至皇倫。詩興至剛親。蘇作至所親。始終至清琴。璣明至湘津。時盛至望純。辜罪至賤人。徵流至陽春。徵至至梁民。自角斜退一字成句，以下遞退一句成章：

嗟中君容曜多欽，思傷君夢詩璇心。氏辭懷感戚知麟，神輕粲散哀春親。

嗟中至貞純；至浮沉；至遐神；至遺身；至陽林；至沙麟；至舊新；至鳳麟；至加身；至基津；至桑倫；至生民；至淵深；至華沉；至廊琴；至方春；至王秦；至精神；至多殷；至奸臣；至羅林；至苦身；至南音；至基津；至圖心；至妙貞；至皇倫；至恨神；至知麟；至懷身；至繁殷；至如林；至思欽；至平心；至識深；至曲秦；至堂心；至憂心；至皇倫；至微深；至徵殷；至唐貞；至多欽。以下十五段同前：

廊桃至基津。春哀至嗟仁。基自至廊琴。思傷至望純。懷何至梁民。知戚至憂心。如懷至陽春。氏辭至霜新。圖怨至長身。

璇詩至和音。平端至故新。神輕至牆春。滋謙至房人。多曜至曲秦。傷好至清純。自中心詩興起，各頂字倒換互旋，八面分讀：

詩興感遠殊浮沉，時盛意麗哀遺身；始終曜觀華繁殷，徵流商歌鄭南音。

始終至遺身。璣明至舊新。蘇作至奸臣。

四正左旋讀：詩興至舊聞。蘇作至南音。始終至識深。璣明至浮沉。

四正右旋讀：詩興至奸臣。璣明至南音。始終至舊新。蘇作至遺身。

四隅左旋讀：璇詩至廊琴。平端至春親。氏辭至基津。圖怨至嗟仁。

四隅右旋讀：璇詩至基津。圖怨至春親。氏辭至廊琴。平端至嗟仁。

雙句左旋讀：詩興至春親。氏辭至舊聞。蘇作至廊琴。平端至南音。始終至嗟仁。璇詩至奸臣。

璣明至基津。圖怨至遺身。

雙句右旋讀：詩興至基津。圖怨至奸臣。璣明至嗟仁。璇詩至南音。始終至廊琴。平端至舊新。

蘇作至春親。氏辭至遺身。

各行退一字，於八面各取一句，左旋顛倒迴文：

南鄭歌商流徵殷，廊桃燕水好傷身，舊聞離天罪辜神，春哀散槃輕神麟。

廊桃至時沉。舊聞至滋林。春哀至微深。遺哀至多欽。基自至徵殷。奸因至傷身。嗟中至辜神。

八面右旋讀：南鄭至滋林。嗟中至時沉。奸因至神麟。基自至辜神。遺哀至傷身。春哀至徵殷。

舊聞至多欽。廊桃至各行退一字，四正面各取一句，左旋讀：

南鄭歌商流徵殷，舊聞離天罪辜神，遺哀麗意盛時沉，奸因女孌至微深。舊聞至徵殷。遺哀至

辜神。奸因至時沉。

四正右旋讀：南鄭至辜神。奸因至徵殷。遺哀至微深。舊聞至時沉。

四隅左旋讀：嗟中至滋林。廓桃至多欽。春哀至傷身。基自至神麟。
四隅右旋讀：嗟中至傷身。基自至多欽。哀春至滋林。廓桃至神麟。

小山看罷，不覺嘆道：「蘇氏以閨中弱質，意欲感悟其夫，一旦以精意聚於八百言中，上陳天道，下悉人情，中稽物理，旁引廣譬，興寄超遠，此等奇巧，真為千古絕唱。今得太后製序，已可流傳不朽；又得史氏、哀氏兩個才女，尋其脈絡，疏其神髓，繹出詩句，竟可盈千纍萬，使蘇氏當日製圖一片巧思，昭然在目，殆無餘恨。這兩個才女如此細心，不獨為蘇氏功臣；其才情之高，慧心之巧，亦可想見。姪女生逢其時，得覩如此奇文，可謂三身有幸。不知太后有何曠典？」唐敏道：「太后自見此圖，十分喜愛，因思如今天下之大，人物之廣，其深閨繡閣能文之女，固不能如蘇蕙超今邁古之妙，但多才多藝如史幽探、哀萃芳之類，自復不少，設俱湮沒無聞，豈不可惜？因存這個愛才念頭，日與廷臣酌議，欲令天下才女俱赴廷試；以文之高下，定以等第，賜與才女匾額，准其父母冠帶榮身，不獨鼓勵人才，為天下有才之女增許多光耀，亦是千秋佳話。因諭部臣議定條款，即於前次所頒覃恩十二條之外，續添考才女恩詔一條。聞得明年改元聖歷，大約來春正月頒行天下。考期雖尚未定，此信甚確。姪女須趕緊用功，早作準備。據你學問，要豎才女匾額，只算探囊取物。去年你曾問我女科，誰知此話今日果真應了。」小山不覺喜道：「天下竟有如此奇事，怪不得叔叔說是我們閨中千載難逢際遇，真是曠古少有。話雖如此，姪女何能有這福分，就豎才女匾哩？況學業未精，如何敢萌妄想？此後惟有勉力習學，尚求叔叔不時教誨，或者可以前去觀光。如考期尚有時日，還有幾希之望；倘明年就要考試，姪女只好把這妄想歇了。」唐敏詫異道：「姪女此話怎講？」未知後事如何，且看下回分解。

第四十二回　開女試太后頒恩詔　篤親情佳人盼好音

話說唐敏問小山道：「何以明年考試，就把想頭歇了？這卻為何？」小山道：「考期如遲，還可趕緊用功；若就要考試，姪女學問空疏，年紀過小，何能去呢？」唐敏道：「學問卻是要緊；至於年紀，據我看來，倒是越小越好。將來恩詔發下，只怕年紀一大，還不准考哩。你只管用功，即或明年就要考試，筆下業已精通，也不妨的。」小山連連點頭，每日在家讀書。

到了次年，唐敏不時出去探信。這日在學中得了恩詔，連忙抄來，遞給小山道：「考才女之事，業已頒發恩詔，還有規例十二條，你細細一看，就知道了。」小山接過，只見上面寫著：

大周金輪皇帝制曰：朕惟天地英華，原不擇人而畀；帝王輔翼，何妨破格而求？丈夫而擅詞章，固重圭璋之品，女子而嫻文藝，亦增蘋藻之光。我國家儲才為重，歷聖相符；朕受命維新，求賢若渴。闢門籲俊，桃李已屬春官；內則遴才，科第尚遺閨秀。郎君既膺鶚薦，女史未遂鵬飛；奚見選舉之公，難語人才之盛。昔《帝典》將墜，伏生之女傳經；《漢書》未成，世叔之妻續史。講藝則紗廚綾帳，博雅稱名；吟詩則柳絮椒花，清新獨步。群推翹秀，古今歷重名媛；慎選賢能閨閣，宜彰曠典。況今日靈秀不鍾於男子，貞吉久屬於坤元；陰教咸仰敷文，才藻益徵競美。是用博諮群議，創立新科，於聖歷三年，命禮部諸臣特開女試。所有科條，開列於後：

㈠考試先由州縣考取，造冊送郡；郡考中式，始與部試；部試中式，始與殿試。其應試各女童，先於聖歷二年，在本籍呈遞年貌、履歷，及家世清白切結；以是年八月縣考，郡考以十月為期，均在內衙出題考試，仍令女親屬一二人伴其出入。其承值各書役，悉令迴避。

㈠縣考取中，賜「文學秀女」匾額，准其郡考；郡考取中，賜「文學淑女」匾額，准其部試；部試取中，賜「文學才女」匾額。准其殿試。殿試名列一等，賞「女學士」之職；二等，賞「女博士」之職；三等，賞「女儒士」之職；俱赴「紅文宴」，准其年支俸祿。其有情願內廷供奉者，俟試俸一年，量材擢用。其三等以下，各賜大緞一疋，如年歲合例，准於下科再行殿試。

㈠殿試一等者，其父母翁姑及本夫如有官職在五品以上，各加品服一級；在五品以下，俱加四品服色；如無官職，賜五品服色榮身。二等者，賜六品服色。三等者，賜七品服色。餘照一等之例，各為區別。女悉如之。

㈠群考部試取中後見試官儀注，俱師生禮。其文冊榜案，俱照當時所賜字樣，如縣考則填「文學秀女」，郡考則填「文學淑女」。

㈠試題自郡縣以至殿試，俱照士子之例，試以詩賦，以歸體制；均於寅時進場，酉時出場，毋許給燭，違者試官聽處。至試卷除殿試外，餘俱彌封謄錄，以杜私弊。

㈠籍貫無須拘定。設有寄居他鄉，准其聲明，一體赴試；或在寄籍縣考，而歸原籍郡考亦聽其便。

(一)郡縣各考，或因患病未及赴試，准病痊時，於該衙門呈明補考；如踰殿試之期，不准。

(一)值部試，如因路遠乏人伴送，或因患病未能赴試者，如果文學出眾，准原考各官據實保奏，另降諭旨。

(一)凡郡考取中，女及夫家，均免徭役。其赴部試者，俱按程途遠近，賜以路費。

(一)命名不必另起文墨及嘉祥字樣，雖乳名亦無不可；或有以風花雪月，以夢兆以見聞命名者，俱仍其舊，庶不失閨閣本來面目。

(一)年十六歲以外，不准入考。其年在十六歲以內，業經出室者，亦不准與試。他如體貌殘廢，及出身微賤者，俱不准入考。

(一)詔下之日，亟擬科試，以拔真才。第路有遠近，勢難驟集，兼之向無女科，遽令入試，學業恐未精純，故於聖歷三年三月部試，即於四月舉行殿試大典，以示博選真才至意。

於戲！詩誇織錦，真為奪錦之人；格比簪花，許赴探花之宴。從此珊瑚在網，文博士本出宮中；玉尺量才，女相如豈遺苑外？丕煥新猶，聿昭盛事，布告中外，咸使聞知。

小山看罷，不覺喜道：「我怕考期過早，果然天從人願！今年姪女十四歲，若到聖歷三年，恰恰十六歲；有這兩年功夫，儘可慢慢習學。」唐敏道：「我才見這條例，也甚歡喜。不但為期尚緩，可以讀書，並且一詩一賦，還不甚難。我家才女匾額，穩穩拿在手中了！」

小山自此雖同小峯日日讀書，奈父親總無音信，不免牽挂。林氏也因懸念丈夫，時刻令人回家問信。這日正在盼望，恰好唐敏領林之洋進來。林氏見了，只當丈夫業已回家，不勝之喜，慌忙見禮讓坐，小山、小峯也來拜見。林氏道：「哥哥只顧將你妹夫帶上海船，這兩年合家大小，何曾放心？」小山不等說完，即接著說道：「今舅舅既已回家，怎麼父親又不同來？」林之洋道：「昨日俺們船隻抵岸，正發行李，你父親因革了探花，恐街鄰恥笑，無顏回家，要到京裡靜心用功，等下科再中探花才肯回來，俺同你舅母再三勸阻，無奈執意不聽，今把海外賺的銀子，託俺送來，他向京裡去了。」林氏同小山聽罷，不覺目瞪口呆。

唐敏道：「哥哥向日雖功名心勝，近來性情，為何一變至此？豈有相離咫尺，竟過門不入？況功名遲早，何能拿得定？設或下科不中，難道總不回家麼？」林之洋道：「這話令兄也說過，若榜上無名，大家莫想他回來。他這般立志，俺也勸不改的。」林氏道：「這怪哥哥不該帶到海外。今遊來遊去，索性連家也不顧了！」林之洋道：「當日俺原不肯帶去，任憑百般阻擋，他立意要去，教俺怎能攔得住？」小山道：「當日我父親到海外，是舅舅帶去的；今我父親到西京，又是舅舅放去的？舅舅就推不得乾淨了。為今之計，別無良策，惟有求舅舅把我送到西京，即或父親不肯回家，甥女見見父親之面，也好放心。」

林之洋被小山幾句話吃了一嚇道：「你恁小年紀，怎吃外面勞苦？當年你父親出遊在外，一去兩三年，總是好好回來。俺聞人說他這名字，就因好遊取的，你只細想這個敖字，可肯好好在家？今在西京讀書，下科考過，自然還家。甥女為甚這樣性急？嶺南到彼幾千路程，這樣千山萬水，問你令叔，你們女子如去得，俺就同令叔送你前去。」唐敏聽見林之洋教他同去，連忙說道：「據我主意，好在將來姪女也要上京赴試，莫若明年赴過郡考，早早進京，借赴試之便，就近省親，豈非一舉兩便？況你父親向來在外閒散慣的，在家多住幾時，就要生災害病，倒是在外無拘無束，身子倒覺強壯。他向來生性如此，也勉強不來。當日父母在堂，雖說好遊，還不敢遠離；及至父母去世，不是一去一年，就是一去兩載。這光景，你母親也都深知，姪女只管放心。他雖做客在外，只怕比在家還好哩。」

小山聽了，滴了幾點眼淚，只得勉強點頭道：「叔父分付也是。」林之洋將女兒國一萬銀子交代明白，並將廉家女子所送明珠也都交代。唐敏款待飯畢，又坐了半晌，因妹子甥女口口聲聲，只是埋怨，一時想起妹夫，真是坐立不安，隨即推說有事，匆匆回家，把燕窩貨賣，置了幾頃莊田。

過了幾時，生了一子，著人給妹子送信。林氏聽了，甚覺歡慰，喜得林家有後；到了三朝，帶了小山、小峯來家與哥嫂賀喜。誰知呂氏產後忽感風寒，兼之懷孕年半之久，秉氣又弱，血分不足，病勢甚重。幸虧縣官正在遵奉御旨，各處延請名醫，設立藥局，呂氏趁此醫治，吃了兩服藥，這才好些。林氏見嫂子有病，就在娘家住下。這日小山同婉如在江氏房中閒話，只見海外帶來那個白猿忽從床下把唐敖枕頭取了出來。未知後事如何，且看下回分解。

第四十三回　因遊戲仙猿露意　念劬勞孝女傷懷

話說小山這日正同江氏閒談，只見海外帶來那個白猿，忽從江氏床下取出一個枕頭在那裡玩耍。小山見了，向江氏笑道：「婆婆！原來這個白猿卻會淘氣，才把婉如妹妹字帖拿著翻看，此時又將舅舅客枕取出亂擲！怪不得古人說是意馬心猿，果然竟無一刻安寧。但如此好枕，為何放在床下？」因向白猿手中取過，看了一看，卻像自己家中之物；隨即掀起床幃，朝下一看，只見地板上放著一個包裹。正要動手去拉，江氏忙攔住道：「那是我的舊被，上面腌腌臢臢，姑娘不可拿他。」

小山見江氏舉止驚慌，更覺疑惑，硬把包裹拉出，細細一看，卻是父親之物。正向江氏追問，適值林氏走來聽見此事，見了丈夫包裹，又見江氏驚慌樣子，只嚇的魂不附體，知道其中凶多吉少，不覺放聲慟哭。小峯糊裡糊塗見了這個樣子，也跟著啼哭。小山忍著眼淚，走到呂氏房中把林之洋請來，指著包裹，一面哭泣，一面追問父親下落。林之洋暗暗頓足道：「他的包裹，起初原放在廚內；他們恐妹子回家看見，特藏在丈母床下。今被看破，這便怎處？」思忖多時，明知難以隱瞞，只得說道：「妹夫又不生災，又不害病，如今住在山中修行養性，為甚這樣慟哭？你們略把哭聲止止，也好聽俺講這根由。」

林氏聽了，強把悲聲忍住。林之洋就把遇見風暴，吹到小蓬萊，妹夫上去遊玩，竟一去不歸；俺們日日尋找，足足候了一月，等的米也完了，水也乾了，一船性命難保，只得回來，前前後後，說了一遍。小山同林氏聽了，更慟哭不止。江氏再三解勸，何能止悲？小山泣道：「舅舅同我父親骨肉至親，當日尋找，既未見面，一經回家，就該將這情節告訴我們，也好前去尋訪，怎麼一味隱瞞？若非今日看見包裹，我們還在夢中。難道舅舅就聽父親永在海外麼？此時甥女心如刀割，舅舅若不將我父親好好還出，我這性命也只好送給舅舅了！」說罷，哭泣不已。林之洋無言可答。江氏只得把他母女勸到呂氏房中。

呂氏因身體虛弱，還未下床，掙扎起來，同林之洋再三相勸。無奈小山口口聲聲只教舅舅還他父親。林之洋道：「甥女要你父親，也等你舅母病好，俺們再到海外替你尋去。如今坐在家中，教俺怎樣還你？」呂氏道：「甥女向來最是明理，莫要啼哭，將來俺們少不得要去販貨，自然替你尋來。」林之洋把唐敖所題詩句向婉如討來，遞給小山道：「這是你父親在小蓬萊留的詩句，你看舅舅可曾騙你？」小山接過看了，即送林氏面前，細細讀了一遍。林之洋道：「他後兩句，說是『今朝才到源頭處，豈肯操舟復出遊？』看這話頭，他明明看破紅塵，貪圖仙景，任俺尋找，總不出來。」小山道：「母親且免傷悲。據這詩句，且喜父親現在小蓬萊。此時只好權且忍耐，俟舅母過了滿月，女兒跟隨舅舅同到海外去找父親便了。」

林氏道：「你自幼未曾上過海船，並且從未遠出，如何去得？看來只好你同兄弟在家跟著叔叔讀書，我同他們前去，就是在外三年五載，也不誤你們讀書。將來倘能中個才女，不但你自己榮耀，就是做父母的也覺增光。你若跟著舅舅去到海外，這水面程途，最難刻期；設或誤了考試，豈不可惜？」

小山道：「如今父親遠隔數萬里之外，存亡未卜，女兒心裡只知尋親一事，那裡還講考試？若教母親一人前去，女兒何能放心？還是母親同兄弟在家，女兒去的為是。若不如此，就讓母親尋見父親，也恐父親未必肯來。」

林氏道：「這話怎講？」小山道：「母親倘竟尋見父親，父親因看破紅塵，執意不肯回來，母親又將如何？若女兒尋見父親，如不肯來，女兒可以哭訴，可以跪求，還可謊說母親焦愁患病。女兒一因母病，二因父親遠隔外洋，所以不憚數萬里特來尋親。父親聽了這番說話，又見女兒悲慟跪求，或者憐我一點孝心，一時肯回，也未可知。況母親非女兒可比，女兒此去，雖說拋頭露面，不大穩便，究竟年紀還輕，就是這邊尋尋，那邊訪訪，行動也還容易。至於母親，非我們幼女可比，何能拋頭露面，各處尋訪？」林氏聽了，半晌無言。

林之洋道：「甥女雖然年幼，也覺不好出頭露面。據俺主意：你們都不用去，還是俺去替你尋訪，倒還省事。」小山道：「此話雖是，但舅舅設或尋不回來，甥女豈能甘心？少不得仍要勞動舅舅同我前去。與其將來費事，莫若此番同去。只要到了小蓬萊尋著父親，無論來與不來，甥女也就無怨了。」林之洋見拗不過，只得說道：「甥女這等懸念，立意要去，俺們也難相阻，只好等你舅母滿月，俺置些貨物同去便了。」於是大家議定八月初一日起身。

林氏要替女兒置辦行裝，隨即帶著兒女別了哥嫂，把丈夫包裹也帶了回來。唐敏問知詳細，手足關心，好不傷感。小山回來，每日令乳母把些桌椅高高下下，羅列庭中，不時跳在上面盤旋行走，這日林氏看見，問道：「我兒！你這兩日莫非入了魔境？為何只管跳上跳下，四處亂跑？這是何意？」

小山道：「女兒聞得外面山路難行，今在家中，若不預先操練操練，將來到了小蓬萊如何上山呢？」林氏道：「原來如此。卻也想的到。」

不知不覺到了七月三十日。小山帶著乳母拜別母親叔嬸。林氏千丁寧，萬囑咐，無非尋著父親，早早回來的話，灑淚而別。唐敏把小山送到林家，並將路費一千兩交代明白，別了林之洋，仍去處館。後來本郡太守，因太后開了女科，慕唐敏才名，聊請課讀女兒去了。

林之洋置了貨物，因多九公老誠可靠，仍要懇他同去照應。無奈多九公因在歧舌得了一千銀子，頗可度日，兼之前在小蓬萊吃了靈芝，大瀉之後，精神甚覺疲憊；如今在家，專以傳方捨藥濟世消遣，那肯再到海外；禁不起林之洋再四懇求，情不可卻，只得勉強應了。當時商量，蘭音、若花作何安置。多九公道：「此時唐小姐既到海外，林兄何不就將蘭音小姐送與令妹做伴？況此人乃唐兄義女，自應送去為是。至若花小姐，乃尊駕義女，仍帶船上與姪女同居，日後回來，替他擇一婚配，完其終身，也算以德報德了。」

林之洋連連點頭。當時將蘭音、若花接到家中。田鳳翾、秦小春也都過來與小山諸人見禮。林之洋一一告知詳細，小山這才明白。大家一經聚談，倒像都有夙緣，莫不親熱，彼此序了年齒，都是姊妹相稱。小山問起若花為何遠出之故。若花把立儲被害各話說了，那眼淚不因不由就落將下來。小山道：「姊姊以龍鳳之質，儲貳❶之尊，忽遭此患，固為時勢所迫，亦是命中小有駁雜❷，何足為害？

---

❶ 儲貳：指太子。

❷ 駁雜：雜亂不順。

妹子細觀姊姊舉止，真是大度汪洋，器宇不凡，將來必有非常奇遇，斷不可因目前小有不足，致生煩惱，有傷貴體，久後姊姊才知妹子眼力不錯哩。」若花道：「承阿妹過獎，無非寬慰愚姊之意，敢不自己排解，仰副尊命？」

林之洋又把要送蘭音與妹子做伴之意說了，小山大喜道：「甥女正愁母親在家寂寞，今得蘭音妹妹過去，不但諸事可代甥女之勞，並可免了母親許多牽挂，真妙極了！」於是諄託蘭音在家照應，日後尋親回來，再為拜謝。蘭音道：「姊姊說那裡話來？妹子當日若非寄父帶來醫治，久已性命不保。如此大德，豈敢相忘？今姊姊海外尋親，妹子分應在家侍奉寄母，何須相託？此去千萬保重，妹子在家靜候好音，良會不遠。」

小山道：「妹子向聞鳳翾、小春二位姊姊都是博學，可惜才得相逢，就要奉別，不能暢聆大教，真是恨事！」二人連道不敢。田鳳翾道：「姊姊此去，明年六月可能回來？」小山道：「道路甚遠，即使來往順風，明秋亦難趕回，將來只好奉擾二位姊姊高中喜酒了！」秦小春道：「我們雖有觀光之意，奈路途遙遠，無人伴送，前已同母舅商議，原想到了彼時，如姊姊高興赴試，我姊妹可以附驥❸一往。不意姊姊忽有海外之行，我家母舅又被林叔叔邀往船上照應，看來我們這個妄想也只好中止了。」

林之洋道：「去年俺同妹夫正月起身，今年六月才回，足足走了五百四十天。今同甥女前去就算沿途順風，各國不去躭擱，單繞那座門戶山，也須繞他幾個月。明年六月怎能趕回？前日俺得考才女這信，也想教俺婉如隨著甥女同去考考，倘碰個才女，也替俺祖上增光。那知甥女務必要教俺同到海

❸ 附驥：亦作「附驥尾」，比喻後進附隨前輩而成名。

外，看來俺這封君❹也做不成，紗帽也戴不成。據俺想來，如今有這考試曠典，也是千載難逢的。甥女何不略停一年，把才女考過再去尋親？倘中才女替你父母掙頂紗帽，掙副冠帶，豈不是好？」小山道：「甥女如果赴試，這個才女也未必輪到身上，即使有望，一經中後，掙得紗帽回來，卻教那個戴呢？若把父親丟在腦後，只顧考試，就中才女，也免不了不孝二字。既是不孝，所謂衣冠禽獸，要那才女又有何用？」說著，不覺滴下淚來。若花暗暗點頭。

蘭音道：「姊姊此話，實是正論，自應尋親為是。但大家明日就要起身，乳母此地又生，卻教那個把我送去？」林之洋道：「此時俺又有事，只好託俺丈母送甥女回去，好在往返不過四五十里，他於夜間趕回，也不誤事。」當時雇了一隻熟船，託江氏帶了乳母把蘭音送交林氏，即於半夜趕回。

到了次日，田鳳翾、秦小春拜辭回去。林之洋仍託丈母在家照應，同妻女、小山、若花由小船來到海邊，上了大船，登時揚帆，走了三月之久，才繞出門戶山。林之洋惟恐小山思親成病，沿途凡遇名山，必令小山朝外看看。誰知小山看了，倒添愁煩，每每墮淚。林之洋甚覺不解。

這日同多九公閒談道：「當日俺妹夫來到海外，凡遇名山大川，一經他眼，處處都是美景，總是讚不絕口。今俺甥女來到海外，俺要借這山景替他開心，那知他見這些景致，倒添煩悶，這是甚意？難道海外景致與當日不同麼？」多九公道：「海外景致，雖然照舊，各人所處境界不同。當日唐兄一意遊玩，毫無牽挂，只覺逍遙自在，但凡耳之所聞，目之所見，皆屬樂境；甚至遊玩之時，還恐不能盡興，往往戀戀不捨。如今唐小姐一意尋親，心中無限牽挂，只覺愁緒填胸，憂思滿腹，所以耳聞目

❹ 封君：由於子孫顯貴而受封典的稱為封君，或稱為封翁。

見，不是觸動在外離思，就是感動父親流落天涯之苦，縱有許多景致，到他眼中，也變作無限苦境了。昔人云：無雲之月，有目者所快覩也，而盜賊所忌；花鳥之玩，以娛人也，而感時惜別者因之墮淚驚心。故或見境以生情，或緣情而起境，莫不由於心造，絲毫不能勉強。」林之洋點頭道：「原來有這講究，等俺慢慢再去勸他。」

這日小山在船悶坐。林之洋道：「前在嶺南，俺見甥女帶有書來，今若煩悶，為甚不去看書？婉如、若花都閒在那裡，就是講講學問，也是好的。俺們此去，倘能常遇順風，將來回家，趕上赴考也難定的。俺們行路，必須把這路程不放心上。若像甥女今日也問，明日也問，日日盼望，只怕一年路程，比十年還長哩？」小山道：「舅舅議論雖是，無如書到面前，就覺瞌睡。好在連日靜坐，倒覺清爽，舅舅只管放心。甥女雖然不時盼望，曉得路途遙遠，卻不敢著急。只要尋得父親回來，那怕多走三年兩載，亦有何妨？至於考試，得中才女，固替父母增光；但未見父親之面，何能計及於此？況明年六月即要報名入考，就使往返順風，也趕不上了。」林之洋無計可施，惟有時常解勸而已。未知後事如何，且看下回分解。

第四十四回　小孝女嶺上訪紅蕖　老道姑舟中獻瑞草

話說林之洋惟恐小山憂悶成疾，不時解勸，每逢閒暇，就便談些海外風景，或講些各國人物，以及所出土產之類，意欲借此替他消遣。談來談去，恰好小山向在家中，那海外各書都曾看過，因事涉虛渺，將信將疑；不意今聽舅舅所言，竟有大半都是古人書中所有的；於是疑團頓釋，沿途就借這些閒話，倒也解悶。無如林之洋雖在海外走過幾次，諸事並不留心，究竟見聞不廣，被小山盤根問底，今日也談，明日也談，腹中所有若干故典，久已告竣。幸喜多九公本係呂氏至親，兼之年已八旬，向來呂氏、小山也都時常見面。到了無事時，林之洋無話可談，就把多老翁邀來閒話。

多九公本是久慣江湖，見多識廣，每逢談到海外風景，竟是滔滔不絕，一路上不獨小山解去許多愁煩，就是婉如、若花也長許多見識。雖不寂寞，奈小山受不慣海面風浪，兼之水土不服，竟自大病臥床不起。足足病了一月，方才好些，眠食雖然照舊，身體甚弱。不知不覺已交新春。

這日到了東口山，將船泊岸。林之洋說起當日駱紅蕖打虎一事，妹夫因他至孝，甚為喜愛，曾託業師❶尹大人做媒替外甥求婚；後來到了軒轅，接著尹大人書信，才知這段婚姻業已定了。小山道：「前者甥女看見父親行囊內有書一封，內中提著兄弟姻事，甥女正要請問舅舅，後來匆匆忙忙，也就

❶ 業師：受業的老師。

忘了；適聞舅舅說起，方知有這緣故。今既到此，甥女自應上去探望，問他何日才回家鄉，日後住在何處，彼此也好通個音信。況他既能打虎，若肯陪伴甥女同去尋親，那更好了。」林之洋道：「甥女這話甚是。但你身子甚弱，上面山路又不好走，這便怎處？」小山道：「將來到了小蓬萊，甥女還要尋訪父親，若怕難走，豈有不去之理？好在甥女前在家中，已將腿腳練的靈便，如今正好借這山路操練操練，省得到了小蓬萊又要費事。此時身子雖弱，借此走走，倒可消遣消遣。」

林之洋點頭，隨即帶了器械。婉如、若花也要同去。林之洋託多九公在船照應，帶了幾個水手，一同登岸。小山姊妹三人一同攜手，慢慢上了山坡，略為歇息，又朝前進，走了多時，歇息數次，才到了蓮花庵，走進裡面，並無一人。正在詫異，只見庵旁走過兩個農人，林之洋上前訪問駱太公下落。那兩個農人道：「我們就是駱太公佃戶。自從前年太公去世，駱小姐搬到水仙村居住，就把這些田地賞給我們種了。此山大蟲，虧得駱小姐殺的一乾二淨，我們才能在此安業。今年正月駱小姐忽把太公靈柩搬去，聞得要回天朝，不知何時才來。這位小姐在此除了大害，至今人人感仰；但願他配個好女婿，也不枉眾人感戴一場。」小山聽了，悶悶不樂，只得同眾人仍歸舊路，慢慢來到岸邊。

離船不遠，只見多九公站在岸上同一年老道姑在那裡講話。一齊上前，看那道姑身穿一件破衣，手中拿著一枝芝草，滿面青氣，好不怕人。林之洋道：「這個花子既來化緣，九公就該教水手隨便拿些錢米與他，同他談甚麼？」多九公道：「這個道姑瘋瘋顛顛，並非化緣，手中拿著靈芝，口裡唱著歌兒，要求我們渡到前面，他將靈芝就算船錢。及至老夫問他渡到甚麼地方，他說要到回頭岸去。老夫在海外多年，從未聽見有個甚麼回頭岸。這樣顛顛倒倒，豈非是個瘋子麼？」只聽那道姑口中又唱起歌兒來。他唱的是：

我是蓬萊百草仙，與卿相聚不知年；因憐謫貶來滄海，願獻靈芝續舊緣。

小山聽了，忽覺心中動了一動，連忙上前合掌道：「仙姑既要渡過彼岸，我就渡你過去，不知那枝靈芝可肯見賜？」道姑道：「女菩薩如發慈心，渡我過去，這枝靈芝，豈敢不獻？況女菩薩面帶病容，非此不能平復。」小山道：「既如此，就請登舟，我們也好趲路。」道姑聽了，即同三人上船。多、林二人望著，不好攔擋，只得收拾揚帆。

多九公道：「他這靈芝，並非仙品，唐小姐須要留神，不可為妖人所騙。老夫前在小蓬萊吃了一枝，破腹多日，幾乎喪命。近來身體疲憊，還是這個病根。」道姑道：「這是老翁與這靈芝無緣。其實靈芝何害於人？即如桑椹，人能久服，可以延年益壽；斑鳩食之，則昏迷不醒。又如人服薄荷，則清熱；貓食之，則醉，靈芝原是仙品，如遇有緣，自能立登仙界；若誤給貓狗吃了，安知不生他病？此是物類相感，各有不同，豈能一概而論？」多九公聽了，曉得道姑語帶譏刺，只氣的火星亂冒。

小山把道姑讓進艙內，同婉如、若花一齊歸座。剛要閒話，那道姑把靈芝遞給小山道：「且請女菩薩把這仙芝用過，滌蕩滌蕩凡心，倘悟些前因出來，我們更好談了。」小山接過，一面道謝，一面把靈芝吃了；登時只覺神清氣爽，再把道姑一看，只見滿面仙風道骨，極其和藹，臉上並無一毫青氣。因向婉如耳邊暗暗問道：「這位仙姑臉上有一股青氣，此時忽然不見，另變做慈善模樣，你可見麼？」

婉如暗暗答道：「他的臉上那股青氣，妹子看著正在害怕，姊姊怎說不見？這也奇了！」

二人正在附耳議論，只見道姑道：「請問女菩薩：《毛詩》云：『誰知烏之雌雄？』此言人非其類，所以不能辨其雌雄。不知這些烏兒，他們可能自辨？」小山道：「他是一類，如何不辨？自然一望而知。」道姑道：「既如此，何以人仙就不各有一類呢？《易》云：『仁者見之謂之仁，智者見之謂之智。』女菩薩若明此義，其餘就可想見了。」小山不覺忖道：「怎麼我同婉如妹妹暗中之話，他竟有些知覺？好生奇怪！」

因問道：「請教仙姑大號？」道姑道：「我是百花友人。」小山暗暗詫異道：「他這百花二字，我一經入耳，倒像把我當頭一棒，只覺心中生出無限牽挂。莫非百花二字與我有甚宿緣？他說他是百花友人。若以友人二字而論，他非百花，可想而知。俗語說的真人不露相，我且用話探他一探。」因問道：「仙姑此時從何處至此？」道姑道：「我從不忍山，煩惱洞，輪迴道上而來。」小山暗暗點頭道：「因其不能容忍，所以要生煩惱；既生煩惱，自然要墮輪迴了。此話不知說的還是百花還是友人？含含糊糊，令人不解。他這言談，句句含著禪機，倒也有些意味。」因又問道：「仙姑此時何往？」道姑道：「我要到苦海邊，回頭岸去。」小山忖道：「據這禪語，明是苦海無邊，回頭是岸了。」連忙問道：「那回頭岸上可有名山？可有仙洞？」道姑道：「彼處有座仙島，名喚返本島；島內有個仙洞，名喚還原洞。」小山不等說完，即又問道：「仙姑所訪何人？」道姑道：「我所訪的，並非別人，是那總司群芳的化身。」

小山聽了，心中若悟若迷，如醉如醒，不知怎樣才好；呆了半晌，不覺下拜道：「弟子愚昧，今在苦海，求仙姑大發慈悲，倘能超度，脫離紅塵，情願作為弟子。」

這裡小山只顧求那道姑。那知多九公因被道姑譏刺，著實氣惱，因同林之洋暗在前艙竊聽，今見小山如此光景，因向林之洋道：「令甥女不知利害，受了道姑蠱惑，忽要求他超度，若不急急把他趕去，只怕唐小姐還有性命之憂哩！」林之洋不等說完，一腳跨進艙去，指著道姑道：「你這怪物！敢在俺的船上妖言惑眾！還不快走！且吃俺一拳！」小山忙攔住道：「舅舅！他是真仙不可動手。」道姑冷笑道：「纏足大仙何必動怒。我今到此，原因當日紅孩大仙有言，意欲稍效微勞，解脫災患，庶不負同山之誼，誰知無緣，竟不能同往；幸而前途有人，諒無大害。」因向小山道：「此時暫且失陪，我們後會有期，大約回頭岸上即可相見。」說罷，下船去了。

小山埋怨舅舅不該把這道姑得罪。林之洋道：「俺不看甥女情面，早已給他一頓好打，如今還算待他好的。」小山道：「方才仙姑忽把舅舅稱作纏足大仙，彼時我見舅舅聽他相稱，臉上忽然通紅，不知何故？」林之洋道：「你看他瘋瘋癲癲，隨嘴亂說，俺那有工夫同他搬駁❷？只好隨他說去。」小山見林之洋支吾，不便細問。走了幾時，不獨百病消除，只覺精神大長。

這日船泊水仙村，小山因東口山農人所言駱紅蕖之事不甚明白，即託舅舅上去訪問。原來廉錦楓已於正月同駱紅蕖回家鄉去了。林之洋得了此信，隨即回來。離船不遠，忽見海中攛出許多水怪，跳在船上，一個個青面獠牙，跑進船去，適值眾水手都在岸上。林之洋喊叫：「快些上船放鎗！」眾人

❷ 搬駁：辯駁，亦作「扳駁」。

手忙腳亂，才上三板，還未渡到大船，那些水怪忽從艙內把小山拖出，一齊攛入海內。未知後事如何，且看下回分解。

第四十五回　君子國海中逢水怪　丈夫邦嶺下遇山精

話說那群水怪，把小山拖下海去，林之洋這一嚇非同小可，連忙上船，只見婉如、若花、乳母，都放聲慟哭。呂氏向林之洋哭道：「俺們正在閒話，不意來了許多水怪，忽把甥女拖去，你可看見？」林之洋頓足道：「俺在岸上怎麼不見！如今已將甥女拖下海去，這便怎處？」登時多九公得了此信，即從船後走來道：「幸喜天氣和緩，為今之計，且教水手下去看是何怪，再作道理。」

兩人來至船頭，就叫當日探聽廉錦楓那個水手下去。因剛才看了那些水怪，心中害怕，不敢獨往，又拉了一個會水的一同下去。不多時，上來回報到：「此處並非大洋裡面，並無動靜，那些水怪，不知都藏何處，無處尋找。」說罷，都到後稍換衣去了。

林之洋不覺慟哭道：「我的甥女！你死的好苦！你教俺怎麼回去見你母親？俺也只好跟你去了！」將身一縱，攛入海中。多九公措手不及，嚇的只管喊叫救人。那兩個水手正在後面換衣，聽見外面喊叫，慌忙穿了小衣，跳下海去；遲了半晌，才把林之洋救了上來，業已腹脹如鼓，口中無氣。呂氏同婉如、若花哭成一片。多九公即命水手取了一口大鍋，把林之洋輕輕放在鍋上，控了片時，口中冒出許多海水，腹脹已消，蘇醒過來，婉如同若花上前攙扶進艙，換了衣服。口口聲聲，只哭「甥女死的好苦」。

多九公走來道：「林兄才吃許多海水，脾胃未免受傷，休要悲慟。老夫適才想起一事，唐小姐似乎該有救星。」林之洋道：「俺在海裡，不過喝了兩口水，就人事不知，俺的甥女下海多時，怎麼還能有救？」多九公道：「前在東口所遇那個道姑，雖是瘋瘋癲癲，但他曾言解脫甚麼災難，又言幸而前途有人，尚無大害。據他這話，豈非尚有可救麼？況纏足大仙四字，乃唐兄在船同你鬥趣之話，除了唐兄，只有你知，我知。這個道姑才見林兄，就呼纏足大仙，此人若無來歷，何能道此四字？」

林之洋連連點頭道：「九公說的是；俺就出去求神仙相救。」說罷，拿了拐杖，勉強舉步來到外面，分付水手岸上排了香案，隨即登岸，淨手拈香，跪在地下，暗暗禱告，只求神仙救命。跪了多時，天已日暮，多九公道：「林兄身上欠安，今日已晚，只好回船養息養息，明日再求罷。」林之洋道：「這樣大月色，俺正好跪求，九公只管請便。俺林之洋既發這個願心，若無人救，只得跪死方休，今生今世，叫俺起來也不能了。」不覺放聲大哭。多九公在旁惟有連聲嘆氣。

不知不覺皓月當空，船上已交三鼓，忽見遠遠來了兩個道人，手執拂塵，飄然而至；生的甚覺醜陋，月光之下看的明白，一個黃面獠牙，一個黑面獠牙，頭上都戴束髮金箍，身後跟著四個童兒。林之洋一見，連連叩頭，口口聲聲，只求神仙救俺甥女之命！兩個道人道：「居士請起。我們今既到此，自然要助一臂之力，何須相求？」因喚：「屠龍童兒、剖龜童兒，速到苦海，即將孽龍惡蚌擒來，立等問話！」二童答應，攛入海去。

林之洋立起道：「俺的甥女，現在海內，還求神仙慈悲相救。」兩個道人道：「這個自然。」因向身旁兩個童兒，暗暗分付幾句。二童答應，也都攛入海去。不多時，回報道：「已將百花化身護送歸舟。」兩個道人將手一擺，二童仍立兩旁。只見剖龜童子手中牽著一個大蚌從海中上來，走到黑面道人跟前，交了法旨。隨後屠龍童兒也來岸上，向黃面道人道：「孽龍出言不遜，不肯上來，弟子本要將其屠戮，因未奉法旨，不敢擅專，特來請示。」黃面道人道：「這孽畜如此無禮，且等我去會他一會。」將身一縱，攛入海中，兩腳立在水面，如履平地一般；手執拂塵，朝下一指，登時海水兩分，讓出一路，竟向海中而去；遲了半晌，帶著一條青龍來至岸上道：「你這孽畜，既已罪犯天條，謫入苦海，自應靜修以贖前愆，今又做此違法之事，是何道理？」

孽龍伏在地下道：「小龍自從被謫到此，從未妄為；昨因海岸忽然飄出一種異香，芬芳四射，徹於海底，偶然問及大蚌，才知唐大仙之女從此經過。小龍素昧平生，原無他意，大蚌忽造謠言，說唐大仙之女，乃百花化身，如與婚配，即可壽與齊天。小龍一時被惑，故將此女攝去。不意此女吃了海水，昏迷不醒，小龍即至海島，擬覓仙草，以救其命；到了蓬萊，路遇百草仙姑，求他賜了回生草，急急趕回；那知才把仙草覓來，就被洞主擒獲。現有仙草為證，只求超生。」黑面道人道：「你這惡蚌，既修行多年，自應廣種福田，以求善果，為何設此毒計，暗害於人？從實說來！」大蚌道：「前年唐大仙從此經過，曾救廉家孝女；那孝女因感救命之恩，竟將我子殺害，取珠獻于唐大仙以報其德，彼時我子雖喪廉孝女之手，究因唐大仙而起。昨日適逢其女從此經過，異香徹入苦海，小蚌要報殺子之讎，才獻此計，只求洞主詳察。」黑面道人道：「當日你子性好饕餮，凡水族之類，莫不充其口腹；傷生既多，惡貫乃滿，故借孝女之刀以除水族之患；此理所必然，亦天命造定，豈可移恨於唐大仙，又遷害其女？如此昏憒奸險，豈可仍留人世，遺害蒼生？剖龜童兒，立時與我剖開來！」

黃面道人道：「大仙且請息怒。這兩個孽畜如此行為，自應立時屠剖；但上蒼有好生之德，兼且孽龍業已覓了仙草，百花服過，不獨起死回生，並可超凡入聖。他既有這功勞，自應法外施仁，免其一死。第孽龍好色貪花，惡蚌移禍害人，都非良善之輩。據小仙之意：即將二畜禁錮無腸國東廁，日受糞氣薰蒸，食其穢物，以為貪花害人者戒。大仙以為何如？」黑面道人點頭道：「大仙所見極是。二畜罪惡甚重，必須禁錮在無腸國富室的東廁，始足蔽辜。」黃面道人道：「加等辦理，固覺過刻，亦是二畜罪由自取。」因將回生草取了遞給林之洋道：「居士即將此草給令甥女服了，自能起死回生。我們去了。」

林之洋接過下拜道：「請大仙留下名姓，俺日後好也感念。」黃面道人指著黑面道人道：「他是百介山人，貧道乃百鱗山人。今因閒遊，路過此地，不意解此煩惱，莫非前緣，何謝之有？」正要舉步，那孽龍、大蚌都一齊跪求道：「蒙恩主禁於無腸東廁，小畜業已難受；若再遷於富室東廁，我們如何禁當得起？不獨三次四次之糞臭不可當，而且那股銅臭尤不可耐，惟求法外施仁，沒齒難忘！」林之洋上前打躬道：「俺向大仙講個人情，他們不願東廁，把他罰在西席，可好？」孽龍、大蚌道：「西席雖然有些酸臭，畢竟比那銅臭好耐。我們願在西席。」兩個道人道：「且隨我來，自有道理。」一齊去了。眾水手在旁，人人吐舌，個個稱奇。

多林二人回船，將仙草給小山灌入，吐了幾口海水，登時復舊如初，精神更覺清爽。大家都替他道喜。小山道：「只要尋得父親回來，就是受些磨難，我也情願。」林之洋把水仙村之話說了，隨即開船向小蓬萊進發。又走多時，如軒轅、三面等國都已過去。

這日多林二人在船後閒談。多九公道：「林兄，你看去歲起風，豈不就在此地？今年有意要到小蓬萊，偏又不遇風暴。若像去年，何等爽快！老夫素於此處甚生，恰好前面有個小國，只好到彼問問。」隨即收口上去打聽。原來此間是丈夫國交界。及至細問小蓬萊路徑，眾國人聽了，莫不害怕；都說：「離此千餘里，地名田木島，有一亥木山，近來忽生許多妖怪出來傷人，來往船隻，每每被害。」二人慌忙回來，告訴眾人，都不願去。小山那裡肯依。多林二人說之至再，小山寧死也要前去。二人明知勸也無用，只得拚命朝前進發。

這日正行之際，迎面有座大嶺，細看路徑，須由山角繞過，方能出口。走了多時，離嶺不遠，只見上面密密層層許多果樹，如桃、李、橘、棗之類，四時果品，無般不有；那股果香，陣陣向面上撲來，令人好不垂涎。舵工被這果香鑽入鼻孔，一心想啖，不因不由把船靠了山角。方才泊岸，船上眾人，早已一擁齊上，遇見鮮果，不論好歹，摘來就吃，口中莫不叫好；多林二人也飽餐一頓。林之洋摘了許多桃，李，橘，棗之類送上船來。呂氏正在垂涎，即同小山姊妹大家分吃。小山道：「舅舅為何將船泊在此處？前日打聽路徑，都說前面有妖怪，怎麼今日就忘了？」林之洋道：「俺自聞了這股果香，心裡迷迷惑惑，只顧想吃，那裡還顧什麼妖怪。俺去催他們開船。」於是來至外面道：「俺們走罷；莫要遇著妖怪出來！」眾水手道：「今日吃了這樣鮮果，渾身綿軟，就如酒醉一般好不快活！那個還有氣力開船？」說著，個個睡在樹下。

多林二人站在船頭，只覺天旋地轉，遍體酥麻，站立不住。正在發慌，山中忽然走出許多婦女，來到船上，把呂氏、小山、婉如、若花、乳母，攙扶上岸；又有兩個把多林二人也攙了下船；還有幾十個把眾水手也都攙起，走上山來。眾人心裡雖覺明白，就只口不能言，渾身發軟。小山此時雖然照舊，因見眾人這宗光景，明知寡不敵眾，只好且裝酒醉，跟著同來，看他怎樣，再作道理。

不多時，來至石洞跟前，進了石洞，又走兩層庭院，進了廳堂，正面坐著一個女妖，頭戴鳳冠，身穿蟒衫，極其美貌。面上有條指痕，從那指痕之中，更增許多嫵媚。旁邊坐著一個男妖，年紀不到二旬，生得齒白唇紅，面如傅粉，雖是男妖，卻是女裝。多九公看了，身上雖覺癱軟，心裡卻還明白；暗暗忖道：「這個男妖，怎是婦女打扮？此時林兄見這模樣，回想當日女兒國風味，只怕又要吃驚了。」只見下首還有兩個男妖，一個面如黑棗，一個臉似黃橘，赤髮蓬頭極其凶惡。

忽聽女妖笑道：「他們只知吃果，那知其中藏有酒母？果然毫不費事，就都跟來，此皆賢妹並二位愛卿贊畫之力，將來自然慢慢一同受享。但這倮兒❶有三十餘口之多，不知賢妹可能別出心裁，另有泡製？」少年男妖笑道：「這些倮兒剛才已吃酒母，皮肉未免帶有酒味，若照向日烹調，恐不合口。據妹子愚見，莫若竟將這些倮兒釀為美酒，其名就叫倮兒酒。姐姐以為何如？」女妖喜道：「如此極妙！」黑面男妖道：「以倮為酒，固是美品，但清濁不分，亦恐酒味不佳。據臣看來，女倮之味必清，男倮之味必濁；將來釀時，必須預分兩處，庶清濁不致紊亂。」黃面男妖道：「今日倮兒如此之多，其中酒量大的諒亦不少，莫若先將好酒給他盡量而飲，教他吃的爛醉，日後釀出酒來，豈不更覺有力？」女妖道：「兩位愛卿所見極是。」

因指林之洋向少年男妖笑道：「這個倮兒與賢妹模樣相仿，莫若把他留下，給賢妹做伴如何？」

❶ 倮兒：亦稱「倮蟲」，身無羽毛鱗介之動物，指人類而言。

少年男妖笑道：「這倮兒生得雖好，就只嘴上新留幾根鬚兒，令人可厭。他如拔的光光，如人鞟❷一般，我才笑納哩。」因向黃面、黑面二妖道：「二位可要留他做伴？」二妖道：「彌君嫌他新留幾根鬚兒，所以不喜；那知我二人因他鬚兒過少，也不慊意。他如滿部鬍鬚，抑或絡腮，我倒喜的。」少年男妖道：「這卻為何？」二妖道：「這叫作人棄我取。」少年男妖笑道：「若據二公之言，難道世間鬍子都是棄物麼？你要曉得：十個鬍子九個臊。他要發起臊❸風，比那沒鬚的還更有趣哩！」說著，一齊大笑。

女妖分付手下將眾倮兒帶至後面，多將好酒令其暢飲，以便蒸熟釀酒。眾妖答應，把眾人帶到後面，七手八腳，各去取酒。小山隨即跪下，望空垂淚，暗暗禱告道：「我唐小山因來海外尋親，忽遇妖魔，性命只在頃刻，務望過往神靈，早賜拯拔，倘脫火坑，情願身入空門，一世焚頂❹。」忽見有個道姑走來道：「女菩薩休要害怕，小道特來相救。」未知後事如何，且看下回分解。

---

❷ 人鞟：全身無毛之人。

❸ 臊：腥臭之氣。通「騷」。

❹ 焚頂：焚香頂禮。

第四十六回 施慈悲仙子降妖 發慷慨儲君結伴

話說道姑向小山道：「女菩薩不消焦心，小道特來相救。」隨即雜在眾人之中。眾小妖把酒取到，道姑道：「他們不會飲酒，我的量大，拿來我吃。」眾小妖道：「剛才進來，未曾留神，原來卻是六個女倮。」把酒送至道姑面前，道姑飲完，又教快去取酒。這些小妖來往取酒，就如穿梭一般，一面取酒，一面只說好量。道姑一面飲著，一面只教取酒，登時把洞內若干美酒，飲的一滴無存，還是催著取酒。眾小妖無酒可取，只得稟知女妖。

女妖那裡肯信，即同三個男妖來至後面。道姑一見，把口一張，那酒就如湧泉一般，一道白光，滔滔不斷，直向四妖噴去，登時洞裡洞外，酒氣撲鼻。這股酒香，非比尋常，乃百種鮮果釀成，芬芳透腦；若教好飲的聞了，真可神迷心醉，望風垂涎。道姑一面噴酒，把手一張，只聽呱喇喇雷聲振耳，霹靂之中，現出一朵彩雲；彩雲之上，端端正正托著桃、李、橘、棗四樣果品，直向四怪頂門打將下去。道姑大聲喝道：「四個孽畜！爾等胞衣巢穴❶，現俱在此，還不速現原形等待何時！」四怪剛要逃走，不防雲中四樣果品落下，只打的滿地亂滾，霎時變出本相，遠遠看去，個個小如彈丸，不知何物。道姑上前拾在手內。眾小妖都變本相，無非山精水怪，四散奔逃。

❶ 胞衣巢穴：猶困居於巢穴。

此時大家都已蘇醒，俱向道姑叩謝。小山道：「請問仙姑尊姓大名？這四個是何妖怪？」道姑道：「我是百果山人！因與女菩薩有緣，特來相救。」手中取出四個物件道：「女菩薩請看，這就是四怪原形。」小山同眾人近前觀看，原來卻是一個李核，一個桃核，一個棗核，一個橘核。多九公道：「世間此物甚多，何以竟能為怪？莫非都是異種麼？」道姑道：「此核雖非異種，但俱生於周朝，至今千有餘年。李核名叫檇李，當初西施因其味美，素最喜食；桃核雖非仙品，當年彌子瑕曾以其半分之衛君；橘核昔日晏子至楚，楚王曾有黃橘之賜；棗核名喚羊棗，當日曾晳最喜。這四核雖是微末廢物，因昔年或在美人口中受了口脂之香，或在賢人口內染了翰墨之味，或在姣童口邊感了龍陽❷之情，或在良臣口裡得了忠義之氣，久而久之，精氣凝結，兼之受了日精月華，所以成形為患。今遇貧道，也是他氣數當絕。」

多九公忖道：「怪不得男相女裝，原來卻是分桃主人。」因問道：「請教仙姑：方才那美婦人同那美男子，自然就是西施、彌子瑕形狀了。但那兩怪，一個面如墨棗，一個臉似黃橘，難道當年曾晳同晏子就是這個模樣麼？」道姑道：「西施、彌子瑕俱以美色蠱惑其君，非正人可比，故精靈都能竊肖其形。至曾晳、晏子身為賢士，名傳不朽，其人雖死猶生，這些精靈，安能竊肖其形？所謂邪不能侵正，故棗怪面如黑棗，橘怪面如黃橘，任他變幻，何能脫卻本來面目？」小山道：「請問仙姑：此去小蓬萊，還有若干路程？」道姑道：「遠在天邊，近在眼前。女菩薩自去問心，休來問我。」收了四核，出洞去了。

---

❷ 龍陽：指「男色」，戰國時魏有幸臣曰龍陽君而名。

多林二人把人數查明，一齊上船前進。一路談起仙姑相救之事。多九公道：「這是唐小姐至孝所感，故屢遇異人相救。若據前日大蚌所言，唐兄已成神仙無疑了。」林之洋道：「俺妹夫如成了神仙，俺甥女遇了災難，自然該有仙人來救。俗語說的官官相護，難道不准『仙仙相護』？俺最疑惑的：他們所說『百花』二字，不知隱著甚麼機關？莫非俺甥女是百花託生麼？」

小山笑道：「若謂百花，自然是百樣花了。豈有百花俱託生一人？斷無此理！即使竟是百花託生，甥女也不情願，舅舅莫把這件好事替我攬在身上。」林之洋道：「若是百花託生，莫不紅紅綠綠，甥女為甚倒不情願？」小山道：「舅舅要知這些百花，無非草木之類，有何根基？此時甥女如係天上列宿託生，將來倘要修仙，有此根基，或者可冀得一善果。若是草木託生，既無根基，何能再萌妄想？即使苦修，亦覺費事。當日有人言狐狸修仙最苦，因其素無根基，必須修到人身，方能修仙，須費兩層工夫。即如甥女，若是百花託生，如要修仙，必須修的有了根基，方能再講修仙，豈不過於費事？」林之洋道：「若這樣，俺倒盼你根基淺些，倒覺安靜，省得胡思亂想，又生別的事來。」

若花道：「剛才那個少年男妖，為何搽脂抹粉，裝作女人模樣？」多九公道：「姪女！你不知麼？他這模樣，是從你們女兒國學的，並且還會纏的上好小足，穿的絕妙耳眼哩。」林之洋忍不住要笑。小山不解，再三追問。婉如把當日女兒國穿耳纏足之事說了。小山這才明白道：「怪不得前在東口那個道姑把舅舅稱作纏足大仙，舅舅滿面緋紅，原來是這緣故。」

忽聽眾水手喊道：「剛才走的好好的，前面又要繞路了！」多林二人忙至船頭。只見迎面又有一座大嶺攔住去路。多九公道：「前年到此被風暴刮的神魂顛倒，並未理會有甚山島；今年走到這條路上，純是大嶺，要像這樣亂繞，只怕再走一年，還不到哩！」林之洋道：「俺們上去探探路徑。」將船停泊，二人上了山坡，走了多時，迎面有一石碑，上面寫的也是小蓬萊三個大字。多林二人看了，這才曉得此山就是小蓬萊。多九公道：「怪不得那道姑說：遠在天邊，近在眼前。誰知今已到了！」隨即走回告知小山。小山歡喜非常，惟有暗暗念佛。因天色已晚，不能上山。

次日，起個絕早。呂氏同婉如、若花也都起來。水手已備早飯，大家飽餐一頓。婉如、若花也要陪著同去；林之洋手拿器械，帶了水手，一同登岸。上了山坡，上面有條山路，彎彎曲曲，雖覺難走，幸喜接連樹木，可以攀藤附木而行。林之洋攙著小山，小山手挽婉如，婉如手拉若花，慢慢步上山來；到了平川之地，歇息片晌，又朝前行；轉過小蓬萊石碑，只見唐敖當日所題詩句，仍是墨跡淋漓。小山一見，淚落不止；又向四處細細眺望，暗暗點頭道：「看了此山景致，凡念皆空，宛如登入仙界。如此洞天福地❸，無怪父親不肯回來。此處不獨清秀幽僻，而且前面層嵒錯落，遠峰重疊，一望無際，不知有幾許路程。此時只好略觀大概，少刻回船，再同舅舅商議。」

不知不覺天已下午。林之洋恐天晚難行，即同小山姊妹下山；及至到船，業已日暮。吃了晚飯，呂氏問問山上光景。小山道：「今日細看此山，道路甚遠，非三五天可以走遍。甥女父親既要修行，自然該在深山之內。若照今日這樣尋訪，除非父親出來，方能一見。若不自己露面，就再找一年，也是無用。今甥女立定主意，明白舅舅在此看守船隻，甥女一人深入山內，躭擱數日，細細搜尋，或者機緣湊巧，也未可知。」林之洋道：「甥女獨去，俺怎放心？自然俺要同去。」小山道：「話雖如此，

❸ 洞天福地：名山勝境，神仙所居之地。

奈船上都是水手，並無著己之親；多老翁雖有親誼，究竟過於年老；此處又非內地可比，若舅舅同去，雖可做伴，船上無主，甥女反添牽挂，何能在內過於躭擱？與其尋的半途而廢，終非了局，莫若甥女自去，倒覺爽利。好在此山既少人烟，又無野獸，純是一派仙景，舅舅只管放心。甥女此去，多則一月，少則半月，如能尋著固妙，即或尋不著，略將裡面大概看看，亦即回來先送一信，使舅舅放心，然後再去細訪；必須如此，兩下方無牽挂。甥女主意已定，務望舅舅曲從。」

若花道：「阿父如不放心，女兒向在東宮，也曾習過騎射；隨常兵器，也曾練過；莫若女兒帶了器械，與阿妹同去，也好照應。」婉如道：「若是這樣，俺也同去。」小山道：「妹妹與乳母一樣行路甚慢，如何去得？至若花姊姊，近日雖然纏足，他自幼男裝走慣，尚不費力，倘能同去，倒可做伴。」

呂氏道：「甥女上去，上面既無房屋，又無茶飯，夜間何處棲身？日間所吃何物呢？」小山聽了，不覺殘了一殘；沉思半晌道：「甥女今日細觀此山，層巖峭壁，怪石攢峰，錯錯落落，接連不斷，雖無屋宇，到處儘可藏身；就是那些松陰茂林之下，也可棲止；設遇現成石洞，那更好了。至所食之物，甥女細想，古人草根樹皮，尚可充飢，何況此山果木甚多。柏子松實，處處皆有，豈有腹飢之患？」呂氏道：「那些東西，豈能當飯？此時俺倒想起一事，當日俺們製有救荒豆末，自從初次飄洋用過一次，喜得後來從未絕糧，今甥女上山，倒可用著了。」

林之洋道：「虧你提起，俺倒忘了。」從箱中取出一包豆麵，並一包麻子，遞給小山道：「你明日未曾上山，先將豆麵儘量吃飽，就可七日不飢；至第八日，再吃一頓，就可四十九日不飢。如覺口乾，可將麻子和些水吃，就不渴了。這是俺們海船救命仙丹，須好好收了。」小山接過道：「此豆怎親積的陰德，俺同你舅母至今還是感念。」呂氏道：「誰知這樣一個好人，偏偏教他功名蹭蹬❹。若知頭一次飄洋，就遭風暴，偏遇連陰大雨，躭擱多日，缺了柴米，幸虧這物才救一船性命。這是你父麻子水能潤臟腑；或飲脂麻水亦可，但不得食一切物。當日你父親傳俺此方，俺配一料帶在船上，那五斗，煮去皮核，入前末和搗，如拳大，再蒸一夜，晒乾為末：服之以飽為度，最能辟穀。如渴，飲晒乾，研為末；糯米三升做粥，入前二樣和搗為團，如拳大，入甑內，蒸一宿，取晒為末；用小紅棗勒石於漢陽興國寺。還有一方：用黑豆五斗，淘淨，蒸三遍，晒乾，去皮為末；火麻子三升，浸去皮，合為末煎湯冷服，解下藥如金色，任吃他物，並無所損。前知隨州郡守，教民用之有驗，序其原委，穀，且令人強壯，容貌紅白，永不憔悴。口渴，研麻子湯飲之，更潤臟腑。若用重吃他物，用葵子三第三頓三百日不飢，第四頓二千四百日不飢，不必再服，永不飢了。不問老少，但依法服食，不但辟出甑，午時晒乾為末，乾服之，以飽為度，不得再吃別物。第一頓七日不飢，第二頓四十九日不飢，三遍，令口開，取仁，去皮；同大豆各搗為末，和搗做團如拳大，入甑內，從戌時蒸至子時止；寅時斯，臣一家甘受刑戮。』其方：用黑大豆五斗，淘淨，蒸三遍，去皮；用火麻子三斗，浸一宿，亦蒸具表奏道：『臣遇太白山隱士傳授濟飢辟穀仙方，臣家大小七十餘口，以此為糧，不食別物，若不如你道這方俺怎麼知？是你父親傳給俺的。據說當初晉惠帝永寧二年，黃門侍郎劉景先因年歲荒旱，曾樣泡製，就有如此功效？如果靈驗，若到荒年濟世，豈不好麼？」林之洋道：「這個原是備荒用的。

❹ 蹭蹬：音ㄘㄥˋ ㄉㄥˋ。失勢；不得意。

早早做了官，他又何能到此訪甚麼仙，煉甚麼性呢？」小山聽了，觸動思親之心，更覺傷感。當時議定若花同去。次日，姊妹二人，絕早起來。未知後事如何，再看下回分解。

第四十七回　水月村樵夫寄信　鏡花嶺孝女尋親

話說小山同若花清晨起來，梳洗已畢，將衣履結束，腰間都繫了絲絲，挂一口防身寶劍；外面穿一件大紅猩猩氈箭衣；頭上戴一頂大紅猩猩氈帽兒；外帶一件棉衣，用包裹包了；又帶一個椰瓢，同豆麵，都放包裹內。二人打扮不差上下，惟若花身穿杏黃箭衣，將豆麵飽餐一頓，收拾完畢，各把包裹背在肩上，一齊告別。

呂氏見這樣子，不由心酸淚落道：「甥女一路小心，若花女兒務須好好照應。雖然此山並無虎豹，到了夜晚，究竟尋個掩密藏身之處，才覺放心。甥女如此孝心，上天自必垂憐，一切事情，自然逢凶化吉。但願此去尋得父親，早早回來。」婉如也垂淚道：「姊姊千萬保重，莫教人兩眼望穿。俺不遠送了。」小山答應，同若花上岸。林之洋仍舊攙扶送到平陽❶之處，又叮嚀幾句，灑淚而別。林之洋見他們去遠，這才止淚回船。

姊妹兩個，背著包裹，朝前走了數里。小山因山路彎曲，恐將來回轉認不清楚，每逢行到轉彎處，就在山石樹木上用寶劍畫一圓圈，或畫唐小山三字，以便回來好照舊路而行。一面走著，歇息數次，越過幾個峰頭，幸喜小路平坦。走了一日，看看日暮，二人商議找一宿處；看來看去，並無可以棲身

❶ 平陽：平坦。

之地，只得又向前進。正在探望，只見路旁許多松樹，都大有數圍，內有一株古松，枝葉雖青，因年代久了，其本已枯，外面雖有一層薄皮，裡面卻是空的。二人見了，不勝之喜，即將包裹取下，一齊將身探入。內中松葉堆積甚厚，坐下倒也綿軟，姊妹兩個，因一路走乏，身子困倦，把包裹放在樹內，坐在上面睡了。

一覺早已天明，連忙探出身來，背上包裹，離了松林。走了半日，小山道：「昨日吃了豆麵，腹中果然不飢，此時喉中微覺發乾，姊姊可覺口渴？妹子意欲吃些泉水才好。」若花道：「如此甚妙。」各用椰瓢就將山泉取了一瓢涼水，和些麻子胡亂飲了幾口；又取一瓢涼水略把手面洗洗，仍望前走。到了日暮，恰喜那邊峭壁下有一天然石洞，儘可存身，就在石洞住了。

次日，又朝前進，一路上看不盡的怪竹奇樹，觀不了的異草仙花。沿途景致雖多，無如小山之意並不在此，若花也不過略略領略。一連走了幾日，各處尋蹤覓跡，再朝前面望去，那些山岡仍是一望無際。小山道：「姊姊，你看這個光景，大約非數十日不能走到。妹子前在舅舅面前，曾說無論尋著尋不著，總在一月半月回去送信。今再前進，設或遙遠，一時驟難轉回，豈不失信麼？」若花道：「今既到此，據我愚見：只好且朝前進。我們就是躭遲幾日，阿父也斷無埋怨之理，何必回去送信？」小山道：「妹子之意，並非專為送信，意欲借此將姊姊送回，妹子才好獨往。」

若花道：「愚姊正要同你前去，為何忽發此言？」小山道：「連日細看此山，道路甚遠，一經前進，歸期竟難預定；因此要將姊姊送回，以便一人前進。即使回來過遲，舅舅不能守候，妹子得能尋見父親，就同父親在彼修煉，也是人生難得之事。倘不能尋見父親，縱使舅舅終年守候，妹子何顏歸家去見母親？以此看來，惟有尋到此山盡頭，非見父親之面，不能回家。若姊姊同去，妹子何能只管前進呢？」若花道：「愚姐若怕路遠，也不來了。此時前進，若無消息，不獨阿妹不應回轉，就是愚姊也無半途而廢之理，況我本是虎口餘生，諸事久已看破，設或躭擱過遲，阿父不能守候，我就在此同你靜修，也未嘗不可。阿妹倒不必慮及於我。即如我今日到此，還是圖名呢？還是為利呢？無非念阿妹一團孝心，惟恐孤身無人照應，才肯挺身而來。若要誤認我不過一時高興而來走走，並未慮及後來之事，那就錯了。」小山不覺滴淚道：「姊姊如此用心，真令妹子感激涕零。此時也不敢以套言❷相謝，惟有永銘心版了。」

說罷，又向前進。若花道：「今日忽覺飢餓，這是何意？」小山道：「只顧走路，原來今已八日。那豆麵第一頓，只能管得七日不飢，今日如何不餓？恰好此處遍地松實柏子，我才吃了幾個，只覺滿口清香，姊姊何不也吃幾個？如能充飢，我們就以此物為糧，豈不更覺有趣？」若花隨即吃了許多，走了多時，也就不覺甚餓。於是日以松實柏子充飢，路上或講講古蹟，談談詩賦，不知不覺又走了六七日。

這日正望前進，猛見迎面倒像一人走來。小山道：「我們走了十餘日，未見一人，怎麼今日忽然走出人來？」若花道：「莫非前面已有人家？」只見那人漸漸臨近，再細細一看，原來是個白髮樵夫。小山見是老年人，因站路旁問道：「請問老翁，此山何名？前面可有人家？」樵夫也立住道：「此山總名小蓬萊。前面這條長嶺，名叫鏡花嶺，嶺下有一荒塚。過了此塚，有個鄉村，名叫水月村。此地

❷ 套言：客套話。

已是水月村交界。前面村內，雖有居民，無非幾個山人。你問他怎麼？」小山道：「我問路境，不為別事。只因我們天朝大唐國有位姓唐的，前年曾入此山，如今可在前面鄉村之內？敢求老翁指示，永感不忘！」樵夫道：「你問的莫非嶺南唐以亭麼？」小山喜道：「我問的正是此人！老翁何以得知？」樵夫道：「我們常在一處，如何不知？前日他有一信託我帶到山下，交天朝便船寄至河源，今日恰好湊巧！」於是把書信取出，放在斧柄上遞去。

小山接過，只見信面寫著「吾女閨臣開拆」，雖是父親親筆，那信面所寫名字，卻又不同。只聽樵夫道：「你看了家書，再到前面看看泣紅亭景致，就知書中之意了。」說罷，飄然而去。小山把信拆開，同若花看了一遍，道：「父親既說等我中過才女，與我相聚，何不就在此時同我回去，豈不更便？並且命我改名閨臣，方可應試，不知又是何意？」若花道：「據我看來，其中大有深意。按唐閨臣三字而論，大約姑夫因太后久已改唐為周，其意以為將來阿妹赴試，雖在偽周中了才女，其實乃唐朝閨中之臣，以明並不忘本之意。信內囑阿妹若不速回，誤了考期，不替父親爭氣，就算不孝；既有如此嚴命，阿妹竟難再朝前進呢。」小山道：「話雖如此，我們迢迢數萬里至此，豈有不見一面之理？況父親既在此山，也未有尋不見的。且到前面再作計較。」

一齊舉步越過嶺去，只見路旁有一墳墓。小山道：「此是仙境，為何卻有墳墓？莫非就是樵夫所說荒塚麼？」若花道：「阿妹，你看那邊峭壁上鐫著『鏡花塚』三個大字，原來此墓所葬卻是鏡花，不知是何形像？可惜方才未曾問問樵夫。」略為歇息，轉過峭壁。走未一里，正面有一白玉牌樓，上鐫水月村三個大字。穿過牌樓，四面觀望，並無人烟，迎面有一長溪攔住去路，雖無橋樑，喜得溪邊有株數人合抱不來的一顆大松，由這邊山坡，歪歪斜斜，一直鋪到對面山坡，倒像推倒一般，天然一座松根橋樑。

二人攀著松枝，渡了過去，前面一帶松林，密密層層，約有半里之遙。穿過松林，再四處一看，真是水秀山清，無窮美景。遠遠望那山峰上面，俱是瓊臺玉洞，金殿瑤池，那派清幽景象，竟是別有洞天。正在觀看，忽見對面祥雲繚繞，紫霧繽紛，從那山清水秀之中，透出一座紅亭。未知後事如何，且看下回分解。

第四十八回　覩碑記默喻仙機　觀圖章微明妙旨

話說唐小山同陰若花渡過小溪，因景致甚佳，正在觀玩，忽見迎面清光之中，透出一座紅亭，只覺金光萬道，瑞氣千條，燦爛輝煌，華彩奪目。隨即舉步上前，只見那參天的奇松怪柏，衝霄的野竹枯藤，都在亭子四面盤轉，幾如翠蓋一般，四壁廂異草奇花，也不知多少。亭子面前懸一金字大匾，上書「泣紅亭」三個大字；旁邊有一對聯，寫的是：

桃花流水杳然去　朗月清風到處遊

小山道：「剛才那樵夫教我望望泣紅亭景致，那知卻在此地！內中有何美景，我們何不進去看看？」若花道：「原來阿妹認得科斗文字，卻也難得！」剛要舉步，忽聽亭內響了一聲，現出萬道紅光。紅光之內，攛出一位魁星，左手執筆，右手執斗，生得花容月貌，美如天仙；駕著彩雲，四面紅光旋繞，霎時起在空中，直向斗宮去了。若花道：「我同阿妹素日最敬魁星，誰知此間竟遇女身出現，原來魁星卻有兩像。」小山道：「將來回到家鄉，如遇廟宇供有魁星，妹子發個心願，於男像之旁，另塑一尊女像，也不枉今日瞻仰一番。」二人隨即對空叩拜。走進亭內，只見當中設一碧玉座，座旁安兩條石柱，柱上也有一副對聯：

紅顏莫道人間少　薄命誰言座上無

正面也有一匾，寫的是「鏡花水月」。那碧玉座上豎一白玉碑，高不滿八尺，寬可數丈，上鐫百人名姓：

司曼陀羅花仙子第一名才女蠹書蟲史幽探　司百花仙子第十一名才女夢中夢唐閨臣
司虞美人花仙子第二名才女萬斛愁哀萃芳　司牡丹花仙子第十二名才女女中魁陰若花
司洛如花仙子第三名才女五色筆紀沉魚　司木筆花仙子第十三名才女風月主印巧文
司青囊花仙子第四名才女蝌蚪書言錦心　司洛陽花仙子第十四名才女迴文錦卞寶雲
司療愁花仙子第五名才女雕蟲技謝文錦　司蘭花仙子第十五名才女血淚箋田秀英
司靈芝花仙子第六名才女指南車師蘭言　司菊花仙子第十六名才女玉無瑕林書香
司玫瑰花仙子第七名才女綺羅叢陳淑媛　司瓊花仙子第十七名才女龍鳳質宋良箴
司珍珠花仙子第八名才女錦繡林白麗娟　司蓮花仙子第十八名才女藍田玉章蘭英
司瑞聖花仙子第九名才女昇平頌國瑞徵　司梅花仙子第十九名才女百鍊霜陽墨香
司合歡花仙子第十名才女普天樂周慶覃　司海棠花仙子第二十名才女花御史酈錦春

司桂花仙子第二十一名才女水中月田舜英
司杏花仙子第二十二名才女小太史盧紫萱
司芍藥花仙子第二十三名才女玉交枝鄴芳春
司茉莉花仙子第二十四名才女珊瑚玦邵紅英
司芙蓉花仙子第二十五名才女玉玲瓏祝題花
司笑靨花仙子第二十六名才女箇中人孟紫芝
司紫薇花仙子第二十七名才女一剪紅秦小春
司含笑花仙子第二十八名才女蕙蘭風董青鈿
司杜鵑花仙子第二十九名才女小嫦娥褚月芳
司玉蘭花仙子第三十名才女錦繡肝司徒嫵兒
司蠟梅花仙子第三十一名才女神彈子余麗蓉
司水仙花仙子第三十二名才女凌波仙廉錦楓
司木蓮花仙子第三十三名才女小楊香駱紅蕖
司素馨花仙子第三十四名才女賽鍾繇林婉如
司結香花仙子第三十五名才女碧玉環廖熙春
司鐵樹花仙子第三十六名才女女學士黎紅薇
司碧桃花仙子第三十七名才女鸚鵡舌燕紫瓊

司繡毬花仙子第三十八名才女天孫錦蔣春輝
司木蘭花仙子第三十九名才女三面網尹紅萸
司秋海棠花仙子第四十名才女小獵戶魏紫櫻
司刺蘼花仙子第四十一名才女女英雄宰玉蟾
司玉簇花仙子第四十二名才女夢中人孟蘭芝
司木棉花仙子第四十三名才女織機女薛蘅香
司凌霄花仙子第四十四名才女女中俠顏紫綃
司迎輦花仙子第四十五名才女離鄉草枝蘭音
司木香花仙子第四十六名才女採桑女姚芷馨
司鳳仙花仙子第四十七名才女芙蓉劍易紫菱
司紫荊花仙子第四十八名才女清風翼田鳳翾
司薔薇花仙子第四十九名才女廣寒月掌紅珠
司秋牡丹花仙子第五十名才女鸞鳳儔葉瓊芳
司錦帶花仙子第五十一名才女鴻文錦卞彩雲
司玉蕊花仙子第五十二名才女夜光璧呂堯蓂
司八仙花仙子第五十三名才女清虛府左融春
司子午花仙子第五十四名才女意中人孟芸芝

司青鸞花仙子第五十五名才女睿文錦卞綠雲
司石榴花仙子第五十六名才女君子風董寶鈿
司瑞香花仙子第五十七名才女五彩虹施豔春
司荼蘼花仙子第五十八名才女鴛鴦帶竇耕烟
司月季花仙子第五十九名才女朝霞錦蔣麗輝
司夜來香花仙子第六十名才女水晶球蔡蘭芳
司罌粟花仙子第六十一名才女書中人孟華芝
司石竹花仙子第六十二名才女綺文錦卞錦雲
司藍菊花仙子第六十三名才女連理枝酈婉春
司丁香花仙子第六十四名才女玉壺冰錢玉英
司棣棠花仙子第六十五名才女錦帆風董花鈿
司迎春花仙子第六十六名才女雙鳳釵柳瑞春
司千日紅花仙子第六十七名才女雄文錦卞紫雲
司剪春羅花仙子第六十八名才女畫中人孟玉芝
司夾竹桃花仙子第六十九名才女羅紋錦蔣月輝
司荷包牡丹花仙子第七十名才女連城璧呂祥蓂
司西番蓮花仙子第七十一名才女比目魚陶秀春
司金絲桃花仙子第七十二名才女蛾眉月掌驪珠
司剪秋羅花仙子第七十三名才女鴛鴦錦蔣星輝
司十姊妹花仙子第七十四名才女花上露戴瓊英
司麗春花仙子第七十五名才女如意風董珠鈿
司山丹花仙子第七十六名才女堯文錦卞香雲
司玉簪花仙子第七十七名才女月中人孟瑤芝
司金雀花仙子第七十八名才女瑤臺月掌乘珠
司梔子花仙子第七十九名才女麒麟錦蔣秋輝
司真珠蘭花仙子第八十名才女女菩提緇瑤釵
司佛桑花仙子第八十一名才女龍文錦卞素雲
司長春花仙子第八十二名才女比翼鳥姜麗樓
司山礬花仙子第八十三名才女持籌女米蘭芬
司玉李花仙子第八十四名才女浣花石宰銀蟾
司木槿花仙子第八十五名才女胭脂萼潘麗春
司蜀葵花仙子第八十六名才女鏡中人孟芳芝
司雞冠花仙子第八十七名才女同心結鍾繡田
司蝴蝶花仙子第八十八名才女仁風扇譚蕙芳

司秋葵花仙子第八十九名才女眼中人孟瓊芝
司紅荳蔻花仙子第九十名才女鋪地錦蔣素輝
司梨花仙子第九十一名才女荊山璧呂瑞蓂
司藤花仙子第九十二名才女太平風董翠鈿
司蘆花仙子第九十三名才女瀟湘月掌浦珠
司蓼花仙子第九十四名才女鶴頂紅井堯春司葵花仙子第九十五名才女海底月崔小鶯
司楊花仙子第九十六名才女鐵笛仙蘇亞蘭
司桃花仙子第九十七名才女賽趙娥張鳳雛
司蘋花仙子第九十八名才女小毒蜂閔蘭蓀
司菱花仙子第九十九名才女筆生花花再芳
司百合花仙子第一百名才女一卷書畢全貞

小山把人名看過，不覺忖道：「父親命我改名，那知此碑一等第十一名就是唐閨臣，並且若花姊姊同婉如、蘭音妹妹也在上面。我聞古人有夢觀天榜之說，莫非此碑就是天榜麼？為何又有司花字樣，以此看來，又非天榜了。」因向若花道：「姊姊，你看此碑可是天榜麼？」若花道：「我看此碑都是篆文，一字不識，誰見甚麼天榜？」小山道：「妹子真心請問，怎麼姊姊忽然鬥起趣來？」若花道：「愚姊怎麼鬥趣？」小山道：「此碑所鐫都是隨常楷書，姊姊說是篆文，豈非鬥趣麼？」若花聽了，把眼揉了一揉，又朝碑上細看道：「上面各字與外面匾對一樣，都是科斗古文，若有一字認得，算我有心欺你！果真不識，豈有戲言？」

小山不覺詫異道：「明明都是楷書，為何到了姊姊眼裡，卻變作古文？世間竟有如此奇事，怪不得姊姊說我認得科斗文字，原來卻是這個緣故！以此看來，可見凡事只要有緣，妹子同他有緣，所以一望而知；姊姊同他無緣，因此變成古篆。」若花道：「此碑我雖不識，幸喜阿妹都知，就請費心把這情節講說一遍，愚姊也就如同目覩了。」小山道：「上面所載，俱是我們姊妹日後之事，約計百人之多。此時姊姊既於碑上一無所見，可見仙機不可洩漏。妹子若要捏造虛言，權且支吾，未免欺了姊姊；若說出實情，又恐洩漏仙機，致生災患。好在碑上之事，將來總要出現。妹子意欲等待事後再細細面陳，姊姊以為何如？」若花道：「阿妹所見極是。但我望著此碑，只覺紅光四射，兩眼被這紅光耀的只覺發昏；字既不識，站在這裡甚覺無味，莫若且到亭外走走；阿妹在此把這情節細細記在心裡，事後告訴我們，也是一段佳話。」

小山道：「姊姊說這碑上紅光四射，與我所見又是兩樣；妹子望去，只覺一股清氣，今姊姊看是紅光，可見姊姊將來必是受享洪福之人，與妹迥不相同。」若花道：「我現在離鄉背井，子然一身，將來得能附驥，考個才女，心願足矣，那裡還有甚麼洪福輪到身上！若有洪福，也不投奔他邦了。」說著，滴下兩點眼淚，把包裹取下放在石几上，走出去了。小山又朝後看，人名之後，還有一段總論，寫的是：

泣紅亭主人曰：「以史幽探、哀萃芳冠首者，蓋主人自言窮探野史❶，嘗有所見，惜湮沒無聞，而哀群芳之不傳，因筆誌之。或紀其沉魚落雁❷之姸，或言其錦心繡口❸之麗，故以紀沉魚、

---

❶ 野史：私家之記載，別於正史。

❷ 沉魚落雁：形容美人之詞。語出《莊子・齊物論》，本意謂美人為人所讚美，而魚鳥見之卻逃避。後世戲劇小說多誤用為形容美人之詞，而且改飛鳥為落雁。

言錦心為之次焉。繼以謝文錦者，意謂後之觀者，以斯為記事則可；若目為錦繡之文，則吾既未能文，而又何有於錦？矧壽殀不齊，辛酸滿腹，往事紛紜，述之惟恐不逮，詎暇工於文哉？則惟謝之而師仿蘭言，案其蹟敷陳表白而傳述之，故謝文錦後，承之以師蘭言、陳淑媛、白麗娟也。結以花再芳、畢全貞者，蓋以群芳淪落，幾至澌滅無聞，今賴斯而得不朽，非若花之重芳乎？所列百人，莫非瓊林琪樹，合璧駢珠，故以全貞畢焉。」

總論後有個篆字圖章，寫的是：

茫茫大荒，事涉荒唐。　唐時遇唐，流布遐荒。

小山看罷，忖道：「這『唐時遇唐，流布遐荒』八個字，細細揣摹，如今正當唐時，我又姓唐，又親見此碑，豈非教我流傳海內麼？仙機雖是如此，奈此碑所列百人之多，不獨頭緒紛繁，就是人名也甚難記，這是苦我所難了！」思忖多時，因走路辛苦，要尋坐處歇息，恰好旁邊有一石几，几面前有條石凳，就在凳上坐了。把包裹取下，放在几上，歇息片時，復又想道：「這個碑記，明明教我流傳海內，偏偏筆硯又未帶來，這卻怎好？——也罷，莫若把他讀的爛熟，記在心裡，也是一樣。」於

❸ 錦心繡口：思想巧妙，詞句優美，用來讚美文人之詞。

是望著玉碑從頭讀去。讀了幾句，甚覺拗口，正在為難，只見若花走了進來。未知後事如何，且看下回分解。

第四十九回　泣紅亭書葉傳佳話　流翠浦搴裳覓舊蹤

話說若花走進亭子，也在石凳坐下，道：「阿妹可曾記清？外面絕好景致，何不出去看看？」小山道：「姊姊來的正好，妹子有件難事，正要請教。」因把圖章念了一遍，道：「姊姊，你看這個圖章豈非教我流傳麼？上面字跡過多，強記既難，就是名姓也甚難記，又無筆硯，這卻怎處？」若花道：「阿妹若要筆硯，剛才愚姊因看山景要想題詩，卻有絕好筆硯在此。」即到外面取了幾片蕉葉進來道：「阿妹何不就以此葉權且抄去？俟到船上，再用紙筆謄清，豈不好麼？」

小山道：「蕉葉雖好，妹子從未寫過，不知可能應手。」隨到亭外用劍削了幾枝竹籤進來，將蕉葉放在几上，手執竹籤，寫了數字，筆畫分明，毫不費事，不覺大喜。剛要抄寫，因向若花道：「剛才未進此亭時，遠遠望著對面都是瓊臺玉洞、金殿瑤池，宛如天堂一般；如此仙境，想我父親必在其內。此時既到了可以尋蹤覓跡處，只應朝前追尋，豈可半途而廢？況這碑記並非立時就可抄完，莫若且把父親尋來，慢慢再抄，也不為遲。」若花道：「阿妹話雖有理，但恐尋而不遇，也是枉然。我們只好且到前面再作道理。」

各人背了包袱，步出亭外；走了多時，那些臺殿漸漸相近；正在歡喜，忽聽水聲如雷，連忙趲行；越過山坡，迎面有一深潭，乃各處瀑布匯歸之所，約寬數十丈，竟把去路攔住。小山看罷，只急的暗暗叫苦，即同若花登在高峰，細細眺望。誰知這道深潭當中，冒出這股水，竟把此山從中分為兩處，並無一線可通。二人走來走去，無計可施。若花道：「今日那個樵夫，轉眼間無蹤無影，明是仙人前來點化。我想姑夫既託仙人寄信，那仙人又說常聚一處，豈是等閒？信中既催阿妹速去考試，允你日後見面，想來自有道理。為今之計，莫若抄了碑記，早早回去，不獨可以赴試，就是姑母接了此信，見了阿妹，也好放心，也免許多倚閭之望。愚見如此，阿妹以為何如？」小山聽了，雖覺有理，但思親之心，一時何能撇下？正在猶豫，只見路旁石壁上有許多大字；上前觀看，原來是七言絕句：

義關至性豈能忘？踏遍天涯枉斷腸！　聚首還須回首憶，蓬萊頂上是家鄉。

詩後寫著某年月日嶺南唐以亭即事偶題。小山看到末二句，猛然寧神❶，倒像想起從前一事；及至細細尋思，卻又似是而非，惟有呆呆點頭，不知怎樣才好。

若花道：「阿妹不必發獃了。你看詩後所載年月，恰恰就是今日！詩中寓意，我雖不知，若以即事二字而論，豈非知你尋親到此？那『踏遍天涯枉斷腸』之句，豈非說你尋遍天涯也是枉然？況且前日你所談去年題的思親之詩，我還記得第六句是『蓬萊縹緲客星孤』；今姑夫恰恰回你一句『蓬萊頂上是家鄉』。彼時阿妹不過因蓬萊二字都是草名，對那松菊，覺的別致，那知今日竟成了詩讖！可見此事已有先兆。並且剛才從此走過壁上，並無所見，轉眼間，就有詩句題在上面，若非仙家作為，何

❶ 寧神：定神。

能如此？此時我們只好權遵慈命，暫回嶺南，俟過幾時，安知姑夫不來度脫你我都去成仙呢？」說罷，攜了小山的手，仍舊向泣紅亭走來。

一路吃些松實柏子，又摘了許多蕉葉，削了幾枝竹籤。來至亭內，放下包袱，略為歇息。若花道：「此碑共有若干字？」小山道：「共約二千；趕緊抄寫，明日可完。」若花道：「既如此，阿妹只管請寫，不必分心管我。好在此地到處皆是美景，即或躭擱十日，也遊不厭的。」於是自去遊玩。小山寫了一日，到晚同若花就在亭內宿歇。

次日，正要抄寫，只見碑記名姓之下，忽又現出許多事蹟：自己名下寫著「只因一局之誤，致遭七情之魔」；若花名下寫著「雖屈花王之選，終期藩服之榮」；其餘如蘭音、婉如諸人，莫不註有事蹟。看罷，不覺忖道：「我又不會下棋，這一局之誤，從何而來？」因將碑記現出事蹟之話，告訴若花。若花道：「既有如此奇事，自應一總抄去為是。我再出去遊玩，好讓阿妹靜寫。」說罷，去了。

小山寫了多時，出來走動走動。若花正四處觀玩，忽見小山出來，不覺忖道：「碑上仙機固不可洩漏，他所抄之字，不知可是古篆，趁他在外，何不進去望望？」即到石几跟前一看，蕉葉上也是科斗文字，連忙退出，只見小山從瀑布面前走來。若花道：「原來阿妹去看瀑布，可謂『忙裡偷閒』了。」小山道：「妹子前去淨手，並非去看瀑布。姊姊忽從亭內走出，莫非偷看碑記麼？倘洩漏仙機，乃姊姊自己造孽，與妹子無涉。」若花道：「愚姊豈肯如此！因要領教尊書，進去望望，誰知阿妹竟寫許多古篆，仍是一字不識。你弄這些花樣，好不令人氣悶。」小山道：「這又奇了！妹子何嘗會寫篆字，倒要奉請再去看看。」

一齊走進亭內。若花又把二目揉了一揉道：「怎麼我的眼睛今日忽然生出毛病，竟會看差？」小山笑道：「姊姊並非看差，只怕是眼岔了。」若花道：「莫要使巧罵人，準備孽龍從無陽東廁逃回，只怕還要託人求親哩。『乘龍佳婿』，倒還不差，就只近來身上有些臭氣，若非配個身有異香的，就是薰也薰死了。」於是看那蕉葉上面，明明白白都是古篆，並無一字可識；又把玉碑看了，道：「你抄的筆畫，同那碑上是一樣；碑上字我既不識，又何能識此呢？」

小山不覺嘆道：「妹子所寫，原是楷書，誰知到了姊姊眼中，竟變成古篆！怪不得俗語說是『有緣千里來相會，無緣對面不相逢。』妹子可謂有緣，姊姊竟是無緣了。」若花道：「我雖無緣，今得親至其地，亦算無緣中又有緣了。」小山道：「姊姊雖善於詞令，但你所說『有緣』二字，究竟牽強，何能及得妹子來的自然？」若花道：「據我看來，有緣固妙，若以現在情形而論，倒不如無緣來的自在。」小山道：「此話怎講？」若花道：「即如此時遍山美景，我能暢遊，阿妹惟有拏著一枝毛錐在那裡鑽刺，不免為緣所累，所以倒不如無緣自在。」小山道：「姊姊要知無緣的不過看看山景，那有緣的不但飽覽仙機，而且能知未來，即如姊姊並婉如諸位妹妹一生休咎，莫不在我胸中，可見又比觀看山景勝強萬萬。」

若花道：「據你所言，我們來歷，我們結果，你都曉得了。我要請問阿妹：你的來歷，你的結果，你可曉得？」小山聽了，登時汗流浹背，不覺殘了一殘道：「姊姊，你既不自知，你又何必問我？至於我知，我不知，我又何必告訴你？況你非我，你又安知我不自知？俗語說的工夫各自忙，姊姊請去閒遊，妹子又要寫了。」若花道：「你知，固好；我不知，也未嘗不妙。總而言之：大家無常一到，不獨我不知的，化為飛灰，依然無用；就是你知的，也不過同我一樣，安能又有什麼長生妙術？」說著，出亭去了。小山聽了，心裡只覺七上八下，不知怎樣才好；思忖多時，只得且抄碑記。寫了半晌，天色已晚，又在亭中同若花歇了一宿。

次日抄完，放在包袱內。二人收拾完畢，背了包袱，步出泣紅亭。小山朝著上面臺殿跪下，拜了兩拜，不覺一陣心酸，滴下淚來。拜罷，起身一同回歸舊路，仍是淚落不止，不時回顧。不多時，穿過松林，渡過小溪，過了水月村，越過鏡花嶺，真是歸心似箭。走了一日，到晚尋個石洞住了。一連走了兩日。這日正朝前進，路旁有一瀑布，只聞水聲如雷，峭壁上鐫著流翠浦三個大字；瀑布流下之水，漫延四處，道路甚滑。二人只得攜手提著衣裙，緩緩而行；走了多時，過了流翠浦，前面彎彎曲曲，盡是羊腸小道，岔路甚多，甚難分辨。小山道：「前日來時，途中雖有幾處瀑布，並無如許之大，今日莫非走差了？我們且找來時所畫字蹟，照著再走。」尋了半晌，雖將字蹟尋著，及至細看，竟將唐小山三字改做唐閨臣。小山看了詫異道：「怎麼竟有如此奇事！」若花道：「此非仙家作為，何能如此？看來又是姑夫弄的手段了。」大家於是放心前進。恰好走到前面，凡遇歧途難辨之處，路旁山石或樹木上總有唐閨臣三字。二人也不辨是否，只管順著字蹟走去。

這日走到一條大嶺，高高下下，走了多時，早已噓噓氣喘；朝上望了一望，惟見怪石縱橫峭壁重疊，其高無對。若花道：「當日上山，途中並無此嶺，為何此時忽又冒出這條危峰？這幾日走的兩腳疼痛，平坦大道，業已勉強，何能行此崎嶇險路，偏偏此嶺又高，這卻怎好？」小山道：「喜得上面樹木甚多，只好妹子攙著姊姊緣木而上。」二人攀藤附葛，又朝上走。走不多時，若花只覺兩足痛入肺腑，登時喘作一團，連忙靠著一顆大樹，坐在山石上，抱著兩足，淚落不止。

小山正在著急，忽聽樹葉刷刷亂響。霎時起了一陣旋風，只覺一股腥氣，轉眼間，半山中攛下一隻斑毛大蟲。二人一見，只嚇得魂不附體，戰戰兢兢，各從身上拔出寶劍，慌忙攜手站起。那大蟲連攛帶跳，朝下走來。看看相離不遠，眼睛忽然放出紅光，把尾豎起，搖了兩搖，口內如山崩地裂一般吼了一聲，將身一縱，離地數丈，竟自近頭撲來。二人忙舉寶劍，護住頭頂，耳內只聞一陣風聲，那大蟲直從頭上攛了過去。二人把頭摸了一摸，喜得頭在頸上，慌忙扭轉身軀看那大蟲。原來身後有個山羊在那裡吃草，卻被大蟲看見，撲了過去，就如鷹拿燕雀一般；抱住山羊，張開血盆大口，羊頭吃在腹內，把口一張，兩隻羊角飛舞而出。頃刻把羊吃完，扭轉身軀，面向二人，把前足朝下一按，口中吼了一聲。未知後事如何，且看下回分解。

第五十回　遇難成祥馬能伏虎　逢凶化吉婦可降夫

話說那虎望著小山、若花，按著前足，搖著大尾，發威作勢，又要迎面撲來。二人連說不好。正在驚慌，忽聞一陣鼓聲如雷鳴一般，振的山搖地動。從那鼓聲之中，由高峰擱下一匹怪馬，渾身白毛，背上一角，四個虎爪，一條黑尾，口中放出鼓聲，飛奔而來。大蟲一見，早已逃竄去了。

若花道：「此獸雖然有角，無非騾馬之類，生的並不凶惡，為何虎卻怕他？阿妹可知其名麼？」小山道：「妹子聞得駮馬一角在首，其鳴如鼓，喜食虎豹。此獸角雖在背，形狀與駮馬相仿，大約必是駮馬之類。」只見此獸走到跟前，搖頭擺尾，甚覺馴熟，就在面前臥下，口食青草。

小山見他如此馴良，用手在他背上撫摩；因向若花道：「妹子聞得良馬最通靈性，此時我們既不能上山，何不將他騎上，或能馱過嶺去，也未可知。況他背上有角，又可抱住，不致傾跌；必須把他頸項縛住，就如絲繮一般，帶在手裡，才不致亂走。不知他可聽人調度，我且試他一試。」隨將身邊絲絛解下，向駮馬道：「我唐閨臣因尋親至此，蒙若花姊姊攜伴同行，不意一時足痛不能上山，今幸得遇良馬，吾聞良馬比君子，若果能通靈性，即將我們馱過嶺去，將來回歸故土，當供良馬牌位，日日焚香，以誌大德。」一面說著，將絲絛縛在駮馬項上，包袱都挂角上；牽至一塊石旁，把若花攙扶上去，一手抱角，一手牽著絲絛。小山登在石上，就在若花身後，也騎在駮馬背上。若花道：「阿妹將我身背抱緊，我放轡頭了。」手提絲縧抖了兩抖，駮馬放開四足，竟朝嶺上走去。

二人騎在馬上，甚覺平穩，歡喜非常。不多時，越過高嶺，來到嶺下。那個大蟲正在趕逐野獸，駮馬一見，早已放出鼓聲，要想奔去。若花忙提絲縧，帶到一塊石旁，把馬勒住，都由石上慢慢下來，取了包袱，解下絲縧。駮馬連攛帶跳，轉眼間越過山嶺追趕大蟲去了。二人略略歇息，背了包袱。又走數里。小山恐若花足痛，早早尋個石洞歇了。

次日又朝前進。若花道：「今日喜得道路平坦，緩步而行，尚不費力。但我自從吃這松實柏子，腹中每每覺餓，連日雖然吃些桑椹之類，也不濟事。此地離船甚遠，必須把那豆麵再吃一頓，方好行路。不然，腿上更覺無力了。」小山道：「妹子自從吃了松實柏子，只覺精神陡長，所以日日以他為糧，那知姊姊卻是如此，何不早說？」即將豆麵取出。若花飽餐一頓，登時腿腳強健，又走兩日。

這日在路閒談。小山道：「我們自從上山，走了半月，才到鏡花嶺。如今從泣紅亭回來已走七日，看來已有一半路程。這二十餘日，舅舅、舅母，不知怎樣盼望？」若花道：「婉如阿妹缺了伴侶，只怕還更想哩。」忽聽林內有人叫道：「好了！好了！你們回來了！」二人不覺吃了一嚇，忙按寶劍，將腳立住，遙見林之洋氣喘噓噓跑來道：「俺在那邊樹下遠遠看著兩人，頭戴帽兜，背著包袱，俺說必是你們回來。好極！好極！幾乎盼殺俺了！」小山道：「甥女別後，舅母身上可好？舅舅為何不在山下看守船隻，卻走出若干路程，吃這辛苦？」若花道：「阿父山下何日起身？離船幾日了？阿母、阿妹，身體可安？」林之洋道：「你們兩個想是把路走迷了；前面已到小蓬萊石碑，頃刻就要下山，怎說這話？俺因你們去了二十多日不見回來，心裡記挂，每日上來望望；今日來了多時，正在盼望，那知你們巧巧回來！」

二人聽了，如夢方醒，更嘆仙家作用之奇；即同林之洋下山上船，放下包袱，見過呂氏、婉如。乳母替他們除了帽兜，脫去箭衣。喘息定了，小山才把遇見樵夫，接著父親之信，囑我回去赴試，俟中才女，方能相見的話告訴一遍。林之洋把信看了，歡喜道：「妹夫說等甥女中過，方能相聚，不過再隔一年，就可相見了。」小山道：「話雖如此，安知父親不是騙我？況海外又無便船，如何就能回鄉？」林之洋聽了，惟恐小山又要上去，連忙說道：「據俺看來，這話決不騙你。他若立意不肯回家，為甚寄信與你？甥女只管放心。好在這路俺常販貨來往，將來甥女考過，你父親如不回家，俺們仍舊回來。如今早早回去，也免你母親在家挂念。」

小山聽罷，正中下懷，暗暗歡喜；故意說道：「舅舅既允日後仍舊同來，甥女何必忙在一時？就遵舅舅之命，暫且回去，將來再作計較。」林之洋點頭道：「甥女這話才是。但你父親信內囑你改名閨臣，自然有個道理，今後必須改了，才不負你父親之意。」因向婉如道：「以後把他叫作閨臣姊姊，莫叫小山姊姊了。」隨即張羅開船。唐閨臣把信收過。

呂氏見閨臣肯回嶺南，也甚喜道：「此番速速回去，不獨你母親放心，那考才女也是一樁大事。你若中了才女，你父母面上榮耀，不必說了，就是俺們在親友面前也覺光彩。倘能攜帶若花、婉如也能得中，那更好了。」大家一路閒談。姊妹三個，都將詩賦日日用功。閨臣偷空，把泣紅亭碑記另用紙筆抄了，因蕉葉殘缺，即包好沉入海中；又將碑記給婉如觀看，也是一字不識，因此更覺愛護；暗忖道：「此碑雖落我手，上面所載事蹟，都是未來之事，不能知其詳細，必須百餘年後，將這百人一生事業同這碑記細細合參，方能一一瞭然，不知將來可能得遇有緣？倘能遇一文士，把這事蹟鋪敘起來，做一部稗官野史，也是千秋佳話。」

正要放入箱內，只見婉如所養那個白猿忽然走來，把碑記拏在手內，倒像觀看光景。閨臣笑道：「我看你每每寧神養性，不食烟火，雖然有些道理；但這上面事蹟，你可能曉得？卻要拏著觀看！如今我要將這碑記付給有緣的，你能替我辦此大功麼？大約再修幾百年，等你得道，那就好了。」一面說笑，將碑記奪過，收入箱內。因與白猿鬥趣，偶然想起駁馬，隨即寫了良馬牌位，供在船上，早晚焚香。

一路順風，光陰迅速。這日到了兩面國，起了風暴，將船收口。林之洋道：「俺在海外，那怕女兒國把俺百般磨折，俺也不懼，就只最怕兩面國。他那浩然巾內藏著一張壞臉，業已難防，他還老著面皮，只管訛人錢財。」閨臣道：「他們怎樣訛人？」林之洋就把當日在此遇盜，虧得徐麗蓉兄妹相救的話說了一遍。若花道：「前年既有此事，阿父倒不可大意。到了夜晚，大家都不可睡，並命眾水手多帶鳥鎗，來往巡更，阿父不時巡查，一切謹慎，也可放心了。」林之洋連連點頭，即到外面告知眾人。

到了日暮，前後梆鈴之聲，絡繹不絕，多林二人不時出來巡查。天將發曉，風暴已息，正收拾開船，忽有無數小舟蜂擁而至，把大船團團圍住，只聽鎗礮聲響成一片。船上眾人被他這陣鎗礮嚇的鳥鎗也不敢放。登時有許多強盜跳上大船。為首一個大盜，走進中艙，在上首坐了；旁列數人，都是手執大刀，個個頭戴浩然巾，一臉殺氣，閨臣姊妹在內偷看，渾身發抖。眾嘍囉把多、林二人並眾水手如鷹拏燕雀一般帶到大盜面前。二人朝上望了一望，那上面坐的，原來就是前年被徐麗蓉彈子打傷的那個大盜。

只見他指著林之洋喊道：「這不是口中稱俺的囚徒麼？快把他首級取來！」眾嘍囉一齊動手。林之洋嚇的拚命喊道：「大王殺我，我也不怨；剮我，我也不怨；任憑把我怎樣，我都不怨；就只說我稱俺，我甚委屈。我生平何曾稱俺？我又不知俺是甚麼。求大王把這俺字說明，我也死得明白！」眾嘍囉稟道：「稟大王，他連俺的來歷還不知，大王莫認差了？剛才來時，夫人分付，倘誤傷人命，回去都有不是，求大王詳察。」大盜道：「既如此，把他放了，你們再把船上婦女帶來我看。」眾嘍囉答應，將呂氏、乳母、閨臣、若花、婉如帶到面前。大盜看了道：「其中並無前年放彈惡女。他這船上共有若干貨物？」眾嘍囉道：「剛才查過，並無多貨，只有百十擔白米，二十擔粉條子，二十擔青菜，還有十幾隻衣箱。」大盜笑道：「他這禮物雖覺微末，俗語說的『千里送鵝毛，禮輕人意重』，只好備個領謝帖兒，權且收了。你們再去細看，莫把燕窩認作粉條子。若是燕窩，我又有好東西吃了。但他們那知我大王喜吃燕窩就肯送來？那三個女子生的都覺出色；恰好夫人跟前正少丫環，既承他們美意，遠遠送來，所謂卻之不恭，受之有愧，也只好備個領謝帖兒。爾等即將他們帶至山寨，送交夫人使用，一路須要小心。倘有走失，割頭示眾！」眾嘍囉答應。

多林二人再三跪求，那裡肯聽，不由分說，把閨臣、若花、婉如擄上小舟。所有米糧以及衣箱，也都搬的顆粒無存。一齊跳上小船，只聽一聲胡哨，霎時扯起風帆，如飛而去。呂氏嚎啕痛哭。林之洋只急得跺腳搥胸，即同了多九公坐了三板，前去探信。

閨臣姊妹三人，被眾人擄上小舟，明知凶多吉少，一心只想跳下海去；無奈眾人團團圍住，步步隄防，竟無一隙之空。不多時，進了山寨。隨後大盜也到，把他三人引進內室。裡面有個婦人迎出道：「相公為何去了許久？」大盜道：「我恐昨日那個黑女不中夫人之意，今日又去尋了三個丫環回來，所以躭擱。」因向閨臣三人道：「你們為何不給夫人磕頭？」三人看時，只見那婦人年紀未滿三旬，生的中等人材，滿臉脂粉，渾身綾羅，打扮卻極妖媚。三人看了，只得上前道了萬福，站在一旁。大盜笑道：「這三個丫環同那黑女都是不懂規矩，不會行禮，連個叩頭搶地也不知道。夫人看他三個生得可好？也還中意麼？」婦人聽了，把他三人看了，不覺殘了一殘，臉上紅了一紅；因笑道：「今日山寨添人進口，為何不設筵席？難道喜酒也不吃麼？」旁邊走過兩個老媽道：「久已預備，就請夫人同大王前去用宴。」婦人道：「就在此處擺設最好。」老媽答應。

登時擺設齊備，夫妻兩個對面坐了。大盜道：「昨日那個黑女同這三個女子都是不知規矩，夫人何不命他都到筵前跟著老媽學習，將來伺候夫人，豈不好麼？」夫人點頭，分付老媽即去傳喚。老媽答應，帶了一個黑女走來。閨臣看時，那黑女滿面淚痕，生的倒也清秀，年紀不過十五六歲。老媽把黑女同閨臣姊妹帶至筵前，分在兩旁侍立。大盜一面看著，手裡拏著酒杯，只喜的眉開眼笑，一連飲了數杯，道：「夫人何不命這個四丫環輪流把盞，我們痛飲一番，何如？」婦人聽了，鼻中哼了一聲，只得點頭道：「你們四個都與大王輪流敬酒。」四人雖然答應，都不肯動身。若花忖道：「這個女盜既教我們斟酒，何不趁此將大盜灌醉，然後再求女盜放我們回去，豈不是好？」隨即上前執壺，替他夫妻滿滿斟了下來；因向閨臣、婉如暗暗遞個眼色。二人會意，也上前輪流把盞。那個黑女見他們都去斟酒，只得也去斟了一巡。

大盜看了，樂不可支；真是酒入歡腸，越飲越有精神，那裡禁得四人手不停壺，只飲的前仰後合，身子亂愰，飲到後來，醉眼朦朧，呆呆望著四人只管發笑。婦人看著，不覺冷笑道：「我看相公這個光景，莫非喜愛他們嗎？」大盜聽了，滿臉歡容，不敢答言，仍是嘻嘻痴笑，婦人道：「我房中向有老媽服侍，可以無須多婢，相公既然喜愛，莫若把他四個都帶去作妾，豈不好麼？」閨臣姊妹聽了，暗暗只說：「不好！性命要送在此處了！」大盜把神寧了一寧道：「夫人此話果真麼？」婦人道：「怎好騙你？我又不會生育，你同他們成了喜事，將來多生幾個兒女，也不枉連日操勞一場。」

若花聽了，只管望著閨臣，閨臣把眼看著婉如，姊妹三個，登時面如傅土，身似篩糠。閨臣把他二人衣服拉了一把，退了兩步，暗暗說道：「適聽女盜所言，我們萬無生理，但怎樣死法，大家必須預先議定，省得臨時驚慌。」若花道：「我們還是投井呢？還是尋找廚刀自刎呢？」閨臣道：「廚房有人，豈能自刎？莫若投井最好。」婉如道：「二位姊姊千萬攜帶妹子同去，倘把俺丟下，就沒命了。」若花道：「阿妹真是視死如歸。此時性命只在頃刻，你還鬥趣。」婉如道：「俺怎鬥趣？」若花道：「你說把你丟下就沒命了，難道把你帶到井裡倒有命了？」

只聽那婦人道：「此事不知可合你意？如果可行，我好替你選擇吉期。」大盜聽了，喜笑顏開，渾身發軟，望著婦人深深打躬道：「拙夫意欲納寵，真是眠思夢想，已非一日；惟恐夫人見怪，不敢啟齒，適聽夫人之言，竟合我心。……」話未說完，只聽碗盞一片聲響，那婦人早把筵席掀翻，弄了大盜一身酒菜；房中所有器具，摺的滿天飛舞，將身倒在地下，如殺豬一般放聲哭道：「你這狼心強賊！我只當你果真替我尋丫環，那知借此為名，卻存這個歹意！你既有心置妾，要我何用！我又何必活在世上，討人憎嫌！」說罷爬起，拏了一把剪刀，對準自己咽喉，咬定銀牙，緊皺蛾眉，眼淚汪汪，氣喘噓噓，渾身亂抖，兩手發顫，直向頸項狠狠刺來。

大盜一見，嚇的膽戰心驚，忙把剪刀奪過，跪求道：「剛才只因多飲幾杯，痰迷心竅，酒後失言，只求夫人饒恕，從此再不妄生邪念了。」婦人仍是啼哭，口口聲聲，只說丈夫負義，務要尋死；一面哭著，又用帶子套在頸上，要尋自盡，又被大盜搶去；猛然一頭要朝壁上撞去，也被大盜攔住。大盜心忙意亂，無計可施。只得磕頭道：「我已立誓不敢再存惡念，無如夫人執意不信，如今只好教他們打個樣子，以後再犯，就照今日加倍責罰，也是情願。」

因命老媽把四個行杖嘍囉傳進內室道：「我酒後失言，忤了夫人，以致夫人動怒，只要尋死，只得煩你們照軍門規矩，將我重責二十；如夫人念我皮肉吃苦，回心轉意，就算你們大功一次。我雖懼怕夫人，你們切莫傳揚出去，設或被人聽見強盜也會懼內，那才是個笑話哩。」將身爬在地下。四個嘍囉，無可奈何，只得舉起竹板，一遞一換，輕輕打去。大盜假意叫喊，只求夫人饒恕。才打到二十，婦人忽然手指大盜道：「你存這個歹意，我本與你不共戴天；今你既肯捨著皮肉，我又何必定要尋死？但方才所打，都是虛應故事。如果要我回心轉意，必須由我再打二十，才能消我之氣。」大盜聽了，惟有連連叩首。未知後事如何，且看下回分解。

第五十一回　走窮途孝女絕糧　得生路仙姑獻稻

話說大盜連連叩頭道：「只求夫人消了氣惱，不記前讎，聽憑再打多少，我也情願。」婦人向嘍囉道：「他既自己情願，你們代我著實重打，若再虛應故事，定要狗命！」四個嘍囉聽了，那敢怠慢，登時上來兩個，把大盜緊緊按住；那兩個舉起大板，打的皮開肉破喊叫連聲。打到二十，嘍囉把手住了。婦人道：「這個強盜無情無義，如何就可輕放？給我再打二十。」大盜慟哭道：「求夫人饒恕，愚夫吃不起了！」婦人道：「既如此，為何一心只想討妾？假如我要討個男妾，日日把你冷淡，你可歡喜？你們作男子的，在貧賤時原也講些倫常之道，一經轉到富貴場中，就生出許多炎涼樣子，把本來面目都忘了；不獨疏親慢友，種種驕傲，並將糟糠之情，也置度外。這真是強盜行為，已該碎屍萬段！你還只想置妾，那裡有個忠恕之道！我不打你別的，我只打你只知有己，不知有人；把你打的驕傲全無，心中冒出一個忠恕來，我才甘心！今日打過，嗣後我也不來管你。總而言之：你不討妾則已，若要討妾，必須替我先討男妾，我才依哩。我這男妾，古人叫作『面首』❶：面哩，取其貌美；首哩，取其髮美。這個故典，並非是我杜撰，自古就有了。」

大盜道：「這點小事，夫人何必講究考據，況此中很有風味，就是杜撰，亦有何妨？夫人要討男

❶ 面首：指姘夫。

妾要置面首，無不遵命，就只這般驕傲，乃我們綠林向來習氣，久已立誓不能改的，還求見諒。」婦人道：「驕傲固是強盜習氣，何妨把惡習改了。」大盜道：「我們做強盜的，全要靠著驕傲欺人，若把這個習氣改了，還算甚強盜！這是至死不能改的。」婦人道：「我就把你打死，看你可改！」分付嘍囉：「著實再打！」一連打了八十大板，睡在地下，昏暈數次，口中只有呼吸之氣，喘息多時，方蘇醒過來。只見他強打精神，垂淚說道：「求夫人快備後事，愚夫今要永別了。我死後別無遺言，惟囑後世子孫，千萬莫把綠林習氣改了，那才算得孝子賢孫哩。」說罷，復又昏暈過去。

婦人見大盜命已垂危，不能再打，只得命人抬上床去；不覺後悔道：「我只當多打幾板，自然把舊性改了，那知他至死不變，據此看來，原來世間強盜這般驕傲習氣，竟是牢不可破。早知如此，我又何必同這禽獸較量？」因分付嘍囉道：「這三個女子才來未久，大約船隻還在山下，即速將他們帶去，交與父母領回。那個黑女在此無用，也命他們一同領去。連日所劫衣箱，也都發還，省得他日後覩物又生別的邪念。急速去罷！倘有錯誤，取頭見我！」

嘍囉諾諾連聲，即將四人引至山下。恰好多林二人正在探望，一見甚喜。隨後衣箱也都發來。眾嘍囉暗暗藏過一隻，大聲說道：「今日大王因你四個女子反吃大苦，少刻必來報讎。你們回去，快快開船，若再遲延，性命難保！」多、林二人連連答應，把衣箱匆匆搬上。一齊上了三板，竟向大船而來。林之洋問知詳細，口中惟有念佛。

多九公看那黑女，甚覺眼熟，因問道：「請問女子尊姓？為何到此？」黑女垂淚道：「婢子姓黎，乳名紅紅，黑齒國人氏。父親曾任少尉之職，久已去世。昨同叔父海外販貨，不幸在此遇盜。叔父與他爭鬥，寡不敵眾，被他害了，把婢子擄上山去。今幸放歸，但孑然一身，舉目無親，尚求格外垂憐！」多九公聽了，這才曉得就是前年談文的黑女。

到了大船，搬了衣箱，隨即開船。紅紅與眾人見禮，呂氏問知詳細，不免嘆息勸慰一番。閨臣從艙內取出一把紙扇道：「去歲我從父親衣囊內見了此扇，因書法甚佳，帶在身邊，上面落的名款也是紅紅二字，不知何故？」多九公把當日談文之話說了，眾人這才明白。閨臣道：「我們萍水相逢，莫非有緣？姊姊如此高才，妹子此番回去，要去觀光，一切正好叨教。惟恐初次見面，各存客氣，妹子意欲高攀，結為異姓姊妹，不知姊姊可肯俯就？」紅紅道：「婢子今在難中，況家世寒薄，得蒙不棄，另眼相看，已屬非分，何敢冒昧仰攀，有玷高貴？」林之洋道：「甚的攀不攀的！俺甥女的父親也做過探花，黎小姐的父親也做過少尉，算來都是千金小姐，不如依俺甥女，大家拜了姊妹，倒好相稱。」若花、婉如聽了，也要結拜。於是序了年齒：紅紅居長，若花居次，閨臣第三，婉如第四，各自行禮，並與呂氏、多、林二人也都見禮。

只聽眾水手道：「船上米糧，都被劫的顆粒無存，如今餓的頭暈眼花，那有氣力還去拏篙弄舵？」多九公道：「林兄，快把豆麵取來。今日又要仗他度命了。」林之洋道：「前日俺在小蓬萊還同甥女閒談：自從得了此方，用過一次，後來總未用過。那知昨日還是滿艙白米，今日倒要用他充飢。幸虧女大王將衣箱送還，若不送還，只怕還有甚麼在陳之厄❷哩！」隨即取了鑰匙前去開箱。誰知別的衣箱都安然無恙，——就是紅紅兩隻衣箱也好好在艙，——就只豆麵這隻箱子不知去向。多九公道：「此

❷ 在陳之厄：《論語・衛靈公》記孔子在陳絕糧。後人因稱無米為在陳之厄。

必嘍囉趁著忙亂之際，只當裡面盛著值錢之物，隱藏過了。」林之洋這一嚇非同小可，忙在各處尋找，那有形影；只得來到外面同眾人商議，又不敢回去買米，若要前進，又離淑士國甚遠。商議多時，再向兩面國去，只好前進，惟願遇著客船就好。時眾水手情願受餓，都不敢加價購買。一連斷餐兩日，並未遇著一船，正在驚慌，偏又轉了迎面大風，真是雪上加霜，只得收口，把船停泊。眾水手個個都餓得兩眼發黑，滿船惟聞嘆息之聲。

閨臣同若花、紅紅、婉如餓的無可奈何，只得推窗閒望。忽見岸上走過一個道姑，手中提著一個花籃，滿面焦黃，前來化緣。眾水手道：「船上已兩日不見米了，今兒我們還想上去化緣，你倒先來了。」那道姑聽了，口中唱出幾句歌兒。唱的是：

> 我是蓬萊百穀仙，與卿相聚不知年；因憐謫貶來滄海，願獻清腸續舊緣。

閨臣聽了，忽然想起去年在東口山遇見那個道姑，口裡唱的倒像也是這個歌兒，不知清腸又是何物，何不問他一聲。因攜若花三人來至船頭道：「仙姑請了。何不請上獻茶，歇息談談，豈不是好？」道姑道：「小道要去觀光，那有工夫閒談，只求布施一齋足矣。」閨臣忖道：「他這觀光二字，豈非說著我麼？」因說道：「請問仙姑，你們出家人為何也去觀光？」道姑道：「女菩薩，你要曉得一經觀光之後，也就算功行圓滿，一天大事都完了。」閨臣不覺點頭道：「原來這樣。請問仙姑從何至此？」道姑道：「我從聚首山回首洞而來。」

閨臣聽了，猛然想起「聚首還須回首憶」之句，心中動了一動道：「仙姑此時何往？」道姑道：「我到飛昇島極樂洞去。」閨臣忖道：「難道觀光回首之後，就有此等好處麼？我再追進一句，看他怎說。」因問道：「請教仙姑：極樂洞雖在飛昇島，若以地理而論，卻在何地？」道姑道：「無非總在心地。」閨臣連連點頭道：「原來如此。承仙姑指教了。但仙姑化齋，理應奉敬；奈船上已絕糧數日，尚求海涵。」道姑道：「小道化緣，只論有緣無緣，卻與別人不同。若逢無緣，即使彼處米穀如山，我也不化；如遇有緣，設或缺了米穀，我這籃內之稻，也可隨緣樂助。」

若花笑道：「你這小小花籃，所盛之稻，可想而知。我們船上有三十餘人，你那籃內何能佈施許多？」道姑道：「我這花籃，據女菩薩看去，雖覺甚微，但能大能小，與眾不同。」紅紅道：「請問仙姑，大可盛得若干？」道姑道：「大可收盡天下百穀。」婉如道：「請教小呢？」道姑道：「小亦敷衍你們船上三月之糧。」閨臣道：「仙姑花籃既有如此之妙，不知合船人可與仙姑有緣？」道姑道：「船上共有三十餘人，安能個個有緣？」閨臣道：「我們四人，可與仙姑有緣？」道姑道：「今日相逢，豈是無緣？不但有緣，而且都有宿緣；因有宿緣，所以來結良緣；因結良緣，不免又續舊緣；因續舊緣，以致普結眾緣；結了眾緣，然後才了塵緣。」說罷，將花籃擲上船頭道：「可惜此稻所存無多，每人只能結得『半半』之緣。」

婉如把稻取出，命水手將花籃送交道姑。道姑接了花籃，向閨臣道：「女菩薩千萬保重。我們後會有期，暫且失陪。」說罷，去了。婉如道：「三位姊姊請看，道姑給的這個大米，竟有一尺長，無如只得八個。」三人看了，正在詫異，適值多九公走來道：「此物從何而來？」閨臣告知詳細。多九公道：「此是清腸稻。當日老夫曾在海外吃過一個，足足一年不饑。現在我們船上共計三十二人，今將此稻每個分作四段，恰恰可夠一頓。大約可以數十日不飢了。」若花道：「怪不得那道姑說只能結得『半半』之緣，原來按人分派，每人只能吃得四分之一，恰恰一半之半了。」多林二人即將清腸稻挐到後面，每個切作四段，分在幾鍋煮了。大家吃了一頓，個個精神陡長，都念道姑救命之德。

次日，開船。閨臣偶然問起紅紅當日赴試，可曾得中之話。紅紅不覺嘆道：「若論愚姊學問，在本國雖不能列上等，也還不出中等。只因那些下等的，都得前列，所以愚姊只好沒分了。」若花道：「這是何意？難道考官不識真才麼？」紅紅道：「如果不識真才，所謂無心之過，倒也無甚要緊。無如總是關節夤緣❸，非為故舊，即因錢財；所取真才，不及一半，因此灰心，才同叔父來到海外，意欲借此消遣，不意倒受這番魔難。賢妹前日曾有觀光之話，莫非天朝向來本有女科麼？」閨臣道：「天朝雖無女科，近來卻有一個曠典。」

於是就把太后頒詔各話，告訴一遍。紅紅道：「有此勝事，卻是閨閣難逢際遇。但天朝考官向來可有夤緣之弊？」閨臣道：「我們中原乃萬邦之首，所有考官，莫不清操廉潔。況國家不惜帑費，立此大典，原為拔取真才為國求賢而設。若夤緣一個，即不免屈一真才。若果如此，後世子孫，豈能興旺？所以歷來從無夤緣之事。姊姊如此抱負，何不同去一試？我們既已結拜，將來自然同其甘苦。設或都能中式，豈非一段奇遇？」紅紅道：「愚姊久已心灰，何必又做馮婦❹？敗兵之將，不敢言勇，

---

❸ 關節夤緣：暗中請託攀附以求進身。

❹ 又作馮婦：重操舊業。

雖承賢妹美意，何敢生此妄想？·倘蒙攜帶，倒可同至天朝瞻仰瞻仰聖朝人物之盛。至於考試，竟可不必了。」未知後事如何，且聽下回分解。

第五十二回　談春秋胸羅錦繡　講禮制口吐珠璣

話說紅紅道：「如蒙賢妹攜帶，倒可借此瞻仰天朝人物之盛。至於考試，久已心灰，豈可再萌妄想？」若花道：「此事到了天朝，慢慢再議，看來也由不得姊姊不去。前日聞得亭亭姊姊一同赴試，不知可曾得中？」紅紅道：「他家一貧如洗，其父不過是個諸生，業已去世，既無錢財，又無勢利，因此也在孫山之外。但他落第後，雄心不減，時刻痴心妄想，向日曾對我說：『如果外邦開有女科，那怕千山萬水，他也要去碰碰，若不中個才女，至死不服。』如今天朝雖開女科，無如遠隔重洋，何能前去？看來只好望洋而嘆了。」閨臣道：「他家還有何人？近來可曾遠出？」紅紅道：「他無弟兄，只有緇氏寡母在堂，現在課讀幾個女童，以舌耕度日，並未遠出。」閨臣道：「他既有志赴試，將來路過黑齒，我們何不約他同行，豈不是件美事？」紅紅道：「賢妹約他固妙，但他恃著自己學問目空一切，每每把人不放眼內。賢妹若去約他，他不曉得你學問深淺，惟恐玷辱，必不同往，據我愚見，必須先去談談學問，使他心中敬服，此後再講約他之話，自然一說就肯了。」閨臣道：「聞得亭亭姊姊學問淵博，妹子何敢班門弄斧，同他亂談？倘被考倒，豈非自討苦麼？」若花道：「阿妹為何只長他人志氣，滅卻自己威風？我倒是個初生犢兒不怕虎，將來到彼，我就同你前去，難道我們兩個敵不住他一個麼？」閨臣道：「姊姊有如此豪興，妹子只得勉力奉陪；但必須告知舅舅，方可約他。」

就把此話告訴林之洋，林之洋道：「俺聞你父親常說君子成人之美，甥女既要成全他的功名，這等美事，你們做了，自有好處，何消同俺商量？那個黑女，當日九公同他談文，曾吃他大虧，將來你同寄女到彼，俺倒著實躭心哩。」若花道：「他又不曾生出三頭六臂，無非也是一個肉人，怕他怎的！」林之洋道：「他那伶牙俐齒，若談起文來，比那三頭六臂還覺利害。九公至今說起，還是頭疼。你說他是肉人，只怕還是一張鐵嘴哩。若遇順風，不過早晚就到，據俺主意，你們快把典故多記幾個，省得臨期被他難住，莫像九公倒像吃了麻黃只管出汗，那就被他看輕了。當日他們因談反切，曾有『問道於盲』的話，俺自從在歧舌國學會音韻，一心只想同人談談，偏不遇見知音，將來到彼，他如談起此道，務必把俺舉薦舉薦。這兩日大家吃了清腸稻，都不覺餓，索性到了黑齒再去買米；躭擱半日，趁著閒空，你們也好慢慢同他談文。」

大家一路說說閒話，不知不覺這日清晨到了黑齒。把船收口，林之洋託多九公帶了水手前去買米。閨臣意欲紅紅同去。紅紅道：「他的住處，林叔叔盡知，無庸我去。我若同去約他，他縱勉強同來，究竟難免被他輕視。賢妹到彼，就以送還扇子為名，同他談談。他如同來則已，設或別有推託，愚姊再去把這美意說了，才不被他看輕哩。」

閨臣點頭，帶著扇子同了若花央林之洋領進城內。來到大街，閨臣同若花由左邊街上走去，林之洋從右邊走去。不多時，進了小巷，來到亭亭門首，只見上寫「女學塾」三個大字，把門敲了兩下，有個紫衣女子把門開了。林之洋一看，認得是前年談文黑女。閨臣從袖內取出扇子道：「姊姊請了。前歲敝處有位多老翁曾在尊齋帶了一把扇子回去，今託我們帶來奉還，不知可是尊處之物？」亭亭接過看了，道：「此扇正是先父之物。二位姊姊若不嫌茅舍窪曲❶，何不請進獻茶？」閨臣同若花一齊說道：「正要登堂奉拜。」於是一同進內。林之洋就在旁邊小房坐了。

亭亭把二人讓進書館，行禮敘坐，有兩個垂髫女童也上來行禮，彼此問了名姓。閨臣道：「妹子素日久仰姊姊大才，去歲路過貴邦，就要登堂求教；但愧知識短淺，誠恐貽笑大方，所以不敢冒昧進謁。今得幸遇，真是名下無虛。」亭亭道：「妹子浪得虛名，何足挂齒？前歲多老翁到此，曾有一位唐大賢同來，可是姊姊一家？」閨臣道：「那是家父。」亭亭聽了，不覺立起，又向閨臣拜一拜道：「原來唐大賢就是令尊，姊姊素本家學，自然也是名重一時了。前歲雖承令尊種種指教，第恨匆匆而去，妹子尚有未及請教之處，至今猶覺耿耿。可惜當今之世，除了令尊大賢，再無他人可談了。」

閨臣道：「姊姊有何見教，何不道其大概呢？」亭亭道：「妹子因《春秋》一書，聞得前人議論，都說孔子每於日月名稱爵號之類，暗寓褒貶，不知此話可確？意欲請教令尊，不意匆促而別，竟未一談，這是妹子無福。」閨臣剛要開言，若花接著說道：「《春秋》褒貶之義，前人議論紛紜，據妹子細繹經旨，以管窺之見，擇其要者而論，其義似乎有三：第一，明分義；其次，正名實；第三，著幾微。其他書法不一而足，大約莫此為要了。」亭亭道：「請教姊姊，何謂明分義？」若花道：「如《春秋》書月而曰『王正月』，所以書『王』者，明正朔之所自出，即所以序君臣之義。至於書陳黃衛縶者，所以明兄弟之情；書晉申生許止者，所以明父子之恩。他如曹羈鄭忽之書，蓋明長幼之序；成風仲子之書，蓋明嫡庶之別。諸如此類，豈非明分義麼？」亭亭道：「請教正名實呢？」若花道：「如

❶ 窪曲：卑陋。

《傳》稱隱為攝，而聖人書之曰『公』；《傳》稱許止不嘗藥，而聖人書之曰『弒』；卓之立未踰年，而聖人正其名曰『君』；夷皋之弒既歸獄於趙穿，而聖人書之曰『盾』。凡此之類，豈非正名實麼？」亭亭道：「請教著幾微呢？」若花道：「如公自京師，遂會諸侯伐秦，蓋明因會伐而如京師；天王狩於河陽，王申，公朝於王所，蓋明因狩而後朝；公子結媵婦，遂及齊侯宋公盟，蓋著公子結之專；公會齊侯鄭伯於中邱，翬帥師會齊人鄭人伐宋，蓋著公子翬之擅。似此之類，豈非著幾微麼？孟子云：『孔子作《春秋》而亂臣賊子懼。』是時王綱解紐，篡奪相等，孔子不得其位以行其權，於是因魯史而作《春秋》，大約總不外乎誅亂臣，討賊子，尊王賤霸之意。春秋之世，王室衰微，諸侯強盛，夫子所以始抑諸侯以尊王室。及至諸侯衰而楚強，夫子又抑楚而扶諸侯。所以扶諸侯者，就是尊王之意。蓋聖人能與世推移，世變無窮，聖人之教，其變亦無窮，其隨時救世之心如此。或謂《春秋》一書每於日月名稱爵號，暗寓褒貶，妹子固不敢定其是否。但謂稱人為貶，而人未必皆貶，微者亦稱人；稱爵為褒，而爵未必純褒，譏者亦稱爵。失地之君稱名，而衛侯奔楚則不稱名；未踰年之君稱子，而鄭伯伐許則不稱子。諸如此類，不能枚舉。要知《春秋》乃聖人因魯史修成的。若以日月為褒貶，假如某事當書月，那魯史但書其時；某事當書日，魯史但書其月；聖人安能奔走列國訪其日與月呢？若謂以名號為褒貶，假令某人在所褒，那舊史但著其名；某人在所貶，舊史但著其號；聖人又安能奔走四方，訪其名與號呢？《春秋》有達例，有特筆。即如舊史所載之日月則從其日月，名稱則從其名稱；以及盟則書盟，會則書會之類，皆本書例，無所加損：此為達例。其或史之所無，聖人筆之以示義；史之所有，聖人削之以示戒者：此即特筆。如元年春正月，此史之舊文；加王者，是聖人之特筆。晉侯召王，事見先儒之傳，而聖人書之曰『狩於河陽』，所以存天下之防；甯殖出其君，名在諸侯之策，而聖人書之曰『衛侯出奔』，所以示人君之戒；不但曰『仲子』，而曰『惠公仲子』；不但曰『成風』，而曰『僖公成風』，不曰『陳黃』，而曰『陳侯之弟黃』；不曰『衛縶』，而曰『衛侯之兄縶』；陽虎陪臣，書之曰『盜』；吳楚僭號，書之曰『子』；他如糾不書『齊』，而小白書『齊』，突不書『鄭』，而忽書『鄭』，立晉而書『衛人』，立王子朝而書『尹』氏；凡此之類，皆聖人特筆。故云：『其事則齊桓晉文，其文則史，其義則某竊取之矣』，學者觀《春秋》，必知孰為達例，孰為特筆，自能得其大義。總之：《春秋》一書，聖人光明正大，不過直書其事，善的惡的，莫不瞭然自見。至於救世之心，卻是此書大旨。妹子妄論，不知是否，尚求指示。」

亭亭道：「姊姊所論，深得《春秋》之旨，妹子惟有拜服。還有一事，意欲請示，不知二位姊姊可肯賜教？」閨臣道：「姊姊請道其詳。」亭亭道：「吾聞古《禮》自遭秦火，今所存的惟《周禮》、《儀禮》、《禮記》，世人呼作三《禮》。若以古《禮》而論，莫古於此，但漢晉至今，歷朝以來，莫不各撰禮制。還是各創新禮？還是都本舊典？至三《禮》諸家註疏，其中究以何人為善，何不賜教一二呢。」

若花聽罷，暗暗吐舌道：「怎麼這個黑女忽然弄出這樣大題目！三《禮》各家，業已足夠一談；他又加上歷朝禮制，真是茫茫大海，令人從何講起，只怕今日要出醜了。」正在思忖，只見閨臣答道：「妹子聞得《宋書．傅隆傳》云：『《禮》者，三千之本，人倫之至道。故用之家國，君臣以之尊親；用之婚冠，少長以之仁愛，夫妻以之義順；用之鄉人，友朋以之三益，賓主以之敬讓。其《樂》之五聲，《易》之八象，《詩》之風雅，《書》之典誥，《春秋》之勸懲，《孝經》之尊親，莫不由此而後立。唐虞之時，祭天之屬為天禮，祭地之屬為地禮，祭宗廟之屬為人禮。故舜命伯夷典三禮，所以彌綸天地，經緯陰陽，綱紀萬物，雕琢六情，莫不以此節之。』但《魏書》有云：『三皇不同禮。』又云：『時易則禮變。』故殷因於夏，有所損益。商辛無道，雅章湮滅。周公救亂，宏制斯文，以吉禮敬鬼神，以凶禮哀邦國，以賓禮親賓客，以軍禮誅不虔，以嘉禮合姻好：謂之五禮。及周昭王南征之後，禮失樂微，上行下效，故敗檢失身之人，必先廢其禮。如昭公諱孟子之姓，莊公結割臂之盟，是婚姻之禮廢了，那淫僻之亂，莫不從此而生。齊侯悅婦以慢客，曹伯觀脅以褻賓，是賓客之禮廢了，那傲慢之情莫不從此而生。文王逆祀於五廟，昭公不慼於母喪，是喪祭之禮廢了，那骨肉之恩，莫不從此而薄。天子下堂，河陽召君，是朝聘之禮廢了，那侵陵之漸，莫不從此而起。孔子欲除時弊，故定禮正樂，以挽風化。及至戰國，繼周孔之學，講究禮法的惟孟子一人。嗣後秦始皇併吞六國，收其儀禮，盡歸咸陽，惟採其尊君抑臣之儀，參以己意，以為時用，餘禮盡廢。漢高祖初平秦亂，未遑朝制，群臣飲酒爭功，或拔劍擊柱；高祖患之，叔孫通於是撰朝儀，胡廣因之輯舊禮。漢末天下大亂，舊章殄滅。迨至三國，魏有王粲衛覬共創朝儀，吳有丁孚拾遺漢事，蜀有孟光草建眾典。晉初，荀覬以魏代前事撰為晉禮。宋何承天傅亮同撰朝儀。齊何佟之王儉共定新禮。至梁武帝乃命群儒裁成大典，以復周公五禮之舊。陳武帝即位，禮制雖本前梁，仍命江德藻沈洙等隨時斟酌棄取，以便時宜。迨至前隋高祖命辛彥之牛宏等採梁舊儀，以為五禮。自西漢之初以至於今，歷代損益不同，莫不參之舊典，並非古禮不存，不過取其應時之變。所以《宋書・禮志》有云：『任己而不師古，秦氏以之致亡；師古而不適用，王莽所以身滅。』至註《禮》各家：漢有南郡太守馬融，安南太守劉熙，大司農鄭元，左中郎將蔡邕，侍中阮諶。魏有秘書監孫炎，衛將軍王肅，太尉蔣濟，侍中鄭小同。蜀有丞相蔣琬。吳有齊王傅射慈。晉有太尉庾亮，太保衛瓘，侍中劉逵，司空賀順，給事中袁準，益壽令吳商，散騎常侍干寶，盧陵太守孔倫，征南將軍杜預，散騎常侍葛洪，太常博士環濟，諮議參軍曹耽，散騎常侍虞喜，司空中郎盧諶，安北將軍范汪，司空長史陳仿，開府儀同三司蔡謨。宋有光祿大夫傅隆，太尉參軍任預，中散大夫徐爰，撫軍司馬費沉，中散大夫徐廣，大中大夫裴松之，員外常侍庾蔚之，豫章郡丞雷肅之，諮議參軍蔡超宗，御史中丞何承天。齊有太尉王儉，光祿大夫王逸，步兵校尉劉瓛，給事中樓幼瑜，散騎郎司馬瓛，御史中丞荀萬秋，東平太守田僧紹，徵士沈麟士。梁有護軍將軍周捨，五經博士賀瑒，散騎侍郎皇侃，通直郎裴子野，尚書左丞何佟之。陳有國子祭酒謝嶠，尚書左丞沈洙，散騎常侍沈文阿，戎照將軍沈不害，散騎常侍郎王元規。北魏有內典校書劉獻之。北齊有國子博士李鉉，北周有露門博士熊安生。隋有散騎常侍房暉遠，禮部尚書辛彥之。他們所註之書，或所見不同，各有採取；或師資相傳，共枝別幹。內中也有注意典制，不講義理的；也有注意義理，不講典制的。據妹子看來：典制本從義理而生，義理也從典制而見，原是互相表裡。他們各執一說，未免所見皆偏。近來盛行之書，只得三家：其一，大司農鄭康成；其二，露門博士熊安生；其三，散騎侍郎皇侃。但熊氏每每違背本經，多引外義，猶在南而北行，馬雖疾而越去越遠；皇氏雖章句正，惟稍涉冗繁，又既遵鄭氏，而又時乖鄭義，此是水落不歸本，狐死不首邱：這是二家之弊。惟鄭註包舉宏富，考證精詳，數百年來，議禮者讚研不盡，自古註《禮》善本，大約莫此為最。妹子冒昧妄談，尚求指教。」

亭亭聽了，不覺連連點頭道：「如此議論，才見讀書人自有卓見，真是家學淵源，妹子甘拜下風。」親自倒了兩杯茶，奉了上來。二人茶罷，閨臣暗暗忖道：「他的學問，若以隨常經書難他，恐不中用。好在他遠居外邦，我們敝處歷朝史鑑，或者未必留神；即使略略曉得，其中年歲亦甚紛雜，何不就將史鑑考他一考？」未知後事如何，再看下回分解。

第五十三回　論前朝數語分南北　書舊史揮毫貫古今

話說唐閨臣知亭亭學問非凡，若談經書，未免徒費唇舌。因他遠居外邦，或於中原史鑑未必留神，意欲以此同他談談，看他怎樣。因說道：「請教姊姊，貴邦歷朝史鑑，自然也與敝處相彷。可惜尊處簡策流傳不廣，我們竟難一見。姊姊博覽廣讀，敝鄉歷朝史書，該都看過；即如盤古至今，年歲多少，前人議論不一，想高明自有卓見了。」

亭亭道：「妹子記得天朝開闢之初，自盤古氏以及天皇、地皇、人皇，至伏羲氏，其中年歲，前人雖有二百餘萬年之說，但無可考。《春秋元命苞》言：自開闢至春秋獲麟之歲，凡二百二十六萬七千年。而張揖《廣雅》以三皇疏仡之類，分為十紀，共二百七十六萬歲，與《元命苞》所載參差至五十萬年之多，妹子歷稽各書，竟難定其是否。至年歲可考，惟伏羲以後。案孔安國〈尚書序〉，以伏羲、神農、軒轅為三皇；班固〈漢志〉，以少昊、顓頊、帝嚳、帝堯、帝舜為五帝。三皇共計一千八百八十年；五帝共計三百八十四年。其後夏、商至今，皆歷歷可考了。」

若花道：「近日史書，以天干地支紀年，此例始於何時？至今共有若干年了？」亭亭道：「史書以干支紀年，始於帝堯。自帝堯甲辰即位，至今武太后甲申即位，共三千四十一年。若以伏羲至今而論，共五千一百五十三年了。」閨臣忖道：「我們中原南北朝，往往人都忽略，大約他也未必透徹，何不將此考他一考？」因說道：「請教姊姊，敝處向有六朝、五代、南北朝，不知貴處作何區別？」

亭亭道：「妹子記得當日吳孫權及東晉、宋、齊、梁、陳俱在金陵建都，人皆呼為六朝。宋、齊、梁、陳、隋，為時無幾，人或稱為五代。至南北朝之分，始於劉宋，終於隋初。宋、齊、梁、陳在金陵建都，所以有南朝之稱；元魏、高齊、宇文周在中原建都，所以有北朝之稱。那時天下半歸南朝，半歸北朝，彼此各據一方，不相統屬。以南朝始末而論，宋得晉朝天下，共傳五主，被齊所篡；齊傳七主，被梁所篡；梁傳四主，被陳所篡；陳傳五主，被隋所篡；南朝共計一百六十八年。以北朝始末而論，魏在東晉之時，雖已稱王，幅員尚狹；及至晉末宋初，魏才奄有❶中原，謂之大魏，傳了一百四十九年。到了第十三代皇帝，因臣子高歡起兵作亂，魏君棄了本國，逃至關西大都督宇文泰處，就在關西為帝，人都叫作西魏；傳了三帝，計二十二年，被宇文泰之子宇文覺篡位，改為周朝。那高歡逐了魏君，又立魏國宗室為帝，人都叫作東魏，在位十七年，被高歡之子高洋篡位，改為北齊。那時北朝分而為二：一為北齊，一為周朝。北齊傳了五主，計二十八年，被周所滅。周傳五主，前後共二十六年，被臣子大司馬楊堅篡位，改國號為隋。隨即滅了陳國，天下才得一統。此是南北朝大概情形。妹子道聽塗說，不知是否，尚求指示。」

若花道：「剛才阿姊以夏商至今歷歷可考，其年號名姓也還記得大概麼？」閨臣忖道：「怎麼若花姊姊忽然問他這個？未免苦人所難了。」只聽亭亭道：「妹子雖略略記得，但一時口說，恐有訛誤，意欲寫出呈教，二位姊姊以為何如？」若花點頭道：「如此更妙。」

❶ 奄有：據有。

亭亭正在磨墨濡毫，忽見紅紅、婉如從外面走來。大家見禮讓座。亭亭問了婉如姓氏，又向紅紅道：「姊姊才到海外，為何忽又回來？」紅紅見問，觸動叔叔被害之苦，不覺淚流滿面，就把在途中遇盜，後來同閨臣相聚的話，哽哽咽咽，告訴一遍。亭亭聽了，甚為嗟嘆。眾人把紅紅勸解一番，方才止淚。亭亭鋪下箋紙，手不停毫，草草寫去。

四人談了多時，亭亭寫完，大家略略看了一遍，莫不讚其記性之好。閨臣道：「這是若花姊姊故意弄這難題目，那知姊姊不假思索，竟把前朝年號，以及事蹟，一揮而就；若非一部全史瞭然於中，何能如此？妹子惟有拜倒轅門❷了。」亭亭道：「妹子不過仗著小聰明，記得幾個年號，算得甚麼！姊姊何必如此過獎？」

紅紅道：「姊姊，你可曉得他們三位來意麼？」亭亭道：「這事無頭無腦，妹子莫能得知。」紅紅就把途中結拜，今日來約赴試的話說了。亭亭方才明白，因忖一忖道：「雖承諸位姊姊美意，妹子上有寡母，年已六旬，何能拋撇遠去？我向日雖有此志，原想鄰邦開有女科，或者再為馮婦之舉。今天朝遠隔天涯，若去赴試，豈不違了聖人遠遊之戒麼？」閨臣道：「姊姊並無弟兄，何不請伯母同去，豈不更覺放心？」亭亭嘆道：「妹子也曾想到同去，庶可放心；奈天朝舉目無親，兼且寒家素本淡泊，當日祖父出仕，雖置薄田數畝，此時要賣不足千金，何能敷衍長途盤費及天朝衣食之用？而且一經賣了，日後回來，又將何以為生？只好把這妄想歇了。」閨臣道：「只要伯母肯去，其餘都好商量。至長途路費，此時同去，乃妹子母舅之船，無須破費一文。若慮到彼衣食，寒家❸雖然不甚充足，尚有

❷ 轅門：衙署的外門。

良田數頃，兼且閒房儘可居住。況姊姊只得二人，所用無幾，到了敝處一切用度❹，俱在妹子身上，姊姊只管放心。此地田產也不消變賣，就託親戚照應，將來倘歸故鄉，省得又須置買，如此辦理，庶可兩無牽挂。」

亭亭道：「萍水相逢，就蒙姊姊如此慷慨，何以克當？容當稟請母命，定了行止，再去登舟奉謝。」紅紅道：「姊姊，你說你與閨臣妹妹萍水相逢，難道妹子又非萍水相逢麼？現在我雖係孑然一身，若論本族，尚有可投之人，此時近在咫尺；無如閨臣妹妹一片熱腸，純是真誠，令人情不可卻，竟難捨之而去。今姊姊承他美意，據妹子愚見，且去稟知師母，如果可行，好在姊姊別無牽挂，即可一同起身。」不由分說，攜了亭亭進內，把這情形告知緇氏。

原來緇氏自幼飽讀詩書，當日也曾赴過女試，學問雖佳，何奈輪他不上。後來生了亭亭，夫妻兩個，加意課讀，一心指望女兒中個才女，好替父母爭氣，誰知仍舊無用，丈夫因此而亡。緇氏每每提起，還是一腔悶氣，今聽此言，不覺技癢，如何不喜？當時來到外面，眾人與緇氏行禮。緇氏向閨臣拜謝道：「小女深蒙厚愛，日後倘得寸進，莫非小姐成全。但老身年雖望六，志切觀光，誠恐限於年歲，格於成例，不獲叨逢其盛，尚望小姐俯念苦衷，設法斡旋，倘與盛典，老身得遂一生未了之願，自當生生世世，永感不忘。」

閨臣道：「伯母有此高興，姪女敢不仰體？將來報名時，年歲雖可隱瞞，奈伯母鬢多白髮，面有

---

❸ 寒家：亦作「寒舍」，謙稱自己的家。

❹ 用度：支出的費用，即花費。

皺紋，何能遮掩？」緇氏道：「他們男子，往往嘴上有鬚，還能冒籍入考，何況我又無鬚，豈不省了拔鬚許多痕跡？若愁白髮，我有上好烏鬚藥。至面上皺紋，多擦兩盒引見胰，再用幾匣玉容粉，也能遮掩。這都是趕考的舊套。並且那些老童生，每每拄了拐杖還去小考，我又不用拐杖，豈不更覺藏拙？若非貪圖赴試，這樣迢迢遠路，老身又何必前去，儻無門路可想，就是小女此行，也只好中止了。」

閨臣聽了，為難半晌，道：「將來伯母如赴縣考，或赴郡考，還可弄些手腳敷衍進去。至於部試、殿試，法令森嚴，姪女何敢冒昧應承？」緇氏道：「老身聞得郡考中式，可得文學淑女匾額，儻能如此，老身心願已足，那裡還去部試？」閨臣只得含糊答應，俟到彼時，自當替伯母謀幹此事。緇氏聽了這句，應允同到嶺南。亭亭命兩個女童各自收拾回去；將房屋田產及一切什物都託親戚照應。

天已日暮，林之洋把行李雇人挑了，一齊上船。呂氏出來，彼此拜見。船上眾人自從吃了清腸稻，腹中並不覺餓；閨臣姊妹只顧談文，更把此事忘了，亭亭卻足足餓了一日。幸虧多九公把米買來，當時收拾晚飯，給他母女吃了。閒話間，姊妹五個，復又結拜。序起年齒，仍是紅紅居長，亭亭居次，其餘照舊。從此紅紅、亭亭同緇氏一艙居住，閨臣仍同若花、婉如作伴。一路順風前進，轉眼已交季夏。

這日林之洋同閨臣眾姊妹閒談，偶然談到考期。若花道：「請問阿父，此去嶺南，再走幾日就可到了？」林之洋笑道：「再走幾日，這句說的倒也容易！寄女真是好大口氣！」紅紅道：「若據叔叔之言，難道還須兩三月才能到麼？」林之洋道：「兩三月也還不夠。」婉如聽了，不覺鼻中哼了一聲，道：「若是兩三月不夠，自然還須一年半載了！」林之洋道：「一年也過多，半載倒是不能少的。俺們從小蓬萊回來，才走兩月，你們倒想到了？俺細細核算，若遇順風，朝前走去，原不過兩三月程途。奈前面有座門戶山橫在海中，隨你會走，也須百日方能繞過，連走帶繞總得半年。這是順風方能這樣，若遇頂風❺，那就多了。俺們來來往往總是這樣。難道去年出來繞那門戶山，你們就忘了？」

閨臣道：「彼時甥女思親之心甚切，並未留神，今日提起，卻隱隱記得。既如此，必須明春方到，我們考試，豈不誤了？」林之洋道：「俺聞恩詔准你們補考，明年四月殿試，你們春天趕到，怕他怎麼！」亭亭道：「姪女剛才細看條例：今年八月縣考，十月郡考，明年三月就要部試。若補縣考、郡考，必須趕在部試之前。若過部試，何能有濟？據叔叔所說，豈非全無指望麼？」林之洋道：「原來考試有這些花樣，俺怎得知？如今只好無日無夜朝前趕進，倘改考期，那就好了！」閨臣聽了，悶悶不樂，每日在船惟有唉聲嘆氣。呂氏恐甥女焦愁成病，埋怨丈夫不該說出實情。

這日夫妻兩個前來再三安慰。呂氏道：「此去雖然遙遠，安知不遇極大順風，一日可行數日路程？甥女莫要焦心，你如此孝心，上天自然保護。豈有尋親之人，菩薩反不教你考試？」閨臣道：「甥女去歲起身時，原將考試置之度外，若圖考試，豈肯遠出？但前日費盡唇舌，才把紅紅、亭亭兩位姊姊勸來。他們千山萬水，不辭勞頓，原為的考試。那知忽然遇此掃興之事，甥女一經想起，就覺發悶。」林之洋道：「海面路程，那有定準？若遇大順風，一日三千也走，五千也走。俺聽你父親說過：『數年前有個才子，名叫王勃，因去省親，由水路揚帆，道出鍾陵，忽然得了一陣神風，一日一夜也不知走出若干路程。趕到彼處，適值重陽，都督大宴滕王閣。王勃做了一篇〈滕王閣序〉，登時海外轟傳，

❺ 頂風：逆風。

誰人不知？』安知俺們就不遇著神風？如果才女榜上有你姊妹之分，莫講這點路程，就再加兩倍，也是不怕。」林之洋夫妻明知不能趕上考期，惟恐閨臣發愁，只好假意安慰。

這日順風甚大，只聽眾水手道：「今日這風，只朝上刮，不朝下刮，卻也少見。」林之洋走出問道：「為甚這樣？」眾水手道：「你看，這船被風吹的就如駕雲一般，比烏騅快馬還急。雖然恁快，你再看水面卻無浪波，豈非只朝上刮，不朝下刮麼？這樣神風，可惜前面這座門戶山攔住去路，任他只朝上刮，至快也須明春方到嶺南哩。」又走幾時，來到山腳下。

林之洋悶坐無聊，坐到舵樓。正在發悶，忽聽多九公大笑道：「林兄來的恰好，老夫正要奉請，有話談談。請教迎面是何山名？」林之洋道：「俺當日初次飄洋，曾聞九公說，這大嶺叫門戶山，怎麼今日倒來問俺？」多九公道：「老夫並非故意要問，只因目下有件奇事。當年老夫初到海外，路過此處，曾問老年人：『此山既名門戶，為何橫在海中，並無門戶可通，令人轉彎磨角，繞至數月之久，方才得過？』那老年人道：『當日大禹開山，曾將此山開出一條水路，舟楫可通。後來就將此山叫作門戶山。誰知年深日久，山中這條道路，忽生淤沙，從中塞住，以致船隻不通，雖有門戶之名，竟無可通之路。此事相沿已久，不知何時淤斷？』剛才我因船中幾位小姐都要趕到嶺南赴試，不覺尋思道：『如今道路尚遠，何能趕得上？除非此山把淤衝開，也像當年舟楫可通；從此抄近穿過嶺去，不但他們都可考試，就是我鳳翾、小春兩個甥女也可附驥同去。』正在胡思亂想，忽聞濤聲如雷，因向對面一看，那淤斷處竟自有路可通。……」林之洋也不等說完，喜的連忙立起，看那山當中，果然波濤滾滾，竟不像當日淤斷光景。正在觀看，船已進了山口，就如快馬一般，擴了進去。未知後事如何，且看下回分解。

第五十四回　通智慧白猿竊書　顯奇能紅女傳信

話說林之洋見船隻攛進山口，樂不可支，即至艙中把這話告知眾人，莫不歡喜。次日，出了山口。林之洋望著閨臣笑道：「前日俺說王勃虧了神風，成就他做了一篇〈滕王閣序〉；那知如今甥女要去趕考，山神卻替你開路！原來風神、山神都喜湊趣，將來甥女中了才女，俺要滿滿敬他一杯了。」眾姊妹聽了，個個發笑。閨臣道：「此去道路尚遠，能否趕上，也還未定；即或趕上，還恐甥女學問淺薄，未能入選。無論得中不得中，倘父親竟不回家，將來還要舅舅帶著甥女再走一遍哩。」

林之洋道：「俺在小蓬萊既允你，倘你父親竟不回來，做舅舅的怎好騙你？自然再走一遍。」呂氏道：「據俺看來，你父親業已成仙，就是不肯回來，你又何必千山萬水去尋他？難道作神仙長年不老還不好麼？」閨臣道：「長年不老，如何不好！但父親把我母親兄弟拋撇在家，甥女心裡既覺不安；兼之父親孤身在外，無人侍奉，甥女卻在家中養尊處優，一經想起，更是坐立不寧；因此務要尋著才了甥女心願哩。」

一路行來，不知不覺到了七月下旬。船抵嶺南，大家收拾行李。多九公別去。林之洋同眾人回家。恰好林氏因女兒一年無信，甚不放心，帶了小峯、蘭音回到娘家；這日正同江氏盼望，忽聞女兒同哥嫂回來，大家見面，真是悲歡交集。閨臣上前行禮，不免滴了幾行眼淚，將父親之信遞給林氏，又把怎樣尋找各話說了。林氏不見丈夫回來，雖然傷心，喜得見了丈夫親筆家書，書中又有不久見面之話，也就略略放心。

當時閨臣引著母親見了緇氏，並領紅紅、亭亭前來拜見，把來意告知。林氏道：「難得二位姪女不棄，都肯與你攜伴同來，若非有緣，何能如此？但既結拜，嗣後一同赴試，彼此都要相顧，總要始終和睦，莫因一言半語，就把素日情分冷淡，有始無終，那就不是了。」眾人連連答應。

閨臣見了蘭音，再三拜謝，林氏道：「我自從女兒起身，一時想起，不免牽挂，時常多病；幸虧寄女替我煎湯熬藥，日夜服侍，就如你在跟前一樣，漸漸把牽挂心減了幾分，身體也就漸漸好些。如今縣裡雖未定有考期，我們必須早些回去同你叔叔商議，及早報名，省得補考費事。」閨臣道：「母親此言甚是。」

林之洋道：「甥女如報名，可將若花、婉如攜帶攜帶，倘中個才女回來，俺也快活。怎樣報名，怎樣赴試，這些花樣俺都不諳，只好都託甥女了。」閨臣道：「舅舅只管放心，此事都在甥女料理。但若花姊姊名姓籍貫可要更改？」林之洋道：「改他作甚！若把女兒國本籍寫明，俺更歡喜。」林氏道：「這卻為何？」林之洋道：「若花寄女本是好好的一位世子，因被那些惡婦奸臣謀害，他才棄了本國，俺要替他出氣，因此要把他的本籍寫明。」林氏道：「寫明本籍，何以就能替他出氣？」林之洋道：「寫明本籍，將來倘在俺朝中了才女，一時傳到女兒國，也教那些惡人曉得他的本領。他們原想害他，那知他在俺朝倒轟轟烈烈，名登金榜，管教那些畜類羞也羞死了！」閨臣道：「如此固妙；但恐一人，郡縣不准，莫若紅紅、亭亭兩位姊姊同蘭音妹妹也用本籍，共有四人之多，諒郡縣也不至批駁了。」婉如道：「如果批駁，再去更換也不為遲。」林之洋道：「俺們中原開科，外邦都來赴試，還不好麼？太后聽了，還更喜哩。」當時多九公將甥女田鳳翾、秦小春年貌開來，也託閨臣投遞。

林氏帶了兒女，別了哥嫂，同紅紅、緇氏母女坐了小船回來。唐小峯因見婉如所養白猿好玩，同婉如討來，帶回家內。史氏見姪女海外回來，問知詳細，不勝之喜，並與緇氏諸人相見。

閨臣道：「叔叔今日莫非學中會文麼？」史氏道：「你叔叔自從姪女起身後，本郡印太守有個女兒，名喚印巧文，意欲報名赴試，因學問淺薄，要請一位西賓❶，印太守向在學中打聽你叔叔品學都好，請去課讀。後來本處節度竇玻竇大人也將小姐竇耕烟拜從。本縣祝忠得知，也將女兒祝題花跟著一同受業，並將本處還有幾個鄉宦女兒也來拜從看文。雖說女學生不消先生督率，但學生多了，今日這邊走走，明日那邊看看，竟無片刻之閒。今晨絕早出去，要下午方能回來。」閨臣道：「他們既在此地做官，大約均非本處人了，此時各處正當縣考，為何還不回籍赴試？」史氏道：「他們都因離鄉過遠，若因縣考趕回本籍，將來又須回來，未免種種不便；因此議定索性等冬初補考。一經郡考中式，即可就近去赴部試，倒是一舉兩便。並且他們因你叔叔今年五十大慶，都要過了九月祝壽後方肯回籍。」閨臣道：「若果如此，我們倒可一聚了。」不多時，唐敏回來，見了姪女，看了家書，方才略覺放心；閨臣引著叔叔見了眾人，告知來意。唐敏道：「我正愁姪女上京無人作伴，今得這些姊妹，我也放心。」

恰好這日良氏夫人帶著廉亮、廉錦楓、駱紅蕖也從海外來到林家。林氏問起根由，良氏把前年唐敖拯救女兒，後來尹元替小峯作伐各話細細說了。林氏聽了，無意中忽然得了一個如花似玉，文武全

❶ 西賓：私塾老師。

才的媳婦，歡喜非常。良氏把紅蕖交代，因本族現有嫡派，意欲回到族中居住。無如唐閨臣與廉錦楓一見如故，彼此戀戀不捨，不肯分離。恰喜林氏早已買了鄰舍一所房子，就同這邊住宅開門通連一處；當時留下良氏母女，同緇氏母女都在新房居住。紅紅跟著緇氏，閨臣同紅蕖、蘭音住在樓上，小峯陪著廉亮在書房同居。分派已畢，大排筵宴，眾姊妹陪緇氏、良氏坐了。閨臣道：「前在水仙村，聞伯母已於春天起身，為何此時才到？」良氏道：「一路頂風，業已難走，偏偏當中遇見一座甚麼山，再也繞不過來。」廉錦楓道：「那山橫在海中，名喚門戶山，其實並無門戶。我們因繞此山，足足躭擱了半年，沿途風又不順，若非近日得了順風，只怕還得兩個月才能到哩。」林氏道：「表嫂既與尹家聯姻，為何女婿並不同來？」良氏道：「尹家籍貫，本是劍南，因紅萸媳婦要去赴試，都回劍南去了。」當時唐敏開了眾人年貌，駱紅蕖改為洛姓，連唐閨臣、枝蘭音、林婉如、陰若花、黎紅薇、盧紫萱、廉錦楓、田鳳翾、秦小春共計十人，——因緇氏執意也要赴考，只好捏了一個假名，——都在縣裡遞了履歷。

到晚，閨臣同蘭音、紅紅都到良氏、緇氏並母親房中道了安置❷；回到樓上，推窗乘涼，說起閒話，閨臣把泣紅亭碑記取出給蘭音、紅蕖看了，也是一字不識。二人問知詳細，不覺吐舌稱異。忽見白猿走來，也將碑記拏著觀看。蘭音笑道：「莫非白猿也識字麼？」閨臣道：「這卻不知。當日我在海外抄寫，因白猿不時在旁觀看，彼時我曾對他說過，將來如將碑記付一文人做為稗官野史，流傳海內，算他一件大功，不知他可領略此意。」洛紅蕖道：「怪不得他也拏著觀看，原來如此。」因向白

❷ 安置：就寢的意思。

猿笑道：「你能建此大功麼？」白猿聽了，口中哼了一聲，把頭點了兩點，手捧碑記，將身一縱，攛出牕外去了。

三人望著樓牕發㦗，只聽颼的一聲，忽從牕外攛進一個紅女。上穿紅紬短衫，下穿紅紬單褲，頭上束著紅紬漁婆巾，底下露著一雙三寸紅繡鞋，腰間繫著一條大紅絲絛，胸前斜插一口紅鞘寶劍，生的滿面緋紅，十分美貌，年紀已過十四五歲。三人一見，嚇的驚疑不止。閨臣道：「請問那個紅女姓甚名誰？為何夤夜到此？」紅女道：「咱姓顏。不知誰是小山姊姊？」閨臣道：「妹子姓唐，本名小山，今遵父命，改名閨臣。姊姊何以知我賤名？」女子聽了，拔劍下拜。閨臣連忙還禮。女子問了蘭音、紅蕖名姓，一同見禮歸坐道：「咱妹子名紫綃，原籍關內。祖父在日，曾任本郡刺史，後因病故，父親一貧如洗，無力回籍，就在本處舌耕度日。不意前歲父母相繼去世，哥哥顏崖因赴武試，三載不歸。家中現有祖母，年已八旬，前聞太后大開女科，咱雖有觀光之意，奈祖母年高不能同往。此間舉目無親，又無攜伴之人。咱妹子也居百香衢，與府上相隔不過數家，素知姊姊才名，今聞尋親回府，不揣冒昧，特來面求；倘蒙攜帶同往，俾能觀光，如有寸進，永感不忘。」

閨臣聽了，忖道：「原來碑記所載劍俠，就是此人！」因說道：「妹子向聞父親時常稱頌本郡太守顏青天之德，那知忠良之後，卻在咫尺，今得幸遇，甚慰下懷！姊姊既有觀光美舉，妹子得能附驥同行，諸事正要叨教；俟定行期，自當稟知叔父，到府奉請。但府上既離舍間數家之遠，為何就能越垣至此？」顏紫綃道：「咱妹子幼年跟著父親學會劍俠之術，莫講相隔數家，就是相隔數里，也能頃刻而至。」閨臣道：「剛才姊姊來時，途中可有所見？」顏紫綃道：「咱別無所見，惟見有一仙猿捧著一部仙籙而去。」閨臣道：「姊姊何以知是仙籙？」顏紫綃道：「咱妹子望見那部書上，紅光四射，霞彩衝霄，約略必是仙籙，因此不敢把他攔住。」閨臣道：「此書正是我妹子之物，不意被這白猿竊去，姊姊可能替我取回麼？」顏紫綃道：「此書若被盜賊所竊，哨可效勞取回，這個白猿，上有靈光護頂，下有彩雲護足，乃千年得道靈物；一轉眼間，已行萬里，咱妹子從何追趕？況白猿既已得道，豈肯妄自竊取？此去必定有因，或者此書不應姊姊所得，此時應當物歸原處，所以他才竊去。但此書此猿，不知從何而來？」閨臣就把碑記及白猿來歷，並去歲虧他取枕玩耍，才能親至小蓬萊各話略略說了一遍。

顏紫綃道：「即如取枕露意，成全姊姊萬里尋親，得覩玉碑文物之盛，此猿作為，原非尋常可比。他已通靈性，若要竊取，必不肯貿然而去。向在姊姊跟前，可曾微露其意？」閨臣道：「此猿雖未露意，妹子當日曾在他面前說過一句戲言。」就把前在船上同白猿所說之話備細告知。顏紫綃道：「彼時姊姊所說，原出無心，那知此猿卻甚有意。據俺看來，只怕竟要遵命建此奇功。此時攜去，所投者無非儒生墨客。如非其人，他又豈肯妄投？姊姊只管放心，此去包管物得其主。」閨臣道：「倘能如此，尚有何言！此書究歸何處，尚望姊姊留意。」

顏紫綃道：「好在此書紅光上徹霄漢，若要探其落在何人之手，咱妹子自當留神。」洛紅蕖道：「妹子聞得劍俠一經行動，宛如風雲，來往甚速，姊姊可曾學得此技？」顏紫綃道：「姊姊如有見委之處，若在數百里之內，咱可效勞。」紅蕖道：「剛才閨臣姊姊意欲寄信邀請林家婉如妹妹來此一同赴試，離此三十餘里，姊姊可能一往？」顏紫綃道：「其父莫非就是閨臣姊姊母舅麼？前者咱因閨臣姊姊日久不歸，曾到他家探聽消息，今既有信，望付咱代勞一走。」闈臣隨即寫了一信。顏紫綃接過，說聲失陪，將身一縱，攛出樓牕。未知後事如何，且看下回分解。

第五十五回　田氏女細談妙劑　洛家娃默禱靈籤

話說顏紫綃接了書信，將身一縱，霎時不見。枝蘭音嘆道：「世間竟有如此奇事！真是天朝人物，無所不有，將來上京赴試，路上有了此人，可以高枕無憂了！」洛紅蕖道：「碑上可載此人？」閨臣道：「妹子隱隱記得碑記有句幼諳劍俠之術，長通元妙之機，不知可是此女？可惜碑記已失。早知如此，把各人事蹟預記在心，或抄一個副本，豈不是好。此時只覺渺渺茫茫，記不清了。」蘭音道：「姊姊不過是句玩話，那知白猿果真將碑記攜去，將來倘能物得其主，也不枉姊姊辛苦一場。」紅蕖道：「我們看他不過是個獼猴，那知卻是得道仙猿！那顏家姊姊黑暗中倉卒一遇，就能識得白猿，辨得碑記，可見他的眼力也就不凡。這句長通元妙之機，只怕就是他哩。」

三人又說些閒話。忽見顏紫綃從樓牕攛進道：「姊姊之信，業已交明。今日已晚，容日再來請教，咱妹子去了。」將身一縱，仍從樓牕飛去。姊妹三個惟有稱奇叫絕。

次日絕早起來，一心盼望婉如諸人。等之許多，杳無蹤跡。蘭音道：「原來這個紅女信未寄去，卻來騙人。」不多時，天剛交午，只見林婉如、陰若花、田鳳翾、秦小春姊妹四個，竟自攜手而來。拜了林氏、史氏，見了閨臣、蘭音、紅紅、亭亭，並與洛紅蕖、廉錦楓見禮，各道渴慕之意。閨臣又引他們見了良氏、緇氏，同到內書房，姊妹十個，一同相聚，好不暢快。洛紅蕖提起昨晚託人寄信之話，若花聽了，笑個不了。蘭音道：「姊姊為何發笑？」若花道：「向來我與婉如阿妹一房同住。昨晚天交二鼓，閉了房門，收拾睡覺，婉如阿妹剛把鞋子脫了一隻，忽然房門大開，攛進一個人來。婉如阿妹一見，嚇的連鞋也穿不及，赤著一腳，就朝床下鑽去。幸虧我還不怕，問明來意，把信存下。那顏家阿姊去遠，他才鑽了出來。」眾人聽了，一齊大笑。婉如道：「閨臣姊姊也太不曉事，那有二更半夜卻教人寄信！虧得妹子膽量還大，若是膽小的，只怕還要嚇殺哩！」田鳳翾道：「姊姊雖未嚇殺，那赤腳亂鑽光景，也就嚇的可觀了。」廉錦楓道：「閨臣姊姊託何人寄信，卻將婉如姊姊嚇的這樣？」閨臣把昨晚情節說了，眾人這才明白。

洛紅蕖道：「昨晚顏家姊姊攛進樓牕，只覺一道紅光，我也吃了一嚇。及至細看，那知他衣履穿戴，無一不紅，並且面上也是緋紅，映著燈光，倒也好看。」秦小春道：「這樣紅人，當日命名為何不起紅字，卻起紫字？今紅紅姊姊面紫，反以紅字為名。據我愚見，這二位姊姊須將名字更換，方相稱哩。」田鳳翾道：「命名何必與貌相似？若果如此，難道亭亭姊姊面上必須有亭，若花姊姊面上必須出花麼？」若花道：「正是；我才細看紅紅、亭亭兩位阿姊面上那股黑氣，近來服了此地水土，竟漸漸退了。適聽鳳翾阿姊出花二字，我倒添了一件心事。」

閨臣道：「姊姊此話怎講？」若花道：「愚姊向聞此處有個怪症，名叫『出花』，又名『出痘』，外國人一經到了天朝，每每都患此症。今紅紅、亭亭兩位阿姊因感此地水土，既將面色更改，久而久之，我們海外五人，豈能逃過出痘之患？所以憂慮。」紅紅、亭亭聽了，也發愁道：「姊姊所慮極是。這卻怎好？只怕此命要送在此處了！」廉錦楓道：「送命倒也乾淨，只怕出花之後，臉上留下許多花樣，那才坑死人哩。」婉如笑道：「留下花樣，豈但坑死人，只怕日後配女壻，還費事哩！」蘭音道：「怪不得婉如姊姊面上光光，竟同不毛之地，原來卻為易於配壻而設。難道赤腳亂鑽，把腳放大了，倒容易配女壻麼？」閨臣道：「你們只顧鬥嘴玩笑，那知此事非同兒戲，若不早作準備，設或出痘，誤了考期，那卻怎樣？向來九公見多識廣，秘方最多，此事必須請教九公，或者他有妙藥也未可知。就請小春姊姊寫一信去。」田鳳翾道：「何必寫信！不瞞諸位姊姊說，我家向來就有稀痘奇方；即如妹子自用此方，至今並未出痘，就是明驗。」若花道：「原來府上就有奇方，如此更妙！不知所用何藥？此方向來可曾刊刻流傳？」田鳳翾道：「此方何曾不刻？奈近來人心不古，都尚奢華，所傳方子，如係值錢貴重之藥，世人看了，無論效與不效，莫不視如神明；倘所傳方子並非值錢貴重之藥，即使有效，他人看了，亦多忽略，置之不用。我家這方雖屢試屢驗，無如並非貴品，所費不過數文，所以流傳不廣。此方傳自異人，我家用了數代。凡小兒無論男女，三歲以內，用川練子九個；五歲以內，用十一個；十一歲以內，用十五個。須擇曆書除日，煎湯與小兒洗浴；洗過，略以湯內濕布揩之，聽其自乾。每年洗十次，或於五月、六月、七月，檢十個除日煎洗更好；因彼時天暖，可免受涼之患。久久洗之，永不出痘；即出痘，亦不過數粒，隨出隨癒。如不相信，洗時可留一指不洗，出痘時其指必多。你們五位姊姊如用此方，或將川練子加倍，大約三十個也就夠了。」眾人聽了，個個歡喜。

蘭音道：「一年只洗十次，是指小兒而言，我們年紀既大；恐十次藥力不到，據我拙見，一年共有三十六個除日，莫若遇除就洗，諒無洗多之患。況妹子生成是個藥樹，幼年因患腹脹，何嘗一日離藥。今又接上煎洗，這才叫作『裡敷外表』❶哩。」

秦小春道：「妹子聞得世間小兒出花，皆痘疹娘娘掌管，男有痘兒哥哥，女有痘兒姊姊，全要仗他照應，方保平安。今你五位姊姊只知用藥煎洗，若不叩祝痘疹娘娘，設或痘兒姊姊不來照應，將來弄出一臉花樣，不獨婉如姊姊那句擇婿的話要緊，滿臉高高下下，平時擦粉也覺許多不便。倘花樣過深，還恐脂粉擦不到底，那才是個累哩。」紅紅道：「閨臣妹妹府上可供這位娘娘？」閨臣道：「此是廟宇所供之神，家中那裡有此。」若花道：「婦女上廟燒香，未免有違閨訓，這卻怎好？」閨臣道：「上廟燒香，固非婦女所宜；且喜痘疹娘娘每每都在尼庵，去歲妹子海外尋親，曾許過觀音大士心願，至今未了，莫若稟知母親，明日我同五位姊姊，央了嬸嬸一同前去，豈不一舉兩便？」紅蕖道：「妹子意欲求籤問問哥哥下落，明日如果要去，妹子也要奉陪。」閨臣當時稟過母親，與嬸嬸說明。好在緊鄰白衣庵就有痘疹娘娘。

到了次日，史氏帶著唐閨臣、洛紅蕖、陰若花、枝蘭音、廉錦楓、黎紅紅、盧亭亭來到間壁尼庵。有個戴髮的老尼，名叫末空，將眾人引至大殿，淨手拈香，拜了觀音。紅蕖求了一籤，問問哥哥下落，恰喜得了一枝上上吉籤，這才略略放心。末空又引至痘疹娘娘殿內，一同參拜，焚化紙帛。閨臣道：「請問師傅，寶剎可供魁星。」

末空道：「間壁喜神祠供有魁星。彼處也是尼僧，諸位小姐如要拈香，不過一牆之隔，小尼奉陪過去。」閨臣道：「彼處魁星可曾塑有女像？」末空道：「這卻從未見過。小姐如發慈心，另塑一尊，卻也容易。諸位女菩薩拜佛，未免勞碌，且到裡面獻茶，歇息歇息，再到各處隨喜。」史氏道：「師

---

❶ 裡敷外表：比喻治病內服外敷，內外兼治。

傅見教甚是。」大家來至禪堂，一齊歸坐。道婆獻茶。未空一一請問姓氏，及至問到洛紅蕖跟前，把眼揉了一揉，又望了一望，登時垂淚道：「小姐莫非賓王主人之後麼？我家徒弟要訪駱老爺下落，一連數載，杳無音信，那知天緣湊巧，今日竟得小姐到此！」洛紅蕖見老尼之話不倫不類，惟恐被人識破行藏，忙遮飾道：「師傅休要認錯。我雖姓洛，乃水旁之洛，那知駱老爺下落？」未空道：「請問唐小姐，此地唐探花是你何人？」閨臣道：「是我家父。」未空道：「卻又來！當日唐老爺未中探花之時，曾在長安與敬業大人、賓王大人結拜弟兄，我的丈夫曾經目覩。今二位小姐恰恰同至小庵，非賓王主人之後而何？小姐何必隱瞞，我豈為禍之人？況小徒就是駱公子之妻，今雖冒昧動問，豈是無因？」紅蕖見話有因，慌忙問道：「令徒姓甚名誰？如今在麼？」未空道：「此人之父，乃太宗第九子，人都呼為九王爺，因滅寇有功，曾封忠勇王爵；素與駱老爺相交最厚，故將郡主許與駱公子為妻。此女現在小庵，名喚李良箴，因恐太后訪察，就從外祖之姓，改為姓宋。」紅蕖道：「師傅此話錯了。我同駱府雖非本家，向有親誼，他家之事，也還略知一二。駱公子雖係九王府中郡馬，郡主久已亡過；後來雖有欲續前姻之話，因王爺並未生有郡主，彼此旋即離散，至今十餘年，何嘗又與王府聯姻？此話令人不解！」未空道：「原來小姐不知此中詳細，待我慢慢講來。」未知後事如何，且看下回分解。

第五十六回　詣芳鄰姑嫂巧遇　遊瀚海主僕重逢

話說末空道：「原來小姐不知此中詳細，待小尼講這根由：我本祁氏，丈夫名叫喬琴，無志功名，向在駱府課讀公子。駱老爺因與王府聯姻，同我丈夫說知，將我薦與九王爺課讀大郡主。未及一載，大郡主去世，我要回來，娘娘再三挽留，只得仍舊住下。彼時九王爺因娘娘又懷身孕，曾與駱老爺指腹為婚，倘生郡主，情願與駱公子再續前姻。不意方才定婚，駱老爺帶了公子，即同徐老爺舉兵遇難；我丈夫跟在軍前，存亡未卜。到了次歲，娘娘才生二郡主。老身因這郡主是駱公子之妻，加意照管，用心課讀，以冀將來丈夫同公子回來，仍好團聚。那知九王爺因皇上貶在房州，久不復位，心中發忿，同河北都督姚禹起了一枝雄兵前去接駕；不意時乖運舛，登時也就遇害。我同太監瞿權帶著二郡主並小王爺李素，暗地奔逃。不料逃至中途，被大兵衝散，太監同小王爺不知去向；老身吃盡辛苦，才能保得郡主逃至此庵。虧得庵主相待甚好，問明來歷，就留我們在此帶髮修行。庵主去世，我就權當住持，在此業已七載，至今仍舊帶髮，即是明證。郡主今年一十五歲，每日惟以詩書佛經消遣，從不出戶，因此人都不知。」

洛紅蕖忖道：「指腹為婚，向日母親也曾言過；至喬琴夫婦兩處課讀，原有其事；今聽老尼之言，絲毫不錯，可見我嫂嫂果真在此庵內！」因說道：「師傅既是祁氏師母，我又何敢再為隱瞞？剛才實因不識師母，故爾支吾，尚求見諒。我嫂嫂現在何處？即求引去一見。」未空道：「待老身領他出來。」於是進內把宋良箴領出。眾人看時，只見生得龍眉鳳目，舉止不凡。大家連忙見禮讓坐。未空把這情節向宋良箴說了。

洛紅蕖見了嫂子，因想起哥哥，不覺垂淚道：「原來嫂嫂卻在此處，若非今日進香，何由得知？不意府上也因接駕合家離散，真可謂六親同運，能不令人傷感！」宋良箴聽了，淚落如雨，欲言不言，只得含羞帶淚答道：「聞得太公、婆婆都逃海外，近來身上可安？姊姊何由至此？」紅蕖不覺哽咽道：「祖父同母親都已去世，妹子虧得唐伯伯之力，方能復返故鄉。」正要告訴逃到海外各話，史氏接著道：「此間說話不便，郡主既是至親，自應請到家內再為細談。」宋良箴道：「姪女出家多年，乃方外之人，豈可擅離此庵？尚求伯母原諒。」閨臣道：「話雖如此，好在彼此相離甚近，此時過去談談，就是晚上回來，也不費事。」宋良箴仍要推辭，眾姊妹不由分說，一齊簇擁出了庵門，別了未空，來到唐府同林氏、緇氏諸人見過。姑嫂彼此訴說歷年苦況，嗟嘆不已。

到晚，林氏再三挽留，並勸他同去赴試，慢慢打聽駱公子下落。宋良箴那裡肯應，無如眾姊妹早把行李命人搬來，良箴身不由己，只得勉強住下。閨臣也替他在縣裡遞了履歷。從此眾姊妹都聚一處。但遇除日，若花就同紅紅諸人煎湯洗浴，就是良氏、緇氏也都跟著煎洗。閨臣因想起泣紅亭之事，即託未空在魁星祠內塑了一尊女像，以了海外心願。

這日縣考，緇氏也隨他們姊妹十一個同去赴試。喜得太后詔內有命女親隨一、二人伴其出入之話，因此凡有女眷伴考，都不稽查；點名時，暗用丫環頂替，緇氏混在其內，胡亂考了一回。到了發案，閨臣取了第一；若花、紅紅、亭亭也都高標❶，惟緇氏取在末名，心中好不懊惱；顏紫綃文字不佳，幸虧眾姊妹替他潤色，才能取中。各人都豎了匾額。

到了郡考，眾人以為緇氏必不肯去，誰知他還是興致勃勃道：「以天朝之大，豈無看文巨眼？此番再去，安知不遇知音？」又進去考了一場。及至放榜，竟中第一名郡元；若花第二，閨臣第三，紅紅第四，亭亭第五，其餘亦皆前列。顏紫綃虧眾人相幫，也得高中。大家忙亂去拜老師，緇氏只得裝作染病。各家都豎起文學淑女匾額，好不榮耀。

緇氏這才心滿意足，因向閨臣眾人道：「此次郡考，我本不願再去，惟恐又取倒數第一，豈不把老臉丟盡？奈連得夢兆，說我不去應考，日後才女榜上缺了一人，必須我去，方能湊足一百之數，所以勉強進去，那知倒儌倖取了第一！將來我還不知可能去應部試，其實要這第一何用！」閨臣道：「伯母若非限於年歲，倘去殿試，怕不奪個頭名才女回來！明年把這第一留給亭亭姊姊，也是一樣。」林氏道：「聞得郡考取中不足二十人，今我家倒有十二人之多，可見本郡文風都聚在我家了。若論喜酒，須分十二天方能吃完。明日又吃喜酒，又是壽酒，更覺熱鬧，今日先從『老元』吃起了。」良氏道：「『老元』二字怎講？」史氏道：「緇氏嫂嫂本是老才女，今又中了郡元，豈非老元麼？」大家說說笑笑，暢飲喜酒，十分快樂。

次日乃唐敏五十大慶，家中雇優演戲。本府本縣以及節度都與唐敏有賓東之誼，齊來拜壽。隨後各家小姐印巧文、竇耕烟、祝題花也來叩祝；還有本地鄉宦女兒蘇亞蘭、鍾繡田、花再芳因素日拜從

❶ 高標：猶高榜。

唐敏受業，兼之郡考得中，都來拜謝，並來祝壽，顏紫綃也隨眾人同來。閨臣一一讓至客座看戲，眾姊妹都來相陪，彼此問了名姓，真是你憐我愛，十分投機。緇氏恐被眾人看破，另在一席坐了。

用過早麪，閨臣將眾人引至自己書房，只見詩書滿架，筆硯精良，個個稱贊不已。印巧文道：「前者捧讀諸位姊姊佳作，真令人口齒生香。家父閱卷時，因想起詔內有靈秀不鍾於男子之句，可見太后此言，並非無因。就只郡元這本卷子，令人可疑。若論倜儻清雅，以閨臣姊姊第一；論富麗堂皇，以若花姊姊第一，至郡元文字，雖不及二位姊姊英發，但結實老練，通場無出其右，似非出之幼女之手。彼時家父再三斟酌，言此人若非苦志用功，斷無如此筆力；此等讀書人，若不另眼相看，何以鼓勵人才？所以把他取在第一，其實不及二位姊姊時派❷。」祝題花道：「郡元前在縣考，家父也喜他文字，因筆力過老，恐非幼女，兼恐倩代，因此取在末名，可惜此人方才得中，就染重病，至今未得一見，究竟不知年歲幾何？諸位姊姊可曾會過？」眾人都回不知。婉如道：「這位郡元，只怕亭亭姊姊向來同他熟識？」亭亭忙說道：「妹妹休得取笑，你們都是此地人還不認識，何況我是異鄉人哩。」秦小春道：「原來姊姊同他也是素昧平生，這就是了。」

印巧文道：「家父前日評論紅紅、亭亭二位姊姊文字，都可首列；無如郡元之後，恰恰碰見閨臣、若花二位姊姊卷子，因此稍覺奉屈。」紅紅道：「妹子僻處海隅，素少見聞，今得前列，已屬非分，何敢當此『奉屈』二字？」亭亭道：「妹子固才疏學淺，然亦不肯多讓，今老師以閨臣、若花姊姊前列，我又不能不甘拜下風了。」祝題花道：「昨印伯伯與家父評論諸位姊姊文字，言天下人才固多，

❷ 時派：合於時宜。

若以明年部試首卷而論，除閨臣、若花二位姊姊之外，再無第三人；如評論訛錯，以後再不敢自居看文老眼。可見二位姊姊學問，非獨本郡眾人所不能及，即天下閨才，亦當退避三舍❸哩。」

竇耕烟道：「昨聞家父言，現在看文巨眼，應推印伯伯當代第一。諸位姊姊既被獎許，將來名振京師，已可概見；今日得能幸遇，誠非偶然。」若花道：「妹子海外庸愚。正愧知識短淺，適蒙過獎，更增汗顏。至閨臣阿妹，才名素著，自應高擢。妹子何知，昨雖濫邀前列，不過偶爾僥倖，豈可作得定準？」廉錦楓道：「部試首卷，老師既如此評論，來年殿元，自然也不出閨臣、若花二位姊姊之外了。」印巧文道：「殿試甲乙，家父卻未評論。」蘭音道：「據妹子看來，老師所以不言者，大約因恩詔條例言殿試毋許謄錄，又不彌封，恐太后別有偏愛，因此不敢預定高下。」祝題花點頭道：「姊姊所論不差。」

花再芳道：「殿試若不彌封，那殿元我倒有點想頭！」鍾繡田道：「何以見得？」花再芳道：「聞得當年我們還未出世時，太后曾命百花齊放，大宴群臣，吟詩做賦，甚為歡喜。明年閱卷，看見我『花再芳』三字，倒像又要百花齊放光景，一時心喜，把我點作殿元，也不可知哩。」秦小春冷笑道：「這是姐姐過謙。若論文字，姊姊就可點得殿元，何在尊名！」

花再芳道：「外面鑼鼓聲喧，這樣好戲，我們卻在此清談，豈不辜負主人美意？如諸位姊姊不去，妹子要失陪了。」閨臣忙道：「姊姊既喜看戲，妹子奉陪同去。」洛紅蕖道：「此處客多，姊姊是主人，只好在此陪客，妹子替你陪再芳姊姊去。」再芳道：「姊姊是客，怎好勞駕？」宋良箴道：「他

❸ 退避三舍：撤軍三十里，不敢與之爭，語出《左傳・僖公二十三年》。比喻為退避的意思。

雖是客，他是唐府人，也算半主，這有何妨？」紅蕖聽了，把良箴瞅了一眼，滿面緋紅，同再芳去了。竇耕烟道：「紅蕖姊姊莫非就是世嫂麼？」閨臣道：「正是。」

蘇亞蘭道：「巧文、題花二位世姊同耕烟姊姊學問淵博，妹子常聽老師言及，今得幸遇，真是名下無虛。現正各處紛紛應考，為何還在此躭擱？」竇耕烟道：「昨同印、祝兩位姊姊商議，今日過了老師壽誕，早晚就要回籍。他們二位都是家學淵源，此去定然連捷。妹子學問淺薄，才女之名，自知無分，大約明春京師之行，只好奉讓諸位姊姊了。」閨臣道：「姊姊說那裡話來，若姊姊不到京師，只怕那個殿元還無人哩！」

顏紫綃道：「咱妹子有句話說：今日難得大家幸遇，氣味又都相投，咱們何不結個異姓姊妹？日後到京，彼此也有照應。諸位姊姊以為何如？」眾人都道：「如此甚好。」田鳳翾道：「再芳姊姊一心想中殿元，看他光景，未必把我們看在眼裡。況他現在看戲，可以不去驚動，莫若把紅蕖姊姊悄悄找來，我們十七人，一同結拜罷。」婉如道：「姊姊所言極是。」隨命丫環把洛紅蕖請來，告知此意，紅蕖甚喜。當時鋪了紅氈，眾姊妹一齊團拜。少時，林氏進來，邀去看戲。到晚宴畢各散。竇耕烟、印巧文、祝題花各回本籍赴考。顏紫綃也拜從唐敏看文，眾姊妹都在唐府用功。

殘冬過去，到了正月，閨臣同眾人要去赴試，先在府縣起了文書，惟恐緇氏要去，也把文書起了。後來虧得良氏、史氏再三勸阻，緇氏這才應允不去。唐敏恐蒼頭乳母沿途難以照管，同林氏商議，送了老尼末空並多九公許多銀兩，託他們同去照應。多九公正要照應甥女田鳳翾、秦小春赴試，聽見此話，正中下懷。末空也因徒弟宋良箴上京甚不放心，今見林氏送銀託他，如何不喜，即換了舊日衣服過來等候起身。

當時選擇吉期，因這年閏二月，就選了二月中旬日子，是日林氏安排酒宴送行。閨臣拜別母親、叔、嬸，命小峯好好在家侍奉；即同顏紫綃、林婉如、洛紅蕖、廉錦楓、田鳳翾、秦小春、宋良箴、黎紅紅、盧亭亭、枝蘭音、陰若花共十二人，各帶僕婦，齊往西京進發。眾姊妹本擬去年臘月就要動身，因洛紅蕖久已寫信通知薛蘅香，意欲等他海外回來，又因婉如說徐麗蓉、司徒嫵兒當日曾有要來嶺南之話，惟恐他們赴試，以便攜伴同行。那知等之許久，杳無音信，眾人只得起身。

原來徐承志自從別了唐敖，帶了徐麗蓉、司徒嫵兒，改為余姓，竟奔淮南，一路甚感唐敖救出淑士之德。司徒嫵兒也感贖身救拔之恩。余麗蓉道：「哥哥嫂嫂此番幸遇唐伯伯，我們方能骨肉團圓。此去淮南，不知機緣若何？那文伯伯哥哥向日可曾見過？其家還有何人？文伯母是何姓氏？」余承志道：「文伯伯我雖見過一面，那時年紀尚小，至文伯母是何姓氏，我更不知，只好且到淮南再去打聽。」

這日行至中途，船上幾個舵工忽都患病。兄妹正在驚慌，恰喜迎面遇見一隻熟船，當時請了一位舵工過來。那隻船上還有一位老翁，要搭船同到淮南，余承志因船主人再三相託，情不可卻，只得應承。及至過船細談，原來卻是麗蓉乳母之夫，名叫宣信，當年被大兵衝散，逃到淮南節度文老爺府內，在彼十餘年。文老爺早知徐公子逃在海外，因久無音信，特命奶公❹到海外尋訪。這奶公因見承志面目宛如敬業主人，所以借搭船之名，過來探聽。那知不但主僕相遇，並且夫婦重逢！未知後事如何，且看下回分解。

❹ 奶公：尊稱乳母的丈夫。

第五十七回　讀血書傷情思舊友　聞凶信仗義訪良朋

話說余承志正因不知文府消息，無從訪問，今見奶公，歡喜非常。當時乳母領宣信與麗蓉、司徒嫵兒見禮。余承志問起文府親丁幾口。宣信道：「文老爺祖籍江南，寄居河北，並無弟兄。跟前五位公子，都是章氏夫人所生；還有二位小姐，是姨娘所生。姨娘久已去世。大公子名文芸，二公子名文菿，三公子名文萁，四公子名文菘，五公子名文苾；現在年紀都在二十上下，個個勇猛非凡，大、四兩位公子尤其足智多謀，人都呼為文氏五鳳。文老爺年紀雖不足五旬，時常多病，頗有老景；兼之屢次奉旨征剿倭寇，鞍馬勞頓，更覺衰殘。近來淮南臨海一帶海口得以安靜，全仗五位公子輔佐之力。文老爺久要退歸林下，因主上貶在房州，尚未復位，所以不忍告歸；大約主上一經還朝，也就引退了。」

麗蓉道：「二位小姐現年幾何？」宣信道：「都在十五六歲。大小姐名書香，許與林侍郎公子林烈為妻；二小姐名墨香，許與陽御史公子陽衍為妻。現在府中，都未出閣。」承志道：「五位公子可曾配婚？」宣信道：「雖都聘定，尚未婚娶。大公子自幼聘山南節度章老爺小姐章蘭英為妻。二公子聘潮州郡守邵老爺小姐邵紅英為妻。三公子聘工部尚書戴老爺小姐戴瓊英為妻。四公子聘許州參軍田老爺小姐田秀英為妻。五公子聘柳州司馬錢老爺小姐錢玉英為妻。這位章氏夫人，就是河東節度章更老爺胞姊；為人慈祥，一生好善，相待兩位小姐如同親生，凡有窮人，莫不周濟，諸如捨藥、施棺、修橋、補路之類，真是遇善必行。淮南一帶，人人感仰，都以活菩薩稱之。」

承志道：「這五位公子，為何都不成親？」宣信道：「文老爺本要早替眾公子婚娶，因太后頒有考才女恩詔，這些小姐都要赴試，所以躭擱。文府兩位小姐至今尚未出閣，也是這個緣故。」承志道：「原來國中近日又有考才女一事，這惡婦並不迎主還朝，還鬧這些新鮮題目，也忒高興了！」宣信道：「小主母同小姐向來可曾讀書？若都能文，將來到了文府，只怕兩位文小姐都要攜著赴考哩。」承志道：「我同這惡婦乃不共戴天之讎，豈可令妻妹在他跟前應試！」宣信道：「公子此話雖是，但恐那時章氏夫人高興，特命同去，何能推脫？」

承志道：「那河東節度章老爺既是這邊章氏夫人胞弟，他家幾位公子，幾位小姐，想來你也知道了？」宣信道：「章府同文府郎舅至親，時常往來，他家若大若小，老奴那個不知？」承志道：「當日老爺在軍前同我別時，曾給我兩封血書：一送淮南文老爺，一送河東章老爺。將來到過文府，如路上無人盤查，還到河東見見章老爺，所以問問。他家光景你既曉得，何不談談？日後到彼，省得臨時茫然。」

宣信道：「他家人口甚多，今日若非問起，將來公子到彼，何能知其頭緒？這位章老爺，祖籍江南，弟兄四位，共生四位小姐，十位公子。如今章老爺三位兄弟俱已去世。那十位公子年紀也在二旬上下，個個英勇，四、五兩位公子學問更高，人都呼為章氏十虎。大公子名章葒，自幼聘開封司馬井老爺小姐井堯春為妻。二公子名章芝，聘會稽郡守左老爺小姐左融春為妻。三公子名章蘅，聘劍南都督廖老爺小姐廖熙春為妻。四公子名章蓉，聘武林參軍酈老爺小姐酈芳春為妻。五公子名章藻，聘戶部尚書酈老爺小姐酈錦春為妻。六公子名章莒，聘吏部郎中鄒老爺小姐鄒婉春為妻。七公子名章茗，聘常州司馬施老爺小姐施艷春為妻。八公子名章芹，聘兵部員外郎柳老爺小姐柳瑞春為妻。九公子名章芬，聘太醫院潘老爺小姐潘麗春為妻。十公子名章艾，聘洛陽司馬陶老爺小姐陶秀春為妻。都等應過女試，才能完姻。」

麗蓉道：「那四位小姐年紀都相仿麼？」宣信道：「四位小姐年紀都與文府小姐差不多。大小姐名蘭芳，許與御史蔡老爺公子蔡崇為妻。二小姐名蕙芳，許與翰林譚老爺公子譚泰為妻。三小姐名瓊芳，許與學士葉老爺公子葉洋為妻。四小姐名月芳，許與中書褚老爺公子褚潮為妻。也因要應女試，都未出閣。章、文二位老爺因爵位甚尊，將來諸位小姐出去應考，若用本姓，恐太后疑有請託等弊；因此將諸位小姐應試履歷，都用夫家之姓。如今在家，就以夫家之姓相稱。若不說明，將來公子到彼，聽他稱呼，還覺詫異哩。」承志道：「章府十媳，文府五媳，名字為何都像姊妹一般？」宣信道：「這是章氏夫人寫信照會各家都以英春二字相排，以便日後看題名錄，彼此都可一望而知。」

主僕一路閒話，因沿途逆風，走了多時。這日到了淮南，另雇小船，來到節度衙門。奶公進去通報。承志見了文隱，投了血書。文隱看了，不覺覩物傷情，一時觸動自己心事，更覺悽愴不已道：「令尊雖大事未成，且喜賢姪幸逃海外，未遭毒手，可見上天不絕忠良之後。今日得見賢姪，真可破涕為笑。」因又撚鬚嘆道：「賢姪，你看我年未五旬，鬢髮已白，老病衰殘，竟似風中之燭。自與令尊別後，十餘年來，如處荊棘，心事可想而知。境界如此，安得不老？古人云：『君辱臣死』，今雖不至於辱，然亦去辱無幾，五中❶能毋懣恨？賢姪要知我之所以苟延殘喘，不肯引退者，一因主上尚未復位，二因內亂至今未平。若要引退，不獨生前不能分君之憂，有失臣節；即他日死後，亦何顏見先皇於地下？然既不能退，只好進了。無如彼黨日漸猖獗，一經妄動，不啻飛蛾投火，以卵就石。況令尊之後，又有九王諸人前車之鑒，不惟徒勞無功，更與主上大事有礙。時勢如此，真是退既不可，進又不能，蹉跎日久，良策毫無，『不忠』二字，我文某萬死何辭？而且年來多病，日見衰頹，每念主上，不覺五內如焚！看來我也不久人世，勢難迎主還朝，亦惟勉我後人，善承此志，以了生平未了之願，仍有何言！」說罷，嗟嘆不已，將承志安慰一番，並命僕人將二位小姐接入內衙。司徒斌兒同余麗蓉都到上房一一拜見，並與書香、墨香二位小姐見禮，彼此敘談，十分契合。

余承志拜過章氏夫人，來到外廂，與五位公子一同相聚，閒談間，惟恨相見之晚。大公子文芸道：「當日令尊伯伯為國捐軀，雖大事未成，然忠心耿耿，自能名垂不朽，大丈夫做事原當如此；至於成敗，只好聽之天命，莫可如何。」五公子文苿道：「若依我的主見，早已殺上西京，如今把主上不是禁在均州，就是監在房州，遷來遷去，成何道理！這總怪四哥看了天象，要候什麼度數，又是什麼課上孤虛，以至躭擱至今，真是『養癰成患』❷，將來他的羽翼越多，越難動手哩。」二公子文蒒、三公子文其也一齊說道：「武氏如把主上好好安頓，我們還忍耐幾時，等等消息；倘有絲毫風吹草動，管他什麼天文課象，我們只好且同五弟，並承志哥哥殺上長安，管教武氏寸草不留，他才知文家利害。」四公子文菘道：「兩位哥哥同五弟何必性急，現在紫微垣業已透出微光，那心月狐光芒日見消散，

❶ 五中：五內；內心。
❷ 養癰成患：比喻姑息誤事。

看來武氏氣數甚覺有限，大約再遲三、五年，自必一舉成功。此時若輕舉妄動，所謂逆天行事，不獨自己有損，且與主上亦更有害。當日九王爺之舉，豈非前車之鑒麼？」文芯道：「兄弟記得前年四哥曾言武氏惡貫指日即滿，為何此時又說還須三、五年？這是何意？」文菘道：「當日我說武氏惡貫即滿者，因心月狐光芒已退。誰知近來忽又吐出一道奇光，紫微垣被他這光壓住，不能十分透露，因此才說還須三五年方能舉事。這道奇光，我聞那些臆斷之徒，都道以為回光反照，那知卻是感召天和所致！」

余承志道：「有何驚天動地善政卻能如此？」文菘道：「我因這事揣摩許久，竟不知從何而至，後來見他有道恩詔，才知此光大約因這恩詔所感而來。」承志道：「何以見得？」文菘道：「他因七十萬壽，所以發了一道恩詔。內中除向例蠲免、減等、廣額、加級等項，另有覃恩十二條，專為婦女而設，諸如旌表孝悌、掩埋枯骨、釋放宮娥、恩養嫠婦、設立藥局、起造貞祠，以及養嫗院、育女堂之類，皆前古未有之曠典。此詔一出，天下各官自然遵照辦理，登時活了若干民命，救了無數苦人，生者沐恩，死者銜感。世間許多抑鬱悲泣之聲，忽然變了一股和藹之氣，如此景象，安有不上召天和。奇光之現，大約因此。無奈他殺戮過重，造孽多端，雖有些須光芒，不過三、五年即可消盡。此時正在鋒頭，萬萬不可輕動。五弟如不信，不出數日，自然有個效驗。」

承志道：「請教是何效驗？」文菘道：「小弟連日夜觀天象，隴右地方，似有刀兵之象；但氣象衰敗，必主失利。據我揣摩，此必隴右史伯伯誤聽謠言，以為心月狐回光反照，意欲獨力勤王，建此奇功。那知輕舉妄動，卻有殺身之禍！」正在議論，果見各處紛紛文報，都說隴右節度使史逸謀叛，太后特點精兵三十萬，命大將武九思征剿。眾人聽了，這才佩服文菘眼力不差。

承志道：「史伯伯若果失利，可惜駱家兄弟少年英豪，投在彼處，不知如何？」文芸道：「莫非賓王伯伯之子？兄長何以知其在彼？」承志道：「當日先父同駱家叔叔起兵時，小弟與駱家兄弟都在軍前；後因兵馬大傷，事機不能挽回，先父命弟投奔淮南，駱家兄弟投奔隴右。此時若史伯伯失利，豈非他亦在內？」文芣道：「我們離得過遠，不能救他，這卻怎處？」文芸道：「即使相近，又何能救？此時惟有暗暗訪他下落，再作計較。」

文其道：「賓王伯伯向同父親結義至交，今駱家哥哥既然有難，我們自應前去救他，豈可袖手！」文蕤道：「為今之計，我與三弟且同承志哥哥偷上隴右，探探下落，如何？」文芸道：「你們且去稟知父親，再定行止。」文其道：「此事只好瞞著父親，如何敢去稟知？」文芸道：「若不稟知，如此大事，我又焉敢隱瞞？」文菘道：「昨日兄弟偶爾起了一課，父親驛馬星動，大約不日就有遠差。兩位哥哥莫若等父親出外，再議良策，豈不是好？」文蕤道：「如此更好，但恐四弟騙我。」文其道：「四弟之課，向來從無舛錯，我們且耐幾日，再看如何。」文芣道：「若果如此，你們設或去時，切莫把我丟下。」文菘道：「五弟，驛馬雖動，但恐不是隴右之行。」

過了兩日，文隱接了一道御旨，因劍南倭寇作亂，命帶兵將前去征剿，所有節度印務，仍著長子文芸署理。文隱接了此旨，那敢怠慢，星速束裝，帶了文菘、文芣並一干眾將，即日起身往劍南去了。

文蕤、文其約了余承志，帶了幾名家將，在章氏夫人跟前扯了謊要到五台進香，其實要往隴右探駱承志下落。文芸再三相勸，那裡阻得住，只得託了余承志諸事照應，並於暗中命人跟去探聽。三人上路，望隴右進發，一路饑餐渴飲，早起遲眠，說不盡途中辛苦。未知後事如何，且看下回分解。

第五十八回　史將軍隴右失機　宰少女途中得勝

話說三人走了幾日，行至中途，只聽過往人傳說，史逸業已被難，隨即趲行。這日來到小瀛洲山下，天色已晚，三人止步，意欲覓店歇宿。眾家將道：「這座大山，周圍數百里，向無人烟，裡面強盜最多，豺狼虎豹，無所不有，每每出來傷人；因此山下並無人家，必須再走一二十里才有歇處。」文其道：「此處既有強盜，倒要會他一會，且替客商除除害，也是好事。」文蒨道：「如此甚好，我們且去望望。這些強盜，從未見過，究竟是何模樣？」承志聽了，不覺發急道：「二位賢弟，你看天色業已黃昏，不但山路崎嶇難以上去，即使上去，遇見強盜，你又何能見他模樣？莫若日後隴右回來，起個絕早，再去看罷。此時駱家兄弟存亡未卜，二位既仗義而來，自應趕路，豈可在此耽擱？素日我在山南海北，見的強盜最多，你要問他面目以及名色❶，我都深知。且隨我來，等我慢慢細講。」於是攙了二人，一齊舉步。

文蒨道：「請教兄長，世間強盜是何面目？共有幾等名色？」承志道：「若論面目，他們面上莫不塗抹黑烟，把本來面目久已失了，你卻從何看起？惟有冷眼看他，或者略得其神。」文蒨道：「請教怎樣看法？」承志道：「你只看他一經有錢有勢，他就百般驕傲，及至無錢無勢，他就各種諂媚；

❶ 名色：種類。

滿面雖然含笑，心中卻懷不良，滿嘴雖係甜言，胸中卻藏歹意：諸如此類，雖未得其皮毛，也就略見一斑了。其中最易辨的，就只那雙賊眼，因他見錢眼紅，所以易辨。」

文蒒道：「請教名色呢？」承志道：「若論名色，有殺人放火的強盜，有圖財害命的強盜。」文蒒道：「只得這幾種麼？」承志聽了，隨口答道：「豈止這幾種！有不敬天地的強盜，有不尊君上的強盜，有藐視神明的強盜，有毀謗聖賢的強盜，有忘了祖先的強盜，有不孝父母的強盜，有欺兄滅嫂的強盜，有逆長犯上的強盜，有誣罔正人的強盜，有欺壓良善的強盜，有凌辱孤寡的強盜，有挾制貧窮的強盜，有損人利己的強盜，有口是心非的強盜，有謠言惑眾的強盜，有惡口咒人的強盜，有負義忘恩的強盜，有嫌貧愛富的強盜，有不安本分的強盜，有無事生非的強盜，有作踐廟宇的強盜，有污穢字紙的強盜，有輕棄五穀的強盜，有荼毒生靈的強盜，有暗箭傷人的強盜，有借刀殺人的強盜，有造謠言害人的強盜，有設計坑人的強盜，有淫人妻女的強盜，有誘人子弟的強盜，有離人骨肉的強盜，有間人弟兄的強盜，有破人婚姻的強盜，有引人嫖賭的強盜，有謀人財產的強盜，有奪人事業的強盜，有壞人名節的強盜，有陷人不義的強盜，有唆人興訟的強盜，有唆人不和的強盜，有說人閨閫的強盜，有說人是非的強盜，……諸如此類，一時何能說得許多？只顧閒談，不知不覺離了小瀛洲已有二三十里。且喜前面已有人家，我們趁早投宿，以便明早趲路。」上前覓店安歇。

不一日，趕到隴右。細細打聽，原來史逸被武九思大兵掩殺，及至退到大關，城池已陷，只得遠逃，現在武九思在此鎮守。三人即到各處探聽駱承志下落，毫無影響。這日又在街上偵探，遇一老者，問起駱公子消息。那老者輕輕說道：「你們問的莫非就是賓王之子駱大郎麼？」文蒒見他不敢高聲，即到跟前附耳道：「我們問的正是此人，求老翁指教。」老者聽了，也在文蒓耳邊輕輕說了幾句。文蒓聽罷，不覺喊道：「既如此，你又何必輕輕細語？真真混鬧！」那老者見他喊叫，慌忙跑開。

文其埋怨道：「二哥只管慢慢盤問，為何大驚小怪把他嚇走？剛才他說駱家哥哥現在何處？」文蒓道：「你道他說些什麼？他道：『你問駱公子麼？』我說：『正是。』他道：『你們問他怎麼？』我說：『我要問他下落。』他道：『原來你要問他下落，我實對你說罷，我只曉得他是欽命要犯，至於下落，我卻不知。』」余承志道：「這個老兒說來說去，原來也同我們一樣。」文蒓道：「誰知我低聲下氣，恭恭敬敬，卻去吃他一個冷悶。」文其搔首道：「杳無消息，這卻怎處？此番辛苦，豈不用在空地？」

三人一連又找數日，也是枉然，只得商議，且回淮南。走了幾日，出了隴右邊界。這日又到小瀛洲山下。文其、文蒓正想上山望望，忽見有員小將帶著一夥強人圍著一個女子在那裡戰鬥。戰了多時，那小將看看抵擋不住。余承志道：「遠遠望去，那個少年宛似駱家兄弟，可惜不能問話，這卻怎好？」文蒓道：「我們何不助他一臂之力？」文其道：「既是駱家兄弟，承志哥哥且去同他答話，我們與這女子迎敵。」即同文蒓身邊各取利刃，迎了上去。大聲喊道：「女子休得逞強！我二人來了！」登時鬥在一處。

余承志叫道：「那位可是駱家兄弟麼？」駱承志聽了，撇了女將，把余承志上下打量，雖多年未見，究竟面貌相似。因大聲呼道：「尊駕莫非徐家哥哥？因何到此？」余承志慌忙上前，把面投血書今同文蒓、文其來此探聽賢弟消息的話，略略說了幾句。因問道：「賢弟到此幾年？為何與這女子爭鬥？」駱承志道：「此話提起甚長，我們把這女子殺了，慢慢再講。」各舉利刃，一齊上前。那女子雖然武藝高強。那裡敵得四員小將，看看刀法散亂，力怯難支，忽聽遠遠有員小將喊道：「駱家哥哥並諸位壯士休要動手，莫把我的小姨子傷害，我史述來了。」駱承志連忙跳出圈子叫道：「史家兄弟此話怎講？」史述道：「兄長且請三位壯士暫停貴手，小弟慢慢講這緣故。」眾人聽的明白，只得住手退後。女子叫道：「原來是史述表兄？為何卻在此處？」駱承志道：「既是親眷，此非說話之地，且請上山慢慢再講。」大家一齊上山。

走了多時，進了山寨，女子往後寨去了。駱承志指著史述向余承志道：「此即史伯伯之子，名叫史述，當日兄弟自軍前分手，逃到隴右；見了史伯伯，呈了血書，蒙史伯伯收留，改為洛姓。命跟教師習學諸般武藝，至今十有餘年。史伯伯久欲起兵保主上復位，因常觀天象，武后氣數正旺，唐家國運未轉，就擱多年。這幾年武后氣運日見消敗，紫微垣已吐光芒。昨因武后回光反照，氣運已衰，正好一舉成功；不料起兵未久，竟致全軍覆沒，史伯伯不知逃奔何處。小弟同史家兄弟蒙史伯伯派在後隊接應，因大事已去，只得帶了本隊一千人馬逃至此山。山上向有數百強人，聚集多年。他見我們兄弟驍勇，情願歸降。我們正在有家難奔，有國難投。見他如此，因此暫在此山權且避難。不想今日得遇三位仁兄，真是三生有幸！不知史家兄弟與這女子是何親眷？」

史述道：「剛才兄長與這女子戰鬥，小弟即將他的車輛人口搶擄上山，意欲拷問為何來探行藏，誰知卻是小弟舅母，又是小弟岳母！」洛承志道：「此話怎講？」史述道：「小弟母舅姓宰，名宗，當年曾任隴右都督，久已去世，寄居西蜀。舅母申氏，膝下兩個表妹：一名宰銀蟾，一名宰玉蟾。那銀蟾即家君自幼代弟所聘者。剛才那員女將，就是玉蟾，因考才女一事，同了母親、姊姊，並兩個姨表姊妹，一名閔蘭蓀，一名畢全貞回籍赴試，從此路過。我玉蟾表妹素日最孝，他恐山上藏有虎豹驚嚇老母，前來探路。那知我們只當他有意來探行藏，與他爭鬥，若非問明，幾乎誤事。這三位兄長尊姓大名？從何到此？」洛承志將三人名姓來意說了，史述這才明白，深讚三人義氣。洛承志再三拜謝，隨命下人大排筵宴。宰氏姊妹即同母親別了史述，帶著蘭蓀、全貞應試去了。忽有小卒來報：武九思家眷不日從此經過，史述同洛承志聽了，當時計議要去報讎。未知後事如何，且看下回分解。

第五十九回　洛公子山中避難　史英豪嶺下招兵

話說史述聞武九思家眷不日從此經過，即同洛承志商量，意欲把九思家口殺害，以報陷城之讎。余承志道：「史家哥哥固志在報讎，但他的家眷，豈無兵將護送？縱使殺害，他又豈肯干休？一經領兵到此，豈非泰山壓卵？史伯伯兵馬數萬，尚且不能取勝，何況今日人馬不滿兩千？據小弟愚見，且把報讎之事暫緩，莫若招集舊日部曲，以為日後勤王之計，最為上策。此處難得山田又多，又能容得人馬，剛才小弟細細眺望，儘可藏身。況史伯伯在此多年，官聲甚好，各兵受恩深重，看來也還易於招集。俟兵馬充足，別處一有勤王之信，此處也即起兵相助。二位在此既不替天行道，又不打劫平民，自耕自種，與人無爭，眼前既可保全，將來亦不失勤王功業。二位以為如何？」史述同洛承志聽了，個個點頭稱善，就命各兵在山前山後播種五穀，積草屯糧，並暗暗招集人馬。

三人住了幾日，屢要告歸，因史、洛二人再三挽留，又住幾時，才同回淮南。見了文芸，把上項話說了。文芸正在三番兩次差人打聽，今見他們回來，這才放心。余承志見了妻子、妹妹，也把此事告知。麗蓉道：「此處兩位姊姊不日要赴縣考，意欲約我二人同去，妹子因哥哥前在船上有不可去之話，所以再三推辭。誰知伯母竟將我們履歷業已開報，並囑我們陪伴同去；妹子只得含糊答應，俟哥哥回來再去覆命。哥哥你道如何？」余承志道：「伯母既如此高興，自應同去為是。況此間之事，也須躭擱兩年方有頭緒，你們借此出去消遣消遣，也省我許多牽挂。」

麗蓉同司徒斌兒聽了甚喜，即去見了林書香、陽墨香告知此意。二人得有伴侶，歡喜非常；因將乳母之女崔小鶯喚出與二人叩拜行禮。麗蓉連忙攙起還禮道：「我們時常見面，今日為何忽又行此大禮？」斌兒也還禮道：「莫非要求我們做媒麼？」書香道：「姊姊休得取笑。此女雖是乳母所生，自幼與妹子耳鬢廝磨，朝夕相聚，就如自己姊妹一般。並且我同墨香妹妹在家讀書，也是他伴讀，時刻不離，真是情同骨肉。更喜他心靈性巧，書到跟前，一讀便會；所有書法學問，竟在我們姊妹之上。今逢考試大典，乃自古未有奇遇，妹子意欲帶他同去考考，他因二位姊姊曉得他的出身，求我們轉懇：將來應試，全仗包涵，替他遮掩遮掩。」

斌兒道：「這個何消囑付！妹子向在淑士也曾充過宮娥，這有何妨！」麗蓉道：「既如此，我們竟要叨長，將來不稱崔姑娘竟要呼作小鶯妹妹了。」崔小鶯道：「得蒙二位小姐如此提攜，自當永感不忘，此後惟以師禮事之；並且竟要大膽，如在人前，只好以『姊姊老師』呼之了。」墨香笑道：「姊姊老師向無此稱，莫若竟呼姊姊，把老師二字放在心裡，叫作心到神知罷。」過了幾時，章府大小姐蔡蘭芳，二小姐譚蕙芳，三小姐葉瓊芳，四小姐褚月芳都從河東節度衙門起身來約文府二位小姐同回祖籍赴試。於是書香、墨香約會麗蓉、斌兒，帶了崔小鶯，一共九人同到江南。喜得郡縣兩考都得中式。回到淮南，略為躭擱，即向西京進發。

恰好行了幾日，適值唐閨臣、林婉如、洛紅蕖、廉錦楓、田鳳翾、秦小春、宋良箴、顏紫綃、黎紅紅、盧亭亭、枝蘭音、陰若花也上長安，二十一位才女竟於中途巧遇。婉如同麗蓉、斌兒彼此道了久闊，並謝麗蓉神彈相救之力。斌兒見了閨臣，再三道謝當日寄父救拔之恩；此時聞在小蓬萊修行，頗為喜慰。洛紅蕖得了哥哥在小瀛洲避難下落，這才放心，把此事告知宋良箴。大家說說笑笑，一路頗不寂寞。

這日天晚下店，只見許多兵丁圍著一個木籠，裝著一員小將，滿面病容，繩索綑綁；後面有一武官，押著出了店門，簇擁而去。只聽眾兵紛紛言講：「這個小將，乃九王爺之子，本名李素，如今改作宋素，在逃多年，今日才被擒獲。」這話登時傳到宋良箴耳內，嚇的驚慌失色，淚落不止；只得背著眾人，再三懇求閨臣、紅蕖想個解救之法。二人躊躇多時，毫無計策，因將多九公找來，暗暗商議。九公搖頭道：「他是欽命要犯，有何解救？難道我們把他劫奪回來？安有此理？」正在議論，適值顏紫綃走來，問知此事，忖了一忖道：「九公且去打聽：他們今夜要投何處？此番捉獲，還是本人犯了重罪，還是為著當年九王爺之事？如果本人並未犯罪，仍為當年之事，咱看良箴姊姊分上，倒可挺身前去，憑著全身本領，或可救他，也未可知。」良箴聽了，不覺轉悲為喜，再三道謝；即託九公前去打聽。

閨臣恐人多嘴雜，說話不便，即同良箴、紅蕖、紫綃另在一房居住，暗託若花、蘭音陪伴眾人。不多時，多九公打聽回來道：「這員武官姓熊，不知何名，人都叫他熊大郎，乃本地督捕；今擒了宋素，因是欽命要犯，惟恐路上有失，連夜要解都督衙門，業已向東去了。」

紫綃道：「九公可曾打聽宋公子何以被他擒獲？」多九公道：「聞得前面過去五十里有兩個村莊：一名宋家村，一名燕家村。兩村相離甚近。宋家村內有一富戶，名叫宋斯，外號叫作好善。當日宋素逃到他家，宋斯因他少年英俊，就認為義子，收留在家；並將甥女燕紫瓊許他為妻，尚未婚配。誰知宋素右眼是個重瞳，太后因他日久在逃，忽然想起重瞳是個憑據，特發密旨命天下大臣細心訪拏。宋素向日常在教場習武，人都叫他三眼彪；現在身患重病，因此毫不費事，就被擒獲。」良箴聽了，這才明白。紫綃知宋素並未另犯重罪，才允定了晚上必去解救；當時多九公仍去外面照料。

到晚，四個姊妹同眾人飯罷歸房，良箴另外備了幾樣酒餚與顏紫綃壯威，敬了幾杯，天已黃昏。良箴道：「紫綃姊姊好去了；惟恐他們去遠？何能趕上？」紫綃笑道：「姊姊！不妨。他若去遠，咱有甲馬❶，若拴上四個，做起神行法，任他去遠，咱也趕得上！」良箴道：「這甲馬不知別人拴上也能行麼？」紫綃道：「如何不能！只要把咒語一念，他就走了。」良箴道：「若果如此，將來姊姊何不替我拴上兩個，我也跟著玩玩呢？」紫綃道：「這個雖可，但路上必須把葷戒了，才能飛跑；若嘴饞，暗地吃了葷，直要奔一世才能住哩！」紅蕖笑道：「嫂嫂何必聽他瘋話！他又何必要用甲馬！前在嶺南閨臣姊姊託他寄信，不過半個時辰，往返已是四五十里，就拴百十甲馬，也無那般迅速。」

閨臣道：「只顧閒談，姊姊！你聽外面已起更了。」紫綃忙起身道：「此時可行了。」於是換了衣履，繫了絲縧，紮了魚婆巾，胸前插了寶劍，仍是一色通紅。三人正看他結束，只聽說聲去了，將身一縱，不知去向。良箴一見，口中只呼奇怪，連忙趕到門外仰頭一望，只見月色當空，何嘗有個人形；因轉身進來道：「紫綃姊姊有此本領，大約我哥哥性命可以無憂了！」閨臣道：「他若無驚人手段，何敢冒昧挺身前去？此事大可放心。古來女劍俠如聶隱娘、紅線之類，所行所為，莫不千奇百怪，

❶ 甲馬：紙上所畫的神佛像。

何在救脫一人；他們只要所行在理，若教他枉法亂為，只怕不能。你只看他務要打聽宋公子有無犯罪，才肯解救，即此已可概見。當日姊姊執意不肯應試，若非眾人一力攛掇，姊姊那肯同來。誰知今日倒與公子得了一條生路！雖吉人天相，亦是上天不絕忠良之後。」

紅蕖道：「嫂嫂剛才趕到外面，可見紫綃姊姊向那方飛去？」良箴道：「我出去一望，只見一天星月，那有人影！如此奇技，真是平生罕見！但賢妹剛才為何又以嫂嫂相稱？前日所說機事不密則害成那句話，莫非忘了？只顧如此，設或有人盤根問底，一時對答訛錯，露出馬腳，豈不有誤大事。」紅蕖道：「這是妹子偶爾順口稱錯，此後自當時刻留心。」

三人談之許久，漸漸已轉四更。正在盼望，只聽颼的一聲，顏紫綃忽從外面飛進。隨後又有一個女子也飛了進來，身穿紫紬短襖，下穿紫紬棉褲，頭上束著紫紬魚婆巾，腳下露著三寸紫繡鞋，腰繫一條紫色絲絛，胸前斜插一口紫鞘寶劍，生得面似桃花，與顏紫綃打扮一模一樣。三人一見，不解何意，嚇的連忙立起。良箴心中有事，慌忙問道：「紫綃姊姊可曾將我哥哥解救？此時現在何處？這位姊姊卻是何人？為何與你同來？」顏紫綃道：「姊姊！你道這人是誰？」未知後事如何，且看下回分解。

第六十回　熊大郎途中失要犯　燕小姐堂上宴嘉賓

話說顏紫綃向宋良箴道：「這位姊姊，你道是誰？原來卻是令親。姊姊莫慌，咱們忙了多時，身子倦乏，且請坐了再講。」大家序了坐。紫綃又接著說道：「剛才咱從此間出去，到了中途，忽然遇見這位姊姊，問起姓名，原來姓燕，名紫瓊，河東人氏，自幼跟著哥哥學得劍術，今因丈夫有難，特奉母命前去相救。他也問咱名姓。咱將來意說了，誰知他丈夫正是宋公子，因此同至前途。咱妹子迎頭把熊大郎攔住，與他戰鬥；紫瓊姊姊趁空即將公子劫去。咱鬥了幾合，撇了熊大郎，趕上紫瓊姊姊，把公子送到燕家村交與太公夫人。只因聞得彼處官兵現在搜捕餘黨，家家不寧，所以咱同紫瓊姊姊趕來，特與諸位姊姊商議長久之計。」三人聽了，這才明白。紫瓊問了眾人名姓，重復行禮，各道巧遇。

紅蕖道：「公子向在宋府居住，今藏燕府，豈不甚妥，為何欲議長久之計？」紫綃道：「現在宋燕兩村紛紛訪拏餘黨，那熊大郎今日失了公子，豈肯干休，勢必仍到原處搜捕。一經訪知公子是燕府之壻，豈有不去嚴查？況是欽命要犯，縱進內室，有誰敢攔？設有不妥，所關非輕，所以不能不預為籌畫。為今之計，除遠遁之外，別無良策。不知良箴姊姊可有安頓令兄之處？」燕紫瓊道：「良箴姊姊歷來藏身既無人知，可見所居定是僻鄉，何不請公子且到尊府暫避幾時，豈不放心？」

良箴聽了，不覺滴下淚來道：「嫂嫂那知妹子苦處！自從先父遇難，妹子逃避他鄉，雖得脫離虎口，已是九死一生。後來逃入尼庵，所處之地，不瞞嫂嫂說，方圓不及一丈，起走坐臥以及飲食一切但在其內，終年惟覩星月之光，不見太陽之面。蓋因庵近鬧市，日間每多遊人，故將其門牢牢反鎖；惟俟夜靜無人，始敢潛出庭院，及至白晝，又復鎖在其內。日日如此，八年之久，幾忘太陽是何形象。去年若非閨臣姊姊提攜，無非終於斗室，囚死而已。今雖略有生機，但自顧不暇，何能另有安頓哥哥之處？」閨臣道：「紫瓊姊姊府上既難安身，莫若且到嶺南，權在我家暫避幾時；又有我家兄弟可以照應，俟鋒頭過去，再回燕家村，亦是救急之法。」

紅蕖道：「此說斷斷不可。昨日九公探得太后曾有特命天下大臣訪拏之話；既命天下訪拏，嶺南豈有不搜捕之理？況今日被劫，明日廣捕遍行天下，勢必更加嚴緊，姊姊府上豈能藏身？設有敗露，不獨公子枉送性命，並恐種種牽連。若據愚見，莫若妹子修書一封，即日投奔小瀛洲與我哥哥相處，豈不是好？」

紫綃道：「姊姊所見極是。他們郎舅至親，同在一處，彼此亦有照應。事不宜遲，就請修書，以便紫瓊姊姊趁早伴送郎君上山。」紫瓊不覺含羞道：「諸位姊姊計議雖善，但宋公子患病已深，現在人事不知，況離小瀛洲甚遠，妹子一人何能辦此大事？必須仍煩紫綃姊姊幫同照應，庶免疎虞。」紫綃道：「此去小瀛洲尚有數百里，咱們往返雖如風雲，此時天已發曉，安能頃刻即回？姊姊既要咱同去，閨臣姊姊這裡只管收拾起身，明日咱在前途客店相會便了。」閨臣道：「與其如此，莫若我們在此躭擱一日，等姊姊回來一同起身，也不為遲。」當時紅蕖把信寫了，交付燕紫瓊。紫瓊即攜了紫綃，別了三人，騰空而去。

少時天明，閨臣假推有病，不能動身，在店住了一日，到晚仍同紅蕖、良箴守候。天交三鼓，紫綃方才回來。良箴道：「紫綃姊姊為我哥哥之事，屢次勞動，實覺不安。可送到小瀛洲麼？」紫綃道：「今早同紫瓊姊姊到了他家，見了葉氏夫人，把上項話說了。夫人與太公再四商酌，雖放心不下，因事在危急，無可奈何，只得勉強應允。等到夜晚，咱同紫瓊姊姊將公子送到小瀛洲山寨之內，把書放下，隨即回來。」閨臣道：「那燕家姊姊呢？」紫綃道：「紫瓊姊姊也要上京應試，得知諸位姊姊赴試之信，心中甚喜，意欲攜伴同行。他家就在前面燕家村，咱們此去，必由村前路過；因此紫瓊姊姊先趕回家預備酒飯，以便持待諸位，囑妹子回來代達其意。姊姊意下如何？」閨臣道：「妹子巴不能多幾個姊妹，路上才有照應。今紫瓊姊姊既有此意，明日路過燕家村，自然前去約他。」

次日收拾起身，走了五十里，到了燕家村，早有燕家僕婢前來迎接。眾姊妹進了燕府，見了紫瓊，彼此見禮，並拜見葉氏夫人。原來紫瓊父親名燕義，曾任總兵之職，如今年近七旬，致仕在家。妻子葉氏，跟前一兒一女：女即紫瓊，兒名燕勇，自幼習武，赴試未歸。燕義家資巨富，雖致仕在家，因主上久不復位，時刻在念；所以家中養著許多教師，廣交天下好漢，等待天下起了義兵，好助一臂之力，共力勤王。昨聞女兒要同閨臣結伴赴試，知道閨臣是探花唐敖之女，又有駱賓王之女同行，都是忠良之後，心中甚喜，即命家人備筵款待。

登時各村都知燕小姐就要起身，因而燕義甥女姜麗樓、表姪女張鳳雛，都來面求要同去赴試。紫瓊與唐閨臣商議，閨臣甚為樂從，燕義即通知各家。當時張鳳雛、姜麗樓都過來與眾人相見。燕紫瓊命丫環擺了五桌酒席，唐閨臣、林婉如、洛紅蕖、廉錦楓、田鳳翾、秦小春、宋良箴、黎紅紅、盧亭亭、枝蘭音、陰若花、顏紫綃、余麗蓉、司徒嫵兒、林書香、陽墨香、崔小鶯、蔡蘭芳、譚蕙芳、葉瓊芳、褚月芳、張鳳雛、姜麗樓、燕紫瓊共二十四位小姐，各按年齡，歸坐飲酒暢談。

原來紫瓊談風甚好，席上頗不寂寞。婉如道：「我們與紫瓊姊姊今日雖是初會，聽他言談，莫不情投意合，真令人恨相見之晚，就是列位姊姊，一經會面，也都是一見如故，倒像素日見過一般，莫非前世我們都曾會過麼？」小春道：「如何不曾會過？妹子聞得凡人死後投胎，都要歸到轉輪王殿上發放，大約我們前世曾在那裡一會的。」說的眾人不覺好笑。

飯罷，掌燈。正在閒談，忽見一個女子飛進堂中，身穿桃紅袖短襖，下穿桃紅棉褲，頭上束著桃紅魚婆巾，腳下穿著三寸桃紅鞋，腰繫一條桃紅絲絲，手執寶劍，生得十分艷麗。眾姐妹一見，嚇的驚疑不止。只聽那女子厲聲問道：「昨日那個劫去宋素？姓甚名誰？請來一見！」紫綃聞言，即從身旁掣出寶劍，挺身上前道：「是咱顏紫綃。」紫瓊也執劍上前道：「是俺燕紫瓊，你是何人，問他怎麼？」

女子把二人上下看一看，道：「俺只當三頭六臂，原來不過如此。但你二人既以寶劍隨身，自然都是深通劍俠之人。俺聞劍客行為莫不至公無私，倘心存偏袒，未有不遭惡報；至除暴安良，尤為切要。今宋素乃欽命要犯，特奉密旨擒拏，你們竟敢抗拒官兵，中途行劫。俺表兄熊訓偶爾疎忽，致將要犯被劫，特託俺前來。快將宋素早早獻出，免得大禍臨身！俺姓易，名紫菱，父親在日，曾任大唐都招討之職；祖父當年亦曾執掌兵權。我家世受國恩，所以特來擒此叛逆！」

紫瓊含笑道：「尊駕此話固非強詞奪理。但你可知宋素是何等樣人？俺們救他，豈是無因？」易紫菱道：「他何嘗姓宋，乃叛逆九王之子，俺如何不知！」紫瓊笑道：「尊駕既知，更好說了。俺且請教：你說你家世受國恩，這個國恩自然是大唐之恩了。」易紫菱道：「如何不是！」紫瓊道：「府上既受大唐之恩，要知九王爺不獨是大唐堂堂嫡派，並是大唐為國忠良。他因大唐天子被廢，每念皇恩，欲圖報效，所以特起義兵迎主還朝；那知寡不敵眾，為國捐軀！上天不絕忠良之後，故留一脈。不意尊府乃世受唐恩之人，不思所以圖報，反欲荼毒唐家子孫，希冀獻媚求榮。不獨恩將讎報，遺臭萬年，且劍俠之義何在？公道之心何存？今趁諸位姊姊在此，尊駕不妨把這緣故說明。如宋素果有大罪，俺們自當獻出，決不食言。」易紫菱聽了，立在堂中，如同木偶，半晌無言。

紅蕖見這光景，連忙攙了閨臣上前萬福道：「姊姊有話，何不請坐慢慢再談。」易紫菱一面把劍入鞘，一面還禮道：「姊姊請坐。」於是大家一齊歸坐。紫綃、紫瓊也將寶劍入鞘歸位。易紫菱問了眾人名姓，閨臣把上京赴試路過此處話說了。紅蕖望著燕紫瓊道：「我看紫菱姊姊舉止大雅，器度非凡，真不愧名將之後，令人惟恨相見之晚。但他府上既世受國恩，斷無恩將讎報之理。這是上天不絕忠良之後，所以幸遇這位姊姊。若是遇了那些負義忘恩之人，……」紫菱不等話完，即接著說道：「宋素究是唐家子孫。妹子此時若食周朝之俸，自然惟知忠君之事，替主分憂，何暇計及別的？好在俺非有職食祿之人，此來係為表兄所託；諸位姊姊既仗義相救，俺妹子豈敢另有他意，就此告別，他日再於京中相會。」正要拜辭，燕紫瓊那裡肯放，務要攀留少飲數杯，略盡主誼。閨臣、紅蕖眾姊妹也再三相留。紫菱情不可卻，只得應允。燕義躲在後堂，探知這些情節，久已命人預備筵席。

登時重整杯盤，眾姊妹又復敘坐。閨臣、紅蕖、紫綃、紫瓊與易紫菱同坐一席。酒過數巡，紅蕖道：「適才姊姊有他日京中相會之話，莫非也有京師之行麼?」紫菱道：「不瞞姊姊說，妹子幼年亦曾略知詩書，前應郡試，雖得徼倖，但恨尚無伴侶，所以未及登程，大約遲早亦擬就道。」閨臣道：「姊姊既無伴侶，如府上無事，何不與妹子同行，豈不甚便?」紫菱道：「妹子適才亦有此意，因初次見面，不敢唐突；既承厚愛，足慰下懷，俟回去稟知老母，自當附驥同行。諸位姊姊倘能在此少為躭擱，妹子回去，略為收拾，不過兩日即可趕回。」

燕紫瓊道：「家母正要攀留眾位在此盤桓數日，姊姊只管回去，慢慢收拾，我們自當在此靜候。」閨臣道：「雖承伯母盛意，但人口太多，過於攪擾，實覺不安。姊姊千萬早些趕來，以便作速起身。」紫菱連連點頭。

紫綃道：「姊姊回去，作何回覆你家表兄，也須預為籌畫，省得臨期又有糾纏。」紫菱道：「俺只說無從尋找，他又何能再為糾纏。」席散後，別了眾人，將身一躍，登時去了。坐中如林書香、蔡蘭芳、司徒斌兒之類，從未見過飛來飛去之人，今見紫菱這般舉動，莫不出神叫奇，都道：「不意世間竟有如此奇人!」若花因又談起去年紫綃寄信，婉如赤腳亂鑽光景，引的眾人不覺好笑。小春道：「我看婉如姊姊日後定要成仙。」蘭音道：「何以見得?」小春道：「世上既有纏足大仙，自然該有赤足小仙。這是衣鉢相傳，亦非偶然，所以妹子知他必要成仙。」眾人聽了，雖覺好笑，卻不知纏足大仙是誰。

婉如道：「『纏足大仙』四字，只有閨臣、若花兩位姊姊心內明白；除此之外，再無第三人，何以傳到小春姐姐耳內?令人不解。」田鳳翾道：「你們海外各事，我家九公舅舅到了，無事與我們閒談，那樣不說；並囑我們日後如到海外，遇見仙果，切莫嘴饞，惟恐捉去要釀倮兒酒，那才苦哩！」婉如聽了，回想當日吃果身軟，以及男妖搽脂抹粉光景，倒也好笑。廉錦楓見他們說的藏頭露尾，走到小春跟前，再三追問。小春只得把倮兒酒及纏足大仙一切情節略略說個大概，眾人笑個絕倒。褚月芳道：「今日見了紫菱姊姊飛來飛去，業已奇極；誰知還有海外這些異事，真是聞所未聞！」

余麗蓉道：「剛才紫菱姊姊來時，何等威武；那知紫瓊姊姊口齒靈便，只消幾句話，把他說的啞口無言，把天大一件事化為瓦解冰消，可見口才是萬不可少的。當日子產有辭，鄭國賴之，這話果真不錯。」司徒嫵兒道：「紫瓊姊姊幾句話，不獨免了許多干戈，並與紫菱姊姊打成相識，倒結了伴侶。將來路上得了紫綃、紫瓊、紫菱三位姊姊，妹子別無叨光之處，就只到了客店，可以安然睡覺，叫作『高枕無憂』。」婉如道：「若據姊姊之言，路上有了他們三位，連看家狗也不必帶了。」顏紫綃道：「若把狗帶去，設或有人赤腳鑽在床下，他趕上一口把腳還要咬赤哩。」說的眾人胡盧❶大笑。

小春道：「紫綃姊姊把『赤腳』二字，忽然改做『腳赤』，這個故典用的生動，真是化臭腐成神奇。將來場中文字都像這宗做法，不獨要擾高發❷喜酒，並且妹子從此要擱筆了。」婉如道：「場中若像這般用意，即使高發，也有些臭氣。」紫綃笑道：「原來婉如姊姊腳是臭的！咱們快走罷！莫把紫瓊姊姊廳房薰壞了！」大家笑著，一齊起身，來到葉氏夫人跟前，道了厚擾，各自安歇。

次日飯後，葉氏夫人命丫環引眾位小姐到花園遊玩，正是桃杏初開，柳芽吐翠，一派春光，甚覺

---

❶ 胡盧：大笑貌。

❷ 高發：猶高中，祝賀人中舉的話。

可愛。大家隨意散步，到各處暢遊一遍。紫瓊道：「妹子這個花圃，只得十數處庭院，不過借此閒步，其實毫無可觀。內中卻有一件好處，諸位姊姊如有喜吃茶的，倒可烹茗奉敬。」蘭音道：「莫非此處另有甘泉？何不見賜一盞？」紫瓊道：「豈但甘泉，並有幾株絕好茶樹。若以鮮葉泡茶，妹子素不吃茶，固不能知其味，只覺其色似更好看。」墨香道：「姊姊何不領我們前去吃杯鮮茶，豈不有趣？」紫瓊在前引路。不多時，來到一個庭院，當中一座亭子，四圍都是茶樹。那樹高矮不等，大小不一，一色碧綠，清芬襲人。走到亭子跟前，上懸一額，寫著綠香亭三個大字。未知後事如何，且看下回分解。

第六十一回　小才女亭內品茶　老總兵園中留客

話說眾小姐來到綠香亭，都在亭內坐下。蔡蘭芳道：「這『綠香』二字不獨別致，而且極傳此地之神，這定是紫瓊姊姊大筆了。」燕紫瓊指著姜麗樓、張鳳雛道：「名字是麗樓姊姊起的，卻是鳳雛姊姊寫的；並且如今連這花園也就叫做綠香園了。」崔小鶯道：「原來是鳳雛、麗樓二位姊姊手筆，妹子有句批語叫做寫作俱佳。」麗樓道：「這是妹子亂道，尚求姊姊改正。」鳳雛道：「妹子自知寫的不好，虧得名字起的雅，把字的壞處也就遮掩了。」

登時那些丫環僕婦都在亭外紛紛忙亂，也有汲水的，也有搧爐的，也有採茶的，也有洗杯的；不多時，將茶烹了上來。眾人各取一杯，只見其色比嫩葱還綠，甚覺愛人；及至入口，真是清香沁脾，與平時所吃迥不相同，個個稱讚不絕。

婉如笑道：「姊姊既有如此好茶，為何昨日並不見賜，卻要遲到今日？豈不令人恨相吃之晚麼？」小春道：「昨日我們初與紫瓊姊姊會面，婉如姊姊曾言惟恨相見之晚；今日品了這茶，又言惟恨相吃之晚；婉如姊姊原來是世間一個恨人，處處不離恨字。」閨臣道：「適才這茶，不獨茶葉清香，水亦極其甘美，那知紫瓊姊姊素日卻享這等清福！」

紫瓊道：「妹子平素從不吃茶，這些茶樹都是家父自幼種的。家父一生一無所好，就只喜茶。因近時茶葉每每有假，故不惜重資，於各處購求佳種；如巴川峽山大樹，亦必費力盤駁而來。誰知茶樹不喜移種，縱移千株，從無一活；所以古人結婚有『下茶』❶之說，蓋取其不可移植之義。當日並不留神，後來移一株，就死一株，才知有這緣故。如今園中只存了十餘株，還是家父從前於閩、浙、江南等處，覓來上等茶子栽種活的，種類不一，故樹有大小不等。家父著有《茶誡》兩卷，言之最詳，將來發刻，自然都要奉贈。」紅紅道：「妹子記得六經無茶字，外國此物更少，故名目多有不知。令尊伯伯既有著作，姊姊自必深知，何不道其一二，使妹子得其大略呢？」

紫瓊道：「茶即古『荼』字，就是《爾雅》『荼苦檟』的荼字。《詩經》此字雖多，並非茶類。至荼轉茶音，顏師古謂漢時已有此音，後人因荼有兩音，故缺一筆為茶，多一筆為荼，其實一字。據妹子愚見，直以古音讀荼今音讀茶最為簡捷。至於茶之名目：郭璞言早採為茶，晚採為茗；《茶經》有一茶，二檟，三蔎，四茗，五荈之稱：今都叫做茶，與古不同。若以其性而論，除明目止渴之外，一無好處。《本草》言常食去人脂，令人瘦，倘嗜茶太過，莫不百病叢生。家父所著《茶誡》，亦是勸人少飲為貴；並且常戒妹子云：『多飲不如少飲，少飲不如不飲。況近來真茶漸少，假茶日多，即使真茶，若貪飲無度，早晚不離，到了後來，未有不元氣暗損，精血漸消。或成痰飲，或成痞脹，或成痿痺，或成疝瘕；餘如成洞瀉，成嘔逆，以及腹痛、黃瘦，種種內傷，皆茶之為害，而人不知，雖病不悔。上古之人多壽，近世壽不長者，皆因茶酒之類日日克伐，潛傷暗損，以致壽亦隨之消磨。』此千古不易之論，指破迷團不小。無如那些喜茶好酒之人，一聞此言，無不強詞奪理，百般批評，並且啞

❶ 下茶：古人結婚必用茶為聘禮，稱為下茶，亦稱吃茶。

然失笑。習俗移人，相沿已久，縱說破舌尖，誰肯輕信？即如家父《茶誡》云：『除滯消壅，一時之快雖佳；傷精敗血，終身之害斯大。獲益則功歸茶力，貽患則不為茶災；豈非福近易知，禍遠難見麼？總之：除煩去膩，世固不可無茶；若嗜好無忌，暗中損人不少。』因而家父又比之為『毒橄欖』。蓋橄欖初食味頗苦澀，久之方回甘味，茶初食不覺其害，久後方受其殃，因此謂之『毒橄欖』。」

亭亭道：「此物既與人無益，為何令尊伯伯卻又栽這許多，豈非明知故犯麼？」紫瓊道：「家父向來以此為命，時不離口，所以種它。近日雖知其害，無如受病已深，業已成癖，稍有間斷，其病更兇；自知悔之已晚，補救無及，因此特將其害著成一書，以戒後人。恰好此書去年方才脫稿，腹中忽然嘔出一物，狀如牛脾，有眼有口；以茶澆之，張口痛飲，飲至五碗，其腹乃滿，若勉強再澆，茶即從口流出，恰與家父五碗之數相合。蓋家父近來茶量更大，每次必吃五碗，若少飲一碗，心內即覺不寧，少停再飲，仍是五碗；因此身體日形其瘦，飯亦懶吃。去年偶因五碗之後，強進數碗，忽將此物吐出，近來身體方覺稍安。」

若花道：「這是吉人天相，兼之伯伯立言垂訓，其功甚大，所以獲此善報，將來定是壽享期頤。」紫瓊道：「家父若像去歲一飲五碗之時，幾至朝不保暮；此時較前雖覺略健，奈受病已深，年未五旬，已覺衰老。但願如姊姊所言，那就是妹子之福了。」

譚蕙芳道：「適才姊姊言茶葉多假，不知是何物做的？這假茶還是自古已有，還是起於近時呢？」紫瓊道：「世多假茶，自古已有。即如張華言：『飲真茶令人少睡。』既云真茶，可見前朝也就有假的了。況醫書所載，不堪入藥，假茶甚多，何能枚舉？目下江浙等處之柳葉作茶，好在柳葉無害於人，偶爾吃些，亦屬無礙。無如人性狡猾，貪心無厭，近來吳門有數百家以泡過茶葉曬乾，妄加藥料，百般的製造，竟與新茶無二。漁利害人，實可痛恨。起初製造時，各處購覓泡過乾茶；近日遠處販茶客人至彼買貨，未有不帶乾茶以做交易。至所用藥料，乃雌黃、花青、熟石膏、青魚膽、柏枝汁之類。其用雌黃者，以其性淫，茶葉亦性淫，二淫相合，則晚茶殘片，一經製造，可變為早春。用花青，取其色有青艷；用柏枝汁，取其味帶清香；用青魚膽，——漂去腥臭——取其味苦。雌黃性毒，經火甚於砒霜，故用石膏以解其毒，又能使茶起白霜而色美。人常飲之，陰受其毒，為患不淺。若脾胃虛弱之人，未有不患嘔吐、作酸、脹滿、腹痛等症。所以妹子向來遵奉父命，從不飲茶；素日惟飲菊花、桑葉、槐角、金銀花、沙苑、蒺藜之類，又或用炒焦的薏苡仁，時常變換，倒也相宜。我家大小皆是如此，日久吃慣，反以吃茶為苦，竟是習慣成自然了。」

葉瓊芳道：「真茶既有損於人，假茶又有害於人，自應飲些菊花之類為是。但何以柏葉、槐角也可當茶呢？」紫瓊道：「世人只知菊花、桑葉之類可以當茶，那知柏葉、槐角之妙！按《本草》言，柏葉苦平無毒，作湯常服，輕身益氣，殺蟲補陰，鬚髮不白，令人耐寒暑。蓋柏性後凋而耐久，稟堅凝之質，乃多壽之木，故可常服。道家以之點湯當茶，元旦以之浸酒辟邪，皆有取於此。麝食之而體香，毛女食之而體輕，可為明驗。至槐角，按《本草》乃苦寒無毒之品，煮湯代茗，久服頭不白，明目益氣，補腦延年。蓋槐為虛星之精角，稟純陰之質，故扁鵲有明目烏髮之方，葛洪有益氣延年之劑。當日庾肩吾常服槐角，年近八旬，鬚髮皆黑，夜觀細字，即其明效。可惜這兩宗美品，世人不知，視為棄物，反用無益之苦茗，聽其克伐，豈不可嘆！」

小春道：「妹子正在茶性勃勃，聽得這番談論，心中不覺冰冷；就是再有金茶玉茶，也不吃了。明日也去找些柏葉、槐角，作為茶飲，又不損人，又能明目，豈不是好！」良箴道：「這茶我們能吃多少！每日至多不過五七杯，何必戒他！」小春道：「誤盡蒼生，就是姐姐這句話！你要曉得，今日是一個五七杯，明日就是兩個五七杯，後日便是三個五七杯，日積月累，到了四五十歲，便是幾百幾千幾萬五七杯！」婉如道：「姊姊，與其勞神算這細帳，何不另到別處走走？」隨即攙了小春出了綠香亭，眾人也都跟著走了兩層庭院。紫瓊又引至一個杏花多處，進了廳房，就在廳上坐下，看花閒談。

到晚，正要擺設晚飯，只見眾園丁擔了許多行李進來。紫瓊只當易紫菱來了，及問園丁，原來卻是過往女眷因本村客店都被眾小姐車輛人夫住滿，無處存身，因聞燕員外向來最肯與人方便，每逢客店住滿，凡來借居莫不容留，所以來此借宿一宵。燕義因女眷不能推脫，只得命他們暫在園丁女眷房內權宿一夜。

不多時，有幾個婦女遠遠而來。園丁走過，把廳上門帘垂下。眾姊妹都在窗內張望，原來卻是四個女子，後面跟著兩個老媽。內有一個女子，紅蕖甚覺眼熟，仔細一看，倒像薛蘅香模樣。未知那人果是薛蘅香否，再看下回分解。

第六十二回　綠香園四美巧相逢　紅文館群芳小聚會

話說駱紅蕖正在細看，只聽廉錦楓道：「紅蕖姊姊，你看那個穿青的，豈非紅萸姊姊麼？」紅蕖復又細看，果是尹紅萸，隨即應道：「姊姊眼力不差。」紫瓊忙問道：「莫非二位姊姊都熟識麼？」紅蕖道：「這四人我只認得兩個：一名薛蘅香，一名尹紅萸。」閨臣道：「那蘅香姊姊自然是仲璋伯伯之女，紅萸小姐莫非尹太老師千金麼？」紅蕖道：「正是。」紫瓊道：「既是二位姊姊親眷，何不請來一會？」即命丫環去請。

不多時，四個女子過來，大家見禮讓坐，薛蘅香與紅蕖各道久闊。尹紅萸見了紅蕖、錦楓，歡喜非常；姚芷馨同婉如各道別後渴想。眾人問起那個女子名姓，卻是麟鳳山的魏紫櫻。芷馨問了閨臣名姓，即同薛蘅香再三致謝當日伯伯拯救之恩。閨臣前在海外，曾聞魏紫櫻男裝打死狻猊之事，也向紫櫻再三道謝。駱紅蕖把在座眾人名姓都向四人說了，問起根由，原來四人也是去赴部試，都在前途相遇的，於是大家約了一齊結伴同行。

紫瓊隨命擺設酒飯，眾人序齒❶歸坐。酒過數巡，正在閒談，忽見牕外飛進一個人來。薛蘅香嚇的把筯丟在地下，身上只管發抖；姚芷馨推開椅子，躲在桌下，眾人看那女子。卻是易紫菱回來，把

❶ 序齒：按年齡大小排次序。

包裹放下向眾人萬福，眾人還禮讓坐。紫瓊把姚芷馨攙扶起來道：「姊姊為何這般膽小？」芷馨道：「只因前在巫咸帶了乳母前去掃墓，忽遇強人持刀行凶，幾乎喪命；幸虧唐伯伯拔劍相助，才得脫身；至今留下一個病根，但遇驚嚇，就覺膽落；適才躲避桌下，自知失儀露醜，實係情非得已，諸位姊姊莫要發笑。」蘅香道：「妹子剛才嚇的失筯❷，也因那日受了驚恐留的病根；此時想起當日唐伯伯救命之恩，更令人感激無地。」大家讓紫菱一同坐了，丫環把包裹取過。閨臣笑道：「紫菱姊姊，這才算得輕騎簡從哩。」紫菱道：「若要雇車裝載行李，大約還須兩三天方能到此，此時不能不從簡便。諸位姊姊不知打算何日動身？」閨臣道：「此時別無甚事，姊姊既到，自然明早長行。」燕紫瓊仍要攀留一日，眾人執意不肯，定要明日起身，多九公又不時來催。紫瓊見挽留不住，只得命人收拾，明日一同長行。

當時飯罷，張鳳雛、姜麗樓都匆匆回去，約定明早在此會齊。眾人各自安歇。紫瓊見紫菱帶的行囊過少，即命丫環送了兩床被褥過去，紫菱道謝收了。次日大家早早起來，張鳳雛、姜麗樓也都過來，共二十九位小姐，一同用了早飯，拜辭葉氏夫人，望北進發，一路曉行夜住。這日到了長安，多九公預先進城找尋下處❸。恰好太后恐天下眾才女到京住在客店不便，因當日抄沒九王府一所院落寬闊，房屋甚多，又命工部蓋了許多群房，賜名紅文館，如願住者，悉聽其便。多九公聞知甚喜，即將眾人文書呈驗；用了些須使費，檢了一所大院落，通知眾人，一齊進城。來到寓所，多九公引眾小姐各處

❷ 失筯：丟掉筷子。

❸ 下處：投宿的旅舍。

看了一遍：前後六層，兩傍群房無數，另有一個總門出入，若把總門閉了，宛是一家宅院。眾人看了，無不歡喜。

多九公道：「唐小姐看這房屋還夠住麼？」閨臣笑道：「莫講我們，就再添幾十人也還夠住。好在又有內外，廳房又大，難得九公費心尋此好寓。」多九公道：「這是老夫格外用了些須使費才能如此；現在此處或三五間一所，或十餘間一所，老夫細細訪問，大約已有二三百處有人住了。我們這所大房，據管房人說，當初原預備禮部尚書、禮部侍郎卞、孟兩府小姐住的，此時因兩府小姐俱不赴試，才敢給我們居住。」

紅蕖道：「卞、孟兩府，有幾位小姐，卻要如此大房？」多九公道：「據說卞府有七位小姐，孟府有八位小姐，因他生的小姐過多，所以卞、孟兩位夫人，人都稱做『瓦窰』❹。還有許多親眷姊妹，連他兩府，約有三四十位；因此才備這所大房。」婉如道：「既如此，為何又不赴試呢？」多九公道：「聞得有甚迴避，不准應試。」林書香道：「姪女有件事拜煩九公，我同蘭芳表妹有幾個弟婦也來赴試，不知可在此處作寓？今日已晚，明日將名姓開了，拜煩代為問問。」多九公道：「這事容易，明日請把姓名開來。」說著即去照應眾人搬發行李，安排廚竈。眾位小姐，或三個一房，接接連連，都將行囊床帳安置，早早安歇。

次日，多九公拿著一本號簿進來，向林書香、蔡蘭芳道：「老夫纔同管房子的將號簿借來，凡有赴試在此住的，都在上面。令親可曾到此，請二位小姐一看就知道了。」二人接過，看了一遍，不覺

❹ 瓦窰：戲稱善生女孩的婦人，因古稱人生女曰弄瓦。

滿面堆下笑來。閨臣道：「莫非諸位令弟夫人都在此作寓麼？」二人連連點頭，把號簿交給九公，再三道謝。多九公拿著去了。

當時譚蕙芳、葉瓊芳、褚月芳、陽墨香、崔小鶯都過來商量同去探望。即命蒼頭❺在前引路，七位小姐帶了乳母丫環一齊出了總門，兩房舍雖接連不斷，靜悄悄門前卻無一人，也無閒人來往，惟見幾個提籃買物之人，亦皆俯首而行。書香細問蒼頭，才知太后因此處地方遼闊，院落甚多，恐有小人生事，特派兩員大臣帶了兵役在此彈壓。頭門以內，禁止閒人擅入，無論大小交易，均在頭門以外。所有各家僕人，總歸自己總門以內，毋許門首閒立，亦毋許無故閒步。如有不遵，枷號示眾；黌夜犯者，即送刑部衙門加倍治罪；因此，外面並無閒人來往。章、文兩家蒼頭引著七位小姐各處探望一遍，隨即回寓。

不多時，文府大公子文芸之妻章蘭英，二公子文蒔之妻邵紅英，三公子文其之妻戴瓊英，四公子文菘之妻田秀英，五公子文苏之妻錢玉英，還有秀英表妹田舜英：六位小姐，俱來回拜。書香迎接進內，與眾人一一拜見。正在讓坐，忽聞章府大公子章葒之妻井堯春，二公子章芝之妻左融春，三公子章蘅之妻廖熙春，四公子章蓉之妻鄴芳春，五公子章薌之妻酈錦春，六公子章莒之妻鄒婉春，七公子章苕之妻施艷春，八公子章芹之妻柳瑞春，九公子章芬之妻潘麗春，十公子章艾之妻陶秀春：共十位小姐，都來回拜。蘭芳連忙迎出，引著見了眾人，彼此問了名姓，都請在廳房坐下。

閨臣見人才濟濟，十分歡悅；因與書香、蘭芳商議：「既是至親，此間房屋甚多，何不請他們搬

❺ 蒼頭：指僕役。

來同住，彼此都有照應，豈不是好？」書香即將此意向蘭英、堯春諸人說了，個個喜歡，無不情願，隨即各命僕婢將行李搬來。閨臣託末空帶著眾丫環鋪設床帳，安排桌椅；到晚就在廳房擺了十桌酒席。

當時唐閨臣、林婉如、洛紅蕖、廉錦楓、黎紅紅、盧亭亭、枝蘭音、陰若花、田鳳翾、秦小春、顏紫綃、宋良箴、余麗蓉、司徒嫵兒、林書香、陽墨香、崔小鶯、蔡蘭芳、譚蕙芳、褚月芳、燕紫瓊、張鳳雛、姜麗樓、易紫菱、薛蘅香、姚芷馨、尹紅萸、魏紫櫻、章蘭英、邵紅英、戴瓊英、田秀英、田舜英、錢玉英、井堯春、左融春、廖熙春、鄴芳春、酈錦春、鄒婉春、施艷春、柳瑞春、潘麗春、陶秀春共四十五位小姐，無分賓主，各按年齒歸坐，飲酒暢談。酒過數巡，婉如道：「今日眾姊妹這般暢聚，妹子心裡喜的不知怎樣才好。若說惟恨相見之晚罷，小春姊姊又說俺是個恨人；若說都有宿緣罷，他又說曾在鬼門關上會過。這話俺都不說，只好用那『久仰大名，如雷貫耳』幾句俗套了。」小春道：「這話不但過俗，並且一派虛浮，全是搗鬼。若謂久仰大名，我們從未會面，誰知誰的大名？素日不知，卻說久仰，豈非搗鬼麼？」

閨臣道：「久仰大名這句話，只有兩個人可以用得。當日我家叔父曾言當今有兩個才女，一名史幽探，一名哀萃芳，曾將蘇蕙〈璇璣圖〉釋出許多詩句；太后見了甚喜，因此才有女試恩詔。我們若見這二人，那才算得久仰大名哩。」章蘭英道：「這二人素日妹子也曾聞名；並且所釋之詩也都見過，果然甚好。」林書香道：「妹子昨看號簿上面並無其人，大約不在此處居住；不然，倒可會會。」井堯春道：「姊姊莫忙，到了部試，少不得都要會面的。」

飯罷，都到庭中閒步。忽覺一股清香撲鼻，遠遠望去，原來有幾叢木香蟠在牆角；開的甚覺茂盛，於是齊到跟前，正在觀看，忽聞隔牆有婦女啼哭之聲。閨臣道：「聞得此處圍牆以內向無民房，都是我輩赴試的寓所，何得忽有哭聲，定有緣故！」秦小春道：「有甚緣故！此必赴試女子自幼從未出外，此刻想家，所以啼哭。」閨臣道：「須託九公前去問問，或者是赴試女子偶然患病，抑或缺了盤費，均未可知；問個詳細，倘能周濟，也是一件好事。」

秀英道：「姊姊不必打聽，此事妹子盡知。這個啼哭的是赴試緇姓女子。前日妹子同表妹舜英進京，曾與此女中途相遇；因他學問甚優，兼之氣味相投，所以結伴同行。到了京師，就在一處同住。隔牆這所房子，就是我們所住之處。前者到寓，此女檢查本籍文書，誰知因他起身匆促，竟將文書未曾帶來。此時離部試之期甚近，其家遠在劍南，何能起文行查？眼看不能應試，因而啼哭。」紅蕖道：「這是他忙中有失，也是命中造定，歸咎何人？」田舜英道：「剛才秀英姊姊已將自己文書送給此女，教他頂名應試，不知為何卻又啼哭？」林書香、陽墨香一聞此言，嚇的驚疑不止。未知後事如何，再看下回分解。

第六十三回　論科場眾女談果報　誤考試十美具公呈

話說林書香、陽墨香聽得舜英之言，姑嫂至親，分外關心，不覺驚疑不止。書香道：「秀英妹妹，這是怎講？好容易吃了辛苦，巴到此地，卻將文書平白給人！請問妹妹好端端為何不要赴試？」秀英道：「妹子一因近日多病，不能辛苦；二者，自知學業淺薄，將來部試，斷難有望，與其徒自現醜，終歸無用，莫若借此養病，亦可成全此人。況他學問甚優，必能高中，若不赴試，未免可惜；因此將文書命奶公暗地送去，囑他只管頂名應試，將來得中，再作更名之計，稍遲片刻，奶公就回來了。姊姊切莫替我可惜，倘有可望，妹子又豈肯將現成功名反去給人？」墨香聽了，惟有搔首，只說怎好！

只見奶公進來向秀英道：「那邊緇小姐命老奴多多致謝：這封公文雖承小姐美意，但自己命運業已如此，即使勉強進場，也是無用；此文斷不敢領，仍命交還小姐；教小姐千萬保重，但可支撐，自應仍去應試為是。緇小姐明日就要回籍，也不過來面謝，惟有靜聽二位小姐捷音便了。老奴又再再請他存下，他執意不肯，老奴只得帶回。」將文書交給丫環，外面去了。

閨臣道：「秀英姊姊如此仗義，舍己從人，真是世間少有！並且惟恐他人無故那肯就受，卻以近日多病不能應試為詞；如此設想，曲盡人情，即此一端，已可想見平素為人。此女固辭不受，亦是正理。據妹子看來，此事固由匆迫所誤；但如此大事，中途忽有此變，安知不是素日行止有虧，鬼神撥弄以致如此？若行止無虧，榜上註定該有此人，莫講赴試文書，即使考卷遺失，亦有何妨！妹子聞得古人言：『科場一道，既重文才，又要福命。至德行陰騭❶，尤關緊要；若陰騭有虧，縱使文命雙全，亦屬無用。』以此而論，可見陰騭德行，竟是下場的先鋒。即如出兵，先鋒得利，那主帥先有倚傍，自然馬到成功了。」

舜英道：「這位姊姊一路行來，卻處處勸人向善；所行之事，也有許多好處。即如路上每逢打尖❷住宿，那店小二聞是上等過客，必殺雞宰鴨，諄諄饋送，無論早晚，處處皆同，這位姊姊因無故殺生，頗覺不安，到處命人勸阻。從無一處不送；——看其光景，竟是向來牢不可破之例，相沿已久，莫可如何。後來他因若輩送雞送鴨，無非希圖正價之外，稍沾餘潤，何不即迎其意，先付餘潤，免其雞鴨，豈不大妙？因命僕人：後凡看店，即將雞鴨餘潤之資，約計若干預先付給；倘再饋送，即將原資討回。小二得此，不獨一一遵命，並且一呼即應，分外殷勤。自此饋送雞鴨之風，才能漸息。那些同路的看見這樣，莫不如此；所以一路上活了無數生靈。其餘善事，不一而足。姊姊若謂陰騭德行為進場先鋒，為何此人這般行為，反不能應試呢？」閨臣道：「此人若果處處行善，一無虧缺，上天自能護佑善人；不但必能應試，定主高發，自有意外機緣。或者將來仍有女試大典，此人應在下科方中，亦未可知，總須日後方見明白。」

舜英道：「凡試官看文，全憑考卷以定優劣。適才姊姊說：『即使考卷遺失，亦有何妨！』難道

---

❶ 陰騭：陰德。

❷ 打尖：旅途中休息飲食。

卷子遺失還能入選麼?」閨臣道:「妹子此話，並非無因。當年有弟兄二人進場，其父曾夢神人云:『爾長子本無科名之分，因某年某處猝被火災，他拾得金珠一包，其物是一婦人為他丈夫設措贖罪之資，因被火擁擠遺失，虧爾長子細心密訪，物歸原主，其夫脫罪，夫婦始得團圓;因此今科得與爾次子同榜。』其父甚喜，即告二子。及至放榜，報弟得中，弟忽伏地慟哭，幾不欲生。其父問其所以。弟云:『父親夢兆，本係弟兄皆中，今我誤害哥哥，以致不中。我雖獨中，亦有何顏?』忽又報兄中第一，其弟仍哭道:『此係報錯。安有卷子遺失而能得中之理?』其父見其語言離奇，再三追問。料難隱瞞，只得細述根由。諸位姊姊，你道是何根由?原來當日弟兄進場，頭場二場已過，至第三場，忽然場中相遇。是時其兄患痢甚重，勉強敷衍完卷;正要交卷出場，又復腹痛，極其狼狽，因將卷子交付其弟，囑他完卷一同投遞，即奔東廁。弟恐兄卷被污，藏入懷中，忙將己卷謄清，交畢回寓;及至臨睡解帶，始知兄卷仍舊在懷;其時已交三鼓，知難挽回，悔恨無及，只得將卷收藏，以為日後請罪地步。今忽報中第一，所以他說報錯，及至親去看榜，弟兄實係雙雙高中。旋即回寓，再覓其兄第三場之卷，依舊在此，父子三人莫不稱奇。到了次日，細細打聽，才知有個緣故。諸位姊姊，請猜一猜，其中究係何故?」

秦小春正聽的入彀❸出神，忽見閨臣又教眾人猜猜，不覺發急道:「好姊姊!你快說罷!何必又教人猜!這段書委實好聽，快快接下去，明日妹子好好畫把春扇奉送。」閨臣道:「賢妹莫騙我說了，卻把扇子不送。」小春道:「妹子賭個誓:『如要騙你，教我日後遇見一隻狗把腳咬出血來。』」眾

---

❸ 入彀:入神。

人聽了，猛然一想，不覺好笑。紫綃道：「這個血字只怕從那赤字化出來的。」婉如聽了，鼻中不覺哼了一聲。閨臣接著道：「到了次日，父子三人細去打聽。原來謄錄房失火，把第三場卷子盡都燒了，只好啟奏，且先放榜，所有第三場卷子，隨後再補。誰知此人恰恰碰了這個機會，因此得中，豈非考卷遺失也都不妨麼？這位姊姊不知是何名姓，我們把他記了，或者天緣湊巧，他家竟把文書巧巧差人送來，竟能趕上考期，也未可定。」

秀英道：「此女姓緇，名喚瑤釵，祖籍劍南，現年十六歲。」若花道：「既如此，妹子包管教他進場；倘有差錯，都在妹子一力承當。」眾人聽了，都覺不解。蘭音笑道：「我知姊姊尊意了。大約姊姊意欲仍做女兒國王，不願赴試，所以要把文書給了此女，教他冒名頂替，你便脫身回去。妹子猜得可是？」若花笑道：「阿妹如果不棄，肯做女兒國的宰相，愚姊便做國王，這有何妨！」蘭音笑道：「姊姊如果做了國王，妹子少不得要去做個宰相。」眾小姐聽了，更都不解，齊向蘭音細細盤問。

若花趁大家談論，將閨臣拉在一旁道：「阿妹可記得去年緇氏伯母要去赴考，我們商量要在縣裡揑報假名，彼時因緇氏伯母務要本姓，適值手內拿著一枝瑤釵，就以緇瑤釵為名。那時恐嶺南籍貫過多，把他填了劍南。誰知剛才秀英阿姊所說之人，恰與這個名姓鄉貫相對，年歲又一樣！去歲所起赴試文書，恰好愚姊無意中卻又帶來，何不成全此人，豈不是件好事？」閨臣喜道：「如此現成美舉，真是不費之惠，若非姊姊提起，妹子那裡記得！此時對著眾人莫將緇氏伯母這話露出，恐亭亭姊姊臉上不好看；只說前在家鄉，無意拾得這個文書，送給此女便了。」

當時若花把文書取來，對秀英說知。秀英道：「天下那有這等巧事！真令人不解！」亭亭心中早已明白，因說道：「我們隊裡現在並無這個名姓；而且又有印信為憑，可見不是揑造來的。姊姊不必猶豫，速速命人送去，包管此人歡喜。」秀英只得命奶公送去，並將路上拾取之話說了。不多時，緇瑤釵過來拜見眾人，並向秀英再三道謝，追問當日拾取之由。若花用些言詞遮掩過去；又道：「阿姊只管投遞，如有差錯，我們眾人自當一力承當。天下豈有將人功名視為兒戲之理？難道自己不想上進麼？」瑤釵聽了，這才拜謝而去。

不幾日到了三月初三部試之期，闈臣同了諸位小姐並天下眾淑女齊到禮部案前聽點入考，密密層層，好不熱鬧。到晚散場，各自回寓。過了幾日，禮部尚書卞濱、侍郎孟謨與同考各官蔣進等，把各卷等第俱已看定，選了放榜吉期。正要修本具奏，忽然接了一個公呈，係江南、淮南、河北、河東等處有十個女童；為首的名叫史幽探，其次哀萃芳、紀沉魚、言錦心、謝文錦、師蘭言、陳淑媛、白麗娟、國瑞徵、周慶覃，或因患病未赴郡考，或緣事故已過部試之期，今情急來京，特具公呈，無論當日有無郡考，情願一日之內面請四題，一補郡考，一補部試；如一日之內不能完卷，或文理乖謬，情願治罪云云。

卞濱、孟謨接了此呈，不能定奪，只得據情入奏，旋奉諭旨道：「既據該女童等情願一日之內連補二試，姑如所請，特賜四題，即於明日黎明著該部會同同考官面試優劣如何，據實速奏。」禮部隨即傳諭，到了第二日清晨，十個女童早已伺候；禮部將題目宣示，到晚交卷散出。次日，卞濱將各卷定了甲乙，即同孟謨修本具奏道：「所有補考十卷，以文理而論，與前所取各卷互有高下。但此卷未經謄錄，似未便與前卷分別等第，今將各卷恭呈御覽，請旨定奪。」

武后親自看了一遍，果然都好；因傳旨道：「前日禮部所取各卷，例應覆試後方准殿試；今既續補十卷，著將前榜暫停張挂，統俟覆試後，即以覆試之榜作為正榜。至史幽探、哀萃芳……十名或未趕赴郡考，或逾部試之期，自應停其殿試；第閱該部所呈各卷，文理尚優；況史幽探、哀萃芳二名，朕於璇璣新圖久知其人，皆屬能文之女，自應准其一體入試。前榜既經停止，其四等花再芳等亦著加恩一並入試。該部一面傳諭，即一面速選試期請旨，以免稽延。」卞濱、孟謨接奉此旨，當即出示曉諭，一面選了試期。未知後事如何，再看下回分解。

第六十四回　賭石硯舅甥鬥趣　猜燈謎姊妹陶情

話說卞濱、孟謨接了御旨，當即出示曉諭，一面選了十三日為部試之期，修本具奏。原來這卞濱表字渭仙，乃淮南道廣陵人氏，自幼飽讀詩書，由進士歷官至禮部尚書，世代書香，家資巨富，本地人都稱他卞萬頃。蓋卞濱自他祖父遺下家業，到他手裡，單以各處田地而論，已有一萬餘頃，其餘可想而知，真是富可敵國。若要講起這卞家發財根由，倒可使那奢華之家及早回頭，卻教那勤儉之人添些興致。

那卞濱，曾祖名叫卞華，是個飽學秀士，妻子奢氏。夫妻兩口，秉性最好奢華，祖上留下家業雖有數十萬之富，如何禁得卞華毫不打算，一味浪費，不上幾十年，早已一貧如洗；那時卞華年已半百，因見家道蕭條，回想當日揮金如土一味浪用時節，那裡想到一旦如此，悔之無及；況從前是何等樣錦衣美食，而今粗衣淡飯，尚且還費打算；於是憂悶成疾，不兩年，夫妻雙雙去世。存下一子，名喚卞儉，這是卞華臨危替他起的名字以為警戒之意。這卞儉娶妻勤氏，夫妻兩口，自從父母去世，將幾間舊房變賣做為殯葬之用，城內無處安身，就在城外塋旁起了兩間草屋，以為棲身之所。卞儉是個讀書人，諸事不諳，這衣食兩字全靠勤氏一人針線，竟難度日，只好且學朱買臣樣子，每日帶著書，砍些柴，添補度日；真是饑一頓，飽一頓，混過日子。

一日正值臘月三九時分❶，天氣甚寒，卞儉因衣服單薄，甚覺怕冷，到晚先就睡了。一覺睡醒，天有五更光景，卻見勤氏仍在燈下趕做針線。卞儉道：「如此天寒夜深，你還不睡，只管趕他怎麼？」勤氏道：「我因連日天氣甚冷，你身上又無禦寒棉衣，意欲趕些針線，可以多賣幾文錢，省得你爬山越嶺又去砍柴。況天寒地凍，那曠野寒冷尤其厲害，莫要凍出病來，倒是大事！」卞儉因坐起道：「此話雖是，但你素非強壯，豈不怕身子熬傷？斷斷不要如此。明日還是我去砍柴，你做針線，各人交各人工課。若教我終日在家靜坐，未免勞逸不均，心中也是不安的。」夫妻彼此勸慰。說話間，天已發曉。卞儉道：「今日著實寒冷，莫非要下雪麼？」因起來開門一望，只見朔風凜凜，冷氣颼颼，卻已瓊瑤密布，飄下一天雪來。卞儉道：「如此大雪，這卻怎好？」勤氏道：「昨日剩些柴米尚夠一餐，今日權且敷衍，等待雪住，再把針線去賣。」到了次日，雪仍不住。卞儉只得冒雪把針線拿到城中。走了半日，滿天大雪，家家閉戶，那有人買，只得敗興而回。勤氏見這光景，雖然心焦，只好勉強用言語安慰。卞儉獃了半晌道：「剛才我想家中這兩隻雞鴨，每日雖在莊田吃些野食，無須喂養，但能生多少蛋，不如把他拿去，倒可賣幾文錢，換些米來，豈不是好？」勤氏搖頭道：「這卻使不得。將來起家發業，全要在他身上，今日如果賣去，所值無多，日後再要買他，就要加上幾倍價。你想，我們一日兩餐尚且不周，何能有錢再去買他？況現在已生二三十蛋，不過早晚就要抱窩，等抱出小雞鴨來，慢慢養大，那是多大利息！今日若將這個再賣去，將來只好做一天，吃一天，窮苦到老，再想別的起家法子，可就沒了！」卞儉無奈，只得咬著牙又餓一天。次日天晴，將針線賣了，這才飽餐一頓。

❶ 臘月三九時分：冬至後第三個九日，是一年中最冷之時。

此後仍是勉強度日。

不知不覺到了春天，雞子抱窩時共積下雞蛋二十個，鴨蛋二十個；將雞蛋給雞抱了，鴨蛋也用火炕了，過了二十餘日，四十個全都抱出，夫妻兩個甚是歡喜。好在鄉間又有池塘，不上半年，雞鴨俱已長大。將生蛋的留下幾隻，餘者盡都賣去；所賣之錢，又買兩口小母豬。不一年，雞鴨又是兩大群，連那兩口豬也生許多小豬。再隔幾年，不但豬羊成群，就是耕田大水牛也不知滋生多少；又起了兩間草屋，置些田地。他將這地且不種五穀，都培植肥肥的卻做菜園，因此利息更厚。

他夫妻本是從苦中過來人，素性又極勤儉，一切莊田動作，牛羊喂養，全是親自動手，因此日盛一日。並且居心甚善，自己雖然衣食淡薄，鄉間凡有窮困，莫不周濟，卻是人人感仰。故遇旱潦之時，他家莊田，眾人齊心設法助他，往往別家顆粒無收，他家竟獲豐收。因此不上三十年，家資巨富，米穀盈倉，到了卞濱之父卞繼身上，也是諸事勤儉，謹守祖業，前後百餘年，竟富有良田萬頃。卞濱出仕後，適值麟德初年，西北大荒，兼之刀兵不靖，國家帑項頗費經營，因將田地變賣五千頃，其價盡行報效作為軍需賑濟之用；因此聖眷甚為優隆。

這卞濱一生最重斯文，不但文墨之人愛之如寶，凡琴棋書畫醫卜星相，如有一技之長者，前來進謁，莫不優禮以待；而且仗義疎財，有求必應，人又稱為賽孟嘗。現年五旬向外，因中年無子，四十歲上就廣置姬妾，雖接連生育，無如總是女兒；如今膝下共有七女。夫人成氏，十年前曾生一子，名叫卞璧，誰知剛到三歲，得了驚風之症，一病而亡，彼時合家好不傷心。正在悲哭之際，適值門外有一道人化緣，聽見哭聲甚慘，問知緣故，要將公子送出一看。及至看過，他道：「此兒雖有一分可救，但在塵凡鬧市之中，恐不中用。你們如給我抱去，倘能救轉，俟他災難滿時，年紀略大，我再送來奉還。」卞濱惟恐謠言惑眾，兼之小兒已死，那裡肯信，執意不從。無奈夫人再三苦勸，無論死活，定要把公子給道人領去。卞濱只得嘆口氣走開，隨著夫人辦去。

過了幾年，毫無影響，卞濱知是無用。好在這七年女兒都是比花穩重，比月聰明，每日除公事應酬外，惟有教他們做詩寫字，倒也解悶。去歲縣考，原可聲明原籍在京赴試，因避嫌疑，故命七女都回本籍。到了縣考，恰好大女卞寶雲取了第一，次女卞彩雲取了第二，三女卞錦雲取了第三，四女卞紫雲取了第四，五女卞香雲取了第五，六女卞素雲取了第六，七女卞綠雲取了第七。後來郡試，雖略有參差，都不出十名以外。試畢回來，今年部試偏偏父親做了主考，都要迴避，好不掃興。

卞濱雖愛女心勝，每與妹夫孟謨斟酌，又不敢冒昧入奏。因同夫人成氏商量：眼看就要部試，惟恐眾女兒在家鬱悶，莫若著人把孟家八個甥女接來一同散悶，因而又向同考官考功員外郎蔣進、主客員外郎董端、祠部員外郎掌仲、膳部員外郎呂良說知，意欲將他幾位小姐請來一同消遣。眾人因女兒不能入試，終日在家無情無緒，今聽此話，如何不喜！況且向來都常來往，如今又算同年，自然更覺親熱。當時個個應允，回來都對女兒說了，無不要來相聚。

卞濱有兩個妹子：一個嫁與原任御史臺大夫孟謀為妻，一個嫁的就是禮部侍郎孟謨。那孟謀是孟謨的胞兄，早經亡故，存下四個女兒：長名孟蘭芝，次孟華芝，三孟芳芝，四孟芸芝。孟謨也有四個女兒：就從孟芸芝排行：五叫孟瓊芝，六孟瑤芝，七孟紫芝，八孟玉芝。個個都是飽讀詩書，嬌艷異常。

這孟謀之妻卞氏夫人自從丈夫去世，本要帶著女兒回河南原籍，因小叔孟謨、哥哥卞濱再三留在京中，以為將來眾女兒擇婿之計。兼之八個姊妹自從一同赴考，郡縣取中之後，真是如膠如漆，就像粘住一般，再也離不開；因此卞氏只好帶著四個女兒就在孟謨府上住下。這日見眾女兒因不能赴試，個個眉頭不展，正在用言安慰，忽見哥哥那邊來接他們，連忙教他姊妹略為穿戴，即時過去。

這八位小姐到了卞府，孟蘭芝帶著七個妹子見了舅舅、舅母，並與寶雲、彩雲、錦雲、紫雲、香雲、素雲、綠雲都見了禮，隨便坐下。卞濱道：「我怕你們不能入考，在家發悶，因此接你們過來。但這一向為何不來看看我哩？」孟蘭芝同孟瓊芝道：「甥女這兩日本要來請安，惟恐舅舅考事匆忙，所以不敢過來。」卞濱道：「我雖有事，你舅母同寶雲七個姊妹卻閒在家；你們不過因迴避發悶，不大興頭，那裡是因我忙就不來哩？」孟紫芝道：「我們好一向不來，今日過來，舅舅該說怎樣想念甥女的話才是，怎麼剛見面，就把人家心病說出哩？」卞濱笑道：「果然我的話是不錯的！」因向寶雲道：「我已教人備了幾桌飯，少刻蔣府、董府、掌府、呂府四家姊妹也都過來，你們就在花園聚聚；或做詩，或猜謎，如酒量好，或行個酒令，隨便玩玩。好在大家又是常會的，也沒甚拘束。剛才部裡來送信，說劍南倭寇已被文隱平定，一兩日就有紅旗報捷到京。連日朝中有事，少時我還要上朝伺候，今晚就在部中住下，大約過了十三日考試方能回來。你們只管多聚幾日，等考事完畢，我還要同你們做詩聚聚哩。」

那孟玉芝年紀最小，向來卞濱最疼他。他聽了這話，便道：「舅舅剛才說教我們姊妹或做詩，或猜謎，如今我倒有個謎請舅舅先猜猜。」卞濱笑道：「猜謎卻是你舅舅生平最喜的，而且從不讓人；

但如果猜著，你以何物為贈，倒要預先說明。」玉芝道：「我們去年郡考有刺史送的端硯❷，就以端硯一方為贈。」卞濱道：「很好！你且說甚麼題面？」玉芝道：「就是舅舅適才所說『紅旗報捷』四字，打《論語》一句。」卞濱聞言，不覺哈哈大笑道：「你速速教人把端硯取來預備送我，等我好猜。」香雲道：「倘我們猜著，不知有贈無贈？」錦雲不等玉芝回答，就說道：「你問他怎麼！我們只管猜，那有無贈之理！」成氏夫人也笑道：「你們只管猜，八甥女如不給贈，將來到他婆婆家鬧去，看他給不給！」玉芝道：「舅母何苦哩！你老人家又要引著頭兒來鬧了。」

卞濱望著蘭芝道：「他這謎你們都曉得麼？」蘭芝道：「都不知道。」華芝道：「我們姊妹終日雖在一處，卻未聽他說過。」卞濱道：「既如此，你們何不也猜猜，豈不有趣？」芳芝道：「不勞舅舅分付，甥女卻著實想哩。」彩雲道：「我猜著了，可是『勝之』？」玉芝搖頭道：「不是。」素雲道：「可是『戰必勝矣』？」紫芝代答道：「也不是。」素雲道：「他這謎你也曉得麼？」紫芝道：「這是玉芝妹妹做的，我不知道。」素雲道：「你既不知，為何代他回答也不是呢？」紫芝道：「我因姐姐猜的與彩雲姊姊意思都相仿，彩雲姊姊猜的既不是，自然你也不是了，所以隨嘴就替他回答出來。」

素雲聽了，把臉紅了一紅。剛要說話，只見卞濱向眾人道：「他這謎正面自然先打❸這個勝字；如今猜了兩個既不是，必須另想別的路數，莫要只在勝字著想，倒被他混住了。」芸芝道：「舅舅這

---

❷ 端硯：用端溪石所製成的硯臺，頗為名貴。

❸ 打：指打謎、猜謎。

話很是。況且《論語》戰勝的話，除了這兩句，別的也加不上，一定另有意想。」卞濱因問道：「可是『克伐怨欲』的『克』字麼？」瑤芝拍手道：「只怕舅舅猜著了！」玉芝道：「不是；還要猜猜。」紫雲道：「不是『克』字，一定是『克有罪』了。」綠雲道：「怎麼加上『有罪』二字？」紫芝代答道：「他在那裡造反，所以兵去征他。難道造反還不是有罪麼？」

寶雲道：「紫雲妹妹猜的不是。只怕是『克告於君』罷？」卞濱點頭道：「不必猜了，被寶雲這句打著了。」玉芝笑道：「寶雲姊姊猜的不錯。」卞濱笑道：「果然做的也好，猜的也好。我將來倒要做幾個同你們玩玩。你們就到園中去罷，我也要走了。」因又望著玉芝道：「好是好的，莫要只顧讚好，就把硯臺忘了。」一路笑著去了。眾姊妹也就別了夫人，齊向花園而來。未知後事如何，且看下回分解。

第六十五回　盼佳音虔心問卜　預盛典奉命掄才

話說眾姊妹別過夫人，來到花園，走過幾層涼亭水榭，到了文杏閣，只見滿園桃杏盛開，嫣紅照眼。紫芝望著寶雲道：「姊姊！我們今日莫到凝翠館去，那邊太覺遼闊冷清，此刻桂花又不開，雖說松陰可愛，須交四五月方好頑哩。我們就在這個閣子坐坐罷。」寶雲道：「愚姊也是這個意思。」一齊進了文杏閣。坐不多時，只見使女來報，蔣府、董府、掌府、呂府四家小姐都到了。眾姊妹連忙迎出。

原來這蔣進乃河北道廣平郡人氏，現任吏部考功員外郎，夫人趙氏，膝下一子四女。子名蔣勣，尚在年幼；長女名喚蔣春輝，次蔣秋輝，三蔣星輝，四蔣月輝，還有寡嫂跟前兩個姪女：一名蔣素輝，一名蔣麗輝。姊妹六人，都生得麗品疑仙，穎思入慧。去年郡試，俱在十名以內，試畢來京，靜候部試。誰知武后因當年舉子部試本歸吏部考功，今雖特點禮部，仍將蔣進派為同考；又派了禮部主客員外郎董端、祠部員外郎掌仲、膳部員外郎呂良：共四位同考，以示慎重之意。蔣春輝等聞父親派入同考，都要迴避，好不掃興；因同趙氏夫人說知，在家無事，要到姨夫董端府上會會姨表姊妹，消遣消遣。夫人隨即命人伴送到了董府。

這董端乃江南道餘杭郡人氏，現任禮部主客員外郎，夫人趙氏，膝下無子，生有五位小姐。長名董寶鈿，次董珠鈿，三董翠鈿，四董花鈿，五董青鈿；個個都是嬌同艷雪，慧比靈珠。這日正因迴避在家悶坐，聽得蔣家表姊過來，姊妹五個，連忙迎到上房，大家行禮。趙氏夫人正在讓坐問話，只見董端從衙中回來，蔣春輝忙同五個妹子上前見禮。董端道：「你們來的正好。我同你父親才在卞府；那卞家伯伯恐你們不能赴試，在家煩悶，今日接你們過去同孟府、掌府、呂府幾家姊妹大家聚聚。」言還未畢，蔣進也命人過來告知此話，就叫六位小姐同這邊五位小姐一同過去。眾姊妹個個歡喜，登時乘車。行至中途，又遇見掌府、呂府小姐也是望卞府去的。

這掌仲乃河東道太原郡人氏，現任祠部員外郎，夫人朱氏，三胎生育二子四女：二子俱幼；大女名叫掌紅珠，次掌乘珠，三掌驪珠，四掌浦珠。姊妹四個，都生得神凝鏡水，光照琪花。這位掌老爺就是膳部員外郎呂良夫人掌氏之兄，同卞濱、孟謨、蔣進、董端、呂良都是同科進士。那呂良乃河東道平陽郡人氏，夫人掌氏，止生三女；長名呂堯蓂，次呂祥蓂，三呂瑞蓂。姊妹三個，也是生得暖玉含春，靜香依影。這日因卞府來請，約了掌家四個表妹一同前來。走至中途，恰恰遇見蔣、董兩家小姐。不多時，到了卞府，寶雲等迎出，大家拜見，並與成氏夫人行禮，歸坐。

茶罷，成氏道：「諸位姪女這兩年都是在家用功，相聚日子甚少；即或偶爾一會，我看你們都是匆匆忙忙就別過了，總是把書本子放在心上。好在你們姊妹都立了『淑女』匾額，也不枉這幾年苦功。去年冬天，我打聽打聽這家，也中了；再問問那家，也中了；你們姊妹三十三個，就沒剩下一個！我那時得了這些喜音，足足歡喜好兩月，只怕比你們自己喜的還加倍哩。如今就只可惜你們現現成成的『才女』匾額卻被你們父親、伯伯、叔叔們躭擱了。」蔣春輝道：「這是姪女們『才女星』還沒現，所以有此一折。將來能彀托賴伯母福氣，再遇『才女』部試，諸位伯伯同姪女父親都不派入考試，那就好了。」紫芝道：「春輝姊姊，你這話才叫『望梅止渴』哩。你想，自古至今，天下考過幾回才女？還想將來再考，並且還要父兄叔伯不派考官，你想可難不難？太后詔內雖有下科殿試之說，也不知何年何月。況且即或他年再遇女試，只怕到了那時，你同寶鈿、堯蓂、紅珠幾位姊姊都有姊夫了；就是這邊寶雲姊姊同我蘭芝姊姊，到那時大約也有婆婆家了。」

蘭芝聽了，臉上不覺紅了一紅，把紫芝瞅了一眼道：「你又亂說了！」呂堯蓂道：「紫芝妹妹如今念了幾年書，怎麼嘴裡還是這樣啕氣！」掌紅珠道：「姊姊！你還不知哩，我們今年正月來賀節，伯母留我們看燈，住了兩日，誰知紫芝妹妹那張嘴近來減去零碎字，又加了許多文墨字，比從前還更狠哩。」董花鈿道：「紫芝妹妹嘴雖利害，好在心口如一，直截了當，倒是一個極爽快的。」

紫芝道：「剛才堯蓂姊姊因我說他有姊夫，他就說我啕氣，難道有姊夫這句話也錯了？如果說錯，並不是我錯的；那孟夫子曾說：『女子生而願為之有家』，只好算他錯的。誰知那樂正子聽了不悅道：『紫芝不要混說，我先生何嘗說錯？你去問問那些女子，他們可肯對天發誓，一生一世不願有家麼？』」成氏笑道：「你們聽聽，他忽然把個樂正子又請出來，說的活靈活現，倒也有個意思。」蔣星輝道：「伯母莫要讚他，他得了意，更要亂說了。」

紫芝道：「我也不想下次再考，我只盼明日部試，太后看了卷子說：『去年郡考，還有幾家同姓的怎麼都不見了？快快教他都來殿試！』那就好了。」蔣春輝道：「妹妹！你這話雖不是望梅止渴，卻有四字批語。」青鈿道：「那四個字？」春輝道：「叫做『畫餅充飢』。」成氏笑道：「要這樣說，一個是『望梅止渴』，一個是『畫餅充飢』，那還好麼？依我說，你們飯後無事，何不求個籤兒決決疑？聞得六㚷女起的課最靈，或者起個課也好。只顧說話，你們也該用飯了，都到晚芳園去罷。」紫芝道：「這裡花園本名『漱芳』，為何又改做『晚芳』？」成氏道：「這是你舅舅因膝下無子，欲取晚年得子之兆，所以改做『晚芳』了。」

眾姊妹別過夫人，都到園中，進了文杏閣，照向日次序分賓主坐下。用了點心，蔣秋輝道：「可惜今年殿試都不能恭逢其盛，愚姊妹向來並未用功，今年不去，倒是借此藏拙，諸位姊姊未免抱屈了。」寶雲道：「當日伯伯大魁天下，誰人不知？所謂家學淵源，六位姊姊如果與試，自然也是前列，怎麼倒說藏拙的話？」董珠鈿道：「若論藏拙，要算我們姊妹五個。莫講別的，只這學問上，向來也不知叨寶雲姊姊多少教，還算我們老師哩。」呂瑞蓂道：「若這樣說，寶雲姊姊要算我們太老師了。」紫雲道：「此話怎講？」瑞蓂道：「向來我們常叨珠鈿姊姊教，珠鈿姊姊又叨寶雲姊姊教；以此論起來，豈非太老師麼？」掌紅珠道：「寶雲姊姊是珠鈿姊姊的老師，又是瑞蓂姊姊的太老師，但我們素日又叨瑞蓂姊姊教，若論稱呼，寶雲姊姊該算我們甚的老師呢？」紫芝道：「據我看來，只好算個太太老師了。」蔣麗輝道：「太太同老師本是兩人，今忽變成一人，倒也別致！」紫芝道：「我勸諸位姊姊暫把酸文❶收一收，我有句話說：今日之聚，原是舅舅惟恐大家不能應試，心中煩悶，接來一同玩耍消遣。我可不會說謊，我連日因迴避在家，同我七個姊姊妹妹心裡好不悶躁，今日聽得舅舅來接，以為借此大家玩玩可以解解悶氣；誰知你們見了面，只說這些口是心非道學話，豈不悶上加悶麼！」

❶ 酸文：傖俗腐朽的文章。

董寶鈿道：「你看紫芝妹妹如今中了淑女，還這樣好玩；他的脾氣，倒同我家青鈿妹妹一樣。」芳芝道：「紫芝妹妹平素在家總是如此，我們起他一個外號，教做『樂不夠』。」紫芝道：「莫說我中了淑女還要玩，就是太后准我們殿試，中了才女，也要玩哩。」錦雲冷笑道：「你們聽聽，好自在話兒，還想殿試哩！」蔣春輝道：「他這話也有四字批語。」香雲道：「叫做甚麼？」春輝道：「叫做『一相情願』❷。」掌浦珠道：「姊姊倒莫這樣說。妹子聽得家父說：『此番女試，乃自古未有曠典，非往年科場可比，原可無須迴避。無如大家俱怕冒昧，不敢請旨，以致躭擱。如果聯銜請旨，太后正恐考的人少，那有不准之理？如今只盼他怎樣能問一聲，或在別的話上提起，也就好奏了。』」

蔣素輝道：「我們與其疑疑惑惑，何不遵著伯母之命，公求一籤，看是怎樣？」寶雲道：「如此甚好。」因命丫環擺設香案，著人借了籤筒。登時齊備，一個個虔誠頂禮，望空禱告，求了一籤。把籤本展開，大家一看，卻是中平籤，後面有兩句詩道：「欲識生前君大數❸，前三三與後三三。」眾人看了都不解何意。紫芝道：「這末句明明寫著『前三三』，是我們三十三人；那『後三三』，是三月二十三日教我們去殿試；難道這還錯麼？」掌乘珠道：「妹妹解的雖有點意思，但殿試在四月，怎說三月就殿試呢？」紫芝道：「不錯，我倒忘了；只怕三月二十三日教我們去補部試罷？」

呂祥蓂道：「剛才伯母說芸芝姊姊會起課，我們何不再起一課？籤課合參，豈不更妙？」彩雲道：「鬧了半日，倒把這件決疑的忘了。」眾人都圍著孟芸芝，教他起課。芸芝道：「這也不必都起，只

---

❷ 一相情願：甘心情願。

❸ 大數：指命運。

須公起一課，詳詳課體，再看看類神，就可略知一二了。」掌驪珠道：「既如此，求姊姊起罷。還是用錢搖，還是要用蓍草呢？」瑤芝道：「那是《周易》課用的；他這六壬課要報時的，就請那位姊姊報時罷。」董青鈿道：「等我來。」剛要想報，因忖了一忖，指著外面向眾人道：「口報時辰，惟恐三心二意，我如今將那東首緊靠橋邊那顆杏樹，有個翠雀落的朝東那枝杏花折來，看看連花帶朵共有多少，如在十二朵之外，就以十三為子時。以此為時，不知可好？」綠雲不等說完，即拉了玉芝一同走出；隨後瓊芝、青鈿也跟來。剛到橋邊，玉芝道：「你看那個雀兒見有人來，他就飛了。」綠雲道：「幸虧他才飛，要早早飛開，還記不清那一枝哩。好在還不甚高。」即用手輕輕折了下來。瓊芝道：「難得齊齊全全，一個花瓣也不落。」只見蔣月輝迎來道：「芸芝姊姊教你們留神拿著，莫把花朵遺失，就不靈了。」

一齊來到閣內，芸芝接過杏花，數了一數，卻是初放朵兒，連大帶小共三十三朵。華芝道：「你看這個花兒也合今日人數，莫不有些道理麼？」香雲搖手道：「姊姊且慢議論，讓他靜靜好算。」芸芝掐著指頭，沉思半晌，忽然滿面喜色道：「今日是初九日，大約二十三日壬申，大家都要禮部走走哩。」紫芝道：「何如！春輝姊姊還說一相情願哩！」

董翠鈿道：「姊姊且把課中大略講講，是個甚麼意思？」芸芝道：「凡占考試，以文書爻為主；次則再看朱雀，蓋朱雀屬火，主文明之象，是此課的類神：這兩樣是最要緊的。其次再將課體合參，即如今日是個戊午日……。」紫芝道：「他這課一定靈的，你們只聽這個日子就曉得了，別人可記得今日是個戊午麼？」寶雲道：「芸芝妹妹剛講的才有點意思，你又從中添一段話，你看天已不早，等他說完，我們也好吃飯了。」紫芝道：「姊姊！你說加的這段不好？」蔣春輝道：「好妹妹，你莫說，聽他說。」芸芝道：「杏花三十三朵，除去二十四，仍餘九數，按十二時論之，是為申時；妙在三傳四課七個字除去旬空，暗暗透出巳戌卯三個字，恰合了『鑄印乘軒』之格，占試最吉。況巳為文書朱雀，又八傳兼之，巳又暗遁丁馬，主文書發動之象。二十三日交了壬申，巳申合動文書，丁壬合起丁馬，看來一定補考的。」

眾人聽了，無不喜笑顏開。紫芝道：「你這課莫像《西廂》那句才好哩。」秋輝道：「像句甚麼？」紫芝道：「莫是『說來的話兒不應口』罷？」蘭芝把紫芝瞅了一眼道：「據我看來，第一次部試是三月初三日，第二次覆試又是三月十三日；那杏花又是三十三朵，我們又是三十三人，如果二十三日補考，恰又合了籤上前三三後三三的話，這課一定靈的！」素雲道：「紫芝妹妹敢是看過《西廂》麼？」蘭芝道：「那裡看過，不過聽那唱戲說的，他就記在心裡，隨口亂說，妹妹何必同他講究？」寶雲道：「飯已擺在對面敞廳，請諸位姊姊那邊坐罷。」於是大家過去。自此之後，眾位小姐都在花園日日團聚。

那卞濱進朝伺候紅旗捷報到京，忙了幾日，十三日試畢，於二十二日放榜。陰若花中了第一名部元，唐閨臣中了第二名亞元。卞濱同孟謨帶領司官，捧了各卷，進朝面呈。武后把超等卷子看了數本，道：「不意閨閣中竟有如此奇才，而且並有外邦才女，真可謂一時之盛了！」又將卷面名姓細細翻閱一遍，不覺嘆道：「誰知這幾家竟無一人取在超等，真真可惜！」一面又將特等名次清單前後看了一遍，因向卞濱道：「有件異事，卿可曉得？前者朕閱各處所進淑女試卷內，河南道有孟姓八女，淮南道有卞姓七女，其餘同姓的，亦復不少，朕亦不能記憶。但孟、卞幾家，揆其命名，倒像姊妹一般；細看郡縣所取名次，又都前列。朕意今年部試，倘這幾家同姓之女俱能取中固妙，設或竟有一二不能中式，亦必加恩，准其一同殿試，以成千古佳話。今將各卷看來看去，不但超等並無一人，就是特等也無其名，以此看來，竟是未曾來京赴試。其淮南一道，或者離京稍遠，所以不來。至於河南距京既近，又是平坦陸路，何以亦不赴試？豈不是件異事？卿居淮南，其卞姓之女，可知其詳否？」

卞濱因叩首奏道：「聖上所言卞姓七女，皆臣妻妾所生。那孟家八女，俱臣甥女，即臣部侍郎孟謨之女，並孟謨之姪女。臣與孟謨因蒙欽派閱卷，故循科場舊例，臣等令其迴避，未敢入試。」武后忙問道：「卿女並卿之甥女可在京麼？」卞濱同孟謨一齊奏道：「臣等之女，自去歲郡考後都已來京。」武后喜道：「原來有這些緣故。我說郡考既都前列，安有部試一名不中之理？若非問明，幾乎埋沒人才！其實此番考試，原無須迴避，這是卿等過於謹慎之處。不知此外還有迴避幾人？」卞濱奏道：「還有同考官吏部考功員外郎蔣進六女，臣部主客員外郎董端五女，祠部員外郎掌仲四女，膳部員外郎呂良三女，連臣等之女共迴避三十三名。」武后立命卞濱開單呈覽，即刻發一諭旨：

道本日經朕查出迴避之淑女孟蘭芝等三十三名未赴部試，例應欽派試官另行考試。第檢閱從前郡縣所呈各卷，該淑女等或文理條暢，或字體端楷，均有可觀；況每考俱經前列，毋庸另行考試，即著一併欽賜才女，至期一體殿試。著先赴禮部，即照前次試題各補詩賦一卷，仍發謄錄。該部堂官會同同考各官公同取列名次呈覽。

這旨剛才發下，禮部又奏進一本道：

前日臣部考場有淑女花再芳、畢全貞、閔蘭蓀三名俱因污卷貼出。今該淑女等因孟蘭芝等三十三名俱蒙欽賜殿試，求臣等轉奏，欲乞皇恩一視同仁，准預殿試，等因。臣等因其籲懇至再，不敢壅於上聞。再該淑女即前次部試名列四等三名，合並聲明，請旨定奪。

武后覽奏，因將原呈並履歷看了一遍道：「這都是少年要好的心勝。況迢迢數千里而來，別人都得才女匾額，獨他三人白白辛苦一場，這也無怪其然。」因於本後批道：

據奏淑女花再芳等籲懇情切，姑念污卷係屬無心之失，著即加恩附入冊末，准其一體殿試，以副朕拔取閨才之至意。

將本發下，卞濱當即曉諭，並命人通知眾位小姐明日五鼓齊至禮部補考。這日寶雲同蘭芝眾姊妹因已交了二十二日，部試業已放榜，仍無消息，正在花園都說芸芝的課不靈；忽然得了這個信息，人人歡喜。次日赴部補過詩賦，大家商量仍要到紅文館原定房子居住，希圖殿試近便。及至命人打聽，原來那所大房已被部元陰若花並章、文兩府小姐住了。內中雖有幾處空房，院落甚小，不能容得多人，大家只好各自歸家，靜候殿試。

那紅文館閨臣眾姊妹因若花中了部元，個個心歡；兼之同寓四十五人都得名列超等，真是無人不喜。閨臣因叔叔六個女學生也都得中，分外得意。這日正吃慶賀筵席，忽見多九公進來，眾人連忙立起讓坐。多九公道：「適才外面有一人要見若花姪女，眾蒼頭問他名姓，他又不說，老夫細細觀看，倒像尊府國舅模樣。他不遠數萬里忽然到此，不知何故，老夫特來告知。」若花聽了，驚疑不止。未知後事如何，再看下回分解。

第六十六回　借飛車國王訪儲子　放黃榜太后考閨才

話說陰若花聞多九公之言，不覺吃驚道：「女兒國向無朝覲之例，今阿舅忽從數萬里至此，必有緣故。但何以知我住處？令人不解。」多九公道：「姪女如今中了第一名部元，現有黃榜張挂禮部門首，誰人不知？國舅大約找著長班，才尋到此處。」紅蕖點頭道：「九公猜的不錯。」閨臣道：「國舅既已遠來，無論所辦何事，若花姊姊同他骨肉至親，自應請進一會為是。」

若花連連點頭，即託九公命人把國舅請至旁邊書房；進去看時，果是國舅，連忙拜見讓坐，道：「阿舅別來無恙？阿父身體可安？今阿舅忽來天朝，有何公幹？」國舅垂淚歎道：「此話提起甚長。自從賢甥去後，國主因往軒轅祝壽，我也隨了遠去；不意西宮趁國中無人，與那些心腹狗黨商議，惟恐日後賢甥回國，其子難據東宮，莫若趁此下手，或可久長，竟將其子扶助登了王位；及至老夫同國主回來，他們竟閉門不納，國主只得仍到軒轅避難。誰知其子十分暴虐，信用奸黨，殺害忠臣，荼毒良民，兼且好酒貪花；種種無道，不一而足，竟至家家閉戶，日不聊生。不及一載，舉國并力竟將西宮母子害了，隨即迎主還朝，那些臣民因吾甥賢聲素著，再三籲懇，務要訪求回國。國主一因現在無嗣，二因臣民再三籲請，不惜重費，於周饒國借得飛車一乘。此車可容二人，每日可行二三千里，若遇順風，亦可行得萬里。國主得此甚喜，特命老夫馳赴天朝，訪求賢甥回國。老夫到此業已多日，四處訪問，蹤跡杳然。幸而得見黃榜，才自尋訪到此。現有國主親筆家書，賢甥看了自知。」把書遞過。

若花看罷，嘆道：「原來兩年之間，國中竟至如此！至西宮此種光景，甥久已料定；不然，我又何肯遠奔他鄉？若非當日見機，早早逃避，豈能活到今日？一經回想，尚覺心悸。現在本族中如西宮母子者，亦復不少，阿父若不振作整頓，仍復耳軟心活❶，自必禍不旋踵，阿舅久後自見分曉。此時阿父書中，雖命迅急還鄉以承祖業，但甥本無才，不能當此重命。二來自離本國，已如漏網之魚，豈肯仍投火坑？雖云，子不言父之過，然阿父不辨賢愚，不以祖業為重，甥亦久已寒心。況現在近派子姪，賢者甚多，何必注意於我？若我返國後，設或子姪中又有勝於我的，他日又將如何？總而言之，甥既到此，豈肯復回故鄉？此時固雖不才，業蒙天朝大皇帝特中才女，並授顯職，此等奇遇，已屬非分，豈敢另有他想？惟求阿舅回去替我婉言，自當永感不忘。」

國舅道：「賢甥為何忽發此言？實出老夫意料之外！難道果真將祖業不顧？斷無此理！國主固耳軟心活，連年經此大難，自知當日之失；此時若非急於要見賢甥之面，豈肯花費多金借請飛車？其所以命我星馳而來者，因當日誤聽讒言，致將吾甥之賢，盡行蒙蔽，今後悔既晚，要見又難，若令老夫航海前來，又恐多躭時日，躊躇至再，始有飛車之舉；無非要早見賢甥一日，其心即早安一日。今賢甥忽然如此，毫無眷戀，不獨令國主兩眼望穿，深負愛子之心，亦且有失臣民之望。賢甥切莫因當年小忿，一時任性，致誤大事，後悔無及，他日雖要返國，不可得了。」

若花聽這幾句話，登時不悅道：「阿舅！這是甚話！甥又不曾落魄，為何卻要後悔？即使落魄，

❶ 耳軟心活：輕信人言，心無定見。

又何後悔之有？若要後悔，當日又何肯輕離故鄉？總之，阿舅這番美意，無有不知，無有不感。至於仍返故國這句話，甥立意已決，阿舅再也休提。」正在談論，閨臣命人備出飯來。國舅又再再苦勸，無奈若花心如鐵石，竟無一字可商。飯罷後，若花匆匆寫了一封回書，給國舅看了。國舅料難挽回，只得落淚別去。

若花送過，回到裡面。閨臣道：「適才姐姐同國舅說話，我們竊聽多時，妹子屢要進去力勸姊姊還鄉，究因男女不便，不好冒昧相見。及至此時，才想起他原是女扮男裝，早知如此，我又何妨進去一會？」若花道：「就是阿妹進去勸我，我也不能應承，但可去得，我又何必如此？這宗苦情，只有各人心內明白便了。」

小春道：「國王如立意務要你去，他既不惜錢財去借飛車，安知他又不送金銀與林伯伯？那時林伯伯得他銀錢，務要你去，那就脫不掉了。」若花道：「就是寄父教我回去，我也不去。」小春道：「你若不去，林伯伯也不准你住在嶺南，看你怎樣。據妹子愚見，莫若早早尋個婆婆家，到了要緊頭，到底有個姊夫可以照應。」

婉如道：「姊姊只顧不做國王，豈不把蘭音姊姊宰相也就擱麼？將來你們如到女兒國得了好處，俺也不想別的，只求把那飛車送俺，俺就歡喜了。」小春道：「你要飛車何用？」婉如道：「俺如得了飛車，一時要到某處，又不打尖，又不住店，來往飛快。假如俺們今年來京，若有一二十輪飛車，路上又快又省盤費，豈不好麼？」小春道：「如果都像這樣，那店小二只好喝風了。」

只見緇瑤釵因部試得中，特來拜謝，彼此道喜，見禮讓坐。瑤釵同秀英道：「若非姊姊成全，今日何能徼倖？時刻感念，又不敢屢次過來驚動，明日備有薄酌，意欲奉屈姊姊同舜英、閨臣、若花姊姊一聚，因此親自過來奉請。望諸位姊姊賞光，明日早些過去。」閨臣、若花一齊說道：「我們早要奉拜，因連日應試，彼此都覺匆忙，所以未能晉謁。今既承寵召，明日自當同秀英、舜英二位姊姊過來，一則奉拜，二則奉擾。」秀英、舜英道：「既如此，我們明日一同過去。」瑤釵見四人都肯去，不勝之喜，隨即拜辭。

次日，四人擾過，當即備酒還東。一連聚了幾日，不知不覺到了四月初一殿試之期。閨臣於五鼓起來，帶著眾姊妹到了禁城，同眾才女密密層層，齊集朝堂，山呼萬歲。朝參已畢，分兩旁侍立。那時天已發曉，武后閃目細細觀看，只見個個花能蘊藉，玉有精神，於那娉婷嫵媚之中，無不帶著一團書卷秀氣，雖非國色天香，卻是彬彬儒雅。古人云：「秀色可餐」，觀之真可忘飢。越看越愛，心中著實歡喜。因略略問了史幽探、哀萃芳所繹〈璇璣圖〉詩句的話；又將唐閨臣、國瑞徵、周慶覃三人宣來問道：「你三人名字都是近時取的麼？」閨臣道：「當日臣女生時，臣女之父，曾夢仙人指示，說臣女日後名標蕊榜，必須好好讀書，所以臣女之父當時就替取了這個名字。」國瑞徵同周慶覃道：「臣女之名，都是去歲新近取的。」武后點點頭道：「你們兩人名字都暗寓頌揚之意，自然是近時取的；至於唐閨臣名字，如果也是近時取的，那就錯了。」又將孟、卞幾家姊妹宣至面前，看了一遍，道：「雖係姊妹，難得年紀都相仿。」又讚了幾句，隨即出了題目。

眾才女俱各歸位；武后也不回宮，就在偏殿進膳。到了中刻光景，眾才女俱各交卷退出。原來當年唐朝舉子赴過部試，向無殿試之說，自武后開了女試，才有此例。此是殿試之始。當時武后命上官婉兒幫同閱卷，所有前十名仍命六部大臣酌定甲乙。諸臣取了唐閨臣第一名殿元，陰若花第二名亞元，擇於初三日五鼓放榜。

秦小春同林婉如這日聞得明日就要放榜，心裡又是歡喜，又是發愁。二人同田秀英、田舜英同房，到晚秀英、舜英先自睡了。小春同婉如吃了幾杯酒，和衣倒在床上，思來想去，那裡睡得著；只得重復起來，坐在對面，又無話說；好容易從二更盼到三鼓，盼來盼去，再也不轉四更，只好房裡走來走去。彼此思思想想，不是這個長吁，就是那個短嘆：一時想到得中樂處忽又大笑起來；及至轉而一想，猛然想到落第苦處，不覺又哽咽起來；登時無窮心事，都堆胸前，立也不好，坐也不好，不知怎樣才好。

秀英被他二人吵的不時驚醒，那時已交四更，秀英只得坐起道：「二位姊姊也該睡了。妹子原因他們那邊都喜夜裡談天，每每三四更不能睡覺，妹子身弱禁不起熬夜，又不能因我一人禁止眾人說話，所以同舜英妹妹搬過這邊。幸喜二位姊姊疼顧妹子，上床就睡，從未深夜談天，因而妹子咳嗽也就好些。正在感激，那知二位姊姊平素雖不談天，今日忽要一總發洩起來，剛才一連數次，睡夢中不是被這位姊姊哭醒，就是被那位姊姊笑醒，心裡只覺亂跳。並且那種嘆息之聲，更令人聞之心焦。尤其令人不解的，哭中帶笑，笑中有哭。竟是憂歡莫辨，哭笑不分的光景。請問二位姊姊有何心事以至於此？」

舜英聽了也坐起道：「他們那有什麼心事！不過因明日就要放榜，得失心未免過重，以致弄的忽哭忽笑，醜態百出。」秀英道：「既因放榜，為何又哭又笑呢？」舜英道：「他若昧了良心，自然要笑；設或天良發現，自然要哭了。」秀英道：「妹妹此話怎講？」舜英道：「他既得失心重，未有不前思後想。一時想起自己文字內中怎樣練句之妙，如何摛藻之奇，不獨種種超脫；並且處處精神，越思越好，愈想愈妙。這宗文字，莫講秦漢以後，就是孔門七十二賢，也做我不過，世間那有這等好文字，明日放榜，不是第一，定是第二；如此一想，自然歡喜要笑了。姊姊！你說這宗想頭豈非昧了良心麼？及至轉而一想，文字雖佳，但某處卻有字句欠妥之處，又有某處用意錯謬之處，再細推求，並且還有許多比屁還臭不能對人之處，竟是壞處多，好處少，這樣文字，如何能中？如此一想，自然悶恨要哭了。姊姊！你說這宗忖度豈非良心發現麼？」

秀英道：「妹妹這話未免太過，二位姊姊斷非如此。」小春道：「舜英姊姊安心要尖酸刻薄❷，我也不來分辯，隨他說去。但秀英姊姊乃我們姊妹隊中第一個賢慧人，將來卻與這個刻薄鬼一同于歸❸，那裡是他對手！」婉如道：「說話過於尖酸，也非佳兆，第一先與壽數有礙。俺勸姊姊少說幾句，積點壽，也是好的。」

秀英道：「二位姊姊，你聽雞已啼過幾遍，只怕已轉五更，再要不睡，天就亮了。」婉如道：「二位姊姊只管請睡，俺們已託九公去買題名錄，他於二更去的，大約少刻就可回來。」話言未畢，只聽遠遠的一陣喧嚷，忽然響了一聲大礮，振的窗櫺亂動，外面僕婦丫環俱已起來，原來報喜人到了。

婉如開了房門，小春即命丫環去找多九公，誰知二門鎖還未開，不能出去，只聽又是一聲礮響，二人只急的滿房亂轉。小春剛命丫環去催鑰匙，忽又大礮響了兩聲。婉如道：「共響四礮，這是四海

---

❷ 尖酸刻薄：尖刻苛酷無情。

❸ 于歸：出嫁。

昇平。外面如此熱鬧，你們二位也該升帳了。」

秀英笑道：「二位姊姊真好記性！昨日大家因議放礮，講定二門不准開，必須報完，天亮方開，怎麼此時要討鑰匙，豈非反覆不定麼？你聽，又是一礮，共成五穀豐登。」小春道：「我只顧發急，把昨日的話也忘了，原來放礮也是昨日議的。其中怎樣講究，此時心裡發慌，也想不出，姊姊可記得？」婉如道：「昨日何嘗議論放礮！這是你記錯了。只顧說話，接連又是三礮，這叫做『大椿以八千歲為春』❹。」舜英笑道：「這是兩響，可謂十分財氣了。」秀英道：「妹子只當小春姊姊記性不好，誰知婉如姊姊記性更醜。昨日議論放礮還是你極力贊成，怎麼此時倒又忘了？你聽，接連又是五礮，恰好湊成骨牌名，是『觀燈十五』。」

婉如道：「究竟怎樣議的？妹子實實想不出。」秀英道：「昨日公議：如中一人，外面即放一礮；倘中殿元，外加百子礮十挂；所有報單，統俟報完，二門開放，方准呈進。如今又是三礮，已有羅漢之數了。」婉如道：「若是這樣，俺們四十五人須放四十五礮了。早知這樣氣悶，昨日決不隨同定議。若不如此，今日中一人報一名，豈不放心？如今也不知那位先中，也不知誰還未中，教人心裡上不上，下不下，不知怎樣才好。此時又響了六礮，共是『二十四番花信』❺了。」舜英道：「你聽，這四聲

---

❹ 大椿以八千歲為春：比喻高壽，語出《莊子・逍遙遊》。

❺ 二十四番花信：即「二十四番花信風」，簡稱「花信風」；因風迎花開之期而來，故謂之信，一個月中有兩個節氣，六個節候，自小寒到穀雨，共四個月八節氣二十四節候，每節候五日，以一種當令的花名稱之，謂之二十四番花信。

來的快，恰恰湊成『雲臺二十八將』。」小春道：「怎麼他們眾姊妹都不出來？大約同我們一樣，也在那裡掐著指頭數哩，只等四十五礮齊全，他才跳出哩。你聽，又是兩礮，共成『兩當十五之年』了。」秀英道：「此話怎講？」小春道：「難得姊姊還是博學，連這出處也不知？這是當日有位才子做『三十而立』破題有此一句，叫做『兩當十五之年，雖有板凳椅子而不敢坐焉』。」

婉如道：「接連又是三響，到了『三十三天』❻了。還有十二礮，俺的菩薩，你快快放罷！」小春朝著外面萬福道：「魁奶奶、魁太太這十二礮你老人家務必做整個人情，把他掃數全完，一總放了罷！你若留下一個，我就沒命了！好了！好了！你聽，又是二礮，湊成『三十六鴛鴦』。好！這聲接的快，三十七礮了！你聽，又是一……正要說礮字，誰知外面靜悄悄並無聲響。小春嘴裡還是一……一……一，等之許久，那個礮字再也說不出。

秀英道：「自一礮以至三十七礮，內中雖陸陸續續，並未十分間斷，此時忽停多時，這是何意？」秀英道：「這又停了半晌，仍無影響，難道還有八礮竟不放麼？」婉如道：「若果如此，可坑死俺了！」

只見天已發曉，各房姊妹都已起來，仔細再聽外面，鴉雀無聞，不但並無礮聲，連報喜的也不見了。眾人這一嚇非同小可。秀英、舜英也收拾下床，正在梳洗，眾丫環紛紛進來請用點心，眾才女都在廳房等候。二人穿戴完畢，來約小春、婉如一同前去，只見二人坐在椅上，面如金紙，渾身癱軟，那眼淚如斷線珍珠一般直朝下滾。秀英、舜英看了，回想這八礮內不知可有自己在內，也不覺鼻酸，

❻ 三十三天：佛教稱天有三十三重，第三十三天即忉利天。

只得扶著二人來到廳房。眾才女久已到齊，一同歸坐，彼此面面相覷，個個面如金紙，一言不發。點心拿到面前，並無一人上唇，那暗暗落淚的不計其數。未知後事如何，且看下回分解。

第六十七回　小才女卞府謁師　老國舅黃門進表

話說眾才女因初三日五鼓放榜，預先分付家人：「如有報子到門，不必進來送信，每中一名，即放一礮，裡面聽得礮聲若干，自然曉得中的名數；等報子報完，把二門開了，再將報單傳進。」誰知自從五更放了三十七礮，等到日高三丈，並未再添一礮，眼見得竟有八位要在孫山之外，不覺個個發慌，人人膽落，究竟不知誰在八名之內；一時害怕起來，不獨面目更色，那鼻涕眼淚也就落個不止。

小春、婉如見眾人這種樣子，再想想自己文字，由不得不怕；只覺身上一陣冰冷，腳底寒氣直從頭頂心冒將出來，三十六個牙齒登時一對一對撕打，渾身抖戰篩糠，連椅子也搖動起來。婉如一面抖著，一面說道：「這這這樣亂抖，俺俺可受不住了！」小春也抖著道：「你你你受不住，我我我又何曾受得住？今今今日這命要送在在此處了！」

閨臣嘆了幾聲道：「今又等了多時，仍無響動，看來八位落第竟難免了。妹子屢要開門，大家務要且緩，難道此時還要等報麼？」婉如一面抖著，一面哽咽道：「起起初俺原想早些開門，如如今俺又不願開門了。你不開門，俺俺還有點想頭；倘倘或開門，說說俺不中，俺俺就死了！實實對你們說罷，除除非把俺殺了，方准開哩。」

若花道：「此時業已如此，也是莫可如何。若據閨臣阿妹追想碑記，我們在坐四十五人，似乎並無一人落第，那知今日竟有八人之多！可見天道不測，造化弄人，你又從何捉摸？但此門久久不開，也不成事，莫若叫人隔著二門問問九公，昨日婉如、小春二位阿妹所託題名錄想已買來，如今求他細細查看，如題名錄只得三十七人，此門就是不開也不中用。況所中之人，只怕還要進朝謝恩，何能過緩？」閨臣道：「姊姊此言甚是。」即分付丫環去問多九公，誰知九公還未回來。

閨臣道：「昨在部裡打聽，准於五鼓吉時放榜，無人不知，現在已交卯正，題名錄還未買來，豈非怪事？」秀英道：「今日如已放榜，何以九公此時還不回來？若說尚未放榜，現在卻又報過三十七人，其中必有緣故。」

忽聽外面隱隱的一片喧嚷，原來多九公回來要面見眾小姐。閨臣忙把鑰匙遞給丫環。眾人都迎到門前。不多時，只見多九公跑的滿臉是汗，走到廳前，望著眾人說了一聲「恭」，那個「喜」字不曾說完，只是吁吁氣喘，說不出話來。小春一面抖著，同田鳳翾把九公攙進廳房，坐在椅上，丫環送了兩杯茶，喘的略覺好些。小春滴著淚向九公道：「甥甥女可有分麼？」多九公一面喘著，把頭點了兩點。婉如也滴淚道：「多九公，俺呢？」多九公也把頭點了兩點。閨臣道：「請問九公，題名錄可曾買來？」多九公連連搖頭；停了片刻，望著眾人把胸前指了一指，鳳翾從他懷中取出一個名單遞給閨臣。閨臣展開同眾人觀看。只見上面寫著：「欽取一等才女五十名，二等才女四十名，三等才女十名。」若花恐眾人看不見，未免著急，就便順口高聲朗誦，從頭念了下去：

第一名史幽探　　第二名哀萃芳　　第三名紀沉魚　　第四名言錦心

第五名謝文錦
第九名國瑞徵
第十三名印巧文
第十七名宋良箴
第二十一名田舜英
第二十五名祝題花
第二十九名褚月芳
第三十三名駱紅蕖
第三十七名燕紫瓊
第四十一名宰玉蟾
第四十五名枝蘭音
第四十九名掌紅珠
第五十三名左融春
第五十七名施艷春
第六十一名孟華芝
第六十五名董花鈿
第六十九名蔣月輝

第六名師蘭言
第十名周慶覃
第十四名卞寶雲
第十八名章蘭英
第二十二名盧紫萱
第二十六名孟紫芝
第三十名司徒嫵兒
第三十四名林婉如
第三十八名蔣春輝
第四十二名孟蘭芝
第四十六名姚芷馨
第五十名葉瓊芳
第五十四名孟芸芝
第五十八名竇耕烟
第六十二名卞錦雲
第六十六名柳瑞春
第七十名呂祥蓂

第七名陳淑媛
第十一名唐閨臣
第十五名田秀英
第十九名陽墨香
第二十三名鄴芳春
第二十七名秦小春
第三十一名余麗春
第三十五名廖熙春
第三十九名尹紅萸
第四十三名薛蘅香
第四十七名易紫菱
第五十一名卞彩雲
第五十五名卞綠雲
第五十九名蔣麗輝
第六十三名鄒婉春
第六十七名卞紫雲
第七十一名陶秀春

第八名白麗娟
第十二名陰若花
第十六名林書香
第二十名酈錦春
第二十四名邵紅英
第二十八名董青鈿
第三十二名廉錦楓
第三十六名黎紅薇
第四十名魏紫櫻
第四十四名顏紫綃
第四十八名田鳳翾
第五十二名呂堯蓂
第五十六名董寶鈿
第六十名蔡蘭芳
第六十四名錢玉英
第六十八名孟玉芝
第七十二名掌驪珠

第七十三名蔣星輝　第七十四名戴瓊英　第七十五名董珠鈿　第七十六名卞香雲
第七十七名孟瑤芝　第七十八名掌乘珠　第七十九名蔣秋輝　第八十名緇瑤釵
第八十一名卞素雲　第八十二名姜麗樓　第八十三名米蘭芬　第八十四名宰銀蟾
第八十五名潘麗春　第八十六名孟芳芝　第八十七名鍾繡田　第八十八名譚蕙芳
第八十九名孟瓊芝　第九十名蔣素輝　第九十一名呂瑞蓂　第九十二名董翠鈿
第九十三名掌浦珠　第九十四名井堯春　第九十五名崔小鶯　第九十六名蘇亞蘭
第九十七名張鳳雛　第九十八名閔蘭蓀　第九十九名花再芳　第一百名畢全貞

若花把榜念完，眾才女這才轉悲為喜。多九公喘息已定，眾人都問：「何以報子漏報八名？這個名次，從何處抄來？」九公道：「老夫今日三鼓就在那裡守候，略略用點使費，所以裡面信息也通。起初原是閨臣小姐第一名殿元，若花小姐第二名亞元。誰知榜已填到八九，太后忽然想起閨臣小姐名姓不好，因史幽探、哀萃芳向日繹的詩句甚佳，登時把前十名移到後面，後十名移到前面，復又從新填榜，如此往返轉折，躭擱許多工夫，以致天明還未放榜。老夫惟恐眾小姐等的心焦，況且報子裡面信息雖通，只能填一名，報一名，那知這些移換之事；若等他報，不知等到何時，老夫只得託人把榜上等第名次，匆匆抄了，連籍貫也不及寫，飛忙趕回，跑的連氣也喘不過來。並且聞得這是自古未有曠典，一經放榜，就要上朝會齊謝恩，因此更要趕回告知此事。我們寧可走在人先，諸位小姐收拾用些飯食，急速去罷。」

話未說完，只聽外面接連放了八聲大礮。九公道：「你聽這礮就是移到後面前十名。原來向日填榜，惟恐前幾名太后仍要更換，故此先從末名填起。今日也是這樣，所以前二十名倒報在眾人之後了。老夫足足一夜未曾合眼，且去歇歇，明日慢慢再領喜酒。」說罷，外面去了。

眾人連忙收拾，誰知小春、婉如忽然不見；四處找尋，好容易才從茅廁找了出來。原來二人卻立在淨桶旁邊，你望著我，我望著你，倒像瘋顛一般，只管大笑，見了眾人，這才把笑止住。舜英道：「二位姐姐即或樂的受不得，也該尋個好地方。你們只顧在此開心，設或沾了此中氣味，將來做詩還恐有些臭屁哩。」說的眾人不覺好笑。

都到廳房用過飯，匆匆來至朝房，會同眾才女上殿謝恩。武后將一等的授為「女學士」之職，二等授「女博士」之職，三等授「女儒士」之職。授職已畢，各賜金花一對，隨即傳旨命膳部大排紅文宴。筵宴之際，武后越看越愛，因又頒賜許多大緞異香。一連賜宴三日，接著公主又賜了兩日宴。眾才女天天聚會，喚姊呼妹，彼此敘談，不但個個熟識，並且極其親熱，每到席散分手，甚覺戀戀不捨。眾人都說：「我們雖聚了五日，究竟拘束，不能盡興；倘能檢個幽僻去處，得能暢聚幾日，那就天從人願了！」至第九日，乃佛誕之期，大家約會謝了公主，這才得閒來拜老師，都向卞府而來。

這日寶雲帶著七個妹妹同眾才女謝了公主，聽見眾人要到他家，忙命僕人回府通知。卞濱聽了，命人在凝翠館調擺桌椅，預備酒飯。登時眾人都到門前先投門生名帖，並贄見禮，卞濱迎至二門。眾才女除卞、孟兩家姊妹在後，其餘都是按名魚貫而入。進了二門，穿過廳房，丫環引至凝翠館。卞濱先說道：「眾位才女且慢行禮，老夫有句話說，若論師生之誼，自然該受半禮才是。無如今日人多，若大家一齊行禮，這裡也擠不開；若是一位一位行禮，今日只好盡行禮了；莫若通身行個常禮，我倒歡喜的。」史幽探道：「老師話雖如此，但門生們蒙老師知遇提攜，得能恭與盛典；若以寶雲七位姊姊而論，又屬年誼，亦是晚輩；今初次晉謁，那有不行全禮之理？」哀萃芳道：「既是老師怕行禮過慢，我們就十人為一排，不過頃刻也就行完了。」史幽探即命眾丫環把拜墊依次鋪下。卞濱無法，只得受了兩禮。

眾人拜完，蘭芝姊妹也上來行禮。卞濱笑道：「怎麼你們八個也是我門生麼？」紫芝道：「不但我們是舅舅門生，只怕寶雲七位姊姊也是舅舅門生哩。難道我們前日補考卷子不是舅舅定的名次？」卞濱笑道：「定卻是我定的，你說那些批語可好？但有點好處，我就批出；我向來看文總是如此，從不昧人之善。你看你們這些卷子可有委屈去處？」紫芝把臉紅一紅道：「舅舅還說不屈，單單把我考在紅椅子上，我還要同舅舅不依哩。」卞濱不覺大笑道：「原來第三十三名卻是你的卷子，後來拆了彌封，我也不曾理會，當時我看卷時，本來要把你這本取在十名前的，後來不知怎麼就弄到後頭了。」紫芝道：「這是過後好看話，我不領情。」眾人聽了，都掩口而笑。

行過禮，丫環要收拜墊，史幽探道：「且慢。」因向卞濱道：「門生們還要請師母出來叩見。」卞濱道：「也罷，若是不見，你們也不依；方才我已受過禮，師母出來只好行個常禮罷。」不多時，寶雲姊妹把夫人請來。眾人謙讓多時，仍是照前把禮行過，又同寶雲姊妹行了禮。

卞濱向寶雲道：「我已教人備了早飯，你們姊妹同蘭芝八個甥女都替我款待款待。今日不過便飯，改日我還要下帖來請你們大家聚聚，我也不陪了。」到了外面，教家人卞彪把贄見禮都璧回道：「你告訴送禮的說：我向來從不收禮，斷不要再送。倘眾才女心裡不安，不妨日後得閒或寫把扇子，寫個對聯，如會畫的，就畫點東西，我倒收的。至於古字古畫我更不要。好在眾才女墨卷我都見過，即或寫的不佳，我也歡喜，不過算點情分罷了。」眾家人又送兩遍，見不肯收，只得各各帶回。

那成氏夫人扶著寶雲把眾才女挨次望望，心裡好不歡喜，正是看看這個誇兩句，睄睄❶那個又讚兩句，不知從那一個問起才好。看了半晌，因說道：「今日諸位年姪女初次見面，我也沒備甚麼見面禮，這卻怎好？也罷，我向來最喜說吉利話，往往說去都有靈驗，我就送你們幾句吉利話兒：『從此中後，諸事如意，福壽綿長。』這幾個字就算我的見面禮罷。」眾人齊道：「多謝師母吉言。師母是福壽雙全之人，所賜的話，自然也是多福多壽的。」夫人道：「你們姊妹隨便坐坐玩玩，少刻用飯，這裡又是老師，又算年伯，比別處不同，都要依實才好。我也不陪了。」眾丫環伺候去了。

這裡寶雲正在讓坐，只見史幽探丫環道：「剛才家人來報聖上有旨，宣眾位才女進朝，領御賜筆硯，並召若花小姐問話。」登時各家都有信來，大家連忙別過卞濱，齊到朝房。

武后御便殿宣入行禮，兩旁侍立。若花跪在丹墀道：「臣陰若花見駕。」武后道：「適才朕覽你家國王表章，並細問來使，才知你因避難來此；不期如今倒在我天朝中了才女，且又經朕授為女學士之職，可謂千秋未有佳話。你且把表看了，朕再加恩賜你封號，以便同著來使即乘飛車早回本國。」近臣把表遞過。若花展開觀看，只見上面寫著：

❶ 睄睄：同「瞧瞧」，看看的意思。

女兒國國王臣陰奇匍匐，謹上書天朝天后大皇帝陛下：伏惟陛下坤德無疆，離暉久照；功比風媧之煉石，道符月馭以行天。臣早殷服事之心，徒懷蟻悃；僻處裨瀛之角，未仰龍顏。茲際文教之宏敷，微才倖進；叨沐仁恩之遠被，荒甸咸知。竊聞臣子若花，恭應制科，濫邀首薦。頌椒語拙，得聯玉筍之班；詠絮才疏，許侍珠纓之宴。自宜終身感戴，沒齒瞻依。祇緣臣已四旬，惟生二子。若花立儲雖定，自痛孤雛；次子恃母而驕，陰連黨類。夢天忽壓，逆子何幸遭憐？祭地而墳，長君無辜受屈。賢愚莫辨，巧懸衣上之蜂；嫡庶相爭，妄掘宮中之蠱。憂鑠金而出走，去國圖生；喜擇木以高飛，為親諱過。及乎鹿馬既辨，鸞鳳已翔；寢門之問膳無聞，太室之承祧欲絕。臣悔深愛溺，病益愁煎。二豎難驅，藐孤安在？是以哀鳴伏枕，恭懇聖慈俯念臣心自怨，臣眼將穿，將若花賞歸故國，得接宗支。指白水而重耳歸來，猶是山河無恙；及黃泉而寤生復見，遂為母子如初。倘遂犢舐之私，終矢雀銜之報。誠惶誠恐，稽首頓首。

若花看罷，不覺一陣心酸，落下淚來。未知後事如何，再看下回分解。

第六十八回　受榮封三孤膺敕命　奉寵召眾美赴華筵

話說若花看罷表章，不覺滴淚奏道：「臣蒙皇上高厚，特擢才女，疊沐鴻施，涓埃未報，豈忍竟回本國？況臣自到天朝，業經兩載，私製金甌之頌，幸依玉燭之光，食德飲和，感恩戀闕。此時家難未靖，荊棘叢生，一經還鄉，存亡莫保。臣稍知利害，豈肯自投羅網？尚祈皇上俯念苦衷，始終成全，即敕來使歸國，俾臣得保蟻命，此後有生之年，莫非主上所賜，惟求格外垂憐！」連連叩首，淚落不止。

武后見若花不願回國，又愛他學問，心中也不願他回去；無如業已收了國王許多財寶，究竟這個有貝之財，勝於無貝之才，卻不過家兄情面；只得說道：「你之所以出亡者，原懼西宮讒害之禍。今西宮已沒，其子又殤，該國王除你之外，別無子嗣。況他情辭懇切，殊覺可憐；而且不惜重費，特於鄰國借請飛車，可見望子甚殷。爾自應急急回去，善為侍奉，以盡為子之道，庶不失天倫之情。俟他百年之後，纘承藩服，翼戴天朝，這才是你一生一世的正事。且國王表內多是後悔之話，你縱百般委屈，看了這表，心中也該釋然。朕意已決，不必再奏。今朕封爾為文艷王爵，特賜蟒衣一襲，玉帶一條，可速返本國，下慰臣民之望，上寬爾父之心，即隨來使去罷。」

若花連連叩首道：「臣蒙聖上天高地厚，破格榮封，雖粉身碎骨，不能仰報萬一。第此時臣國西宮之患雖除，無如族人甚眾，良莠不齊，每每心懷異志，禍起蕭牆，若稍不留神，未有不遭其害。此國中歷來風氣如此，臣知之最悉，故不敢仍返故國。今蒙皇上諄諄勸諭，敢不凜遵？惟是臣離本邦業已二載，當日讀書東宮，既未樹援，此時回國，亦豈另有腹心？勢甚孤而年又稚，安得不時切悚惶？倘蒙格外垂慈，許留宇下，策其犬馬之勞，萬死不悔！如聖意必欲命臣歸國，尚懇別開天地之恩，特派能事宮娥三四人，伴臣數載，使族中無知之徒，知天朝大皇帝有欽差護衛之事，憑藉天威，自可消其異志。俟臣稍能自立，即敬送欽差還朝。如蒙俞允，臣當生生世世，永戴堯天，感且不朽！」

武后道：「此事雖易，但朕跟前能事宮娥不過數人，皆朕隨身伺候不可缺的；若使庸懦無能之輩跟隨前去，不獨教他們笑我天朝無人，反與爾事有礙。朕何惜此三四人？無如人才難得，這便怎處？」若花道：「臣意中雖有三人，惟恐冒瀆天顏，不敢妄奏。」武后道：「這三人是何名姓？都是何等樣人？你且奏來。」若花道：「這三人皆新中才女，殿試俱蒙特取一等。一名枝蘭音，歧舌國人；一名黎紅薇，一名盧紫萱，俱黑齒國人；向在外洋遇難，賴臣寄父林之洋陸續相救，帶至天朝，適值女試，均沐恩榮。此三人文理尚優，遇事謹慎，足可為臣臂膀。倘蒙聖上俯如所請，勅此三人同去，臣得保全，沒齒難忘。」武后道：「他們既是海外之人，趁此伴你回國，彼此倒覺有益；久後在彼如能相安固妙，即或不然，亦可就近各歸本鄉。」

因命近臣宣枝蘭音、黎紅薇、盧紫萱諭話。登時三人都到丹墀跪下。武后道：「朕命陰若花回他本國，你們本係海外之人，原擬各遣歸國，因陰若花今奏請，特派爾等伴他回去，皆授為東宮護衛大臣，職有專司，欽承寵命，今授爾枝蘭音為東宮少師學士之職，爾黎紅薇為東宮少傅學士之職，爾盧紫萱為東宮少保學士之職；各賜蟒衣一件，玉帶一條，限十日內即隨來使護送若花回國。倘能竭忠翊贊，俟若花奏到，再沛殊恩。」說罷，命太監把筆硯分賜眾才女，隨即回宮。

諸臣退出，眾才女來到朝房，寶雲面邀眾人過去用飯。眾人因要謁見孟老師，並同考四位老師，惟恐回來過晚，再三辭謝；即到各處謁見完畢，各自散了。

閨臣同眾人回至紅文館，剛進總門，只見婉如眼淚汪汪從外面哭至廳房，同眾人坐下道：「俺們自從若花、蘭音、紅紅、亭亭四位姊姊相聚以來，從無片刻相離，今被無道女兒國王把若花姊姊討去，就如快刀把俺心割去！今太后又將蘭音、紅紅、亭亭三位姊姊也教跟去，豈不把俺肝肺五臟全都割去，俺要這命何用！與其日後活活想死，倒不如一刀殺了，倒也乾淨！」說罷，悲泣不已，眾人無不落淚。若花更是哽咽難止，蘭音、紅紅也都流涕；只有亭亭滿面笑容，心中頗覺得意。

婉如見他這樣，不覺發話道：「俺把你這沒良心的！你看俺們這樣落淚，你不傷心也罷了，為何反倒滿面笑容？難道相聚這幾年，你就這樣狠心，毫無依戀麼？大約你因太后封你做了少保，你就樂了。幸而是『少保』，若封做『老保』，還不知怎樣得意哩。俺把你這沒良心的混帳種子！」亭亭正色道：「少保何足為奇？愚姊志豈在此？我之所以歡喜者，有個緣故。我同他們三位，或居天朝，或回本國，無非庸庸碌碌，虛度一生。今日忽奉太后勅旨，伴送若花姊姊回國，正是千載難逢際遇。將來若花姊姊做了國王，我們同心協力，各矢忠誠，或定禮制樂，或興利剔弊，或除暴安良，或舉賢去佞，或敬慎刑名，或留心案牘：扶佐他做一個賢君，自己也落個女名臣的美號，日後史冊流芳，豈非千秋佳話？那知婉如妹妹不明此義，只圖目前快樂。你要曉得，再聚幾十年，也不過如此，與若花姊姊有何益處？若說愚姊毫無依戀，我們相聚既久，情投意合，豈不知遠別為悲！況閨臣妹妹情深義重，尤令人片刻難忘，何忍一旦捨之而去？然天下未有不散的筵席，且喜尚有十日之限，仍可暢聚痛談。若今日先已如此，以後十日，豈不都成苦境？據我愚見，我們此後既相聚無幾，更宜趁時分外歡聚為是。此時只算無此一事，暫把離別二字置之度外，每日輪流作東，大家盡歡；俟到別時，再痛痛快快的哭他一場，做個懸崖撒手，庶悲歡不致混雜。而且歡有九日之多，悲不過一時；若照婉如妹妹只管悲泣，縱哭到臨期，也不過一哭而別，試問此十日內有何益處？古人云：『人生行樂耳。』此時離行期尚遠，正當及時行樂，反要傷悲，豈不將好好時光都變成苦海麼？」幾句話，把眾人說的登時眼淚全無，個個稱善。

閨臣道：「我們自從殿試授職之後，連日進朝匆忙，尚未吃得慶賀筵席，今日妹子就遵亭亭姊姊之令，先做東道主人❶。」婉如道：「明日俺也做個主人。」閨臣命人預備酒席。亭亭即將此事寫了家書，託多九公寄去，以安緇氏之心。

只見門上來回國舅過來。若花仍命請到書房，隨即出去相見，道：「阿舅前者回去，走了幾日到家？阿父身上可安？」國舅道：「我自那日別了賢甥，幸遇順風：走了六日即到本國。不意國主因想念賢甥，業已成疾，及至看見回書，更自悲慟不止；再三躊躇，只得備了許多財寶，並表章一道，命我再來天朝，敬獻大皇帝，懇其敕令賢甥還國。惟恐飛車裝了財寶，行走不快，又到周饒借了二車。三車分裝，甚覺輕便，兼遇順風，所以走了五日，即到此地。適閱邸報，知有三位欽差同去。現在我

❶東道主人：款待或宴客的主人，簡稱東道主。

們主僕二個，連賢甥共計六人，三車還不過重，即使路上多走幾日，這也何妨。」因從懷中取出表章底稿遞給若花道：「我恐賢甥今日在朝未將此表細看，特將底稿帶來，賢甥細細一看，就知國主悔過想念賢甥的至情了。」說罷，辭去。

若花託多九公分付長班❷打聽住處，以便過去拜望；隨即進來把底稿給眾人看了，莫不點頭嗟嘆。婉如道：「這個稿子，蘭音、紅紅、亭亭三位姊姊都要牢記在心裡，日後若花姊姊做了國王，這些筆墨都是不能免的。」亭亭道：「此表不獨典雅懇切，並且對的字字工穩，若教我們動手，何能有此巧思？豈但我要記熟，只怕你們做詞臣的，更要揣摩哩！」小春道：「姊姊說他對的工穩，只怕『孤雛』對『黨類』，似乎遠些。」亭亭聽了，不覺撲嗤笑了一聲。正要閒談，只見多九公進來對若花道：「適才打聽國舅住處，離此甚近，已分付他們套了車子，何不就去一拜？」若花匆匆去了。

閨臣向陽墨香道：「若花、蘭音、紅紅、亭亭四位姊姊不日就要遠別，聞得姊姊丹青甚佳，妹子要畫個長安送別圖，大家或贈詩贈賦，不拘一格，姊姊可肯留點筆墨傳到數萬里外？也是自古畫師未有的佳話。」大家都道：「如此極妙。」陽墨香道：「妹子雖畫的不好，卻要灑點墨雨替他去壓風濤。少時先畫個稿子，俟姊姊改正定了，我再慢慢去畫，這比不得尋常畫債可以歪著良心隨意塗抹的。」小春道：「妹子明日也做兩首送別詩，就只寫的不好，只好求墨香妹妹替我寫寫。」婉如道：「你求墨香姊姊，俺只好託月芳姊姊了。」舜英道：「據我愚見，二位姊姊的詩也託人代做才好，若要自做，恐怕還有茅廁那般氣味哩。」說笑間，若花業已回來。

❷ 長班：舊時官僚所僱用的僕役。

只見管門家人手拿著許多帖子進來道：「卞老爺著人下帖請諸位才女明日午飯，並有早麵，請早些過去。」眾人都將帖子留下，回覆來人明日清晨過去。原來寶雲從朝中散後，同眾人拜過各位老師，帶著六個妹子回家，見了卞濱，把女兒國進表及賜筆硯各話告訴一遍。卞濱道：「我只當陰若花是女兒國民人，原來卻是一位儲君，那知你們才女上榜，卻有一位國王，三位宮保在內，倒也是段佳話！散朝之後，為何不將他們邀來？」寶雲道：「大家因謁見孟家姑夫並同考四位伯伯，天已不早，都再三致謝，各自散了。」卞濱道：「也罷，索性明日備個戲酒，請他們過來。」寶雲道：「戲倒可以不用，只備兩頓飯，我們倒可敘敘，他們都是外省居多，大約早晚也要請假回去，連日雖在一處，因過於拘束，不能暢談，明日這一聚，大家說話還說不清，那裡還能看戲？」

卞濱點點頭，即到外邊分付家人卞彪預備請帖。卞彪道：「這個帖兒從沒備過，請示怎樣寫法？」卞濱笑道：「正是，我倒忘了，還沒告訴你。這個帖兒，只消一個封套，一個紅簽，一個單帖。那帖子上首只寫初九日，不必寫候光候敘的話；下首只寫某人拜訂。那簽子上就照殿試的名次，即如第一名是史幽探，你把簽子當中寫史才女三個大字；旁邊添一行小字，寫欽取第一等第一名八個字。其餘都照這樣寫去就是了。」卞彪答應，隨即下帖，並命看園的各處多備桌椅。

次日清晨，卞濱分付家人備了二十五桌酒席，就在凝翠館擺列。原來這凝翠館對面是個戲臺，兩旁都是丹桂，桂樹之外，周圍山石堆成一道松嶺，四面接連俱是青松翠柏，把這凝翠館團團圍在居中，極其清雅。卞濱每逢做戲筵宴，就在此地起坐，取其寬闊敞亮。若到桂花盛開之時，襯著四圍青翠，那種幽香都從松陰中飛來，尤別有風味，所以又名松濤桂液之軒。卞濱命人把這二十五席正面向南，由東至西分做五行擺開，每行五席，每席四坐。正在分派，部中來請議事，因命寶雲在家接待，即匆匆去了。不多時，家人來報眾才女到了。未知後事如何，且看下回分解。

第六十九回　百花大聚宗伯府　眾美初臨晚芳園

話說卞濱去後，家人來報孟府、蔣府、董府、掌府、呂府諸位小姐到了。寶雲帶著妹子彩雲、錦雲、紫雲、香雲、素雲、綠雲連忙迎出。只見孟蘭芝、孟華芝、孟芸芝、孟芳芝、孟瓊芝、孟瑤芝、孟紫芝、孟玉芝、蔣春輝、蔣秋輝、蔣星輝、蔣月輝、蔣素輝、蔣麗輝、董寶鈿、董翠鈿、董珠鈿、董花鈿、董青鈿、掌紅珠、掌乘珠、掌驪珠、掌浦珠、呂堯蓂、呂祥蓂、呂瑞蓂一齊進來，大家見禮。因成氏夫人偶患頭暈懶於見客，於是都在廳房坐下。

紫芝道：「前在公主府內，也是我們姊妹三十三個先會面，今日不期而遇，又是如此，據我看來，只怕還是籤上前三三後三三的餘波哩。」玉芝道：「前日在那裡彈琴、下棋、馬弔、投壺、花湖、十湖、狀元籌、陞官圖，很夠玩了，偏偏公主又要聯韻。及至輪到妹子，又是險韻，想了許多句子，再也壓不穩，那時心裡一急，把點飲食存在心裡，虧得吃了許多普洱茶，這才好了。前日還虧堯蓂、堯春二位姊姊同公主彈琴，才免了許多詩。今日寶雲姊姊務要想個好玩的，若再教我搜索枯腸，那真坑死人了。」

只見家人拿著許多名帖進來，原來是紅文館所住的唐閨臣、林婉如、駱紅蕖、廉錦楓、黎紅薇、盧紫萱、枝蘭音、陰若花、田鳳翾、秦小春、顏紫綃、宋良箴、余麗蓉、司徒嫵兒、林書香、陽墨香、崔小鶯、蔡蘭芳、譚蕙芳、葉瓊芳、褚月芳、燕紫瓊、張鳳雛、姜麗樓、易紫菱、薛蘅香、姚芷馨、魏紫櫻、尹紅萸、章蘭英、邵紅英、戴瓊英、田秀英、錢玉英、田舜英、井堯春、左融春、廖熙春、鄴芳春、酈錦春、鄒婉春、陶秀春、潘麗春、施艷春、柳瑞春、緇瑤釵四十六位才女到了。寶雲方才迎接進內，接著史幽探、哀萃芳、紀沉魚、言錦心、謝文錦、師蘭言、陳淑媛、白麗娟、國瑞徵、周慶覃、米蘭芬、竇耕烟、印巧文、祝題花、鍾繡田、蘇亞蘭、花再芳、宰銀蟾、宰玉蟾、閔蘭蓀、畢全貞二十一位才女都也到了。大家見禮，命丫環到成氏夫人跟前請安道謝。

寶雲把眾人讓到花園，走了幾層庭院，眾人嘖嘖讚美。進了凝翠館，隨便散坐。茶罷，略敘寒溫，又上了兩道杏酪冰燕湯之類。寶雲道：「家父今早本在家恭候，原想見見諸位姊姊，因部裡兩三次來請，立等議事，只好去了。」孟蘭芝道：「聞得妹子叔叔說，連日因劍南平定，會議善後事宜，並有遣使勅封外國等事，所以甚忙，大約都要在部裡住幾天才能回來，我們趁此倒好暢聚。我家叔叔因凝翠館寬暢，意欲明日在此奉請諸位姊姊聚聚，少刻備帖過去，務必要求賞光早降。」

史幽探道：「妹子們所送贄見，諸位老師都不肯收，已覺抱歉，又要叨擾，更令人不安。既承老師賜飯，我們自當過來，姊姊千萬不可費事。」蘭芝道：「不過便飯，有何費事？」寶雲命人調擺桌椅，因向眾才女道：「今日是便飯，不過奉請過來大家聚聚，我們就把早飯用了，也好園中各處走走，說說閒話。」說罷，帶著六個妹子來請史幽探首坐。

幽探連連搖手道：「諸位姊姊，今日在老師府上，非往日可比，可講不得客情。況一同殿試，就是同年：比我年長的，就是我的姊姊，自然該他上坐；比我年幼的，就如我的妹妹，我也不謙，竟自僭他。若必要妹子上坐，那是斷斷不敢遵命。」畢全貞道：「姊姊不要過謙。若論坐位，自應仍按名次，既不費事，又省彼此推讓。至於序齒，雖有履歷可查，但此中同的甚多，若再敘起月分日子的先後，那更費事了。」

幽探道：「今日難得大家相聚，天時甚早，何妨借此敘敘月分，豈不更妙？」紫芝道：「姊姊要問月分生日，平時閒談，可以問得；若因這個坐位序齒，你想誰肯說誰比誰大呢？即如我是十四歲，他也是十四歲，他要問我月分，我直說是臘月的；若再要問我日子，我就說是三十日亥時生的。你想這裡同歲甚多，設或都說臘月三十日亥時生的，難道你還替他分別上四刻下四刻麼？」

幽探笑道：「這紫芝妹妹倒說的有趣。」因又望著眾人道：「諸位姊姊且莫講別人，即如我們，若論年紀，要算全貞、再芳兩位姊姊長些，我們若是上坐，卻教兩位年長的坐在末席，這如何使得？不但妹子心裡不安，只怕諸位姊姊也覺不安罷。」畢全貞道：「姊姊！這可論不得年紀！況今日這個坐兒已是久已定就，應該姊姊第一位，誰人敢僭？就是妹子的末席，也是久已定就的，姊姊如不信，問再芳姊姊就知道了。」

花再芳道：「正是，我倒忘了，妹子正要告訴諸位姊姊這件奇事。前者部試，我同閨臣、全貞兩位姊姊坐的甚近，一時說說閒話。我說：『今日我們在此相聚，大約到了殿試，我就沒分了。』閨臣姊姊聽了，他暗暗說道：『我要說出來，你們莫怪，將來殿試，你是倒數第二，全貞姊姊是倒數第一。他說自己是第十一名。那第一名叫史幽探，第二哀萃芳。』當時我都寫下記了，如今看起來，不但名姓相符，連次序也不錯，這不是一件奇事麼！」

眾人都詫異道：「這是怎講！那時榜還未定，倒都曉得！難道閨臣姊姊未卜先知，是位活神仙麼！」紫芝道：「這話真悶死人，不懂是個甚麼講究，這比芸芝姊姊起的課還奇，他不過斷個日子，不像這個連名姓等第都有了。」寶雲道：「卻是前者殿試聽見閨臣姊姊奏對，說是因夢命名的，其中必有緣故，倒要請教姊姊談談。」

閨臣道：「提起此話，真也奇怪，前日若非先對再芳、全貞二位姊姊說過，只怕今日平空說起，連大家也不信。此話甚長，諸位姊姊請坐，妹子才好細講。」紫芝道：「好姊姊！你說罷，那裡把腳就站大了！」閨臣道：「這件異事，卻是妹子因到海外尋親，親目所覩的，今日既要細談，必須起根發由❶說起，諸位姊姊才明白。當日家父因中後被議，未免灰心，想到海外領略山水之奇，借此消遣；適值家母舅要到外洋販貨，於是一同航海，所有經過崇山峻嶺，以及海外各國，處處上去遊玩。及至貨物賣完，忽然起了風暴，那船隨風逐浪，飄了數日，飄到一座小蓬萊山下。家父因山景甚佳，上去遊玩，誰知竟是一去不歸！」

紫芝道：「妹子記得古人書中所載海外各國都是奇奇怪怪，並且長人其長無比，小人其小無對；還有以土為食的，又有以魚皮為衣的：以此看來，飲食衣服，都與我們不同了。既然不同，為何又買我們貨物？不知當初所賣何物？」閨臣道：「貨物甚多，妹子那裡記得？適聞姊姊所說長人小人之話，我卻想起當日在長人國、小人國曾賣兩件貨物，卻大獲其利；長人國賣的是酒罈，小人國賣的是蠶繭。你道為何帶這兩樣貨物？」未知後事如何，再看下回分解。

❶ 起根發由：起初根本。

第七十回　述奇形蠶繭當小帽　談異域酒罈作烟壺

話說閨臣道：「我母舅帶那蠶繭，因素日常患目疾，迎風就要流淚，帶些出去，既可薰洗目疾，又可碰巧發賣。他又最喜飲酒，酒量極大，每到海外，必帶許多紹興酒，即使數年不歸，借此消遣，也就不覺寂寞。所有歷年飲過空罈，隨便撂在艙中，堆積無數。誰知財運亨通，飄到長人國，那酒罈竟大獲其利。嗣後飄到小人國，蠶繭也大獲其利。」

紫芝道：「那個長人國想來都喜吃酒，所以買些罈子好去盛酒。但那蠶繭除洗目疾，用處甚少，他卻買他怎處？難道那些小人都有迎風流淚的毛病麼？」閨臣笑道：「他們那是為此？原來那些小人生性最拙，向來衣帽都製造不佳；他因蠶繭織得不薄不厚，最是精緻，所以都買了去，從中分為兩段，或用綾羅鑲邊，或以針線鎖口，都做為西瓜皮的小帽兒；因此才肯重價買去。」

紫芝道：「這樣小頭小臉，倒有個意思。我不愁別的，我只愁若不釘上兩根帽絆兒，只用小小一陣風，就吹到『瓜窪國』去了。請教那長人國把酒罈買去又有何用？」閨臣道：「說來更覺可笑。原來那長人國都喜聞鼻烟，他把酒罈買去，略為裝璜裝璜，結個絡兒，盛在裡面，竟是絕好的鼻烟壺兒；並且久而久之，還充作老豚兒；若帶些紅色，就算『窩瓜瓤兒』了。」

紫芝道：「原來他們竟講究鼻烟壺兒，可惜我的『水上飄』同那翡翠壺兒未曾給他看見；他若見了，多多賣他幾兩銀子，也不枉辛辛苦苦盤了幾十年。」小春道：「姊姊這個十字如今還用不著，我替你刪去罷。」紫芝道：「我那壺兒當日在人家手裡業已盤了多年，及至到我手裡，又盤好幾年，前後湊起來，豈非幾十年麼？這個十字是最要緊的，如何倒要刪去？幸虧妹妹未在場裡閱卷，若是這樣粗心浮氣，那裡屈不死人！」

小春道：「姊姊才說要把壺兒多賣幾兩銀子，原來你頑鼻烟壺兒並非自己要玩，卻是借此要圖利的。」紫芝道：「我也並非專心為此，如有愛上我的，少不得要賺幾個手工錢。」小春道：「我見姊姊於這鼻烟時刻不離，大約每年單這費用也就不少？」紫芝吐舌道：「這麼老貴的，如何買得！不瞞姊姊說，妹子自從聞了這些年，還未買過鼻烟哩！」

小春道：「向來聞的自然都是人送的了？」紫芝道：「有人送我，我倒感他大情了。」因附耳道：「都是『馬扁兒』來的。」小春道：「『馬扁兒』這個地方卻未到過，不知離此多遠？」婉如道：「『馬扁』並非地名，姊姊會意錯了，你把兩字湊在一處，就明白了。」

小春想了一想，不覺笑道：「原來鼻烟都是這等來的，倒也雅致，卻也儉樸！但姊姊每日如此狠聞，單靠馬扁兒，如何供應得上，也要買點兒接濟罷？」紫芝道：「因其如此，所以這鼻烟壺兒萬不可不多；諸如瑪瑙、玳瑁、琥珀之類，不獨盤了可落手工錢，又可把他撒出去弄些鼻烟回來。設或一時馬扁兒來的不接濟，少不得買些乾銑兒或玫瑰露勉強敷衍。就只乾銑兒好打噴嚏，玫瑰露好塞鼻子，又花錢，又不好，總不如馬扁兒又省又好。」

小春道：「他們諸位姊姊都要聽閨臣姊姊外國話，我們只顧打岔，未免不近人情，妹子只問問鼻烟高下，就不問了。」紫芝道：「若論鼻烟，第一要細膩為主；若味道雖好，並不細膩，不為佳品。其次要有酸味，帶些椒香尤妙。總要一經嗅著，覺得一股清芬，直可透腦，只知其味之美，不見形跡，方是上品。若滿鼻渣滓，縱味道甚佳，亦非好貨。」

小春道：「姊姊！近日馬扁兒不知可有酸的？我要請教請教。」紫芝從懷中取出一個翡翠壺兒，雙手遞過去。小春慌忙搶進一步，雙手接過來，倒出聞了一聞，只覺其酸無對；登時打了幾個噴嚏，鼻涕眼淚流個不住。不覺皺眉道：「姊姊！為何如此之酸？」紫芝又附耳道：「這是妹子用『昔酉兒』泡的。」小春道：「『昔酉兒』是何藥料？賣幾兩銀一個？我也買兩個。」婉如笑道：「他這『昔酉兒』也同『馬扁兒』一樣，都是拆字格。」小春聽了。這才明白。

紫芝道：「請教閨臣姊姊這個長人國聞鼻烟，還是偶爾一聞，還是時刻聞呢？」閨臣道：「據說那些貧窮人家，沒錢購買，不過偶爾一聞；至富貴人家，卻是時刻不能離的。」紫芝道：「不知當日帶去是甚等酒罈？」閨臣道：「聞得是宗女兒酒，其罈可盛八十餘斤。」紫芝道：「如此說，那長人國聞鼻烟也過於費事了。」閨臣道：「何以見得？」紫芝道：「他這鼻烟既是時刻不能離的，每日卻教人抬著鼻烟罈子跟在後面，豈不費事？」閨臣笑道：「原來姊姊還不明白。他所以要烟壺絡子者，原是挂在身邊以圖便易，豈有叫人扛抬之理？姊姊真小覷長人國了。」紫芝道：「姊姊！這不是長人國聞鼻烟，叫作老虎聞鼻烟，是沒有的事！」

小春道：「剛才姊姊還恨長人國未見你的壺兒；你想，他把大酒罈子只算烟壺兒挂在身邊，姊姊若把那個翡翠的送他，只怕他做鈕子還嫌小哩。」紫芝道：「難道長人國只買此一物麼？」閨臣道：

「那時家父曾帶了許多大花盆，誰知他們見了，也都重價買去，把盆底圓眼用瑪瑙補整，都做了牛眼小燒酒杯兒。」

寶雲道：「伯伯上山，一去不歸，府上可曾有人去尋訪？」閨臣道：「後來妹子得知此信，即同母舅到了小蓬萊。蒙若花姊姊伴我登了此山，尋訪將及半月，忽見迎面有一五色亭子，上書泣紅亭三個大字。亭中設一碧玉座，座上豎一白玉碑，兩旁有副對聯，寫的是：『紅顏莫道人間少，薄命誰言座上無？』那白玉碑上鐫著一百位才女名姓，原來就是我們今日百人；名姓之下，各註鄉貫事蹟；人名之後，有一總論；論後有一篆字圖章，鐫著四句，是：『茫茫大荒，涉事荒唐；唐時遇唐，流布遐荒。』」紫芝道：「後面兩句，豈非教姊姊流傳海內麼？」閨臣道：「妹子因此把碑記抄了，後來遇一樵夫，接得父親家信，催我作速回家，即赴考試，俟中過才女，父女方能會面，因此匆匆回來。」

紫芝道：「姊姊且把碑記取來，大家看看。」閨臣道：「這個碑記帶回嶺南，不意卻被一個得道白猿竊去。」寶雲道：「此猿從何而來？」閨臣道：「此猿乃家父在小蓬萊捉獲，養在船內，婉如妹妹帶到家中，每逢妹子看那碑記，他也在旁觀看，那時妹子曾對他取笑說：『我看你每每寧神養性，不食烟火，雖然有些道理，但這上面事蹟，你何能曉得，卻要觀看？如今我要將這碑記付給文人墨士，做為稗官野史，流傳海內，你既觀看，可能替我得建此大功麼？』誰知他聽了，把頭點了兩點，拿著碑記，將身一縱，就不見了，至今杳無下落。」

紫芝道：「偏偏被這猴子偷去，令人可恨，不知那段總論姊姊可還記得？」閨臣道：「我在船上看過兩遍，此時提起，雖略略記得，恐一時說不明白，必須寫出才好。」寶雲隨命丫環設下筆硯，閨臣道聲得罪坐下，寫一句，想一句，幸而大略都還記得，不多時，寫完，隨手又把幾副匾對也寫了，眾人都圍著觀看。紫芝道：「與其大家慢慢傳觀，不如我念給諸位姊姊聽。」於是高聲朗誦，連匾帶對，從頭至尾念了一遍。眾人聽了，個個稱奇。

紫芝道：「據我看來，我們大家倒要留神好好玩，將來這些事，只怕還要傳哩。若在書上傳呢，隨他謅去，我還不怕，我只怕傳到戲上，把我派作三花臉❶，變了小醜兒，那才討人嫌哩。」蘭芝點點頭道：「你只是跟著吵，那個三花臉看來也差不多。」因向史幽探道：「姊姊！他這『薄命誰言座上無』一句，是個甚麼意思？難道內中薄命的多麼？」幽探道：「若是多，他何不將『誰』字改做『須』字，『無』字改做『多』字呢？」

寶雲道：「話雖如此，但這對句同那泣紅亭三字究竟不佳。」因向師蘭言道：「那論上曾說『師仿蘭言』，明明道著姊姊，其中必有寓意。這幾日我們赴宴，你在那裡登答公主，以及一切言談，莫不深明時務，洞達人情；他這匾對用意，大約姊姊也可參詳❷大概，何不道其一二？倘竟詳解不差，大家知所趨避，也是一件好事。」師蘭言道：「妹子那能解得仙機？若據對聯兩句細細猜詳，卻有個道理。」未知後事如何，再看下回分解。

---

❶ 三花臉：戲劇中丑角的俗稱。

❷ 參詳：參悟其中的道理。

第七十一回　觸舊事神往泣紅亭　聯新交情深凝翠館

話說師蘭言道：「若據對聯兩句看來，大約薄命是不能免的，似還不至甚多，幸虧座上兩字，若把『座』字變成『世』字，那可不好了！據我參詳，要說個個都是福壽雙全，這句話只怕未必，大概總有幾位不足去處❶。莫講別的，只望望那個泣紅亭的『泣』字，還不教人鼻酸麼？妹子有句話奉勸，諸位姊姊倒不必因此懷疑。古人說的最好，他道：『但行好事，莫問前程。』又道：『善惡昭彰，如影隨形。』無論大小事，只憑了這個理字做去，對得天地君親，就可俯仰無愧❷了。今日大家在此相聚，總是同年❸姊妹，非泛泛可比，諸位姊姊若不嫌絮煩，妹子還有幾句話。即如為人在世，那做人的一切舉止言談，存心處事，其中講究，真無窮盡。若要撮其大略，妹子看來看去，只有四句可以做得一生一世良規。你道那四句？就是聖人所說的『非禮勿視，非禮勿聽，非禮勿言，非禮勿動』。人能依了這個處世，我們閨閣也可算得第一等賢人。這是為人存心應該如此，不應妄為的話。至於每日應分當行的事，即如父母尊長跟前，自應和容悅色，侍奉承歡，諸務仰體，曲盡孝道。古來相傳孝女

---

❶ 不足去處：比喻前途未臻理想。

❷ 俯仰無愧：仰不愧於天，俯不怍於地。比喻心安理得，生活愉快。

❸ 同年：科舉時代鄉試、會試同在一年中舉的人稱同年。

甚多，如女婧、緹縈之類，一使景公廢傷槐之刑❹，一使文帝除肉刑❺之令，皆能委曲用心，脫父於難。他如木蘭戍邊，以身代父；曹娥投江❻，終得父屍。他們行為如此，其平時家庭盡孝之處可想而知，所以至今名垂不朽。至於手足至親跟前總以和睦為第一。所謂『和氣致祥，乖氣致戾』，苟起一爭端，即是敗機。如田家那顆紫荊，方才分家，樹就死了。難道那樹曉得人事，因他分家就要死麼？這不過是那田家一股乖戾之氣，適值發作，恰恰碰在樹上，因此把個好好紫荊先就戾殺。他家其餘房產各物，類如紫荊這樣遭戾氣的，想來也就不少。雖說紫荊會死，房產不會死，要知房產分析，或轉賣他姓，也就如死的一樣了。」

紫芝道：「妹子聞得田家那顆紫荊是他自己要死，以為警戒田家之意，姊姊怎麼說是戾死的？」

蘭言道：「這話錯了。自古至今，分家的也不少，為何不聞別家有甚樹兒警戒呢？難道那樹死後，曾託夢田家，說他自己要死麼？即使草木有靈，亦決不肯自戕其生，從井救人❼。我說那樹當時倒想求活，無如他的地主已將頹敗。古人云：『人傑地靈。』人不傑，地安得靈？地不靈，樹又安得而生？總是戾氣先由此樹發作，可為定論。」

---

❹ 傷槐之刑：齊景公愛槐樹，下令凡侵犯槐樹的受刑，傷害槐樹的處死，事見《列女傳》。

❺ 肉刑：對犯人切斷其肢體，或割裂其肌膚之刑，有墨、劓、刖、宮等四刑。

❻ 曹娥投江：東漢時孝女曹娥年十四，父溺死不見屍體，晝夜沿江號哭，經十七日遂亦投江而死，五日後抱著父屍浮出。

❼ 從井救人：比喻損己而無益於人，語本《論語・雍也》：「井有仁焉，其從之也？」

紫芝道：「怎麼別人分家沒見戾死過樹木？難道別家就無戾氣麼？」蘭言道：「戾死樹木，也是適逢其會；別家雖無其事，但那戾氣無影無形，先從那件發作頹敗，惟有他家自己曉得，人又何得而知？後來田家因不分家，那顆紫荊又活轉來，豈不是『和氣致祥』的明驗麼？諸位姊妹，剛才妹子所說侍奉承歡，至親和睦，這都是人之根本第一要緊的。其餘如待奴僕宜從寬厚，飲食衣服俱要節儉，見了人家窮困的儘力周濟他，見了人家患難的設法拯救他；如果人能件件依著這樣行去，所謂人事已盡，至於『薄命誰言座上無』那句話，只好聽之天命。若任性妄為，致遭天譴❽，那是自作孽不可活，就怨不得人了。」眾人聽了，都道：「姊姊這話真是金石之言。」

錦雲道：「以顏子而論，何至妄為，不知他獲何愆而至於夭？」蘭言道：「他如果獲愆，那是應分該夭的，夫子又哭他怎麼？就同歎那『斯人也，而有斯疾也』一個意思，因其不應夭而夭，所以才哭之慟了。固云命也，然以人情而論，豈能自已！即如他這論上『泣』字，自然也是當泣才泣的，我們那裡曉得？」

錦雲望著眾人笑道：「蘭言姊姊的話，總要駁駁他才有趣。剛才他說『善惡昭彰，如影隨形』，我要拿王充《論衡》『福虛禍虛』的話去駁他，看他怎麼說。」蘭言道：「我講的是正理，王充扯的是邪理，所謂邪不能侵正，就讓王充靦面，我也講得他過，況那《論衡》書上，甚至鬧到問孔刺孟❾，無所忌憚，其餘又何必談他？還有一說，若謂〈陰騭文〉❿善惡報應是迂腐之論，那《左傳》說的『吉

❽ 天譴：天怒；上天的懲罰。

❾ 問孔刺孟：漢代王充所著《論衡》的篇目，內容在批評孔子、孟子的思想。

凶由人』，又道『人棄常則妖興』這幾句，不是善惡昭彰明證麼？即如《易經》說的『積善之家必有餘慶，積不善之家必有餘殃』，《書經》說的『作善降之百祥，作不善降之百殃』這些話，難道不是聖人說的麼？近世所傳聖經，那墳典⓫諸書，久經澌滅無存，惟這《易經》、《書經》最古，要說這個也是迂話，那就難了。」

錦雲笑道：「設或王充竟是這樣駁你，你卻何以對答？」蘭言道：「他果如此，我就不同他談了。」錦雲道：「敢是你辭窮麼？」蘭言道：「並非辭窮。我記得《家語》⓬同那《大戴禮》都說『倮蟲⓭三百六十，聖人為之長』。聖人既是眾人之長，他的話定有識見，自然不錯，眾人自應從他為是。況師曠言『鳳翥鸞舉，百鳥從之』；鳳為禽之長，所以眾鳥都去從他。你想，畜類尚且知有尊長，何況於人？妹子不去答他者，因他既以聖人為非，自然不是我們倮蟲一類，他自另有介蟲或毛蟲另歸一類，我又何必費唇費舌去理他？」這一番話，說得眾人齊聲稱快。錦雲道：「若非拿王充去駁他，你們那裡聽這妙論！」

紫芝扶著茶几望史幽探、哀萃芳道：「二位姊姊，你們可記得那論上說的『以史幽探、哀萃芳冠首者』那句話麼？這個坐位已是註定的，不必謙讓了。請坐罷，我們腿都站酸了。早些吃了飯，還要

---

❿ 陰騭文：勸人布施陰德的文字。

⓫ 墳典：古代的典籍。

⓬ 家語：即《孔子家語》之省稱，為魏王肅所依託而作。

⓭ 倮蟲：即「倮兒」，見四十五回註❶。

痛玩哩。」幽探道：「既是久已註定，我們姊妹更該親熱序齒才是。況且即或我同萃芳姊姊坐了首席二席，只怕沉魚、錦心兩位姊姊也不肯就坐三席、四席罷？」哀萃芳、紀沉魚道：「我們謙讓的話也不必再說，如果寶雲……七位姊姊，同蘭芝……八位姊姊，也照中式名次坐了，我們無不遵命。」蘭芝道：「諸位姊姊要教寶雲……七位姊姊也按名次坐，他是主人，安有此理？這是苦他所難了。至愚姊妹在舅舅家裡，既不能僭客⓮，又是奉命陪客的，如四位姊姊坐過，自然該是文錦、蘭言諸位姊姊，何必再讓？」謝文錦道：「這可使不得，妹子年紀甚輕，若這樣坐了，豈不教別位姊姊見怪麼？」

蔣春輝道：「諸位姊姊，看來這坐兒也難讓，妹子有個愚見：莫若除了主人，既是蘭芝……八位姊姊在母舅府上不肯僭客，索性也除了，共除一十五位：餘者拈鬮⓯何如？並且不論上下，就以東北第一坐拈起，至西南主席上一位為末席。鬮兒雖按次序，坐位仍無上下；不然，要論席面，又要許多分派，諸位姊姊以為何如？」眾人都道：「如此甚妙。」

寶雲明知難讓，只好依著眾人。拈過之後，卻是陰若花第一，唐閨臣居末。婉如道：「你看連這鬮兒也來湊趣，若花姊姊本是女兒國儲君，自應該他首坐，恰恰就拈了第一。」紫芝道：「閨臣姊姊拈在末席，怎講呢？」婉如道：「閨臣姊姊拈在末席，就如總結一句的意思，言在坐一百人，無非都是唐朝閨中之臣。……」紫芝不等說完，連忙搖手道：「姊姊留神，莫教人聽見，把舌頭割去，那才是個累呢！」

⓮ 僭客：僭越客禮。

⓯ 拈鬮：對不容易解決的事情，暗書於紙條，隨著每人所拈出的結果來決定。

說話間，大家挨次坐了。綠雲道：「閨臣姊姊為何眼圈通紅，只管滴淚？這是何意？莫非拈了末席，心中委屈麼？」閨臣忙把眼淚揩了道：「妹子何嘗落淚？剛才被風吹了，所以如此。」原來閨臣因大家談論泣紅亭之事，觸動思親之心，不覺酸鼻滴淚，恨不能立時飛到小蓬萊見見父親，才趁心願。正在傷悲，忽被綠雲看見，忙用言詞遮飾，眾人也就忽略過了。

若花道：「幽探姊姊，妹子有句話說；我們都是同門而兼同年，大家理應親熱，不該客氣才是。況異姓姊妹相聚百人之多，是古今有一無二的佳話。剛才諸位姊姊都不肯上坐，也不過因姊妹相聚，那裡論得客套；所以此刻按鬮而坐，無分上下，真是親熱之中更加親熱。但既如此，還要姊姊向寶雲諸位姊姊說聲：送酒上菜，一切繁文，也都免了，才更見親熱哩。」史幽探道：「姊姊所言極是。」於是大家都向寶雲姊妹說過。

不多時，丫環送了酒，又上了幾道菜。紫芝叫道：「若花姊姊你說異姓姊妹相聚百人之多，是古今有一無二的，這話我就不信，天地之大，何所不有，難道自古至今就只我們聚過？這話不要說滿⑯了！」掌紅珠道：「若花姊姊這話並非無稽之談，妹妹不妨去查，無論古今正史、野史，以及說部之類，如能指出姊妹百人相聚的，愚姊情願就在對面戲臺罰戲三本。」紫芝道：「我不信，我要查不出也罰三本。」眾人道：「好了！無論那位輸贏，我們總有戲看了！」

紫芝想了半日，因走至卞濱五車樓上把各種書籍繙了一陣，那裡有個影兒，只得掃興而回。蔣春輝道：「妹妹！我勸你不必查了，認個輸罷，莫講百十人，就是打個對折也少的。我倒有哩！不但百

⑯ 說滿：說得太自滿。

十人，就是二、三百人我也找得出，你如請我三本戲，我就告訴你。」紫芝道：「與其請你三本戲，倒不如認輸了。也罷，我就請你，你說出大家聽聽學個乖，也是好的。只怕未必有百十姊妹聚在一處，也未必有個憑據罷?」

春輝向若花道：「妹子同紫芝妹妹說玩話，姊姊莫要多心。」因又向紫芝道：「如何沒憑據?我們本朝那部《西遊記》可是有的?《西遊記》上女兒國可是有的?你到女兒國酒樓戲館去看，只怕異姓姊妹聚在一處的，還成千論萬哩。」紫芝道：「姊姊!我也不說，只教你自己想想這幾句話可值得三本戲?」春輝道：「若說這個不值，你就展我一年限，等我也去謅出一部書來，那就有了。」說的眾人都笑。

少刻，用過麵。寶雲道：「妹子恐諸位姊姊用不慣早酒，不敢多敬，只好晚飯多敬幾杯罷。」說著，一齊茶罷出席。彩雲道：「妹子在前引路，請諸位姊姊到園中遊玩遊玩。」大家都跟著散步閒行。未知後事如何，且看下回分解。

第七十二回　古桐臺五美撫瑤琴　白芹亭八女寫春扇

話說眾才女都到園中閒步，只見各處花光笑日，蝶意依人，四壁廂嬌紅姹紫，應接不暇；剛過了小橋曲水，又見些茂松修竹；步過幾層庭院，到了古桐臺。錦雲道：「諸位姊姊莫走乏了，請到臺上歇歇吃杯茶罷。」眾人道：「如此甚好。」都進了古桐臺。

這平臺是五間敞簷，兩旁數間涼閣，庭中青桐無數，壁上懸著幾張古琴。紫芝道：「我才看見這琴，忽然想起前在公主府，只顧外面看紫瓊、紫菱二位姊姊下棋，後來才知堯蓂、堯春二位姊姊同公主彈琴，可惜妹子未得聽見。我想當日伏羲削桐為琴，後來堯、舜都作過五絃琴，今二位姊姊香名皆取『堯』字，可見此道必精。妹子意欲求教，不知可肯賞臉？」

井堯春道：「妹子這個名字，叫做有名無實，那裡及得堯蓂姊姊彈的幽雅？他才名實相稱哩！」呂堯蓂道：「姊姊不必過謙，妹子前日原是勉強奉陪，今既高興，自然還要現醜。但舜英姊姊前在公主府內天晚未及領教，聞得瑤芝姊姊背後極讚指法甚精，今日定要求教。」田舜英道：「不瞞姊姊說，彈是會彈兩曲，就只連年弄這詩賦，把他就荒疎了，所謂三日不彈，手生荊棘，設或彈的不好，休要見笑。」

寶雲道：「瑤芝妹妹前日業已讓你躲嬾，今日遇見知音，還不替我陪客麼？」瑤芝道：「妹子正要叩教，怎敢躲懶！但琴主人不來陪客，未免荒唐。」素雲聽了，忙把兩手伸出道：「好姊姊，我並非躲懶，你看這兩手指甲若剪去，豈不可惜？況有四位儘夠一彈，何必定要妹子？」瑤芝也把手伸出道：「這兩年因要應試，無暇及此，那個不是一手長指甲？你是主人既怕剪，我更樂得不剪了。」紫芝道：「你們二位姊姊不彈，豈不把瑤琴、素琴兩個好名色埋沒了？瑤芝姊姊既肯陪客，素雲姊姊你是主人，何能推脫？」

素雲無奈，只得命丫環把剪子取來。寶雲命人擺了琴桌，又焚了幾爐好香。紫芝道：「五位姊姊！香都上了，快把腳修好，請登壇罷！」素雲道：「我同舜英姊姊，你罵一句也罷了，難道你家瑤芝姊姊你也罵麼？」紫芝道：「妹子何嘗罵人？」素雲道：「我們三人在此剪指甲，你說把腳修好，豈非罵麼？」紫芝道：「原來姊姊聽錯了。我說把甲修好，並非把腳修好。甲者，指甲之謂也。姊姊奈何疑到我的屨中❶乎？」素雲道：「好！這句罵的更好！我看你咬文嚼字的，太把科甲擺在臉上了！」

堯春道：「我們現在共有五人，若每人各彈一套，須半天工夫，豈不誤了遊玩？此處琴既現成，莫若大家竟將〈平沙〉一套合彈，四位姊姊以為何如？」四人都道：「甚好！」歸了坐慢慢把絃調了。丫環送上茶來。眾人茶罷，也有站的，也有坐的，聽他五人彈的真是聲清韻雅，山虛水深；兼之五琴齊奏，彩雲欲停，那些聽琴的姊妹也都覺得驚鴻照影，長袖臨風，個個有淩雲欲仙之意；都道：「從未聽過五琴合彈，倒也有趣。」師蘭言道：「這可算得絕調了。」言錦心道：「五位姊姊這琴是撫的極妙，不必說了；我不喜別的，只喜蘭言姊姊這『絕調』二字，真可抵得嵇叔夜的一篇〈琴賦〉；任

❶ 屨中：鞋中之物，指腳而言。

你怎樣讚他撫的好，彈的妙，總不如這兩字批的簡潔。」

大家出了古桐臺，又往別處遊玩。紫芝道：「我不喜別的，難得五個人竟會一齊住。」因向井堯春道：「剛才五位姊姊彈過琴，此刻該弄五管笛兒吹吹，才不缺典哩。」堯春道：「此話怎講？」紫芝道：「姊姊豈不聞俗語說的『牧童橫騎牛背上，短笛無腔信口吹』？五位姊姊彈過琴，如今都變作牧童，難道不該弄個笛子玩玩麼？」眾人都笑道：「紫芝姐姐好罵。」說話間，又遊幾處。行到一帶柳陰之下，桃杏已殘，四面田中尚存許多菜花；並有幾個莊農老叟在那裡，也有打水澆菜的，也有牽牛耕田的；又有好些豬羊雞鴨點綴那芳草落花，倒像鄉村光景。哀萃芳道：「此地怎麼又有莊戶人家？」寶雲道：「這非鄉村，是我家一個菜園。當日家父因家中人口眾多，每日菜蔬用的不少，就在此處買下這塊地作為菜園，並養些牲畜。每年滋生甚多，除家裡取用之外，所餘瓜果以及牛、馬、豬、羊之類，都變了價，以二分賞給管園的，其餘八分慢慢積攢起來，不上十年，就起造這座花園。」

只見丫環來請諸位才女到白茉亭吃點心。史幽探道：「方才用麵，那裡吃得下？」謝文錦道：「此亭既以『白茉』為名，其中牡丹想來必盛，吃點心還在其次，何不前去看看牡丹？」寶雲道：「牡丹雖不甚多，各色湊起來也有四、五百株，還可看得。」不多時，過了海棠社，穿過桂花廳，由蓮花塘過去，到了白茉亭。只見姚黃魏紫❷，爛漫爭妍。正是：

本來天上神仙侶，偶看人間富貴花。

---

❷ 姚黃魏紫：兩種牡丹名，姚黃皆宋朝洛陽姓氏，誌兩種花的來源，見歐陽修〈牡丹記〉。

紫芝道：「此處牡丹雖佳，未免有些犯諱。」紀沉魚道：「何以見得？」紫芝道：「牡丹人都叫作花王，若花姊姊是候補女兒國王，這花王二字，豈不犯諱麼？」一齊進了亭子，只見燕紫瓊同易紫菱在裡面著棋，卞香雲同姚芷馨在旁觀陣。史幽探道：「原來四位姊姊卻在此手談❸，怪不得半日不曾見面。」四人連忙立起讓坐，眾丫環把點心預備，大家隨便坐下，一面吃點心，一面賞牡丹。

把點心用過，錦雲意欲邀著到芍藥軒、海棠社各處去玩，眾人因見亭內四壁懸著許多字畫，收拾的十分精緻，都不肯就走，分著這裡一攢，那裡一夥，圍著觀看。寶雲道：「素日華芝妹妹同彩雲妹妹評論此處字畫每每爭論，今日放著書香、文錦兩位姊姊乃欽定的書家，為何倒不請教呢？」華芝道：「卻是前日赴宴，太后極讚他二位書法，妹子久已預備今日要來求教。」說著，從袖中取出兩把春扇，遞給書香、文錦道：「拜煩二位姊姊替妹子寫寫！」

林書香道：「不是妹子故做謙詞，其實寫的不好，前日不知怎樣合了聖意。這不過偶爾僥倖，姊姊若以書家看待，那就錯了。」謝文錦道：「妹子的字，那裡及得巧文姊姊去歲郡試，巧文姊姊是第一；他的書法，誰人不讚？那求寫對聯的也不知多少。誰知今年殿試，妹子倒在前列，真是慚愧。」

印巧文道：「去年郡考，那不過一時僥倖，豈能做得定準？至求寫對聯的，不過因我們閨中字外面甚少，叫作物以罕為貴，其實算得甚麼！前者殿試，字既不好，偏又坐的地方甚暗；兼之詩賦又不佳，能殼僥倖，不致名列四……」因轉口道：「不致落第，已算萬幸，怎麼還算抱屈呢？」閔蘭花再芳道：「據我看來，就是取在一等，也不過是個才女，難道還比人多個鼻子眼睛麼！」

❸ 手談：指下圍棋或鬥牌。

蓀道：「就是四等，也不見得有什麼回不得家鄉，見不得爺娘去處！」寶雲望著芸芝、芳芝遞個眼色；二人會意，連忙望著再芳、蘭蓀道：「那邊芍藥開的甚佳，我們同二位姊姊看芍藥去。」拉著二人去了。

這裡寶雲命人取了兩盒扇子，就在亭中設了筆硯，託書香、文錦、巧文三人替他寫。彩雲也取三把扇子，一把遞給褚月芳，一把遞給鍾繡田，一把遞給顏紫綃。剛要說話，紫綃笑道：「怎麼又要姊姊費心送咱扇子？」彩雲道：「姊姊休得取笑，我是求教的，拜懇三位姊姊都替妹子寫寫！」月芳道：「妹子的字，如何寫得扇子？這是姊姊安心要遭蹋扇子了。」鍾繡田道：「此時坐中善書的甚多，何苦卻要妹子出醜？」顏紫綃道：「咱妹子向來又無善書的名兒，為何卻要見委？倒要請教。」彩雲道：「三位姊姊都不要過謙，若論書法，大約本朝也無高過三位府上了。月芳姊姊府上《千字文》，繡田姊姊府上《靈飛經》，紫綃姊姊府上《多寶塔》，這是誰人不知？豈非家傳？還要謙麼？」

月芳同繡田道：「我家祖父雖都有點微名，我們何能及得萬分之一？既是姊姊諄諄見委，須先說明：可是姊姊教我們寫的？」紫芝在旁道：「不妨，你們只管寫，如寫壞了，我來拜領。我還要請問彩雲姊姊：方才所說褚府《千字文》，鍾府《靈飛經》，那都是人所共知的，不必說了；至於顏府這《多寶塔》，不知是誰的大筆？妹子卻未見過。」彩雲笑道：「妹妹莫忙，再遲幾十年，少不得就要出世。」

顏紫綃道：「咱家《多寶塔》還未出世，姊姊卻要咱寫，豈非苦人所難麼？莫若咱去託人替你畫畫，何如？」彩雲道：「如此更妙。」紫綃拿著扇子向陽墨香道：「姊姊替咱畫畫罷！」墨香道：「妹子何嘗會畫？」紫綃笑道：「姊姊好記性！昨日所說長安送別圖，你倒忘了！」墨香道：「呸！原來你是曉得的！我也要預先說明：如畫壞了，可要姊姊賠他扇子。」

登時眾丫環各處擺了許多筆硯，墨香把扇子接過道：「此時顏料不便，只好畫個墨筆罷。」彩雲道：「我家錦雲妹妹向來最喜學畫，顏料倒是現成，並且碟子椀兒多的很哩。」錦雲道：「我已教人取去了。」不多時，丫環把顏料碟子取來，擺了一桌，卻是無一不備。

墨香調了顏色，提起筆來畫了許多竹子，眾人在旁看著，個個道好。墨香道：「諸位姊姊且慢讚好。去年妹子郡考，聞得本處有好幾位姊姊都撇的好蘭，畫的好畫，可惜名姓我都忘了；今日座中同鄉人卻有，但不知那位會畫？」彩雲道：「難道姊姊這樣善忘，連一個也想不出？」墨香停著筆，猛然想起道：「我還記得一位姓祝的，不知可是題花姊姊？」祝題花在旁笑道：「不是。」紫芝道：「眾位姊姊莫信他，他一定會畫，他若不會，為什麼帶著笑說哩？這笑的必定有因。」說罷，同寶雲要了一把扇子央他畫。

題花接了扇子道：「紫芝妹妹倒說得好！難道不教我笑著說，卻教我裝個鬼臉兒罷？妹妹且莫忙，我問你可喜畫個絕妙美人？」紫芝道：「除了別人，如不歡喜美人，你只管罵。」題花道：「既如此，為何放著我家麗娟表妹倒不請教呢？你只看他尊名，就知他美人畫的如何。前日我在公主跟前要保舉他，他再三懇我，所以未說，今日可脫不掉了。」白麗娟道：「妹子名字固與美人二字相合，難道姊姊的花卉也不與尊名題花二字相合麼？豈但姊姊，就是銀蟾姊姊草蟲，鳳雛姊姊禽鳥，蕙芳姊姊蘭花，也未有不與本名相合；若論本鄉閨秀，都可算得獨步了。」

譚蕙芳道：「妹子的蘭花，那才混鬧哩，從未經人指教，不過自己一點假聰明，豈能入得賞鑒？」

張鳳雛道：「妹子的翎毛，更是無師之傳，隨筆亂畫，算得甚麼！」宰銀蟾道：「要拿妹子的草蟲也算畫，真是慚愧，姊姊何苦把我也拉出來！」

只見錦雲又命丫環取了許多畫碟擺在各桌。紫芝把寶雲盒內扇子取出四把道：「四位姊姊莫謙了，都替妹子畫畫罷，題花姊姊在那裡倒要畫完了。」大家只得各接一把分著畫去。

這邊林書香因閨臣提起當日曾見紅紅、亭亭寫的〈女誡〉、〈璇璣圖〉甚好，同寶雲要了兩把扇子託他二人寫。紅紅道：「當日妹子寫那扇子，因迫於先生之命，這種筆墨，豈可入得姊姊法眼❹？」亭亭道：「沒奈何，我們只好班門弄斧❺。」綠雲也拿一把扇子遞給顏紫綃道：「剛才彩雲姊姊託你寫扇子，你卻轉託別人替你畫，如今妹子這把扇子可要賞臉了。」紫綃只得接了，同紅紅、亭亭一桌寫去。

紫芝走到圍棋那桌，只見燕紫瓊同易紫菱對著，手拈冷玉，息氣凝神；卞香雲同姚芷馨靜悄悄的在旁觀陣。紫芝道：「原來四位姊姊卻在這裡下棋，今日這琴棋書畫倒也全了。就只紫瓊、紫菱二位姊姊，特把芷馨、香雲兩個姊姊拉來觀陣，未免取巧。」紫瓊一面下棋，一面問道：「為何取巧？」紫芝道：「芷馨姊姊是馨，香雲姊姊是香，既有馨、香在跟前，就如點了安息香一般，即或下個臭著兒，也就不致薰人；若不如此，此地還坐得住麼？」易紫菱聽了，不覺好笑。未知後事如何，且看下回分解。

---

❹ 法眼：尊稱他人的品鑑。
❺ 班門弄斧：比喻不自量力。

第七十三回　看圍棋姚姝談弈譜　觀馬弔孟女講牌經

話說易紫菱笑道：「這紫芝妹妹真會取笑，怪不得公主說你啕氣。」紫芝道：「芷馨姊姊既喜觀陣，自然也是高棋了？」姚芷馨道：「不瞞姊姊說，妹子向在外洋，除養蠶紡機之外，惟有打譜❶，或同蘅香姊姊下下棋，雖說會下，就只駛些❷，每日至少也下百十盤。」

香雲道：「就是隨手亂丟，一日也不能這些盤。」芷馨道：「我們這棋叫作跑棋，彼此飛忙亂趕，所以最快。」香雲道：「依我說，姊姊既要下棋，到底還要慢些。譜上說的多算勝，少算不勝；如果細細下去，自然有個好著兒。若一味圖快，不但不能高，只怕越下越低。俗語說的好，快棋慢馬弔❸，縱高也不妙。圍棋犯了這個快字，最是大毛病。」

紫瓊道：「時常打打譜，再講究講究，略得幾分意思，你教他快，他也不能；所以這譜是不可少的。」芷馨道：「妹子打的譜都是『雙飛燕』、『倒垂蓮』、『鎮神頭』、『大壓樑』之類，再找不著『小鐵網』在那譜上。」香雲道：「倒像甚的武庫有這式子，你問他怎麼？」

❶ 打譜：擺棋譜。
❷ 駛些：快些。
❸ 馬弔：古時賭博之一種，今之紙牌、麻將或由此演化而出。

芷馨道：「妹子下棋有個毛病，最喜投個『小鐵網』；誰知投進去，再也出不來；及至巴巴結結活一小塊，那外勢全都失了。去年回到家鄉，時常下棋解悶，那些親戚姊妹都知妹子這個脾氣，每逢下棋，他們就支起『小鐵網』。妹子原知投不得。無如到了那時，不因不由就投進去；因此他們替妹子取個外號，叫做『小鐵網』。姊姊如有此譜，給妹子看看，將來回去，好去破他。」

紫菱道：「妹子當日也時常打譜，後來因吃過大虧，如今也不打了。」紫芝道：「怎麼打譜倒會吃虧呢？」紫菱道：「說起來倒也好笑。我在家鄉，一日也是同親戚姊妹下棋，下未數著，竟碰到譜上一個套子。那時妹子因這式子變著兒全都記得，不覺暗暗歡喜，以為必能取勝。下來下去，不意到了要緊關頭，他卻沉思半晌，忽然把譜變了，所下的著兒，都是譜上未有的。我甚覺茫然，不知怎樣應法才好，一時發了慌，隨便應了幾著，轉眼間，連前帶後共總半盤，被他吃的乾乾淨淨。」紫芝道：「姊姊那時心裡發慌，所下之棋，自然是個亂的。那幾個臭著兒被他吃去，倒也無關緊要；我不可惜別的，只可惜起初幾個好譜著兒也被他吃去，真真委屈。所以妹子常說，為人在世，總是本來面目最好。即如姊姊這盤棋，起初下時，若不弄巧鬧什麼套子，就照自己平素著兒下去，想來也不致吃個罄淨❹。就如人家做文，往往竊取陳編，攘為己有，惟恐別人看出，不免又添些自己意思，雜七雜八，強為貫串，以為掩人耳目；那知他這文就如好好一人，渾身錦繡綾羅，頭上卻戴的是草帽，腳上卻穿的是草鞋，所以反覺其醜。如把草帽、草鞋放在粗衣淡服之人身上，又何嘗有什麼醜處？可見裝點造作總難遮人耳目。」

---

❹ 罄淨：乾乾淨淨。

只見素雲同井堯春走來望一望道：「我這紫芝妹妹話匣子要開了，有半天說哩，我們還是彈琴去罷。」堯春道：「如此甚好，但此地過於熱鬧，我們須找靜些地方才好。」於是約了呂堯蓂、田舜英、孟瑤芝仍到古桐臺去。適值陰若花、田秀英從海棠社走來，堯春、素雲聞二人彈得一手好琴，攜了二人一同來到古桐臺。七個人彈琴的彈琴，講究指法的講究指法。

正在說笑，只見紫芝也走來；井堯春道：「妹妹那段草帽講完麼？」紫芝道：「那話不過隨嘴亂說，長也由得我，短也由得我，比不得諸位姊姊撫琴，定要整套彈完才歇哩。」呂堯蓂道：「妹妹將來何不學學？如學會了，到那風清月朗時候，遇見知音，大家彈彈，倒是最能養心，最可解悶的；在我們閨中，真可算得良朋益友，就是獨自一人，只要有了他，也可消遣的。」紫芝道：「正是。剛才妹子聽你們五琴合彈，到得末後正在熱鬧之際，猛然鴉雀無聲，恰恰一齊住了，實在難得，我至今還是佩服。」瑤芝笑道：「諸位姊姊，你說紫芝妹妹這話可是外行不是外行？他且不講人家撫的好，只說五個人難得一齊住；也不想想人家既會彈，難道連個彈完還不知道麼？」

紫芝道：「妹子也曾學過，無奈學了兩天，泛音❺總是啞的，因此不甚高興。往常瑤芝姊姊同素雲姊姊彈時，我去問問，他們總不肯細心教我，說我性子過急，難以學會，我實不服。請教這個泛音究竟怎樣才響？」秀英道：「若論泛音，也沒甚難處。妹妹如要學時，記定左手按絃，不可過重，亦不可太輕，要如蜻蜓點水❻一般，再無不妙。其所以聲啞者，皆因按時過重；若失之過輕，又不成為

❺ 泛音：彈琴時，使琴絃全體作整個之振動所發出的聲音。

❻ 蜻蜓點水：形容輕觸即離，或象徵性的動作。

泛音；『蜻蜓點水』四字，卻是泛音要訣。」

紫芝道：「泛音既有如此妙論，為何譜上都無此說？他卻秘而不宣，是個什麼意思？」瑤芝道：「他那譜上單論八法，儘夠一講，那還說到這個！況且他又怎能曉得有人把個泛音算做難事呢？」田舜英道：「妹妹要學泛音，也不用別法，每日調了絃，你且莫彈整套，只將『蜻蜓點水』四字記定，輕輕按絃，彈那『仙翁』兩字，彈過來也是『仙翁，仙翁』，彈過去也是『仙翁，仙翁』，如此彈去，不過一兩日再無不會的。」若花道：「阿妹把泛音會了，其餘八法，如：『擘、托、勾、踢、抹、挑、摘、打』之類，初學時倒像頭緒紛紜，及至略略習學，就可領略，更是不足道的。」紫芝道：「還有幾句歌訣，這兩年沒去弄他，我倒忘了，不知共有幾句？」秀英道：「歌訣雖有八句，第一卻是『彈欲斷絃方入妙，按令入木始為奇』。這兩句是要緊的。此訣凡譜皆有，你細細揣摩，自能得其大意。」

紫芝道：「姊姊！你說泛音要如蜻蜓點水一般，我要請姊姊彈個樣兒，我也好彈。」秀英隨即按著絃，「仙翁，仙翁」彈了一陣。紫芝也按著絃彈了幾聲，誰知按不得法，仍是啞音；不覺著急道：「秀英姊姊！莫是這絃也有嘴眼罷？你們按的得法，按了他的眼，所以有聲；我按的不得法，按了他的嘴，所以啞了。只好懇那位姊姊，要像先生教學生寫字樣子，用個『把筆法』❼兒把把我才好。」

瑤芝道：「不知六位姊姊當日學時可有這個把法？真是學個琴兒也是古怪的！」若花笑道：「阿妹過來，我來把你。」於是把著紫芝兩手，又彈一陣「仙翁」。把了多時，紫芝道：「我會了。」若花把手放開，隨他自彈，果然彈的竟成泛音。紫芝道：「你們且彈，我去去就來。」

❼ 把筆法：老師教學生握筆寫字的式樣或方法。

說罷，來到白茉亭，向紫雲道：「他們寫字的寫字，畫畫的畫畫，下棋的下棋，彈琴的彈琴，我們也想什麼玩的才好；不然，這許多姊姊不要悶氣麼？」紫雲道：「今日人多，據我主意，須分幾樣玩法。莫若我們挨著問問，先派幾桌雙陸❽、馬弔；再派幾桌花湖、象棋；餘者或投壺❾、鞦韆、拋球；甚至鬥草❿、垂釣，無所不可。如不喜玩的，或做詩聯句，悉聽其便。你道如何？」綠雲在旁點頭道：「姊姊所論極是，不如此，也分派不開，也不足盡興。」隨命丫環預備調擺。

紫雲向蔣春輝、董青鈿道：「這件事必須二位姊姊同我們挨著問問，分派分派，不然，再也分派不開。」蔣春輝道：「如今弄的滿眼都是人，也不知除了他們琴棋書畫，還剩幾位姊姊？」紫芝道：「這個妹子都記得，等我數給你聽：那彈琴的是堯春、堯蓂、舜英、若花、秀英、瑤芝、素雲七位姊姊；那下圍棋的是紫瓊、紫菱、芷馨、香雲四位姊姊；那寫扇子的是書香、文錦、巧文、月芳、繡田、紫綃、紅紅、亭亭八位姊姊；那畫扇子的是墨香、題花、麗娟、銀蟾、鳳雛、蕙芳六位姊姊；共計二十五位。下存七十五位，再除大解小解二十五位，實存五十位。」說的眾人不覺好笑。

寶雲道：「紫芝妹妹真好記性！至於那處那幾位，我原都曉得，你要教我一位一位念他名姓，這個實實不能。今日全仗妹妹替我各處照應照應，此時也不知都在此處，也不知到別處去的，弄的糊裡糊塗，這才叫做慢客哩。」

❽ 雙陸：古時博戲的名稱，為棋的一種，亦作「雙六」。
❾ 投壺：把箭投入壺中的一種遊戲，常用於燕飲，勝的人斟酒使敗的人飲。
❿ 鬥草：用草來比賽的遊戲，亦稱鬥百草。

當時蔣春輝同眾人分了馬弔一桌，雙陸一桌，象棋一桌，花湖一桌，十湖一桌。餘者或投壺、鬥草、拋球、鞦韆之類，也分了幾處。還有不喜玩的，或吟詩猜謎、垂釣清談，各聽其便。登時都在文杏閣、凝翠館、芍藥軒、海棠社、桂花廳、百藥圃分在幾處坐了。

寶雲道：「紫芝妹妹記性又好，走路又靈便，今日眾姊妹或在這裡，或在那裡，惟恐照應不周，未免慢客，務必拜託妹妹替我挨著時常看看。若丫環、老媽躲嬾，缺了茶水，千萬告訴我。」因把腳揚一揚道：「一連跑了五天，偏偏今日他又疼了。」紫芝道：「我勸姊姊，就是四寸也將就看得過了，何必定要三寸，以致纏的走不動，這才罷了？」

董青鈿道：「他是我們老姊姊，你不要刻薄他！剛才寶雲姊姊說你記性好，我今日同你賭個東道⓫：少時你到各處挨著看看眾姊姊共分幾處，某處幾人，共若干人；除了琴棋書畫，其餘如說的絲毫不錯，那才算得好記性，我情願將手上這副翡翠鐲送你；你若說錯，就把翡翠壺兒送我。不知你可敢賭？」紫芝道：「原來你倒看上我的鼻烟壺兒，既如此，寶雲姊姊做個中人，我就賭這東道。」

寶雲道：「罷！罷！罷！我不做中人，省得臨期反悔，同你們嘔氣。」題花笑道：「妹子最喜做中人，希圖落點中資⓬，為什麼不來託我？」二人道：「如此甚好，就託姊姊做中人。」題花道：「你們二位把賭的東西放在我處，我才放心哩。」青鈿隨即把鐲子交代了，紫芝也把烟壺遞給題花道：「姊姊切莫把烟偷吃完了，近來像這酸味的少的很哩。」題花笑道：「不妨，如吃完了，我有昔酉兒。」

⓫ 賭東道：以做東道請客賭輸贏。

⓬ 中資：作中人的報酬。

紫芝道：「怎麼姊姊還未出閣，預先倒喜吃昔酉兒了？」題花聽了，把筆放下，舉著扇子趕來要打。

紫芝飛忙跑開，來到文杏閣，只見師蘭言、章蘭英、蔡蘭芳、枝蘭音四人在那裡要打馬弔，旁邊是宰玉蟾、錢玉英、孟玉芝觀局。大家搬了坐，蔡蘭芳道：「紫芝姊姊何不打兩弔？」紫芝道：「妹子今日受了主人之託，要替他照應客，所以不能奉陪，我看你們鬥兩牌，還要到別處去哩。」章蘭英道：「請教蘭言姊姊，我們打古譜呢，還是打時譜？還是『三花落盡』，『十字變為熟門』，還是『百子上桌十子就算熟門』呢？」師蘭言道：「要打，自然時譜簡便。至於『百子上桌十子就算熟門』，未免過野，這是譜上未有的。若照這樣打法，那『鯽魚背』式樣也可廢了。」

宰玉蟾道：「正是；妹子聞得『鯽魚背』有個譜兒，不知各家是怎樣幾張？」紫芝道：「我記得椿家⑬是紅萬九十，六萬六索，餘皆十字餅子；四八之家，百子九餅，一萬一索，三萬三索，七萬七索；么五九家，九萬九索，五萬五索，餘皆十字；二六之家，一張空堂，四張餅子，三張十字，二索當面，四肩在底。二六之家，關賞鬥十，椿家立紅九十加捉；四八之家，以百子打椿，或發三萬，或發三索；大家照常鬥去，那就上了。」

宰玉蟾道：「怪不得人說紫芝姊姊嘴頭利害，你只聽他講這牌經，就如燕子一般，滿口唧唧咋咋的，叫個不住。看這光影，將來紫芝姊夫如不懼內，我再不信！」眾人聽了，都道：「玉蟾姊姊這句道得好。」

錢玉英道：「妹子向來只知打著玩，不知此中還有古譜、今譜之分，倒要請教，是何分別？」章

⑬ 椿家：賭博的主持人。

蘭英道：「古譜不過小色樣多些，今譜小色樣少些。諸如『百後趣』、『趣後百』、『大參禪』、『小參禪』、『捉極獻極』、『捉百獻極』之類，今譜盡都刪了。」玉芝道：「色樣多些，豈不有趣，為何倒要刪去？難道嫌他過於熱鬧麼？」師蘭言道：「他刪去不為別的，因此等小色樣，每牌皆有，如果鬥上，其中恐有犯賠之家，必須檢查減張，若牌牌如此，未免過煩，因此刪去，以歸簡便。況此中四門色樣不一而足，其餘如『雙疊』、『倒捲』、『香爐』、『桌弔』之類，何嘗不妙？只要會打，千變萬化之處甚多，又何必在幾個小色樣時刻較量呢？」蔡蘭芳道：「不消再議，我們就打時譜罷。」枝蘭音道：「妹子才初學，色樣越少越好，省得照應不來。」大家翻了百子，都打起來。

宰玉蟾道：「請教諸位姊姊，如今還有把馬弔抽去八張，三個人打著玩，叫做『蟾弔』，那是什麼意思？」蔡蘭芳道：「他因向來四人打馬弔，馬是四條腿；所以三人打就叫蟾弔，蟾是三條腿。還有兩人玩的叫作『梯子弔』，蓋因梯子只得兩條腿。」玉蟾道：「若是這樣，將來一人玩，勢必叫作『商羊弔』了。」

師蘭言道：「姊姊！你道那打蟾弔的是個什麼主見？皆因粗明打弔，尚未得那馬弔趣味；或者當日學時本由『蟾弔』學成，一時令其驟改馬弔，就如鄉裡人進城，滿眼都是巷子，不知走那一路才好，只好打個『蟾弔』，倒底頭緒少些。」

玉芝道：「我聽人說：『蟾弔』熱鬧，『馬弔』悶氣，因此都愛『蟾弔』。」蘭言道：「這話更錯了。『馬弔』本好好四十張，今抽去八張，改為『蟾弔』，以圖熱鬧，試問若圖熱鬧，如打天九，把三長四短全都去了，滿手天九地八，亦有何味？即如當日養由基百步穿楊⑭，至今名傳不朽者，因其能穿楊葉，並非說他射中楊樹，就算善射。若射中楊樹就算善射，縱箭箭皆中，亦有何趣？即如蟾弔抽去清張，縱牌牌成色樣，亦不過味同嚼蠟！」

宰玉蟾道：「我還聽見人說：『馬弔』費心，『蟾弔』不費心，所以人喜『蟾弔』。請教姊姊此話可是？」蘭言道：「這做『馬弔』的，當日做時，原不許粗心浮氣人看的。若謂『馬弔』費心，何不竟將蟾弔不打，豈不更省許多心血？」蘭芳道：「蘭言姊姊把這『蟾弔』真駁的有趣；不然，久而久之，被這粗心浮氣的把『馬弔』好處都埋沒了。」

紫芝道：「諸位姊姊且慢打弔，我說個笑話：一人好打『蟾弔』；死後，冥官道：好好『馬弔』不打，你卻矯揉造作去打『蟾弔』，也罷，如今就罰你變個蟾去？此人轉世雖變了蟾，那打弔心腸，仍是念念不忘。一日，同了素常相好的許多小蟾出去遊玩，他前走，小蟾隨後。他道：『我們這個走法，好像馬弔一副色樣。』眾蟾道：『叫做甚麼？』他道：『叫做公領孫。』眾蟾鼓譟道：『把我們做他孫子，這還了得！』不由分說，一齊動手，把他按住，也有打的，也有罵的。有一小蟾，取了一個石子，狠狠朝他頭上一丟道：『你說！這是甚麼色樣？說不出，再打！』他道：『求諸位莫打，容我說：這叫佛頂珠。』又一小蟾把他足上皮撕下一片道：『你說！這是甚麼？』他道：『這是佛赤腳。』又一蟾拿著竹片，把他打的渾身是血。道：『這是甚麼？』他道：『這是硃砂鼎。』又一蟾取些黑泥，把他塗的渾身漆黑。道：『這是甚麼？』他道：『這是鐵香爐。』眾蟾道：『剛才他身上是紅的，所以說是硃砂鼎；此刻身上塗黑了，因而說是鐵香爐；難道把你身上塗綠了，就算綠毛龜麼？』究竟不像，

⑭ 百步穿楊：比喻神射，百發百中。

還要打！』他道：『諸位若說不像，真真委屈，你們暫且鬆手，讓我做個香爐樣兒給你們看。』眾蟾果然一齊閃開。他把三足立在地下，把腰朝上一拱道：『諸位請看，難道香爐不是三隻腳麼？』說罷，他就勢想要逃走，連忙將身一縱，遠遠落在地下。誰知不巧，恰恰將嘴碰在一堆糞上。眾蟾看見一齊笑道：『好了！如今蟾弔新添一副色樣了！』他忍著臭氣問道：『請教諸位，這副色樣叫做甚麼？告訴我，我好添在譜上。』眾蟾道：『叫作狗吃屎。』說的眾人笑個不了。

玉蟾聽了，望著紫芝只管冷笑。紫芝道：「妹子實在一時疏忽，忘你大名，若要記得，怎敢犯諱？我嘗聽得銀蟾姊姊說：小瀛洲四員猛將都敵你不過，妹子還敢放肆麼？」玉蟾把手伸出道：「姊姊！你拿手來試試，妹子何嘗有什麼力量？」紫芝嚇的連忙跑開道：「姊姊莫給我苦吃，我還到各處替寶雲姊姊照應客哩。」說著，去了。未知後事如何，且看下回分解。

第七十四回　打雙陸嘉言述前賢　下象棋諧語談故事

話說紫芝懼怕玉蟾，連忙走開，來到雙陸那桌；只見戴瓊英同孟瓊芝對局，掌紅珠、邵紅英、洛紅蕖、尹紅萸在旁觀局。掌紅珠道：「當日雙陸不知為何要用三骰？與其擲出除去一個，何不就用兩個，豈不簡便？妹子屢次問人，都不知道，其中一定有個緣故。」

孟瓊芝一面擲骰，一面笑道：「據我看來，大約因為杜弊而設。即如兩個骰子下盆，手略輕些，不過微微一滾，旋即不動。至於三個骰子一齊下盆，內中多了一個，彼此旋轉亂碰，就讓善能掐骰也不靈了。況雙陸起手幾擲雖不要大點，到了後來要緊時，全仗大點方能出得來。假如他在我盤，五樑已成，我不擲個六點，只好看他一人行了。以此看來，他除大算小，最有講究。」

尹紅萸點頭道：「姊姊議論極是，古人制作，定是這個意思。我還聽見人說：雙陸是為手足而設，不知是何寓意？」戴瓊英道：「他是勸人手足和睦之意。所以到了兩個三個連在一處就算『一樑』，別人就不能動。設若放單不能『成樑』，別人行時，如不遇見則已，倘或遇見，就被打下。即如手足同心合意，別人焉能前來欺侮？若各存意見，不能和睦，是自己先孤了，別人安得不乘虛而入？總要幾個連在一處成了樑，就不怕人打了。這個就是『外禦其侮』一個意思。」洛紅蕖道：「可見古人一舉一動，莫不令人歸於正道，就是遊戲之中，也都寓著勸世之意；無如世人只知貪圖好玩，那曉其中卻有這個道理！」

紫芝道：「瓊英姊姊且莫擲骰，妹子說個燈謎你猜：三九不是二十七，四八不是三十二，五七不是三十五，六六不是三十六，打一物。」掌紅珠道：「我猜著了，可是十二？」紫芝道：「三九四八五七六六湊起來都是十二，姊姊猜的真好。但妹子剛才有言在先，打的是個物件，請姊姊把十二取來看看，如果是個物件，就算姊姊猜著。」紅珠不覺笑道：「呸！我只當是個數目的。」邵紅英道：「可是雙陸？」紫芝笑道：「這個猜的卻好，至於是不是，且等我看看花湖再來回覆。」

於是走到海棠社，只見酈錦春、言錦心、廉錦楓、卞錦雲四人在那裡看花湖，哀萃芳、葉瓊芳在旁看歪頭湖。廉錦楓見紫芝走來，連忙叫道：「姊姊來的正好，妹子輸的受不得了。我這初學的花湖，如何上得場？剛才我求萃芳、瓊芳二位姊姊替我看兩牌，誰知他把么六二三四六認作雜花，成了下去，倒被他們割了一個耳朵。姊姊替我看看罷，今日被這『三公三才』，頭都鬧昏了。」

紫芝道：「怎麼如今花湖忽又添出『三公三才』，這是怎講？」錦雲道：「何嘗添什麼『三公三才』！只因錦楓姊姊頭一次起了一個雙張，做了一回老相公；第二次補牌又多補一張，又做一回老相公；第三次下家還未起牌，他又多起一張，又做一回老相公：一連做了三回老相公，因此他叫做『三公』。」

紫芝道：「『三才』又是怎講？」廉錦楓道：「紫芝姊姊未曾讀過《三字經》麼？」紫芝道：「《三字經》上有句三才者，天地人，怎麼沒有讀過！」錦楓道：「妹子每牌總是天地人三個單張在手，偏偏又是賍子，又不敢打；所以打了半日，還未成得一牌。剛才好容易叫六頭，偏偏又被上家攔成。」哀萃芳道：「那牌原是姊姊自己打錯。」

紫芝道：「怎麼打錯？」葉瓊芳道：「他手裡只剩一對天牌，卻把長三打出去，恰好錦心姊姊六張開招，一連補了三張么三，又是一個六張，這也罷了，末尾還補二三一坎，恰恰湊成一封；及至錦心姊姊再打三六，錦雲姊姊也是六張開招，喜相逢攔成：這比我的么六、二三、四六，詐湖更臭！」酈錦春道：「這一牌不獨錦楓姊姊吃虧，就是妹子也多輸三個龍船。這牌方才打錯，接著一牌湖四頭又把長二打去，被人六張開招雙封，也是一對人牌成了。」

言錦心道：「錦楓姊姊打錯也罷了，並且打的也過慢。剛才有一牌，左拆右拆，弄了半天，再也打不出。彼時適值我是夢家，因他躊躇，過去看看，雖知他手裡除了天地人三個孤張，還有六張閒牌，打去一張，卻是八尖嘴。」紫芝道：「若是這樣，他打的雖臭，倒有一件可取，卻還細膩。但只工夫還未到家，能彀練的打到『眠張兒』，那就好了。」錦春道：「何為『眠張兒』？」紫芝道：「眠者，睡也。即如他家應該發牌，左拆右拆，左打右打，再也打不出；及至鬧到後來，把那三個看牌的都等的磕睡起來，這才打出去：其名就叫『眠張』。」錦楓道：「姊姊莫鬧了，你鬧的更要錯了。」

紫芝道：「今日這牌不但添了三公三才，只怕還要添個骨牌名哩。」錦楓道：「此話怎講？」紫芝道：「姊姊剛才湖六頭，打長三；湖四頭，又打長二；少刻湖二頭，再把地牌打了，豈不湊成一副順水魚麼？」錦楓道：「我的紫姑太太夠了！夠了！你老人家不要刻薄了！請罷！請罷！」紫芝道：「我要抽幾個頭兒才肯走哩。」錦楓道：「我還沒贏，那有頭兒？」紫芝用指在錦楓頭上一彈道：「這不是頭兒？」錦雲用力把紫芝朝外一推道：「人家這裡玩錢，你只管跟著瞎吵！」

紫芝趁勢走出，來到猗蘭堂，只見余麗蓉、姜麗樓、潘麗春、蔣麗輝在那裡閒談，旁邊放著一桌十湖，四人見了紫芝，都欠身讓坐。紫芝道：「你們為什麼不看牌，卻在這裡清談？」余麗蓉道：「因為麗輝姊姊不大高興，所以歇歇再打。」

紫芝道：「麗輝姊姊為甚不高興？」蔣麗輝道：「我們一連看了八輪，我一牌未成，這不是討罪受麼？並且每牌總是一張老千，從未起過空堂，牌牌總要打九索；至於破梆破群，更不必說了。尤其可恨的，那破梆破群再不教你成個二報三報，他總是一張八餅，一張二索，或是一張七餅，一張三萬，教你八下不成副。及至巴到十成，不是人家湖了，就是上家攔成。你說這麵湖鬼令人恨不恨？教人氣不氣？再玩半天，我還氣成鼓脹病哩。可惜我今日來的匆忙，未將剪子帶來，這是他的命長。我明日一定戒賭，妹妹莫勸我。」

紫芝道：「妹子何敢勸？但姊姊又何須勸？今日戒，明日開，那是向來的老規矩。並且這『戒賭』二字，我從太后頒恩詔那年一直聽到如今了。姊姊莫生氣，妹子替你看兩牌。」姜麗樓道：「如此甚好。」

大家歸坐，紫芝一連看了幾牌，誰知牌牌皆成，不但不輸，並且反做了贏家；把牌交給麗輝道：「你來看罷，如今反輸為贏，大約可以不必戒賭了。」麗輝接過牌道：「人說你鬥的好，果然不錯。才看這幾牌，都在我的意料之外，倒長許多見識，明日一定要送門生帖過去。」紫芝道：「拜門生你且暫緩，等我老師開了剪子店，替你多多預備幾把剪子你再來。」說的眾人不覺好笑。

紫芝走出，要去看看象棋，找了兩處，並未找著，後來問一丫環，才知都在圍棋那邊，隨即來到白苿亭。只見崔小鶯同秦小春對局；旁邊是掌乘珠、蔣月輝、董珠鈿、呂祥蓂四人觀局。那對局的殺的難解難分，觀局的也指手畫腳。紫芝道：「教我各處找不著，原來卻在圍棋一處。看這光景，大約也是要借點馨香之意。」

只聽蔣月輝道：「小春姊姊那匹馬再連環起來，還了得！」董珠鈿道：「不妨，小鶯姊姊可以拿車攔他。」呂祥蓂道：「我的姊姊，你這話說的倒好，也不望馬後看看！」誰知秦小春上了馬，崔小鶯果然拿車去攔。這裡呂祥蓂連忙叫道：「小鶯姊姊攔不得，有個馬後砲哩！」話未說完，秦小春隨即用砲把車打了。崔小鶯道：「人家還未走定，如何就吃去？拿來還我！」秦小春道：「你剛才明明走定，如何還要悔？」掌乘珠道：「小春姊姊把車還他罷，況且這棋小鶯姊姊業已失勢，你總是要贏的，也不在此一車。」

紫芝道：「二位姊姊且慢奪車，聽我說個笑話：一人去找朋友，及至到了朋友家裡，只見桌上擺著一盤象棋，對面兩個坐兒，並不見人。這人不覺詫異，忽朝門後一望，誰知他那朋友同一位下棋的卻在門後氣喘噓噓奪車。恰好今日二位姐姐也是因車而起，好在有例在先。」紫芝一面說著，故意大聲叫道：「丫環快將門後打掃打掃，少刻就有客來了！」題花按著扇子，一面撇蘭，一面笑道：「女孩兒家恁響喉嚨，也不管嚇得人來怕恐，準備精皮膚一頓打。」

紫芝道：「有件奇事：一家養口小豬，忽然得個怪病，伏在地下將尾亂擺。有人傳個方兒，教他磨些黑墨塗在尾上就好了，那知擺的更甚，這家沒法，只得把獸醫請來。偏偏這獸醫又是近視眼，走來一望，見那豬尾上黑墨畫的滿地，橫一道，豎一道，看了一看，回頭就走，道：『這樣好豬，還說有病！』這家忙問道：『怎說無病？』獸醫道：『我們雖是獸醫，也要望聞問切；你莫看別的，只看豬尾就知道了。他如果有病，怎麼還撇的那樣好蘭呢？』」題花笑道：「好啊！替你畫，你還罵我！」紫芝道：「這個只好算個筆資罷。」

忽聞遠遠簫音嘹亮，甚覺可耳，紫芝正要叫丫環去看，只見芳芝走來道：「諸位姊姊聽聽這簫品❶的可好？」眾人道：「不知那位姊姊品的這樣好簫。」忽聽又有笛音，倒像簫笛合吹光景。芳芝道：「剛才我同再芳、蘭蓀兩位姊姊看了芍藥，到了蓮花塘，蘭蓀姊姊被他們邀去投壺。再芳姊姊因見綠雲妹妹鐵笛鐵簫甚好，所以約了亞蘭姊姊、綠雲妹妹就在水閣合吹簫笛，值著水音，倍覺清亮，又是順風吹來，遠聽更有意思。」左融春道：「如此妙音，簫笛必另有不同，姊姊把我帶去看看。」二人攜手去了。

紫芝也隨後跟來，走到桂花廳，只見林婉如、鄒婉春、米蘭芬、閔蘭蓀、呂瑞蓂、柳瑞春、魏紫櫻、卞紫雲八個人在那裡投壺。林婉如道：「我們才投幾個式子，都覺費事，莫若還把前日在公主那邊投的幾個舊套子再投一回，豈不省事？」眾人都道：「如此甚好，就從姊姊先起。」

婉如道：「俺說個容易的，好活活準頭，就是『朝天一炷香』罷。」眾人挨次投過，也有投上的，也有投不上的。鄒婉春道：「我是『蘇秦背劍』。」米蘭芬道：「我是『姜太公釣魚』。」閔蘭蓀道：「我是『張果老倒騎驢』。」呂瑞蓂道：「我是『烏龍擺尾』。」柳瑞春道：「我是『鷂子翻身』。」魏紫櫻道：「我是『流星趕月』。」卞紫雲道：「我是『富貴不斷頭』。」眾人都照著式子投了。紫芝

❶ 品：吹簫。

走來，兩手撮了一捆箭，朝壺中一投道：「我是『亂劈柴』。」鬥的眾人好笑。

紫芝說笑一陣，信步走到鞦韆那邊，只見田鳳翾、施艷春、薛蘅香、董翠鈿、蔣素輝、卞彩雲六人在那裡一起一落打著玩。紫芝道：「我看你們打來打去，不過總是兩個俗套子，據我主意，何不各抒己見出個式子，豈不新鮮些?」彩雲道：「如此甚好，就請鳳翾姊姊先出。」

田鳳翾道：「妹子出個『平步青雲』，要雙足平起。」薛蘅香道：「我是『鯉魚跳龍門』，要雙足微縱。」施艷春道：「我是『金雞獨立』，要一足微長。」董翠鈿道：「我是『指日高陞』，要一指向日。」蔣素輝道：「我是『鳳凰單展翅』，要一手朝天。」卞彩雲道：「我是『童子拜觀音』，要一手合掌。」都照式子打了一回。

彩雲道：「倒是紫芝妹妹會玩，果真出個式子就覺有趣。」田鳳翾道：「紫芝姊姊何不出個式子也玩玩呢?」紫芝道：「我怕頭暈。」薛蘅香道：「姊姊向來鬥的趣兒甚好，既不打鞦韆，何不說個笑話呢?」紫芝道：「這倒使得。」因想了一想，登時編了一個笑話。未知後事如何，且看下回分解。

第七十五回　弄新聲水榭吹簫　隱俏體紗窗聽課

話說紫芝因薛蘅香教他說笑話，當時想了一想，望著六人道：「老蛆在淨桶缺食甚飢，忽然磕睡，因命小蛆道：『如有送食來的，即來喚我。』不多時，有位姊姊出恭，因腸火結燥，蹲之許久，糞雖出，下半段尚未墜落。小蛆遠遠看見，即將老蛆叫醒。老蛆仰頭一望，果見空中懸下一塊黃食，無奈總不墜下。老蛆猴急，因命小蛆沿桶而上，看是何故。小蛆去不多時，回來告訴老蛆道：『我看那食在那裡玩哩。』老蛆道：『做什麼玩？』小蛆道：『他搖搖擺擺，懸在空中，想是打鞦韆哩。』」

董翠鈿道：「臭轟轟的，把人比他，姊姊也過於尖酸了。」蔣素輝道：「那『黃食』二字，倒也新奇。」薛蘅香、施艷春道：「幸而沒有痔瘡，若有血痔，那可變成紫食了。」紫芝道：「你去嘗嘗，只怕還香艷的很哩。」蘅香、艷春道：「姊姊真真利害，一句也不饒人。」田鳳翾遙遙指著道：「姊姊，你聽他們這個笛音，遠遠聽著，實在有趣，姊姊何不領我們望望去？」紫芝道：「我正要去哩。」

七人一同到了蓮花塘，進了涼閣，蘇亞蘭、左融春、董花鈿、孟芳芝、卞綠雲五人連忙站起讓坐。田鳳翾道：「我們原是特來領教的，怎麼倒不吹了？」綠雲道：「吃了這杯茶，少不得都要吹一套奉敬。」董花鈿道：「你們七位卻在何處遊玩！半日總未見面。」蔣素輝道：「紫芝姊姊才從白茱亭來的，我們六人在桃花嶺旁打了一回鞦韆。」

蘇亞蘭道：「敢是六位姊姊在鞦韆架上聽見我們這裡簫笛聲音才過來的？」施艷春道：「剛才我們打著鞦韆，在半空中忽聞這個簫笛之音，倒像雲端裡飄出一陣仙樂，好不令人神爽！」綠雲道：「那是姊姊離的遠，又在高處，所以隱隱約約倒覺可耳；今若近聽，可差遠了。」芳芝道：「姊姊何不再吹一套呢？」左融春道：「還是綠雲、亞蘭二位姊姊合吹有趣。」亞蘭道：「如此甚好。」同綠雲各拿簫笛合吹起來。

紫芝一心記挂東道，無暇細聽，趁空走到外面。只見寶雲也向蓮花塘走來，道：「妹妹可曉得眾位姊姊共分幾處？我恐我們表姊妹陪不過來，又託了蔣、董兩家姊姊替我陪陪客，不知每處可有我們四姓之人？倘竟並無一個，教客人自己照應，那真是慢客了。」

紫芝道：「姊姊！你等妹子先把這幾處念給你聽就明白了。馬弔那邊是蘭言、蘭英、蘭芳、蘭音、玉蟾、玉英、玉芝七位姊姊；雙陸那邊是瓊英、瓊芝、紅蕖、紅萸、紅英、紅珠六位姊姊；花湖那邊是錦楓、錦春、錦心、錦雲、萃芳、瓊芳六位姊姊；十湖那邊是麗蓉、麗樓、麗春、麗輝四位姊姊；象棋那邊是小春、小鶯、乘珠、祥蓂、月輝、珠鈿六位姊姊；投壺那邊是婉如、婉春、瑞春、瑞蓂、蘭芬、蘭蓀、紫櫻、紫雲八位姊姊；鞦韆那邊是鳳翾、蘅香、艷春、翠鈿、素輝、彩雲六位姊姊；品簫那邊是亞蘭、融春、花鈿、芳芝、綠雲五位姊姊；共四十八位。還有幾處，等妹子看過，再來告訴你。大約青鈿妹妹那副鐲子是我的了。姊姊可見芸芝姊姊麼？」寶雲道：「他同再芳姊姊才從蓮花塘出去，因再芳姊姊要學大六壬❶課，大約是在芍藥軒講究課哩。」

❶六壬：占法之一，與太法、遁甲合稱三式，以五行始於水故稱王，天一生水，地六成之，故曰六，其法本於

紫芝道：「芸芝姊姊果然如此，未免可惡。」寶雲道：「這卻為何？」紫芝道：「妹子一心要學大六壬課，往常求他，再也不肯教我，今日倒教外人，豈不可惡麼？」寶雲輕輕說道：「方才巧文姊姊在白茱亭無心說了一個四等，誰知再芳姊姊當日部試就是四等，因此語言頗有芒角，所以我託芸芝妹妹伴伴他。這位姊姊氣性不好，到處同人鬥嘴，芸芝妹妹同他談論，因受我之託，那裡情願教他？妹妹要學，恰好他們方才過去，你跟去聽聽就是了。」

紫芝走到芍藥軒，房內並無一人，窗外倒像有人說話。輕輕走到紗窗跟前，朝外一望，原來再芳同芸芝緊靠窗子，坐在那裡說話。只聽芸芝道：「這有什麼要緊，怎說拜起老師來了？」再芳道：「此話倒出我的本心，妹子這個念頭，並非一朝一夕，已存心中幾年了。向日聞得古人有袖占一課之說，真是神乎其神，我只當總是神仙所為，凡人不能會的。後來才知袖占一課，就是如今世上所傳大六壬課。妹子聽了，四處講求課書，日日學習，再也不能入門。要訪一位精於此道的求他指引，訪來訪去，比訪神仙還難。今幸遇姊姊，豈不是我心上老師麼？妹子並非求精，只要姊姊指點，能彀入門，起得『三傳四課』，心願也就足了。」

芸芝道：「若能會起三傳四課，底下功夫，自然容易。可惜妹子所著《大六壬指南》尚未脫稿，姊姊如將此書一看，登時就能瞭然。至於古人之書，精微奧妙則有之，若講入門，倒是罕見的。」

再芳道：「請問姊姊，何謂『地盤』？妹子再也弄不明白。」芸芝道：「世人學課，往往半途而廢者，皆因天地盤分不明白之故。其所以然者，總由前人於入門一條，未能分晰指明，學者又不能細

《易經》，有六十四課。

心體察，所以易於忽略。妹子今將地盤寫一樣式，再細細註解，自易領略。」隨命丫環設個小几，擺下筆硯，登時寫畢。再芳接過，只見上面寫著：

巳	午	未	申
辰			酉
卯			戌
寅	丑	子	亥

芸芝道：「此地盤式，有從左手起的，有以右手起的。以左手而論：於無名指第四節起子時；中指第四節丑，食指第四節寅，第三節卯，第二節辰，第一節巳；中指第一節午，無名指第一節未；禁指❷第一節申，第二節酉，第三節戌，第四節亥。以右手而論：於中指第四節起子時，無名指第四節丑；禁指第四節寅，第三節卯，……照前順排，至食指第四節為亥時。此式必須細心摹擬，須將地盤十二時所列方位個個記得爛熟，然後再講天盤。若地盤未熟，即講天盤，勢必上下不分，徒亂人意。蓋地盤千載不移，天盤隨時流轉。今以隨時流轉之盤，加於千載不移盤上，若不記清，何能上下分得明白？即如你以右手五指，合於我之右手五指之上，你若問我大指之上，是汝何指，我必說是禁指，食指之上，是你無名指。蓋上下十指，是胸中滾熟的，所以不看亦能瞭然。姊姊要明天地盤，只須記

❷ 禁指：小指。

熟，就能領會了。」

紫芝在窗內看的明白，不覺喜道：「原來地盤卻是如此。」再芳道：「妹子適觀此式，地盤業已明白，請教天盤式子呢？」芸芝道：「天盤隨十二時流轉，每日式子十二。要明天盤，先記月將；月將者，太陽也。正月雨水後在亥，就是曆書所謂日躔登明之次。每三十日一換，二月春分後在戌，三月穀雨離在酉，四月小滿後在申，五月夏至後在未，六月大暑後在午，七月處暑後在巳，八月秋分後在辰，九月霜降後在卯，十月小雪後在寅，十一月冬至後在丑，十二月大寒後在子：逆行十二時。假如正月雨水後起課，應用亥將，來人口報寅時，即以亥將加在地盤寅時之上，依次排去，就是天盤。今寫個樣兒請看。」

正月雨
水後亥
將寅時
天盤式

巳	午	未	申
辰			酉
卯			戌
寅	丑	子	亥

二月春
分後戌
將寅時
天盤式

辰	巳	午	未
卯			申
寅			酉
丑	子	亥	戌

紫芝看了，只管暗暗點頭，記在心裡。再芳道：「這天盤式子，妹子也明白了，請教四課呢？」芸芝道：「凡起四課，有六句歌訣須要讀熟：『甲課在寅乙課辰，丙戊在巳不須論；丁己在未庚申上，辛戌壬亥是其真；癸課由來丑上坐，分明不用四正辰。』此訣皆指地盤而言，切須牢記。今以甲課在

寅而論，即如甲日占數，須在地盤寅上起第一課。寅上者，即天盤所加之時。假令三月穀雨後占課，應用酉將，來人口報丑時，本日係甲子日，今將先排日干後起四課樣子，寫來你看。」

甲　辰巳午未

卯　申

子　寅　酉

丑子亥戌

紫芝看了忖道：「原來未起四課，先將本日干支排在兩處，倒要看他怎樣起法。」未知後事如何，且看下回分解。

第七十六回　講六壬花前闡妙旨　觀四課牖下竊真傳

話說紫芝正在思忖，只聽芸芝對再芳道：「天盤排定，先將本日干支，從中空一格，寫出兩處，再起四課。今把一課、二課、三課、四課寫來你看。此是起課入門，最為切要，向來各書從未指出，以致初學無從入手。這是妹子因姊姊學課心切，所以獨出心裁，特將門戶指出，姊姊從此追尋，可以得其梗概了。」

戌甲　戌甲　戌甲　戌甲　辰巳午未
午戌　午戌　午戌　戌　卯　申
申子　申子　子　子　寅　酉
辰申　申　丑子亥戌

紫芝忖道：「向來課書只講三傳，從未講到四課，令人無從下手，非口授不能明白；今既曉得天盤、四課，再將課書三傳合參，自能知其來路，何必又要口授？他向來不肯教我，那知我倒會了！」

芸芝道：「我把這個式子一層一層分開講給你聽：即如甲子日起課，歌訣是甲課在寅，即看地盤寅上所加之時，如所加是戌，即於日干甲上寫一戌字，支干中間所空之處亦寫一戌，凡課皆如此，此是第一課。一課起後，再看地盤戌上所加之時，如所加是午，即於戌上寫一午字，此是第二課。蓋寅上得戌，戌上得午也。二課起後，再看地盤子上所加之時，如所加是申，即於日支子上寫一申字，子字之旁也寫一申，亦如第一課戌字一樣，凡占皆如此，此是第三課。三課起後，再看地盤申上所加之時，如所加是辰，即於申上寫一辰字，此是第四課。你把這話同那式子對看，無不瞭然。古人起課歌訣都是『甲課在寅乙課辰』，必須改為『甲課寅上乙課辰』，初學始無舛錯之虞。四課起畢，然後照著古法再起三傳，如元首重審之類，課經所載甚詳。三傳明後，再將《畢法賦》以及《指掌占驗》不時細玩，自能領會。」

再芳道：「即如起貴人『甲戊庚牛羊，乙己鼠猴鄉，丙丁豬雞位，壬癸兔蛇藏，六辛逢馬虎，此是貴人方』。這六句歌訣雖然記得，至如何起法，尚不明白。」芸芝道：「所謂『甲戊庚牛羊』者，謂甲日或戊日或庚日占課，貴人總在天盤丑未之上。蓋丑屬牛，未屬羊也。」再芳道：「妹子聞得貴人有晝貴、夜貴、陽貴、陰貴之分，上一字為晝為陽，下一字為夜為陰；即以首句而論，丑為甲戊庚晝貴，未為甲戊庚夜貴。但每日既有兩貴，為何往往占課卻寫一個貴人呢？」芸芝道：「貴人雖二，要看來人所報之時，如所報之時是子、丑、寅、卯、辰、巳，則用晝貴，夜貴不論；是午、未、申、酉、戌、亥，則用夜貴，晝貴不論，或以卯酉分晝夜者，或以日出日沒分陰陽者，議論不一。據妹子愚見，似以子至巳為晝為陽，用晝貴為是；午至亥為夜為陰，用夜貴為是。如此用去，恰與古人所謂天干相合處，便是貴人方，其義甚合，姊姊久後自知。」

再芳道：「課傳一切，蒙姊姊指教，略知一二；至於怎樣斷法，還求姊姊講講。」芸芝道：「課體不一，事務紛紜。雖云課止七百有二，但時有不同，命有不同，斷法豈能一定，若撮其大略，總不外乎『生、克、衰、旺、喜、忌』六字，苟能透徹此理，無論所占何事，莫不一望而知。姊姊細心體察，慢慢自能領會。」再芳道：「姊姊何不將這六字大略談談呢？」芸芝道：「妹子新著一部《大六王類纂》，上面無一不備，將來拿去，姊姊一看就明白了。」

紫芝在窗內喊道：「我明白了！」把二人嚇了一跳。芸芝回過頭來，見是紫芝，不覺變色道：「這裡空空的，我們坐在此處，就是沒人驚嚇，心裡也覺膽怯，那裡禁得冒冒失失這一聲！此時心裡跳個不住，要像這樣玩法，不顧人死活，這可了不得了！」紫芝道：「姊姊！你不怪自己，反來怪人！」芸芝道：「為何倒怪我自己？」紫芝道：「你的課既靈，剛才在此坐時，為何預先不起一課；若課中知我躲在窗內，豈不省此一驚麼？」芸芝道：「要像這樣處處起課，將來喝碗茶，吃杯酒，還要問問吉凶哩。」紫芝道：「姊姊莫氣，我說個笑話你聽。」芸芝把手按住兩耳道：「罷！罷！罷！我不聽！」紫芝道：「你不聽，我改日再說罷。」

走到金魚池邊，只見唐閨臣、陶秀春、紀沉魚、蔣星輝、掌驪珠五人都在池邊垂釣。紫芝道：「池內菱藕甚多，你們莫非借垂釣為名偷吃蟠桃麼？」掌驪珠道：「你要賴人做賊，也把謊兒撒完全些，如今才交四月，不但藕是老的沒人吃，就是菱角也未出世哩。」蔣星輝道：「菱藕雖未見，我倒看見有枝血紫的靈芝，可惜被狗銜了去。」陶秀春道：「這句罵的有點意思！」

紫芝要想編個笑話回他，偏又想不出；因向閨臣道：「姊姊可曾釣幾個？」紀沉魚道：「閨臣姊姊未曾垂釣，先把鈎兒去了，所以尚未釣著。」紫芝道：「既要釣魚，為何倒把鈎兒去了？」閨臣道：「我雖垂釣，卻志不在魚。若暗藏毒餌，誘他上鈎，於心何忍？此時面對清泉，頗覺適意，雖不得魚，亦有何妨？」

沉魚道：「閨臣姊姊是無鈎之釣，所以不曾得魚，妹子不知為何也未釣著一個。」紫芝道：「姊姊尊名，明明說是魚都沉了，如何還想釣著？倒是婉如姊姊所說海外雲中雁，你去弄個鳥鎗打那雁，只怕倒可落下，若要想魚，卻是難的。」一面說著，忽然把腰彎下道：「我這腳縫疼的很，不知什麼塞在裡面？」故意在繡鞋邊摸了一摸，把手退出，望一望道：「呸！我只當什麼東西，原來是個灰星子塞在腳縫裡！」星輝聽了，放下釣竿，趕來要打。

紫芝慌忙跑開，來到百藥圃，只見史幽探、周慶覃、國瑞徵、孟蘭芝遠遠走來。蘭芝道：「妹妹到那裡去？」紫芝道：「我同青鈿妹妹賭東，要到各處查查人數。」周慶覃道：「姊姊為何賭東？」紫芝把上項話說了。國瑞徵道：「這個東道，你如何同他賭？莫講分在幾處不能記，就是這一百人教我一個一個念出來我也不能，看來姊姊竟有八分要輸了。」

紫芝道：「這也論不定。你們四位適從何來？」史幽探道：「我們才在菊花叢搶了一回狀元籌，此時要到蓮花塘聽聽亞蘭姊姊笛子去。」紫芝道：「狀元籌又不費心，倒也好玩，為何半途而廢？」蘭芝道：「只因幽探姊姊五紅得了狀元，正是歡喜。誰知不巧，我又擲了六紅奪了過來；因此幽探姊姊不高興，把狀元籌歇了。」紫芝道：「六紅蓋五紅，就如他的文章比你高，這個狀元應該他得。要像這樣就不高興，設或把後十名弄到前面，又將如何呢？」蘭芝道：「你去罷，不要亂說了。」四人攜手去了。

紫芝自言自語道：「今日方替閨臣姊姊出了這口悶氣。」一面思忖，已進了百藥圃，只見陳淑媛、竇耕烟、鄴芳春、畢全貞、孟華芝、蔣春輝、掌浦珠、董寶鈿八人都在那裡採花折草，倒像鬥草光景；連忙上前止住道：「諸位姊姊且慢折草，都請臺上坐了，有話奉告。」眾人都停了手，齊到平臺歸坐。

陳淑媛道：「妹子剛才鬥草，屢次大負，正要另出奇兵，不想姊姊走來忽然止住，有何見教？」紫芝道：「這鬥草之戲，雖是我們閨閣一件韻事，但今日姊妹如許之多，必須脫了舊套，另出新奇鬥法，才覺有趣。」竇耕烟道：「能脫舊套，那更妙了，何不就請姊姊發個號令？」紫芝道：「若依妹子鬥法，不在草之多寡，並且也不折草。況此地藥苗都是數千里外移來的，甚至還有外國之種，若一齊亂折，亦甚可惜，莫若大家隨便說一花草名，或果木名，依著字面對去，倒覺生動。」

畢全貞道：「不知怎樣對法，請姊姊說個樣子。」紫芝道：「古人有一二句對的最好：『風吹不響鈴兒草，雨打無聲鼓子花。』假如耕烟姊姊說了『鈴兒草』，有人對了『鼓子花』，字面合式，並無牽強，接著再說一個，或寫出亦可，如此對去，比舊日鬥草，豈不好玩？」鄴芳春道：「雖覺好玩，但眼前俗名字面易對的甚少。即如當歸一名文無，芍藥一名將離，諸如此類，可准借用麼？」紫芝正要回答，忽然想起青鈿東道之事，連忙說道：「妹子有件事，少刻再來。」

說罷，走到外面去尋青鈿，找來找去，找到梅花塢；只見董青鈿同宋良箴、司徒嫵兒、廖熙春、緇瑤釵、蔣秋輝在那裡擺著算盤，談論算法。蔣秋輝道：「剛才所說這些歸除之類，無甚趣味，據我愚見，莫若大家隨便說一難算之事請教眾人，如有人答得出固妙，倘無人知，自再破解，諸位姊姊以為何如？」緇瑤釵道：「如此甚妙，就請那位先說一個。」

廖熙春道：「因談算法，忽然想起前在家鄉起身時，親戚姊妹都來送行；適值有人送了一盤鮮果，妹子按人分散，每人七個，多一個，每人八個，少十六個；諸位姊姊能算幾人分幾果麼？」司徒嫵兒道：「此是盈朒算法，極其容易：以七個八個相減，餘一個為法；多一個少十六個相加，共十七個為實；法除實為人數。這帳一為法，一歸不須歸，十七便是人數。以十七乘七個，得一百一十九個，加多一個，是一百二十個，乃十七人分一百二十個果兒。」熙春道：「向來算法有籌算、筆算、珠算，今姊姊一概不用，卻用嘴算，又簡便，又不錯。」

宋良箴命丫環取出百文錢道：「妹子不喜算法，卻有兩個玩意❶：一名韓信點兵，一名二十八宿鬧昆陽。」紫芝等的發躁，只得上前拱手道：「諸位請了，我要兌換幾兩銀子。」青鈿道：「此話怎講？」紫芝道：「這裡錢也有，算盤也有，不是要開錢店麼？」青鈿道：「開錢店倒還有點油水，就只看銀水眼力還平常，惟恐換也不好，不換也不好，心裡疑疑惑惑，所以不敢就開。姊姊何不出個新奇算法玩玩呢？」紫芝道：「別的玩意都可奉陪，就只此道弄不明白。不瞞妹妹說，一個小九九竟學了半年，我還只當九九是八十三哩。你跟我來，寶雲姊姊找你哩。」於是一同來至白茉亭。未知後事如何，且看下回分解。

❶ 玩意：玩具；玩法。

第七十七回　鬥百草全除舊套　對群花別出新裁

話說青鈿跟了紫芝一同來到白茉亭。寶雲道：「今日紫芝妹妹替我各處照應，令人實在不安，但除兩次所說七十三位之外，其餘眾姊妹共分幾處，你都見麼？」紫芝道：「適才妹子都已去過，那講六壬課的是再芳、芸芝二位姊姊；垂釣的是閨臣、秀春、沉魚、星輝、驪珠五位姊姊；狀元籌是幽探、慶覃、瑞徵、蘭芝四位姊姊；鬥草是淑媛、芳春、耕烟、全貞、華芝、春輝、浦珠、寶鈿八位姊姊；談算法是良箴、熙春、瑤釵、秋輝、斌兒、青鈿六位姊姊；共二十五位姊姊。」

青鈿道：「寶雲姊姊喚我有何話說？」紫芝道：「寶雲姊姊請你非為別事，要告訴妹妹這個東道你可輸了。題花姊姊把烟壺、鐲子都給我罷！」

題花把筆放下，對著眾人道：「方才被紫姑奶奶一把扇子鬧出無數扇子，今日我們八個寫的，六個畫的，連老媽丫環扇子湊起來，足足可開一個扇子店。」紫芝道：「姊姊！烟壺、鐲子呢？」題花道：「幸而還是絕精扇面，易於著色，若是醜的，畫上顏色，再也揭不開，那才坑死人哩。」紫芝道：「我問你烟壺、鐲子，怎麼不理我？」題花道：「人說洛陽紙貴，誰知今日鬧到長安扇貴！此時畫的手也酸了，眼也花了，我要……」話未說完，被紫芝伸進手去，在肋肢上一陣亂摸。題花笑的氣也喘不過來道：「快放手！我怕癢！我給你！」紫芝把手退出道：「你快給我，不然，我還亂摸，看你可受得！」

青鈿道：「姊姊且慢給他，我聽他說過前後五十人，至當中五十人還未聽見哩。」題花從扇子底下拿出一張單子道：「方才妹子已將各處眾姊妹命丫環陸續查明，開了一個清單，姊姊拿去教紫芝妹妹從頭再說一遍。如與單子一樣，只怕姊姊就要輸了。」青鈿接過單子，紫芝又把某處某人從頭至尾說了一遍。青鈿道：「姊姊說的固然不錯，但我們是一百人，今只九十八位，這是何意？」紫芝道：「我同寶雲姊姊湊上，難道不是一百麼？題花姊姊不必替他躭擱，這半日我的心血也用盡了。」題花把壺兒、鐲子放在桌上。紫芝連道：「多謝。」拿著來到百藥圃。

眾人都埋怨道：「你騙我們坐在這裡，卻去了這半日，必定有個緣故。」紫芝把賭東道話說了。蔣春輝道：「原來為這小事。方才芳春姊姊問你當歸一名文無可准借用的話，你還未回他哩。」紫芝道：「即如鈴兒草原名沙參，鼓子花本名旋花，何嘗不是借用？又如古詩所載鴉舅影，鼠姑心；鴉舅即藥中烏臼，鼠姑即花中牡丹。餘如合歡蠲忿，萱草忘憂之類，不能枚舉，只要見之於書，就可用得，何必定要俗名？」陳淑媛道：「據姊姊所言，自然近世書籍也可用了？」紫芝道：「只要有趣，那裡管他前朝後代，若把唐朝以後故典用出來，也算他未卜先知！」

登時擺了筆硯。紫芝道：「其實可以無須筆硯。」董寶鈿道：「設或遇著新奇的，記下也好。就請妹妹先出罷。」紫芝四處一望，只見牆角長春盛開，因指著道：「頭一個要取吉利，我出長春。」竇耕烟道：「這個名字竟生在一母，天然是個雙聲，倒也有趣。」掌浦珠道：「這兩字看著雖易，其實難對。」眾人都低頭細想。陳淑媛道：「我對半夏，可用得？」蔣春輝道：「長春對半夏，字字工穩，竟是絕對。妹子就用長春別名，出個金盞草。」鄴芳春遙指北面牆角道：「我對玉簪花。」竇耕烟指著外面道：「那邊高高一株滿樹紅花，葉似碧羅，想是觀音柳。」鄴芳春指著一株盆景道：「我對羅漢松。」春輝道：「以羅漢對觀音，以松對柳，又是一個好對。」

只見彈琴的田秀英……七人，下圍棋的燕紫瓊……四人，寫扇子的林書香……八人，畫扇子的祝題花……六人，打馬弔的師蘭言……七人，打雙陸的洛紅蕖……六人，講六壬的花再芳……二人，打花湖的廉錦楓……六人，都因坐久，寶雲陪著閒步，見他們議論紛紛，都進來坐了。秀英問其所以，華芝把鬥草翻新之意說了。林書香道：「這倒有趣，不知對了幾個？」掌浦珠把長春觀音柳說了，眾人無不稱妙。

寶鈿道：「紫芝妹妹才說鼓子花原名旋花，……」素雲即接著道：「去歲家父從雅州移來一種異草，見人歌則舞，名喚舞草。」鍾繡田道：「這個對的好。我出續斷。」瑤芝道：「這二字只怕難對。」譚蕙芳道：「我對連翹。」宰銀蟾道：「這又是絕對。妹子就出續斷的別名接骨。」紫芝把畢全貞脊背一拍道：「我對扶筋。」紅珠道：「狗脊一名扶筋，全貞姊姊被他罵了。」

張鳳雛道：「鳳仙一名菊婢。」謝文錦道：「桃梟一名桃奴。」褚月芳道：「我出蝴蝶花。」姚芷馨道：「我對蜜蜂草。」紫芝道：「這個只怕杜撰了。」耕烟道：「姊姊方才說過，只要見之於書就可用得，鈴兒草即是沙參別名，他這蜜蜂草就不是香薷的別名麼？」

邵紅英道：「我才想了木賊草三字，因其別致，意欲請教，但紫芝姊姊莫要說我賊頭賊腦才好哩。」紫芝道：「果真姊姊這個賊想的有趣！」紅英道：「不是又罵麼？」廉錦楓道：「我對水仙花。」祝題花道：「以仙對賊，以五行對五行，又是好對。妹子把草字去了，就出木賊。」若花道：「牡丹一名花王。」春輝道：「這可列入超等了。」

易紫菱道：「妹子出玫瑰別名離娘草。」秀英道：「我對個蘭花別名侍女花。」尹紅萸道：「我出猴薑。」蔡蘭芳道：「我對馬韭。」玉芝道：「骨碎補一名猴薑，那是人所共知的，這馬韭二字有何出處？」蘭芳道：「陶宏景《名醫別錄》，麥門冬一名馬韭，因其葉如韭，故以為名。」瓊芝道：「姊姊既看過此書，大約李勣所修《本草》自然也看過了。我出燈籠草。」白麗娟道：「這是國朝《本草》酸漿別名，又叫紅姑娘。」亭亭道：「我對鉤吻的別名火把花。」眾人齊聲喝彩。

辛玉蟾道：「我出慈姑花。」戴瓊英道：「我對黃芩別名妒婦草。」田舜英道：「我出鈎藤。」印巧文道：「茜草一名剪草。」素芸道：「以剪對鈎，又是巧對。」章蘭英道：「我出金雀花。」陽墨香道：「我對淡竹葉的別名竹雞草。」洛紅蕖道：「我出千歲虆。」錢玉英道：「我對萬年藤。」芸芝道：「這個對的字字雪亮，與燈籠草都是一樣體格。」

只見投壺的林婉如……八人，打鞦韆的薛蘅香……六人，下象棋的秦小春……六人，打十湖的佘麗蓉……四人，擲圍棋的史幽探……四人都走過來，眾人讓坐。問了詳細，都道有趣。紫芝道：「幸虧昨日舅舅又添了幾百張椅子，若不早預備，今日被諸位姊姊這邊聚聚，那裡坐坐，只好抬了椅子跟著跑了。」

婉如道：「俺先發發利市，出個金星草。」姜麗樓道：「梨花一名玉雨花。」錦雲道：「以玉對金，以雨對星，無一不穩。」秦小春把崔小鶯袖子一拉道：「我出牽牛。」崔小鶯兩手向小春一揚道：

「我對丹參的別名逐馬。」紫芝道：「你對逐馬，我對奪車。」引的眾人好笑。

花再芳道：「妹子因小春姊姊牽牛二字，忽然想起他的別名，我出黑丑。」紫芝道：「好端端為何要出醜？」素雲道：「這個丑字暗藏地支之名，卻不易對。」燕紫瓊道：「茶有紅丁之名。」眾人一齊叫絕。田鳳翾道：「茶是紫瓊姊姊府上出產，自然有此好對。」鄒婉春道：「桂州向產一草，名喚倚待草。」枝蘭音道：「玫瑰一名徘徊花。」蘭芝道：「倚待對徘徊，這是天生絕對。」施艷春道：「我出蒼耳子。」呂瑞蓂道：「我對白頭翁。」

米蘭芬道：「敝處薔薇向有別種，其花與月應圓缺，名叫月桂。此花不獨我們智佳最多，聞得天朝也有此種。」閔蘭蓀道：「溫臺山出有催生草，名喚風蘭，以此為對。」紫芝道：「請教催生二字怎講？」蘭蓀滿面通紅道：「你說甚麼？」蔣麗輝道：「蘭蓀姊姊莫說閒話，請教兔絲是何別名？」蘭蓀想了一想道：「記得兔絲又名火焰草。」薛蘅香道：「我對金燈花。」眾人一齊叫好。

柳瑞春道：「三春柳一名人柳。」董翠鈿道：「我我我對佛桑。」紫芝道：「他又結巴了。」酈錦春道：「苜蓿一名連枝草。」魏紫櫻道：「我對袁寶兒所持的。」眾人聽了，一齊稱妙。掌乘珠道：「袁寶兒所持的雖叫合蒂花，但原名卻叫迎輦花。」周慶覃道：「我對連翹的別名搖車草。」紫芝搖頭道：「這個對的無趣。」

呂祥蓂道：「我出地榆別名玉豉。」余麗蓉道：「五加一名金鹽，以此為對。」蔣素輝道：「小鶯姊姊言丹參一名逐馬，但除逐馬之外，可另有別名？」潘麗春道：「還有奔馬草。」董珠鈿道：「隔虎刺一名伏牛花。」哀萃芳道：「三奈一名山辣。」蔣月輝道：「澤蘭又叫水香。」只聽外面有人讚道：「這個可以算得絕對。原來你們瞞著我們卻在此地做這韻事。那個騙我鐲子的可在這裡？」眾人看時，原來是講算法的董青鈿……六人，品簫的蘇亞蘭……五人，垂釣的唐閨臣……五人，都進來讓了坐。

青鈿向紫芝道：「我那鐲子通身盡翠，百十副還挑不出一副，最是難得的；姊姊如留自戴就罷了，設或賞給女擋子，我可不依的。」紫芝道：「妹妹何不早說？」玉芝道：「剛才我見紫芝姊姊將鐲子交給丫環，命人送給寶兒、貝兒，果然被你猜著。」青鈿道：「把這好東西賞給他們怪可惜的，我明日給他二百銀子務要贖回來。」

寶雲道：「紫芝妹妹替我照應，既得了彩頭，還該有始有終。這裡擠的滿滿的，不知還有幾位在別處，何不替我邀來都在一處玩玩哩？」紫芝道：「此時除了你我，恰恰九十八位都在這裡，教我何處再去邀人？」閨臣道：「今日把這鬥草改做偶花，一對一對替他配起來，卻也有趣。剛才我們只聽山辣對水香，可謂工穩新奇之至。不知還有甚麼佳對？」春輝道：「這裡有個單子，姊姊一看便知。」閨臣接過，眾人圍著觀看，莫不稱讚。

董花鈿道：「慈姑花對妒婦草，雖是絕對，但慈姑二字往往人都寫作草頭茨菰，今用這個慈姑，自然也有出處？」宰玉蟾道：「按各家《本草》言，慈姑一根歲生十二子，閏月則生十三，如慈姑之乳諸子，故以為名，大約有草頭無草頭皆可用得。」

國瑞徵道：「我出菩菜別名水鏡草。」廖熙春道：「我對金錢花。」葉瓊芳道：「我出金絲草。」掌驪珠道：「我對錦帶花。」綠雲道：「請教姊姊！金絲草原名叫做甚麼？」瓊芳正要回答。紫芝把閔蘭蓀左耳一指，又把花再芳右耳一指，道：「他就叫做這個。」引的眾人好笑。蘭蓀、再芳暗暗請教呂堯蓂，才知叫做狗耳草。二人聽了，氣的正要發抖；只聽綠雲道：「我對雞冠花。」陶秀春道：「我出龍鬚柏。」蔣秋輝道：「我對鳳尾松。」芳芝道：「秋輝姊姊如此敏捷，可知知母又名什麼？」言錦心道：「知母又名兒草。姊姊可知菊花別名麼？」司徒斌兒道：「菊花又名女花。」紀沉魚道：「兒草女花，真是天生絕對。」

左融春道：「水仙一名雅蒜。」紅紅即接著道：「蔟葰一名廉薑。」紫雲拍手道：「這個真可上得無雙譜了！」掌浦珠道：「景天一名據火。」緇瑤釵道：「白英又號排風。」枝蘭音道：「芍藥有花相之名。」陰若花笑道：「梓樹有首王之號。」鄴芳春道：「常山原名互草。」香雲笑道：「首烏又喚交藤。」玉芝道：「我看這個光景倒像要做賦了。」只見丫環捧上茶來。玉芝道：「我就出茶花。」陳淑媛道：「椰名酒樹，我對酒樹。」眾人道：「這又是絕對。」

花再芳道：「紫芝姊姊，我出一個你對。甘遂一名鬼醜；我因姊姊比鬼還醜，所以出給你對。」紫芝道：「姊姊才出黑丑，此時又出鬼醜，原來姊姊卻喜出醜，我倒想個對你一對。」因忖一忖道：「妹子記得疏麻一名神麻，我對神麻。」花再芳道：「你見那位神的面上有麻子？」紫芝道：「你見那個鬼的臉上生得醜？」

田舜英道：「馬齒莧一名五行草。」宋良箴道：「柳穿魚一名二至花。」閔蘭蓀道：「我出獨活。」紫芝道：「一人活著有甚趣味？」顏紫綃道：「玉蘭一名叢生。」柳瑞春道：「我出三春柳。」春輝道：「三春二字卻不易對。」師蘭言道：「我對九節蘭。」錦雲道：「九節對三春，可謂巧極。」

閨臣道：「我出仙人掌。」紫芝用手朝花再芳頭上一指道：「我對夜叉頭。」再芳道：「紫芝姊姊杜撰，這是要罰的。」紫芝道：「此對或者平仄不調，若說杜撰，姊姊問牛蒡子就明白了。」春輝道：「若不論平仄，諸如青箱一名崑崙草，瑞香一名蓬萊花，地黃苗喚作婆婆奶，赤雹兒叫作公公鬚，都可為對了。這個對子，若論等第，要算倒數第一。」紫芝道：「你把妹子取在後頭我會移到前面去。」

蔣麗輝道：「地錦一名馬蟻草，請教一對。」瑤芝道：「這個名字，又是獸，又是蟲，倒也別致。」紫芝用手向畢全貞身上一撲道：「我對蠟梅的別名。」呂瑞蓂笑道：「藕一名雨草，我出雨草。」畢全貞道：「蠟梅是何別名，妹子還未問明，姊姊就出雨草麼？」題花笑道：「蠟梅一名狗蠅花。」蘇亞蘭道：「我對絡石草別名雲花。」呂堯蓂道：「梨一名蜜父。」閔蘭蓀道：「我對枇杷別名蠟兒。」紫芝道：「共總兩個字，再將上一定平仄不調，有何趣味？這個同我夜叉頭一樣，都是四等貨。並且觀音柳、羅漢松、五行草、二至花，都是上一字平仄不調，也不能列之高等。」史幽探道：「日已向西，再對幾個，主人好賜飯了。」寶雲隨即分付丫環預備。

井堯春把案上所擺木瓜拿了一個道：「我就出這個。」蔣星輝道：「這個易對的，何必出他？」青鈿道：「姊姊看著容易，只怕難哩。」眾人想了，都對不出。星輝道：「我對銀杏。」青鈿道：「瓜是總名，杏字如何對得？」潘麗春道：「我對無漏子別名金果。」玉芝道：「你才對丹參別名，此刻又是無漏子別名，《本草》都是透熟，無怪醫道高明了。」錦雲道：「這個又是絕對。」

印巧文道：「菠菜一名鸚鵡菜。」彩雲道：「忍冬一名鷺鷥藤。」林書香道：「醫書誤以牡蒙認個紫參，其實牡蒙乃王孫草。」若花道：「我對菊花別名何如？」春輝鼓掌道：「帝女花對王孫草又是天生絕唱。」史幽探立起道：「我們外面走走罷。」大家於是一齊起身。未知後事如何，且看下回分解。

第七十八回　運巧思對酒縱諧談　飛舊句當筵行妙令

話說眾人離了百藥圃，只見丫環稟道：「酒已齊備，夫人也不過來驚動，請諸位才女不要客氣，就如自己家裡一樣才好。」眾人道：「拜煩先替我們在夫人跟前道謝一聲，少刻擾過，再去一總叩謝。」說罷，一齊散步。丫環預備淨水，都淨了手。香雲引至凝翠館。

若花道：「這個坐兒早間妹子胡亂坐了，此刻必須從新拈過才好坐哩。」閨臣道：「早間業已說過，今日這個坐位原無上下，何必又拈？」春輝道：「坐位自然照舊，不必說了。但妹子還有一個愚見，少刻坐了，斷無啞酒之理，少不得行個酒令方覺有趣；若照早間二十五桌分五排坐了，不知這令如個行法？據我主意，必須減去十三桌，只消十二桌，由東至西分兩行團團坐了，方好行令。」

蘭芝道：「若擺十二桌，每桌八人，只坐九十六人，還有四位怎樣坐哩？」春輝道：「由東至西雖分兩行，每行只須五桌；東西兩橫頭再擺兩個圓桌；圓桌上面可坐十人，豈非十二桌就夠坐麼？」眾人聽了，齊聲讚好，都道：「如此團團坐了，既好說話，又好行令。」寶雲惟恐過擠，執意不肯。眾人那裡由他，各命自己丫環動手；又囑寶雲把送酒上菜繁文也都免了，一齊歸坐。

丫環送了酒，上了幾道菜，大家談起園中景致之妙，花卉之多。掌紅珠道：「適才想了一謎，請教諸位姊姊：『無人不道看花回』，打《論語》一句。」眾人想了多時，都猜不出。玉芝道：「妹子向來參詳題義，往往都有幾分意思，無如所讀之書都是生的，所以打他不出。可惜今日只顧對方，無暇及此。明日諸位姊姊切莫另出花樣，務必猜謎玩玩，若把明日再蹉跎過去，不知何日方能再聚。偏偏今日過的又快，轉眼已是下午，剛才紅珠姊姊說『無人不道看花回』，此等句子，妹妹最怕入耳：如把『看花回』改做『看花來』，我就樂了。這個『回』字，好像一本戲業已唱完，吹打送客，人影散亂，有何餘味！若換『來』字，就如大家才去遊玩，興致方豪，正不知何等陶情，我就歡喜了。」

青鈿道：「且莫閒談，究竟他這『無人不道看花回』是個甚麼用意？」玉芝道：「據我看來，內中這個道字，卻是要緊的；大約所打之句，必定有個『曰』字或有個『言』字在內。至於此句口氣，剛才我已說過，就如一本戲已經唱完，無非遊玩已畢之意。」小春道：「若果這樣，只怕是『言游過矣』？」紅珠道：「正是。」題花道：「此謎以人名借為虛字用，不獨靈動，並可算得今日遊園一句總結，可謂對景挂畫。」

紫芝道：「遊玩一事既已結過，此刻是對酒當歌，我們也該行個酒令多飲兩杯了。」春輝姊姊可記得前月我們在文杏閣飲酒，我說有個酒令，那時姊姊曾教我吃杯令酒宣令的？後來大家只顧說笑鬥趣，也就忘了。今日難得人多，必須行令才覺熱鬧，莫若妹子就遵姊姊前月之命，吃個令杯宣宣罷。」眾人道：「如此甚妙，我們洗耳恭聽。」

蘭芝道：「此時如要行令，自應若花姊姊或幽探姊姊先出一令，焉有我們倒僭客哩？」若花道：「阿姊此話過於客氣，行令只要鬥趣好玩，那裡拘得誰先誰後！」史幽探道：「今日紫芝妹妹在母舅府上也有半主之分，俗語說的主不吃，客不飲，就請先出一令；行過之後，如天時尚早，或者眾人再出一令，也未為不可。就請飲杯令酒宣宣罷，不必謙了。」紫芝把酒飲過道：「請教蘭言姊姊，妹子宣令之後，如有不遵的，可有罰規？」蘭言道：「不遵的，罰三巨觥。」紫芝道：「既如此，妹子宣了。諸位姊姊在上，妹子今日這令並非酒令之令，是求題花姊姊先出一令之令，如有不遵的，蘭言姊姊有言在先。題花姊姊請看妹子又飲一杯了。」

題花道：「莫講一杯，就飲十杯，我也不管。這三巨觥我也情願認罰，但為何單要派我哩？」紫芝道：「妹子初意原要自出一令；因人數過多，竟難全能行到，意欲拜懇公議一令；又恐推三阻四，徒然躭擱，因姊姊天姿明敏，一切爽快，所以才奉求的。」眾人道：「此話卻也不錯，就請題花姊姊先出一令，如普席全能行到，那更有趣了。」

題花仍是推辭，無奈眾人執意不肯。題花道：「大眾既聽紫芝妹妹之話，都派我出令，我一人又焉能拗得？令雖要出，但妹子放肆也要派一派了，先請諸位姊姊吃個雙杯。」眾人都飲了。題花道：「再請紫芝妹妹格外飲兩杯。」紫芝無法，只得飲了。題花道：「格外這兩杯，可知敬你的卻是為何？」紫芝道：「妹子不知。」題花道：「是替你潤喉嚨的；把喉嚨潤過，好說笑話；笑話說過，我好行令。」

紫芝道：「你左一個雙杯，右一個雙杯，都教人吃了；此刻又教人說笑話；竟是得隴望蜀，貪得無厭了。也罷，我就把貪得無厭做個話頭。當日有個人甚是窮苦，一日，遇見呂洞賓，求其資助。洞賓念他貧寒，因用點石成金之術，把石頭變成黃金付給此人。以後他但遇洞賓，必求資助，不幾年，竟居然大富。一日，又遇洞賓，仍求資助。洞賓隨又點石成金，比前資助更厚。此人因拜謝道：『蒙大仙時常資助，心甚感激；但屢次勞動，未免過煩，此後我也不敢再望資助，只求大仙賞賜一物，我就心滿意足了。』洞賓道：『你要何物，無不遵命。』此人上前把洞賓手上砍了一刀道：『我要你點石成金這個指頭！』」蘭言答道：「這雖是笑話，但世間人心不足往往如此。」春輝道：「怪不得點石成金這個法術如今失傳，原來呂洞賓指頭被人割去了。」

紫芝道：「笑話說了請出令罷。」題花道：「所謂笑話者，原要發笑，剛才這個笑話並不發笑，如何算得？也罷，我同你豁拳❶，賭個勝負，輸家出令，何如？」紫芝道：「你要豁拳，我倒想起一個笑話：一人騎驢趲路，無奈驢行甚慢，這人心中發急，只是加鞭催他快走。那驢被打負痛，索性立住不走，並將雙蹄飛起，只管亂踢。這人笑道：『你這狗頭，也過於可惡，你不趲路也罷了，怎麼還同我豁拳！』」眾人笑道：「這個笑話，可發笑了，請出令罷。」

題花道：「既派我出令，焉敢不出？但必須紫芝妹妹再飲兩杯，我才出哩。」紫芝道：「諸位姊姊！剛才我同眾人飲過之後，他又教我格外飲兩杯；及至飲過，他又教我說笑話；此時笑話說了，他又教我再飲兩杯，這明明要同我歪纏了！他的意思，總因我派他出令，所以如此。妹子因他只管歪纏，忽又想了一個笑話：有一富翁帶一小廝拜客，行至中途，腹中甚饑，因同小廝下館吃飯。飯畢，店主算賬，誰知富翁吃的只得白飯兩碗，那小廝吃的除飯之外倒有一菜。富翁因他業已吃了，無可奈何，只得忍痛還了菜賬。出了飯館，走未數步，富翁思及菜錢，越想越氣，回頭望見小廝跟在後面，因發話道：『我是你的主人，並非你的頂馬，為何你在我後？』小廝聽了，隨即趲行幾步，越過主人，在前引路。走未數步，富翁又發話道：『我非你的跟班，為何你在我前？』小廝聽罷，慌忙退後，與主

❶ 豁拳：猜拳。

人並肩而行。走未數步，富翁又發話道：『你非我的等輩，為何同我並行？』小廝因動輒得咎，只得說道：『請問主人：前引也不好，後隨也不好，並行也不好，究竟怎樣才好哩？』富翁滿面怒色道：『我實對你說罷，你把菜錢還我就好了。』」

題花笑道：「若非派他吃酒，諸位姊姊何能聽這許多笑話？適才我倒想了一令，往常人少，很無意味；今日喜得人多，倒可行得，也可算得雅俗共賞。但過於簡便，不甚熱鬧，恐不合眾人之意，必須大家公同斟酌才好。」史幽探道：「只要雅俗共賞，我就放心；若是難題目教人苦思惡想，那不是陶情取樂，倒是討苦吃了。並且今日有百人之多，若全要行到，也須許多工夫；能彀令完，大家回去不至夜深，那才好哩；請姊姊宣宣罷。」

題花道：「此令也無可宣，就從妹子說一句書，無論經史子集，大家都『頂針續麻』❷依次接下去。假如我說萬國咸寧，第一字從我數起，順數至第四位飲一杯接令。」蘭言道：「既如此，就請姊姊起令。但量有大小，必須定了分數，使量大者不致屈量，量小者不致勉強，方無偏枯。據我愚見，大量一杯，小量半杯，內中還有半杯也不能的，亦惟隨量酌減才好哩。」題花道：「此話極是。」因飲一杯道：「妹子有僭了。但我們蒙老師盛意寵召，又蒙寶雲……七位姊姊破格優待，今日之聚，可謂極歡了。我就下個註語：『舉欣欣然有喜色。』」

只見眾丫環來報：「長班才從部裡回來，說現奉太后御旨，命諸位才女做詩。所有題目卷子，已分送寓所去了。」眾人聽了，茫然不解。未知後事如何，且看下回分解。

---

❷ 頂針續麻：亦稱聯珠格，即後一句之首字用前一句末字之修辭法，詩詞曲中常用之。「頂針」又稱「頂真」。

第七十九回　指迷園靈心講射　擅巧技妙算談天

話說眾才女聽了丫環之話，正在不解，恰好卞濱也差家人把題目送來告知此事。原來太后因文隱平定倭寇，甚是歡喜，適值上官昭儀以此為題，做了四十韻五言排列，極為稱頌。太后因詩句甚佳，所以特命眾才女俱照原韻也做一首。明晨交卷。眾人把原唱看了。幽探道：「既如此，就請主人早些賜飯，大家趕回去連夜做了，明早好交卷。」

寶雲道：「眾位姊姊何不就在此處一齊做了，豈不甚便？」顏紫綃道：「這比不得應酬詩，可以隨便謅幾句，咱要回去靜靜細想才做得出哩。」哀萃芳道：「妹子也有這個毛病，求姊姊快賜飯罷。設或回去遲了，還不能交卷哩。好在明日承蘭芝姊姊見召，今日早些去，明日也好早些來。」

眾人齊道：「甚是。」寶雲只得命人拿飯來道：「這總是妹子心不虔，所以如此。即如昨日教人紮了幾百燈珠，以備今日玩的，那知至今還未做成，豈非種種不巧麼？」閨臣道：「即或做成，現在都要回去，也不能玩，都留著明日再來請教罷。」大家飯畢出席，命人到夫人跟前道謝。寶雲道：「家母所要藥方，麗春姊姊不可忘了。」潘麗春道：「妹子記得。」閨臣道：「我託寶雲姊姊請問師母之話也不可忘了。」寶雲連連點頭。當時匆匆別去。

次日，把卷交了，陸續都到卞府，彼此把詩稿看了，互相評論一番。用過早麵，仍在園中各處散步。遊了多時，一齊步過柳陰，轉過魚池，又望前走了幾步。紫芝手指旁邊道：「這裡有個箭道，卻與玉蟾姊姊對路，諸位姊姊可進去看看？」張鳳雛道：「此地想是老師射鵠消遣去處，我們進去望望。」一齊走進，裡面五間敞廳，架上懸著許多弓箭，面前長長一條箭道，迎面高高一個敞篷，篷內懸一五色皮鵠。蘇亞蘭道：「這敞篷從這敞廳一直接過去，大約為雨而設。」香雲道：「正是；家父往往遇著天陰下雨，衙門無事，就在這裡射鵠消遣，恐濕了翎花，所以搭這敞篷。」

張鳳雛見這許多弓箭，不覺技癢，因在架上取了一張小弓，開了一開。玉蟾道：「姊姊敢是行家麼？」鳳雛道：「不瞞姊姊說，我家外祖雖是文職，最喜此道，我時常跟著玩，略略曉得。」紫芝道：「妹子也是時常跟著舅舅玩，我們何不同玉蟾姊姊射兩條舒舒筋哩？」瓊芝道：「蘇家伯伯曾任兵馬元帥，亞蘭姊姊自然也是善射了？」亞蘭道：「妹子幼時雖然學過，因身體過弱，沒甚力量，所以不敢常射。但此中講究倒知一二，如諸位姊姊高興，妹子在旁看看，倒可指駁指駁❶。」紫芝道：「如此甚好。」當時就同玉蟾、鳳雛各射了三箭，紫芝三箭全中，玉蟾、鳳雛各中了兩箭。

紫芝滿面笑容，望著亞蘭道：「中可中了，但內中毛病還求老師說說哩。並且妹子從未請人指教，人說這是舒筋的，我射過之後，反覺胳膊疼；人說這是養心的，我射過之後，只覺心裡發跳；一定力用左了，所以如此，姊姊自然知道的。」亞蘭道：「玉蟾、鳳雛二位姊姊開放勢子，一望而知是用過功的，不必說了。至妹妹毛病甚多，若不厭煩，倒可談談。」綠雲道：「如此甚妙，就請姊姊細細講講，將來我們也好學著玩，倒是與人有益的。」亞蘭道：

---

❶ 指駁：猶指正。

「妹子當日學射，曾撮大略做了一首〈西江月〉。後來家父看見，道：『人能依了這個，才算會射；不然，那只算個外行。』今念來大家聽聽：

射貴形端志正，寬襠下氣舒胸。五平三靠是其宗，立足千斤之重。
開要安詳大雅，放須停頓從容。後拳鳳眼最宜豐，穩滿方能得中。

剛才紫芝妹妹射的架勢，以這〈西江月〉論起來，卻樣樣都要斟酌。既要我說，諒未必見怪的。即如頭一句：『射貴形端志正』，誰知他身子卻是歪的，頭也不正，第一件先就錯了。至第二句：『寬襠下氣舒胸』，他卻直身開弓，並未下腰。腰既不下，胸又何得而舒？胸既不舒，又安得而下？所以三箭射完，只覺噓噓氣喘，無怪心要發跳了。第三句：『五平三靠是其宗』，兩肩、兩附、天庭，俱要平正，此之謂五平；翎花靠嘴，弓弦靠身，右耳聽弦，此之謂三靠，這是萬不可忽略的。以五平而論，他的左肩先已高起一塊，右附卻又下垂，頭是左高右低，五平是不全的。以三靠而論，翎花並不靠嘴，弓是直開直放，弓梢並未近身；所以弓弦離懷甚遠，右耳歪在一邊，如何還能聽弦？三靠也是少的。第四句：『立足千斤之重』，他站的不牢，卻是我們閨閣學射通病，這也不必講。第五句：『開要安詳大雅』，這句紫芝妹妹更不是了。剛才他開弓時，先用左手將弓推出，卻用右手朝後硬拉。這不是開弓，竟是扯弓了。所謂開者，要如雙手開門之狀，兩手平分，方能四平，方不吃力。若將右手用扯的氣力，自然附要下垂，弄成茶壺柄樣，最是醜態，不好看了。第六句：『放須停頓從容』，我看他剛才放時並不大撒，卻將食指一動，輕輕就放出去。雖說小撒不算大病，究竟箭去無力，樣子也不好看。射箭最要灑脫，一經拘板，就不是了。況大撒毫不費事，只要平時拿一軟弓，時時撒成，或者手不執弓，單做撒放樣子，撒來撒去，也就會了。若講停頓二字，他弓將開滿，並不略略停留，旋即放了出去，何能還講從容？第七句：『後拳鳳眼最宜豐』，他將大指並未挑起，那裡還有鳳眼？縱有些須鳳眼，並不朝懷，弦也不擰，因此後附更不平了。第八句：『穩滿方能得中』，就只這句，紫芝妹妹卻有的；因他開的滿，前手也穩，所以才中了兩箭。但這樣射去，縱箭箭皆中，也不可為訓。」

紫芝道：「姊姊此言，妹子真真佩服。當日我因人說射鵠子，只要準頭，不論樣子，所以我只記了『左手如托泰山，右手如抱嬰孩』這兩句，隨便射去，那裡曉得有這些講究！」亞蘭道：「妹妹！你要提起『左手如托泰山』這句，真是害人不淺！當日不知那個始作俑者，忽然用個『托』字，初學不知，往往弄成大病，實實可恨！」瓊芝道：「若這樣說，姊姊何不將這『托』字另換一字呢？」亞蘭道：「據我愚見，『左手如托泰山』六字，必須廢而不用才好。若按此句，『托』字另換一字，惟有改做『擫』字。雖說泰山不能下個『擫』字，但以左手而論，卻非『擫』字不可。若誤用『托』字，必須手掌托出。手掌既托，手背定然彎曲；手背既彎，附也因之而翻，肩也因之而努。托來托去，附也歪了，肩也高了，射到後來，不但箭去不準，並且也不能執弓，倒做了射中廢人。這『托』字貽害一至於此！你若用了『擫』字，手背先是平正，由腕一路平直到肩，毫不勉強，弓也易合，弦也靠懷，不但終身無病，更是日漸精熟，這與『托』字迥隔霄壤了。」玉蟾道：「妹子也疑這個『托』字不妥，今聽姊姊之言，真是指破迷團，後人受益不淺。」

綠雲道：「據妹子意思，只要好準頭，何必講究勢子，倒要費事？」亞蘭道：「姊姊這話錯了。往往人家射箭消遣，原圖舒暢筋骨，流動血脈，可以除痼疾，可以增飲食，與人有益的。若不講究勢子，即如剛才紫芝妹妹並不開弓，卻用扯弓，雖然一時無妨，若一連扯上幾天，肩胕再無不痛。倘不下腰，不下氣，一股力氣，全堆胸前，久而久之，不但氣喘心跳，並且胸前還要發痛，甚至弄成勞傷之症。再加一個『托』字，弄的胕歪肩努，百病叢生，並不是學他消遣，倒是討罪受了。」唐閨臣道：「姊姊這番議論，俱可算得『學射金針❷』。」

眾人離了箭道，丫環請到百藥圃吃點心。大家都走進坐了。春輝道：「昨日若不是紫芝妹妹躭擱半日，還可多對許多好花。」紫芝道：「我一心想翡翠鐲子，那知青鈿姊姊同他們談論算法，滔滔不斷，再也說不完。」閨臣道：「適因算法偶然想起家父當日曾在智佳訪問籌算，據說有一位姓米的精於籌算，又善筆算，久已帶著女兒來到天朝，自然就是蘭芬姊姊了。可惜這一向匆忙，也未細細請教。」米蘭芬道：「家父向在家鄉，籌算筆算，俱推獨步；妹子自幼也曾習學，卻不甚精，將來無事，大家談談，倒可解悶。」

青鈿道：「昨日那裡知道卻埋沒這一位名公，真是瞎鬧。」因指面前圓桌道：「請教姊姊，這桌周圍幾尺？」蘭芬同寶雲要了一管尺，將對過一量，三尺二寸，取筆畫了一個「鋪地錦」。

❷ 金針：傳授人秘訣的意思。

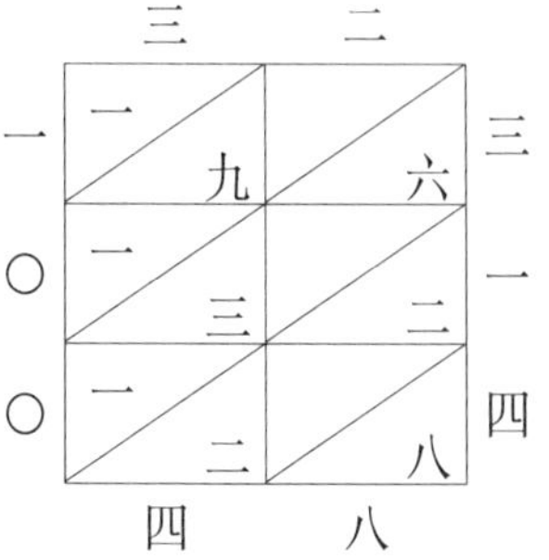

畫畢道：「此桌周圍一丈零零四分八。」春輝看了道：「聞得古法徑一周三，是麼？」蘭芬道：「古法不準，今定徑一周三一四一五九二六五甚精，只用三一四，三個大數算的。」春輝道：「若將此桌改做方桌，可得多長、多寬？」蘭芬道：「此用圓內容方算，每邊二尺二寸六分。」寶雲指桌上一套金杯道：「此杯大小九個，我用金一百二十六兩打的，姊姊能算大小各重多少麼？」蘭芬道：「此是『差分法』。法當用九個加一個是十個，九與十相乘共是九十個，折半四十五個，作四十五分算；用四歸五除，除一百二十六兩，得二兩八錢：此第九小杯，其重如此。」因從丫環帶的小算袋內取出二八兩籌擺下，用筆開出：大杯重二十五兩二錢，次重二十二兩四錢，三重十九兩六錢，四重十六兩八錢，五重十四兩，六重十一兩二錢，七重八兩四錢，八重五兩六錢。寶雲看那兩籌，只見寫著：

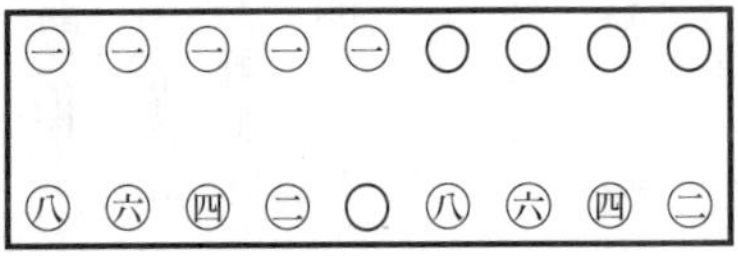

二籌

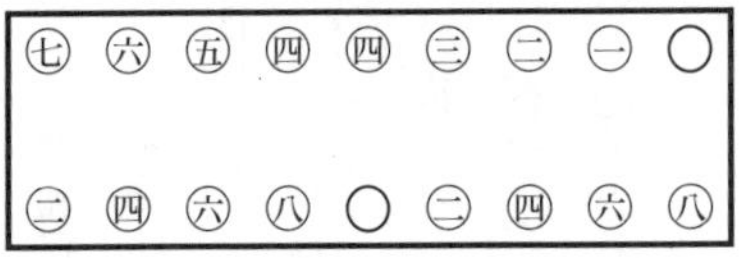

八籌

寶雲道：「據這二籌，自然是一二如二，至二九一十八；那八籌是一八如八，至八九七十二了。但姊姊何以一望就知各杯輕重呢？」蘭芬道：「剛才我用四歸五除，得了小杯二兩八錢數目，所以將二八兩籌一看就知了。你看第一行二八兩字，豈非末尾小杯斤重麼？第九行二五二就是頭一個大杯。其餘七杯計重若干，都明明白白寫在上面。」寶雲道：「第九行是一八七二，怎麼說是二五二呢？」蘭芬道：「凡兩半圈上下相合，仍算一圈；即如第九行中間八七，二字，湊起來是一五之數，把一歸在上面一圈，豈非二五二麼？」寶雲點頭道：「我見算書中差分法，有遞減、倍減、三七、四六等名，紛紛不一，何能及得這個明白了當？籌算之精，即此可見。」

宋良箴指花盆所擺紅白瑪瑙兩塊道：「此可算麼？」蘭芬道：「如知長短，就可算出斤重。」取尺一量，對方三寸，算一算道：「紅的五十九兩四錢，白的六十二兩一錢。」寶雲命人拿比子❸一秤，果然不錯。

廖熙春道：「一樣瑪瑙，為何兩樣斤重？」蘭芬道：「白的方一寸，重二兩三錢；紅的方一寸，重二兩二錢；今對方三寸，照立方積二十七寸算的。凡物之輕重，各有不同；如白銀方一寸重九兩，紅銅方一寸重七兩五錢，白銅一寸重六兩九錢八分，黃銅一寸只重六兩八錢。」熙春點頭道：「原來如此。」

說話間，陰雲滿天，雷聲四起。蘭芝道：「莫要落雨把今晚的燈鬧掉，就白費寶雲姊姊一片好心了。」蘭芬道：「如落幾點雨後看燈，似更清妙。」說著，雨已大至，一閃亮過，又是一個響雷。緇瑤釵道：「算家往往說大話，偷天換日，只怕未必。」蘭芬道：「此是誑話，但這雷聲倒可算知里數。」月輝道：「怎樣算法？」蘭芬指桌上自鳴鐘道：「只看秒針，就好算了。」登時打了一閃，少刻又是一雷。玉芝道：「閃後十五秒聞雷，姊姊算罷。」蘭芬算一算道：「定例一秒工夫，雷聲走一百二十八丈五尺七寸，照此計算，剛才這雷應離此地十里零一百二十八丈。」陽墨香道：「此雷既離十里之外，還如此大聲，只怕是個霹雷。」畢全貞道：「雷都算出幾丈幾里，這話未免欺人了。」

少時，天已大晴。成氏夫人因寶雲的奶公才從南邊帶來兩瓶雲霧茶，命人送來給諸位才女各烹一盞，盞內俱現雲霧之狀。眾人看了，莫不稱奇。寶雲把奶公叫來問問家鄉光景，並問南邊有何新聞。奶公道：「別無新聞，只有去歲起了一陣大風，把我院內一口井忽然吹到牆外去。」綠雲道：「如此

❸ 比子：即戥子，秤金銀珠玉藥物重量的小秤子。

大風，卻也少見。」奶公道：「不瞞小姐說，我家是個籬笆牆，這日把籬笆吹過井來，所以倒像把井吹到牆外去。今日為何我說這話？只因府裡眾人都說我家乳了寶小姐十分發財，那知我還是照舊的籬笆牆。倒是人不可不行善，那惡事斷做不得，若做惡行兇，人雖欺了，那知那雷慣會報不平。剛才我在十里墩遇雨，忽然起一響雷，打死一人。彼處人人念佛，原來是個無惡不作的壞人。」素雲道：「十里墩離此多遠？」奶公道：「離此只得十里。那打人的地方離墩還有半里多路。我在那裡吃了一嚇，也不敢停留，一直趕到十里墩才把衣服烘乾。」眾人聽了，這才佩服蘭芬神算。

用過點心，來到白茫亭，大家意欲聯句。又因婉如、蘭音韻學甚精，都在那裡談論雙聲疊韻。蘭芬又教眾人「空谷傳聲」。談了多時，玉芝因昨日紅珠說的「言游過矣」甚好，只勸眾人猜謎。未知後事如何，且看下回分解。

第八十回　打燈虎亭中賭畫扇　拋氣毬園內舞花鞋

話說玉芝一心只想猜謎，史幽探道：「你的意思倒與我相投；我也不喜做詩，昨日一首排律，足足鬧了半夜，我已夠了。好在這裡人多，做詩的只管做詩，猜謎的只管猜謎，妹妹既高興，何不出個給我們猜猜呢？」玉芝見幽探也要猜謎，不勝之喜。正想出一個，只聽周慶覃道：「我先出個吉利的請教諸位姊姊：『天下太平』，打個州名。」國瑞徵道：「我猜著了，可是普安？」慶覃道：「正是。」

若花道：「我出『天上碧桃和露種，日邊紅杏倚雲栽』，打個花名。」謝文錦道：「好乾淨堂皇題面！這題裡一定好的！」董寶鈿道：「我猜著了，是凌霄花。」若花道：「不錯。」春輝道：「真是好謎！往往人做花名，只講前幾字，都將花字不論；即如牡丹花，只做牡丹兩字，並未將花字做出。誰知此謎全重花字，這就如蘭言姊姊評論他們彈琴，也可得算花卉謎中絕調了。」

言錦心道：「我出『直把官場作戲場』，打《論語》一句。」師蘭言道：「這題面又是儒雅風流的，不必談，題裡一定好的。」紫芝道：「既好的，且慢讚，你把好先都讚了，少刻有人猜出，倒沒得說了。」春輝道：「妹妹！你何以知他沒得說呢？」紫芝道：「卿非我，又何以知我不知他沒得說呢？」林書香笑道：「要像這樣套法，將來還變成咒語哩，連沒得說都來了。」紫芝道：「姊姊！你又何以知其變成咒語呢？」書香道：「罷！罷！罷！好妹妹！我是鈍口拙腮[1]，可不能一句一句同你套！」

忽聽一人在桌上一拍道：「真好！」眾人都吃一嚇，連忙看時，卻是紀沉魚，在那裡出神。紫芝道：「姊姊！是甚的好？這樣拍桌子打板凳的，難道我們《莊子》套的好麼？」紀沉魚道：「『直把官場作戲場』，我打著了，可是『仕而優』？」錦心道：「是的。」紫芝道：「原來他打著了，怪不得那麼驚天動地的。」春輝鼓掌道：「像這樣燈謎猜著，無怪他先出神叫好，果然做也會做，打也會打。這個比淩霄花又高一籌了。他借用姑置不論，只這『而』字跳躍虛神，真是描寫殆盡。」花再芳道：「據我看來，都是一樣，有何區別？若說尚有高下，我卻不服。」

春輝道：「姊姊！若講各有好處，倒還使得；若說並無區別，這就錯了：一是正面，一是借用，迥然不同。前者妹子在此閑談，聞得玉芝妹妹出個『紅旗報捷』，被寶雲姊姊打個『克告於君』，這謎卻與『仕而優』是一類的。一是拿著人借做虛字用，一是拿著虛字又借做人用，都是極盡文心❷之巧。凡謎當以借用為第一，正面次之。但借亦有兩等借法，即如『國士無雙』，有打『何謂信』的；『秦王除逐客令』，有打『信斯言也』的；此等雖亦借用，但重題旨與重題面迥隔霄壤，是又次之。近日還有一種數典的，終日拿著類書查出許多，誰知貼出麵糊未乾，早已風捲殘雲❸，頃刻落盡：這就是三等貨了。」

---

❶ 鈍口拙腮：比喻不善詞令。

❷ 文心：比喻為文之構思。

❸ 風捲殘雲：比喻其勢易盡，很快的一掃而盡。

余麗蓉道：「我出日旁加個火字，打《易經》兩句。」綠雲道：「此字莫非杜撰麼？」哀萃芳道：「這個『昳』字，音光，見字書，如何是杜撰？」芳芝道：「就是不成字，也可算得『破損』格。」張鳳雛道：「可是『離為火為日』？」麗蓉道：「正是。」薛蘅香道：「這個離字用的極妙。往往人用拆字格，都渾淪寫出，不像這個拆的這樣生動，這是拆字格的另開生面。」

宋良箴道：「我仿麗蓉姊姊意思出個『他』字，打《孟子》兩句。」玉芝道：「這明明是個『人也』。難道先是一句分之，後是一句『人也』？那《孟子》又無這兩句。」春輝道：「這兩句大約戰國時還有，到了秦始皇焚書後，妹妹不怕你惱想是焚了。」戴瓊英道：「可是『人也，合而言之』？」良箴道：「正是。」

竇耕烟道：「我也效顰❹出個『昱』字，打《詩經》一句。」華芝道：「這個『昱』字，若將『日』字移在下面，『立』字移在上面，豈非『音』字麼？」鄭錦春道：「必是『下上其音』。」耕烟道：「正是。」余麗蓉道：「方才蘅香姊姊讚我『昳』字拆的生動，誰知這個『昱』字卻用上下二字一拆，不但靈動可愛，並且天然生出一個『其』字，把那『昱』字挑的周身跳躍，若將『昳』字比較，可謂天上地下了。」

緇瑤釵道：「春輝姊姊說『國士無雙』有打『何謂信』的，我就出『何謂信』，打《論語》一句。」香雲道：「瑤釵姊姊意思，我猜著了。他這『何謂』二字必是問我們猜謎的口氣，諸位姊姊只在『信』字著想就有了。」董花鈿道：「可是『不失人，亦不失言』？」瑤釵道：「正是。」瓊芝道：「這個

❹效顰：亦作「效矉」，比喻不善模仿。本《莊子・天運》所載醜婦模仿西施捧心而顰的故事。

又是拆字格別調。」

易紫菱道：「我出個『四』字，打個藥名。妹子不過出著玩耍，問甚麼格，我可不知。」眾人想了多時，都猜不出。潘麗春道：「可是『三七』？」紫菱道：「妹子以為此謎做的過晦，即使姊姊精於岐黃，也恐難猜，誰知還是姊姊打著。」柳瑞春道：「我仿紫菱姊姊花樣出個『三』字，打《孟子》一句。」眾人也猜不著。尹紅萸道：「可是『二之中四之下也』？」瑞春道：「妹子這謎也恐過晦，不意卻被姊姊猜著。」葉瓊芳道：「這兩個燈謎，我竟會意不來。」春輝道：「此格在廣陵十二格之外，卻是獨出心裁，日後姊姊會意過來，才知其妙哩。」只見芸芝同著閔蘭蓀每人身上穿著一件背心，遠遠走來。眾人道：「二位姊姊在何處玩的？為何穿了這件棉衣？不怕暖麼？」蘭蓀道：「妹子剛才請教芸芝姊姊起課，就在芍藥花旁揀個絕靜地方，兩人席地而坐，談了許久，覺得冷些。」褚月芳道：「妹子從來不知做謎，今日也學個玩玩，不知可用得？『布帛長短同，衣前後，左右手，空空如也』，打一物。」蔣麗輝道：「我猜著了，就是蘭蓀姊姊所穿的背心。」月芳笑道：「我說不好，果然方才說出，就打著了。」

司徒嫵兒道：「月芳姊姊所出之謎，是對景挂畫；妹子也學一個：『席地談天』，打《孟子》一句。」芸芝道：「我倒來的湊巧，可是『位卑而言高』？」嫵兒道：「我這個也是麵糊未乾的。」譚蕙芳道：「你看蘭蓀姊姊剛才席地而坐，把鞋子都沾上灰塵，芸芝姊姊鞋子卻是乾淨的；我也學個即景罷，就是『步塵無跡』，打《孟子》一句。」呂瑞蓂道：「可是『行之而不著焉』？」蕙芳道：「這個打的更快，我們即景都不好，怎麼才說出就打去呢？」

蘭言道：「姊姊！不是這樣講。大凡做謎，自應貼切為主；因其貼切，所以易打；就如清潭月影，遙遙相映，誰人不見？若說易猜不為好謎，難道那『凌霄花』還不是絕妙的？又何嘗見其難打；古來如『黃絹幼婦，外甥齏臼』❺，至今傳為美談，也不過取其顯豁。」春輝道：「那難猜的，不是失之浮泛，就是過於晦闇。即如此刻有人腳指暗動，此惟自己明白，別人何得而知？所以燈謎不顯豁、不貼切的，謂之『腳指動』最妙！」玉芝道：「很好！更鬧的別致！放著燈謎不打，又講到腳指頭了！姊姊！你索性把鞋脫去，給我看看到底是怎樣動法！」春輝道：「妹妹真個要看，這有何難？我且做個樣兒你看。」一面說著，把玉芝拉住，將他手指拿著朝上一伸，又朝下一曲，道：「你看，就是這個動法！」玉芝哀告道：「好姊姊！鬆手罷，不敢亂說了！」春輝把手放開。玉芝抽了回來，望著手道：「好好一個無名指，被他弄的屈而不伸了。」

紫芝道：「你們再打這個燈謎，我才做的，如有人打著，就以麗娟姊姊畫的這把扇子為贈。叫做『嫁個丈夫是烏龜』。」蘭芝道：「大家好好猜謎，何苦你又瞎吵！」紫芝道：「我原是出謎，怎麼說我瞎吵？少刻有人打了，你才知做的好哩。」題花道：「妹妹這謎，果然有趣，實在妙極！」紫芝望著蘭芝道：「姊姊，如何？這難道是我自己讚的？」因向題花道：「姊姊既猜著，何不說出呢？」題花道：「正是；鬧了半日，我還未曾請教，畢竟打的是甚麼？」紫芝道：「呸！我倒忘了，真鬧糊塗了！打《論語》一句，姊姊請猜罷。」題花道：「好啊！有個《論語》，倒底好捉摸些；不然，雖說打的總在天地以內，究竟散漫些。」紫芝道：「你還是談天？還是打謎？」題花道：「我天也要談，

❺ 黃絹幼婦二句：「絕妙好辭」的隱語，用以評曹娥碑。

謎也要打，你不信，且把你這透新鮮❻的先打了，可是『適蔡』？」紫芝道：「你真是我親姊姊，對我心路！」

題花把扇子奪過道：「我出個北方謎兒你們猜：『使女擇焉』，打《孟子》一句。」紫芝道：「春輝姊姊沒看妹子這謎做的怎樣？你們也沒說好的，也有說壞的，我倒白送了一把扇子。」春輝道：「我倒有評論哩；你看可能插進嘴去？題花妹妹剛打著了，又是一句《左傳》；他剛說完，你又接上。」春輝說著，不覺掩口笑道：「這題花妹妹真要瘋了，你這『使女擇焉』，可是『泱泱』……」話未說完，又笑個不了。「可是『漢』哪？」一面笑著，只說：「該打！該打！瘋了！瘋了！」

蘭芝笑道：「才唱了兩齣三花臉的戲，我們也好煞中臺用些點心，歇歇再打罷。」蘭言道：「如何又吃點心？莫非姊姊沒備晚飯麼？」寶雲道：「我就借『歇歇』意思，出個『斯已而已矣』，打《孟子》一句。」春輝道：「聞得前日有個『紅旗報捷』是寶雲姊姊打的；但既會打那樣好謎，為何今日卻出這樣燈謎？只怕善打不善做罷？」呂堯蓂道：「何以見得？」春輝道：「你只看這五字，可有一個實字？通身虛的，這也罷了，並且當中又加而字一轉，卻仍轉到前頭意思。你想！這部《孟子》可能找出一句來配他？」田舜英道：「我打『可以止則止』。」寶雲道：「正是。」春輝不覺鼓掌道：「我只說這五個虛字，再沒不犯題的句子去打他，誰知天然生出『可以止則止』五字來緊緊扣住，再移不到別處去。況且那個『則』字最是難以挑動，『可以』兩字更難形容，他只用一個『斯』字，一個『而』字，就把『可以則』的行樂圖畫出，豈非傳神之筆麼？」

❻ 透新鮮：頂新鮮。

左融春道：「『天地一洪鑪』，打個縣名；但這縣名是古名，並非近時縣名。」章蘭英道：「可是『大治』？」融春道：「正是。」師蘭言道：「這個做的好。不是這個『大』字，也不能包括『天地』兩字，真是又顯豁，又貼切，又落落大方。」亭亭道：「我出『橘踰淮北為枳，橘至江北為橙』，打個州名。」玉芝道：「這兩句一是《周禮》，一是《淮南子》，今日題面齊整，以此為第一。」呂祥蓂道：「妹妹道此兩句，以為還出他的娘家，殊不知《淮南子》這句還從《晏子春秋》而來。」蔡蘭芳道：「據妹子看來，那部《晏子》也未必就是周朝之書。」魏紫櫻道：「可是『果化』？」亭亭道：「正是。」掌乘珠道：「這個『化』字，真做的神化。」紫雲道：「既有那個淵博題面，自然該有這個絕精題裡；不然，何以見其文心之巧。」錢玉英道：「我出個『鬥趣的酒鬼』，打《孟子》一句。」玉蟾道：「這個倒也有趣。」邵紅英道：「我打『下飲黃泉』。」玉英道：「正是。」蘭言聽了，把玉英、紅英望了一望，嘆息不止。

顏紫綃正要問他為何嘆氣，只見彩雲同著林婉如、掌浦珠、董青鈿遠遠走來。呂堯蓂道：「四位姊姊卻到何處去玩，臉上都是紅紅的？」掌浦珠道：「我們先在海棠社看花，後來四個人就在花下拋毬，所以把臉都使紅了。」彩雲道：「告訴諸位姊姊：我們不但拋毬，內中還帶著飛個鞋兒玩玩哩。」瓊芝道：「這是甚麼講究？」彩雲只是笑。

婉如指著青鈿道：「你問青鈿姊姊就知道了。」青鈿滿面緋紅道：「諸位姊姊可莫笑。剛才彩雲姊姊拋了一個丹鳳朝陽式子。教妹子去接；偏偏離的遠，毅不著，一時急了，只得用腳去接；雖然踢起，誰知力太猛了，連毬帶鞋都一齊飛了。」眾人無不掩口而笑。紫芝道：「這鞋飛在空中，倒可打個曲牌名。」青鈿道：「好姊姊！親姊姊！你莫罵我，快些告訴我打個甚麼？」紫芝道：「你猜！」青鈿道：「我猜不著。」紫芝道：「既猜不著，告訴你罷，這叫做……」未知後事如何，且看下回分解。

第八十一回　白菜亭董女談詩　凝翠館蘭姑設宴

話說青鈿道：「我這飛鞋打個甚麼？姊姊告訴我。」紫芝道：「只打四個字。」青鈿道：「那四個字？」紫芝道：「叫做銀漢浮槎。」題花笑道：「若這樣說，青鈿妹妹尊足倒是兩位舵工了。」眾人聽著，忍不住笑。

青鈿呆了一呆，因向眾人道：「妹妹說件奇事：一人飲食過於講究，死後冥官罰他去變野狗嘴，教他不能吃好的。這人轉世，在這狗嘴上真真熬的可憐。諸位姊姊，你想，變了狗嘴，已是難想好東西吃了，況且又是野狗嘴，每日在那野地吃東西可想而知。好容易那狗才死了，這嘴來求冥官，不論罰變甚麼都情願，只求免了狗嘴。冥官道：『也罷！這世罰你變個猴兒屁股去！』小鬼道：『稟爺爺，但凡變過狗嘴的再變別的，臭味最是難改，除非用些仙草搽上方能改哩。』冥官道：『且變了再講。』不多時，小鬼帶去，果然變了一個白猴兒屁股。冥官隨命小鬼覓了一枝靈芝草在猴兒屁股上一陣亂揉，霎時就如胭脂一般。冥官道：『他這屁股是用何物揉的？為何都變紫了？』小鬼道：『稟爺爺，是用紫芝揉的。』」紫芝道：「他要搽點青還更好哩。」

題花道：「只怕還甜哩。」青鈿道：「諸位姊姊且住住笑，妹子還有一首詩念給諸位姊姊聽。一人好做詩，做的又不佳。一日，因見群花齊放，偶題詩一首道：『到處嫣紅嬌又麗，那枝開了這枝閉。』

寫了兩句，底下再做不出，忽一朋友走來道：『我替你續上罷。』因提起筆來寫了兩句道：『此詩豈可算題花，只當區區放個屁！』」掌紅珠笑道：「這兩個笑話倒是極新鮮的，難為妹妹想的這樣敏捷。」顏紫綃道：「這都從『銀漢浮槎兩位舵工』惹出來的。」

紫芝道：「青鈿妹妹大約把花鞋弄髒，所以換了小緞靴了。我就出個『穿緞靴』，打《孟子》一句。」素輝道：「這個題面雖別致，但《孟子》何能有這湊巧句子來配他？」姜麗樓道：「可是『足以衣帛矣』？」紫芝道：「然也。」陶秀春道：「這可謂異想天開了。」題花把青鈿袖子抓兩抓道：「你是『穿緞靴』，我是『隔靴搔癢』，也打《孟子》一句。」掌紅珠道：「這個題面更奇。」姚芷馨道：「此謎難道又有好句子來配他？我真不信了。」鄰芳春道：「可是『不膚撓』？」題花道：「如何不是！」洛紅蕖道：「這兩個燈謎，並那『適蔡』、『泱汝漢』之類，真可令人解頤。」

紫芝道：「題花姊姊把扇子還我罷！」題花道：「我再出個『照妖鏡』，打《老子》一句；如打著，還你扇子。」紫芝道：「諸位姊姊莫猜，等我來。」因想一想道：「姊姊，我把你打著了，可是『其中有精』？」彩雲道：「是甚麼精？」紫芝接過扇子道：「大約不是芙蓉精，就是海棠怪，無非花兒朵兒作耗❶。」

廉錦楓道：「我因玉英姊姊『酒鬼』二字也想了一謎，卻是吃酒器具，叫做『過山龍』，打《爾雅》一句。」陽墨香笑道：「可是『逆流而上』？」錦楓道：「正是。」

紫芝道：「今日為何並無一個《西廂》燈謎？莫非都未看過此書麼？」題花道：「正是；前者從

---

❶ 作耗：禍害；作亂。

家鄉來，偶於客店壁上看見幾條《西廂》燈謎，還略略記得，待我寫出請教。」丫環送過筆硯，登時寫了幾個。眾人圍著觀看，只見寫著：「『廂』，打《西廂》七字；『亥』，打《西廂》四字；『花門』，打《西廂》十五字；『甥館』，打《西廂》四字；『連元』，打《西廂》八字；『秋江』，打《西廂》五字；『嘆比干』，打《西廂》八字；『東西二京』，打《西廂》三字；『一鞭殘照裡』，打《西廂》四字；『偷香』，打《孟子》三字；『易子而教之』，打《孟子》四字。」題花道：「其餘甚多，等我慢慢想起再寫。」

呂祥蓂道：「他以『廂』字打《西廂》倒也別致。」紅珠道：「據我看來，這個廂字，若論拆字格，必是『以目視床』之意。」鍾繡田道：「請教題花姊姊那『花門』二字，只怕妹子打著了。我記得〈賴柬〉有兩句：『金蓮蹴損牡丹芽，玉簪兒抓住荼蘼架』，不知可是？」春輝道：「這十五字個個跳躍而出，竟是花門一副行樂圖，如何不是！」

蘇亞蘭道：「那『一鞭殘照裡』，可是『馬兒向西』？」眾人齊聲叫好！春輝道：「這『殘照』二字，把『向西』直托出來，意思又貼切，語句又天然，真是精絕好謎，我們倒要細細打他幾條。」燕紫瓊道：「我記得〈長亭送別〉有句：『眼看著衾兒枕兒』，只怕那個廂字就打這句罷？」春輝道：「床上所設無非衾枕之類，以目視床，如何不是此句！姊姊真好心思。」

陳淑媛道：「他那『亥』字，不知可是『一時半刻』？」春輝道：「姊姊是慧心人，真猜的不錯。若以此謎格局而論，卻是會意帶破損；不但獨出心裁，脫了舊套，並且斬釘截鐵，字字雪亮：此等燈謎，可謂擲地有聲了。」

施艷春道：「那『東西二京』，打的必是『古都都』。」題花道：「這個燈謎我猜了多時，總未猜著，不想卻被姊姊打著，真打的有趣！」紫芝道：「春輝姊姊他這『嘆比干』是何用意？」春輝道：「按《史記》微子去，比干強諫；紂怒，剖比干，觀其心。以此而論，他這謎中必定有個『心』字在內，但必須得他『嘆』字意思才切。」廖熙春道：「我才想了一句，『你有心爭似無心好』，不知可是？」春輝道：「此句很得『嘆』字虛神；並且『爭似無心好』這五個字，真是無限慷慨，可以抵得比干一篇祭文。」蘭蓀道：「好好一個人，怎麼把心剖去倒好呢？」春輝笑道：「他若有心，只怕你我此時談起還未必知他名字；即或意中有個比干，也不過泛常一個古人。今日之下，其所以家喻戶曉，知他為忠臣烈士，名垂千古者，皆由『無心』而傳，所以才說他『有心爭似無心好』，此等燈謎，雖是遊戲，但細細揣度，卻含著『君子疾沒世而名不稱』之意，真是警勵後人不少。」

青鈿道：「他這『偷香』二字出的別致，必定是個好的。我想這個『偷』字，無非盜竊之意，倒還易猜；第『香』為無影無形之物，卻令人難想。莫非內中含著『嗅』字意思麼？」素雲道：「只怕是『竊聞之』。」春輝道：「這個『聞』字卻從閨臣姊姊所說長人國聞鼻烟套出來的，倒也有趣。」

香雲道：「他這『易子而教之』，大約內中含著互相為師之意。」呂堯蓂道：「今人稱師為西席，又謂之西賓，只怕還含著『賓』字在內哩。」張鳳雛道：「必是『迭為賓主』。」春輝道：「不意這個單子竟有如此好謎，雖不如『仕而優』、『克告於君』借用之妙，也算正面出色之筆了。」

紫芝道：「他這『秋江』二字，我打一句『清霜淨碧波』；『甥館』二字，打『女孩兒家』；『連元』二字，打『又是一個文章魁首』；請教可有一二用得？」春輝道：「這三句個個出色。即如『清霜淨碧波』，不獨工穩明亮，並將秋江神情都描寫出來。至於『甥館』打『女孩兒家』，都字字借的切當，毫不浮泛。最妙的又是一個『文章魁首』，那個『連』字直把題裡的『又』字擒的飛舞而出。這幾個燈謎，可與『迭為賓主』並美了。」

掌紅珠道：「他這單子我們猜的究竟不知可是？倘或不是也說是的，將來倒弄的以訛傳訛，這又何必！好在所有幾個都已猜過。題花姊姊也不必再寫了，還是請教那位姊姊再出幾個，豈不比這個爽快？」易紫菱道：「剛才紅珠姊姊所說『將錯就錯，以訛傳訛』，妹子就用這八字，打《孟子》一句。」哀萃芳道：「可是『相率而為偽者』也？」紫菱道：「正是。」題花道：「題裡題面，個個字義無一不到，真好心思。」

姜麗樓道：「我出『蟾宮曲』，打個曲牌名。」董珠鈿道：「以曲牌打曲牌，倒也別致。」崔小鶯道：「可是『月兒彎』？」麗樓道：「正是。」題花道：「這個曲字借的巧極，意思亦甚活潑。」紀沉魚道：「我出『走馬燈』，打《禮記》一句。」玉芝道：「這有何難！無非『燃燈即動』之意。」蔣星輝道：「妹妹何不就打『燃燈即動』呢？」酈錦春道：「可是『無燭則止』？」紀沉魚道：「正是。」

薛蘅香道：「我出『農之子恆為農』，打《孟子》一句。」寶鈿道：「這個『恆』字，倒像世代以耕為業，永不改行的意思。」姜麗樓道：「必是『耕者不變』。」眾人齊聲讚好。鄒婉春道：「這『耕者不變』四字，最難挑動，不意天然生出『農之子恆為農』六字，把個不變扣的緊緊的，此謎可謂天生地造，再無他句可以移易了。」

印巧文道：「我出『核』字，先打《孟子》一句，後打《論語》一句。」玉芝道：「這個『核』

字有何精微奧妙，要打兩部書？若按字義細細推求，核之外有果，核之內有仁。」董翠鈿道：「我猜著了，可是『果在外』，『仁在其中矣』？」巧文道：「正是。」錦雲道：「他雖結巴，倒會打好謎，並且說的也清爽。」

廉錦楓道：「我出『鴉』字，打《孟子》二句。」小春道：「這個大約又是拆字格。」田鳳翾道：「若要拆開，必是『爵一齒一』。」紅珠道：「此謎做的簡淨。」宰銀蟾道：「我出『重慶』，打《孟子》一句。」婉如道：「《孟子》上面祖字甚少；至於父父子子又是《論語》。」掌驪珠道：「必是『父子有親』。」題花道：「這個『親』字借的有趣。」

蘭言道：「今日主人須早些擺席才好，我們早早吃了飯，把寶雲姊姊燈看了，彼此回去，也好歇息歇息。昨日足足忙了一夜，今日若再過遲，妹子先支不住了。」蘭芝道：「既如此，妹子也不再拿點心，就教他們早些預備。但此時未免過早，諸位姊姊再打幾個，少刻就來奉請。」

譚蕙芳道：「我出『其涸也可立而待也』，打個藥名。」葉瓊芳道：「可是『無根水』？」蕙芳道：「妹妹打著了。」燕紫瓊道：「非『無根』二字，不能立待其涸，真是又切當，又自然。」林書香道：「我出『轍環天下，卒老於行』。」秀英道：「必是『盡其道而死者』。」書香點點頭。

顏紫綃暗暗問蘭言道：「姊姊為何聽了這幾個燈謎只管搖頭？聞得姊姊精於風鑑，莫非有甚講究麼？」蘭言道：「我看玉英、紅英、蕙芳、瓊芳、書香、秀英六位姊姊面上，都是帶著不得善終之像。那玉英姊姊即使逃得過，也不免一生獨守空房。不意這些黃泉、無根、生死字面，恰恰都出在他們妯娌、姊妹、姑娘六人之口，豈不可怪！」顏紫綃道：「你看咱妹子怎樣？」蘭言道：「姊姊骨格清奇，將來自然名登寶籙，位列仙班；到了那時，只要把妹子度脫苦海，也不枉同門一場。」顏紫綃道：「咱能成仙，真是夢話了。」蘭言道：「少不得日後明白。」

紅紅道：「你們二位談論甚麼？妹子出個燈謎你猜：『疏影橫斜水清淺』，打曲牌名。」掌驪珠道：「姊姊！好嫣潤題面！」枝蘭音道：「可是『梅花塘』？」紅紅道：「正是。」素雲道：「這七個字又是梅花塘一個小照，真是如題發揮，一字不多，一字不少。」

宰玉蟾道：「我出『不重傷，不禽二毛』，打古人名。」蔣月輝道：「可是鬥康？」玉蟾道：「正是。」紫芝道：「你當日在小瀛洲同那四員小將打仗，心裡就存這個愛惜麼？將來銀蟾姊姊同史公子成了親，有人感你當日不重傷之情，一定託他們來作伐哩。」玉蟾道：「少刻捉住你，再同你算帳。」

陽墨香道：「我出『事父母幾諫』，打個鳥名。」瑤芝道：「世上那有這樣孝順鳥兒？」田鳳翾道：「可是『子規』？」墨香道：「正是。」錦雲道：「『事父母』三字把個子字扣定，『幾諫』二字把個『規』字扣定，真是又貼切，又自然，可以算得鳥名謎中獨步。」

米蘭芬道：「我出曲牌名『刮地風』，打個物名。」井堯春道：「可是拂塵？」蘭芬道：「正是。」春輝道：「據我看來，只用『刮風』二字就可拂起塵來，何必多加『地』字？這是贅筆。」花再芳道：「此謎之妙，全虧『地』字把個『塵』字扣的緊緊的。若無『地』字，凡物皆可拂，豈能獨指拂塵？並且還有……。」

玉芝道：「夠了；今日若無春輝姊姊評論，不知還聽多少好謎評論哩！也罷了，偏要添岔枝兒，甚至還牽到腳指頭上去，你說教人心裡可受得？剛把腳指頭鬧過，紫姑太太『適蔡』也來了，題姑太太『漢子』也來了。弄這刁鑽古怪的，教我一個也猜不著，你還只管說閒話！」紫芝道：「妹妹莫急，我出個容易的，包你猜著。題面是曲牌名『稱人心』，打個物名，『如意』，你猜。」題花道：「這謎又打物名，又打如意，倒難猜哩！」紫芝道：「呸！我又露風了！」

秦小春道：「我出『張別古寄信』，打兩個曲牌名。」玉芝道：「我於曲牌原生，再打兩個，那更難了。」崔小鶯道：「可是『貨郎兒』、『一封書』？」小春道：「正是。」紫芝道：「你們二位如要下棋，可先招呼我一聲。」小鶯道：「告訴你做什麼？」紫芝道：「我好打掃去。」閨臣道：「我出老萊子戲綵，打兩個曲牌名。」秀英道：「可是『孝順兒』、『舞霓裳』？」

只見丫環稟道：「酒已齊備。」畢全貞道：「今日也算鏖戰❷了。此時既要上席，我出『鳴金』，打《孟子》三字。」言錦心道：「可是姊姊貴本家？」全貞點點頭。周慶覃笑道：「我曉得了，必是『使畢戰』。」全貞笑道：「正是。」春輝道：「此謎不但『畢』字借的切當，就是『使』字也有神情。」蘭芝道：「今日之聚，可謂極盛了，我出『高朋滿座，勝友如雲』，打曲牌名。」眾人聽了，都不做聲。綠雲道：「他們諸位姊姊過謙，都不肯猜，我卻打著了，是『集賢賓』。這才叫做『對景挂畫』哩。」

眾人起身，都到外面散步淨手。蘭芝讓至凝翠館，仍舊撒了十三席，擺了十二席，照昨日次序團坐定。蘭芝只得遵照舊例，把敬酒上菜一切繁文也都蠲了。酒過數巡，大家又把昨日詩稿拿出，彼此傳觀，七言八語，議論紛紛。未知後事如何，且看下回分解。

❷鏖戰：苦戰廝殺。

第八十二回 行酒令書句飛雙聲 辯古文字音訛疊韻

話說眾才女歸席飲酒，談起所和上官昭儀之詩，某首做的精，某句做的妙，議論紛紜。蘭芝道：「諸位姊姊且莫談詩，妹子有一言奉陳：今日奉屈過來，雖是便飯，必須盡歡暢飲，才覺有趣；拜懇諸位姊姊行一酒令，或將昨日未完之令接著玩玩，借此既可多飲幾杯，彼此也不致冷淡。」

史幽探道：「昨日之令，又公，又普，又不費心，是最妙的；無如方才起令，就生出和韻岔頭。今日寧可閒談，斷不可又接前令，設或再有岔頭，豈不更覺掃興？」哀萃芳道：「酒令雖多，但要百人全能行到，又不太促，又不過繁，何能如此湊巧？據妹子愚見，與其勉強行那俗令，倒不如就借評論詩句，說說閒話，未嘗不能下酒。」

紫芝道：「妹子今日叨在主人之列，意欲拋磚引玉，出個酒令，如大家務要清談，也不敢勉強。」師蘭言道：「主人既有現成之令，無有不遵的。是何酒令？請道其詳。」紫芝分付丫環把籤筒送交蘭言道：「此筒之內，共牙籤一百枝，就從姊姊掣起，隨便挨次掣去，將所剩末尾一籤給我，以免猜疑；掣過，妹子自有道理。」蘭言點頭。

大家掣畢，看了並無一字，只見若花拿著牙籤只管細看。紫芝隔席叫道：「若花姊姊可看明白了？請宣令罷。」眾人聽了，都不解何意。春輝道：「若花姊姊何不念給我們聽聽呢？」若花道：「他這籤上寫的是『奉求姊姊出一酒令，普席無論賓主，各飲兩杯。』旁邊又贅幾個小字，寫著『此籤倘我自己掣了，即求自己出令，所謂求人不如求己，普席也飲雙杯。』若照此籤看來，這令自然要我出了，豈非是個難題麼?」閨臣道：「今日這籤所投得人，一定該有好令，以補昨日未盡之興。姊姊只管慢慢細想，我們且飲兩杯，再候出令。」大家飲畢，若花道：「我雖想出雙聲疊韻一令，但恐過於冷淡，必須大家公同斟酌，可行則行，如不可行，容妹子另想別令。」

春輝道：「聞得時下文人墨士最尚雙聲疊韻之戲，以兩字同歸一母❶，謂之雙聲，如『烟雲』、『遊雲』之類；兩字同歸一韻，謂之疊韻，如『東風』、『融風』之類。姊姊可是此意?但怎樣行法，還要宣明才好。」

若花道：「此令並無深微奧妙，只消牙籤四五十枝，每枝上寫天文、地理、鳥獸、蟲魚、果木、花卉之類，旁邊俱註兩個小字，或雙聲，或疊韻。假如掣得天文雙聲，就在天文內說一雙聲；如係天文疊韻，就在天文內說一疊韻。說過之後，也照昨日再說一句經史子集之類，即用本字飛觴，或飛上一字，或飛下一字，悉聽其便。以字之落處，飲酒接令；挨次輪轉，通席都可行到。不知可合諸位之意?」眾人道：「此令前人從未行過，不但新奇，並且又公，又普，毫無偏枯，就是此令甚好。」

若花道：「既如此，就將剛才所用牙籤寫一令籤，每人各掣一枝，掣著令籤之家，飲杯令酒，就從本人起令。」紫芝把令籤寫了，挨次掣去，卻被國瑞徵掣著。若花寫了名目，放入筒內道：「此籤共二十餘門，每門兩枝，這是妹子創始，其中設有不妥，或增或減，臨時再為斟酌。」蘭芝道：「此

❶ 同歸一母：同屬於一個聲母。

令固妙，但內中怎樣可以多銷幾杯，還求姊姊設法代為生發生發❷，才覺熱鬧。」

若花道：「既如此，我就添個銷酒之法。此後凡流觴所飛之句，也要一個雙聲，或一個疊韻，錯者罰一杯另說。如有兩個雙聲，或兩個疊韻，抑或雙聲而兼疊韻，接令之家，或說一笑話，或行一酒令，或唱一小曲，均無不可，普席各飲一杯；如再多者，普席雙杯。至於所飛之書以及古人名，俱用隋朝以前；誤用本朝者，罰一杯。其書名一切仍是本人自報，省得臨時又費扳談。掣籤之後，宣過題目，即將原籤交給下家❸歸筒，以杜取巧之弊；丫環接了，送交接令之家。如將原題記錯，罰一杯另說。不准旁人露意，違者罰十巨觥。凡接令之家，俱架一籌，以便輪轉易於區別。所有酒之分數，昨日已有舊例，無須再判。但昨日並無監令，今日妹子意欲添兩位監令；人數既多，並又離的窵遠❹，必須再添兩位監酒，庶不致錯誤。」

眾人道：「如此更妙，就請姊姊預先派定，方無推諉。」若花道：「既承大家見委，妹子斗膽，就煩春輝、題花二位姊姊監令，寶雲、蘭芝二位姊姊監酒，都請各飲酒一杯，妹子也奉陪一杯。」

國瑞徵把酒飲了，接過籤筒，搖了兩搖道：「妹子有僭了。」掣了一籤，高聲念道：「花卉雙聲。」

閨臣道：「昨日題花姊姊起令，是『舉欣欣然有喜色』，暗寓眾人欣悅之意，今日姊姊是何用意呢？」

瑞徵道：「我想五福❺壽為先，任憑怎樣吉利，總莫若多壽最妙，先把這個做了開場，自然無往不利

❷ 生發：發動；產生。

❸ 下家：賭博或行酒令時，稱呼自己下位的人為下家。

❹ 窵遠：遠隔。

了。適才想了『長春』二字。意欲飛一句《列子》，不知可好？說來請教：

長春　《列子》　荊之南有冥靈者，以五百歲為春。

『冥靈』疊韻，敬瑞春姊姊一杯。」柳瑞春掣了一籤，是古人名疊韻。紫芝道：「這是今日令中第一個古人，必須出類拔萃，與眾不同，才覺有趣。」瑞春道：「姊姊要出類拔萃的，我想自古帝王名諱，那是不敢亂用；至於大聖大賢名諱，也不敢行之酒令；除此之外，那個出類拔萃呢？」春輝道：「我也吃個令杯：今日我們所說二百個，必須前後接連不斷，就如一線穿成，方覺緊湊。即如瑞徵姊姊才說了長春二字，瑞春姊姊所說古人名要與上文長春二字或成雙聲，或成疊韻，方准令歸下手；下面接令之家，也照前例緊承上文；錯者罰一杯。」眾人都道：「甚好。」

瑞春道：「我看你們出這許多花樣，只怕把令行完，還要多多吃些天王補心丹哩。好在我已想了一個古人，是最能孝母的，俗語說的百行孝為先，大約也可做得令中第一位領袖，待妹子說來求教：

王祥　《張河間集》　備致嘉祥。

『備致』疊韻，敬祥蓂姊姊一杯。」唐閨臣聽了點頭道：「人生在世，最要緊的莫過忠孝節義四字，今瑞春姊姊於遊戲之中，卻請出一位孝子，為令中第一位領袖，令人肅然起敬。況他當日為徐州別駕時，民間歌頌，都稱他『溫如玉，冷如冰』，後來得列名宦。如此之人，我們都該恭恭敬敬立飲一杯，才不失為欽仰之意。」眾人道：「此話極是。」於是都立飲一杯。

呂祥蓂掣了一籤，仍是古人名疊韻。紫芝道：「姊姊！這個古人必須與第一位相配才好哩。」祥

---

❺ 五福：壽、富、康寧、攸好德、考終命為五福，語見《書經・洪範》。

蕢道：「當日韋彪言：求忠臣必於孝子之門。上首既有孝子，此時必須請出一位忠臣，方覺連貫。但要七陽之韻始與上文相連，何能如此之巧？」飲畢令杯道：「有了：

張良　屈原〈九歌〉　吉日兮良辰。

『吉日』疊韻，敬良箴姊姊一杯。」蘭芝道：「案《史記》：張良五世相韓，及韓亡，他欲為韓報仇，曾以鐵椎擊始皇於博浪沙中，誤中副車；其仇雖未能報，但如此孤忠，也可與王祥苦孝相匹，諸位姊姊似乎也該飲一杯了。」閨臣道：「張良於韓國已亡之後，猶且丹心耿耿，志在報仇，彼時雖未遇害，但他一片不忘君恩之心，也就是奮不顧身。如此忠良，自應也照前例為是。」於是都立飲一杯。

宋良箴掣了一籤，是列女名雙聲。小春道：「這是點到我們眾人本題了，或好或醜，全仗姊姊飛的這句，不可弄出一群夜叉才好哩。」良箴道：「妹妹如吃一杯，我就飛個絕好句子。」小春把酒飲了，良箴道：「

姬姜　《鮑參軍集》　東都妙姬，南國麗人。

『東都』雙聲，敬麗輝姊姊一杯。」小春道：「請教令官：諸如『東都妙姬，南國麗人』之類，還是飛一句好呢，兩句好呢？」若花道：「若按正理，自應飛一句為是；但眼前常見之書則可，若非常見之書，必須多贅一句，才能明白。與其令人時刻請教上下文，何不隨嘴多帶幾字，豈不省了許多唇舌？」

蘭芝道：「請教姊姊：即如上手用過之書，下手可准再用？」若花道：「主人之意若何？」蘭芝道：「據妹子愚見，凡上家用過之書，一概不准再用，誤用的罰兩杯另飛。況花、木、鳥、獸、蟲、魚等類，惟《詩經》、《爾雅》、《方言》、《釋名》最多，若都用此書，不但毫無趣味，並且這幾部書句子最短，大約至多不過四五字，何能有兩個雙聲疊韻？姊姊替我所定銷酒之法，豈非有名無實麼？」花再芳道：「若據主人所言，我們百人自然要百部書了。不瞞姊姊說，妹子腹中除了十幾部經書並《史記》、《漢書》及幾部眼面前子書，還有幾部文集，共總湊起來，不滿三十種，你要一百部，豈非苦人所難麼？」閔蘭蓀道：「妹子腹中連二十種還不足。」畢全貞道：「妹子不但並未讀過百部，若認真看過百部，我也賭個誓。但書多寡不等，如《左傳》、《禮記》每部有一二十萬言之多，如今連多帶少，每部只算類如《毛詩》一部，一年如能讀得五部《毛詩》，也算極等聰明，若細細核算，這一百部書也須二十年方能讀完。妹子今年十六歲，即使過了三朝就去讀書，還得再讀四年，大約過了二十歲就好奉陪行此酒令了。」

蘭芝道：「妹子恐大家都飛一樣書未免無趣，妄發此論，取其多飛幾種書，既可多銷幾杯酒，又覺好看；今三位姊姊既不情願，何敢勉強？」紫芝道：「你們三位可曉得這個才女的才字怎講？若一百人連百部書也湊不起來，那還稱得甚麼才女！此時若不定了規例，設或所飛都在十數種書上，日後傳揚出去，豈不是個笑話麼？況且各人所讀之書不同，別人又焉能把你所讀之書恰恰都飛去呢？」

再芳道：「姊姊不知，此中有五件難處。」紫芝道：「為何有五件難處？」再芳道：「即如所報花鳥等名，要他生成雙聲疊韻，這是第一難，不必說了。並且所飛之句，又要從那花鳥等名之內飛出一字，豈非第二難麼？而所報花鳥等名，又要緊承上文，或歸一母，或在一韻，豈非第三難麼？這些雖難，還可勉強敷衍，就只最難招架的，所飛句內要有雙聲疊韻。你想，古人書上那裡能像《詩經》巧巧都有窈窕、輾轉、參差、優遊之類？句內若無此等字面，隨你想出一萬句，也不中用。再要加上百部書，豈不難而又難麼？」

蘭言道：「妹子有個調停之法：此令主人既已定了，以後如有誤用前書的，外罰兩杯，即算交卷，不必另飛，何如？」眾人道：「如此甚妙。」小春道：「既如此，必須一一登記才能瞭然。這個差使教誰辦呢？」紫芝道：「寶雲姊姊的丫環玉兒寫的也好，記性也好，教他寫罷。」蘭芝把前面幾句寫了，交給玉兒，就在席旁茶几設了筆硯。小春道：「你姓什麼，今年十幾歲？」玉兒道：「我姓王，十三歲了。」小春道：「寶雲姊姊替丫環起名字也這樣儉省。」寶雲道：「為何儉省？」小春道：「你把他的姓上只添了小小一點就算名字，還不省麼？」

麗輝道：「我才掣了鳥名雙聲交卷了：

鴛鴦　師曠《禽經》　鴛鴦元鳥愛其類。

本題雙聲，敬芳芝姊姊一杯。」孟芳芝掣了天文疊韻。若花道：「這個題目甚寬，據我愚見，不但天田、常陳這些星名不可用，就是東風、夜月這些浮泛的也都避了才不過泛。」紫芝道：「姊姊此話甚是。若用浮泛的，莫講別的，單風、月兩門，就要寫一大篇了。」芳芝飲了令杯道：「

月窟　《淮南子》　是以月虛而魚腦減。

『是以』疊韻，『以月』雙聲，敬玉英姊姊一杯，普席各飲一杯。」若花道：「此令輪到主人，普席自然要發利市了。」董青鈿道：「此句如果說的不錯，不但我們都有酒，並且玉英姊姊還要說笑話。但細細推求，是係去聲，以係上聲，只怕芳芝姊姊說錯，要罰一杯哩。」春輝笑道：「多時未見妹妹說話，此刻才開口就有酒吃，倒也有趣！你說『是以』二字上去不分，固然講的不差，無如沈約《韻書》「是」字歸在「四紙」，恰恰是個疊韻。若以今時語言而論，似乎上去不分；若照前人韻書，芳芝姊姊倒像說的不錯，只好奉屈妹妹飲了罰酒，再看韻書。」青鈿道：「妹子如果錯罰，自然該吃罰酒。但這『是』字要讀成『使』字，將來都不叫是非，只好叫作使非了，安有此理？」

紫芝道：「我勸大家行令罷，莫說『濛話』了。」青鈿道：「這個濛字又是何意？」紫芝道：「古人讀『夢』為『濛』，我勸你們莫說『濛』話，就是莫說夢話。」小春道：「凡說話全要直截了當，『霜霜快快』，今諸位姊姊所說之話只圖講究古音，總是『轉彎磨祿』，令人茫然費解，何妨『霜霜快快』的說哩？」錦雲笑道：「小春姊姊把『爽爽快快』讀做『霜霜快快』，把『轉彎磨角』讀做『轉彎磨祿』，滿口都是古音，他還說人講究古音！據我愚見，大家說的使古音也罷，不使古音也罷，且把使字查明再講。」婉如道：「這是西方老先生到了。」青鈿道：「即如錦雲姊姊所說使古音也罷，不使古音也罷，他把『是』字忽然改做『使』字，請教諸位姊姊，若非預先講論『是』字，誰又懂他這話呢？」春輝道：「此時說也無用，少刻把書看過，自然明白。」

說話間，寶雲已命丫環把沈約《四聲類譜》取來。青鈿展開細細看過，只得勉強飲了罰酒道：「只顧替玉英姊姊爭論，那知倒罰一杯！請說笑話罷，不要帶累我了！」小春道：「這是今日令中第一個笑話，就如戲中的加官一樣。玉英姊姊先把加官跳❻了，我們好一齣一齣慢慢的唱。」錢玉英道：「適因『加官』二字，我倒想起一個笑話。」未知後事如何，且看下回分解。

❻ 跳加官：舊時演戲，開場時由一人戴面具，穿紅袍黑靴，高視闊步，循臺三匝，稱為跳加官。

第八十三回　說大書佐酒為歡　唱小曲飛觴作樂

話說玉英道：「適因小春姊姊談論跳加官，倒想起一個笑話：並且加官二字也甚吉利，把他做個話頭，即或不甚發笑，就算老師加官進爵之兆，也未嘗不妙。一人最喜奉承，凡事總要人讚好方才歡喜。這日請客做戲，偏偏戲甚平常，並無一人讚好，到晚戲散，與客閒談道：『今日之戲如何？』客人只得勉強答道：『做的甚好。』此人又問道：『究竟那幾齣做的好？』客人見問，思忖多時道：『加官跳的好。』」眾人不覺好笑。蘭言道：「這就如請教人看文，那人不讚文好，只說書法好，都是一個意思。」

玉英掣了鳥名疊韻道：「

商羊　劉向《說苑》　百羊之皮，不如一狐之腋。

『之皮』疊韻，敬融春姊姊一杯。」左融春掣了官名雙聲道：「請教若花姊姊，這個官名還是要用古名，要用時名呢？」若花道：「據我愚見，不論古名時名，總以明白顯豁，雅俗共賞，那才有趣。即如花鳥之類，案著古書，別名甚多。若說出來，與其令人不懂，又要講說破解，何妨說個明白的，豈不省了許多唇舌。」融春連連點頭道：「

士師　桓寬《鹽鐵論》　有司思師望之計。

『司思』雙聲而兼疊韻，『思師』疊韻，敬紫瓊姊姊一杯，笑話一個，普席雙杯。」燕紫瓊道：「紫芝妹妹替我說個笑話，我格外多飲兩杯，何如？」紫芝道：「妹子自然代勞。」綠雲道：「紫芝妹妹向來說的大書❶最好，並且還有寶兒教的小曲兒，紫瓊姊姊既飲兩杯，何不點他這個？」紫芝道：「如果普席肯飲雙杯，我就說段大書。」眾人道：「如此極妙，我們就飲兩杯。」丫環把酒斟了。

紫芝取出一塊醒木道：「妹子大書甚多，如今先將『子路從而後』，至『見其二子焉』，這段書說給大家聽聽。」於是把醒木朝桌上一拍道：「列位靜聽，在下且把此書的兩句題綱念來：遇窮時師生錯路，情殷處父子留賓。」又把醒木一拍道：「只為從師濟世，誰知反宿田家？半生碌碌赴天涯，到此一齊放下。雞黍殷勤款洽，主賓情意堪嘉，山中此夕莫嗟訝，師弟睽違永夜。」又把醒木一拍道：「話說那子路在楚蔡地方被長沮、桀溺搶白了一番。心中悶悶不樂，迤邐行來，見那道旁也有耕田的、鋤草的，老的老，少的少，觸動他一片濟世的心腸，腳步兒便走得遲了。抬起頭來，不見了夫子的車輛，正在慌張之際，只見那道旁來了一位老者：頭戴范陽氈帽，身穿藍布道袍，手中拿著拄杖，杖上挂著鋤草的家伙。子路便問道：『老丈！你可見我的夫子麼？』那老者定睛把子路上下一看道：『客官！我看你肩不能挑，手不能提，識不得芝蔴，辨不得菉豆。誰是你的夫子？』老者說了幾句，把杖來插在一邊，取了家伙，自去耘田去了。」又把醒木一拍道：「列位！大凡遇見年高有德之人，須當欽敬；所以信陵君為侯生執轡，張子房為圯上老人納履，後來興王定霸，做出許多事業。那子路畢竟是聖門高弟有些識見的人，聽了老丈言語，他就叉手躬身站在一旁。那老者耘田起來，對著子路說：

❶ 大書：說書人所據以演說的書。

『客官！你看天色晚下來了，舍間離此不遠，何不草榻一宵？』子路說：『怎好打攪？』於是老者在前，子路在後，逕至門首。遜至中堂，宰起雞來，煮起飯來，喚出他兩個兒子，兄先弟後，彬彬有禮，見了子路。唉！可憐子路半世在江湖上行走，受了人家許多怠慢，今日餚饌雖然不豐，卻也殷勤款待，十分盡禮，不免飽餐一頓，蒙被而臥。正是：山林惟識天倫樂，廊廟空懷濟世憂。畢竟那老者姓甚名誰，夫子見與不見，下文交代。」眾人聽了一齊讚好！把酒飲了。

紫瓊掣了蟲名疊韻道：「請教令官，即如上文『士師』二字所飛之句，可準本題『士師』接連在內？」若花道：「二字連用，未嘗不可，但飛觴之時，只能算得本題雙聲交令，不能格外普席敬酒。」蘭芝道：「若飛本題，都無普席之酒，那還好麼？」若花道：「即如句內有了本題雙聲，再加別的雙聲，雖係兩個雙聲，原當普席敬酒，但究有本題在內，若不區別，誰肯另想新奇句子？酒反少了。總而言之：雖如此定例，至接令之家，如有情願替主人敬酒，或說笑話，或行小令，普席仍飲一杯，並不拘定，也可隨便銷酒了。」紫瓊把酒飲畢道：「

蟢子　劉勰《新論》　野人晝見蟢子者。

本題疊韻，敬鳳翾姊姊一杯。」玉芝道：「請教姊姊！野人見了蟢子怎樣呢？」紫瓊正要回答，田鳳翾道：「下句是以為有喜樂之瑞。」玉芝道：「怪不得今人見了蟢子也有此論，大約當日命名就是此意。此蟲按《詩經》、《爾雅》叫做甚麼？」閨臣道：「《毛詩》蠨蛸在戶，就是此蟲。相傳當年有母子離別日久，其母正在想子，忽見蠨蛸垂絲落在身上，不覺喜道：『莫非吾子要回來麼？』後竟果然，所以叫做蟢子。」玉芝道：「既有喜子，可有喜母？」閨臣道：「聞得此蟲又名喜母，就如喜子一個意思。」玉芝道：「這還罷了；若只有喜子，並無喜母，未免對不住父母了。」

鳳翾掣了藥名雙聲道：「

豨薟　王符《潛夫論》　西方之眾有逐豨者。

『之眾』雙聲，敬熙春姊姊一杯。」廖熙春掣了一籤，高聲念道：「水族疊韻。」春輝道：「水族之內，如鱅魚、鰫魚、鯈魚、銀魚之類，都是雙聲，若照這樣，未免過寬。據妹子愚見，凡說魚名，必須避了魚字，才不重複。」熙春道：「既不准魚字露面，只好借重馱碑的交卷了：

贔屭　左思《吳都賦》　巨鼇贔屭，首冠靈山。

本題疊韻，敬瓊芝姊姊一杯。」紫芝道：「好好的行令，怎麼忽然把祝大姊夫請出來？」題花道：「你去問問他，他的夫人還會說大書哩。」蘭芝趁便讓了一陣菜，又命丫環上了一道點心。蘭言道：「夫人讓酒讓菜這些舊套必須蠲了才好。況且昨日叨擾寶雲姊姊既無一人做假，無不盡歡，無不盡量，我們日親日近，安有今日倒來做假之理？妹子飲個令杯，此後席中如有做假的，罰兩杯，主人如再過於讓菜，也罰兩杯。行令的只管行令。用酒用菜的只管用酒用菜，各隨其便，彼此才覺適意。並且今日所行之令，一經令到跟前，全要細心，並非粗心浮氣所能行的。若再彼此遜讓，不獨分心躭擱好令，就是過於拘束，亦甚無趣。」眾人道：「所論極是。以後如有誤犯的，無論主客均照此例。」

瓊芝掣了獸名疊韻道：「

獬豸　范蔚宗《後漢書》　獬豸，神羊也。

本題疊韻，『羊也』雙聲，敬浦珠姊姊一杯。」玉芝道：「妹子聞得東方朔把獬豸叫做任法獸，這是何意?」閨臣道:「因他能別曲直;所以皋陶治獄,凡罪疑者,俱令獬豸觸之。古有獬豸冠,取義於此。我們只顧閒談,豈不躭擱浦珠姊姊笑話麼?」掌浦珠道:「紫芝妹妹你替我唱個小曲,我也多飲兩杯。」

紫芝道:「小曲雖有,但眾姊姊今日聚後,聞得都有告假回府之意。我想我們百人從赴宴相聚以來,內中結拜的不一而足;即以妹子而論,除了我家七個姊妹,其餘八九十位倒有多半同我結為異姓姊妹,將來別後,不知今生可能再見!那昭明太子說的:『嘆分飛之有處,嗟會面以無期!』細想起來,能不令人心酸!」說著,不覺滴下淚來。眾人聽了,也都觸動離懷,個個傷感。青鈿道:「別後究竟怎樣呢?」紫芝道:「惟有想他們再來。」青鈿道:「你想他,他不來呢?」紫芝道:「他不來,我自然要恨了,我這小曲就是這個意思。」因唱道:「

又是想來又是恨,想你恨你都是一樣的心。我想你,想你不來反成恨;我恨你,恨你不來越想的恨。想你是當初,恨你是如今。我想你,你不想我,我可恨不恨?若是你想我,我不想你,你可恨不恨?」

小春道:「婉如姊姊是個有名的恨人,這個小曲許多恨字,倒與他對路。小曲唱過,我們都飲一杯,請接令罷。」

浦珠掣了昆蟲雙聲。蘭芝道:「姊姊也要替我敬一杯呢。」春輝道:「這個題目最窄,浦珠妹妹雖受主人之託,只怕所飛之句還難得湊巧哩。不知妹妹要用何名?」掌浦珠道:「要承上文,惟蜘蛛二字最好。」春輝道:「若用蜘蛛,其飛觴之句,莫若《西京雜記》:『蜘蛛結而百事喜』,最妙了。」

浦珠道：「妹子適才也曾想到，因受主人之託，意欲想個雙聲疊韻俱全的才覺有趣。」把酒飲畢，想一想道：「有了：

蜘蛛　《關尹子》　聖人師蜘蛛，立網罟。

『師蜘』疊韻，『蜘蛛』雙聲，敬玉芝妹妹一杯，普席一杯。」玉芝一心只想早早接令，惟恐過遲容易題目被人說了，難以交卷；正在盼望，恰好這個蛛字巧巧輪到，不覺滿心歡喜；要過籤筒，搖了兩搖，口中祝道：「籤神！籤神！弟子素與韻學生疎，務必賜個容易題目，免的教我勞神！」掣了一枝列女名疊韻，念過題目，把籤交給下家歸筒。青鈿道：「有令在先，凡接令之家，遇見雙聲而兼疊韻，俱要說個笑話，且請妹妹把笑話說了，再講下文。」玉芝道：「這更難住我了。我自從掣了題目，見上面註著雙聲疊韻，是頭一件心事；所報各名，又要記著上文，是第二件心事；飛觴之句，要將所報各名飛出一字，是第三件心事；所飛句內，又要湊成雙聲疊韻，是第四件心事；所用之書，又不准重複，是第五件心事。此刻記了這個，忘了那個，及至想起那個，又忘了這個；真是心緒如麻，何能再說笑話？諸位姊姊讓我吃一杯，算我說過，免了罷！」

春輝道：「若花姊姊有令在先，凡說本題雙聲疊韻，只算交卷，不在普席敬酒之例。今浦珠姊姊所說之句，內有蜘蛛本題雙聲，如何接令之家又說笑話，普席又要敬酒？剛才姊姊自己接令，業已誤飲兩杯託人唱曲，此刻我們何能陪你錯呢？」浦珠想了一想，不覺笑道：「只顧要替主人敬酒，自己倒受罰了。」

青鈿道：「玉芝妹妹為何只管發獃？還不接令麼？」玉芝道：「左思右想，總無一個好笑話。好姊姊！我吃一杯，你替我說罷！」青鈿笑道：「怪不得發獃，原來還想笑話哩。我看你只怕有些痴了！難道大家的話你沒聽見麼？」玉芝道：「妹子一心想笑話，你們七言八語，那裡還敢理會？實實不曾聽得。」青鈿道：「這才是心不在焉，聽而不聞哩。大家免了你的笑話，快接令罷。」玉芝道：「姊姊莫非騙我麼？」青鈿笑道：「你只管接令，如有人教你說笑話，罰我十巨觥，難道還不放心麼？」

玉芝聽了，不覺滿心歡喜；正要朝下接令，因躭擱多時，只顧注意笑話，倒把題目忘了；偏偏牙籤業已歸筒，不由暗暗發急，猛然想道：「我記得剛才所掣，倒像是古人名，不知可是？且去碰他一碰，『我用伊尹』。」春輝道：「錯了；罰一杯。如有露意的，有令在先，要罰十巨觥哩。」玉芝道：「難道伊尹不是雙聲麼？」春輝道：「若不是雙聲，豈止罰一杯？」玉芝道：「共工、逢蒙呢？」春輝道：「不是；共是三杯了。」

玉芝道：「既非古人，我把天文地理再搜尋幾個，如說的對了，你就回我是的；設或不是，你莫答應，我就明白；不必只管不是不是，令人聽著討厭。我用天文：穹窿、河漢、玉燭、霹靂、列缺、招搖、鶉首、娵訾、星象；時令：清明、處暑；地理：原野、長川；地名：幽州、空桐；可有想頭？」春輝道：「無想頭；共十八杯了。」玉芝道：「天文地理既不是，我到百官找找去。」未知以後如何，且看下回分解。

第八十四回　逞豪興朗吟妙句　發婆心敬誦真經

話說玉芝道：「我用官名：少師、正詹、治中、檢校、知洲；身體：眉目、股肱、膀胱、指掌、暗啞、髭鬚、毫毛；可有意思？」春輝道：「無意思；共三十杯了。」玉芝道：「好在不過二十幾門，我就吃一罈，也不怕飛上天去！我用音樂：鼙鼓、簫韶；文具：金簡、玉硯；戲具❶：高竿、呼盧；財寶：玉印、金玦；器物：便面、茶船；服飾：釵釧、香囊；舟車：桴筏、玉輿；百穀：蜀黍、黃粱；蔬菜：金針、菓風；飲食：餛飩；糟糕，可好？」春輝道：「不好；共五十杯了。」

玉芝道：「真要糟糕了！我用花果：菡萏、苜蓿、黃楊、扶蘇、花紅、林檎、橄欖、毛桃、諸蔗、圓眼；藥名：芎藭、漏蘆、阿魏、薑黃、血竭、槐花、良姜、茵陳、五味、荳蔻；可用得？」春輝道：「不可用；共七十杯了。」玉芝道：「怎麼今日忽然鑽進迷魂陣了！」青鈿道：「據我看來，左一杯，右一杯，只怕還是『酉水陣』哩。」

玉芝道：「我用禽名：青雀、金雞、灰鶴、魚鷹、野鴨、鶉雉、流離、荊鳩、鵂鶹、鴟鶉；獸名：橐駝、夷由、於菟；水族：蝦蟆、蟾蜍、鱗鯉、玉珧；蟲名：螳螂、蛺蝶、蜻蜓、蟋蟀、果蠃、蜉蝣、蜣螂、蛞螻、螟蛉、耀夜；何如？」春輝道：「得罪！共九十七杯了！」紫芝道：「各門你都想到，

---

❶ 戲具：即「戲劇」。

單這一門想不到，卻也奇怪。」春輝道：「你口中露意，也想酒吃了。」芸芝趁春輝同紫芝講話，忙向玉芝輕輕說了一句。玉芝道：「春輝姊姊聽了，我用列女：瑤英、驪姬、文姬、扶都、莊姜、……」正念的順口，只聽春輝叫道：「有了，不必念了。」玉芝道：「那個是的？」春輝道：「扶都、莊姜都對本題。」玉芝道：「既是列女，為何單這兩個切題，別的又不對呢？」閨臣道：「上文是蜘蛛二字，你把承上這個規例怎麼忽然忘了？」玉芝聽了，這才明白。

春輝道：「如今玉芝妹妹恰恰共罰一百杯，不但他自己不能全飲，就是他府上七位姊姊也不能代如許之多，必須大家公議替他設法銷去若干，自飲若干，然後好接前令。」玉芝道：「既承姊姊美意，我倒有個善處之法：今日難得連主帶客共計一百人，這一百杯酒好在不多不少，每位只消代我一杯就完了。」青鈿道：「你們聽，好自在話兒，若不認真罰幾杯，少刻都要亂令了！並且所有幾個雙聲疊韻都被你隨嘴說的乾乾淨淨，少刻別人掣籤，又不能抄你舊卷，要費人許多神思，更覺可恨，如何輕輕放了你！」因向眾人道：「他這罰酒，妹子出個主意：此刻且將罰酒暫停，先把莊姜流觴句子教他飛出；所飛之句，只准四字；其四字之內，如有三個雙聲或三個疊韻一氣接連不斷，即將此酒請寶雲姊姊出個飛觴之令，都替他飛出去。倘不如式，自飲十杯，其餘九十杯，就以『莊姜』二字要在一部書上教他飛出。諸位姊姊以為何如？」

閨臣道：「若以正理而論，凡雙聲疊韻，必須兩字方能湊成一個；今四個字內要他三個雙聲疊韻，這是打馬弔推般出色算法，未免苦他所難了。古來只有『溪西雞齊啼』五個字內含著四個疊韻，這是自古少有的。今又限他要在『莊姜』二字之內飛觴，較之『溪西雞齊啼』，豈非更是難中之難麼？」

瓊芝道：「既如此，何不就請青鈿妹妹說個樣子呢？」青鈿道：「『溪西雞齊啼』就是樣子，何必再說？」史幽探道：「據我愚見，只要四字之內，恰恰湊成兩個，也就罷了，何苦定要三個？況句中又要或莊或姜在內，就是兩個也就儘彀一想了。」青鈿道：「一百杯罰酒，若不給他一個難題目，就是大家心裡也不服，少刻別人倘或受罰，都要以此為例了。」秦小春道：「我用一百秦字在一部書上替他飛出，何如？」青鈿道：「秦字不算。」蘭言道：「據我調停，不必定限四字，就是六七字也未為不可。」

玉芝道：「姊姊莫要勸他，你越勸，他越得意了。天下既有『溪西雞齊啼』五個字內含著四個疊韻，難道就無四個字內含著三個雙聲麼？」一面說著，舉起杯來連飲兩杯道：「必須多飲幾杯活活機才想的出哩。」又命丫環斟兩杯飲了，不覺笑道：「我今日要學李太白斗酒百篇了。」掌紅珠道：「這位李太白不知何時人，向來卻未聽見過？」玉芝道：「難道自稱：臣是酒中仙，這句也未聽過麼？」呂堯蓂道：「這玉芝妹妹只怕要瘋了，他的話越說越教人不解。」玉芝忽叫道：「諸位姊姊暫止諠譁，酒仙交卷了：

莊姜　《中庸》　齊莊中正。

『齊莊』雙聲，『莊中』雙聲，『中正』雙聲，敬鳳雛姊姊一杯，請教笑話一個，普席各飲雙杯。」眾人齊聲讚道：「這句果然飛的有趣。難得四個字巧巧生在一母，今日大家飛觴之句以此為最了。」

張鳳雛道：「妹子因昨日綠雲姊姊央求眾人寫扇子，偶然想起一個笑話：一人夏日去看朋友，走到朋友家裡，只見朋友手中拿著一把扇子，面前卻跪著一人在那裡央求。朋友拿著扇子只管搖頭，似有不肯之狀。此人看見這個樣子，只當朋友素日書法甚佳，不肯輕易落筆，所以那人再三跪求，仍不肯寫。此人看不過意，因上前勸道：『他既如此跪求，你就替他寫寫，這有何妨？』只見地下跪著那人連連喊道：『你會意錯了！我並非求他寫，我是求他莫寫。』」說的眾人不覺好笑。蘭言道：「世人往往自以為是，自誇其能，別人看著，口裡雖然稱讚，心裡卻是厭煩，他自己那裡曉得！這個笑話雖是鬥趣，若教愚而好自用的聽了，卻是當頭一棒，真可猛然喚醒。人能把這笑話存在胸中，凡事虛心，所行之事，自然不致貽笑於人了。」

青鈿道：「笑話業已說過，請寶雲姊姊銷這百杯酒了。」寶雲道：「恰好妹子素日有個心願，此時借此把酒銷去，卻也有趣；但恐過於迂腐，不合大家之意。」眾人道：「姊姊有何心願，只管分付，無不遵命。」寶雲道：「妹子幼年因父母常念膝下無子，時常憂悶，每每患病，所以暗暗許個心願，親自敬錄一萬張《覺世真經》，各處施送。此刻意欲奉送諸位姊姊一張。當日發願之時，曾禱告神祇：有人見了此經，如能敬誦一遍的，願他諸事如意，遇難成祥。今日奉送之後但願時時敬誦，自然消凶聚慶，福壽綿長。喜得大家分居各道，每位另有十張，拜懇帶去替我施送。並且《真經》之後還有幾行小字，是勸人敬避聖諱的。妹子因鄉愚無知往往直稱聖諱，並不稱某，而於文字亦不敬避。即使有不能不用者，查『𩃬』字按前人韻書原可通用，似應書此，方為尊敬。尤可駭的，鄉愚無知，往往以天字取為名號。殊不知天為至尊，人間帝王尚且稱為天子，若世人為名為號，其悖謬何可勝言！又有以君字為名號的。要知人生世上，除天地之外，惟君父最大，今於名號既知父字宜避，而君在父上偏又不避，不知何意。諸如此類，總要明哲君子於鄉黨中剴切曉喻，俾知尊敬天地君親之道，自然同歸於善了。」

眾人道：「如此好事，姊姊又是寫就現成之物，並非教吾們代寫施送，怎麼說拜懇的話？未免客套了。」蘭言道：「他為父母的事，況且又是聖經，這拜懇二字卻是不可少的，不如此也不顯他慎重之意。眾人因他慎重，也就不肯草草施送了。請教怎麼又能借此可以行令呢？」

寶雲道：「如今妹子意欲借此把這《真經》對眾敬誦一遍，普席都以句之落處飲酒。假如『敬天地』，順數，第三位即架一籌。周而復始。念完之後，以面前酒籌多寡，照數飲酒。雖是奉敬兩杯之意，其實要借此宣揚宣揚，這就如蘭言姊姊所說無非勸人眾善奉行之意。諸位姊姊以為何如？」眾人道：「我們無不遵令。」

蘭言道：「如此好令真是酒席筵前所未有的，妹子恭逢其盛，能不浮一大白！至於姊姊所囑《真經》，妹子不但代為施送，並且親自薰沐也錄一千張施送，以為老師、師母求福一點孝心。」寶雲再三稱謝。

那邊閔蘭蓀同畢全貞、花再芳三人所坐之處，雖都隔席，但相離甚近，不時交耳接談，今聽寶雲、蘭言之話，都不覺暗暗發笑。畢全貞暗向二人道：「寶雲姊姊要行此令，已是迂腐討厭，偏偏這位蘭言夫子，不但並不攔阻，還要從中讚揚，你說令人恨不恨？真是輕舉妄動，亂鬧一陣了。」花再芳道：「蘭言夫子聽了寶雲夫子之話，正中心懷，樂不可支，如何肯去攔阻？你只聽他昨日那一片但行好事，莫問前程的話，也不怕人厭，刺刺不休，就知他素日行為之謬。他口口聲聲只是勸人做好事；要知世間好事甚多，誰有那些閒情逸志去做？不獨沒工夫去做，並且也做不了許多。與其有始無終，不能時行方便，倒不如我一善不行的爽快。遇著錢上的方便，我給他一毛不拔，借此也省許多花消；遇著口上的方便，我給他如聾似啞，借此也省許多唇舌。我主意拿的老老的，你縱有通天本領，也無奈我何。行為一定如此，這是牢不可破的。」

閔蘭蓀道：「姊姊主見之老，才情之高，妹子雖不能及，但果蒙不棄，收錄門牆之下，不消耳提面命，不過略為跟著歷練歷練❷，只怕還要青出於藍哩。這些行為妙算，一時也說不完，好在大家言談都歸一路，將來慢慢倒要叨教。妹子平日但凡遇見吃酒行令，最是高興，從不畏首畏尾；剛才聽了這些不入耳之言，不但興致索然，連頭都要疼了。昨日聽了蘭言夫子那番話，足足頭疼一日；今日剛覺輕鬆；偏遇寶雲夫子又是這番話，這個頭疼倒又接上了。」

寶雲見眾人個個遵令，滿心歡喜，因命丫環焚了幾爐好香，遠遠擺在香几上，隨即飲了令杯，以淨水漱了口，命丫環取了一副酒籌，一面念著，一面散籌。不多時，把《真經》念完，眾丫環七手八腳都在各席查看眾人面前酒籌，照數斟酒。內中如閔蘭蓀、花再芳、畢全貞並還有幾位才女都厭煩怕聽《真經》，誰知不巧，偏偏句子落在這幾位座上較多幾籌。無如他們又是逞強，也不等《真經》念完，每架一籌，趕忙飲了，就去銷籌，總是架一籌，乾一杯。俗語說的：「酒入歡腸」；他們聽了此令，已是滿心煩悶，勉強應酬，偏又加上幾杯急酒，等到寶雲念完，這幾位已是東倒西歪，就要嘔吐，勉強忍住。誰知花再芳因吃些餚饌葷腥之類，何能禁得一連幾杯急酒。那酒吃了下去，登時就在腹中同菜爭鬥起來。裡面地方甚小，爭之許久，酒既不能容菜，菜又安肯容酒，一齊都朝外奔，再芳再三

---

❷ 歷練：經歷練習。

攔擋，那裡攔得住，說時遲，那時快，只聽哇的一聲，連酒帶菜吐了一地。

紫芝走到那邊在地下看一看道：「罪過！罪過！」一面說著，取了一雙牙筯，在地下夾起一物，放在再芳口邊道：「姊姊快把這個吃了，不但立時止吐，還免罪過哩。」再芳果真把嘴張開，吞了下去。紫芝頓足道：「我的姊姊！怎麼並不嚼爛，還是整吞進去！少刻倘或嘔出，仍是整的了。」眾人道：「是個甚麼，你就給他吃了？」紫芝道：「剛才我夾起的，是整整的一個蝦仁兒。再芳姊姊當時大約吃的匆忙，未曾嚼爛，剛才嘔出，還是一個整的，此刻他又整吞進去。」眾人聽罷，不覺掩鼻大笑。

紫芝放下牙筯，正要回席，只見閔蘭蓀拿著牙杖在那裡剔牙。紫芝走近身邊道：「姊姊是甚麼把牙塞了？這樣狠剔還剔不出，我替你剔。」把牙杖接過。閔蘭蓀張口仰首，紫芝朝裡望一望道：「姊姊！你的牙縫甚寬，塞的東西甚大，你拿這根小小牙籤去剔，豈非大海撈針麼？」說罷，放下牙籤，取了一雙牙筯，放入口內，朝著牙縫向外狠狠一夾。未知後事如何，且看下回分解。

第八十五回　論韻譜冷言譏沈約　引毛詩佳句美莊姜

話說紫芝拿著牙筯在蘭蓀牙縫狠狠一夾，才夾了出來，望了一望，朝地下一丟道：「我只當肉絲子塞在裡面，原來卻是整整的一個肉圓子！寶雲姊姊這個廚子，明日一定要重重賞他，難為他做的這樣結實。」說的眾人笑個不了。

鳳雛掣了列女疊韻。玉芝道：「《詩經》極言莊姜容貌甚美，姊姊既承上文，豈可將他美貌置之不問？倘能引出《毛詩》讚他一句，妹子格外再飲一杯。」鳳雛道：「《詩經》之句原多，要與所報之名相合的，一時何能湊巧？也罷，我借別書略為點染一句，也就算不辱命了：

延娟　《陳思王集》　雲髻峨峨，修眉聯娟。

『峨峨』雙聲，『聯娟』疊韻，敬華芝姊姊一杯，普席一杯。」小春道：「本題既無普席之酒，這個重字❶也不應普席有酒；若像這樣，少刻都飛重字了。」若花道：「嗣後凡飛本題以及重字者，只算交卷，普席一概無酒；倘接令之家，情願照常說一笑話，普席仍飲一杯。」眾人道：「如此極妙。」

華芝掣了戲具雙聲，飲了令杯道：「

秋千　《陸平原集》　採千載之遺韻。

❶ 重字：疊字，即二字重疊的修辭法。

『之遺』疊韻，『遺韻』雙聲，敬星輝姊姊一杯，普席一杯。」蘭言道：「大家飛了若干句子，惟華芝姊姊這句才歸到今日酒令，本題借此點明，卻是不可少的；但普席又要吃酒未免令人接應不暇了。」蘭芝趁著大家飲酒，又在那裡讓菜，被眾人罰了一杯。

蔣星輝道：「妹子說個禪機笑話：有個和尚，道行極深，講的禪機，遠近馳名。這日有個狂士，因慕和尚之名，特來拜訪。來至庵中，走到和尚面前，不意和尚穩坐禪床，並不讓坐。狂士不覺怒道：『和尚既有道行，就該明禮，為何見我仍舊端坐，並不立起，是何緣故？』和尚道：『我不立起，內中有個禪機。』狂士道：『是何禪機？』和尚道：『我不立起，就是立起。』狂士聽罷，即在和尚禿頭上狠狠打了一掌。和尚道：『相公為何打我？』狂士道：『我也有個禪機。』和尚道：『是何禪機？』狂士道：『我打你，就是不打你。』」說的眾人好笑。

星輝掣了財寶雙聲道：「

青錢　魯褒〈錢神論〉　錢多者處前，錢少者居後。

『前錢』雙聲而兼疊韻，敬全貞姊姊一杯，普席一杯。」春輝道：「這句當中很可點斷，普席之酒似乎可免。」畢全貞道：「就如此，我的笑話自然也免了。」閨臣道：「這句錢多處前錢少居後，令人聽了，想起世態炎涼，能無慨嘆！」

青鈿道：「姊姊因錢字而嘆，我因『青』字忽又想起『是以』二字真罰的委屈。試問這個青字同水旁清字有何分別？龍與玲瓏之瓏，其音又有何異？他卻分在兩韻，最令人不懂的：方旁之『於』歸在『六魚』，干鈎之『于』歸在『七虞』，諸如此類，不知是何肺腑？」春輝道：「他以一身而事宋、齊、梁三朝之君，於忠之一字，已可想見，其餘又何必談他！」全貞道：「二位姊姊暫停高論，妹子交卷了。」隨手掣了人倫雙聲道：「

妻妾　蔡邕〈月令問答〉　今曰御妾，何也？」

紫芝道：「他要置妾，你便怎樣？我看姊姊倒有些醋意了。」蘭芝道：「人家話還未完，你停停再說罷。」全貞接著道：「曰御雙聲，敬亞蘭姊姊一杯。」

蘇亞蘭掣了蟲名雙聲道：「玉芝姊姊才託鳳雛姊姊所飛《毛詩》之句不能湊巧，如今妹子倒可引用讚美莊姜原句了：

蝤蠐　《詩經》　領如蝤蠐。

本題雙聲，敬舜英姊姊一杯。」蘭言道：「這句不但補足莊姜之美，並且所敬亦得其人；若是容貌稍差的，也就不配了。」舜英道：「姊姊言談最是純正，何苦卻拿妹子開心？」蘭言道：「我是言道其實，你只問問眾人就知道了。」

舜英掣了戲具雙聲道：「青鈿姊姊，又是飛鞋那個玩意到了：

氣毬　馬融《忠經》　導之以禮樂以和其氣。

『樂以』『其氣』俱雙聲，敬巧文姊姊一杯，普席一杯。」印巧文道：「這都是青鈿姊姊拋毬帶累的，不但要吃酒，還要說笑話。奉告諸位姊姊，往日妹子原喜說笑話，今日只好告罪了。」青鈿道：「今日為何不說？」巧文道：「妹子並非不說，其中有個緣故。」青鈿道：「是何緣故？倒要請教。」巧文道：「既是姊姊諄諄下問，我也不得不說了。實告訴你罷，我不說，就是說。」眾人聽了，猛然想起禪機笑話，不覺大笑。青鈿道：「諸位姊姊莫笑，且聽巧文姊姊說笑話。」巧文道：「凡說笑話，原不過取其發笑，今大家既已笑了，妹子才說之話，就可算得笑話，何必再說？」閨臣道：「此言並不勉強，自應接令為是。」

玉芝道：「請教令官，即如剛才妹子誤說各名約有一百之多，以後別人可准再用？」春輝道：「再用的罰三杯。」玉芝道：「這還罷了。」巧文掣了古人名雙聲道：「

劉伶　《國語》　聞之伶州鳩。

『州鳩』疊韻，敬彩雲姊姊一杯。」玉芝道：「此時酒仙既出來，必須奠他一奠，少刻大家才有興哩。」於是面對戲臺恭恭敬敬福了一福，奠了三杯。小春也奠了一杯道：「劉老先生我也不求五斗解酲，只求他老人家保佑我莫吐，就感大情了！」紫芝道：「此令既有二十餘門之多，何必要這古人名？妹子適才約計由唐虞至前隋，案經史可考的共有二百餘人，都是雙聲疊韻，未免過寬，必須除去這一門，方不浮泛。」閨臣道：「不但此籌可去，並且此令甚多，若慢慢行去，恐令未完，天就晚了，據妹子愚見，莫若大家依次先掣二三十籤，再一總結算，應說笑話者說笑話，願行小令者行小令，如此分個段落，不過兩三次就可令完，既不躭誤飲酒，又可不致夜深，不知可好？」

彩雲掣了服飾雙聲道：「妹子就遵姊姊之命，早早交卷：

輕裘　《墨子》　牸羊之裘，練帛之冠。

『牸羊』疊韻，敬紅英姊姊一杯。」紅英掣了戲具雙聲道：「

琴棋　《顏氏家訓》　圍棋有手談坐隱之名。

『有手』疊韻，敬瑤芝姊姊一杯。」井堯春道：「這樣寬題，不替主人轉敬，未免可惜。」燕紫瓊道：「此題若輪到妹子，大約也可轉敬一杯。」邵紅英道：「你們二位一善琴，一善棋，腹中自然該有琴棋故典。既是如此，你們就各認一字也飛一句書，如雙聲疊韻俱全，抑或兩個雙聲、兩個疊韻，我說一個笑話；設或飛句不能如式，每人各飲三杯。」堯春道：「既如此，我就有僭，先飛琴字：李延壽《北史》，『垂簾鼓琴，風韻雅遠。』兩個雙聲。」紫瓊道：「邯鄲淳《藝經》，『夫圍棋之品有九，一曰入神。』雙聲疊韻俱全。請教笑話了。」紅英道：「輪我掣籤飛句，只有我聽人的笑話，此時反弄到自己身上，倒也別致，適才我因李延壽『李』字，卻想起一個笑話：有個宰相去世多年，他族中有個姪兒，每與親朋交談，就把家伯賣弄出來，意欲使人知他為宰相族姪。一日，偶到杭州遊玩，因見石壁題著前朝許多名士，他也寫了幾字道：『大丞相再從姪某嘗遊於此。』題畢而去。後來有個士人李某，最好詼諧，看見此字，因題其旁道：『元元皇帝二十五代孫李某繼遊於此。』」蘭言笑道：「此話雖是遊戲，但鄉愚往往犯了此病，若將這話給他聽了，受益不淺。」

瑤芝掣了獸名雙聲道：「

窮奇　王弼《周易略例》　一陰一陽而無窮。

『一陰』『陰一』『一陽』俱雙聲，敬月芳姊姊一杯，普席兩杯。」褚月芳掣了藥名雙聲道：「

紅花　《謝康樂集》　含紅敷之繽翻。

『含紅』雙聲，敬萃芳姊姊一杯。」哀萃芳掣了地名雙聲。春輝道：「按現在十道所轄縣名，雙聲疊韻，約有一百，若用縣名，未免過於省事，誤用者罰。」萃芳道：「幸而妹子想了一個，卻與這些名目不同。

中州　《離騷經》　夕攬中州之宿莽。

本題『州之』俱雙聲，敬小鶯姊姊一杯。」題花道：「我飲一個令杯，以後旁令說過之書，也不准再用。至於詩句，惟閨閣之書准用，餘皆不准，才不寬泛。違者罰。」崔小鶯製了藥名雙聲道：「

防風　崔寔《農家諺》　日沒胭脂紅，無雨也有風。

『雨也』雙聲，『也有』雙聲，敬錦春姊姊一杯，普席一杯。」酈錦春製了身體雙聲道：「

肺腑　司馬遷《史記》　諸侯子弟若肺腑。

本題雙聲，敬婉春姊姊一杯。」鄒婉春製了人倫雙聲道：「

祖宗　劉向《列女傳》　學窮道奧，文為辭宗。

『文為』雙聲，敬月輝姊姊一杯。」蔣月輝製了藥名雙聲道：「藥名雖有，就只承上甚難，這卻怎好？」只聽耳旁有人說道：「如此如此，豈不好麼？」月輝聽了，滿心歡喜道：「

蜂房　《春秋佐助期》　虞舜之時，景星出房。

『之時』疊韻。敬……」一面說著，又細細數一數道：「敬二姊姊一杯。」蔣秋輝笑道：「這個玩的好，怎麼敬到自己家裡了！」青鈿道：「這才顯得你們姊妹親熱哩。」月輝回頭把題花望了一眼道：「好個短命鬼！」題花把月輝一指道：「好個冒失鬼！」秋輝製了服飾雙聲道：「

黼黻　《金樓子》　觀人以言，美於黼黻文章。

『以言』本題俱雙聲，敬蕙芳姊姊一杯。」譚蕙芳製了舟車雙聲道：「

風帆　沈約《宋書》　願乘長風破萬里浪。

『乘長』雙聲，敬蘭言姊姊一杯。」玉芝道：「怎麼蘭言姊姊落下淚來？」蘭言道：「我因蕙芳姊姊所飛這個風字，忽然想起《韓詩外傳》，『樹欲靜而風不止，子欲養而親不待』，這兩句話，觸動思親之心，所以傷感。假如雙親在堂，此時蒙太后半支俸祿，再能內廷供奉，即使家寒，亦可敷衍養親。無如子欲養而親不待，雖高官極品，不能一日養親，亦有何味？這總是自己早不樹立，以致親不能待，後悔何及！」蘭芝道：「姊姊只顧如此，豈不打斷酒興麼？」未知後事如何，且看下回分解。

第八十六回　念親情孝女揮淚眼　談本姓侍兒解人頤

話說蘭芝道：「眾人聞了此言，莫不落淚，豈不打斷酒興麼？」閨臣道：「此事雖由那個『風』字惹出來的，但蘭言姊姊這幾句話，令人聽了，卻勉勵我們不少。據我看來，無論貧富，得能孝養一日且孝養一日，得能承歡一日且承歡一日，若說等你富貴之時再去盡孝，就只怕的來不及了！」

蘭芝道：「好姊姊，莫傷心，接令罷。」蘭言掣了人倫雙聲，就在桌上用酒寫了一個「厶」字，道：「玉兒，你可認得？」玉兒走來望一望道：「這是某處的某字，又讀公私的私字。」蘭言道：「你何以曉得？」玉兒道：「當日晉朝范甯註《穀梁》，曾有某字之說；周時韓非論《倉頡》，卻有私字之義。」蘭言道：「我正要把這私字告訴他，好寫在底本上，誰知他更明白。」題花道：「這叫作強將手下無弱兵。請罷，玉老先生我們認得你了！」紫芝道：「他豈但在冷字上用功，還有一肚子好笑話哩。」月芳道：「少時我飲兩杯，務必代我說一個。」

青鈿道：「我記得『子欲養而親不待』這兩句倒像出在劉向《說苑》，怎麼說是韓嬰《詩外傳》呢？」春輝道：「你把這兩部書仔細對去，只怕有幾十處都是雷同哩。」蘭言道：「多謝明斷。

公姑　《韓非子》　自營為厶，背厶為公。

『為厶厶』為俱疊韻，敬紅萸姊姊一杯。」紅萸道：「我情願吃兩杯，這個笑話只好拜託玉姑娘了。」

寶雲道：「姊姊怎麼稱他姑娘？豈不折他壽麼？」紅萸道：「這叫做敬其主以及其使。況他如此穎悟，下科怕不中個才女！」紫芝道：「他的笑話雖好，不知可能飛個雙聲疊韻？」蘭芝道：「如飛的合式，諸位才女自然都要賞鑑一杯。」

玉兒道：「我就照師才女『公姑』二字飛焦氏《易林》『一巢九子，同公共母』；雙聲疊韻俱全，敬諸位才女一杯。」紫芝道：「都已賞臉飲了，說笑話罷。設或是個老的，罰你一杯。」玉兒道：「就以我的姓上說罷。有一家姓王，兄弟八個，求人替起名字，並求替起綽號，所起名字，還要形象不離本姓。一日，有人替他起道：第一個，王字頭上加一點，名喚王主，綽號叫做硬出頭的王大。第二個，王字身旁加一點，名喚王玉，綽號叫做偷酒壺的王二。第三個，就叫王三，綽號叫做沒良心的王三。第四個，名喚王丰，綽號叫做扛鐵槍的王四。第五個，就叫王五，綽號叫做硬拐彎的王五。第六個名喚王王，綽號叫做歪腦袋的王六。第七個，名喚王毛，綽號叫做彎尾巴的王七。第八個名喚王全。」玉兒說到此處，忽向眾人道：「這個全字本歸入部，並非人字，所以王全的綽號叫做不成人的王八。」

月芳笑道：「這個笑話雖好，未免與你尊姓吃虧。我吃兩杯，你也替說一個，我好銷帳。倘能把他們昨日『射鵠子』說一笑話，我格外再飲一杯。」玉兒道：「既如此，我就勉強敷衍一個。有一武士射鵠，適有一人立在鵠旁閒望，惟恐箭有歪斜，所以離鵠數步之外，自謂可以無虞。不意武士之箭射的甚歪，忽將此人鼻子射破，慌忙上前陪罪，連說失錯。此人用手一面掩鼻，一面說道：『此事並非你錯，乃我自己之錯。』武士詫異道：『我將尊鼻射破，為何倒是你錯？』此人道：『我早知箭是這樣射的，原該站在鵠子面前。』」酈錦春笑道：「玉姑娘，我也只好奉煩了。」

紅珠道：「姊姊詩學甚精，如做一首打油詩也就算了，何必定說笑話？」玉兒道：「才女把酒乾了，我就說個做詩笑話。有一士人在旅店住宿，夜間忽聽隔房有一老翁自言自語道：『又是一首。』士子忖道：『原來隔房竟是詩翁，可惜夜深不便前去請教。據他所說又是一首，可見業已做過幾首了。』正在思忖，只聽老翁道：『又是一首。』士子道：『轉眼間就是兩首，如此詩才，可謂水到渠成，手無難題❶了。』到了次日，急忙整衣前去相會，略道數語，即問老翁道：『聞得老丈詩學有七步之才❷，想來素日篇什必多，特來求教。』老翁詫異道：『老漢從不知詩，不知此話從何而起？』士子笑道：『老丈何必吝教？昨晚隔房明明聽見老丈頃刻就是二首，何必騙我？』老翁道：『原來尊駕會意錯了。昨晚老漢偶爾破腹，睡夢中忽然遺下糞來，因未備得草紙，只得以手揩之，所謂一手一手者，並非一首詩，乃是一手屎。』」眾人聽了，不覺大笑。題花道：「凡做詩如果詞句典雅，自然當得起個詩字；若信口亂言，就是老翁所說那句話了。」

紅萸掣了地名雙聲道：「

東都 《江醴陵集》 帳飲東都，送客金谷。

本題雙聲，敬亭亭姊姊一杯。」春輝道：「姊姊怎麼忽然鬧出江文通〈別賦〉？恰恰又飛到亭亭姊姊面前，豈不令人觸動離別之感，黯然銷魂麼？若要想起諸位姊姊行期，連日之聚，真是江文通說的『惟罇酒兮敘悲』了。少刻必須紫芝妹妹把將來別後大家怎樣音信常通唱個小曲，略將離愁解解才好哩。」

---

❶ 手無難題：比喻得心應手，遇事無難題。

❷ 七步之才：比喻詩才敏捷。

亭亭製了列女雙聲道：「

嫫母　《老子》　有名萬物之母。

『萬物』雙聲，敬艷春姊姊一杯。」玉芝道：「我記得『嫫母』二字見之《史記》、《漢書》，別的書上也還有麼？」亭亭道：「即如『嫫母姣而自好』，見屈原〈九章〉；『嫫母有所美』，見《淮南子》；『嫫母勃屑而自侍』，見東方朔〈七諫〉；『嫫母倭傀，善譽者不能掩其醜』，見《王諫議集》；『飾嫫母之篤陋』，見《晉書・葛洪傳》；『瞽者遇室，則西施與嫫母同情』，見嵇康〈養生論〉；『使西施出帷，嫫母侍側』，見吳質書。他如古詩，『若教嫫母臨明鏡』一類，歷來引用者甚多，妹子一時何能記得？」玉芝道：「常聽人說亭亭姊姊腹中淵博，我故意弄這冷題目問他一聲，果然滔滔不斷，竟說出一大篇來。」

施艷春製了官名雙聲道：「

祭酒　《周禮》　酒正掌酒之政令。

『之政』雙聲，『政令』疊韻，敬綠雲姊姊一杯。」綠雲製了藥名雙聲道：「

細辛　劉熙《釋名》　少辛，細辛也。

本題雙聲，敬珠鈿姊姊一杯。」珠鈿製了時令雙聲道：「

小雪　《春秋元命苞》　陰氣凝而為雪。

『而為』疊韻，敬紅蕖姊姊一杯。」紅蕖製了百穀雙聲道：「

麰麥　《尚書大傳》　過殷之墟，見麥秀之蔪蔪。

重字雙聲，敬幽探姊姊一杯。」幽探掣了服飾雙聲道：「

布帛　《諸葛丞相集》　臣本布衣，躬耕南陽。

『本布』『躬耕』俱雙聲，敬書香姊姊一杯。」書香掣了財寶雙聲道：「

寶貝　鍾嶸《詩品》　陸文如披沙簡金，往往見寶。

『簡金』重字俱雙聲，敬瑤釵姊姊一杯。」緇瑤釵掣了地理雙聲道：「

瀑布　《孫廷尉集》　瀑布飛流以界道。

本題雙聲，敬麗娟姊姊一杯。」麗娟掣了藥名雙聲道：「

百部　《大戴禮》　有霡之蟲，三百六十。

『有霡』雙聲，敬堯春姊姊一杯。」堯春掣了飲食雙聲道：「

玉液　史游《急就章》　有液容調。

『有液』雙聲，『液容』雙聲，敬秀春姊姊一杯，普席一杯。」陶秀春道：「這個容字，我們讀做戎字，今姊姊說『液容』雙聲，只怕錯了。」春輝道：「按前人韻書，『容液』本歸一母，若讀做『戎』字，那是貴處土音，豈是堯春姊姊錯哩？」秀春道：「既如此，這個笑話少時只好奉託玉姑娘了。」紫芝道：「與其記在帳上，莫若你飲兩杯，我替你說。」秀春把酒飲了。紫芝道：「有個公治短去見長官。長官道：『吾聞公治長能通鳥語，你以短為名，有何所長？』公治短道：『我能通獸語。』正在說話，適有犬吠之聲。長官道：『你既能通獸語，可知此犬說什麼？』公治短聽之良久，不覺皺眉道：『這狗滿嘴土音教我怎懂！』」眾人一齊大笑。

秀春道：「怪不得教我預先吃酒，那知這短命鬼卻來罵我！」隨即掣了音律雙聲道：「

音樂　《孝經》　移風易俗，莫善於樂。

『於樂』雙聲，敬紫雲姊姊一杯。」閨臣道：「據這兩句聖經看來，可見人家演戲，那壞人心術之戲也不可唱。若是官長在廟宇敬神，以及父兄在家庭點戲，尤應點些忠孝節義的，使人效法才是。雖係游戲陶情，其實風化攸關，豈可忽略？但人只圖悅目，那裡計及於此！」

紫雲掣了列女雙聲道：「

雲英　陶潛《聖賢群輔錄》　天下忠貞魏少英。

『忠貞』雙聲，敬淑媛姊姊一杯。」淑媛掣了藥名雙聲道：「

荊芥　《曹大家集》　生荊棘之榛榛。

『荊棘』『之榛』俱雙聲，『生荊』疊韻，敬文錦姊姊一杯，普席兩杯。」青鈿道：「且慢斟酒。我記得揚雄〈反離騷〉有此一句，為何說是《曹大家集》？只怕要罰一杯。」春輝道：「那〈反離騷〉是『枳棘之榛榛兮』，與〈東征賦〉『生荊棘之榛榛』，卻微有不同，只怕妹妹錯了。」青鈿道：「呸！是我記錯，罰一杯。」

謝文錦道：「我不會說笑話，這個交易可有人做？」紫芝道：「你果真不會，把酒乾了，我替你說。」文錦道：「莫非騙我吃酒，又是公冶短麼？」紫芝道：「你說話又無土音，就是公冶短也與你無干。」文錦把酒飲了，紫芝道：「有個公冶矮去見長官。長官問其所長，原來此人乃公冶短之弟，也通獸語。正在談論，適值驢鳴。長官道：『他說甚麼？』公冶矮道：『他說他不會說笑話。』」文

錦忍不住發笑道：「我也不知他怎麼編的這樣快。」隨手掣了舟車雙聲道：「

錦車　《易經》　大車以載，有攸往，无咎。

『有攸』『往无』俱雙聲，敬題花姊姊一杯。『多飛』、『无咎』二字，以為日後若花姊姊飛車回鄉吉祥之兆，並非敢敬普席之酒。」蘭言道：「聞得飛車出在奇肱，若花姊姊這個飛車可是此處借的？」若花道：「飛車原是奇肱土產，近來周饒得了其術，製造更精，所以家父從周饒借來的。」玉芝道：「將來我們過去送行，倒要長長見識哩。」

題花掣了服飾雙聲道：「我用剛才『銀漢浮槎』那個故典，春輝姊姊以為何如？」春輝拍手笑道：「若果如此，妹子就有文章做了，姊姊快些交卷。」未知後事如何，且看下回分解。

第八十七回　因舊事遊戲仿楚詞　即美景詼諧編月令

話說春輝笑道：「姊姊快些交卷，妹子有文章做了。」題花道：「

巨屨　《孟子》　有業屨於牖上，館人求之弗得。」

紫芝道：「『求之弗得』，那裡去了？」題花道：「飛了。『有業』『於牖』俱雙聲，敬實鈿姊姊一杯，普席一杯。」春輝道：「我因今日飛鞋這件韻事，久已要想替他描寫描寫，難得有這『巨屨』二字，意欲借此摹仿幾部書，把他表白一番，姊姊可有此雅興？」題花道：「如此極妙，就請姊姊先說一個。」春輝道：「我仿宋玉〈九辯〉：『獨不見巨屨之高翔兮，乃墮卞氏之圃。』」題花道：「我仿〈反離騷〉：『巨屨翔於蓬諸兮，豈凡屨之能捷？』」玉芝道：「我仿賈誼賦：『巨屨翔於千仞兮，歷青霄而下之。』」小春道：「我仿宋玉〈對楚王問〉：『巨屨上擊九千里，絕雲霓，入青霄，飛騰乎杳冥之上，夫凡庸之屨，豈能與之料天地之高哉？』」春輝道：「這幾句仿的雄壯。」

紫芝道：「若要雄壯，這有何難！我仿《莊子》：『其名為屨，屨之大不知其幾千里也，怒而飛，其翼若垂天之雲。是屨也。海運則將徙於南冥。南冥者，天池也。諧之言曰：屨之徙於南冥也，水擊三千里，摶扶搖而上者九萬里，去以六月墮者也。』」春輝道：「這個不但雄壯，並且極言其大，很得題神。」

題花道：「這樣仿到何時？莫若把《五經》仿了好接前令。我仿《春秋》：『庚子，夏四月，一屨高飛過卞圃。』」春輝道：「記其年，記其月，而並記其所飛之地，這是史筆不可少的。」玉芝道：「我仿《易經》：『初九，屨，履之則吉，飛之則否。象曰：履之則吉，行其正也；飛之則否，舉趾高也。』」春輝道：「此言事應休咎，也是不可缺的。」小春道：「我仿〈禹貢〉：『厥屨維大，厥足維臭。』」春輝道：「這是言其形，辨其味，也是要緊的。」青鈿道：「原來姊姊還能辨其味，倒也難得。」

紫芝道：「我仿《毛詩》：『巨履颺矣，于彼高岡；大足光矣，于彼馨香。』」春輝道：「馨香二字是褒中帶貶，反面文章，含蓄無窮，頗有風人之旨。我仿〈月令〉：『是月也，牡丹芳，芍藥艷，遊卞圃，拋氣毬，鞋乃飛騰。』」玉芝道：「還有一句呢？」紫芝道：「足赤。」說的眾人好笑。青鈿道：「你們變著樣兒罵我，只好隨你嚼蛆，但有侮聖言，將來難免都有報應。」眾人道：「有何報應？」青鈿把舌一伸，又把五個手指朝下一彎道：「只怕都要適蔡哩。」眾人聽了，一齊發笑。

董寶鈿掣了鳥名雙聲道：「

錦雞　譙周《法訓》　羊有跪乳之禮，雞有識時之候。

『羊有』『識時』俱雙聲，時之疊韻，敬素雲姊姊一杯。」此句當中可以點斷，不敢轉敬。素雲掣了花卉雙聲道：「

蒹葭　申培《詩說》　蒹葭君子，隱於河上。

本題『隱於』俱雙聲，敬墨香姊姊一杯。」陽墨香掣了地理雙聲道：「

疆界　《陶彭澤集》　紆遠嚮於促界。

『紆遠』雙聲，敬麗蓉姊姊一杯。」蘭言聽墨香飛的這句，把他細細望了一望，不覺嘆息不已。余麗蓉掣了列女疊韻道：「

王嬙　劉劭《人物志》　詩詠文王，小心翼翼。

『文王』『小心』俱雙聲，敬耕烟姊姊一杯。」竇耕烟道：「此句幸虧當中可以點斷，省了一個笑話。」於是掣了花卉雙聲道：「

黃花　《邱司空集》　佩紫懷黃，贊帷幄之謀。

『懷黃』『帷幄』俱雙聲，敬翠鈿姊姊一杯。」花再芳道：「黃花無所指，未免過於浮泛，只怕要飲一杯。」耕烟道：「《汲冢周書》：『又五月，菊有黃華。』《禮記・月令》：『季秋之月，鞠有黃華。』這兩部書都說的是菊，為何妹子無指呢？古無花字，俱以華字通用，如光華之華，讀為陽平。華卉之華，讀做陰平。況《爾雅・釋草》明明寫著『荷，芙蕖，其華菡萏』。他如『唐棣之華』，『桃始華』之類，莫不以『華』為『花』。」再芳道：「若據此說，我這賤姓竟是杜撰了。但花字始於何時，姊姊可知麼？」耕烟道：「妹子記得北魏太武帝始光二年造新字千餘，頒之遠近，以為楷式；如『花』字之類，雖不知可在其內，但晉以後每每見之於書，大約就是當時所頒新字了。」

董翠鈿掣了飲食雙聲，想了多時，雖有幾個，無奈總不能承上。紫芝見他為難，因暗向題花道：「他有結巴毛病，我教他奏個音樂你聽。」忙把湯匙拿起，向翠鈿照了一照。又將兩手比做一個圓形，故意說道：「飛了許多句子，可惜總未將班婕妤、蘇若蘭詩句飛出來，姊姊何不飛一句呢？」翠鈿猛然被他提醒，連忙說道：「湯湯——

湯團　班婕妤詩　裁成合歡扇，團團似明月。

『合歡』『團團』俱雙聲，敬——呸！敬四妹妹一杯。」董花鈿道：「怎麼敬到家裡來了？」題花道：「剛才是蔣四姑娘敬蔣二姑娘，此刻又是董二姑娘敬董四姑娘，怪不得我們都摸不著酒吃。」紫芝道：「他豈但敬酒，並且湯、湯、湯敲起大鑼，還奏樂哩。」幽探道：「我聞翠鈿姊姊口吃毛病，醉後更甚，大約今日又多飲兩杯了。」紫芝道：「我說個笑話：一人素有口吃毛病，說話結結巴巴，極其費事。那日偶與眾友聚會，內中有一少年道：『某兄雖然口吃，如能隨我問答，不假思索，即可教他學做雞鳴。』眾友道：『凡口吃的，說話全不能自己做主，不因不由就要結結巴巴，何能教他學做雞鳴？果然如此，我們都以東道奉請。』少年道：『既如此，必須隨問隨答，不許停頓。』因取出一把穀來放在口吃者面前道：『這是何物？』口吃者看了，隨即答道：『穀穀。』」說的眾人好笑。紫芝用湯勺掬了一勺湯道：「翠鈿姊姊你看這是何物？」翠鈿看了笑道：「這這刻薄鬼，又教我奏樂了。」

董花鈿掣了列女雙聲道：「

敬姜　《班蘭臺集》　列肆侈於姬姜。

『姬姜』雙聲，敬蘭蓀姊姊一杯。」閔蘭蓀正吃的爛醉，聽見令到跟前，急忙抽了一籤，高聲念道：「身體雙聲。」想了多時，信步走到玉兒那邊道：「我看看他們用的都是什麼書，莫用重複了又要罰酒。」紫芝趁空寫了一個紙條，等蘭蓀走過，暗暗遞了過去。蘭蓀正在著急，看了一看，如獲至寶，慌忙說道：「

腳筋　《洛陽伽藍記》　牛筋狗骨之木，雞頭鴨腳之草。

『狗骨』雙聲，敬婉如姊姊一杯。」眾人聽見，滿心要笑，都因蘭蓀性情不好，又不敢笑，只得你望著我，我望著你，勉強忍住。紫芝道：「婉如姊姊這杯吃的有趣，還有狗骨可以下酒哩。」婉如皺著眉頭，自言自語道：「偏偏輪到俺，又是腳筋，又是狗骨都來了。」眾人聽了那個敢笑，只得再三忍住。花再芳道：「所報名類，原要顯豁明白，雅俗共賞；若說出來，與其慢慢替他破解，何不就像蘭蓀姊姊這個明明白白，豈不爽快？我倒要賞鑒一杯。」紫芝道：「你因有了好菜，自然想酒吃了。」

婉如掣了果木雙聲道：「

金橘　陳壽《三國志》　陸郎作賓客而懷橘乎？

『陸郎』雙聲，敬芳春姊姊一杯。」芳春掣了時令雙聲道：「

人日　宗懷《歲時記》　正月七日為人日。

本題雙聲，敬麗樓姊姊一杯。」青鈿道：「初七為人日，請教初一初二呢？此說可見經史麼？」鄴芳春道：「此說見董勛《問答》；後來《魏書・序》亦有一雞、二狗、三猪、四羊、五牛、六馬、七人、八穀之說。大約自元旦至初八日總宜晴和為佳；即如初五為牛，若是日有狂風暴雨，當主牛有災病。餘可類推。」

姜麗樓掣了音律雙聲道：「

律呂　劉向《別錄》　吹律而溫至黍生。

『黍生』雙聲，按時音『而溫』也是雙聲，敬繡田姊姊一杯。」鄒婉春道：「這個『黍』字，我們讀做『褚』字，與『生』字並非一母，為何是雙聲？」春輝道：「按黍、鼠、暑三字，韻書都是『賞呂切』，乃『舒』字上聲，正與『生』字同母，若讀『褚』字，那是南方土音，就如北方土音把『容』字讀做『戎』字。好在有書可憑，莫若都遵韻書為是。」鍾繡田掣了獸名雙聲道：「『鼠』字既是『賞呂切』，我就易於交卷了：

鼫鼠　姚思廉《梁書》　音懷首鼠，及其猶豫。

『首鼠』『猶豫』俱雙聲，敬芸芝姊姊一杯。」芸芝掣了飲食雙聲道：「

菽水　蔡邕《獨斷》　地下之眾者莫過於水。

『之眾』『眾者』俱雙聲，敬青鈿妹妹並普席一杯。」青鈿道：「我記得這句出在《風俗通》，怎麼說是《獨斷》？難道姊姊說錯也教我吃酒麼？」春輝道：「你又記錯了。那《風俗通》是『土中之眾者莫若水』，與『地下之眾者莫過於水』，卻稍有分別，原來這酒還是要你吃的。」青鈿教玉兒把書取來看了，這才把酒告乾，掣了官名雙聲道：「

尚書　魏徵《隋書》　聖人在上，史為書，瞽為詩。

『為詩』疊韻，敬驪珠姊姊一杯。」驪珠掣了地理雙聲道：「

山水　《龍魚河圖》　崑崙山有五色水。

『崑崙』疊韻，敬蘭芝姊姊一杯。」蘭芝掣了文具雙聲。題花道：「可惜今日已晚，只能行得雙聲疊韻之令，不能聯韻，若一百人每人一韻做一首百韻詩，豈非大觀麼？」春輝道：「每人只得一韻，若疊起精神，細細做去，只怕竟是曹娥碑『黃絹幼婦』那個批語哩。」蘭芝道：「就只怕的內中有幾位姊姊不喜做詩；若果高興，豈但『黃絹幼婦』，並且傳出去還有一個批語：

鎮紙　房喬《晉書》　洛陽為之紙貴。

『為之』疊韻，『之紙』雙聲，敬瑞蓂姊姊並普席一杯。」呂瑞蓂製了器物雙聲道：「

竹枕　令狐德棻《周書》　所居之宅，枕帶林泉。

『之宅』『宅枕』俱雙聲，敬蘭英姊姊一杯。」章蘭英製了藥名疊韻道：「可惜有許多好書都不准再用，只好借著『酒』字敷衍完卷了：

茱萸　束皙《發蒙記》　貓以薄荷為酒，蛇以茱萸為酒。」

玉芝道：「虎以犬為酒，鳩以桑椹為酒。」蘭英道：「妹妹莫鬧。本題疊韻，敬乘珠姊姊一杯。」掌乘珠製了天文雙聲道：「

陰陽　荀悅《申鑑》　想伯夷於首陽，省四皓於商山。

『夷於』『商山』俱雙聲，敬蘭音姊姊一杯。可惜《易經》有人用過，若飛『曰陰與陽』，豈不與『齊莊中正』並美麼？」紫芝道：「若飛京房《易傳》『《易》曰陰遇陽』，還是四個雙聲哩。」枝蘭音製了昆蟲雙聲道：「

衣魚　《元中記》　一日逢魚頭，七日逢魚尾。」

玉芝道：「此魚如此之長，若吃東西，豈不要三四天才到腹麼？『一日』『七日』俱疊韻，敬紅紅姊姊一杯，我替蘭音姊姊說了。」

紅紅道：「適因『衣魚』二字，偶然想起書集往往被他蛀壞，實為可恨。麗春姊姊最精藥性，可有驅除妙方?」潘麗春道:「古人言詞書之仙名長恩，到了除夕，呼名祭之，蠹魚不生，鼠亦不齧，妹子每每用之有效;但遇梅雨時也要勤曬，若聽其朽爛，大約這位書仙也不管了。」紅紅連連點頭，掣了百穀雙聲道:「

薏苡　王充《論衡》　薏苡之莖，不過數尺。

本題雙聲，敬錦雲姊姊一杯。」錦雲掣了一籤，正在高聲念道:「天文雙聲。」忽覺松林微微透出一陣涼風，個個吹的毛骨悚然。閨臣道:「怎麼剛掣天文就刮起風來?這籤竟有些作怪!為何風中還帶一股清香?」舜英道:「此香順風飄來，宛如丹桂，若非四季桂，安能如此?原來此處卻有如此佳品。」寶雲道:「家父四季桂久已進上，此時那得有此?適才這陣幽香，芬芳異常，豈下界所有?且陣陣俱從霄漢吹來，看這光景，果真竟是『天香雲外飄』了。莫非這位桂花仙姑知道今日座有佳賓，特放此香以助妹子敬客之意麼?」銀蟾道:「據我看來，此是師母連得貴子之兆，或主玉兒下科『蟾宮折桂』❶也未可知。」只見丫環向寶雲道:「剛才卞興來稟:『外面有兩個女子，自稱殿試四等才女，雖係四等，卻是博學。他因眾才女在此聚會，執意要來談談，如果都是學問非凡，得見一面，死也甘心。若非真才不敢相見，他也不敢勉強，只等眾才女回他一句，他就去了。』卞興因他說之至再，不敢不稟。如何回他，請小姐示下。」寶雲聽了，默默無言。閨臣道:「丫環，你教管家去回他，就說我們殿試都是徼倖名列上等，並非真才實學，何敢自不量力，妄自談文?況在酒後，尤其不敢冒昧請見。」若

❶ 蟾宮折桂：比喻科舉考試及第。

花道：「闔臣阿妹是謙謙君子，如此回覆，卻也省了許多唇舌。」只見亭亭、題花、春輝、青鈿一齊連說不可。未知後事如何，且觀下回分解。

第八十八回　借月旦月姊釋前嫌　逞風狂風姨洩舊忿

話說亭亭、青鈿、春輝、題花聞聽若花之言，一齊連說：「不可！姊姊為何如此示弱，先滅自己威風？與其不戰而負，何不請他一會？大家憑著胸中本領同他談談，倘能羞辱他一場，也教那些狂妄的曉得我們利害。如風頭不佳，不能取勝，那時再拜倒轅門也不為遲。丫環快去相請！」

不多時，兩女子攜手而來，一個年長的穿著青衫，年幼的穿著白衫，都是嬌艷無比，綽約異常。眾人見他器宇不凡，都不敢輕視，見禮讓坐，問了姓氏。青衣女子姓封，白衣女子姓越。寶雲命人當中另設一席。

二人歸坐，一一請問名姓；及至問到唐閨臣，白衣女子道：「聞得前者殿試，才女有一篇〈天女散花賦〉可冠通場，可惜仍存大內，傳抄不廣，未覩全豹，甚覺耿耿。昨雖看見幾聯警句，卻自平平，恐係傳寫之誤，抑或假託冒名，均未可知。今日難得幸遇，意欲以本題五字為韻，請教再做一賦❶，可肯賜教？」閨臣道：「當日只想求取功名，不顧顏厚，只管亂寫，今日豈可又來現醜？斷斷不敢從命。」青衣女子道：「他既諄諄求教，才女若不賞光，不獨負他一片美意，豈不把眾才女素日英名全付流水麼？」亭亭道：「閨臣姊姊此番應試，原是迫於嚴命，無可奈何，勉強而來。此時一心注意伯

❶ 賦：一種有韻文學的名稱，多詠物寫景諷諭之作，講究修辭鋪敘；唐朝的賦屬律賦，尤講究聲律用典。

伯遠隔外洋，時刻牽挂，急欲尋親，現在團聚業已勉強，那有閒情又做詩賦？既承二位執意見委，我雖不才，尚可塗鴉勉強應命。就煩主人預備筆硯，我好現醜。」

白衣女子道：「才女高才，久已拜服，何必再勞大筆。至唐才女乃眾朝臣曾推第一之選，與眾不同，因此才敢冒昧求教。意謂借此可以開開茅塞，那知竟是如此吝教！但既興致不佳，何敢過勞費心？只求略略見賜一二短句，也就如獲拱璧了。」閨臣仍要推辭，無奈眾人已將筆硯另設一座，推他坐了；閨臣只得告坐，濡毫搆思。

白衣女子道：「素聞才女有七步之才，果能文不起草，走筆立就，那才算得名下無虛哩。」閨臣聽了，把神凝了一凝，只得打起精神，舉起筆來，刷、刷、刷如龍蛇飛舞一般，一連寫了幾句。眾才女在旁看著，莫不暗暗稱讚，都道：「如此佳作，少時給白衣女子看了，不怕他不甘拜下風！」閨臣一面寫著，眾人只管點頭稱妙。登時寫完，玉兒送給兩女子觀看：

天女散花賦（以題為韻）

昔者，魏夫人葆朱寧而遐御，鍊紫芝而上仙；宮於丹林之側，樓於絳樹之邊。長河煜爚，元都綺鮮；石蕖彌浦，瓊草為田。丸茯苓而霞邁，服胡麻而雲騫。惟恨風多作惡，月不常圓。青蘋屢動而相擾，丹桂被錮而可憐。往往攀條泫若，執葉淒然。其女弟子黃令徵乃離席而前曰：「臣忝群芳之總，竊九命之權；叨榮於二十七位，布華於三十六天。頗盟蒚國❷，共駕花軿❸，

❷ 蒚國：花國，猶「花的世界」。

近披香雨，遠匝醴烟。煩草檄以木筆，更買醉以金錢。靡弗繽紛拱震，紇縵輝乾。又豈慮乎十八之性虐，與夫三五之期愆？」夫人曰：「善，吾將觀焉。」

令徵於是開芳庖，設華俎，裹朮糧，命椒酺，左笙鼗，右鐘呂，懸風鈴，笑月杵。始命御史進於御墀，再命太醫列於階序。斟酌囊攜，校量窖貯。招玉蘂院之真妃，約紫蘭宮之神女；邀金莖洲之上靈，迓芙蓉城之仙舉。追逐茵蘊，紆遲容與。氣雜蕙馨，餐惟鞠茹。或矜頃刻之巧，而筵頓呈芳；或擅生枯之能，而谷咸吹黍；或愛絲絛之繫，而自喜翦刀；或貪羅綺之工，而別裁機杼。珊瑚之屑重重，翡翠之拋處處。信足以詭惑群情，回皇眾緒。雖習聞乎虢通報德之迢遙，而何礙於分景靈飛之來去？

至其花之為狀也：而串珠之相銜，如連環之不斷；如扇帚之奇，如瓔珞之散；如四面鏡之難分，如萬卷書之罕刊；如七寶八寶之低旋，如重臺三臺之高貫；如冠子、籲子、毬子之靡窮，如組絲、絞絲、垂絲之還絆。若夫花之為色也：紅則賓州、岳州、延州、陳州之美以地而分，蘇家、賀家、林家、袁家之妍以人而冠；紫則朝天、乾道、軍容、狀元之異以貴而稱，夢良、師博、潘何、惠知之叢以幽而奐；黃則疊金、疊雪，偕疊羅而並嬌；白則玉帶、玉盆，與玉版而爭燦；丹則有捲丹、番丹、月丹之各殊；墨則有潑墨、染墨、暈墨之微漫；綠則比鳳毛之垂；青則奪鴨卵之鑾。莫不蹤異形於三靈，磐殊變於一榦。將使善狀者譜而且疑，悟色者拈而竟嘆。

其散之中爰有蒂也：華容之抽特秘，洛陽之並無加；晝省之二分蠟綴，昌州之一寸綃斜。

❸花軿：花車。

其散之中更有蜃也：三寸則有金鶴之徑，八寸則有青鴛之夸；雙頭則有含芳之訝，三頭則有會英之嘉。其散之中又零而為瓣也：迎春則有九瓣之秀，拒霜則有千瓣之奢；兔耳則有二瓣之細，鹿蔥則有七瓣之遮。其散之中又聚而為蕊也：鶴頂之蕊正滿，麝香之蕊偏賒；合蟬之蕊自瑞，捲獅之蕊如拏。而且殊名競紀，閟號爭誇。第覺香溫曉霧，艷失晨霞。並是太平之萼，俱為稱意之花。

於斯之時，天帝來觀，神君驚顧，太一徨傍，群靈奔赴，三十有二司朝，二萬四千宰訴。天上枝枝，人間樹樹。曾何春而何秋？亦忘朝而忘暮。不夜之彩，何假乎纖阿之輝？迴飈之能，何虞乎蜚廉之怒？魏夫人乃俯碧寓而暫翔，凌紫虛而微步。始焉迷離，既而凝注。亟召令徵而寵以誥曰：「夫落英蟠灑，則沉墨之非固也。嘉卉灌叢，則苴槀之所賦也。惟汝之賢，符吾之素。吾其錫汝押忽之珍，方圓之璐；更饗汝凝津之槳，流甘之露；終畀汝以下弦一規，琱弓滿庫：俾汝如居士之息，貯皓魄於素壁之間；希神堯之臣，繳大風於青邱之渡。汝其敬揚新命，保乃休遇，以無墜吾劇陽之垂裕。」

令徵則感激弗勝，媿謝靡喻，再拜而請於夫人曰：「今日之會，靡芭弗吐；既旋陰而斡陽，復釀和而吹煦。願為短歌，敬寫長慕。」其歌曰：「夫人之福兮廣慈霔，花姑之靈兮耀天路。庶幾攬此景於無窮兮，延榮暉於億祚。」夫人又從而和之。其歌曰：「渺孤蓬之振根兮，每同調而難住。抑閻扶之過影兮，又悽愴而易誤。得女夷於今日兮，豈二者之足妬？」令徵更起而答以辭曰：「景彼元化，紛以寓兮。嗟彼埃壒，馳且騖兮。翳余弱抱，勞冶鑄兮。獲從夫人，陪眾嫗兮。自今以遊，焉容汙兮？」

白衣女子見這賦上處處嘲著風月，登時怒形於色。原來此女正是月姊。他因當年受了百花仙子譏諷，以為謫下凡塵，可消此恨，誰知他倒聯捷直上❹，名重一時，太后公主均極隆重；因此頗為不平，特邀風姨假扮白衣青衣兩個女子來此攪鬧一場，正要借著此賦吹毛求疵羞辱幾句，那知倒被閨臣先替群芳占了身分。不覺大怒道：「此是〈天女散花賦〉，並非〈散風散月賦〉，你只言花，何必節外生枝！況花根柢極微，只知獻媚求榮，何能竟要輕視風月！如此措詞失當，當日殿試，詩賦之謬，可想而知！太后移置十名後，可見妍媸難逃聖鑑。得能不致名落孫山，乃太后格外姑容。今自不知愧，仍復隨筆混寫，竟是信口亂言了！」風姨道：「他句句總不畏風，要知這些花卉又非銅枝鐵蕊，何能不怕風吹？莫講粗風暴雨不能招架，就是小小一陣涼颸，只怕也難支持了！」

言還未畢，只聽四面呼呼亂響，陡然起了一陣大風，把眾才女吹的個個清寒透體，冷氣鑽心，戰兢兢只管發抖。正在驚慌，忽見半空中現出萬道紅光，照的凝翠館霞彩四射，一片通紅。紅光之內，猛然擲下一個美女。那風已被紅光衝散。眾才女只覺眼花撩亂，更覺膽怯。紫綃、紫瓊、紫菱、紫櫻、麗蓉、玉蟾六位才女早已掣出寶劍立在一邊。

那個美女兩手執著斗筆，指著風姨、嫦娥道：「爾等職掌風月，各有專司，為何無故越俎，攪亂文教？且妍媸莫辨，品論乖張，逞風狂以肆其威，借月旦❺以洩其忿，豈是堂堂上界星君❻所為？我

❹聯捷直上：科舉考試時，連續各級考試皆能及第。

職司閨秀，執掌女試大典，豈容毆辱斯文？特興問罪之師。如果知罪，亟宜各歸以免饒舌；設仍不悟，彈章一上，後悔無及！」嫦娥道：「我洩私念，與爾何干？」風姨道：「我正怪你點額失當，意存偏袒，你反出言責備，豈不自羞？」

那美女聽了，氣的暴跳如雷。正在厲聲分辯，只見丫環來報：「又有一位道姑要來求見。」言還未畢，道姑業已走來，同美女執手相見，眾才女上前見禮。道姑向嫦娥、風姨道：「星君請了，此時群芳塵緣將及期滿，吾輩歡聚諒亦不遠，當日彼此語言雖小有芒角❼，但事隔多年，何必介意？若再參商❽，嘵嘵不休❾，豈非前因未了又啟後世萌芽？且仙凡路隔，尤不應以違心之言釋當日之恨。況彼既俯首無詞，毫無較量，亦可略消氣惱。從此倘能歡好如初，不惟從前是非一概瓦解，亦足見大度汪洋，有容人之量。如其不然，何妨俟其返本還原，再明斥其非？今忽急急冒然而來，第恐舉止孟浪，物議沸騰❿，於二位大有不利；竊為星君不取。拙見如此，尚望尊裁。」

風姨連連點頭道：「高論極是，敢不凜遵？況我向無芥蒂，無非為他相招而來，既承見教，自應

---

❺月旦：品評人物。

❻星君：指天上的神仙。

❼芒角：稜角。

❽參商：比喻彼此對立，不和睦。語本《左傳・昭公元年》。

❾嘵嘵不休：爭辯不休。

❿物議沸騰：社會上的批評議議喧雜不息。

即退以副尊命。」嫦娥道：「當日無故受他譏諷，以為被謫歷受劫磨，可消此忿；誰知他倒名重一時，優游樂土，心中頗為不平，因此特來一會。仙姑既正言規勸，所有前事自當謹領尊命一概盡釋，決不掛懷。倘有後言，皇天可證，永墮塵凡！」說著，同了青衣女子出了凝翠館飄然而去。那個執筆女子仍化一道紅光不知去向。

道姑正要告別，眾人聽他剛才那一片話，知他道行非常，必是一位仙姑，再三挽留，另設素席坐了。把賦看了一遍，連連點頭道：「前因不昧，足見宿慧非凡。」寶雲道：「請教仙姑法號。」道姑伸出兩手道：「貧道以此為名。」寶雲道：「仙姑指爪如此之長，莫非長指仙姑麼？」道姑道：「貧道乃長指山人。」若花道：「那個執筆美女，當日我在海外同閨臣阿妹見過一面，後來曾在尼庵仿照塑了一像，看其光景，自然是女魁星了。請教那白衣、青衣兩個女子是何星君？」道姑道：「諸位才女日後在他兩個姓上細細著想，少不得自能領會。」閨臣上前恭恭敬敬斟了一杯素酒，又奉了幾樣果品。

紫芝趁空同眾人商議：「這位仙姑來歷不凡，必知過去未來之事，我們大家何不問問休咎，將來到底是何結局，豈不放心？」眾人都道：「甚好。」於是七言八語都要請教道姑講講休咎。道姑道：「貧道素於卜筮命相雖略知一二，但眾才女有百人之多，一生窮通壽殀，一時何能說得完結？且今日之聚也非偶然，此中因果更非頃刻所能言的。」

閨臣道：「仙姑何不略將大概說說呢？」道姑道：「當日我在海外曾見一首長句，細揣大略，內中因果頗有幾分彷彿諸位才女光景，如不嫌絮煩，倒可口誦一遍。」閨臣道：「如此極妙，設有不明之處，尚望明白指示。」道姑道：「此詩義甚精緻，詞多秘奧，或以數語歷指一事，或以一言包括數人，其中離合悲歡，吉凶休咎，或隱或現，或露或藏，虛虛實實，渺渺茫茫，貧道見識短淺，何能知其端倪？必須諸位才女互相參商，或可得其梗概。」

閨臣道：「據仙姑之言，此詩定非數句所能完的，若一總念去，我們何能得其詳細，必須分個段落才好細細請教。」道姑點頭道：「此詩隨處皆可點斷，待貧道先念幾句，大家不妨各就所知互相評論。設有錯誤，貧道不知則已，若有所知，無不盡言。」因問題花道：「才女尊名莫非『題花』二字？聞得當日此詩因題群花而作，難得尊名恰恰相合，何不就請大筆一揮？」眾人聽了，莫不吐舌稱異。

紫芝道：「仙姑可知我的名字麼？」道姑道：「才女大名何能知道？但荷池犬兒最劣，昨日已被傷了一口，此後仍要留神才好。」星輝聽了，不覺拍掌大笑。道姑道：「才女休要笑人，那繡鞋裡面也非藏身之所。」話未說完，紫芝早已笑得連聲稱快。眾人不懂，個個發獃。紀沉魚把昨日釣魚各話說了。大家這才明白，不覺大笑。

題花舉筆道：「請教仙姑：此詩是何起句？」道姑道：「他這起句，倒像從大周金輪而起，待貧道念來。」未知後事如何，且看下回分解。

第八十九回　闡元機歷述新詩　溯舊跡質明往事

話說道姑道：「這詩起句雖係唐朝，但內中事蹟倒像從大周金輪女帝而起，待貧道先念幾句，自然明白：

皇唐靈秀氣，不僅畀鬚眉。帝座咸推后。

這三句其義甚明，諸位才女自必洞悉了。」唐閨臣道：「上二句與詔上靈秀不鍾於男子之句相似，第三句大約說的就是太后。」道姑道：「才女所見不錯。

奎垣乃現雌。

此句對的何如？可知其義麼？」小春道：「帝座奎垣對的極工，而推后現雌四字尤其別致。據我揣奪，閨臣姊姊海外所見女魁星，大約就是此句。」道姑點頭道：「不錯。

科新逢聖歷，典曠立坤儀。」

春輝道：「這是總起女試頒詔之始，而並記其半，雖是詩句，卻是史公文法❶。」閨臣道：「據我管見，這兩句定是緊扣全題，必須如此，後面文章才有頭緒，才有針線。仙姑以為何如？」道姑道：「才女高論極是。

---

❶ 史公文法：太史公的《史記》義法。

孝女年才稚，親遊歲豈衰？潛搜嗟未遇，結伴感忘疲。著屐循山麓，浮槎泛海涯。攀蘿防徑滑，捫葛訝梯危。橋渡虬松偃，衣眠怪石欹。霧腥黏蜃沫，霞紫接蛟漦。縱比蓬萊小，寧同培塿卑？」

花再芳道：「這幾句說的必是閨臣姊姊昨日聽他尋親那段話，以為不過隨口亂說，那有十四五歲的孤身弱女就敢拚了性命深入荒山之理？莫講若花姊姊一人結伴，就再添幾個，無非是個弱女，有何能為？今聽這幾句詩，才知他跋涉勞碌，竟是如此辛苦。末一聯對句雖佳，但何以比蓬萊卻小而又不卑呢？」若花道：「那座大山生在海島，雖名小蓬萊，其實甚高，故有此二句。」道姑道：「這是才女身歷其境，所以明白。

泣紅亭寂寂，流翠浦澌澌。秘篆偏全識，真詮許暗窺。拂苔名已改，拾果路仍歧。」

彩雲道：「前幾句大約是〈泣紅亭碑記〉。但拂苔名已改二句卻是何意？」若花道：「閨臣阿妹原名小山，後來因在小蓬萊遇見樵夫，接著家信，才遵嚴命❷改名閨臣。起初上山時，惟恐道路彎曲，日後歸時難識舊路，凡遇岔路，於山石樹木上俱寫小山二字，以便他日易於區別。那知及至回來，卻都變作閨臣二字。」芸芝道：「以此看來，原來唐伯伯竟是已成仙家了。」道姑道：

「輸涸鱗愁渴，倉空雀忍饑。清腸茹異粒，滌髓飽祥芝。他日投簪去，憑誰仗劍隨？」

婉如道：「前四句是海外絕糧，以及閨臣姊姊餐芝之事，這都明白。至『憑誰仗劍隨』，請教仙姑卻是何人？」道姑道：「上面明明寫著『劍』字，其義甚明，才女何必細問？」玉芝道：「詩上所敘閨臣姊姊事蹟，長篇大論，倒像替他題了一個小照❸。我們一百人，若都像這樣，倒也有趣。」青

❷ 嚴命：父命。

鈿道：「都像這樣，卻也不難，大約刪繁就簡，只消八百韻也就夠了。就只可惜韻書無此寬韻。」道姑道：「若將『四紙』所收『是』字之類歸在『四寘』，再把別的湊湊，大約也就夠了。」青鈿道：「他們打趣我，已難招架，怎麼仙姑也來同我做對？」道姑笑道：「原來此中卻礙著才女，貧道如何得知？偶爾失言，罰一大杯。」蘭芝親自斟一巨觥送去。道姑飲畢道：

「林幽森黯淡，峰亂矗崎嶇。星彈奔殲寇，雷鎗滾殪獅。」

蘭英道：「上二句大約描寫山景。下二句請教怎講？」司徒嫵兒道：「妹子記得麗蓉姊姊前在兩面曾以鐵彈退寇，第三句倒像說的就是此事。」婉如道：「若論第四句看來，坐中除了紫櫻姊姊惟有俺最瞭然。當日唐家姑夫同俺父親在麟鳳山被一群猛獸困住，幾遭大害，虧得紫櫻姊姊一陣連珠鎗把猛獸傷了，才解此圍。那獸名狻猊，也是獅之種類。」閨臣道：「星彈雷鎗，可謂天生絕對。聽了這種雄壯句子，遙想二位姊姊當日那般神威，能不凜凜可畏！」道姑道：

「雅訓調駮馬，叱咤駭蟠螭。潮激鯤揚鬣，濤掀鱷奮鰭。」

閨臣道：「不料駮馬人魚今日忽於詩中出現，令人意想不到。」瑤芝道：「原來姊姊知道，請教怎講？」閨臣道：「上兩句說的是若花姊姊同妹子虧得駮馬才不致為虎所傷；下兩句說的是家父同我母舅虧得人魚才不致為火所害：一獸一鱗之微，此詩亦必敘及，可見有善必書。以此看來，魚馬之善，尚且不肯埋沒，何況於人？真是勉勵不小。」道姑點頭道：「誠哉是言！

踏波生剖蚌，跨浪直刳鼉。罾挂逃魚腹。

❸ 小照：謙稱自己的畫像或相片。

此三句坐中只有兩位曉得。」婉如道：「這是錦楓姊姊之事。」眾人正要細問，只聽道姑道：

「裙遮倏虎皮。」

婉如道：「此事也只得兩人明白。前年俺父親同姑夫在東口山遊玩，忽見一隻大蟲，正在害怕，誰知那虎把皮去了，卻是紅蕖姊姊。」眾人不明，駱紅蕖把前事說了。眾人都吐舌道：「這個豈非女中楊香❹麼！」道姑道：

「萑苻遭困阨，荊棘脫羈縻。」

若花道：「若據『萑苻』二字，大約說的是紅紅阿姊遇盜被擄，後虧女盜釋放，我們才得逃下山來。」道姑道：

「符獲踰牆逸，枚銜掣電追。」

婉如道：「這是斌兒姊姊盜旗，駙馬遣將追趕兩齣熱鬧戲。怪不得麗蓉姐姐說他善能飛簷走壁，只這『踰牆』二字就可想見了。」道姑道：

「聳身騰美俠，赤足嚇纖兒。挺刃從容劫，懷箋瞬息馳。」

紅蕖道：「這幾句不但描寫紫綃姊姊黑夜行劫以及寄信之事，並且連赤足亂鑽醜態一總也露了出來。」寶雲眾人都向紅蕖盤問，不覺大笑。玉芝道：「他劫甚麼？」宋良箴見問，惟恐駱紅蕖失言，心內十分著急。道姑道：「才女慢慢自然明白。

---

❹女中楊香：晉朝楊豐的女兒楊香，十四歲時，隨父親在田裡割稻，父親受到老虎的襲擊，楊香徒手緊搤虎頸，老虎終於奔逃，她的父親也免於一死。

智囊曾起瘠，仙藥頓扶羸。紡績供朝夕，機樞藉淅炊。蒸蒸剛煮繭，軋軋又繅絲。壓線消寒早，穿針乞巧遲。」

蘭芝道：「上兩句大約是蘭音姊姊向日所言蟲積之患。下四句婉如姊姊都知麼？」易紫菱道：「此事前在綠香園久已聞得蘅香、芷馨二位姊姊都善養蠶織機，若據末句，只怕還是好針黹哩。」道姑道：

「劇憐編網罟，始克奉盤匜。」

玉芝道：「據這兩句，莫非我們隊裡還有漁婆麼？」婉如道：「豈但漁婆，並且堂堂御史還做漁翁哩！」於是把尹元取魚為業，紅萸織網養親各話說了。眾人無不嘆息，都道：「若非仙姑今日念這詩句，我們何能曉得海外眾姊妹卻有這些奇異之事。最難得婉如姊姊都能句句破解出來，真比古蹟還好聽，求仙姑莫要遺漏才好。」道姑道：

「棄國甘嘗薺，來王願託葵。瀝誠遙獻表，抒悃密緘辭。」

萃芳道：「這話若非若花姊姊在朝中說過，少不得又要勞動婉如姊姊破解了。」道姑道：

「韻切留青目，談雄窘素髭。穠妍鍾麗質，婉孌產邊陲。」

錦楓道：「怪不得都說亭亭姊姊談文不肯讓人。據這『窘』字，當日九公受累光景可想而知。那知如今路上倒虧他老人家起早睡晚，種種照應，真是人生何處不相逢！但談論反切，為何又留青目呢？」婉如道：「那時若不虧他另眼垂青，豈止『問道於盲』，只怕罵的還不止哩。原來這詩用的字眼卻如此尖酸。」閨臣道：「若以末句而論，倒像總結海外之意。不知下面是何起句？難道我們考試這樣曠典只輕輕點了一句就不談了？」

道姑道：「如何不談？下面緊接就是此事，並且還將來源指出哩。」春輝道：「若說末句係結海外而言，那紫綃姊姊並非海外人，為何也列其內？」道姑道：「前路茫茫，誰得而知？但此詩既將顏才女也列外洋，安知他日後不是海外人呢？」米蘭芬道：「請教女試來源究竟從何而起？就請詳細指示，我們外鄉人也好知其梗概。」道姑道：「你問來源麼？

緣繹迴文字，旋圖織錦詩。掄才縈睿慮，製序費宸思。昔闥能臻是，今闈或過之。金輪爰獨創，玉尺竟無私。鶚薦鳴鸞闕，鵬翔集鳳墀。堆鹽誇詠絮，膩紛說吟梔。巨筆洵稀匹，宏章實可師。璠瑜尤重品，蘋藻更添姿。」

閨臣道：「我說安有如此大典竟置之不問，原來卻有如許議論，並將幽探、萃芳兩位姊姊繹詩，太后製序，也都一字不遺。」舜英道：「就只缺了婉如、小春二位姊姊榜前望信一段佳話。」道姑笑道：「才女莫忙，只怕就在下面：

盼捷心徵夢，遷喬信復疑。榜開言咄咄，筵撤語期期。」

陽墨香道：「這幾句豈但描寫榜前望信情景，連翠鈿姊姊赴宴滿口結結巴巴也都活畫出來。」舜英道：「若把末聯改作廁中言咄咄，筵上語期期，還更好哩。」芳芝道：「這卻為何？」舜英把婉如、小春聞報入廁狂笑光景說了，眾人無不發笑。道姑道：

「盛事傳三輔，歡呼動九夷。」

閨臣道：「九夷二字用的得當，連海外諸位姊姊赴試也一字不遺。據我看來，這首長句只怕就是仙姑做的。」道姑道：「何以見得？」閨臣道：「適才我剛說怎麼不講考試，你就滔滔不斷說出一大篇來，豈非是你大筆麼？」道姑道：「貧道向來只知貿易，那會做詩？若會做詩，久已也來觀光了。」婉如道：「仙姑所說只知貿易那會做詩，這話倒像俺姑夫在白民國同那先生講的；至『觀光』二字，是海外道姑對俺閨臣姊姊說的。原來仙姑話中卻處處帶著鈎兒。」道姑道：「我又不會垂釣，那得有鈎？即使垂釣，也是無鈎之釣。」紫芝道：「我看這話只怕從那鈎中又套出一個鈎兒。」道姑道：

「千秋難儗儷，百卉有專司。」

閨臣道：「女試自然是千秋罕有之事，但『百卉有專司』是何寓意？」道姑道：「其中奧妙，豈能深知？若據字面而論，那百卉二字倒像暗寓百位才女嬌艷如花之意；至『專司』二字，大約言諸位才女或授女學士之職，或授女博士之職，或授女儒士之職，豈非各有專司麼？」閨臣聽了，不覺笑道：「仙姑講的卻也在理，我敬一杯。」道姑也微笑，飲畢道：「才女莫非說我講的不是，要罰我麼？我是隨口亂道，何足為憑？

摹仿承弓冶，綿延衍派支。」

閨臣道：「昨日繡田、月芳二位姊姊只推不會寫字，若據這詩，豈非都是家傳麼？」道姑道：

「隸從丹籀化，額向綠香龕。」

余麗蓉道：「紫瓊姊姊府上『綠香園』三字是鳳雛姊姊大筆，這卻知道；至於善隸書的卻不曉得。」田鳳翾指著婉如道：「這位就是行家。」道姑道：

「御宴蒙恩眷，欽褒值政熙。」

閨臣道：「書香、文錦二位姊姊前在紅文宴蒙太后稱讚，業已名重一時，今又見之於詩，這才是真正名下無虛哩。」道姑道：

「吐絨聞潑墨，剪絹愛和脂。邃谷聲彌潔，層崖影自垂。蜻蜓蘆繞斷，絡緯荳纏籬。團扇矜揮翰，齊紈羨折枝。」

紫芝道：「這是昨日畫扇一段韻事，連花卉草蟲也都一一標明，就只『層崖影自垂』，說的雖是撇蘭，幾乎把豬尾也露出來。」題花道：「我在這裡手不停毫，僅夠一寫，你還鬧我；設或寫錯，我可不管。」道姑道：

「凝神驚絕技，審脈辨良醫。」

閨臣道：「若以良醫二字參詳，可見麗春姊姊歧黃原非尋常可比。但上句不知所指何人？」紫芝道：「你問他麼？就是那個拍桌子、打板凳，出神叫好的。」道姑道：

「詹尹拈蓍莛，君平擲孔蓍。」

花再芳道：「這兩句大約說的芸芝姊姊同妹子了。」紫芝不覺鼻中哼了一聲。未知以後如何，且看下回分解。

第九十回　乘酒意醉誦淒涼句　警芳心驚聞慘淡詞

話說紫芝聽了再芳之言，不覺冷笑道：「這詩倒像只講善卜之人，至於姊姊初學起課，似乎不在其內。」道姑道：

「只因朐磊落，屢晰貌嶔巇。」

閨臣道：「這兩句不獨讚蘭言姊姊風鑑❶之精，連磊落性情也描寫出來，真是傳神之筆。」道姑道：

「盤走珠勤撥，籌量算慎持。乘除歸揣測，默運計盈虧。」

紫芝道：「此言素精算法幾位姊姊。但我昨日曾要學算，不知可在其內？」再芳道：「夠了！莫刻薄了！」道姑道：

「爨致焦桐惜，絃興草縷悲。」

紫芝道：「這個大家都知，就只再芳姊姊一心只想學課，只怕是聽而不聞。」再芳道：「對牛彈琴，牛不入耳，罵的狠好，咱們一總再算帳！」道姑道：

「繁音聞李嶠，翕響媲桓伊。」

---

❶ 風鑑：知人之明。

閨臣道：「此是品簫吹笛諸位姊姊考語。」道姑道：

「庭院深沉處，鞦韆蕩漾時。綵繩微雨濕，絳袖薄暉移。」

紫芝道：「這四句只好去問老蛆小蛆，他們昨日都瞻仰過的。」眾人不懂，施艷春把「黃食」笑話說了，無不發笑。道姑道：

「鬥草蜂聲鬧。」

春輝道：「昨日我們在百藥圃摘花折草，引的那些蜂蝶滿園飛舞，真是蝶亂蜂狂。今觀此句，古人所謂詩中有畫，果真不錯。」道姑道：

「評花猿意知。」

閨臣道：「此句對的既甚工穩，而且這個仙猿非比泛常，此時點出，斷不可少。」道姑道：

「經綸收把握，竿笠弄漣漪。博弈躭排遣，樗蒱屬戲嬉。含羞撕片葉。」

青鈿道：「這幾句所講垂釣、博弈都切題，就只麗輝姊姊『撕牌』二字未免不切。」紫芝道：「妹妹你那裡曉得？那時他雖滿嘴只說未將剪子帶來，其實只想以手代剪。這個撕字乃誅心之論❷，如何不切？」麗輝道：「此時我一心在詩，無暇細辨，隨你們說去。」道姑道：

「角勝奪枯箕。」

閨臣笑道：「連他們奪狀元籌也在上面，可謂無一不備了。」紫芝道：「豈但奪籌，只怕還有奪車哩！」小春道：「斷無此事。」道姑笑道：「何能斷其必無？

❷ 誅心之論：謂深刻之論。「誅心」猶「誅意」，即責備其人發念之善惡。

門後爭車覓，樽前賭硯貽。」

小春道：「真是怕鬼有鬼！你這仙姑不是好人，我敬一杯。」青鈿道：「下句是玉芝妹妹同老師賭東以硯為贈的話，且不必管他。此詩我不喜別的，只喜這個『覓』字用的得神。」小鶯道：「何以見得？」青鈿道：「桌上只見棋盤，並不見人，及至我到門背後，才知他們奪車，豈不得神麼？」小春道：「你且慢些笑人，安知詩中就無飛鞋那齣戲哩？」青鈿道：「這樣好詩，如何有這腌臢句子？」道姑笑道：「他只知做詩，那裡還管腌臢？就是有些屁臭，亦有何妨？」

鞋飛羅襪冷。」

小春道：「這個『冷』字用的雖佳，但當時所飛之鞋只得一隻，必須改為『鞋飛一足冷』才妙。」道姑道：

「秤散斧柯靡。校射肩舒臂，烹茶乳沁脾。」

宰玉蟾道：「這三句含著三個典故：一是馨、香二位姊姊觀棋，一是鳳雛姊姊射鵠，一是紫瓊姊姊品茶。妹子素日雖有好茶之癖，可惜前者未得躬逢其盛，至今猶覺耿耿。」紫芝道：「你既如此羨慕，將來燕府少不得要送茶與你，何必著急？」玉蟾登時羞得滿面通紅。道姑聽了，不覺暗暗點頭道：

「藏鈎猜啞謎，隔席疊芳詞。抵掌群傾倒，濡唇眾悅怡。」

紫芝道：「這是猜謎、行令以及笑話之類。但為何缺了剔牙一件韻事？」再芳道：「你拿鏡子照照，滿鼻子都是鼻烟，若編在詩裡還更好哩。」紫芝道：「若把鼻烟也編成詩句，我真服他是個神仙。」道姑笑道：「我雖非神仙，曾記詩中卻有一句：

指禪參郢鼻。」

眾人聽了，莫不發笑。閔蘭蓀道：「這句自然是聞鼻烟了。請教『郢鼻』二字是何出處？」閨臣道：「妹子記得《莊子》曾有『郢人漫堊鼻端』之說，大略言郢人以石灰如蠅翼之大，抹在鼻尖上，使匠人輪起斧斤，運斤成風，照著鼻尖用力砍去，把灰削的乾乾淨淨，鼻子還是好好，毫無損傷。今紫芝妹妹鼻上許多鼻烟，倒像郢人漫堊光景，所以他用『郢鼻』二字。」紫芝道：「仙姑只顧用這故典，我看你下句怎麼對，果真對的有趣，我才服哩。」道姑道：「那得好對？無非也是本地風光。

牙慧剔豐頤。」

紫芝拍手笑道：「這句真對的神化，我敬一杯。」再芳道：「郢是地名，豐是豐滿之意，以郢對豐，似乎欠穩。」春輝道：「難道姊姊連《書經》『王來自商，至於豐』也不記得麼？況如今沛郡就有豐縣，此是『借對』❸極妙句子，姊姊說他欠穩，未免孟浪。」道姑道：

「嘲謔工蟾弔，詼諧任蝶欺。」

閨臣道：「此句大約又是紫芝妹妹公案。他是座中趣人，與眾不同，所以郢鼻之外，又有這個考語。」道姑道：

「聰明顰黜婢，綽約艷諸姬。」

畢全貞正在打盹，忽聽此句，不覺醉眼朦朧道：「為何又鬧出丫環？這是何意？」麗蓉同緎兒只管望著小鶯，小鶯只急的滿面通紅。林書香道：「據我看來，這句或者說的是玉兒也未可知。」道姑

---

❸ 借對：對偶的一種，又稱假對。如「住山今十載，明日又遷居」，「遷」借「千」以對「十」。

道：

「倦每嗤休矣。」

紫芝道：「此句描寫座中瞌睡光景，卻是對景挂畫；但這『矣』字是個虛字，頗不易對。仙姑！你可曉得他們不但愛睡，還愛吐哩？」道姑點頭道：

「哇恒鄙出而。」

眾人聽了，忍不住一齊發笑。紫芝道：「這個『而』字對的雖密密可圈，就只他們哇的還有一個蝦仁兒，可惜不曾表出，未免缺典。」道姑道：

「白圭原乏玷，碧珷忽呈疵。」

紫芝道：「這兩句我最明白，大約上句說的是諸位姊姊美玉無瑕，下句是我醜態百出了。」花再芳道：「座中就只你愛罵人。」閔蘭蓀道：「而且你又滿嘴亂說。」畢全貞道：「這句說的不是你是誰？真有自知之明！」道姑道：

「戍鼓連宵振。」

青鈿道：「為何忽要播鼓？莫非要行擊鼓催花之令麼？若果如此，這個『戍』字只怕錯了，還請另改一字。」道姑點頭道：「貧道只顧多飲幾杯，那知卻已醉了。」

軍笳徹曉吹。」

寶雲道：「這句更古怪，莫非要打仗麼？可謂奇談了！其中是何寓意？尚望仙姑指示。」道姑道：「此詩語句莫不明明白白，何須指示？況暗寓仙機，誰敢洩漏？

將驍單守隘，卒勁盡登陴。纛豎妖氛黑。」

閨臣道：「仙姑既言仙機不敢洩漏，我們也不必苦人所難。況這詩句明明說著軍前之事，何必細問？據我拙見，大約將來總有幾位姊姊要到軍營走走。就只末句『妖氛』二字，只怕其中還有妖術邪法之類，這倒不可不防。請教仙姑這話可是？」道姑道：「剛才有言在先，此詩虛虛實實，渺渺茫茫，貧道何能深知？好在所剩無幾，待我念完，諸位才女再去慢慢參詳，或者得其梗概也未可知。

旗招幻境奇。短帘飄野店，古像塑叢祠。炙熱陶朱宅，搓酥燕趙帷。衝冠徒爾爾，橫槊亦蚩蚩。」

花再芳道：「據這幾句細細參詳，卻含著『酒色財氣』四字，莫非軍前還有這些花樣麼？」道姑道：「若無這些花樣，下句從何而來？

裂帛淒環頸。」

眾才女聽到此句，個個毛骨悚然，登時都變色道：「據這五字，難道還有投環自縊之慘麼？」道姑歎道：「豈但如此！

雕鞍慘抱屍。壽陽梅碎骨。」

眾人都驚慌戰慄道：「這竟是傷筋動骨，軍前被害不得全屍了！何至如此之慘！」一面說著，都滴下淚來。道姑道：「你道這就慘麼？還有甚於此的！此時連貧道也不忍朝下念了。

姑射鏃攢肌。染磧模糊血，埋塵斷缺齒。」

小春、婉如、青鈿諸人聽了，都垂淚道：「這個竟是死於亂箭之下，體無完膚了！莫講日後自己不知可遭此阨，就是別位姊姊如此橫死，令人何以為情，能不肝腸痛碎！」說著，都哽咽起來。道姑道：

「甫為攜帚婦，遽作易茵嫠。」

畢全貞道：「這是合歡未已，離愁相繼；若由上文看來，大約必是其夫軍前被害，以致拆散鴛鴦，做為嫠婦了！」道姑道：

「淚滴天潢冑，魂銷梵宇尼。」

錦雲道：「我們這裡那有皇家支派？這個尼姑又是何人？真令人不解。」駱紅蕖惟有暗暗嗟嘆不已。道姑道：

「井幾將入井。」

玉芝道：「若以『入井』二字而論，豈不又是一位孀婦？以此看來，那碑記所說薄命誰言座上無，這話果真不錯。」井堯春道：「請教仙姑，此句莫非是我休咎麼？」道姑道：「此詩虛虛實實，何能逆料就是才女？總而言之：此皆未來之事，是是非非，少不得日後自然明白。」青鈿道：「這兩個『井』字不知下句怎對？請仙姑念來，我們也長長見識。」道姑道：

「緇卻免披緇。」

閨臣嘆道：「據這緇字，除了瑤釵姊姊再無第二人。但彼時他雖僥倖入場，何以竟至免披緇？難道那時竟要身入空門麼？」緇瑤釵乳母在旁嘆道：「那時若非老身再三解勸，他久已躲入尼庵了。這位仙姑果真猜的不錯。」眾人聽了，這才明白，都道：「這兩句竟是天生絕對，若非仙筆，何能如此！」道姑道：

「瑟瑟葩俱發，萋萋蕊易萎。」

小春道：「剛才仙姑說『百卉』二字係指我們而言；若果如此，你們聽這下句，豈不令人鼻酸麼？請教仙姑，據這詩句看來，我們眾姊妹將來死於非命的不一而足，難道都是生平造了大孽而遭此報麼？」道姑搖頭道：「如果造了大孽，又安能名垂千古？」小春道：「既如此，為何又遭那樣慘死呢？」道姑道：「慘莫慘於剖腹剜心，難道當日比干也造甚麼孽？這總是秉著天地間一股忠貞之氣，不因不由就把生死置之度外。」小春道：「世上每有許多好人倒不得善終，那些壞人倒好好結果，這是何意？」道姑道：「君子疾沒世而名不稱，豈在於此？若只圖保全首領，往往遺臭萬年。即以比干而論，當日他若逢迎君上，紂必甚喜，比干亦必保其天年；今日之下，眾人一經說起，莫不唾罵。因其不肯逢迎，遇事強諫，以致不得其死；今日之下，眾人一經說起，莫不起敬。豈非不得善終反強於善終麼？所以世間孽子、孤臣、義夫、節婦，其賢不肖往往只在一念之差。只要主意拿得穩，生死看得明，那遺臭萬年，流芳百世，登時就有分別了。總之，人活百歲，終有一死。當其時，與其忍恥貪生，遺臭萬年，何如含笑就死，流芳百世！貧道為何忽發此言？只因內中頗有幾位要應『含笑就死』這句話哩。但世事變遷莫定，總須臨時方見分曉，下面還有兩段結句，待我念來：

卞家分主客，孟氏列塤箎。凡此根牽蒂，奚殊銕引磁？」

蘭言道：「據這幾句，可見大家連日聚會，果非偶然。」玉芝道：「若據『根蒂』二字，豈非把我們認真當作花卉麼？」道姑道：

「武功宣近域，儒教騁康逵。巾幗紳聯笏，釵鈿弁系綏。」

史幽探道：「幸而還有這幾句，畢竟閨中，添了若干榮耀，可以稍快人意。」道姑道：「四關猶待陣，萬里徑尋碑。瑣屑由先定，窮通悉合宜。」

小春道：「也不知四關所擺何陣？若請教仙姑，大約又是不肯說的。自從『戍鼓連宵振』一連幾十句，鬧的糊裡糊塗，只怕還是迷魂陣哩。」融春道：「上文明明說著妖氛幻境，如何不是迷魂陣？若據第二句，只怕還有人到泣紅亭走走哩。」道姑道：「諸位才女，你看後兩句豈非凡事都不可勉強麼？下面貧道也有幾句妄語。」因伸出長指道：「總要搔著他的痛癢，才能驚醒這一場春夢哩。爪長搔背癢，口苦破情痴。積毀翻增譽，交攻轉益訾。朦朧嫌月姊，跋扈逞風姨。鏡外埃輕拭。貧道今日幸而把些塵垢全都拭掙，此後是皓月當空，一無渣滓，諸位才女定是無往不利。但此中誤事之由，誰得而知？待我再續一句，以足百韻之數，以明此夢總旨：

紛紛誤局棋。」

閨臣聽了，猛然想起碑記一局之誤，連忙問道：「請教仙姑，何以誤在棋上？」道姑道：「其中奧妙，固不可知；但以管窺之見❹，人生在世，千謀萬慮，賭勝爭強❺，奇奇幻幻，死死生生，無非一局圍棋；只因參不透這座迷魂陣，所以為他所誤。此時貧道也不便多言，我們後會有期。」當即作別而去。

眾人送過，各自歸席，重整杯盤。玉芝道：「被這道姑瘋瘋顛顛，隱隱約約，說得心裡七上八下。

❹ 管窺之見：比喻見識狹小。
❺ 賭勝爭強：意氣用事，力求優勝。

起初聽見那幾個慘死的，心中好不害怕，惟恐將來輪到自己身上；及至聽到名垂千古，流芳百世幾句話，登時令人精神抖擻，生死全置度外，卻又惟恐日後輪不到自己身上。只要流芳百世，就是二十四分❻慘死，又有何妨！不知區區日後可有這般福氣？」花再芳道：「妹子情願無福，寧可多活幾時，那怕遺臭萬年都使得；若教我自己朝死路走，就是流芳百世，我也不願。」閔蘭蓀、畢全貞聽了，莫不點頭稱善道：「現成的真快活倒不圖，倒去顧那死後虛名，非痴而何？」

題花聽見這些不入耳之言，心中著實不快，只得用言把他們話頭打斷道：「他這百韻詩雖不能字字工穩，其中佳句卻也不少。剛才我一面寫著，細細看去，共總一千字，並無一個重字，倒是絕調。」蘭蓀鼻中哼了一聲道：「就只『濾作易茵漦』、『萋萋蕊易萎』重了兩個易字。」春輝撲嗤笑道：「姊姊既不明白，不該亂說。『萋萋蕊易萎』之『易』，列在『四寘』，『濾作易茵漦』之『易』，列在『十一陌』；一是去聲，一是入聲，迥然不同，如何卻是重字？若是這樣，難道那兩個從字也算重字麼？」

紫芝道：「姊姊說他無重字，我同你賭個東道。」題花道：「如有，我吃三杯；若無，你吃三杯；何如？」紫芝道：「既如此，你先吃六杯，若無重字，照樣罰我。」題花著實詫異，只得飲了六杯道：「快說，快說！」紫芝道：「『泣紅亭寂寂』、『流翠浦澌澌』，這是兩個重字，還有……」題花不等說完，忙走過道：「原來是這重字，若不好好吃六杯，大家莫想行令！」

紫芝只得照數飲了道：「姊姊！請人接令罷。」蘭芝道：「還有兩個笑話未曾交卷哩。」眾人道：「才聽道姑『壽陽梅碎骨』那些話，雖說無妨，畢竟心裡還跳個不住，莫若此時再掣一二十籤，略把

❻ 二十四分：猶「十二萬分」，是極度的形容詞。

心神定定，一總再說。如不能說的，照例飲三杯。」錦雲道：「如此甚好。剛才掣的是天文，妹子交卷了：

雲芽　魏伯陽《參同契》　陰陽之始，元合黃芽。

『陰陽』『合黃』俱雙聲，敬蘭芬姊姊並普席一杯。」米蘭芬掣了禽名疊韻道：「

杜宇　《尸子》　天地四方曰宇。

『曰宇』雙聲，敬沉魚姊姊一杯。」沉魚掣了百穀雙聲道：「

大豆　崔豹《古今注》　宣帝元康四年，南陽雨豆。」

紫芝道：「上天雨豆，雖是祥瑞之象，不知那時可曾雨過蝦仁兒？」未知後事如何，且看下回分解。

第九十一回　拆妙字換柱抽梁　掣牙籤指鹿為馬

話說紫芝道：「上天雨豆，雖是祥瑞之象，不知那時可曾雨過蝦仁兒？」紀沉魚道：「姊姊又要鬧了，『陽雨』雙聲，敬錦楓姊姊一杯。」廉錦楓掣了百官雙聲道：「今日行這酒令，已是獨出心裁，另開生面；最難得又有仙姑這首百韻詩，將來傳揚出去，卻有一句批語：

都督　《張景陽集》　價兼三鄉，聲貴二都。

『價兼』雙聲，敬堯蓂姊姊一杯。」呂堯蓂掣了身體雙聲道：「錦楓姊姊大約喜愛此詩，所以讚他。妹子就承上文再替你補足一句：

髮膚　劉勰《文心雕龍》　辭采為肌膚。

『辭采』雙聲，『為肌』疊韻，敬小春姊姊一杯。」秦小春道：「妹子不會說笑話，倒可以賤姓行個酒令。」

玉芝道：「『秦』字之多，莫過《戰國策》，不知怎樣行法？」小春道：「此時就從妹子說起，把《戰國策》『秦』字，或句或讀，從一個字起，要如寶塔式❶，至十個字為止，句句不離『秦』字。說出者免酒，說不出飲一杯接令。」玉芝道：「若是這樣，即如『事秦』、『入秦』、『於秦』之類，不

---

❶ 寶塔式：上尖下寬的形式。

計其數，我們一百人，說到何時是了？」小春道：「這都不用，只用國名齊秦、楚秦之類，妹子先說一個，錯者罰：

秦；韓秦；韓與秦；韓不聽秦；韓謁急於秦；韓必入臣於秦；韓出銳師以佐秦；韓令冷向借救於秦；韓相公仲使韓侈之秦；韓為中軍以與天下爭秦。」

小春方才念完，眾人紛紛都要交卷，這個說我有楚秦，那個說我有齊秦。小春笑道：「此事若非妹子預先埋伏，大家若都說出，還沒一人吃酒哩。我這韓秦，句句都是『韓』字起頭，『秦』字落尾，一直到底，皆有次序，並非句中有了國名就算了。」玉芝道：「教我白想了兩個齊秦，那知這刻薄鬼用這壞心思！」小春道：「我替你主人敬酒，還說壞麼？」閨臣道：「幸而我還湊了一個，不至被他考倒：

秦；魏秦；魏攻秦；魏不勝秦；魏揷盟於秦；魏折而入於秦；魏王且入朝於秦；魏因富丁且合於秦；魏令公孫衍請和於秦；魏請無與楚遇而合於秦。」

眾人道：「國名雖有，要像『魏』字句句起首，卻想不出，只好各飲一杯。怪不得那道姑說『隔席疊芳詞』，原來又有這些花樣。」小春掣了天文雙聲道：「

月牙　《春秋保乾圖》　日以圓照，月以虧全。

『以圓』『月以』俱雙聲，敬素輝姊姊一杯。」玉芝道：「如今又掣出天文，莫非那位仙姑又要來了。但他指爪俱有數寸之長，聞得麻姑指爪最長，莫非他是麻姑前來點化麼？」閨臣點頭道：「妹妹這話，只怕竟有幾分意思。」

蔣素輝掣了蟲名雙聲道：「他臉上光光的並無一個麻子，如何說是麻姑？我去請教揚子，到《方言》找找去：

蚰蜒　揚雄《方言》　蚰蜒自關而東，謂之蠙蛪。

本題『蠙蛪』俱雙聲，敬紫綃姊姊一杯。」顏紫綃掣了宮室雙聲道：「誰知因談麻姑，咱倒想起《金剛經》來：

園囿　《金剛經》　只樹、給孤、獨園與大比邱眾。

『園與』雙聲，敬麗春姊姊一杯。」蘭芝道：「我們座中只有閨臣、紫綃二位姊姊最喜靜養功夫，那知行令飛起書來也是不離本意。」

潘麗春掣了藥名雙聲。玉芝道：「這牙籤有些作怪，倒像曉得麗春姊姊知醫，他就鑽出來。請教姊姊，假如今日多飲幾杯，明日吃什麼可以解酒？」麗春道：「葛根最解酒毒；葛粉尤妙。此物汶山山谷及澧鼎之間最多；據妹子所見，惟有海州雲臺山所產最佳，冬月土人採根做粉貨賣；但往往雜以豆粉，惟向彼處僧道買之，方得其真。」

寶雲道：「昨日家母所要方子，姊姊可曾帶來？」麗春道：「此方乃人家必需萬不可少的，妹子意欲濟世，所以都記在心裡。此時就教玉兒寫著，待我念來：全當歸八錢，川芎三錢，益母草三錢，炙甘草一錢，炮薑炭五分，桃仁十粒要研，水對黃酒各一碗，煎一碗溫服。」幽探道：「此方治何病症？」麗春道：「昨日師母因家父做過御醫，命寶雲姊姊告訴我，當日老師有位姨娘，因產後瘀血未淨，以致日久成痞去世，惟恐別位姨娘再患此症，所以問我可有秘方。恰好我家祖傳有這生化湯古方，凡產後瘀血未淨，或患腹痛，即服三五劑，最能去瘀生新；每日再能飲一杯童便，可保永無存瘀之患。此方若能刊刻，家家施送，真是陰騭不少。至師母所問腫毒之藥，惟五黃散最妙。其方用黃連、黃柏、黃岑、雄黃、大黃，每樣五錢，共研細末，磁瓶收貯；凡腫毒初起，用好燒酒調搽數次即消。這也是我家秘方。大家記了，即或自己不用，傳人濟世，也是好的。」蘭芝道：「這算麗春姊姊行了一個小令，我們也飲一杯。」麗春道：「妹子就借葛根交卷了：

葛根　《管子》　地者，萬物之本原，諸生之根菀。

『萬物』雙聲，敬紫櫻姊姊一杯。」唐閨臣道：「妹子聞得葛根人都叫作葛梗，這是何意？」麗春道：「前人醫書並無『梗』字之說，大約這是近日醫家寫錯了。」

魏紫櫻掣了宮室雙聲道：「若非根字，何能承上？我只好也用『元韻』：

門楣　《晏子》　楚人為小門於大門之側而延晏子。」

紫芝向再芳道：「姊姊如覺倦，何不進這小門打個盹去？」再芳不解此書之義，因答道：「他們既延晏子，我就進去何妨？」眾人忍不住發笑。紫櫻道：「『延晏』雙聲，敬紫菱姊姊一杯。」易紫菱掣了列女雙聲道：「

婉兒　皇甫謐《高士傳》　老萊子為嬰兒戲以娛親。

『老萊』『以娛』俱雙聲，敬蘅香姊姊並普席一杯。妄用時音，自行檢舉，罰一杯。」春輝道：「『兒』字讀作時音，與『婉』字同母，倒可不罰；但誤用時人，卻是要罰的。」紫菱道：「我用《靈飛經》所載愛兒何如？」青鈿道：「『愛兒』二字，見陶宏景《真靈位業圖》，不始於鍾紹京，誤用時書，也罰一杯。」

玉芝道：「令中不准用時人，為何姊姊要用婉兒？況且當日閱卷也有他在內，還算我們不及門的老師哩。」紫菱道：「我因他有個評論，心中甚為不平，因此特將他的小名叫出，解解悶氣。」青鈿道：「是何評論？」紫菱道：「妹子聞他向日曾以牡丹等類三十六花為師、友、婢，上中下三等，別的失當之處也不管他，我只不服為何好好把個鳳仙列之於婢？他說芙蓉朝開暮落其性不常，不能列於友。至於鳳仙，非芙蓉可比，若澆灌得宜，不使結子，能開三月之久。俗語說的『花無百日紅』，以鳳仙而論，實有百日之紅。向來有千層的，有並蒂的，又有一株而開五色的：各種顏色，無一不備。即如桃紅一種，就有深淺三四等之分，其餘可想而知。又有一種千層並蒂，能葉上開花，名叫『飛來鳳』。近日又有千層『頂頭鳳』，其花大如酒杯，宛如月季。各樣異種，不能枚舉。栽種既易，又最長久。花之嬌妍，無過於此。妹子每年總以絕好美種栽植數百盆，以木几由高至下，層層羅列，覺秋光明艷，賽過春花。如此佳品，求其列之於友而不可得，能不替他叫屈！」

青鈿道：「此花雖好，就只無香，列之於婢，或者因此。」紫菱道：「凡花有色者往往無香，即如有翼者皆兩其足，天下之事，那能萬全？若因有色無香，就列之於婢，試問牡丹、芍藥、海棠之類，又何嘗有香？大約色香俱全的惟有梅花，其次玫瑰，皆花中妙品。除此之外，豈可多得？」

那邊若花聽了，暗向閨臣道：「當日你說碑記我們都有司花字樣，紫菱姊姊這樣替鳳仙抱屈，莫非他是鳳仙主人麼？」閨臣點頭道：「看這光景，只怕是的。」蘭芝道：「諸位姊姊或說笑話，或行小令，也該結結帳替我生發了。」

薛蘅香道：「我不會說笑話，只好行個抽梁換柱小令。」青鈿道：「一切酒規照前，不必再宣，姊姊說罷。」蘅香道：「我說一個軍字，把當中一豎取出，搓成團兒，放在頂上，變成宣字。」蘭言道：「這令雖有趣，只怕一時要湊幾個倒費事哩。」秀英道：「我說一個平字，把當中一豎取出，搓團放在頂上，變成立字。」眾人齊聲叫好。玉芝道：「我說一個車字，把當中一豎取出，搓團放在頂上，是個……。」春輝道：「說了半截，怎麼不說了？」玉芝道：「才想的明明白白，怎麼倒又忘了！」青鈿道：「據我看來，你這抽梁換柱，大約也同『分之，人也』，又是自創的時樣兒。」紫芝道：「蘅香姊姊是搓成團子，我要拉做長條兒，可使得？」蘅香道：「只要有趣，有何不可？」紫芝道：「我把玉芝妹妹搓壞的那個團子，拉做成長條兒，放在破車當中，仍是一個整車：這叫做反本還原。」眾人笑著，都飲一杯。

米蘭芬道：「我飲兩杯，託玉姑娘替我說個笑話；我的表兄是個秀才，你若教我一個罵秀才的，格外再飲一杯。」玉兒道：「有一老翁，最喜說笑話。這日元宵佳節，出去看燈，遇見幾個秀才把他攔住，求他說笑話。老翁道：『笑話倒也不難，就只今日飲食不消，甚覺發嬾。』眾秀才道：『為何飲食不消？』老翁道：『前日偶爾吃了幾個未煮熟的湯圓，肚腹一連疼了兩日，剛才大解，細細一看，誰知還是幾個生圓。』」青鈿笑道：「顏色可曾發綠？」綠雲道：「未發綠，倒變青了，所以都穿著青衫。」

呂瑞蓂道：「我還欠著一個笑話，我飲兩杯，只好也煩玉兒了。」玉兒道：「有個解子❷，解一

❷解子：解送犯人的差役。

和尚發配，行至中途，偶然飲醉，不知人事。和尚趁其睡熟，即將解子頭髮剃去，並將自己僧衣脫下，給解子穿了，又把枷鎖除下，也與解子戴了，登時逃去。解子酒醒，不見和尚，甚為焦躁，徘徊許久，忽見自己身穿僧衣，因將頭上一摸，宛然光頭和尚；及至細看，枷鎖也都戴在頭上，不覺詫異道：『和尚明明在此，我往何方去了？』」蘭言笑道：「這個解子忘了本來面目，究竟醉後，還情有可原。近來世上竟有明明白白的，忽然胡言亂道，忘了本來面目，不知又是何意？」紫芝道：「大約還是宿酒未醒。」

青鈿道：「玉兒快接下去，我飲兩杯。」玉兒道：「有一道學先生，教人只體貼得孔子一兩句言語，便終身受用不盡。忽遇一個少年道：『在下生平也只體貼孔子兩句極親切，自覺心寬體胖。』道學先生聽了，不覺起敬道：『不意先生如此青年竟有這等穎悟！不知是那兩句？』少年道：『食不厭精，膾不厭細。』」說的眾人個個發笑。

紅珠道：「笑話完了，請蘅香姊姊接令罷。」蘭芝道：「此後酒令所剩無幾，所有酒規，自應仍照前例，似可不必一總結算了。」蘅香掣了橋梁雙聲道：「

城池　嚴遵《道德指歸論》　通千達萬而志在乎陂池。

『陂池』疊韻，敬紫芝姊姊一杯。」紫芝道：「這兩日我手氣不好，看牌就輸，何能掣著好籤？玉兒替掣一枝。只要掣著天文地理寬寬題目，就有文章做了。」玉兒答應，掣了一籤。正要看時，青鈿奪過，望望是個天文，忙朝筒內一丟道：「蟲名雙聲。」紫芝道：「完了！我因上手漏報『萬而』雙聲，正在得意，那知又弄到這個難題目！原來他的手氣比我還醜。我最惡的是蟲名，他偏要鑽出來，真是怕鬼有鬼。莫非不是蟲名，你亂說罷？」青鈿道：「姊姊既嫌此題太窄，就另掣一籤何妨？」紫芝道：「呸！混說！我豈肯亂令！這總怪玉兒手氣不好。你想，這個蟲名，即如他們所飛蜘蛛、蚰蜒之類，所有雙聲疊韻，都在本題身上，豈能教人吃酒？你若掣個天文地理，有的是風雲、雷雨、江河、湖海，處處都可生發。如今弄了這個，還不知可能敷衍交卷？我被你鬧的真是『江郎才盡』❸了！」

春輝道：「別人掣籤，不過略想一想，即刻就接令；他是先要談論一番，然後慢慢再搆思。玉兒，你寫了多時，只怕乏了，且到花園玩玩歇歇去，這裡接令還早哩。」紫芝道：「姊姊倒不必激我。我雖想了一個蟲名，但報過之後，有人把這名字，不論顛倒，或在經史子集，或在註疏之中，道此兩字的，我另外說一笑話，道不出各飲一杯，何如？」蘭言道：「這倒有點意思。假如座中有兩人道此二字呢？」紫芝道：「那怕十位道此二字，我就說十個笑話。倘你們說過之後，我也說出一個，怎樣呢？」眾人道：「我們自應也飲一杯。」幽探道：「忽又套出許多令來，還不知是個什麼驚天動地的蟲名哩，妹妹請罷。」紫芝道：「諸位姊姊躲遠些，我說出來，被他咬了，我可不管：

臭蟲　《山海經》　其狀如人而二首，名曰驕蟲。

『如人』雙聲，『人而』雙聲，『而二』雙聲，敬瓊英姊姊一杯，笑話一個，普席兩杯。」呂祥蓂道：「你弄出許多雙聲，倒不如每人吃一壺罷。」青鈿道：「這個玩的好，忽又鬧出臭蟲來了。」蘭言道：「我的菩薩，這兩個字卻從那部書上找去？我先認輸吃一杯。」戴瓊英道：「蘭芝姊姊不准一總結帳，

❸ 江郎才盡：南朝梁朝江淹曾夢見郭璞對他說：「你所借的五色筆，現在要還給我。」江淹就從懷裡把筆拿還給郭璞，從此以後，才思大減，寫文章寫不出美句，當時的人稱為江郎才盡。

我這笑話誰肯替我說，我好吃酒？」紫芝道：「你吃兩杯，我替你說個翻觔斗的令。」

星輝道：「怎麼叫做翻觔斗？」紫芝道：「假如說一個字，一個觔斗翻過來，筆畫雖然照舊，卻把聲音變了；說不出仍照前例飲一杯。我說一個『士』字，翻了一個觔斗，變成『干』字。」月芳道：「這倒有趣，可惜一時想不出。」秀英道：「我用『由』字，翻個觔斗，變成『甲』字。」春輝道：「紫芝妹妹故意弄這酒令惑亂人心，誰去想他！我們且將這杯飲了，再把普席兩杯乾了，好去替他捉臭蟲。」

紫芝道：「去年我因臭蟲多的很，買了一包毒臭蟲的藥，甚為歡喜；及至展開一看，裡面寫著：如捉住臭蟲，把藥塞他嘴裡，登時就可毒死；設或不死，再塞一二次，總以毒死為度。今年又買一秘方，展開一看，卻是『勤捉』二字。」

亭亭道：「姊姊且慢談論，妹子有話請教：這『臭蟲』二字，剛才姊姊宣令時，曾有不論顛倒之話，我卻想起一句。」紫芝道：「姊姊這話，好不令人毛骨悚然，莫非此書是兩個『王』字做的麼？」亭亭連連點頭。未知後事如何，且看下回分解。

第九十二回　論果贏佳人施慧性　辨壺盧婢子具靈心

話說亭亭點頭道：「還是五行哩。」紫芝道：「不必說，我吃一杯。」春輝道：「我也曉得了，上面還有『卯金刀』哩。」眾人不懂。春輝道：「《漢書．五行志》曾有『為蟲臭惡』之句，卻是班固引劉向的話，所以他說〈五行〉篇，我說『卯金刀』了。」眾人道：「請教臭蟲主人可能也說一個？」紫芝道：「你們可曉得本朝有個喜吃臭蟲的？」眾人道：「又說本朝了，罰一杯。」紫芝道：「我說晉朝郭璞，可使得？他註《爾雅》，曾言負盤臭蟲，難道你們還不該吃？」略停一停，又接著道：「一杯麼？」閨臣道：「你把一句話分做兩截說，這個意思，也教我們吃臭蟲了。」

紫芝道：「話雖如此，但喜吃臭蟲之人，乃吃的是負盤，其形似蜂；若認做咬人的臭蟲，那就錯了。」春輝道：「吃到這些臭東西，還要替他考正，你也忒❶愛引經據典了。」紫芝道：「若不替他辯明，將來都要亂吃，姊姊還當得住麼？」春輝道：「他吃臭蟲，為何我當不住？看這光景，我又變做臭蟲了。你可曉得我這臭蟲是愛咬人的？」說著，走了過來。紫芝道：「好姊姊！莫咬！算我說錯，罰一杯。」閨臣道：「二位姊姊莫鬧臭蟲了，天已不早，快接令罷。」瓊英掣了宮室雙聲道：「承塵　干寶《搜神記》　飛土承塵。

❶ 忒：極；甚。

本題雙聲，敬芷馨姊姊一杯。」蘭言聽了，望了一望，不住搖頭。竇耕烟暗暗問道：「姊姊為何搖頭？」蘭言道：「此書原是『鳩來為我禍也飛土承塵』一連十字，才是一句；今瓊英姊姊因上半句話語不好，只飛下半句。我細細把他一看，那知此句竟是他的讖語，也是一位不得其死的。」耕烟道：「待我問他一聲。」因叫道：「姊姊要飛『塵』字，書中甚多，即如劉峻〈辨命論〉、班彪〈北征賦〉，以及《晉記・總論》、屈原〈漁父〉之類，都可用得，必定要用《搜神記》，這是何意？」瓊英道：「妹子原想用《何水部集》『尋玉塵於萬里，守金龜於千年』，誰知不因不由，忽把此句飛了出來。」姚芷馨掣了財寶雙聲道：「

真珠　陸賈《新語》　禹捐珠玉於五湖之淵。

『玉於』雙聲，敬秀英姊姊一杯。」閨臣道：「適因此珠，偶然想起昨託寶雲姊姊請問師母之話，可曾問過？」寶雲道：「昨日姊姊去後，妹子細問家母，據說姊姊之珠，乃無價之寶，務須好好收藏，家父真珠雖多，類如此等的，也只得兩顆。但各珠名號不同。其類有龍、蛟、蛇、魚、鼈、蚌之分：龍珠在額，蛟珠在皮，蛇珠在口，魚珠在目，鼈珠在足，蚌珠在腹。姊姊之珠，乃大蚌所產，名合浦珠。」

廉錦楓道：「師母這雙慧眼，真是神乎其神，此珠果是大蚌腹中之物。」寶雲道：「姊姊何以曉得？」閨臣就把錦楓取參殺蚌各話說了。眾人聽了，莫不讚歎錦楓之孝。春輝道：「剛才我們說王休徵臥冰求鯉，已是奇孝；誰知錦楓姊姊入海取參，竟將性命置之度外，如此奇孝，普席也該立飲一杯，大家也好略略學個樣子。」眾人飲畢，秀英掣了列女雙聲，想了多時，忽然垂下淚來，道：「此時我們只顧在此飲酒，只怕家中都是：

朝姝　《戰國策》　汝朝去而晚來，則吾倚門而望。」

玉芝道：「汝暮去而不還，則吾倚閭而望。」閨臣同錦楓、亭亭聽了，都淚落如雨。座中凡有老親而在異鄉的，聽了此句，又見秀英、閨臣這個樣子，登時無不墮淚。蘭芝道：「姊姊！這是何苦？什麼飛不得，單要飛這兩句。究竟那位接令？真鬧糊塗了。」司徒嫵兒道：「他在那裡傷心，我替盟姊說罷：『而晚』『而望』俱雙聲，敬嫵兒妹妹一杯。此係時音，不敢替主人轉敬。」

題花道：「時音還在其次，至《戰國策》正令雖未飛過，『寶塔詞』卻用的不少，只怕要罰一杯。」秀英道：「我用枚乘〈七發〉：『麥秀蔪兮雉朝飛。』」紫芝道：「姊姊何不用《齊書》『虱有諺言朝生暮孫』，或用徐幹《中論》：『小人朝為而夕求其成』，普席豈不都有酒麼？」閨臣道：「秀英姊姊不必另飛，省得接令換人又要爭論，好在《戰國策》與正令還不重複，也可用得。」司徒嫵兒掣了蟲名疊韻道：「

蒲盧　《爾雅》　果蠃蒲盧。

果蠃，本題俱疊韻，敬玉蟾姊姊一杯。」閨臣道：「《詩經》是『螟蛉有子，果蠃負之』，《爾雅》又是『果蠃蒲盧』，一物而兼三名，原不為奇，最難得都是疊韻，古人命名之巧，無出其右；這可算得千古絕唱了。」題花道：「此中還有幾個奇的：若把蠃字當中虫字換個鳥字，《博雅》謂之『果蠃桑飛』，卻又變成鳥名；再把鳥字換個果字，《詩經》謂之『果蠃之實』，忽又變成瓜名。三個都是同音，這個不但命名甚巧，並且造字也巧。」

玉兒道：「祝才女把『虫』字讀做『蟲』音，不知有何出處？只怕錯了。」題花道：「我原知『虫』是古『虺』字，應當讀『毀』，只因一時匆忙說錯，罰一杯。你這玉老先生我實在怕了！」蘭言道：「玉兒！你既這樣聰明，我再考你一考：請教店鋪之鋪，應做何寫？」玉兒道：「應寫金旁之鋪。」蘭言道：「帳目之帳呢？」玉兒道：「此字才女只好考那鄉村未曾讀書之人。我記得古人字書於帳字之下都註『計簿』二字，誰知後人妄作聰明，忽然改作貝旁，其實並無出處。這是鄉村俗子所寫之字，今才女忽然考我，未免把我玉兒看的過於不知文了。」蘭言道：「玉老先生莫動氣，是我唐突，罰一杯。」玉蟾掣了花卉疊韻道：「我們連日在老師府上，妹子有個比語，說來求教：

芄蘭　《家語》　入善人之室，如入芝蘭之室。

『如入』雙聲，敬香雲姊姊一杯。」蘭言道：「此句飛的乃『言道其實』，萬不可少，恰恰飛到香雲姊姊，尤其湊巧。明日老師看見這個單子，見了此句，必說我們這些門生雖然年輕，還是識得好歹的。」小春道：「獨讚寶雲姊姊，豈不把今日的主人落空麼？」春輝道：「何嘗落空？你把飛的『芝蘭』二字翻個觔斗，豈不是今日的主人麼？」眾人聽了，不覺大笑，都道：「這句飛的原巧，也難得春輝姊姊這副錦心，這張繡口。」香雲掣了蟲名疊韻道：「

螳螂　《吳越春秋》　夫黃雀但知伺螳螂之有味。

本題疊韻，敬再芳姊姊一杯。」蘭言道：「每見世人惟利是趨，至於害在眼前，那裡還去管他？所以俗語說的：『人見利而不見害，魚見食而不見鈎。』就如黃雀一心要捕螳螂，那知還未到口，而自己卻命喪王孫公子之手，豈非為螳螂所害？古人因貪利之輩不顧禍患，故設此語以為警戒。無如世人雖知其語之妙，及至利到眼前，就把害字忘了。所謂利令智昏，能不浩嘆！」

青鈿道：「再芳姊姊接令了。」花再芳因紫芝臭蟲之令又多飲幾杯，正在打盹，忽聽此言，連忙接過籤筒，掣了一枝，高聲念道：「身體雙聲。」眾人聽了，想起蘭蓀的腳筋，由不得又要發笑；因再芳性情不好，大家也不敢多言。紫芝卻暗暗寫了一個紙條拿在手裡。只見再芳在那裡一面搖著身子尋思，一面拿著牙杖剔牙，紫芝趁勢過去道：「姊姊只怕也是肉圓子塞在牙縫裡，我替你剔出來。」再芳仰首張口。紫芝朝裡望一望道：「這個好剔，只有豆大，是個紅的。」接過牙籤，放入口內，朝外一剔，看了一看，撂在地下道：「我說為何通紅，原來是個臭蟲。」再芳道：「左邊也塞的很，你也替我剔出來。」紫芝又剔出朝地下一丟道：「我只當是些芝麻，原來是幾張虱子皮。」就勢把紙條遞過，隨即歸位。再芳看了，樂不可支，慌忙說道：「

禿頭《穀梁傳》　季孫行父聘於齊，齊使禿者御禿者。

重字雙聲，敬瓊芳姊姊一杯。」引的眾人由不得好笑。春輝道：「這都是紫芝妹妹造的孽。我同你賭個東道：除前書之外，如再飛個『禿』字，或雙聲，或疊韻，我吃一杯。並且所飛之句仍要歸到形體。至於蘇武『禿節效貞』，孔融『禿巾微行』之類，那都不算。」

紫芝想一想道：「有了，《東觀漢記》：『竇后少小頭禿，不為家人所齒。』這是本題雙聲。又許氏《說文》：『倉頡出見禿人伏禾中，因以制字。』這是『因以』雙聲。還有《風俗通》：『五月忌翻蓋屋瓦，令人髮禿。』這是『屋瓦』雙聲。別的雖有，大家用過之書，我都忘了，必須查查單子去。」春輝道：「查出不算。」紫芝道：「既如此，就吃三杯饒你罷。」春輝道：「我記得他們議論菽水，《風俗通》倒像有人用過。」紫芝道：「呸！我也吃一杯。」

青鈿道：「剛才玉兒替紫芝姊姊掣的實係天文，我因題目過寬，所以改個蟲名，那知還是教他灌了好幾杯。」紫芝道：「並且亭亭姊姊說的那句《漢書》，還多謝你們把笑話也免了。」春輝道：「這個虧吃的不小。怎麼九十多人都被他鬧臭蟲攪糊塗了？少刻這笑話一定要補的。」葉瓊芳掣了獸名雙聲道：「

駒駼　《司馬文園集》　軼野馬，轣駒駼。

『野馬』疊韻，本題雙聲，敬銀蟾姊姊一杯。」題花道：「這兩句竟是套車要走了。」眾丫環道：「車都套齊，久已伺候了。」玉芝道：「祝才女說的是書，何嘗問你們套車？看這光景，你們倒想家了。」史幽探道：「正是；天已不早，此令不知還有幾人？」玉兒道：「還有八位才女。」眾人齊催拿飯。蘭芝只說：「天時尚早，儘可從容。」宰銀蟾掣了蔬菜疊韻道：「

壺盧　劉義慶《世說》　東吳有長柄葫蘆，卿得種來否？

本題雙聲，敬蘭芳姊姊一杯。」蘭言道：「玉兒！我考你一考，此句怎講？」玉兒道：「這是當日陸士衡弟兄初見劉道真，以為道真不知問些什麼大學問的話，誰知他只問壺盧種可曾帶來。」紫芝道：「我也學劉道真了，請問婉春姊姊，你們會稽山的老虎最多，你來時可曾把虎鬚帶來？」婉春道：「姊姊要他何用？」紫芝道：「我要兩根送蘭蓀、再芳二位姊姊做剔牙杖。」

蘭言道：「玉兒！你把單子拿來我看。」玉兒送過，蘭言看了道：「這壺盧二字，為何寫做兩樣？究竟用那個為是？」玉兒道：「歷來寫草頭雖多，但據我的意思，壺是飲器，盧是飯器，北邊此物極大，人都做為器用，古人命名，必是因此。《詩》有『八月斷壺』之句，並非草頭，至於草頭二字，葫是大蒜，蘆是蒲葦，會義指事，迥然不同，不如無草頭最切。當日崔豹雖未言其所以，卻已用過。」蘭言道：「玉老先生請罷，將來我們再寫這兩個字，斷不『依樣葫蘆』❷，一定要改新樣壺盧的。」

蔡蘭芳掣了地理雙聲，忖一忖道：「妹子雖想了兩句，但一有普席之酒，一無普席之酒；若取吉利，卻無普席之酒。」蘭言道：「且把吉利的交了卷再講。」蘭芳道：「

黃河　王嘉《拾遺記》　黃河千年一清，聖人之大瑞也。

本題雙聲，『千年』疊韻，敬錦心姊姊一杯。」蘭言道：「普席之酒卻是何句？」青鈿道：「我猜著了，莫非虞荔《鼎錄》『寇盜平，黃河清』麼？」蘭芳道：「並非《鼎錄》，是《呂氏春秋》『呂梁未發，河出孟門』。」蘭言道：「這句卻有『呂梁』『孟門』兩個雙聲，既如此，我們普席各飲半杯。」言錦心掣了花卉雙聲道：「妹子並無好句，不過搪塞完卷。至於以上所飛之句，處處入妙，卻有一比：

荷花　李延壽《南史》　此步步生蓮花也。

重字雙聲，敬閨臣姊姊一杯。」青鈿道：「且慢斟酒；這部《南史》正令雖未用過，我記得剛才紅英、堯春二位姊姊以琴棋二字打賭，曾用李延壽《南史》。並且紅英姊姊曾借『李』字說過元元皇帝一個笑話；姊姊誤用重書，只怕要罰一杯。」井堯春道：「青鈿姊姊記錯了，我用的是李延壽的《北史》，並非《南史》。」青鈿只得飲了一杯道：「我今日鬧的糊裡糊塗，多吃了許多酒，總是湖州老兒把我氣的。」

❷ 依樣葫蘆：即「依樣畫葫蘆」，模仿的意思。

閨臣掣了時令雙聲道：「蘭芝姊姊天已黃昏，所謂『臣卜其晝，未卜其夜』，請賜飯罷。妹子就用『黃昏』二字交卷，以記是日歡聚幾至以日繼夜之意。」青鈿道：「『黃昏』二字，雖是對景挂畫，就只可惜是個俗語。」閨臣道：「『日至虞淵，是為黃昏。』見《淮南・鴻烈》，豈是俗語？」春輝道：「他才把酒乾了，倒又想吃，真是好量。」

忽聞遠遠的一片音樂之聲，只見丫環同寶雲道：「各燈都在小鼇山樓上樓下分兩層挂了，請小姐先去看看，如有不妥，趁此好改。夫人恐眾才女過去看燈，未備花砲，覺得冷淡，現命府中女清音❸在彼伺候。」眾人道：「既已挂齊，我們就同去走走，少刻再來接令。」一齊出席，離了凝翠館。

寶雲道：「蘭芬姊姊如把這些燈球算的不錯，我才服哩。」蘭芬聽了，甚覺不懂，只得含糊應道：「妹子只能算算天文、地理、勾股之類，何能會算燈球？」董花鈿道：「我們今年正月在小鼇山看燈，那知轉眼又交夏令了。」只聞音樂之聲漸漸相近，不多時，來到小鼇山，原來三面串連，大樓二十七間，只南面一帶是低廊，樓上樓下俱挂燈球，各種花樣，五色鮮明，高低疏密，位置甚佳。蘭芬道：「怪不得姊姊說這燈球難算哩。」未知後事如何，再看下回分解。

---

❸ 女清音：婚喪等場合所用的管絃細樂稱為清音。女清音即由女性所組成的清音樂隊。

第九十三回　百花仙即景露禪機　眾才女盡歡結酒令

話說蘭芬道：「怪不得姊姊說這燈球難算，裡面又有多的，又有少的，又有長的，又有短的；令人看去，只覺滿眼都是燈，究竟是幾個樣子？」寶雲道：「妹子先把樓上兩種告訴姊姊，再把樓下一講，就明白了。樓上燈有兩種：一種上做三大球，下綴六小球，計大小球九個為一燈；一種上做三大球，下綴十八小球，計大小球二十一個為一燈。至樓下燈也是兩種：一種一大球，下綴二小球；一種一大球，下綴四小球。」眾人走到南邊廊下，所挂各色連珠燈也都工緻，一齊坐下，由南向北望去，只見東西並對面各樓上下大小燈球無數，真是光華燦爛，宛如列星，接接連連，令人應接不暇，高下錯落，竟難辨其多少。

寶雲道：「姊姊能算這四種燈各若干麼？」蘭芬道：「算家卻無此法。」因想一想道：「只要將樓上大小燈球若干，樓下大小燈球若干，查明數目，似乎也可以一算。」寶雲命人查了樓上大燈球共三百九十六，小燈球共一千四百四十；樓下大燈球共三百六十，小燈球共一千二百。蘭芬道：「以樓下而論，將小燈球一千二百折半為六百，以大球三百六十減之，餘二百四十，是四小燈球二百四十盞。於三百六十內除二百四十，餘一百二十，是二小球燈一百二十盞。此用『雉兔同籠』❶算法，似無舛

❶ 雉兔同籠：即「雞兔同籠」的算術法。

錯。至樓上之燈，先將一千四百四十折半為七百二十，以大球三百九十六減之，餘三百二十四，用六歸：六三添作五，六二三十二，逢六進一十，得五十四，是綴十八小球燈五十四盞。以三乘五四，得一百六十二，減大球三百九十六，餘二百三十四，以三歸之，得七十八，是綴六小球燈數目。」寶雲命玉兒把做燈單子念來，絲毫不錯，大家莫不稱為神算。又聽女清音打了一套「十番」，惟恐過晚，都回到凝翠館。

青鈿道：「閨臣姊姊要用即景『黃昏』二字，可曾有了飛句？」閨臣道：「我因剛才禪機笑話偶有所感，卻想起葛仙翁一句話來：

黃昏《抱朴子》 謂黃老為妄言，不亦惜哉！

『為妄』雙聲，『亦惜』疊韻，敬紅珠姊姊一杯，普席一杯。」蘭言道：「閨臣妹妹這兩句，因世人不信人可成仙，特引此書為之提醒，雖是一片婆心，但看破紅塵，能有幾人？莫講成仙了道，略把爭名奪利各事看的淡些也就好了。我看賢妹仙風道骨，大約上了小蓬萊已得了元妙❷，日後飛昇時倘將愚姊度脫塵凡，也不枉今日結拜一場。」閨臣道：「姊姊說我日後飛昇，談何容易！這才叫作望梅止渴❸哩。」閔蘭蓀道：「你們只顧說這不中聽的話，豈不把笑話躭擱麼？」

掌紅珠道：「姊姊莫忙，適因『成仙了道』之話，倒想起一個笑話：一人最喜飲酒，並且非肉不飽，每日惟以賭錢消遣。一日，遇見仙人，叩求長生之術。仙人道：『看你骨格，乃有根基之人；我

---

❷ 元妙：玄妙。

❸ 望梅止渴：比喻空洞的滿足，虛償所願，事見《世說新語》。

有仙丹一粒，你拿去服過之後，即可長生不老。但有幾件禁戒之事必須牢記，設或誤犯，雖服仙丹，也是無用。』此人接過仙丹道：『請教所戒何事？』仙人道：『只得七個字：戒酒，除葷，莫賭錢。』此人思忖良久，把仙丹退還道：『這有何趣！』」蘭言笑道：「以此而論，放著現成仙丹還要退回，你若教他苦修，豈不難麼？」

紅珠掣了飲食雙聲道：「今日蒙蘭芝姊姊賜飯，明日還不能出門哩。」蘭芝道：「這卻為何？」紅珠道：「當日北齊皇甫亮曾對文宣有句話，妹子說來，姊姊就明白了：

酒漿　李百藥《北齊書》　一日醉一日病酒。

『一日』『一日』俱疊韻，敬春輝姊姊一杯，普席一杯。」閨臣道：「今日的酒，真是絡繹不絕；又有兩位令官監酒，絲毫不能容情，大約座中未有不是盡歡盡量，明日病酒這話，真真不錯。」小春道：「只要有了雲臺山的葛粉，怕他怎麼？」

春輝道：「妹子因古人造字有象形之說，意欲借此行個酒令；但大家都是急欲回去，如不高興，我就說個笑話，好接前令。」蘭芝道：「天時尚早，好姊姊！你把象形酒令宣宣罷。」春輝道：「我說一個『甘』字，好像木匠用的鉋子。」閨臣道：「果然神像❹。此令倒還有趣。」玉芝道：「玉兒！這個字怎麼寫？」玉兒道：「金旁加個包字。」玉芝道：「只怕有些杜撰？」玉兒道：「此字見顧野王《玉篇》，如何是杜撰？」題花道：「你剛才說那八個弟兄都有綽號，我也送你一個綽號，叫做『知古今』。」

❹神像：非常像。

施艷春道：「我說一個『且』字，像個神主牌。」褚月芳道：「我說『非』字，好像篦子。」紫芝道：「倒是一張好篦子，可惜齒兒太稀了。」斌兒道：「我說『母』字，好像書吏帽子。」書香道：「我說『山』字，像個筆架。」秀英道：「我說『酉』字，像個風箱。」小春道：「我說『傘』字，就像一把傘。」紅蕖道：「我說『冊』字，像一座柵欄。」紫芝道：「我說一個『出』字，像兩個筆架。」春輝道：「這是抄人舊卷。」尹紅萸道：「我說『皿』字，像一頂紗帽。」印巧文道：「我說『乙』字，像一條蛇。」柳瑞春道：「我也說個『一』字，像一條扁擔。」眾人道：「這兩個乙字都好。」

春輝道：「諸位姊姊如不賜教，請用一杯，好接令了。」紫芝道：「姊姊如吃三杯，我再說個頂好象形的。」春輝道：「我酒已十分，再吃三杯，豈不醉死麼？」紫芝道：「或者題花姊姊說個笑話也使得。」題花道：「笑話倒不難，但說過之後，你的字設或無趣，並不貼切，卻怎麼呢？」紫芝道：「如不貼切，我也還你一個笑話。」

題花道：「我因春輝姊姊才說醉死之話，卻想起一個笑話：一人最好貪杯，這日正吃的爛醉，那知大限已到，就在醉中被小鬼捉去，來至冥官殿上。冥官正要問話，適值他醉性發作，忽然大吐，酒氣難聞。冥官掩鼻埋怨小鬼道：『此人如此大醉，為何捉來？急速放他回去。』此人還陽，只見妻妾兒女都圍著慟哭，連忙坐起道：『我已還魂，不必哭了。快拿酒來。』妻妾見他死而復生，不勝之喜，一齊勸道：『你原因貪杯太過，今才活轉。豈可又要飲酒？』此人發急道：『你們不知，只管快些多拿來，那怕吃的人事不知，越醉越好。』妻妾道：『這卻為何？』此人道：『你不曉得，我如果醒了，就要死了。』」

蘭言笑道：「過於明白，原非好事，倒是帶些糊塗最好。北方有句俗語，叫做『憨頭郎兒增福延壽』；又道：『不痴不聾，不作阿家翁。』這個笑話，細細想去，卻很有意味。」

題花道：「笑話已說，你的字呢？」紫芝道：「我說一個『艸』字，神像祝大姊夫用的兩把鋼叉。」引的眾人好笑。題花拿著酒杯過來道：「你不好好說個笑話，我一定灌三杯！」紫芝道：「我說！我說！你過去！那公冶矮的兄弟名叫公冶蜼，也能通獸語。這日正向長官賣弄此技，忽聽豬叫。長官道：『他說甚麼？』公冶蜼道：『他在那裡教人說笑話哩。』」青鈿道：「題花姊姊今日且由他去，明日我們慢慢編幾個再罵他。」

紫芝道：「這豬昨日用尾撇蘭，今日又要聽笑話，倒是極風韻的雅豬。」閨臣笑道：「『雅豬』二字從未聽過。至於豬能風韻，尤其新奇，豬又何幸而得此？」

春輝掣了一籤，高聲念道：「水族雙聲。」紫芝道：「忽然現出水族，莫非祝大姊夫果真要來耍叉麼？」春輝道：「妹妹莫鬧。我才想了一個『石首』，意欲飛《竹書紀年》『帝遊於首山』之句，雖可替敬一杯。但今日我們所行之令，並非我要自負，實係前無古人，後無來者，竟可算得千古獨步。此時只剩三人。就要收令，必須趁此將這酒令略略表白一句，庶不負大家一片巧思。」

玉芝道：「你說這是獨步，將來設或有人照這題目也湊一百雙聲疊韻，比我們還強，豈不教人恥笑麼？」春輝道：「若照我們題目，也把古人名、地名除去，再湊一百個，何得能彀？況且你又誤猜將及百條，也要除去，尤其費事。即使勉強湊出，不是《博雅》、《方言》的別名，就是《山海經》、《拾遺記》的冷名，先要註解，豈能雅俗共賞？我們這個好在一望而知，無須註解，所以妙了。總而言之：別的酒令，無論前人後人，高過我們的不計其數；若講百韻詩並此令，妹子斗膽，卻有一句比語：

石首　《任中丞集》　千載美談，斯為稱首。

『斯為』疊韻，敬寶雲姊姊一杯。」蘭芝道：「這個雖是魚名，若據《左傳》，卻是人名，按地理又是縣名，雖與果贏之義不同，難得一名卻是三用，如此之巧，大家也該賞鑒一杯才是。」

閨臣道：「這杯一定乾的。但下手只剩兩位就要收令，姊姊分付快些拿飯，行令的行令，用飯的用飯，才不躭擱。」眾人道：「姊姊既不拿飯，少刻令完一齊都散，看你擱住那個！」蘭芝見天色不早，又因酒已不少，只得分付拿飯。寶雲掣了人倫雙聲道：「剛才起令，良箴姊姊曾有『東都妙姬，南國麗人』之句；此時將要收令，必須仍要歸到我們身上，才有歸結，並且妙姬麗人，只言其美，至於品行，尚未言及，妹子意欲點他一句，心裡才覺釋然。無奈難得湊巧之句，雖有幾句好的，偏偏書又被人用過。」閨臣道：「品行一層，乃萬萬不可少的；姊姊若不略點一句，將來後人見這酒令，還把我們當做一群酒鬼哩。」寶雲忖一忖道：「曹大家乃自古才女，莫若用他著作點染，尤其對景：

夫婦　班昭《女誡》　女有四行，一曰婦德。

『一曰』雙聲，敬周慶覃姊姊一杯。」玉芝道：「周者，普徧之意，只怕令要全了。」青鈿道：「好容易我才捉住一位。請教寶雲姊姊夫婦同石首既不同韻，又不同母，失了承上之令，豈不要罰麼？」紫芝道：「我同妹妹格外賭個東道，如寶雲姊姊被罰，我也吃一杯；倘你說錯，也照此例。你可敢賭？」青鈿道：「我就同你賭。」寶雲道：「『婦首』同韻，青鈿妹妹輸了。」青鈿道：「我不信，婦首聲音懸殊，豈能歸在一韻？而且一上一去，斷無此理。」玉兒把沈約《韻譜》送過，青鈿繙開看了，氣得閉口無言；一面飲酒，只將湖州老兒罵個不了。

蘭芝道：「你雖恨他，我卻感激他，不想這位老先生倒會替我敬酒。」說的青鈿撲嗤一笑，把酒都噴出道：「我活到如今，才曉得夫婦卻叫做『夫否』。」周慶覃掣了地理雙聲道：「今日諸位姊姊所飛這些雙聲疊韻，經史子集無般不有，妹子在旁看著，何敢贊一詞？只有《莊子》一句恰對我的光景：

湖河　《莊子》　吾驚怖其言，猶河漢而無極也。

『河漢』古音雙聲，『而無』今音雙聲，敬若花姊姊一杯，普席同慶一杯。」若花道：「偏偏輪我收令，又教我說笑話，這卻怎好？」題花道：「容妹子略想一想，替你說罷。」玉芝道：「剛才春輝姊姊說：『我們今日之令，乃千古絕唱』，既如此，妹子明日就將此令按著次序寫一小本，買些梨棗好板❺，雇幾個刻工把他刻了，流傳於世，豈不好麼？」題花道：「有一教書先生最好放屁，……」玉芝道：「我正說刻書，題花姊姊忽說放屁，這是怎講？」閨臣笑道：「他替若花姊姊說笑話哩。」玉芝道：「原來如此。你快說，先生好放屁便怎麼？」題花道：「惟恐學生聽見不雅，就在坐位之後板壁上刻一小洞，以便放屁時放在洞外，可掩其聲。一日，先生外出，東家偶進書房，看見此洞，細問學生。學生告知其故。東家皺眉道：『好好板壁，為何如此蹧蹋？即或忍不住放幾個屁，也是人之常情，何必定要如此？少刻先生回來，你務必告訴先生，以後屁只管教他放，板是亂刻不得的。』」眾

❺ 梨棗好板：舊時刻板印書，貴用梨木棗木，故稱好的書板為梨棗好板。

人聽了，笑的個個噴飯。玉芝道：「我剛要刻酒令，他就編出這個笑話，真是刻薄鬼。」若花把籤筒搖一搖道：「起首是『五百歲為春』，以及『吉日良辰』等句，莫不暗寓祥瑞之意！此刻輪到妹子收令，必須也用一個佳句才有始有終。但一句要把他收起，業已費事，且又有承上及雙聲疊韻之難，不知題目可能湊巧？」隨即掣了一枝花卉雙聲。青鈿道：「此題還不甚窄，姊姊擬用何名？」若花道：「我才想『合歡』二字既承上文，又與現在光景相符，必須用此才妙。」青鈿道：「既如此，所飛之句，何不用嵇康《養生論》呢？」若花搖頭忖一忖道：「有了：

合歡　《禮記》　酒食者，所以合歡也。

『合歡』雙聲，合席歡飲一杯。」眾人讚道：「此句收的不獨『酒食』二字點明本旨，且『合歡』二字又寓合席歡飲之意，雖只數字，結束之妙，無過於此，若非錦心繡口，何能道出？能不佩服！」玉芝道：「結的固好，但《禮記》有人用過，要罰一杯。」未知後事如何，再看下回分解。

第九十四回　文豔王奉命回故里　女學士思親入仙山

話說玉芝道：「《禮記》有人用過，要罰一杯。」若花道：「這又奇了！剛才我看單子，無論正令旁令，並無《禮記》二字，為何有人用過？只怕玉兒寫錯了。」玉芝把單子取來一看，只見「齊莊中正」之上寫著《中庸》二字，這才明白，道：「原來是我未報《禮記》，報了《中庸》，無怪姊姊忽略過了。」題花道：「如今看著雖算重了一部，安知後世不將《中庸》另分一部哩？好在旁令所飛之書甚多，也補得過了。」閨臣道：「我只喜起初是若花姊姊出令，誰知鬧來鬧去，還是若花姊姊收令，如此湊巧，這才算得有始有終哩。」眾人因天色不早，當即出席再三致謝而散。

次日蔣、董、掌、呂四家小姐彼此知會都稟知父親，就借卞府邀請眾才女聚了一日。閨臣、若花同史幽探諸人也借凝翠館還席。接著大家又替若花、蘭音、紅紅、亭亭分著餞行。一連聚了幾天，那「長安送別圖」詩詞竟有數千首，恰恰抄成四本，極盡一時之盛。登時四處轟傳，連太后公主也都賦詩頒賜。

這日欽限已到，若花同蘭音、紅紅、亭亭前去叩別老師，方才回寓，禮部早有官員把勅命齎來，並催急速起身，以便覆旨。四人忙備香案接了御旨，上朝叩謝，適值國舅也因接了勅命上朝謝恩，一同回到紅文館。那九十六位才女也都會齊等候送行。眾人因國舅雖係男裝，並非男子，都來相見。閨臣預備酒飯，大家都是戀戀不捨，略略坐了一坐，當即出席。

國舅家人已將三輛飛車陸續搭放院中，都向西方按次擺了。眾人看時，那車只有半人之高，長不滿四尺，寬約二尺有餘，係用柳木如牕槅式做成，極其輕巧；周圍俱用鮫綃為幔；車內四面安著指南針；車後拖一小木如船舵一般；車下盡是銅輪，大小不等，有大如面盆的，有小如酒杯的，橫豎排列，約有數百之多，雖都如同紙薄，卻極堅剛。

當時議定國舅、若花坐前車，紅紅、亭亭坐中車，蘭音與僕人坐後車。國舅把鑰匙付給僕人，又取三把鑰匙遞給蘭音道：「一是起匙，一是行匙，一是落匙，上面都有名目，用時不可錯誤。如要車頭向左，將舵朝右推去；向右，朝左推去；緊隨我車，自無舛錯。車之正面有一鮫綃小帆，如遇順風，將小帆扯起，尤其迅速。」並引紅紅、亭亭將車內如何運動鑰匙之處交代明白，道聲慢請，輕輕上了前面飛車。僕人上了後車。國舅道：「就請賢甥同三位學士及早登車，以便趲路。」

若花、蘭音、紅紅、亭亭望著眾才女不覺一陣心酸，那眼淚那裡忍得住，如雨點一般直朝下滾，個個哽咽不止。眾人無不滴淚。亭亭向閨臣泣道：「前寄家書，不知何時方到，賢妹回到嶺南，千萬叮囑我母不可焦心；俟到彼國，自必即託若花妹妹遣人伴我前來迎接。設或此去不能安身，亦必星夜仍回嶺南；我無著己之親❶，只得寡母一人，今忽遠隔外洋，不能侍奉，惟望妹妹俯念當日結拜之情，替我早晚照應，善為排解，使無倚閭之望，永感不忘！妹妹！你今受我一拜！」不覺放聲大哭，跪了下去，只管磕頭道：「妹妹！你同我不啻嫡親手足，這個千斤擔子要放在你身上了！」霎時哭倒在地。

---

❶ 著己之親：親近的親人。

閨臣正因姊妹離別傷感，適聽亭亭囑託堂上甘旨，猛然想起父親流落天涯之苦，跪在地下，也是大放悲聲，同亭亭抱頭慟哭。眾人看著，無不心酸。

國舅在車內催了數遍。婉如、小春一面哭著，把亭亭、閨臣攙起。亭亭哭的如醉如痴，暈過幾次。禮部官員又差人前來相催。亭亭那裡捨得上車，只管望著閨臣慟哭。多九公惟恐誤了欽限，暗暗分付眾丫環，硬把亭亭攙著，同紅紅上了當中飛車。若花、蘭音也只得含悲上車。國舅同紅紅僕人都將鑰匙開了，運動機關，只見那些銅輪橫的豎的，莫不一齊亂動，有如磨盤的，有如轆轤的，好像風車一般，個個旋轉起來，轉眼間離地數尺，直朝上升，約有十餘丈高，直向西方去了。大家望眼連天，淒然各散。

隔了幾日，紅文館眾才女紛紛請假回籍。閨臣仍同林婉如、秦小春、田鳳翾、駱紅蕖、廉錦楓、宋良箴、顏紫綃姊妹八人同回嶺南。余麗蓉、司徒嫵兒同林書香、陽墨香、崔小鶯也回淮南。尹紅萸、魏紫櫻、薛蘅香、姚芷馨各自回家。其餘眾才女也就四散。

陰若花乘了飛車，自從長安起身，沿途因遇逆風，走了十餘日才到本國。那知女兒國王因次子之變受了驚恐，又因思想若花，竟至一病不起，及至若花趕到，業已去世。諸臣扶立若花做了國王，將蘭音、紅紅、亭亭都封為護衛大臣，即差使臣到天朝進表謝恩。亭亭因思親心切，隨即請了飛車，帶了熟悉路境之人，到了嶺南，接了緇氏回女兒國去了。及至閨臣到家，亭亭早已起身。

林氏見眾人回來，歡喜非常。閨臣把赴試光景及若花各事都向母親、叔嬸略略告訴一遍。林氏命人大排筵宴，並命外面也擺筵席。原來小峯、廉亮近日都把書籍丟了，求唐敏請了兩位教師日日跟著習武。當時唐敏請多九公就在外面廳房同教師坐了。飯罷，林婉如、秦小春、田鳳翾都拜辭，同多九公回去；顏紫綃因聞祖母去世，急急回家，同哥哥顏崖扶柩回籍去了。宋良箴仍把祁氏留下做伴；廉錦楓同良氏、廉亮在新房居住；紅蕖、良箴、閨臣住在樓上。

次日，閨臣同林氏商議，因父親至今不歸，要到小蓬萊再去尋訪。林氏道：「此雖要緊之事，我因紅蕖媳婦業已長成，意欲秋天替小峯成親，你何不再躭擱幾月，把這喜事辦了再去呢？」閨臣道：「母親既有此意，女兒自應在家照應，分分母親之勞。」忙了幾時，到了重陽吉期，小峯同紅蕖成了百年之好。才過滿月，接著尹元差人來接廉亮、錦楓完姻，並接良氏同去，大家餞行，忙了幾日，良氏帶著兒女去了。閨臣心內雖急如星火，偏偏婉如同田鳳翾的哥哥田廷結了婚姻，因田廷父親向任山南總兵，現在告老，必須等他來年三月回來方能迎娶，林之洋何能離開，閨臣只好呆呆等候。

轉眼到了新春，那時雖有許多媒人來替閨臣作伐，林氏同女兒商議，閨臣是要等父親回來隨父親做主，林氏只得把媒人回了。到了四月，婉如姻事才畢，洛承志也遣人來接宋良箴到小瀛洲合巹。林氏替他備辦妝奩，即託祁氏送去。匆匆忙忙，一直到了七月才把上小蓬萊的行期定了。

閨臣因明日就要起身，這晚正在樓上收拾，忽聽颼的一聲，擴進一片紅光，仔細一看，原來是顏紫綃，連忙見禮讓坐，道：「妹子聞得姊姊扶柩回籍安葬，屢次遣人到府問信，總無消息，那知姊姊卻已回來！為何黉夜至此？」

顏紫綃道：「咱自京師歸家，適值咱哥哥顏崖也中武舉回來，因父母靈柩久在異鄉，心甚不安，同哥哥商量，把靈柩扶歸故土，葬在祖塋，才同哥哥回來。到了家中，聞得賢妹就要遠行，因此黉夜趕來，一者送行，二者還有一事相商。咱家中現在一無牽挂，賢妹此時迢迢數萬里前去尋親，婉如妹妹聞已婚配，此次諒不能同去，賢妹一人未免過於寂寞，咱情願伴你同去。你意下如何？」

閨臣聽了，雖覺歡喜，奈自己別有心事，又不好直言，躊躇半晌，只得說道：「雖承姊姊美意，但妹子此去，倘尋得父親回來，那就不必說了；設或父親看破紅塵，竟自不歸，抑或尋不著父親，妹子自然在彼另尋一個修煉之計，歸期甚覺渺茫。尚望姊姊詳察。」

紫綃道：「若以人情事務而論，賢妹自應把伯伯尋來，夫妻父子團圓，天倫樂聚，方了人生一件正事。但據咱想來，團圓之後，又將如何？樂聚之後，又將如何？再過幾十年，無非終歸於盡，臨期誰又逃過那座荒邱？咱此番同你前去卻另有痴想，惟願伯伯不肯回來，不獨賢妹可脫紅塵，連咱也可逃出苦海了。」

閨臣忖道：「怪不得碑記說他『幼諳劍俠之術，長通元妙之機』，果然竟有道理。」連忙說道：「姊姊既如此立意，與妹子心事相合，就請明日過來，以便同行。」紫綃點點頭，將身一縱去了。

次日，把行李搬來。林氏正愁女兒無伴，今見顏紫綃同去，甚是歡喜。當時閨臣拜辭祖先，並向母親、叔嬸灑淚拜別，因對小峯道：「你年紀今已不小，一切也不消再囑。總之，在家須要孝親，為官必須忠君，凡有各事，只要俯仰無愧，時常把天地君親放在心上：這就是你一生之事了。」又向紅蕖拜了下去，紅蕖急忙跪下道：「姊姊為何行此大禮？」閨臣滴淚道：「你當年替母報讎，忿不顧身，又能不憚勞悴，侍奉祖父餘年，如此大孝，將來母親甘旨，妹妹自能侍奉承歡，無須諄囑；但愚姊此番遠去，缺了孝道，全仗妹妹一人偏勞，你當受我一拜。」二人拭淚起來。林氏又囑付一番，合家灑淚而別。

閨臣、紫綃帶著乳母到了林之洋家，婉如同田鳳翾都從婆家過來送行。多九公因京中回來，一路過於辛苦，不能同去。小春有病，也未過來。林之洋又帶了幾樣貨物，託丈母江氏在家照應，帶著兒子、呂氏、閨臣、紫綃辭別眾人，上了海船，一直往小蓬萊進發。沿途雖賣些貨物，也不敢過於躭擱，只向抄近水面走去。

不知不覺過了新春，於四月下旬到了小蓬萊。閨臣同紫綃別了諸人，上山去了。林之洋等到兩月之後，不見回來，十分著急；每日上山探聽，那有蹤影，看看又是一月，海上秋涼，山林蕭瑟。這日正在山上探望，忽遇一個採藥的女道童。未知後事如何，且看下回分解。

第九十五回　因舊恙筵上談醫　結新交庭中舞劍

話說那個女道童手中拿著兩封信遞給林之洋道：「這是唐、顏二位仙姑家書，拜煩順便替他寄去。」林之洋把信接過，正要細細盤問，那個女童忽然不見，迎面卻站著一個青面獠牙宛如夜叉一般，吼了一聲，奔了上來。林之洋連說：「不好！」直向山下飛跑，那夜叉也隨後跟來。林之洋跑到船上，忙叫放鎗；眾水手放了幾鎗，雖打在他的身上，那夜叉只當不知，仍是吼叫連聲，要向船上攛來，嚇的眾人連忙開船。

林之洋連日上山辛苦，又吃這一嚇，竟自渾身發燒，臥床不起，足足病到次年三月回到嶺南，還未大好。呂氏把兩封信送交林氏；林氏看了，知道閨臣看破紅塵，不肯回家，只哭的死去活來。顏崖接了妹子之信，也是訴說看破紅塵之話，並囑哥哥即到小瀛洲投奔洛承志，日後勤王，立點功業，好謀個出頭之日。顏崖得了此信，約了婉如丈夫田廷一同前去，並託小峯向駱紅蕖要了一封家信。

原來小峯自閨臣起身後，日日跟著顏崖、田廷習武，甚屬投機；去年同多九公說了把秦小春配了顏崖；今見顏崖、田廷要到小瀛洲，即向母親說知，也要跟去碰碰機會。顏崖把家眷託多九公照應，同了小峯、田廷向小瀛洲進發，路上恰好遇見廉亮、尹玉、魏武、薛選都因武試落第回來，一路同行，頗不寂寞。大家談起行藏，小峯把實情說了。廉亮等四人都有願去投奔之意，顏崖道：「咱正愁人少不能壯觀，若得四位兄長同去，添了許多威風，那更妙了。」

七人曉行夜住，這日來到小瀛洲山下，顏崖把信交小卒投了，史述同洛承志、宋素迎下山來。大家見禮，彼此問了名姓，顏崖把眾人來意及大家姊妹都是同年的話說了。史述見七個人相貌堂堂，威風凜凜，如同七隻猛虎一般，十分歡喜，即請上山；小卒在前引路。進了山寨，只見裡面有兩個少年大漢迎了出來，一個面如重棗，一個臉似黃金，都是虎背熊腰，相貌非凡，彼此也見了禮。洛承志指著紅面少年道：「這位是我們各家姊妹的世兄，乃禮部侍郎之子，姓卞名璧。那黃面的乃新科才女燕紫瓊之兄名叫燕勇。我們雖然初會，但各家姊妹卻久已相聚多時了。」史述把七人名姓來意也向二人說了，大家敘談，甚是相投。

顏崖問起後寨有無家眷在內，洛承志道：「史家哥哥嫂夫人就是新中才女，姓宰名銀蟾；燕勇哥哥娶的是史家嫂嫂令妹名宰玉蟾；宋素哥哥娶的是燕勇哥哥令妹燕紫瓊，卞璧哥哥尚未定婚；小弟賤內是宋家哥哥令妹：都是前歲在此完姻，家眷都在後寨。後面房屋甚多，略為消停，七位哥哥自應也將家眷接來在此同居，才覺放心。」眾人點頭。

史述命人排了酒席，十二位公子各按年齒坐了。酒過數巡，顏崖道：「卞家哥哥為何不隨任京華？到此幾年了？」卞璧嘆道：「提起此話甚長。小弟於三歲時染了驚風之症，一病垂危，彼時合家正在悲泣，適值有一道人化緣，問知此事，把我看了，說尚有一分可救，如肯給他抱去，等他醫好，再抱來送還。那時我家父母因我業已無救，只好隨他抱去；誰知他竟把我治好！」

廉亮道：「這個道人也就非凡，莫非是位仙家麼？」卞璧道：「此人並非真是道人，乃隴右寒士。

當年上京不第，流落京師，家父念他斯文一脈，延請管理書啟，時常周濟；後來他父母殯葬各事，也是家父幫他辦理。此人更為感念，只恨無以報答。那年小弟染了驚風，他原有奇方可以療治；無如當年先兄也於三歲時染患驚風，此人獻方，我家父母聽了醫家之話，竟不肯用，以致躭擱無救；所以到了小弟染患此症之時，不敢再去獻方，只好託了一個道家，暗用此計，把小弟騙出，他即替我推拿服藥，竟自醫好。他辭了家父，把小弟帶到隴右，就在他家住了多年。」

薛選道：「此人是何名姓？那時既將哥哥治好，為何不送還伯伯，卻帶回他鄉，是何道理？」卞璧道：「這人乃史家哥哥族兄，名叫史勝，素精岐黃❶。他因母病不能治好，立誓不再談醫。他將小弟療治，實因要報家父之情；及至治好，不將小弟送還，更有深意，至今談起，猶令人感激涕零。」田廷道：「不知有何深意？」卞璧道：「他因驚風一症固因受熱、受寒、受風，以及傷食痰火皆可染患，但富貴人家惟恐小兒受涼，過於愛護，莫不由於受熱而起；他恐把我送回，日後再染此症，即難醫治，因此特將小弟帶到他家，相待如同手足。好在他自從做了這件好事，凡百事務，莫不如心，連那從不生草的不毛之地也都豐收起來，家運大轉。起初延請西席教我念書，過了幾年，又請教師教我騎射，習學武藝。他本要將我送到史伯伯麾下謀一出身，因我年紀尚小；後來因聞史、洛二位哥哥在此，才把我送到山上，到此已三個年頭了。」

魏武道：「那時哥哥所服是何妙藥，可能百發百中麼？」卞璧道：「我聽史家哥哥說：小兒驚風乃第一險症，醫家最為棘手，歷來小兒因此葬命的固多，那療治訛錯的也就不少。即如今人凡遇小兒

❶ 岐黃：指醫術。相傳岐伯與黃帝為醫家始祖。

驚風，不論寒熱，不問虛實，總以一派金石寒涼之藥投之，如牛黃丸、抱龍丸之類，最害人不淺。即使百中治好一個，那知受了金石之毒，就如痴獃一般，已成廢人。他說你要曉得小兒驚風，其症不一，並非一概而論，豈可冒昧亂投治驚之藥？必須細細調查是因何而起，如因熱起，則清其熱；因寒起，則去其寒；因風起，則疏其風；因痰起，則化其痰；因食起，則消其食：如此用藥，不須治驚，其驚自愈，這叫做釜底抽薪。再以活蠍一個，足尾俱全的，用蘇薄荷葉四片裹定，火上炙焦，同研為末，白湯調下，最治驚風抽掣等症。蓋蠍產於東方，色青屬木，乃是厥陰經要藥；凡小兒抽掣，莫不因染他疾引起風木所致，故用活蠍以治其風，風息則驚止。此史家哥哥因傷了兒女無數，臨症極多，方能得此不傳之秘。如無活蠍，或以醃蠍泡去鹹味也可，但不如活蠍有力。小弟只吃了數十個活蠍，又服了十數丸羌活膏，並未吃過牛黃、抱龍之類，病倒好了。當日在家，那些小兒科用的總是一派驚風的藥，那知越吃越離鬼門關近，這樣治病，無怪又生出鬥毆的事來。」

小峯道：「這卻為何？」卞璧道：「那大方脈對小兒科道：『我把年紀大的都醫的變成小孩子給你醫了，你為何總不教他長大給我醫呢？』因此把小兒科痛打。豈非又生出鬥毆的事麼？」大家不覺大笑。

顏崖道：「小弟向有便血之症，不知這位史家哥哥可有妙方，拜煩便中替我問問。」卞璧道：「凡便血以柏葉炒成炭研末，每日米湯調服二錢，或以柿餅燒存性，亦用陳米飲調服二錢，連進十服，無不神效：這也是目覩的秘方。」

飯罷散坐，洛承志道：「燕家哥哥向來飯後總要舞一回劍，今日為何把這工課❷躅了？」燕勇道：

「剛才俺見他們七位哥哥所帶器械莫不雄壯精緻，想來武藝必是高強，所以不敢班門弄斧。」

尹玉道：「小弟向在海外只知讀書，因前歲廉家哥哥到了舍下忽要習武，家父請了教師，小弟這才跟著學了兩年；雖然勉強進了武學，其實並無一技之長。向日在家曾要學劍，奈教師此道不精，不過敷衍教了兩個勢子，卻是一毫無用。哥哥既精此技，倘蒙指點，情願拜從為弟子。」燕勇道：「大家弟兄相聚，原該彼此切磋，兄長為何說這客套話？若是這樣，小弟倒不敢亂談了。」眾人道：「燕家哥哥說的不錯，以後都不准客氣，才見我們弟兄親熱。」

燕勇道：「尹家哥哥向日既學過兩個勢子，何不給俺們看看呢？」尹玉道：「小弟正要求哥哥指教。」即將衣服結束，掣出寶劍，就在庭中使了幾路。燕勇道：「哥哥身段倒是四平八穩，並且轉動盤旋極其輕捷，手腳亦極靈便，真是絕好質地。可惜被這庸師欺騙，諸法全未講究。如果要學，小弟倒可指點，但必須把舊日這些步法勢子盡都棄了，從頭另外講究一番，慢慢學去，才能日見其妙。」尹玉道：「當日那教師原說過他不諳劍法，不過胡亂學兩路欺那外行，若講戰鬥，必須另求明師才能有濟；今聽哥哥之言，果然不錯，可見教師並非有心欺人，竟是苦於不諳。應如何習學之處，尚求指示。」

燕勇道：「古之劍可施於戰，自古帝王各有劍士。至劍士之多，莫過我朝太宗。太宗有劍士千人，都有萬夫不當之勇，惜其法不傳；斷簡殘編中雖有一二歌訣，亦不詳其說。近有好事者得之朝鮮，其勢法俱備，小弟略知其詳。即如初學先要曉得眼法、擊法、刺法、格法、洗法，這些勢子，俺都有圖，

❷ 工課：學習所受的課業。

哥哥且看了，小弟再慢慢指點，自然就能領會。還有兩首劍訣，可惜後面一首遺失二句，現在只存得十四句，待俺念來：

電掣昆吾晃太陽，一升一降把身藏；搖頭進步風雷響；滾手連環上下防；左進青龍雙探爪；右行單鳳獨朝陽；撒花蓋頂遮前後，馬足之中用此方。

第二首是：

蝴蝶雙飛射太陽，梨花舞袖把身藏。鳳凰展翅乾坤少。（以上遺失二句）掠膝連肩劈兩旁。進步滿堂飛白雪，回身野馬去思鄉。」

把詩念完，手中執劍，即照上面勢子舞了一回；尹玉惟有佩服。小峯、廉亮在旁看著甚覺眼熱❸，也都跟著習學，一連學了幾日，莫不心領神會。

眾人看見魏武、薛選放的連珠鎗，竟是百發百中，個個稱奇。大家住在山上，不是操練人馬，就是各人習學武藝。眾人因聞燕勇、顏崖都會劍俠，意欲跟著習學，誰知二人胸襟都不能至公無私，遇事每存偏袒，所以此術久不靈了。

❸眼熱：猶「眼饞」，看見美好的事物而羨慕欲得。

過了幾時，七位公子暗暗回去，都把家眷陸續迎來。不知不覺過了一年。這日，洛承志因文府久無消息，不知何時才起義兵，要到淮南探聽一番。未知後事如何，再看下回分解。

第九十六回　秉忠誠部下起雄兵　施邪術關前擺毒陣

話說洛承志要到淮南探聽信息，史述道：「小弟記得女試那年，卞家哥哥初到山寨，我們去到淮南，文家哥哥曾再三囑付：『嗣後萬萬不可親自下山，惟恐被人看出，彼此性命交關；如有起兵之舉，自然先令徐家哥哥前來送信。』為何此時又要前去？況且那時回到半路，果被巡兵看出破綻；若不虧燕家哥哥拔刀相助，我們何能敵得許多官兵？」燕勇道：「小弟只因一時路見不平，此刻四處緝捕，教俺有家難奔，怎麼哥哥又要前去？」

忽見小卒來報：「余公子到了。」眾人甚喜，迎進山寨，同史述、洛承志道了闊別，問了眾人姓名，序齒歸坐。史述問起文府之事，余承志嘆道：「文伯伯自從平了倭寇，就在劍南鎮守；後因各才女俱請假回籍，即命弟兄五個一同完姻。誰知剛過吉期，文伯伯竟在劍南一病不起，及至他們弟兄趕到，延醫診治，奈積勞成疾，諸藥不效，竟至去世。幸虧武后因念文芸哥哥向日代理節度印務尚屬出力，仍命承襲父職。去歲孝服已滿，今因心月狐光芒已退，特囑小弟前來暗暗通知：明年三月初三桃會之期一同起兵，先把武氏弟兄四座大關破了，諸事就易如反掌。」

廉亮道：「四關都叫何名？」余承志把北名西水，西名巴刀，東名才貝，南名无火，以及命名之意也說了。尹玉道：「他因木字犯諱，缺一筆也罷了；就只无字暗中缺一筆未免矯強。」薛選道：「這四關那一處易破？那一處難破？」余承志道：「聞得酉水、无火二關易破；巴刀最凶；才貝尤其利害。文家哥哥命小弟到此，一來通信，二來就命與諸位兄長商量破關之策；並命小弟到河東同章家十位哥哥酌議。」

洛承志道：「為何不請章伯伯示下，倒同十位哥哥商酌？」余承志道：「章伯伯也於三年前去世，如今章葒哥哥接襲其職。」宋素道：「據文家哥哥意欲先破某關？」余承志道：「有人議論宜先破難的；若把易的破了，恐他兵馬並在一處，那難的更難了。若據文芸哥哥之意，先破易的為佳。蓋四關破他兩關，先挫動他的銳氣，那兩關就勢如破竹。」眾人道：「此說甚善，將來自應先攻酉水、无火二關為是。」

余承志連連點頭，即欲別去，眾人再三挽留。余承志道：「我還要到河東把事議定，好回文府送信，豈可在此躭擱？」卞璧道：「哥哥既有正事，弟等也不敢過於扳留；但臨期在何處會齊，還要通個信息才好。」余承志道：「如先攻北南二關，自然在酉水關會齊。到了臨時，少不得自有關照。前日文家哥哥說：『成敗在此一舉』，彼時所有各家眷屬，都要帶在軍營，惟恐事有不測，與其去受武氏弟兄荼毒，莫若合家就在軍前殉難，完名全節❶，以報主上，倒可免了許多後累。」諸人連連點頭。

余承志別了眾公子，到了河東，見了章府十位公子，即回淮南，將各話回了文家弟兄。

那時承志已同司徒嫵兒婚配；林書香、陽墨香也都招贅在家；只有余麗蓉因隱姓埋名住在文府，尚未許字，恰好洛承志差人下書替卞璧作伐，余承志當即應允，把余麗蓉送到小瀛洲草草完婚。過了

❶ 完名全節：保全名節。

新正，文芸、章葒、史述彼此知會，約定桃會之日，在酉水關會齊。

至期一齊起兵前進，都說奉了太后密旨，調赴酉水關有緊急軍情會議，沿途盡是淮南河、東官軍旗號。史述一枝人馬也充做官軍。恰好三月初三日三路約有二十萬人馬陸續到齊，離關五里，放了三聲大砲，安營下寨。各家眷屬在大營後面也立了一個營盤。大營裡面是文芸、文蒒、文其、文菘、文苀、章葒、章芝、章蘅、章蓉、章蘛、章莒、章苕、章芹、章芬、章艾、史述、卞璧、燕勇、宋素、顏崖、田廷、魏武、薛選、尹玉、廉亮、唐小峯、余承志、洛承志；還有文府小姐林書香丈夫林烈、陽墨香丈夫陽衍、章府小姐蔡蘭芳丈夫蔡崇、譚蕙芳丈夫譚太、葉瓊芳丈夫葉洋、褚月芳丈夫褚潮：共三十四位公子。女營是文府章氏夫人、章府水氏夫人、柳氏夫人、燕勇之母葉氏夫人、小峯之母林氏夫人、廉亮之母良氏夫人、魏武之母萬氏夫人、薛選之母宣氏夫人：共八位夫人。那眾公子之妻是章蘭英、邵紅英、戴瓊英、田秀英、田舜英、錢玉英、井堯春、左融春、廖熙春、鄴芳春、酈錦春、鄒婉春、施艷春、柳瑞春、潘麗春、陶秀春、林書香、陽墨香、蔡蘭芳、譚蕙芳、葉瓊芳、褚月芳、宰銀蟾、宋良箴、余麗蓉、宰玉蟾、燕紫瓊、秦小春、林婉如、薛蘅香、魏紫櫻、廉錦楓、尹紅萸、洛紅蕖、司徒嫵兒：共三十五位才女。

眾人初意，原想起兵之時，把中宗迎至大營，才好起事，不意是時太后已命中宗仍回東宮。好在宋素原是中宗堂弟，當時眾公子即推宋素權在大營執掌兵權。

彼時朝中是張易之、張昌宗、張昌期用事；日日殺害忠良，荼毒生靈，無惡不為。文芸、章葒、史述商議，此時朝中惟張柬之、桓彥範、李多祚、袁恕己、薛思行、崔元暐最為忠直可靠，必須此六人做了內應，先除內患，裡外夾攻，方易成事。於是替宋素寫了六封書信，暗把此意通知，並囑六人即到東宮預先通信，以免臨時倉卒。發過書信，大小營盤四面扯起義旗。

早有探事的報進關去。武四思忖道：「連日各處關津來報，都說文芸、章荭帶領人馬前來，我正疑惑，那知他要追步徐敬業、駱賓王的後塵，竟來太歲頭上動土，若不給他一個下馬威，他也不知利害！」即分付大將毛猛在關前把酉水陣擺了。

次日，文芸、章荭、史述帶領人馬，同眾兄弟殺奔關前，武四思領了一枝人馬出來迎敵。文芣早已提槍躍馬，直奔武四思殺來。毛猛輪動大斧，與文芣殺在一處。鬥未數合，文芣用了一個撥草尋蛇勢，一桿銀槍，直向下身刺來。毛猛說聲不好！只聽嗤的一聲，肚腹著了一槍，跌下馬去。文芸、章荭、史述催動人馬，一擁齊上，掩殺一陣。

武四思來到酉水陣前，大聲叫道：「文芸、章荭休得無禮！我這裡有座小小酉水陣，你如破了此陣，我將此關情願奉獻；若要膽怯不敢進陣，我刀下開恩，饒你們去罷！」文芣道：「老狗休得誇強！你看老爺破此狗陣！」正要躍馬進陣，文芸連忙叫道：「五弟不可造次；今日已晚，明日再同老狗計較。」即令鳴金收兵❷，一同回營。

文芣道：「今日武四思傷了許多人馬，也就挫他銳氣，小弟正要趁勝破他酉水陣，為何卻要收兵？」文芸道：「他這陣不知是何邪術，賢弟如何輕入重地？況頭一次就得勝仗，何必急急定要破他此陣？」文芣道：「他把這陣恰恰攔在關前，你不把此陣破了，如何進得關去？我明日一定要到陣裡看看。」

---

❷ 鳴金收兵：古時軍隊作戰，欲召集軍士回營則敲鑼為信號。

薛選道：「既如此，小弟也奉陪走走。」宋素道：「據我愚見，總以慢慢智取最為上策。」

次日，武四思又在軍前喊叫：「那個敢去破陣？」眾公子齊到戰場，文芸一馬當先道：「武四思！你連日只管教我們去破陣，我也有個『盤蛇陣』，你敢破麼？你如敢進我陣，我們也進你陣。」武四思道：「我進你陣，安知你不用暗劍傷人？」文芸道：「既如此，為何你又教我進你陣呢？」武四思道：「孤家這陣，不但不用暗劍傷人，若傷損你們一根毫毛，久後我定死刀箭之下。」

文芣道：「老狗既對天賭誓，我就前去看看。」將馬一縱，跟著武四思闖進陣去。武四思早已不見，但見柳暗花明，山青水碧，遍地芊眠芳草❸，駿馬驕嘶。從容下了馬，幾忘身在戰場，手牽著絲韁，順步行去。路旁有一竹林，林中有七個人，都是晉代衣冠，在那裡小酌；那股酒香，陣陣直向鼻中撲來。只聽林中有個白衣少年道：「此刻為何只覺俗氣逼人，莫非有什麼俗子來此窺探麼？」文芣聽了，知他明明譏刺，意欲發揮幾句；看了看，這七個人都是放蕩不羈，目空一切，只得忍耐走過道：「這些狂士，滿臉酸氣，總是書在肚內不能鎔化，日積月累釀出來的。凡讀書人沾了酸氣，未有不迂，若同他較量，他一味歪纏起來，如何擺脫？只好由他說去。」

正朝前進，忽覺酒氣薰人，忙掩鼻道：「那裡來的這股酒臭！」只見迎面來了一群醉貓❹，把去路攔住，都是酒氣醺醺，身子亂幌，搖著頭，伸著手道：「來！來！來！豁三拳放你去！」文芣笑道：「你這群醉貓，吃了幾杯酒就這樣爛醉，這宗酒量也出來丟醜，還敢攔我去路！」即挺手中鎗，左五

❸ 芊眠芳草：繁茂的春草。

❹ 醉貓：猶醉鬼。

右六，撒花蓋頂，四面八方一陣亂挑，把一群醉貓殺的尿屎遍地，四散奔逃；不覺掩鼻皺眉道：「蠢材，蠢材！該死，該死，該死！只顧亂殺，那知這群醉貓酒吃多了，卻從下面還席，被他這股臭氣把馬也薰跑了。」

望前走了數步，路旁一家門首飄出一個酒帘❺，那股酒香真是芬芳透腦。文芣嗅了這味，只覺喉嚨發癢，信步走進酒肆，只見上面有一副對聯寫著：

盡是青州從事，那有平原督郵？❻

下面落的款是歡伯偶書。當中有紅友題的額，是「糟邱」兩個大字。旁邊還有麴秀才寫的一副對聯，是：

三杯軟飽後，一枕黑甜餘。

❺ 酒帘：酒旗，即酒家的招牌。

❻ 盡是青州從事二句：「青州從事」比喻好酒，「平原督郵」則意指劣酒。語本《世說新語・術解》：「晉桓公有主簿善別酒，有酒輒令先嘗，好者謂青州從事，惡者曰平原督郵。青州有齊郡，平原有鬲縣，從事言到臍，督郵言在膈上住。」

裡面坐著許多人，也有獨酌的，也有聚飲的，個個面上都帶三分春色，齊讚酒味之美。只得也檢一張桌兒坐了。有個酒保上來陪笑道：「客官要飲那幾種名酒？」文芣道：「酒家！你姓甚麼？」酒保道：「小人姓杜。」文芣道：「這姓姓的不好。杜者，乃杜絕之意，豈非不教我飲麼？以後必須另換好姓，不許姓杜了。」酒保道：「客官分付，小人怎敢再姓杜？但據小人愚見，若做賣酒生意，這個杜姓卻不可少。」文芣道：「何以見得？」酒保因指肚腹道：「客官若非肚兄想吃一杯，豈肯進我小店？小人若不虧肚兄會裝酒，何能消得多貨？小人之所以諄諄要姓杜者，卻是為此。」文芣道：「你是木旁之杜，怎麼要做肉旁之肚，豈不鬧出白字麼？」酒保道：「當日我們木旁之杜與肉旁之肚聯過宗的，算是本家，偶爾借用，也還不妨。」

文芣道：「這話可謂杜撰了。我且問你，我要飲天下美酒，可有麼？」酒保道：「有，有，有。」忙到櫃上檢了一塊粉牌❼，雙手捧來，彎著腰道：「客官請看，這就是各處所產名酒。如要那幾種，我家無不現成，比別家分外醇美，客官吃了，還要同我做主顧哩。」文芣道：「你家可肯賒麼？」酒保道：「只要客官肯照顧，那怕立摺子三節結帳❽都使得。我們是老實生意，斷不開你老人家的虛帳。」文芣接過粉牌，只見上面寫著：

山西汾酒。　江南沛酒。　真定煮酒。　潮州瀕酒。　湖南衡酒。　饒州米酒。　徽州甲酒。

---

❼ 粉牌：用木板塗白粉油漆，以浮記帳目，用畢即拭去。商店多用之，類似今之小黑板。

❽ 三節結帳：商人在年末、端午、中秋三節決算帳目，稱為三節結帳。

陝西灌酒。　湖州潯酒。　巴縣咋酒。　貴州苗酒。　廣西猺酒。　甘肅乾酒。　浙江紹興酒。
鎮江百花酒。　揚州木瓜酒。　無錫惠泉酒。　蘇州福貞酒。　杭州三白酒。　直隸東路酒。
衛輝明流酒。　和州苔露酒。　大名滴溜酒。　濟寧金波酒。　雲南包裹酒。　四川瀘江酒。
湖南砂仁酒。　冀州衡水酒。　海寧香雪酒。　淮安延壽酒。　乍浦鬱金酒。　海州辣黃酒。
欒城羊羔酒。　河南柿子酒。　泰州枯陳酒。　福建浣香酒。　茂州鍋疤酒。　山西潞安酒。
蕪湖五毒酒。　成都辥濤酒。　山陽陳罈酒。　清河雙辣酒。　高郵豨薟酒。　紹興女兒酒。
琉球白酎酒。　楚雄府滴酒。　貴筑縣夾酒。　南通州雪酒。　嘉興十月白酒。　鹽城草艷漿酒。　山東穀轆子酒。　廣東甕頭春酒。　琉球密林酎酒。　長沙洞庭春色酒。　太平府延壽益酒。

文芯看了酒名，再加這股酒香直朝鼻內鑽去，只覺口涎直流道：「這酒我都要嘗嘗，你先把水牌❾前面十種各取一壺來。」酒保答應，登時取了十壺放在面前；又取幾樣下酒之物；桌上放了十個酒椀，把酒斟了。文芯忖道：「莫非這酒下了毒藥麼？」嗅了一嗅，香不可當。拿起一椀酒剛放嘴邊，忽然搖頭道：「不可，不可！使不得，使不得！」一面說著「不可」，已將十椀都嘗了半椀，道：「酒味雖美，那知我生平最喜吃陳酒，他這酒都是新釀，如何吃得？趁酒保在那裡張羅賣酒，且到前面看看可有陳酒。此時只覺發渴，須用醇酒解解口渴才好。」

❾水牌：即「粉牌」，見前註。

暗暗提著鎗出了酒肆，走不多時，遠遠有個酒望子⑩飄在那裡。連忙趲行，來到酒肆門首，只見路旁有個文士，一手提著酒壺，一手拿著衣服，同一老者講價，把衣服賣了，沽一壺酒去了。看那衣服，只覺金碧輝煌，華彩奪目，因上前請問老者。老者道：「此是鸕鶿裘。剛才那個文士覆姓⑪司馬，是當今才子。因他生性好飲，一時無錢沽酒，所以把他賣了。」

文芯別了老者，走進酒肆，檢副座兒坐了。有個酒家⑫，卻是女子，正要上來問話，又有一人拿著一頂金貂前來換酒；酒家把那人打發去了，這才走到文芯面前。未知後事如何，且看下回分解。

---

⑩ 酒望子：即酒旗，是酒家的招牌。

⑪ 覆姓：即複姓。

⑫ 酒家：賣酒的主人。

第九十七回　仙姑山上指迷團　節度營中解妙旨

話說酒家走到文芣面前道：「客官可喜陳酒？若要吃新酒，小店卻無此物，只好請向別家照顧。」文芣道：「我不喜陳酒，何必又到你家？請教娘子尊姓？在此開張幾年了？」酒家道：「小婢姓儀，此店自夏朝開設，至今將近三千年了。」文芣忖道：「原來是個老酒店，怪不得那人以貂冠換酒，可見其酒自然不同。」因問道：「你家共有幾種名酒？」酒家道：「我家名酒甚多，請問客人，還是要飲自古名人所造的陳酒呢？還是要飲古來各處所產的陳酒呢？」文芣道：「古人名酒固佳，但恐其人前後或居一鄉，酒味難免雷同，我要各處所產名酒。」

酒家即從櫃上檢了一塊粉牌，文芣接過，只見上面寫的盡是古來各處所產名酒，約有一百餘種，前後看了一遍，道：「這酒每樣我都嘗一椀，如果可口，將來自然照顧。但今日可肯賒我幾椀？」酒家搖頭道：「近來飲酒的每每吃了都怕還錢，所以小店歷來概不賒欠，客官只看剛才那位姓阮的拿著貂冠還來換酒就明白了。」文芣從身上把寶劍取下道：「就把此劍權押你處，你就照著粉牌所開酒名每樣一椀，先斟三十椀解解口渴，隨後只管慢慢照樣斟來。如果醇美，把這粉牌吃完，我自重重賞你。」酒家答應，拿著寶劍去了。

文芣看那正面也有一副對聯，寫的是：

萬事不如杯在手，一生幾見月當頭？

下面落的款是醴泉侯偶題。正面有閨秀黃嬌寫的匾，是「般若湯」三個大字，各座上人人暢飲，個個歡呼。

酒家剛把三十椀酒擺在面前，那股酒香直從椀內陣陣冒將出來。文芣只覺喉內倒像伸出一隻小手要來搶吃光景，那裡忍得住，只得發個狠道：「武四思！你就下了毒藥，我也顧不得了！」轉眼間三十椀早已告乾，把嘴咂一咂道：「不意世間竟有如此美酒，無怪那位司馬先生連鷫鸘裘也不要了！我也明知酒是害人的，無奈這張嘴不能由我做主，只怕將來竟要把命結識他哩！話雖如此，究竟不可多飲。要緊要緊！切記切記！」

自己正在囑付，酒家道：「客官可要再飲幾椀？」文芣思忖多時道：「索性放量飲幾椀，明日再戒罷。」因向酒家道：「剛才我已說過，你只照著粉牌名色斟來，何必又要來問？」酒家又擺了三十椀，文芣仍舊一氣飲乾。一連幾次，登時把粉牌所開百十種酒都已飲完，只覺天旋地轉，立起身來，拖著銀鎗，出了酒肆。走未數步，跌在地下，竟自昏迷不醒。

文芸同眾人在外面候了多時，總不見文芣出陣，甚不放心。薛選道：「昨日我同文芣哥哥有約，小弟前去探探。」文葹道：「我也同去。」文芸道：「你們此去務要小心。」二人點頭，將馬一縱，闖進陣內，只覺四處酒氣薰人。薛選不會飲酒，被這酒氣一薰，早已醉倒在地。文葹飲了幾杯，也就醉倒。文芸等之許久，見無消息，只得暫且收兵。

次日，武四思命兵丁將文芣送到文芸營裡，教他看看文芣身上可有傷痕，可曾服毒，這是他自己貪飲過度以致送命。若知此陣利害，及早收兵；如再執迷不醒，少不得都同文芣一樣。那兵丁交代回去，文家弟兄並眾公子團團圍著觀看，只見文芣面色如生，口中宿酒仍向外流，酒氣薰人。文芸因他胸前尚溫，即請醫家設法解救，挨了半日，只聽他說了一句「後悔無及」，早已氣斷身亡。文家弟兄個個頓足慟哭，口口聲聲誓要殺了武四思方消此恨。隨即草草殯殮，寄在鄰近廟內，此信傳到錢玉英耳內，聞知丈夫被害，只哭的死去活來；章氏夫人也是慟哭不已。

次日，武四思又在戰場叫人去破陣，文芸痛恨，正要率領眾人出去，只見宋素、燕勇、唐小峯、洛承志道：「我四人願到陣中探探二哥哥並薛家哥哥消息，看他究竟是何妖術。」文芸道：「千萬小心！」四人來到陣前，也不同武四思答話，一直衝進陣中。到了裡面，被酒氣一薰，那不會飲酒的早已暈倒在地；那會吃酒的先有三分醉意，及至鬧到後來，弄的糊裡糊塗，不因不由就想吃一杯了。因此凡入陣的莫不被他醉倒。

眾公子候了一日，杳無音信，次日都在營中計議。文芸道：「才到第一關就如此失利，這卻怎好？」章葒道：「按這『酉水』二字而論，無非是個『酒』字，何至如此利害？」史述道：「偏偏我們弟兄所去之人並無一人回來；如能略曉其中光景，也好設法破他。」

只見家將來報宰、燕二位才女要來求見，文芸分付請進。宰玉蟾、燕紫瓊進來，向眾人垂淚道：「我們丈夫被武四思困在城中，存亡未卜，特來面請諸位將軍將令，願到陣中探聽虛實，再來繳令。」

文芸道：「二位嫂嫂千萬仔細！」二人答應，出了營盤，玉蟾騎了銀鬃馬，紫瓊騎了赤兔馬，一直衝進陣中去了。

文芸同眾弟兄等候多時，忽見從空落下一個人來，眾人一看，原來是燕紫瓊，只見他滿面通紅，坐在地下噓噓氣喘。史述忙取一杯茶放在面前；紫瓊把茶喝了兩口，精神略覺清爽。眾人問起陣中光景。紫瓊立起道：「剛才我二人闖進陣去，裡面水秀山清，無窮美景，才走幾步，一股酒香直向鼻孔鑽來，玉蟾姊姊不善飲酒，受了這股酒氣，早已醉倒。我到各處探了一遍，幸喜我們去的七人雖都醉倒，尚屬無妨。原想把玉蟾姊姊馱了回來，那知他陣中四面安設天羅地網，我費盡氣力才能逃出。小峯將軍乃閨臣姊姊胞弟，今既困在陣中，妹子且到小蓬萊求求閨臣姊姊，他如今業已成仙，不知可能見面？只好且去碰碰。」說著，將身一縱，忽然無蹤。眾公子看了，略覺放心。

紫瓊來到小蓬萊，走到石碑跟前，看見唐敖所題詞句，正在嗟嘆，只見有個道姑在那裡採藥。紫瓊上前合掌道：「仙姑請了。」道姑也還禮道：「女菩薩從何至此？來此有何貴幹？」紫瓊把要訪唐閨臣、顏紫綃之意說了。道姑道：「我在此多年，並未見此二人，女菩薩訪他有何話說？」紫瓊把起兵被困之話說了。道姑道：「他這四陣，雖有酉水、巴刀各名，其實總名『自誅陣』。此時雖有幾人困在其內，他斷不敢傷害；他若傷了一人，其陣登時自破。」紫瓊道：「昨日文府五公子業已被害，為何仙姑還說這話？」道姑道：「凡在陣中被害的，那都是自己操持不定以致如此，何能怨人？所謂自誅陣者，就是這個取義。」

紫瓊道：「請教仙姑可有破他之法？」道姑笑道：「我們出家人只知修行養性，那知破陣之術？

據我愚見，女菩薩何不即以其人之道還治其人之身哩。」紫瓊聽了，正要朝下追問，那道姑忽然不見，知是仙家前來點化，只得望空拜謝。回到大營，對眾人說了，都摸不著是何寓意。

文芸道：「他那座陣團團把城圍住，他們出入毫無挂礙，何以我們一經進陣就被醉倒？必定另有趨避之法。那仙姑所說即以其人之道還治其人之身，定是這個緣故。必須把他兵丁捉住一個，看他身上帶著何物就明白了。」隨即派了卞璧、史述去辦此事。紫瓊回後營去了。

不多時，卞璧、史述捉住一個大漢，身上搜出一張黃紙，上寫「神禹之位」四個硃字。細拷那人，才知武四思軍中凡有從陣內出入的，胸前都放這張黃紙，才不為酒所困。

文芸聽了，如獲至寶，即將大漢打入囚籠，隨即寫了數千紙條，每人胸前各放一張，點了三千精兵，每人也是一張。文芸道：「我們這三千兵須分三隊前進：第一隊卞璧、顏崖二位哥哥領一千步兵從正面正中進陣；第二隊林烈哥哥同章薌兄弟領一千步兵從正面左首進陣；第三隊蔡崇哥哥同四弟文菘領一千步兵從正面右首進陣。過了此陣，凡到關者俱先放號砲，小弟同史述哥哥帶領五千馬兵隨後接應，進關後毋許傷害良民。章葒兄弟同諸位緊守大營。」眾人齊聲答應；分派已畢，約有初更時候，各帶人馬一齊衝入陣內，誰知六位公子同三千雄兵倒像下了一個酒館，個個醉倒在內。

文芸同史述等了多時，毫無響動，甚覺驚慌，連忙回營把大漢提出細細拷問，才知武四思每逢擺設此陣，手下兵將俱不准飲酒；至進陣之日，內中倘有一人在本日預先犯了酒戒，連隨去之兵無論多寡也都困在陣內，身上雖帶靈符也不中用；並且書符帶符之人，不獨本日不准飲酒，還要焚香叩祝，說個「戒」字，才能保得入陣不為所困。文芸命人把大漢仍舊打入囚籠，即同眾兄弟沐浴焚香，一齊叩拜，虔誠書寫，並命各營一概不准飲酒。

次日書寫完畢，復又設了香案叩頭禱告，分給眾兵；眾兵也都磕頭受領，各說「戒」字。當時分派廉亮、章蘅領了一枝人馬，陽衍、章蓉領了一枝人馬，惟恐陣中正面有自己被困兵將在內，都從兩旁進陣。四位公子領命，帶了眾兵從兩旁衝進陣去。文芸、史述在後面接應，忽聽連聲號砲，慌忙領兵奔到關前，望了望，城上盡是自己旗號。

原來武四思因昨日才陷了文家三千人馬，正自得意，做夢也不知今日來破陣，一切並未準備。眾兵攻進城去，武四思被亂箭射死，家眷打入囚籠。城上供著一個女像，一個男像，卻是儀狄、杜康；還有幾十椀燈；被余承志擊的粉碎。這裡剛把牌位擊了，那酉水陣還有未盡的妖氣，化一陣狂風也都散了。

接著大隊人馬進城，陣內所困兵將，俱已甦醒歸隊，宰玉蟾也回女營。惟文菼醉在地下，被眾兵把胸前誤踹幾腳，業已無救，文氏弟兄慟哭一場，當即盛殮。關上派了章莒、章苕、章芬、章艾帶領四千兵把守。

歇兵一日，即向无火關進發。那日離關五里下寨，探子來報關前已擺无火陣，外面看不見兵馬，惟見許多雲霧圍護。次日，林烈一馬當前，先去挑戰。未知後事如何，且看下回分解。

第九十八回　逞雄心挑戰无火關　啟慾念被圍巴刀陣

話說林烈前去挑戰，同武七思鬥了幾合，武七思回馬便走。林烈道：「你不過引我進陣，我倒要進去看看！」來到陣前，武七思朝裡一閃，早已不見。

林烈衝進陣內，只見裡面輕雲冉冉，薄霧漫漫，遠峯忽隱忽現，疏林旋露旋藏，把神寧了一寧，下馬緩步前進；雲霧漸淡，日色微明，四面也有人烟來往，各處花香鳥語，頗可盤桓。迎面有座衝天白石牌樓，上寫「不周山境」四個大字。穿過牌樓，路旁遠遠一座高嶺，十分嵯峨。

遙見山下立著一條大漢，不知為甚暴跳如雷，喊了一聲，把頭直朝山上觸去，只聽呱剌剌一聲響亮，倒像起了霹靂一般，把林烈振的只覺滿耳鐘兒磬兒亂響，再看那山已被他觸的缺陷了半邊。那缺陷處塵土飛空，烟霧迷漫，霎時天昏地暗，好不怕人。林烈慌忙跑開道：「嚇殺我了！從未見過這樣鐵頭！我想此人之頭即使純鋼鑄的，也不能把山觸通，大約總是這股怒氣所使。可見孟子『至大至剛』之話並非無因而發。」

前面又有一條大漢立在那裡，也是怒氣衝衝。忽見一隻猛虎比水牛還大，直向那漢奔去。林烈道：「此人手無寸鐵，這卻怎好？」只見那虎離此人不遠，正要迎頭撲去；忽聽那人大喊一聲，圓睜二目，忽把眼角裂開，冒出幾點熱血，直朝虎面濺去。那虎著了此血，身子幌了一幌，幾乎跌翻，只聽吼了一聲，逃竄而去。林烈道：「剛才那人之頭把山觸通，業已奇極；那知此人眼角之血竟會打虎，可謂奇而又奇！莫非他眼中會放彈麼？即使放彈也不過替虎搔癢，虎又安能畏彈？可見此人眼角之血竟勝於彈，將來竟可叫做『鐵血』了。以此類推，原來氣之為用，竟是無所不可。」

忽見那面有個婦人在那裡燃火煉石。林烈上前問道：「請教大娘煉這石塊有何用處？」婦人道：「只因有個大漢把不周山觸壞，天維被他振的也有微缺，我煉這石要去補天。」林烈忖道：「原來石可補天，無怪杞人要發愁了。」

又朝前進，道旁現出一座戰場，有個黑面大將在那裡殺的烟霧衝天。忽聽他喊了幾聲，就如霹靂一般，振的耳根嗡嗡亂響，內中只聽得一句：「力拔山兮氣蓋世。」林烈點頭道：「氣能蓋世，怪不得孟子有『塞於天地之間』那句話哩。」

遊了多時，甚覺腹飢。路旁有許多店面，進前看時，那賣飲饌的只得酒肆、茶坊、蒸餅、饅頭之類。信步走到一個蒸餅鋪，正要進去，只見裡面坐著一人，卻是周朝打扮，不知為甚同人吵鬧，氣的頭髮根根直豎，把頭上戴的冠都衝起來；看罷吐舌道：「這人如此硬髮，若被他打上幾髮，如何受得住！離開他罷。」

走到間壁❶饅頭鋪，又有一個周朝人坐在那裡，倚著桌案，不知為甚氣的鬍鬚根根直豎，把桌案都戳翻了。嚇的連忙走開道：「這人更惹不得！設或性子發起來，把鬍子朝你身上亂戳，還戳幾個洞哩！」

❶ 間壁：隔壁。

又走到一個肉包鋪，裡面蒸的肉包，熱氣騰騰，兩旁坐著無數罪犯，都是披枷帶鎖，鳩形垢面❷，個個嘆氣唉聲。上前拱手道：「諸位為何犯此重罪？我看你們人人嗟嘆，莫非有甚冤枉誤犯此罪麼？」眾人都嘆口氣道：「這是自作自受，有何冤枉！」因手指蒸籠道：「我們的罪都是為他而起，以致弄出人命事來；此時身不由己，後悔無及。但願將軍奉勸世人，把個『忍』字時時放在心頭，即使命運坎坷，只要有了『忍』字，無論何事總可逢凶化吉，不遭此禍了。」

林烈聽了，正要答話，忽覺一股棗香撲鼻，那廂❸有個棗糕店。行至跟前，把馬拴在外面，走進去檢張桌兒坐了。再看那些吃糕之人，個個面黃肌瘦，都帶病容，剛把糕吃了，忽又蹙額皺眉嘔了出來，及至勉強重復吃進，少時仍舊嘔出。又有許多肚腹膨脹之人，也是骨瘦如柴，飲食費力，個個愁眉苦臉，極其可憐。因拱手道：「諸位為何染此重恙？莫非命運不濟，患這孽病麼？」眾人都嘆口氣道：「這病何關命運，總是自作孽！」因指蒸籠道：「無非因他而起，以至日積月累，弄的食不下咽，無藥可醫，如今後悔已晚。但願將軍奉勸世人把個『耐』字時時放在心頭，即使命運不濟，只要有了『耐』字，無論何事總可轉禍為福，不染此患了。」

林烈把蒸籠望一望道：「怎麼此處蒸籠竟如此害人？那邊被他害的都身犯重罪，這裡又被他害的都不能飲食；如此可惡，等我吃了棗糕再同他算帳！」一片聲喊叫「快拿糕來」。走堂雖然答應，卻把糕拿到別桌去。

❷ 鳩形垢面：又作「鳩形鵠面」，久饑枯瘦之狀。

❸ 那廂：那邊。

林烈喊道：「你這囚徒！大約因我後到，不肯把糕拿在人前，難道我連露肘破肩的乞丐也不如麼！再不拿來，你且吃我幾拳！」走堂見他猴急，只得把別桌剩的冷糕湊了一盤送來。林烈一見，不由心頭火起，拿起盤子照著走堂臉上連盤一齊摜去，那盤子恰恰插在走堂面上，喊了一聲打死我了，渾身是血，早已跌翻。

只見四處蒸籠熱氣直朝外冒。林烈道：「我正要同你算帳，你還朝我冒氣！索性給他一不做二不休！」雙手舉起大刀，照著那些蒸籠左五右六❹一陣亂砍；登時自己無名火引起陣內邪火，四面熱氣都向口鼻撲來，一交跌倒，昏迷過去。

次日，譚太、葉洋進陣，也無消息；文芸十分著急，暗暗命人把武七思兵丁捉了一個，細細搜檢，胸前有一張黃紙，寫著「皇唐婁師德之位」。大家甚喜，立時沐浴焚香，寫了許多分給眾兵，照前說個「戒」字，帶在胸前。到晚，派魏武、尹玉、卞璧各帶兵馬一千進陣。余承志、洛承志帶領接應眾兵，只等號砲一響，就衝殺過去。那知等之許久，竟似石沉大海。文芸又將那兵丁提出再三拷問，受刑不過，才說出實情，原來身上雖帶了黃紙，仍須寫個「忍」字焚化，跪吞腹內，方能進陣出入自如；但不許動怒生氣，一經誤犯，更有性命之憂。文芸命人把他打入囚籠，即如法炮製，果然把陣破了。攻進城內，武七思久已逃竄。城上供著共工、霸王、藺相如、朱亥諸人牌位，當即焚毀。陣內所困譚太、葉洋、林烈三人均已無救，隨即盛殮。大兵陸續進關，宋素安撫百姓，秋毫無犯。文芸把酉水關章氏弟兄分了兩個來此鎮守。

❹ 左五右六：左右隨便幾下子。

歇宿一宵，正要起兵，只見女營來報文茝之妻邵紅英、林烈之妻林書香、譚太之妻譚蕙芳、葉洋之妻葉瓊芳俱投環殉節。章、文兩府弟兄聽了，好不傷悲，只得裝殮題和❺，同眾人之柩寄在一處，並派兵丁看守。

這日來到巴刀關安營下寨。次日陽衍，出去挑戰，同武五思鬥了兩合，即引進陣去。陽衍進了巴刀陣，但覺香風習習，花氣溶溶，林間鳴鳥宛轉，壺內遊魚盤旋，各處盡是畫棟雕梁，珠簾綺戶，那派艷麗光景竟是別有洞天。

於是下馬，緩步前進。微聞環佩之聲，只見有二女子遠遠而來，生得嬌妍絕世，美麗無雙。那路旁的鳥兒見了這兩個美人，早已高高飛了；池內游魚，也都驚竄深入。又有一個美人不知為甚忽然用手捧心，那種張目蹙額媚態，令人看著更覺生憐。轉到前面，順步看去，接接連連盡是絕美婦女，也有手執柳絮的，也有手執椒花的，也有手執錦字的，也有手執團扇的，也有手執紅拂的，也有手執鮮花的，個個彬彬大雅，綽約絕倫。意欲上前同他談談，無奈這些婦女都是正顏厲色，那敢冒昧唐突，惟有空懷羨慕，徒自垂涎。看了多時，只得嘆氣另向別處走去。

行未數步，兩旁俱是柳巷花街❻，其中美女無數，莫不俊俏風流。正要上前談談，忽聞一陣花香，原來路旁一片芍藥，開的甚覺爛漫。花間走出一個美女，懷抱琵琶，手執一枝芍藥，笑道：「郎君到此，即是奇緣；果蒙垂青，願諧永好。」陽衍正在心蕩神迷，一聞此語，慌忙接過芍藥道：「承女郎

---

❺ 題和：把死者的名字寫在棺材頭上。棺材前後兩頭叫「和」。

❻ 柳巷花街：指妓院風化區。

見愛，何福能消？但未識芳閨何處？」女子道：「儂家離此甚近。穿過這條花街，過了那條柳巷，前面一帶桑林便是。婢子先去烹茶恭候，望郎君玉趾早臨。」即向桑林去了。陽衍樂不可支，剛要舉步，復又忖道：「莫非他要害我麼？」思忖多時，忽又笑道：「痴子，痴子！天下豈有美人而能害人之理？況如此絕色，即使不測，亦有何妨！」於是急急趕去，歡歡喜喜，成其好事。

次日，章芹、文其、文菘也衝進陣去。隔了一日，武五思命人把陽衍、章芹、文其、文菘四個屍首送到大營，並勸文芸、章葒早早收兵；若再執迷不醒，這四人就是前車之鑒。文芸、章葒見兄弟被害，十分悲慟。登時傳到女營，陽墨香、戴瓊英聞知此信，即到大營。撫著陽衍、文其屍首慟哭一場，姑嫂兩個，旋即自刎。

田秀英、田舜英得了丈夫凶信，把文菘寶劍每人各拿一把，暗暗騎了兩匹馬，來到陣前，口口聲聲只要武五思出來答話。兵丁報進，武五思乘馬出來，遠遠望見秀英、舜英，不覺喜道：「孤家正在鰥居寂寞，那知天送兩個絕色女子與我！」一面思想，已到陣前，正要細細盤問。秀英、舜英早已右手執著寶劍，左手抖著絲韁，望前奔來。武五思看見二人執劍放馬，全不在部位上，純是一團溫柔嬝娜樣子，看了又是好笑，又是可憐；意欲把兩個活捉過來，又萬萬不能，只得狠一狠道：「如今只好留個絕色，把那姿色略次的結果了罷。」即舉大斧，向著舜英迎面砍去。舜英馬望旁邊一擋，一斧砍空；隨又一斧，才把舜英砍下馬來。

秀英一見，那敢怠慢，雙手舉劍，用盡平生之力，趁勢一劍刺去，恰中肋上。武五思喊了一聲，坐不住雕鞍，跌倒在地。秀英慌忙也跳下馬去，一連又是兩劍，早已結果。眾兵見秀英如猛虎一般，誰敢上前，一齊放箭。秀英跨上馬去，身上業已中箭，仍催馬上前，又傷了幾人，登時死於亂箭之下。

及至文芸得信，帶兵前來接應，秀英、舜英已經被害，幸喜把屍首搶回，來到營盤。誰知文菘因在陣內未受大傷，竟自甦醒過來，文芸喜出望外。把眾人殯殮，寄在廟內。

次日，宋素同卞璧也困在陣內。這裡四處派人捉拿武氏兵丁，偏偏一個也捉不著。眾公子正在發愁，恰好燕紫瓊從小蓬萊回來。未知後事如何，且看下回分解。

第九十九回　迷本性將軍遊幻境　發慈心仙子下凡塵

話說燕紫瓊來到營中道：「我因丈夫被困，即至小蓬萊，一步一拜，叩求神仙垂救。適蒙仙人賜了靈符一道，靈藥一包。此符乃請柳下惠臨壇，臨期焚了，自有妙用。」文芸道：「這藥有何用處？」紫瓊道：「據說此藥是用狠獸之心配成。凡去破陣之人，必須腹內先吃了狠心藥，外面再以『柳下惠』三字放在胸前，到了陣內，隨他百般蠱惑，斷不為其所害，再有靈符之力，其陣自然瓦解。」把符藥交代，回女營去了。

到了二更，文芸派了兵將，焚了靈符，把陣破了。攻進城去，裡面雖有張易之差來幾員將官，那裡禁得眾公子一齊並力，早已抱頭鼠竄而去。宋素、卞璧向日都不在色慾上留意，所以都好好回來。武五思家中一無所有，惟供著許多女像，當即一一焚毀。文芸也領大兵進城，宋素安撫百姓。歇宿一宵，次日派了蔡崇、褚潮帥領二千兵在此鎮守，大隊人馬又朝前進。

這日來到才貝關，武六思早已把陣擺了；來到戰場喝道：「誰敢破我此陣？」章葒縱馬出來，同武六思略鬥兩合，即衝進陣去。到了裡面，只見四處青氣衝霄，銅香透腦，章葒不覺歎道：「世上腐儒只知妄說銅臭，那曉其香之妙？可惜未被這些臭夫聞此妙味。」遠遠望去，各處銀橋玉路，朱戶金門，光華燦爛，頗有富貴景象。慢慢提著絲韁來到一座衝天牌樓，上面寫著「家兄」兩個金字。穿過牌樓，人來人往，莫不喜笑顏開，手內持錢。錢有大小，其字亦多不同：有寫「天下太平」的，有寫「長命富貴」的。只見有個晉代衣冠之人，生得面黃肌瘦，肚腹鼓脹，倒像患了積痞❶一般，坐在那裡；四面許多錢把他團團圍住，他卻滿面歡容，一個一個拿著賞玩。

正朝前進，忽見一個大錢阻住去路。那錢豎在那裡，金光閃閃，其大無對。下面密密層層，有億萬人來來往往，都想爭奪此物。細細看去，士農工商，三教九流無一不有。也有緋袍象簡❷在那裡伸手的；也有胥吏隸役❸在那裡勒索的；也有揑造詞訟在那裡訛詐的，也有設備賭具在那裡引誘的；也有怒目橫眉在那裡恐嚇的；也有花言巧語在那裡欺哄的；也有暗設牢籠在那裡圖謀的；也有描寫假字在那裡撞騙的；也有鑽穴踰垣❹在那裡偷竊的；也有殺人放火在那裡搶劫的：種種惡態，不一而足。大錢之下懸著無數長梯；梯旁屍骸遍地，白骨如山，都因妄求此物死於非命。章葒看了，暗暗點頭，嗟嘆不已。遠遠見那錢孔之內，銅馨四射，金碧輝煌，宛如天堂一般。把馬拴在一旁，沿梯而上，走到錢眼跟前，輕輕鑽進，四處一望，裡面盡是瓊臺玉洞，金殿瑤池；地下碧玉為路，兩旁翡翠為牆：氣象之富，景致之精，迥非人世所有。遊玩多時，越看越愛，忖道：「如此洞天福地，倘得幾間幽室，在此暫住幾時，也不枉人生一世。」

❶ 積痞：幼兒因營養不良，或有寄生蟲而肚腹腫大，食慾不振，以致貧血的病症。
❷ 緋袍象簡：身穿紅色朝服，手執象笏的士大夫。
❸ 胥吏隸役：古時官府掌理文書的小吏及差役。
❹ 鑽穴踰垣：指穿壁跳牆偷竊的宵小之輩。

正在痴想，迎面忽現一所高堂大廈。走進看時，前後盡是瓊樓瑤室，畫棟朱欄，各種動用器皿，件件俱全。看罷，雖然歡喜，復又搖頭道：「這樣精室，若無錦衣美食，兩手空空，也是空自好看。」再到各房張望，誰知那些錦繡綾羅，山珍海錯，金銀珠寶，但凡吃的、穿的、用的，無一不備，不覺恨道：「早知如此，為何不將僕婢帶來？」只見有個老蒼頭手拿名單，帶著許多長隨小廝上來磕頭；又有一個老媽，帶著幾個丫環也來叩見。

章葒道：「那個蒼頭名叫甚麼？你們共來幾人？」蒼頭道：「小人姓王，因其年老，人都稱我王老。連老奴共有十六人來此伺候。現有眾家人執事❺名單，請恩主❻過日。」章葒接過，只見上面寫著「管總帳家人二名：四柱、二柱」。看罷點頭道：「管理總帳全要舊管、新收、開除、實在、算的明白，今派四柱，倒也湊巧；為何又把二柱派在內呢？」二柱道：「只因小人算盤不精，往往算錯，只能管得兩柱，故此王老把小人派了幫著四柱做個副手。」章葒道：「他也是個人，你也是個人，為何你只管得一半？以後必須好好學算盤，倘把算盤學精，就是替人管管錢穀徵比❼也是好的。」二柱連道兩個是，閃在一旁。

章葒又朝下看，「管廚家人一名，對文」。把頭點點道：「廚子最愛開謊帳❽，全要替他核對明白，

---

❺ 執事：供使令之人，亦指僕役所司之事。
❻ 恩主：舊時僕人稱主人為恩主。
❼ 徵比：徵收錢糧而比較其多寡。
❽ 謊帳：假帳。

今派對文管理，倒也罷了。但你不可因他開謊帳，就便也加上些，我主人就架不住了。」對文道：「小人不敢；但只每日茶酒洗澡幾個零碎錢還求主人見諒。」章莚道：「只是不要過於離奇，這都使得。天下那有分文不苟的？況且你又不圖廉潔牌坊。」對文道：「這是恩主明見。」

章莚又朝下看，「管銀家人一名，五分。管錢家人一名，四文」。章莚道：「管銀錢家人卻派五分、四文，這是何意？」五分道：「小人向日做人最老實，凡有銀子出入，每兩只落五分，從不多取，所以王老特派小人管這執事。」四文道：「小人向日也是老實，每錢一千只扣四個底兒，不像那些下作人，每錢一千不但偷偷摸摸倒串短數，還攙許多小錢，小人斷不肯的。」章莚點頭道：「每兩五分，每千四文，也還不多，還算要好的；就只你們名字被外人聽了，未免不雅，必須另改才好。」王老道：「不消改得，他們都有乳名，就叫乳名也好。」五分道：「小人乳名榆莢。」四文道：「小人乳名比輪。」章莚道：「將來再派比輪替我照應照應車輛，怪不得五分生得又瘦又小，原來乳名卻叫榆莢；外面刮動風須要留神，設或被風吹去，我的銀帳少不得又要另換新手，那時再想你五分，只怕不止了。」

又把單子看去，「管金珠家人一名，寶貨。管綢緞家人一名，豐貨。管果品點心家人一名，藕心。管魚蝦海菜家人一名，鮫文。管酒家人一名，半兩。管廁家人一名，赤仄。管門家人一名，厭勝。廚子二名，契刀、錯刀。水夫一名，貨泉。」章莚道：「那寶貨、豐貨以及藕心幾人派的執事都還相稱，但管酒家人為何卻派半兩？」王老道：「老奴因他素日替主人管酒，不敢過於弄詭，每日只偷得半兩，不過略略殺殺饞蟲❾，所以小人派他管這執事。」章莚道：「每日只偷半兩，並不為多；此人派他管

❾ 殺殺饞蟲：猶治治酒癮。

酒，也還不差；但派定之後，莫要認真放出量來，那可使不得。」半兩道：「恩主只管放心，小人量窄，即或放量，也不過幾杯兒。」章葒道：「莫講每日只得半兩，就是再添幾兩，這個東道我老爺也做得起；就只怕的久而久之，把兩去了上了斤，或者才開一罈，你倒先去了半罈，我可供應不上了。這都慢慢再定章程。我還要問蒼頭：『你把茅廁派了赤仄，這是何意？』」

王老道：「老奴因他名內仄字，原是廁的本字，難得這樣巧合；又因他姓赤，惟恐廁內倘有赤痢血痔之類，也好教他觸目驚心，時常打掃；因此把他派了。」章葒點頭道：「這個也還人地相宜。為何你把管門家人卻派厭勝呢？」

王老道：「老奴派他，卻有深意。因他素日替人管門，最厭客人來拜，他這脾氣，恰恰與姓相合；並且『勝』字也可讀做平聲，所謂『厭勝』者，就如『厭之不勝其厭』之意，因其如此之厭，所以凡有客來總是一概回他不在家；且又能言善辯，憑著三寸不爛之舌，能令客人不得進門。門上有了這樣能事家人，恩主於五倫之中雖於朋友這倫有些欠缺，畢竟少了許多應酬之煩。人生在世，只要自己暢心適意，那裡管他五倫四倫，就缺幾倫也還是個人，難道人家就不把你當人麼？」章葒道：「你這蠢才，莫非瘋了！怎麼同我你呀我的混鬧起來？」王老道：「老奴只顧亂說，那知說的倒忘形了。」

章葒道：「厭勝善於回客，可有什麼憑據麼？」王老道：「雖無憑據，卻有一個笑話：當日他替人管門，一日，適值主人的表叔走來，正要進內，厭勝未曾留神，只當客人來拜，連忙上前攔住道：『我家主人不在家，請老爺改日再來罷。』這位表叔大爺聽了，上前狠狠踢了一腳道：『你這囚徒，也不仔細看看，我是你主人的表叔，怎麼也回我不在家！』一面說笑，又將小廝名單呈上；上面寫著四人名姓，是沈郎、鵝眼、荇葉、菜子。章莊把四人望了一望，只見個個腰如弱柳，體態輕盈，真是風兒略大就可吹得倒的，卻是絕美的俊僕。

那老媽也把僕婦丫環帶來侍立一旁，章莊道：「你姓甚麼？他們都叫什麼名字？」老媽道：「老婢姓子，那些姊兒哥兒因我年老，都叫我子母；叫來叫去，無人不知，倒像變成名字了。這個名字內中有個母字，雖不吃虧，但仔細想來，到底過板❿，今日老爺何不替我起個風騷名字哩？倘能又嬌又嫩，不像這麼老腔老班，那就好了。」

章莊忖道：「這個老狐狸頭上並無一根黑髮，還鬧這些花樣，倒是一個老來俏⓫。我且騙他一騙。」因說道：「你要改名字，惟有『青蚨』二字可以用得。雖係蟲名，乃人人所愛之物，你若改了，將來必是人人喜愛。況這『青』字就有無窮好處，諸如青春、青年之類，都是返老還少之意。並且內中還有青絲，你目下髮雖如霜，叫來叫去，安知不變滿頭青絲呢？」子母道：「多謝老爺厚意。如今改了青蚨，日後設或有點好處，我一定繡個眼鏡套兒送你老人家。」

章莊道：「再過幾十年，我眼睛花了，少不得要託你做的。這六個僕婦都叫什麼名字？管什麼執事？」子母道：「一個是替奶奶管香粉的，名叫白選；一個是替奶奶管脂胭的，名叫紫紺；這個專管奶奶裹腳布，名叫貨布；那個專管奶奶挑雞眼，名叫雞目。還有兩個：一名綖環，專管奶奶釵環；一名傳形，專替奶奶畫小照。」

❿ 過板：過於刻板。

⓫ 老來俏：老而風騷。

章葒道：「奶奶纏足要用多少布，卻要派人專管？倒是這個畫小照的卻不可少。並且連挑雞眼也都派人，難為你想的到，將來告訴奶奶，一定要賞的。但那緌環為何生的那樣瘦小？莫非有病麼？」子母道：「緌環雖瘦，還算好的；剛才還有幾個僕婦，諸如水浮、風飄、裁皮、糊紙之類，那生的過於瘦弱，老婢惟恐不能做事，都回他們去了。」

章葒道：「那八個丫環都叫什麼名字？」子母手指四個年紀大的道：「那穿白的名叫二銖，專管奶奶銀帳；穿青的名叫三銖，專管奶奶錢帳；穿紅的名叫四銖，專管奶奶賭帳；穿黃的名叫五銖，專管奶奶吃帳：他們都以銖字為名，就如『五分』、『四文』之意，每日所處不過幾銖，斷不敢多取的。」又指四個年紀小的道：「一名幣兒，專管奶奶幣帛；二名泉兒，專管奶奶茶水；三名布兒，專管奶奶洗腳布；四名刀兒，專管奶奶修腳刀。」章葒道：「奶奶洗腳布、修腳刀也都派人，你這辦事可得上等考語，叫做『明白諳練，辦事精詳』。」

眾人領了執事退出。丫環烹茶，安設床帳。章葒手執茶杯，復又忖道：「今日卻教那個丫環暫伴一宿呢？」正在凝思，忽有四個絕色美人前來陪伴，問其姓名，一名孔方，一名周郭，一名肉好，一名元寶。四人陪著用過宴，到晚就寢。次日起來，有這些美人陪伴，天天珠圍翠繞，美食錦衣，享盡人間之福。

過了幾時，四個美人都已有孕，忙向三官⓬跟前焚香叩禱，各佩男錢一枚，以為得子佳兆。那知四美竟生五男。章葒因兒子過多，要想生個女兒，於是又找幾個女錢，給他們佩著，果然又生二女。

⓬ 三官：道教稱天地水為三官，尊奉為神而祭祀之，又稱為三元。

這五男二女年紀略大，請了一位西席教他們念書。那位西席年紀雖老，卻甚好學，每逢出入，總有文字隨身，就只為人過於古板，人都稱他「老官板」。

又過幾年，陸陸續續把兒女都已婚配。真是日月如梭，剛把兒女大事辦畢，轉眼間孫兒孫女俱已長成，少不得也要操心陸續辦這嫁娶。不知不覺，曾孫繞膝，年已八旬。這日，拿鏡子照了一照，只知面色蒼老，鬢已如霜，猛然想起當年登梯鑽錢之事，瞬息六十年如在目前。當日來時是何等樣精力強壯，那知如今老邁龍鍾，如同一場春夢，早知百歲光陰不過如此，向來所做的事頗有許多大可看破，今說也無用，且尋舊路看看當年登梯之處。即至錢眼跟前，把頭鑽出，朝外一探，不意那個錢眼漸漸收束起來，把英雄套住，竟自進退不能。

文芸眾將見章荭進陣，到晚無信，次日，宋素、燕勇又要進陣。文芸道：「宋家哥哥現在大營執掌兵權，豈可屢入重地？況前在酉水陣業已受困多日，營中人心頗為惶惶，何必又要前去？」宋素道：「眾弟兄在此捨死忘生，不辭勞苦，原是為著我家之事。今我反在營中養尊處優，置身局外，不獨難以對人，心中又何能安？況死生有命，兄長斷斷不要阻我。」即同燕勇進陣，也是一去不返。

次日，燕紫瓊、宰玉蟾聞得丈夫又困在陣內，嚇的驚慌失色，坐立不寧。二人商議，惟有且到陣中看看光景，再為解救；如無指望，就同丈夫完名全節，死在陣內，倒也罷了。當即命人通知大營，各跨征駒，闖進陣去。武六思忽見兩個婦女進陣，惟恐遁逃，忙又作法焚符，密密佈了幾層天羅地網。

文芸只當紫瓊必定回來，那知也是毫無影響，因向眾人道：「此時連宋家嫂嫂也不回來，其中邪術自必更甚。據小弟愚見，我們只管同他對敵，切莫輕入陣內；候宋家嫂嫂回來，再作計較。」顏崖聽了，正因連日未耍大斧，心中氣悶，當即請令帶領大兵一千前去挑戰。恰好張易之、張昌宗因折了三關，甚覺害怕，又差李孝逸統領大兵前來接應，早被顏崖把他偏將傷了兩個。次日魏武也去討戰，一陣銀鎗，也傷他一員大將。

李孝逸因連傷三將，十分氣惱，即親自出馬。文芸眾公子也到陣前。余承志、駱承志一見，想起當年父親被害之事，恨不能生食其肉，各催坐下馬，鎗鞭並舉，與李孝逸戰在一處。鬥了多時，李孝逸被余承志一鎗刺在腿上，大敗而逃。眾公子帶領人馬一擁齊上，把各兵殺的五零四散，各自逃生；及至再去討戰，並無人應，只好暫且回營。

恰好把李孝逸兵丁捉了幾個，身上搜檢，一無所有，細細拷問，都說到關之日，武六思給了一碗符水喝在腹內。一連幾個，隔別訊問，都是如此。次日，又去挑戰。武六思只在陣前立著，叫人去破陣，並不出馬；及至眾人趕到跟前，他即跑進陣去；等你剛要收兵，他又百般叫罵。文芸氣的暴跳如雷，正要催馬進陣，只見余承志、駱承志、唐小峯、章蓉、章葯、史述、顏崖、尹玉一齊攔住道：「連日章葒、宋素二位哥哥俱困陣內，此時營中惟仗哥哥調遣，今再進陣，設被圍困，豈不令諸將無主麼？我們八人情願領精兵八百，進陣看看虛實，再來繳令。」文芸只得應允回營。

八位公子帶著八百精兵，衝進陣去，裡面登時也變出八百八個幻境，都是各走一路，彼此不能見面。那有主意的，把錢不放在心上，任他搧惑，總不動心，還不至有害；最怕是見錢眼紅，起了貪心，自然生出無窮事端，性命也就莫保了。

文芸見他八人一去不歸，更覺發慌，次日又去討戰。武六思立在陣前，任你辱罵，總不出馬。文芸看看手下雖有強兵猛將，無奈這陣圍在關前，不能攻打城池，徒自發急。

那女營之內司徒娬兒、宋良箴、駱紅蕖、酈芳春、酈錦春、宰銀蟾、秦小春、廉錦楓八位才女，聞得丈夫困在陣內，嚇的淚落不止，一連數次遣人到大營打聽，總無影響。看看又是一日，這八個才女走出走進，嘆氣唉聲，不知怎樣才好。那跟前有子的，還有三分壯膽；那無子身上有孕的，也有一分指望；只那跟前一無所有的，到此地位毫無想頭⑬，只等凶信一到，相從於地下，這就是他收緣結果⑭。一時想起碑記中薄命之話，再看看書香、秀英諸人前車之鑒，不由不毛骨悚然，肝腸寸斷。

駱紅蕖惟有焚香求閨臣來救小峯之命，眾人見他如此，也都沐浴焚香，叩求過往神靈垂救。八人一連跪求三日，水米不曾沾牙，眼淚也不知流了多少，真是至誠可以感格，那青女兒、玉女兒早已約了紅孩兒、金童兒各駕風火輪來到女營。文芸聞知，即親自迎到大營。未知後事如何，且看下回分解。

---

⑬ 想頭：希望；念頭。

⑭ 收緣結果：亦作「收因結果」，即最後所獲得之結果。

第一百回　建奇勳節度還朝　傳大寶中宗復位

話說文芸同眾公子把紅孩兒四仙邀進大營，問了備細，復又施禮道：「蒙四位大仙法駕光降，現在武六思抗拒義兵，肆其邪術，困我多人，以致我主久禁東宮，不能下慰臣民之望，惟求早賜手援！」紅孩兒道：「我們當日原與群芳有約，今因苦苦相招，不能不破殺戒，亦是天命，莫可如何。事不宜遲，將軍就於今夜三更帶領人馬前去破陣，我們自當助你一臂之力。」

文芸再三稱謝道：「請教大仙，他這陣內是何邪術？」金童兒道：「此陣名喚青錢陣。錢為世人養命之源，乃人人所愛之物；故凡進此陣內為其蠱惑，若稍操持不定，利欲薰心，無不心蕩神迷，因而失據。」

文芸道：「請示大仙，晚間須由幾路進兵？」紅孩兒道：「只消三枝人馬。到了夜間，將軍命人預備香案，我等將王衍、崔均二公靈魂請來，借其廉威，庶免阿堵銅臭之患。少時百果仙姑就到。臨期金童大仙同了百果仙姑即先進陣，以核桃先救被困各兵。那時將軍領一枝人馬隨同小仙破他陣之正面，再發兩枝人馬，一隨青女仙姑破他左面，一隨玉女仙姑破他右面。好在武氏弟兄除了擺自誅陣之外，一無所能，此陣一破，其餘不消費力，唾手可得❶了。」

❶ 唾手可得：比喻非常容易就能做到。

文芸道：「請教核桃有何用處？」青女兒道：「今夜凡去破陣之人，臨期每人必須或食核桃或荸薺十數枚，方能避得那股銅毒。」文芸道：「何以此二物就能解得銅毒？」玉女兒道：「凡小兒誤吞銅器，即多吃核桃，其銅即化為水；如無核桃，或荸薺也可。將軍如不信，即取錢銅同核桃或荸薺慢慢嚼之，其錢立時粉碎。」文芸隨即命人多備核桃、荸薺以為破陣之用，誰知城外並無此物。忽報有位仙姑手提花籃來至大營，原來是百果仙子到了，文芸慌忙迎接進內。青女兒道：「仙姑為何來遲？」百果仙子指著花籃道：「我恐此物，不夠將軍之用，又去找了幾個，因此略為躭擱。」將花籃給付文芸道：「將軍可將籃內核桃，凡進陣之兵，每人分給數枚；分散完畢，仍將此籃交還小仙，另有妙用。」

文芸接過一看，只得淺淺半籃，不覺暗笑。玉女兒道：「將軍今晚要帶多少兵丁進陣？」文芸道：「兵分二處，必須三千人馬。」玉女兒笑道：「莫講三千，就是再添幾倍，他這核桃也夠用的。」文芸即託魏武、薛選挑選精兵三千，每人十枚，按名分散。

薛選把花籃接了，走出營外，同魏武商議道：「剛才那位玉女仙姑說再加幾倍，這核桃也夠用的，既如此，每人何不給他二十個，看他可夠。況且多吃幾個，走進陣去，更覺放心。」於是按著營頭分散。及至把三千兵丁散完，再看籃內，仍是淺淺半籃。

魏武道：「據我愚見，這樣不花錢的核桃，我們索性把那不進陣的眾兵也犒勞犒勞罷。」薛選道：「設或用完，怎麼回去交令？」魏武道：「倘或不夠，我們給他剩幾個也好交令了。」二人隨又按營分派，每名也是二十個。那些兵丁一個個也有抬筐的，也有擔籮的，亂亂紛紛，費了許多工夫，才把二十萬兵丁散完，再把籃內一看，不過面上去了薄薄一層。

薛選只管望著籃內發獃，魏武道：「你思忖甚麼？」薛選道：「我想這位仙姑若把這籃核桃送我，我去開個核桃店，豈不比別的生意好麼？」魏武笑道：「你若開了核桃店，我還弄些大扁杏仁來託銷哩。」說著，一同來到大營交令。

百果仙子把花籃看了，向文芸笑道：「今日營中有了小仙核桃，將軍可省眾兵一餐之費。」文芸道：「這卻為何？」百果仙子道：「二十萬兵丁每人都有二十個核桃，還算不得一頓飯麼？」魏武、薛選一面笑著，把分散眾兵之話說了，文芸方才明白。眾公子聽了，莫不吐舌稱奇，讚嘆不已。

少時，擺了素齋，大家略為吃些。到了三更，營中設了香案，文芸虔誠禮拜；紅孩兒焚了兩道符；百果仙子提著花籃同金童兒先進陣中去了。魏武、章芝領了一千人馬隨在青女兒之後；薛選、章蘅領了一千人馬隨在玉女兒之後；文芸帶著一千人馬跟著紅孩兒，三路人馬，一齊衝進陣去，霎時邪氣四散，紙人紙馬紛紛墜地。魏武、薛選早已攻進關去，四處號砲衝天。

文芸方才進城，後面接應人馬也都到了。武六思早已逃竄。他向無妻室，所有僕人也都四散。家內供著和嶠牌位，早被眾公子擊碎。再查所困陣內之人，章葒、燕勇、宰玉蟾、燕紫瓊在陣多日，均已無救，餘皆無恙。至宋素雖亦在陣多日，因他素於錢上甚為冷淡，所以未曾被害。即將眾人殯殮，大隊人馬進關，眾百姓都是焚香迎接，歡聲載道。

文芸把武六思家內查過，正要前去拜謝眾仙，忽有軍校飛報：「那五位大仙未曾進關，忽然不見，連宋素、文菘二位公子也不知何處去了。」文芸火速命人四處追尋，並無蹤影。

這日略為安歇，次日，又報四處勤王之兵刻日可到。文芸又寫了書信，暗暗通知張柬之等，於某日都在東宮會齊。

文芸查點人馬，並未損傷一兵。男營之中被害的是章葒、章芹、文葋、文萁、文芣、林烈、陽衍、燕勇、譚太、葉洋；女營之中被害的是田秀英、田舜英、宰玉蟾、燕紫瓊；自盡的是邵紅英、戴瓊英、林書香、陽墨香、譚蕙芳、葉瓊芳。文芸想想當日起兵時原是好好弟兄五個，今二三五弟都沒於王事❷，已覺傷痛，及至大功垂成，四弟又復不見，只剩獨自一人，手足連心，真是慟不欲生；又恐章氏夫人悲傷成疾，只得勉強承歡，每聽半夜哀鴻，五更殘角，軍中警枕，淚痕何嘗得乾？

正要統大兵前進，張易之聞知各關攻破消息，因太后抱病在宮，即假傳勅旨，差了四員上將，帶領十萬大兵前來迎敵，被眾公子帶著精兵殺的四散逃生，諸軍齊集長安城下。

張柬之、桓彥範、李多祚、袁恕己、薛思行、崔元暐、李湛、敬暉得了此信，立即帥領羽林兵，同文芸、余承志、駱承志等把中宗迎至朝堂，斬張易之、張昌宗於廡下；進至太后所寢長生殿。太后病中驚起，問誰作亂。李多祚道：「易之、宗昌謀反，臣等奉太子令，已除二患，惟恐漏洩，故未奏聞。但臣等稱兵宮禁，罪當萬死！」太后見光景不好，只得說道：「叛臣既除，可命太子仍回東宮。」桓彥範道：「昔日天皇以愛子託陛下，今年齒已長，願陛下傳位太子，以順天人之望。」當即收張昌期等立斬於市。

次日，太后歸政，中宗復位，上太后尊號為則天大聖皇帝，大赦天下，諸臣序功進爵。中宗因此事雖賴張柬之等翦除內患，但外面全是文芸一干眾將血戰之功，故將起兵三十四人盡封公爵，妻封一

❷沒於王事：為勤王之事而戰死。

品夫人，追贈三代，賜第京師。其有被害以及盡節者，男入賢良祠，女入節孝祠，所有應得公爵，令其子孫承襲；並又派官換回鎮守四關各將。

眾公子謝恩退朝，暫歸私邸；地方官帶領夫役起造府第。卞濱見了卞璧，喜出望外。各家歡慶，自不必說。

過了幾時，太后病愈，又下一道懿旨，通行天下，來歲仍開女試，並命前科眾才女重赴紅文宴，預宴者另錫殊恩。此旨一下，早又轟動多少才女，這且按下慢慢交代。

卻說那個白猿本是百花仙子洞中多年得道的仙猿。他因百花仙子謫入紅塵，也跟著來到凡間，原想等候塵緣期滿一同回山，那知百花仙子忽然命他把那泣紅亭的碑記付給文人墨士去做稗官野史❸。他捧了這碑記日日尋訪，何能湊巧？轉眼唐朝三百年過去，到了五代晉朝，那時有一位姓劉的可以承當此事。仙猿把碑記交付他，並將來意說了。他道：「你這猴子好不曉事，也不看看外面光景，此時四處兵荒馬亂，朝秦暮楚，我勉強做了一部《舊唐書》，那裡還有閒情逸志弄這筆墨？」仙猿只得唯唯而退。及至到了宋朝，訪著一位複姓歐陽的，還有一位姓宋的，都是當時才子，也把碑記送給他們看了。二人道：「我們被這一部《新唐書》鬧了十七年，累的心血殆盡，手腕發酸，那裡還有精神弄這野史？」

這仙猿訪來訪去，一直訪到聖朝太平之世，有個老子的後裔，略略有點文名；那仙猿因訪的不耐煩了，沒奈何將碑記付給此人，逕自回山。此人見上面事蹟紛紜，鋪敘不易；恰喜欣逢聖世，喜戴堯

❸稗官野史：指小說家或私家之記載。

天，官無催科❹之擾，家無徭役之勞，玉燭長調❺，金甌永奠❻，讀了些四庫奇書❼，享了些半生清福，心有餘閒，涉筆成趣，每於長夏餘冬，燈前月夕，以文為戲，年復一年，編出這《鏡花緣》一百回，而僅得其事之半。其友方抱幽憂之疾，讀之而解頤，而噴飯，宿疾頓愈；因說道：「子之性既懶而筆又遲，欲脫全稿，不卜何時，何不以此一百回先付梨棗，再撰續編，使四海知音以先覩其半為快耶？」

嗟乎！小說家言，何關輕重？消磨了十數多年層層心血，算不得大千世界小小文章。自家做來做去，原覺得口吻生花❽；他人看了又看，也必定拈花微笑❾。是亦緣也。正是：「鏡光能照真才子，花樣全翻舊稗官。」若要曉得這鏡中全影，且待後緣。

❹ 催科：古時催繳賦稅稱催科。
❺ 玉燭長調：天地四時之氣永遠調合。
❻ 金甌永奠：疆土永遠完固。
❼ 四庫奇書：經史子集四部的奇書。
❽ 口吻生花：比喻談吐幽雅。
❾ 拈花微笑：比喻參透禪機。

中國古典名著

集合兩岸學者專家為您
精選、考證並加校注的
宋元明清古典名著大觀

❖老殘遊記
劉鶚撰／田素蘭校訂／繆天華校閱

❖官場現形記
李伯元撰／張素貞校訂／繆天華校閱

❖文明小史
李伯元撰／張素貞校訂／繆天華校閱

❖兒女英雄傳
文康撰／繆天華校訂／饒彬標點

❖鏡花緣
李汝珍撰／尤信雄校訂／繆天華校閱

❖拍案驚奇
凌濛初原著／劉本棟校訂／繆天華校閱

❖警世通言
馮夢龍編／徐文助校訂／繆天華校閱

❖醒世恆言
馮夢龍編撰／廖吉郎校訂／繆天華校閱

❖喻世明言
馮夢龍編撰／徐文助校注／繆天華校閱

❖今古奇觀
抱甕老人編／李平校注／陳文華校閱

❖三俠五義
石玉崑著／張虹校注／楊宗瑩校閱

❖七俠五義
石玉崑原著／俞樾改編／楊宗瑩校訂／繆天華校閱

❖東周列國志
馮夢龍原著／劉元放改撰／劉本棟校訂／繆天華校閱

❖封神演義
陸西星撰／鍾伯敬評／楊宗瑩校訂／繆天華校閱

❖東西漢演義
甄偉・謝詔編著／朱恒夫校注／劉本棟校閱

❖隋唐演義
褚人穫著／嚴文儒校注／劉本棟校閱

❖萬花樓演義
李雨堂撰／陳大康校注

❖楊家將演義
紀振倫撰／楊子堅校注／葉經柱校閱

❖說岳全傳
錢彩編次／金豐增訂／平慧善校注

❖大明英烈傳

楊宗瑩校訂／繆天華校閱

❖濟公傳
王夢吉等撰／楊宗瑩校訂／繆天華校閱

❖包公案
明・無名氏撰／顧宏義校注／謝士楷、繆天華校閱

❖海公大紅袍全傳
清・無名氏撰／楊同甫校注／葉經柱校閱

❖平山冷燕
天藏花主人編次／張國風校注／謝德瑩校閱

❖豆棚閒話　照世盃（合刊）
艾衲居士等著／陳大康校注／王關仕校閱

❖石點頭
天然癡叟著／李忠明校注／王關仕校閱

❖十二樓
李漁著／陶恂若校注／葉經柱校閱

❖何典　斬鬼傳　唐鍾馗平鬼傳（合刊）
張南莊等著／黃霖校注／繆天華校閱

❖西湖二集
周楫纂／陳美林校注

❖品花寶鑑
陳森著／徐德明校注

❖綠野仙踪
李百川著／葉經柱校注

❖海上花列傳
韓邦慶著／姜漢椿校注

❖醒世姻緣傳
西周生輯著／袁世碩、鄒宗良校注

❖花月痕
魏秀仁著／趙乃增校注

❖孽海花
曾樸撰／葉經柱校注／繆天華校閱

❖琵琶記
高明著／江巨榮校注／謝德瑩校閱

❖浮生六記
沈三白著／陶恂若校注／王關仕校閱